W0334028

LEXIKON
AMERIKANISCHE
LITERATUR

LEXIKON AMERIKANISCHE LITERATUR

von

Alfred Hornung

MEYERS LEXIKONVERLAG
Mannheim · Leipzig · Wien · Zürich

Die Deutsche Bibliothek - CIP-Einheitsaufnahme
Hornung, Alfred:
Lexikon amerikanische Literatur/Alfred Hornung. -
Mannheim; Leipzig; Wien; Zürich: Meyers Lexikonverl., 1992
ISBN 3-411-07701-8
NE: HST

Alle Rechte vorbehalten
Nachdruck, auch auszugsweise, verboten
© Bibliographisches Institut & F.A. Brockhaus AG,
Mannheim 1992
Satz: Bibliographisches Institut (Diacos Siemens) und
Mannheimer Morgen Großdruckerei und Verlag GmbH
Druck: RK Offsetdruck GmbH, Speyer
Bindearbeit: Klambt-Druck GmbH, Speyer
Printed in Germany
ISBN 3-411-07701-8

Vorwort

Das vorliegende *Lexikon amerikanische Literatur* ist das erste umfassende deutsche Nachschlagewerk zur Literatur der USA. Die bisherige Vernachlässigung amerikanischer Schriftsteller, deren internationale Bedeutung sich u. a. durch zehn Nobelpreise dokumentiert, ist einerseits auf die häufig anzutreffende Subsumierung amerikanischer Werke unter die englische Literatur zurückzuführen, andererseits auf eine von einem enggefaßten Literaturbegriff ausgehende, quantitative wie qualitative Geringschätzung eigenständiger amerikanischer Literaturprodukte. Bei dieser oft oberflächlichen Einschätzung wird übersehen, daß neben den zahlreichen spanischen, portugiesischen und französischen Dokumenten der Entdeckung und Besiedlung des nordamerikanischen Kontinents in der 2. Hälfte des 16. Jahrhunderts englischsprachige Literaturwerke in den amerikanischen Kolonien schon seit den Entdeckungsfahrten des Captain John Smith Anfang des 17. Jahrhunderts existieren. Puritanische Predigten, koloniale Lyrik, religiöse und politische Traktate, kulturgeschichtliche Darstellungen, revolutionäre Pamphlete und anekdotisch-informative Almanache der Kolonialzeit im 17. und 18. Jahrhundert stellen ein umfangreiches Schrifttum dar, auf dem die amerikanische Literatur des 19. und 20. Jahrhunderts aufbaut. Nach der endgültigen Emanzipation von europäischen Vorbildern tauchen mit Edgar Allan Poes Konzeption der *Short story* und der im Kontext der Sklaverei entstandenen *Slave narrative* und der *Minstrel show* eigenständige amerikanische Literaturformen auf, die europäische Literaturpraktiken beleben bzw. eine neue Form des Theaters als Vorstufe von Musical und Film einleiten. Im Unterschied zu dem bis in die 1960er Jahre primär auf die Werke der WASPs (White Anglo-Saxon Protestants), der weißen angelsächsischen Autoren, ausgerichteten Literaturkanon werden in diesem Lexikon die vernachlässigten bzw. nicht immer adäquat gewürdigten Beiträge von Frauen sowie von Schriftstellern und Schriftstellerinnen ethnischer Minoritäten – Indianern und Amerikanern afrikanischer, asiatischer und mexikanischer Herkunft – als wesentlicher Bestandteil der amerikanischen Literatur begriffen und ebenso wie die Werke populärer Erfolgsautoren der Gegenwart besonders berücksichtigt.

In den rund 800 Stichwörtern werden Autoren, Epochen, Gattungen, literarhistorische Bewegungen und literaturkritische Schulen sowie wichtige amerikanistische Fachtermini und Zeitschriften aus dem Bereich dieser sich über einen Zeitraum von mehr als 400 Jahren erstreckenden Literatur mit umfangreichen bibliographischen Angaben dargestellt. In den thematischen Überblicksartikeln sowie im Einleitungsessay wird die oft isolierte Betrachtung literarischer Werke durch ihre Einordnung in den Kontext der amerikanischen Kultur ergänzt. Die von mir für das Werk *Der Literatur Brockhaus*

(3 Bde., 1988) erstellten und teilweise übernommenen Einträge wurden überarbeitet und aktualisiert. Zahlreiche bisher noch nicht vertretene Autoren und Autorinnen wurden neu aufgenommen.
Ein solches Nachschlagewerk kann nicht ohne fremde Hilfe und bibliographischen Beistand entstehen. Alle meine Mitarbeiterinnen und Mitarbeiter haben sich mit beispielhafter Ausdauer, Energie und Kompetenz in den Dienst dieses Unternehmens gestellt. Im Anfangsstadium haben Carmen Birkle und Liane Gürbig Texte für die EDV-Verarbeitung erfaßt. Cheryl Allison-Leisterer, Elisabeth Heidemeyer, Marion Hennes, Sanem Okurdil und Nicole Waller haben mit unermüdlichem Einsatz alle biobibliographischen Daten überprüft bzw. fehlende Informationen aufgespürt und bei der Herstellung des Manuskripts und beim Korrekturlesen wesentlich mitgewirkt. Carmen Birkle und Dr. Manfred Siebald haben in allen Phasen des Werks durch Rat und Tat die Arbeit an diesem Lexikon begleitet und darüber hinaus die unten aufgeführten eigenen Beiträge verfaßt. Die von Dr. Frank Dietz und Dr. Gudrun Schindler für den *Literatur Brockhaus* gelieferten Einträge wurden überarbeitet und ergänzt. Ihnen allen gilt mein besonders herzlicher Dank. Dank gebührt auch Frau Maria Schuster-Kraemer beim Verlag Bibliographisches Institut und F. A. Brockhaus AG in Mannheim für die redaktionelle Betreuung. Schließlich möchte ich meiner Frau, Dr. Beate Neumeier, für ihren kritischen Sachverstand, ihr großes Verständnis und ihre vielfältige Unterstützung während der oft zeitraubenden Arbeit an diesem Lexikon sehr herzlich danken.

Eigene Beiträge verfaßten:

Dr. Manfred Siebald: Bay Psalm Book, Bibel, J. P. Bishop, J. Cotton, J. Dickinson, A. Dillard, Film und Literatur, H. Frederick, M. Gordon, F. E. W. Harper, R. Jarrell, jüdisch-amerikanische Literatur, G. Keillor, Kriminalliteratur, Ladies' Home Journal, Local color, Musik und Literatur, J. Oppenheim, T. Paine, F. Parkman, Puritanismus, Religion und Literatur, J. Richardson, M. Rukeyser, S. Sanchez, M. Terry, W. Thurman, L. Untermeyer.

Carmen Birkle: T. C. Bambara, C. W. Chesnutt, R. H. Davis, R. Dove, L. Erdrich, J. Fauset, M. French, N. Giovanni, J. Harjo, G. Jones, N. Larsen, P. Marshall, G. Naylor, A. Petry, M. Walker.

Dr. Frank Dietz: U. Le Guin, J. Russ.

Dr. Gudrun Schindler: Indianerliteratur.

Mainz, im Sommer 1992 — Alfred Hornung

Zur Einrichtung des Buches

1. Alphabetisierung

Der Text ist nach Stichwörtern alphabetisch geordnet, die fett gedruckt am Anfang der ersten Zeile des betreffenden Artikels stehen. Komplexe Stichwörter, die mehrere fett gedruckte Wörter umfassen, werden ohne Rücksicht auf die Wortgrenze durchalphabetisiert, z. B. steht *New England Renaissance* zwischen *New criticism* und *New historicism*. – Die Schreibung richtet sich grundsätzlich nach den Regeln der Duden-Rechtschreibung.

2. Lautschrift

Für die Transkription der amerikanisch-englischen Aussprache wurden die nachstehenden Zeichen des *Longman Pronunciation Dictionary* von J. C. Wells (1990) verwendet.

ɑ:	farm	fɑ:rm	m	mat	mæt
æ	fat	fæt	n	next	nekst
aɪ	fine	faɪn	ŋ	sing	sɪŋ
aʊ	now	naʊ	ɑ:	got	gɑ:t
b	bat	bæt	ɔ:	form, paw	fɔ:rm, pɔ:
d	dog	dɔ:g	ɔɪ	boy	bɔɪ
dʒ	jam	dʒæm	p	pet	pet
e	met	met	r	rat	ræt
eɪ	fate	feɪt	s	sit	sɪt
eə	fairy	'feəri	ʃ	ship	ʃɪp
oʊ	goat	goʊt	t	tip	tɪp
ə	ago	ə'goʊ	tʃ	chin	tʃɪn
ɜ:	bird	bɜ:rd	θ	thin	θɪn
f	fat	fæt	ð	the	ðə
g	good	gʊd	u:	boot	bu:t
h	hat	hæt	ʊ	book	bʊk
ɪ	bit	bɪt	ʊə	poor	pʊər
ɪə	nearly	'nɪərli	ʌ	dug	dʌg
i	pretty	'prɪti	v	van	væn
i:	meet	mi:t	w	win	wɪn
j	yet	jet	z	zip	zɪp
k	kit	kɪt	ʒ	vision	vɪʒən
l	lot	lɑ:t			

: Längezeichen, bezeichnet Länge des unmittelbar davor stehenden Vokals, z. B. boot [bu:t].

' Hauptbetonung, steht unmittelbar vor der betonten Silbe, z. B. ago [ə'goʊ].

ˌ Nebenbetonung, steht unmittelbar vor der nebenbetonten Silbe, z. B. Renaissance [ˌrenə'sɑns].

3. Abkürzungen

Außer den nachstehend aufgeführten Abkürzungen werden allgemein übliche Abkürzungen verwendet, z. B. für Monatsnamen. Stichwörter im Text werden in abgekürzter Form, d. h. mit dem ersten Buchstaben des Wortes, wiedergegeben.

A

Abb.	Abbildung
Abh[h].	Abhandlung[en]
Abk.	Abkürzung
Akad.	Akademie
Ala.	Alabama
Alas.	Alaska
Anm.	Anmerkung[en]
Arb[b].	Arbeit[en]
Ariz.	Arizona
Ark.	Arkansas
Art.	Artikel
AT	Altes Testament
Aufl.	Auflage
Aufs[s].	Aufsatz [Aufsätze]
Ausg[g].	Ausgabe[n]
ausgew.	ausgewählt
Ausw.	Auswahl
Autobiogr.	Autobiographie

B

...b[b].	...buch [...bücher]
Bd.	Band
Bde[n].	Bände[n]
bearb.	bearbeitet
bed.	bedeutend
begr.	begründet
Beitr[r].	Beitrag [Beiträge]
ber.	berechnet
Ber[r].	Bericht[e]
bes.	besonders, besondere
Bez.	Bezeichnung
Bibliogr[r].	Bibliographie[n]
Biogr.	Biographie
Bl[l].	Blatt [Blätter]
Bln.	Berlin
Brsw.	Braunschweig
bzw.	beziehungsweise

C

Calif.	Kalifornien
Colo.	Colorado
Conn.	Connecticut

D

Darmst.	Darmstadt
Darst[t].	Darstellung[en]
D. C.	District of Columbia
Del.	Delaware
dgl.	dergleichen, desgleichen
d. h.	das heißt
d. i.	das ist
Diss.	Dissertation
Do.	Dortmund
Dr.	Drama
dt.	deutsch
Düss.	Düsseldorf

E

E[n].	Erzählung[en]
EA	Erstaufführung
ebd.	ebenda
ehem.	ehemals, ehemalig
eigtl.	eigentlich
Einf.	Einführung
eingel.	eingeleitet
Einl.	Einleitung
Eins.	Einsiedeln
einschl.	einschließlich
entst.	entstanden
Enzyklop.	Enzyklopädie
erl.	erläutert
Erl[l].	Erläuterung[en]
ersch.	erschienen
erw.	erweitert
europ.	europäisch
ev.	evangelisch

F

f., ff.	folgendes, folgende
F.	Folge
Ffm.	Frankfurt am Main
Fla.	Florida
Forsch.	Forschungen
Forts.	Fortsetzung
Freib.	Freiburg im Breisgau
Frib.	Freiburg (Schweiz)

frz.	französisch
Fsp.[e]	Fernsehspiel[e]
FU	Freie Universität

G

Ga.	Georgia
geb.	geborene
Ged.	Gedicht[e]
gedr.	gedruckt
gegr.	gegründet
ges.	gesammelt[e]
Gesch.	Geschichte
...gesch.	...geschichte
Ggs.	Gegensatz
Gött.	Göttingen
Güt.	Gütersloh

H

H.	Heft
...h[h].	...heft[e]
Habil.	Habilitationsschrift
Hamb.	Hamburg
Hann.	Hannover
Hdb[b].	Handbuch [Handbücher]
Hdbg.	Heidelberg
Hdwb.	Handwörterbuch
hebr.	hebräisch
hg.	herausgegeben
Hg.	Herausgeber/in
hl.	heilig
hpts.	hauptsächlich
Hsp.[e]	Hörspiel[e]

I

Id.	Idaho
Ill.	Illinois
Ind.	Indiana
Innsb.	Innsbruck
insbes.	insbesondere, insbesonders
Inst.	Institut
internat.	international

J

J.	Journal
Jb[b].	Jahrbuch [Jahrbücher]
Jg.	Jahrgang
Jh.	Jahrhundert
Jr.	Junior

K

Kans.	Kansas
Kap.	Kapitel
Karlsr.	Karlsruhe
Kat.	Katalog
kath.	katholisch
Kl.	Klasse
Kom.[n]	Komödie[n]
Ky.	Kentucky

L

La.	Louisiana
lat.	lateinisch
Lex.	Lexikon
Lit.	Literatur
...lit.	...literatur
Lpz.	Leipzig

M

MA	Mittelalter
Mass.	Massachusetts
Mchn.	München
Md.	Maryland
Mhm.	Mannheim
Mich.	Michigan
Minn.	Minnesota
Miss.	Mississippi
m. n. e.	mehr nicht erschienen
Mo.	Missouri
Monogr[r].	Monographie[n]
Mont.	Montana

N

Nachdr[r].	Nachdruck[e]
nat.	national
Nbg.	Nürnberg
N. C.	North Carolina
N. Dak.	North Dakota
Nebr.	Nebraska
Neuaufl.	Neuauflage
Neuausg.	Neuausgabe
Neudr.	Neudruck
Nev.	Nevada
N. H.	New Hampshire
niederl.	niederländisch
N. J.	New Jersey
N. Mex.	New Mexiko
Nov.[n]	Novelle[n]
Nr.	Nummer
NT	Neues Testament

Nw.	Neuwied
N. Y.	New York (Bundesstaat der USA)

O

Okla.	Oklahoma
Old.	Oldenburg (Oldenburg)
Oreg.	Oregon
österr.	österreichisch

P

Pa.	Pennsylvania
Prof.	Professor
prot.	protestantisch
Prov.	Provinz

R

R.[e]	Roman[e]
Rbk.	Reinbek
Red.	Redaktion
ref.	reformiert
Reg.	Register
rev.	revidiert
R. I.	Rhode Island

S

S.	Seite, Spalte
S. C.	South Carolina
Schr[r].	Schrift[en]
Schsp.[e]	Schauspiel[e]
S. Dak.	South Dakota
skand.	skandinavisch
Slg.	Sammlung
sog.	sogenannt
Stg.	Stuttgart
Suppl.	Supplement

T

Tab.	Tabelle
Tb[b].	Taschenbuch [Taschenbücher]
Tenn.	Tennessee
Tex.	Texas
Tl.	Teil
Tle[n].	Teile[n]
Trag.[n]	Tragödie[n]
Tüb.	Tübingen

U

u.	und
UA	Uraufführung
u. a.	und andere[s], unter anderem
übers.	übersetzt
Übers[s].	Übersetzung[en]
u. d. T.	unter dem Titel
Univ.	Universität
Unters[s].	Untersuchung[en]
usw.	und so weiter

V

v.	von
Va.	Virginia
v. a.	vor allem
verh.	verheiratete
Veröff.	Veröffentlichungen
veröffentl.	veröffentlicht
Verz.	Verzeichnis
vgl.	vergleiche
Vt.	Vermont

W

Wash.	Washington
Whm.	Weinheim
Wis.	Wisconsin
wiss.	wissenschaftlich
Wiss.	Wissenschaft
...wiss.	...wissenschaft
Witt.	Wittenberg
Wsb.	Wiesbaden
W. Va.	West Virginia
Wyo.	Wyoming
Wzb.	Würzburg

Z

z. B.	zum Beispiel
Zs[s].	Zeitschrift[en]
z. T.	zum Teil
Zü.	Zürich
zus.	zusammen
zw.	zwischen
z. Z.	zur Zeit

Zeichen

*	geboren
≈	getauft
⚭	verheiratet
†	gestorben
⚔	gefallen
▭	begraben
↑	siehe

Amerikanische Literatur im Überblick

Die auf dem Gebiet der heutigen USA seit dem 16. Jh. entstandene amerikan. Literatur setzt sich einerseits aus den Kulturen der an der Entdekkung und Besiedlung des amerikan. Kontinents beteiligten europ. Kolonialmächte, andererseits aus den verschiedensten kulturellen Zeugnissen der in Nordamerika ansässigen Indianerstämme zusammen. Diese die jeweiligen polit. Interessen europ. Mächte im Kontakt mit der Welt der Indianer spiegelnde Literatur wird von Anfang an von der Transplantation und Transformation europ. Kulturgutes und von der bei der sprachl. Anverwandlung der Neuen Welt an eigene Formmuster angewandten Imagination bestimmt. Das Zusammenwirken dieser Kompositionsprinzipien und die kosmopolit. Dimension bilden die Basis einer dynam. Entwicklung der amerikan. Literatur, die allmählich die europ. Vorbilder hinter sich läßt, eigenständige Werke produziert und früher als vergleichbare Nationalliteraturen internat. Rang erreicht. Stufen dieser Entwicklung sind eine koloniale, eine nat., eine prämoderne, eine moderne und eine postmoderne Phase, deren Übergänge gleitend sind und deren hier vorgenommene zeitl. Festlegung nur approximativ zu verstehen ist.

Koloniale Phase (1542–1763): Die neuere Forschung zur kolonialamerikan. Literatur geht von einem geographisch wie sprachlich umfassenderen Bereich als die sich primär auf angloamerikan. Autoren konzentrierende Behandlung der amerikan. Literaturgeschichte aus und betont die multinat. Entstehungsgeschichte der später vornehmlich englischsprachigen Literatur in den USA. Die auf Columbus' Landung in der Karibik (1492) folgenden Entdeckungsfahrten span., portugies., frz. und engl. Seefahrer in die Neue Welt zeitigten eine Expeditionsprosa, die sich zunächst auf Florida und den Südwesten, dann auf den Nordosten und die Ostküste des nordamerikan. Kontinentes bezog. Erste span. und portugies. Dokumente bezeugen die Erkundung des Landes von Puerto Rico aus nach Florida, das 1513 durch Ponce de León (* um 1460, † 1521) entdeckt wurde und dessen Beschreibung in einer span. Darstellung von Alvar Núñez Cabeza de Vaca, *La relación* (1542), und einem anonymen portugies. Bericht, *Relaçam verdadeira dos trabalhos* (1557), vorliegt; oder sie berichten von der Eroberung des Südwestens, bes. Arizonas und New Mexicos von Mexiko aus, deren erstes Zeugnis die Darstellung durch Pedro de Castañeda (* um 1510, † um 1570), *Relación de la jornada de Cíbola* (entst. um 1565, gedr. 1896, engl. 1904), ist. Frz. Beispiele für die den Expeditionen und ersten Siedlungsversuchen folgenden Augenzeugenberichte beziehen sich auf das gescheiterte Kolonisationsexperiment hugenott. Auswanderer, als deren interessanteste Darstellungen die zuerst in einer engl. Fassung erschie-

nene *The whole and true discoverie of terra Florida* (1563) von Jean Ribau(l)t (* um 1520, † 1565) sowie die mit eigenen Illustrationen versehene Beschreibung der Florida-Erlebnisse von Jacques Le Moyne, *La Floride* (1592; dt. *Von dreyen Schiffarten, so die Franzosen in Floridam gethan,* 1970), gelten. Im Nordosten erforschte Samuel de Champlain (* um 1567, † 1635) von Kanada aus die heutigen Staaten Vermont und New York (*Les voyages,* 1613). Die engl. Übersetzungen dieser span. und frz. Expeditionsberichte dienten den engl. Seefahrern als Orientierung bei ihren in den 1580er Jahren aufgenommenen Entdeckungsreisen nach Amerika. Im Gegensatz zu den die einzelnen Stationen der Expedition beschreibenden span. Berichten konzentrierte sich die frühe engl. Prosa auf die bei den ersten Kolonisationsversuchen gemachten Erfahrungen. In einer Verbindung von Erforschungs- und Kolonisationsbericht dokumentiert Thomas Hariots (* 1560, † 1621) *A briefe and true report of the new found land of Virginia* (1588; dt. *Wunderbarl., doch wahrhaftige Erklärung von der Gelegenheit und Sitten der Wilden in Virginia,* 1970) die gescheiterte Gründung einer Kolonie auf Roanoke Island (heute N. C.). Die Sammlung der meist engl., aber auch frz. und span. Explorationsberichte ist das Verdienst des Kompilators Richard Hakluyt (* um 1552, † 1616), *Principall navigations voyages traffiques and discoveries of the English nation* (1589, 3 Bde.; erw. 1598–1600; hg. 1965, 12 Bde.), dessen Werk von Samuel Purchas (* um 1575, † 1626) mit *Hakluytus posthumus, or Purchas his pilgrimes* (1625, 4 Bde.; hg. 1965, 20 Bde.) fortgesetzt wurde. Die Phase der frühen Berichte über die Landnahme fand schließlich ihr Ende in Captain J. Smiths z. T. mythisch angereicherten Darstellungen der ersten engl. Dauersiedlung Jamestown in Virginia (*A true relation of Virginia,* 1608) sowie der Erkundung der neuengl. Staaten (*A description of New England,* 1616).
In den span. Gebieten des Südostens und Südwestens wurde der Expeditionsbericht durch Missionsberichte kath. Geistlicher abgelöst, während in den engl. Siedlungsgebieten in Virginia Zweckliteratur (Tagebuch, Brief, Bericht) mit dem Ziel der Beschreibung der neuen exot. Landschaft zur Siedleranwerbung verfaßt wurde (George Percy [* 1580, † 1632], *A discourse of the plantation of the Southern colonie in Virginia,* entst. 1607; gedr. in Purchas u. d. T. *Observations gathered out of a discourse of the plantation of the Southern colonie in Virginia,* 1625), oder der Kulturkonflikt zw. Indianern und Europäern thematisiert wurde wie in dem autobiograph. Bericht des als Geisel gehaltenen Henry Spelman (* um 1595, † 1623), *A relation of Virginia 1609* (entst. um 1611; gedr. 1872). Beeinflußt von Virginia-Autoren entstanden in den angrenzenden Staaten Maryland und Carolina erste literar. Werke wie die in lat. und engl. Fassung (*Relatio itineris in Marylandiam,* 1634; *A briefe relation of the voyage unto Maryland,* 1634) vorliegenden Eindrücke des von Barbados nach Maryland umgesiedelten Jesuiten Andrew White (* 1579, † 1655 oder 1656) sowie die oft als pikareskes Kolonialbarock bezeichnete Landbeschreibung von George Alsop (* 1636, † nach 1673), *A character of the province of Mary-Land* (1666), und die politisch-konfessionelle Streitschrift John Hammonds (* ?, † 1663) *Leah and Rachel, or, the two fruitful sisters Virginia, and Mary-Land* (1656).

Der Übergang von der Zweckliteratur zur Poesie zeigt sich an dem Interesse an klass. Literatur (George Sandys' Ovid-Übersetzungen, *Ovid's Metamorphosis Englished by G. S.*, 1626), der Übernahme barocker Literaturformen, der Manifestation satir. Intention wie in der anonymen, den Aufstand gegen den Gouverneur Virginias schildernden *History of Bacon's and Ingram's rebellion, 1676* (gedr. u. d. T. *Burwell papers*, 1814) sowie in der ersten beurkundeten Theateraufführung (*Ye bare and ye cubb*, 1665; ↑Theater).

Ähnlich wie die 1607 gegründete Stadt Jamestown im Südosten, bildeten die im Nordosten angelegten Dauersiedlungen den Ausgangspunkt für die kolonialamerikan. Literatur Neuenglands. Im Unterschied zu der oft weltl. Thematik im engl. Südosten sind die Schriften im Nordosten eindeutig religiös bestimmt (↑Religion und Literatur). Von großem histor. Wert ist die von W. Bradford verfaßte Geschichte der Plymouth Plantation, der ersten 1620 von den Pilgervätern gegründeten Kolonie Neuenglands, deren utop. Charakter von dem Anglikaner Thomas Morton (* um 1590, † 1647) in *New English Canaan* (1637) kritisiert wurde. Literarisch am bedeutendsten sind die Schriften der Puritaner in der von J. Winthrop 1630 um das heutige Boston gegründeten Massachusetts Bay Colony, die analog zur ↑Bibel ein Modell für das Neue Jerusalem sein sollte. Die theolog. Auslegung und prakt. Anwendung der Lehren des ↑Puritanismus förderten einerseits Formen der introspektiven Literatur wie Tagebuch und autobiograph. Selbsterforschung sowie biograph. und histor. Abhandlungen, äußerten sich andererseits aber auch in furchterregenden Predigten und Traktaten zur Abwehr Andersdenkender und Ungläubiger, die wie in der Antinomistenkrise (1636–38) zur Verbannung etwa von Anne Hutchinson (* 1591, † 1643) bzw. zum Tod wie im Kampf mit den Indianern und in den Hexenprozessen von Salem (1692) führen konnten. Zu den bedeutendsten Schriftstellern dieser frühen Phase zählen J. Cotton, Thomas Hooker (* 1586, † 1647), J. Winthrop, T. Shepard, S. Sewall und die Mather-Familie. Auf dem Gebiet der Dichtung reicht das Spektrum von den separatistisch-puritan. Gedichten Thomas Tillams (* ?, † 1668), *Uppon the first sight of New-England* (1638) über die teilweise vom engl. Volkslied inspirierten Psalmennachdichtungen in *The* ↑*Bay Psalm Book* (1640) und die das puritan. Leben in der Massachusetts Bay Colony kritisierenden (R. Williams) bzw. verteidigenden Dichter (Edward Johnson [* 1598, † 1672], *The wonder-working providence of Sions Saviour in New-England*, 1654; John Fiske [* 1608, † 1677]) bis zu der an die Metaphysical poets erinnernden Dichtung von A. Bradstreet, M. Wigglesworth und bes. E. Taylor (↑Lyrik). C. Mathers Schriften, v. a. die im Stil eines christl. Epos gehaltene Kirchengeschichte Neuenglands *Magnalia Christi Americana* (1702), vermitteln das beste Bild dieser Zeit, markieren aber auch bereits die Ablösung einer theokrat. Organisation durch weltlich pragmat. Handlungsmuster und damit einen geschichtl. Wandel, dem sich konservative Puritaner (u. a. J. Edwards) in der Epoche des ›Great Awakening‹ (1734–50) erfolglos widersetzten (↑Religion und Literatur). Der in der Expeditionsliteratur häufig angesprochene Kontakt mit den Indianern wurde durch die sich bei Missionierungsversuchen bzw. der Besiedlung indian. Gebiete ereignenden krieger. Auseinandersetzungen zu einem eigenständigen Thema. Bes. die als ›King Philip's War‹ (1675–76) bezeichneten Kämpfe der Siedler mit den Indianern in Neuengland fanden ihren Niederschlag in der Literatur, so in Increase Mathers (* 1639, † 1723) *A brief history of the war with the Indians* (1676), in William Hubbards (* um 1621, † 1704) *Narrative of the troubles with the Indians in New-England* (1677), in dem als ›captivity narrative‹ (↑ Autobiographie) bekannten Bericht von der Errettung aus indian. Gefangenschaft (z. B. Mary Rowlandson [* um 1635, † um 1678] *The sovereignty and goodness of God*... [veröffentl. 1682]) sowie in der satir. Verserzählung *New Englands crisis. Or a brief narrative, of New-Englands lamentable estate at present*... (1676) des bedeutendsten ersten kolonialbürtigen Dichters Benjamin Tompson (* 1642, † 1714). Erste schriftlich fixierte Zeugnisse der Indianerkultur, die sich primär durch mündl. Überlieferung in Form von Gebeten, rituellen Formeln und Gesängen fortpflanzte, stammen von christianisierten Mohikanern, so z. B. Samson Occoms (* 1723, † 1792) *A short narrative of my life* (entst. 1768; gedr. 1982) bzw. *A sermon at the execution of Moses Paul* (1772).

Nationale Konstitutionsphase (1763–1850): B. Franklins *Autobiography* (4 Tle., entst. 1771–90) dokumentiert den Übergang von der puritanisch orientierten Kolonialzeit über den Unabhängigkeitskrieg zur Entstehung eines neuen Bürgertums mit pragmat. Haltung, das die individuelle Verwirklichung in den Dienst der amerikan. Nation stellte. Die Pamphlete T. Paines sowie die polit. Schriften der Präsidenten Thomas Jefferson (* 1743, † 1826) und John Adams (* 1735, † 1826) wurden zur Grundlage der Unabhängigkeit der Vereinigten Staaten und ihrer demokrat. Staatsform, die sich an die frz. und schott. Aufklärungsphilosophie anlehnte. Erste *Romanschriftsteller,* wie W. H. Brown, H. H. Brackenridge, R. Tyler u. C. B. Brown, imitierten europ., bes. engl. Muster, gaben ihnen aber mit der Thematisierung der polit. und gesellschaftl. Aktivitäten in der frühen Republik einen amerikan. Rahmen (↑ Roman). Ebenso waren die ersten Versuche des amerikan. ↑ Dramas, das wegen der puritan. Abneigung gegen das ↑ Theater im Nordosten erst mit R. Tyler und W. Dunlap begann, von europ. Vorbildern bestimmt. Im Gegenzug beeinflußten M. G. J. de Crèvecœurs Landschaftsbeschreibungen das romant. Amerikabild der Europäer. Reiseberichte und die naturwiss. Schriften William Bartrams (* 1739, † 1823), Alexander Wilsons (* 1766, † 1813) und John James Audubons (* 1785, † 1851) stellten amerikan. Naturwunder dar. F. Hopkinson und P. M. Freneau gaben der revolutionären Zeit *lyr.* Ausdruck in polit. Satiren, Elegien, Natur-, Lehr- und Reisegedichten. Ende des Jahrhunderts forderten die ↑ Hartford Wits eine eigenständige amerikan. Dichtung und waren wie ihre Zeitgenossen von dem Bestreben bestimmt, das demokrat. Amerika literarisch zu festigen. Angesichts der durch den Kauf der frz. Gebiete (›Louisiana Purchase‹, 1803) und der von Präsident Jefferson angeregten Expedition zur Westküste durch Meriwether Lewis (* 1774, † 1809) und William Clark (* 1770, † 1838) entwickelte J. F. Cooper im Wechselspiel von myth. und realist. Gestaltung der realen Gegebenheiten bes. in seinen *Leather-Stocking*-Erzählungen das Konzept der Frontier, der stetig nach Westen vorstoßenden Grenze weißer Besiedlung, an der die Auseinandersetzung mit den Indianern stattfand. J. P. Kennedy und W. G. Simms ergänzten und korrigierten die von Cooper geprägte romant. Frontier-Ideologie, die zudem in humorist. Übertreibung bei Daniel Boone (* 1734, † 1820) und D. Crockett der populären Unterhaltung diente. Die im Zusammenhang mit der Abfassung und Ratifizierung der amerikan. Verfassung (1787) geführten Diskussionen über die rechtl. Stellung der schwarzen Sklaven fanden ihren Niederschlag in Aufsätzen des Quäkers J. Woolman und der Abolitionisten in der ersten Hälfte des 19. Jh. (William Lloyd Garrison [* 1805, † 1879], *Thoughts on African colonization,* 1832) sowie in Gedichten J. G. Whittiers gegen die Rassendiskriminierung. Gleichzeitig entstand neben den aus christl. Geist geschriebenen krit. Gedichten der ersten afroamerikan. Dichterin P. Wheatley die Literaturform der ›slave narrative‹, die zur Darstellung der Sklaverei und der geglückten Flucht in den emanzipierten Norden genutzt wurde († afroamerikanische Literatur, † Autobiographie). An die in der Verfassung ebenfalls nicht geklärte Stellung der Frau erinnerten erste feminist. Dokumente, wie die während der Revolutionszeit geschriebenen Briefe der Präsidentengattin A. Adams, C. B. Browns Abhandlung *Alcuin* (1798) bzw. die zumeist sentimentale Darstellung regionaler und häusl. Atmosphäre in den Romanen C. M. Sedgwicks oder Susan B. Warners (* 1819, † 1885) († Frauenliteratur).

Auch die Bewegung des neuengl. † Transzendentalismus (1836–1860) betonte das amerikan. Wagnis einer demokrat. Nation. In Anknüpfung an die Transzendentalphilosophie I. Kants und den dt. Idealismus kann diese Bewegung als eine Weiterentwicklung des Puritanismus auf intellektueller Ebene und eine bed. Spielart der amerikan. Romantik gesehen werden. In Gedichten und Essays († Essay) verbanden W. E. Channing, Theodore Parker (* 1810, † 1860), Frederic Henry Hedge (* 1805, † 1890), M. Fuller, G. Ripley und v. a. R. W. Emerson Religion und Natur zu einer pantheistisch-romant. Weltsicht, die im Vertrauen auf die eigene Eingebung und Selbstverwirklichung die moral. Mission der Nation implizit formulierte und eine Absage an den materialist. Geist der Zeit beinhaltete († Brook Farm). H. D. Thoreau setzte diese Ideen durch sein alternatives Naturerleben in dem Experiment *Walden* (1854) in die sich angesichts des Mexikanischen Krieges (1846–48) auch als Widerstand gegen die Staatsgewalt äußernde Tat um (*Civil disobedience,* 1849).

Prämoderne (1850–1910): Das optimist. Konzept der Transzendentalisten, die zus. mit den zeitgleichen Schriftstellern Neuenglands die erste Blütezeit der amerikan. Literatur (American bzw. † New England Renaissance) bilden, fand seine Grenzen im Einbruch des Bösen und in metaphys. Zweifeln. Im *Roman* griff N. Hawthorne auf die puritan. Geschichte zurück, um symbolisch die Schuld des Menschen sowie der Nation zu zeigen. H. Melville, der mit *Moby-Dick* (1851) eine Art Nationalepos schuf, weitete das menschl. Verhängnis auf den Kosmos aus und nahm die für die Moderne typ. existentielle Problematik des Menschen vorweg. In E. A.

Poes *Kurzgeschichten,* die im Anschluß an die von W. Irving zuerst praktizierte, europ. und amerikan. Elemente vermischende ↑Short story eine weitgehend eigenständige amerikan. Literaturgattung begründeten, wird das Unheimliche der menschl. Natur ohne direkte moral. Wertung symbolhaft dargestellt. Die Rezeption der Poeschen Short story sowie seiner Gedichte und poetolog. Aufsätze durch Charles Baudelaire beeinflußte entscheidend die Entwicklung des frz. Symbolismus und der Moderne. Die Zäsur des u. a. für die Befreiung der Sklaven und die Einheit des Landes geführten Bürgerkrieges erschütterte den wiederholt in Frage gestellten optimist. Fortschrittsglauben gänzlich. Die zunehmende Industrialisierung sowie die nach dem Zugewinn der von Mexiko im Frieden von Guadalupe-Hidalgo (1848) abgetretenen Gebiete zügige Eroberung des Westens schufen neue sozioökonom. Verhältnisse, die durch die wissenschaftl. Erkenntnisse des Sozialdarwinismus politisch sanktioniert wurden und die individuelle Durchsetzungskraft förderten. Aufgrund der ungestümen geograph., polit. und wirtschaftl. Expansion waren die gesellschaftl. Konflikte vorprogrammiert, die in der lebensnahen Wiedergabe der Situation der Schwarzen (H. B. Stowe, F. Douglass, W. H. Brown, Harriet E. Wilsons [* um 1828, † um 1863] *Our nig,* 1859, Harriet Jacobs' [* um 1815, † um 1897] *Incidents in the life of a slave girl,* 1861), der kaliforn. Goldgräbersiedlungen (Mark Twain, B. Harte) und der Spiegelung menschl. Verhaltensweisen in regionalen Landschaftsaspekten (M. E. W. Freeman, S. O. Jewett, G. W. Cable, H. Garland, H. Frederic, K. Chopin) Eingang in den realist. *Roman* fanden (↑Local color). W. D. Howells und Mark Twain machten die Beschreibung menschl. Schwächen zur Grundlage einer an moral. Kriterien orientierten Gesellschaftskritik. Naturalist. Einflüsse zeigen sich bei A. G. Bierce und S. Crane, die beide das Walten einer unausweichl. Schicksalsmacht in Extremsituationen wie etwa dem amerikan. Bürgerkrieg darstellten. T. Dreiser analysierte die Determiniertheit des Menschen durch seine Erbanlagen und das Milieu der Großstadt. Sozialkrit. Schriftsteller sowie die sog. ↑Muckraker zeigten gesellschaftl. Mißstände auf und sahen mögliche Alternativen in utop. Staatsformen (E. Bellamy, J. London; ↑Utopie), sozialist. Revolution (U. Sinclair) und Sozialreform (Henry George [* 1839, † 1897], R. Herrick, L. Steffens, B. Tarkington, W. Churchill, D. G. Phillips). F. Norris und J. London verbanden ihre naturalist. Schilderungen mit romant. Zügen bzw. autobiograph. Abenteuern und polit. Aktion. Im Zuge der sich im Kampf um das Wahlrecht entwickelnden Frauenbewegung (Susan B. Anthony [* 1820, † 1902], E. C. Stanton) analysierten feminist. Schriftstellerinnen wie R. H. Davis und C. P. Gilman die ökonom. Bedingungen und die daraus resultierende Abhängigkeit der Frau. Den Übergang zur Moderne leistete der zwischen Europa und den USA stehende Henry James mit kosmopolit. Themen und der auch literaturtheoretisch untermauerten Verwendung des psycholog. Realismus. K. Chopin, E. Wharton, W. Cather und E. Glasgow verwendeten James' innovative Romantechnik zur Zeichnung regionaler Sitten- und emanzipator. Frauenbilder.
Die *Lyrik* der Zeit vor und nach dem Bürgerkrieg umfaßt die formalen Ex-

perimente von S. Lanier, die humanitären Ideen J. G. Whittiers, die neuromant. Dichtung H. W. Longfellows und die polit. Gedichte J. R. Lowells. Den Ausgangspunkt für das Entstehen der modernen amerikan. Poesie bildeten die pantheist., in freien Rhythmen verfaßten Gedichte W. Whitmans, der das Thema der Einheit von Körper und Seele und der demokrat. Verbrüderung zu einem romant. Gesamtkonzept verband, sowie die oft korrelativ zu Whitman gesehene Dichtkunst E. Dickinsons, die als bedeutendste Dichterin der engl. Sprache existentielle Phänomene in minimalist. Versifikation thematisierte.
Das amerikan. *Theater* dieser Zeit war von Melodramatik beherrscht. D. Boucicault schuf Adaptationen europ. und amerikan. Stoffe, D. Belasco Bühnenstücke im Lokalkolorit des Westens. Durch den Einfluß H. Ibsens wurde das Drama allmählich psychologischer und ernsthafter (J. A. Herne, B. Howard, C. W. Fitch, W. V. Moody). Gleichzeitig wurden die im Laufe des 19. Jh. entstandenen eigenständigen Theaterformen, wie ↑Minstrel show, Burlesque und Vaudeville zu festen Bestandteilen der populären Unterhaltungskunst (↑Theater), die im 20. Jh. u. a. in die Filmkunst eingingen (↑Film und Literatur).
Moderne (1910–1950): Die bes. durch die Teilnahme am 1. Weltkrieg dokumentierte internat. Geltung der USA zeigte sich auch auf dem Gebiet der Literatur, insofern als amerikan. Autoren die literar. Bewegung des ↑Modernismus entscheidend prägten. Die in zahlreichen Werken deutl. Erschütterung aller Werte erforderte eine Neuorientierung, die durch den primär von Expatriates und der ↑Lost generation geleisteten Kulturaustausch mit Europa erfolgte (u. a. E. Pound, T. S. Eliot, G. Stein). Im *Roman* wurde die sozialkrit. Komponente durch die Darstellung grotesker Gestalten (S. Anderson) oder die satir. Spiegelung der Bourgeoisie (S. Lewis) modernisiert. In den 20er Jahren setzte eine Konzentration auf die existentielle Befindlichkeit des Menschen ein, die F. S. Fitzgerald am ›Jazz age‹, E. Hemingway an der Desillusionierung der Nachkriegszeit, W. Faulkner an der Desintegration der Südstaatenkultur, T. Wolfe an der Sehnsucht nach Alleinheit und H. Miller an der Sexualität festmachte. Die Komplexität moderner Existenz fand ihre formale Entsprechung in der in myth. Umgebung angesiedelten Überlagerung verschiedener Zeitebenen (W. Faulkner), in der der modernen Großstadtarchitektur adäquaten Montagetechnik (J. Dos Passos) und in der der Malerei entlehnten Verräumlichung von Zeitsequenzen in G. Steins ›portrait narration‹. Die seit E. A. Poe bekannte Detektivgeschichte wurde von den Vertretern der ›hard-boiled school‹ (R. Chandler, D. Hammett) zum modernen Kriminalroman ausgestaltet (↑Kriminalliteratur). Für die Radikalisierung der in der Welt der Arbeiter und ethn. Minoritäten offenkundigen Sozialproblematik in den 30er Jahren, der sog. ›red decade‹, stehen stellvertretend die entwurzelten, dem Schicksal unterworfenen Menschen bei J. Steinbeck, J. T. Farrell, E. Caldwell, H. Roth, Michael Gold ([* 1893, † 1967], *Jews without money,* R., 1930) und R. Wright. Eine weitere Steigerung der grotesken und absurden Weltsicht zeigte sich in der Pervertierung des American dream (N. West) und in der Verschärfung des existentiellen Konflikts in

den Kriegsromanen von J. Jones, N. Mailer und J. Hawkes kurz vor und nach dem 2. Weltkrieg (↑Kriegsroman). Aus dieser Haltung entstanden die Bilder der zur grotesken Welt verkommenen Südstaatenkultur (C. McCullers, F. O'Connor, A. Tate, R. P. Warren) und der schwarzen Existenz (R. W. Ellison). Die eigenständige Entwicklung einer ↑Frauenliteratur zeigt sich v. a. in den Werken von G. Stein, D. Barnes, E. Ferber, D. Parker, J. West und A. Nin.

In der *Lyrik* begann die Moderne mit T. S. Eliot und mit E. Pounds 1912 begründeter Bewegung des ↑Imagismus, die im poet. Bild sowohl einen intellektuellen Gehalt als auch eine emotionale Einstellung sah, sowie mit H. Monroes Zeitschrift ↑*Poetry* und anderen ↑Little magazines, in denen zunächst imagist. Gedichte von H. Doolittle, A. Lowell, J. G. Fletcher und C. P. Aiken, später aber Gedichte aller bed. Lyriker des Modernismus erschienen. Dieser z. T. esoter. Dichtung, die H. Crane und W. Stevens durch eigene symbolist. Entwürfe und amerikan. Schauplätze ergänzten, standen traditionelle Formen in V. Lindsays und E. L. Masters Gesellschaftskritik, C. Sandburgs krit. Lobpreis Amerikas, in R. L. Frosts Zuflucht zur Natur Neuenglands und in E. A. Robinsons Versepen gegenüber. Mit radikalen Sprach- und Formelementen experimentierten E. E. Cummings, M. Moore sowie, in der Bewegung des Objectivism (↑Lyrik), George Oppen (* 1908, † 1984), C. Reznikoff, W. C. Williams und L. Zukofsky. Im Gegensatz zu diesen experimentellen modernist. Tendenzen formierte sich an der Vanderbilt University in Tennessee die Dichtergruppe der ↑Fugitives, die traditionelle Werte des Südens betonten und die Entwicklung der Literaturbetrachtung des ↑New criticism entscheidend beeinflußten. Weitere bed. Lyriker, die der Konzeption des New criticism nahestanden, sind R. Jeffers, E. S. V. Millay, S. V. Benét, W. R. Benét, R. Jarrell, D. Schwartz, K. Shapiro, D. Ignatow, S. Kunitz, T. Roethke, L. Riding und R. Wilbur.

Auf dem Gebiet des *Dramas* begann eine Neuorientierung mit der Aufführung moderner europ. Stücke durch avantgardist. Schauspieltruppen wie die von S. Glaspell mitbegründeten Provincetown Players (1915–29). Die Rezeption des expressionist. und symbolist. Dramas in George Pierce Bakers (* 1866, † 1935) ›47 Workshop‹ an der Harvard University förderte Talente wie E. O'Neill, der durch die Darstellung der unter der Oberfläche verborgenen Realitätsschichten im Rückgriff auf antike Mythen, die er mit der puritan. Vergangenheit Neuenglands und der Freudschen Psychologie koppelte, europ. Theaterformen weiterentwickelte. T. Wilder unterstrich in seiner amerikan. Version des ep. Theaters den Gedanken der Verbrüderung und die Lösung des menschl. Dilemmas durch die Demokratie. Die politisch engagierten Dramatiker E. Rice, J. H. Lawson, R. Sherwood, C. Odets, A. Maltz, S. Kingsley, I. Shaw thematisierten, u. a. in dem von F. D. Roosevelt lancierten Federal Theatre Project (↑Theater), sozialrevolutionäre Lösungen, teilweise im Rückgriff auf Formen des Agitprop. Versdramen (T. S. Eliot, M. Anderson, A. MacLeish) und komödienhafte Gesellschaftsstücke (P. Barry, S. Howard, S. N. Behrman) nahmen an Bedeutung ab. An ihre Stelle traten Musicals (↑Musik und Literatur), die bes. in Zusammenarbeit von O. Hammerstein und R. Rogers entstanden. Das Aufbrechen der Familienstruktur sowie die Brüchigkeit der sozialen Bindungen in der amerikan. Gesellschaft insgesamt wurden in der Folge zum beherrschenden Thema des amerikan. Dramas. Psycholog. Charakteranalyse und schonungslose Offenlegung des verderbl. Glaubens an den American dream verband A. Miller mit sozial-eth. Engagement bei der Darstellung der Mittelklasse, L. Hellman mit polit. Aussage angesichts des dt. Faschismus und des Niederganges der Aristokratie der Südstaaten, T. Williams mit Mitgefühl für die gescheiterten Existenzen des Südens. Wie die meisten modernen Dramatiker verfaßte Williams auch theaterkrit. Essays und bemühte sich mit seiner Konzeption des ›plastic theatre‹, durch akust. und visuelle Eindrücke zusätzl. Bedeutungsdimensionen einzuschalten, die die späteren postmodernen Theaterexperimente erst möglich machten. E. Albee schuf mit seinen Stücken eine amerikan. Version des absurden Theaters.

Ein bedeutendes, für die Entwicklung der modernen amerikan. Literatur wesentlich bereicherndes Element ist die Herausbildung *ethn. Literaturen* im 20. Jh. (↑asiatisch-amerikanische Literatur, ↑jüdisch-amerikanische Literatur, ↑mexikanisch-amerikanische Literatur), die neben die schon existenten Formen der ↑afroamerikanischen Literatur und der ↑Indianerliteratur treten. Allen gemeinsam ist der im Gefolge der großen Einwandererströme der Jahrhundertwende durchlaufene Prozeß der Akkulturation, der von einer Stufe der Assimilation an die angloamerikan. Gesellschaft zur Erkenntnis der Differenzqualität für die eigene Identitätsgewinnung in einer multikulturellen Gesellschaft der Gegenwart führt. Am deutlichsten wird dieser Prozeß einer mit dem Kunstschaffen verbundenen Identitätssuche bei den Vertretern der ↑Harlem Renaissance. Mit der von W. E. B. Du Bois eingeleiteten Abkehr von B. T. Washingtons Konzept der Integration in die weiße Gesellschaft wurden die Spuren des in Spirituals, Blues, Sagen und Folklore manifesten afrikan. Kulturerbes sichtbar, die in Sammelbänden veröffentlicht wurden (A. Bontemps, J. W. Johnson, A. Locke, L. Hughes, Z. N. Hurston). In Gedichten, Dramen und Erzählungen, die konventionelle Darstellungen sowie innovative, der freien Assoziation des Jazz entlehnte Techniken umfassen (↑Musik und Literatur), gelang es den Hauptvertretern insgesamt, ein selbständiges, auf die Identifikation mit dem kulturellen Erbe zielendes Bewußtsein zu entwickeln (C. Cullen, J. R. Fauset, L. Hughes, Z. N. Hurston, N. Larsen, C. McKay, W. Thurman, J. Toomer).

Postmoderne (seit 1950): Die amerikan. Literatur der Gegenwart, die von konventionellen realist. Darstellungsformen bis zu radikalen Experimenten des ↑Postmodernismus reicht und von den diesen Texten adäquaten Methoden der Literaturkritik wie ↑Strukturalismus, Poststrukturalismus oder ↑Dekonstruktivismus begleitet ist, spiegelt einerseits die positiven wie negativen Auswirkungen eines elektron. Zeitalters und entwirft andererseits Möglichkeiten eines hierarchiefreien Zusammenlebens in einer multikulturellen Gesellschaft. In diesem emanzipator. Sinn ist die Literatur der Postmoderne von der allmähl. Ablösung modernist. Ideen

durch eine Subjektivität und Handlungslogik negierende Kultur gekennzeichnet, die im Spannungsfeld zwischen sozialkrit. Intention, experimenteller Innovation und existentieller Erneuerung steht.
In der *Lyrik* zeigt sich der Übergang vom formorientierten Modernismus zum postmodernen Spiel bei den als Avantgarde begriffenen Vertretern der drei Zentren der 50er und 60er Jahre: New York (F. O'Hara, K. Koch, W. S. Merwin, J. Ashbery), ↑ Black Mountain College (C. Olson, R. Creely, R. Duncan) und San Francisco (A. Ginsberg, K. Rexroth, J. Wieners, G. S. Snyder, G. Corso). Unter dem Eindruck der Bürgerrechts- und Anti-Vietnam-Bewegung wurde Lyrik zum Mittel polit. und sozialen Protests (R. Lowell, R. Bly, D. Levertov, G. Paley) sowie ethn. Identifikation (L. Jones, G. Brooks, S. Ortiz, G. R. Vizenor, A. Lorde, J. Rothenberg). E. Bishop, J. Merrill, A. R. Ammons und bes. J. Ashbery bestimmten die 70er Jahre. Wie diese beleuchteten R. Lowell, A. Sexton, D. Wakoski, W. D. Snodgrass und A. Goldbarth in ihrer Bekenntnislyrik die Dichterexistenz. Der durch diese Selbstfindung eingeleitete konservative Trend setzte sich bei der jüngeren Generation (Frank Bidart [* 1940], R. Pinsky, L. Glück und D. Smith) fort. Die Stellung der Frau in der Gesellschaft wurde zum dominanten Thema bei den Dichterinnen E. Jong, S. Plath und A. Rich. Die Darstellung der Intensivierung ihrer Randstellung durch die Zugehörigkeit zu ethn. Minoritäten war der Ausgangspunkt für die Afroamerikanerinnen N. Giovanni, R. Dove, S. Sanchez, die Chicanas Sandra Cisneros (* 1954) und Lorna Dee Cervantes (* 1954) (↑ mexikanisch-amerikanische Literatur) sowie die Indianerin J. Harjo für ihre kommunitär verstandene Identitätsgewinnung. Postmoderne Elemente prägen die ›Language poetry‹, deren Vertreter wie Susan Howe (* 1937), R. Silliman, Bruce Andrews (* 1948), Charles Bernstein (* 1950) von der referentiellen Verweisfunktion der Sprache absehen und Sprache als kreativen Prozeß der persönl. Erfahrung begreifen.
Im *Drama* verlief die Entwicklung vom polit. Engagement über Formexperimente zu den subjektiven Visionen eines poet. Theaters, wobei private Kleinbühnen (↑ Off-Broadway) mit den kommerziellen Interessen der Broadway-Bühnen konkurrierten (↑ Broadway). Polit. Intentionen verfolgten v. a. die afroamerikan. Dramatiker L. Jones, E. Bullins, C. Fuller, L. Hansberry, August Wilson (* 1948) und der Chicano L. Valdes. D. Rabe schilderte die Auswirkungen des Vietnamkrieges auf die persönl. Situation, L. Wilson die heuchler. Moral, D. Mamet die Verdinglichung zwischenmenschl. Beziehungen. A. L. Kopit, S. Shepard und J.-C. Van Itallie verbanden diese Kritik mit myth. und antirealist. Elementen. Formal radikal-innovativ, praktizierten die avantgardist. Theaterensembles (↑ Off-Off-Broadway) die Aufhebung der Grenze zwischen Theater und Leben (›Bread and Puppet Theatre‹, ↑ Living Theatre), die zu Gesamtkunstwerken wie J. Gelbers *The Connection* (1960) und *Paradise now!* (1968) sowie dem Rockmusical *Hair* (1968) führten. Die kulturell determinierte Rolle der Frau wird im Frauendrama analysiert (Beth Henley [* 1952], Wendy Wasserstein [* 1950], M. Terry, Rochelle Owens [* 1936], Joan Holden [* 1939], N. Shange). Die vollkommene Auflösung von Figuren und Handlung

schließlich ist die Voraussetzung für R. Foremans, L. Breuers und R. Wilsons ›Theatre of images‹, in dem die stat. Fixierung verbaler Vorgänge von einer neuen Wirklichkeit kündet. Verbunden mit dieser Konzeption des Theaters ist auch die postmoderne Inszenierung klass. Stücke, wie sie v. a. von R. Wilson auf dt. Bühnen geleistet wird.
Der *Roman,* das wichtigste literar. Medium der Gegenwart, nutzt sowohl traditionelle Erzählweisen als auch deren parodist. Infragestellung (↑ Metafiktion). Konventionelle Muster der aus phantast. und realist. Elementen bestehenden jüd. Erzähltradition (↑ jüdisch-amerikanische Literatur) modernisierten Autoren wie S. Bellow, I. B. Singer, B. Malamud, P. Roth und C. Ozick zur Schilderung existentiell-humanist. Anliegen. Ebenso ist die Darstellung der oft surrealistisch erscheinenden amerikan. Gegenwart von einer Mischung aus phantast. und realist. Techniken bestimmt (M. McCarthy, W. Percy, E. Welty, A. Tyler, J. D. Salinger, K. Vonnegut, J. Purdy, G. Vidal, E. L. Doctorow, J. Updike, T. Robbins, J. C. Oates, J. Irving). Bei den Afroamerikanern I. Reed, C. Major und Charles Johnson (* 1948), den Indianern N. S. Momaday, L. M. Silko und J. Welch sowie dem Chicano R. A. Anaya verbindet sich das Thema der ethn. Identitätssuche mit mag. Realismus. Die parodist. Auseinandersetzung mit Krieg, Gewalt, Drogen und Sex als universellen Phänomenen (↑ Beat generation, J. Kerouac, W. S. Burroughs, H. Selby, V. Nabokov, J. Hawkes, J. Heller, W. Styron, J. N. Kosinski, W. Abish, R. Coover, T. Pynchon) zus. mit der oft autobiograph. und literaturkrit. Thematisierung der eigenen Schriftstellersituation sowie der Unmöglichkeit des Erzählens angesichts des Verlusts von Subjektivität und log. Handlungszusammenhängen (R. Adler, J. Barth, D. Barthelme, W. Gaddis, W. H. Gass, R. Federman, S. Katz, S. Sontag, G. Sorrentino, R. Sukenick) werden zu den beherrschenden Themen der postmodernen Fiktion. Die Erneuerung ›realist.‹ Prosa als Lust am Erzählen (J. Hawkes, N. Mailer, S. Elkin, D. DeLillo) oder als narrative Affirmation des Lebens, die den schon im ↑ New journalism (J. Hersey, T. Capote, J. Didion, T. Wolfe) problematisierten fiktionalen Charakter der Realität nicht verkennt (J. Barth, J. Gardner, Jr.), hat schließlich eine neorealist. Tendenz im Roman der 80er Jahre eingeleitet, in dem postmoderne Techniken mit realen Anliegen der Zeit verbunden werden (P. Auster, R. Carver, R. Ford, J. McInerney, T. Wolfe).
Gleichzeitig bildete sich in den 70er und 80er Jahren eine *Frauenliteratur* heraus, die traditionelle Kulturwerte mit phantast. Elementen zur Lösung von Gegenwartsproblemen verbindet (so die Afroamerikanerinnen T. Morrison, A. Walker und T. C. Bambara, die Jüdin C. Ozick und die Südstaaten-Autorinnen E. Welty und A. Tyler), polit. Engagement und postmoderne Techniken zur Verbesserung der Mann-Frau-Beziehung einsetzt (R. Adler, J. Didion, E. Hardwick, S. Sontag), für die Aufwertung der Frau in der Gesellschaft eintritt (E. Jong, K. Millett, T. Olsen) sowie radikale utop. Visionen zur Veränderung der bestehenden Rollenverhältnisse entwirft (U. Le Guin, M. Piercy, J. Russ; ↑ Utopie). Neuerdings sind v. a. Schriftstellerinnen hervorgetreten, deren bikulturelle Existenz der amerikan. Gegenwartsliteratur neue Dimensionen eröffnet, so die Indianerin-

nen Linda Hogan (* 1947) und L. Erdrich sowie die Amerikanerinnen mexikan. bzw. asiat. Herkunft Sandra Cisneros (↑mexikanisch-amerikanische Literatur), Amy Tan, Cynthia Kadohata, Bharati Mukherjee (↑asiatisch-amerikanische Literatur). Die Bedeutung der amerikan. Literatur insgesamt wird durch die bisher an neun Amerikaner und eine Amerikanerin vergebenen Nobelpreise (↑Literaturpreise) nachhaltig unterstrichen.

Literatur: Bibliographien: Annual bibliography of English language and literature. London 1921ff. – Annual bibliography. In: PMLA. Publications of the Modern Language Association of America. Jg. 37ff. New York 1922–69. Seit 1970: MLA international bibliography of books and articles on the modern languages and literatures. – American literature. A journal of literary history, criticism and bibliography. Hg. v. J. B. Hubbell. Durham (N. C.) 1929ff. Seit 1991 Hg. v. C. N. Davidson. – Bibliography of American literature. Hg. v. H. Blanck. New Haven (Conn.) 1955–89. Seit 1974 Hg. v. V. L. Smyers u. M. Winship. 8 Bde. – Jb. für Amerikastudien. Hg. v. W. Fischer. Hdbg. 1956. Seit 1974 u. d. T. Amerikastudien/American Studies. Seit 1991 Hg. v. A. Hornung u. a. – Mummendey, R.: Die schöne Lit. der Vereinigten Staaten von Amerika in dt. Überss. Eine Bibliogr. Bonn 1961. – American literary scholarship. An annual. Hg. v. J. Woodress u. J. A. Robbins. Durham (N. C.) 1963ff. – American drama bibliography. A checklist of publications in English. Hg. v. P. M. Ryan. Fort Wayne (Ind.) 1969. – Nilon, C. H.: Bibliography of bibliographies in American literature. New York 1970. – American Studies. An annotated bibliography. Hg. v. J. Salzman. New York 1983. 3 Bde.

Nachschlagewerke: Hart, J. D.: The Oxford companion to American literature. New York 1941, ^{5}1983. – Twentieth century authors. A biographical dictionary of modern literature. Hg. v. S. J. Kunitz u. H. Haycraft. New York 1942, ^{7}1973. Suppl.-Bd. 1. Ebd. 1955, ^{4}1967. – Contemporary authors. Detroit (Mich.) 1962ff. (bisher 131 Bde. ersch.). – Schöne, A.: Abriß der amerikan. Literaturgesch. in Tabb. Wsb. 1967. – Contemporary poets. Hg. v. J. Vinson. New York 1970, ^{4}1985. – Contemporary novelists. Hg. v. D. L. Kirkpatrick. New York 1972, ^{4}1986. – Karrer, W./Kreutzer, E.: Daten der engl. u. amerikan. Lit. Bd. 1: Von 1700 bis 1890. Mchn. 1979, ^{2}1983; Bd. 2: Von 1890 bis zur Gegenwart. Mchn. 1973, ^{3}1983. – American literature to 1900. Hg. v. M. Cunliffe. London 1973. – Hassan, I.: Contemporary American literature, 1945–1972. An introduction. New York 1973. Dt. Die moderne amerikan. Lit. Stg. 1974. – Contemporary dramatists. Hg. v. J. Vinson. New York 1973. Neuaufl. Hg. v. D. L. Kirkpatrick. Chicago (Ill.) ^{4}1988. – American literature since 1900. Hg. v. M. Cunliffe. London 1975. – Gallagher, E. J./Werge, T.: Early Puritan writers. A reference guide. Boston (Mass.) 1976. – Seventeenth-century American poetry. A reference guide. Hg. v. W. J. Scheick u. J. Doggett. Boston (Mass.) 1977. – Dictionary of literary biography. Detroit (Mich.) 1978ff. (bisher 103 Bde. ersch.). – Ulrich, P. S.: Wie finde ich Lit. zur amerikan. Lit. Bln. 1980. – Dictionary of literary biography yearbooks. Detroit (Mich.) 1981ff. – Dictionary of literary biography documentary series. Detroit (Mich.) 1982ff. – American writers before 1800. A biographical and critical dictionary. Hg. v. J. A. Levernier u. D. R. Wilmes. Westport (Conn.) 1983. 3 Bde. – Bordman, G.: The Oxford companion to American theatre. New York 1984. – Contemporary authors autobiography series. Detroit (Mich.) 1984ff. – American Colonial writers, 1606–1734. Dictionary of literary biography. Hg. v. E. Elliott. Detroit (Mich.) 1984. – Twentieth-century American literature. Hg. v. H. Bloom. New York 1985–88. 8 Bde. – Colonnese, T./Owens, L.: American Indian novelists. An annotated critical bibliography. New York 1985. – Contemporary American women writers. Narrative strategies. Hg. v. C. Rainwater u. W. J. Scheick. Lexington (Ky.) 1985. – Contemporary poets. Hg. v. H. Bloom u.

D. BROMWICH. New York 1986. – HART, J. D.: The concise Oxford companion to American literature. New York 1986. – Contemporary Chicano fiction. A critical survey. Hg. v. E. LATTIN. Binghamton (N. Y.) 1986. – Annals of American literature 1602–1983. Hg. v. R. M. LUDWIG u. C. A. NAULT, JR. New York 1986. – The Cambridge handbook of American literature. Hg. v. J. SALZMAN. New York u. a. 1986. – Nineteenth-century literature criticism. Excerpts from criticism of the works of novelists, poets, playwrights, short story writers, philosophers, and other creative writers who died between 1800 and 1899, from the first published critical appraisals to current evaluations. Hg. v. C. D. ABBEY u. J. MULLANE. Detroit (Mich.) 1987. – Fifty Southern writers before 1900. A bio-bibliographical sourcebook. Hg. v. R. BAIN u. J. M. FLORA. New York 1987ff. (bisher 6 Bde. ersch.). – Concise dictionary of American literary biography. Detroit (Mich.) 1987. – Reference guide to American literature. Hg. v. D. L. KIRKPATRICK. London 1987. – MCCAFFERY, L./GREGORY, S.: Interviews with American authors of the 1980s. Alive and writing. Urbana (Ill.) 1987. – Handbook of American popular literature. Hg. v. M. T. INGE. Westport (Conn.) 1988. Neudr. 1989. 3 Bde. – LEITCH, V. B.: American literary criticism from the thirties to the eighties. New York 1988. – Twentieth-century literary criticism. Excerpts from criticism of the works of novelists, poets, playwrights, short story writers, philosophers, and other creative writers who died between 1900 and 1960, from the first published critical appraisals to current evaluations. Hg. v. D. POUPARD. Detroit (Mich.) 1988. – American literary critics and scholars, 1880–1900. Hg. v. J. W. RATHBURN u. M. M. GRECU. Detroit (Mich.) 1988. Neudr. 1989. 3 Bde. – RUDMAN, J.: American literature. Bd. 1: The beginnings to the Civil War. Bd. 2: Civil War to the present. New York 1988. – Contemporary literary theory. Hg. v. G. D. ATKINS u. L. MORROW. Amherst (Mass.) 1989. – Encyclopedia of Southern culture. Hg. v. C. R. WILSON u. W. FERRIS. Chapel Hill (N. C.) 1989. – The encyclopedia of colonial and revolutionary America. Hg. v. J. M. FARAGHER. New York u. a. 1990. – ZACHARASIEWICZ, W.: Die Erzählkunst des amerikan. Südens. Darmst. 1990.

Gesamtdarstellungen: PARRINGTON, V. L.: Main currents in American thought. An interpretation of American literature from the beginnings to 1920. New York 1927–30. 3 Bde. Neuaufl. 1954–58. – BROOKS, VAN W.: Makers and finders. A history of the writer in America, 1800–1950. Bd. 1: The world of Washington Irving. New York 1944. Dt. Das Erwachen Amerikas. Die Zeit Coopers u. Irvings. Mchn. 1947. Bd. 2: The flowering of New England, 1815–1865. New York 1936. Dt. Die Blüte Neuenglands. Emerson, Longfellow u. ihre Zeit. Mchn. 1948. Bd. 3: The times of Melville and Whitman. New York 1947. Bd. 4: New England Indian Summer, 1865–1915. New York 1940. Dt. Neu-England, Spätsommer 1865–1915. Wsb. 1950. Bd. 5: The confident years, 1885–1915. New York 1952. Nachdr. 1950–55. – Literary history of the United States. Hg. v. R. E. SPILLER u. a. New York 1946, ^{4}1979. Dt. Literaturgesch. der Vereinigten Staaten. Mainz 1959. – HUBBELL, J. B.: The South in American literature. 1607–1900. Durham (N. C.) 1954. – SCHIRMER, W. F.: Gesch. der engl. u. amerikan. Lit. Von den Anfängen bis zur Gegenwart. Tüb. 1954. Hg. v. A. ESCH u. a. ^{6}1983. 2 Bde. – CUNLIFFE, M.: The literature of the United States. London u. a. 1954. Neuaufl. Harmondsworth ^{4}1986. Dt. Amerikan. Literaturgesch. Mchn. 1961. – LUBBERS, K.: Einf. in das Studium der Amerikanistik. Tüb. 1970. – ANDERSON, Q.: The imperial self. An essay in American literary and cultural history. New York 1971. – HAAS, R.: Amerikan. Literaturgesch. Hdbg. 1972–74. 2 Bde. – HERMS, D.: Grundkurs Englisch. Eine Einf. in die Amerikanistik. Bln. 1982. – OSTENDORF, B.: Black literature in white America. Brighton u. a. 1982. – Studies in American Indian literature. Critical essays and course designs. Hg. v. P. GUNN ALLEN. New York 1983. – Die amerikan. Lit. bis zum Ende des 19. Jh. Hg. v. H. BREINIG u. U. HALFMANN. Tüb. 1985. – CARLSEN, G. R., u. a.: American literature. A chronological approach. New York 1985. – CARLSEN, G. R., u. a.: American literature. A thematic approach. New York 1985. – The history of Southern literature. Hg. v. L. D. RUBIN u. a. Baton Rouge (La.) 1985. – JEHLEN, M.: American incarnation. The individual, the nation, and the continent. Cambridge (Mass.) 1986. – SHAPIRO, A. R.: Unlikely heroines. Nineteenth-century American women writers and the woman question. New York 1987. – Columbia literary history of the United States. Hg. v. E. ELLIOTT u. a. New York 1988. – FORBES, J. D.: Black Africans & Native Americans. Color, race and caste in the evolution of Red - Black people. Oxford 1988. – Making the American home. Middle-class women and domestic material culture. 1840–1940. Hg. v. M. F. MOTZ u. P. BROWNE. Bowling Green (Ohio) 1988. – CONN, P.: Literature in America. An illustrated history. New York 1989. – ALBA, R. D.: Ethnic identity. The transformation of white America. New Haven (Conn.) u. a. 1990. – Redefining American literary history. Hg. v. A. L. B. RUOFF u. J. W. WARD, JR. New York 1990. – Sentimentality in modern literature and popular culture. Hg. v. W. HERGET. Tüb. 1991. – RULAND, R./BRADBURY, M.: From Puritanism to Post-Modernism. New York 1991.

Einzelne Gattungen: CHASE, R.: The American novel and its tradition. New York 1957. Neudr. 1978. – PEARCE, R. H.: The continuity of American poetry. Princeton (N. J.) 1961. Nachdr. 1975. – CHRISTADLER, M.: Der amerikan. Essay 1720–1820. Hdbg. 1968. – WAGGONER, H. H.: American poets from the Puritans to the present. Boston (Mass.) 1968. Neuaufl. 1984. – FREESE, P./JÄGER, D./KRUSE, H.: Die amerikan. Short Story. Ein Überblick. Neumünster 1971. – Die amerikan. Lyrik von Edgar Allan Poe bis Wallace Stevens. Hg. v. M. CHRISTADLER. Darmst. 1972. – Die amerikan. Kurzgeschichte. Hg. v. K. H. GÖLLER u. G. HOFFMANN. Düss. 1972. – Das amerikan. Drama von den Anfängen bis zur Gegenwart. Hg. v. H. ITSCHERT. Darmst. 1972. – Der amerikan. Roman. Von den Anfängen bis zur Gegenwart. Hg. v. H.-J. LANG. Düss. 1972. – VOSS, A.: The American short story. A critical survey. Norman (Okla.) 1973. – WILSON, G. B.: Three hundred years of American drama and theatre, from ›Ye bare and ye cubb‹ to ›Hair‹. Englewood Cliffs (N. J.) 1973. – Die amerikan. Lyrik. Von der Kolonialzeit bis zur Gegenwart. Hg. v. K. LUBBERS. Düss. 1974. – STAUFFER, D. B.: A short history of American poetry. New York 1974. – America's humor. From Poor Richard to Doonesberry. Hg. v. W. BLAIR u. H. HILL. New York 1978. – LINK, F.: Gesch. der amerikan. Erzählkunst im 19. Jh. Stg. 1980. – MORDDEN, E.: The American theatre. New York 1981. – LINK, F.: Gesch. der amerikan. Erzählkunst 1900–1950. Stg. 1983. – Das amerikan. Drama. Hg. v. G. HOFFMANN. Bern u. a. 1984. – OSTRIKER, A. S.: Stealing the language. The emergence of women's poetry in America. Boston (Mass.) 1986. – TURCO, L. P.: Visions and revisions of American poetry. Fayetteville (N. C.) 1986. – Modern American poets. Their voices and visions. Hg. v. R. DIYANNI. New York 1987. – DRAKE, W.: The first wave. Women poets in America 1915–1945. New York 1987. – Die amerikan. Lyrik. Perspektiven u. Interpretationen. Hg. v. R. HAAS u. E. LOHNER. Bln. 1987. – A made thing. An anthology of contemporary Southern poetry. Hg. v. L. STOKESBURY. Fayetteville (N. C.) 1987. – Voices and visions. The poet in America. Hg. v. H. VENDLER. New York 1987. – LINK, F.: Gesch. der amerikan. Verskunst bis 1900. Stg. 1988. – The modern American novella. Hg. v. A. R. LEE. New York 1989. – MANN, S. G.: The short story cycle. A genre companion and reference guide. Westport (Conn.) 1989. – Der nordamerikan. Roman 1880–1940. Repräsentation u. Autorisation in der Moderne. Hg. v. R. WEIMANN. Bln. 1989. – GODDEN, R.: Fiction of capital. The American novel from James to Mailer. Cambridge 1990. – Die engl. u. amerikan. Kurzgeschichte. Hg. v. K. LUBBERS. Darmst. 1990.

Koloniale Phase: TYLER, M. C.: A history of American literature 1607–1765. New York 1887. 2 Bde. Neuaufl. 1897 u. d. T. A history of American literature during the colonial period. Nachdr. 1962. – MILLER, P.: The New England mind. The seventeenth century. Cambridge (Mass.) 1939. Nachdr. 1983. – MILLER, P.: The New England mind. From colony to province. Cambridge (Mass.) 1953. Nachdr. 1983. – Major writers of early American literature. Hg. v. E. H. EMERSON. Madison (Wis.) 1972. – ZIFF, L.: Puritanism in America. New culture in a new world. New York 1973. – BERCOVITCH, S.: The puritan origin of the American self. New Haven (Conn.) 1975. – KOLODNY, A.: The lay of the land. Metaphor as experience and history in American life and letters. Chapel Hill (N. C.) 1975. – BERCOVITCH, S.: The American Jeremiad. Madison (Wis.) 1978. – DAVIS, R. B.: Intellectual life in the colonial South, 1585–1763. Knoxville (Tenn.) 1978. 3 Bde. – FRANKLIN, W.: Discoverers, explorers, settlers. The diligent writers of early America. Chicago (Ill.) 1979. Neudr. 1989. – ALDRIDGE, A. O.: Early American literature. A comparatist approach. Princeton (N. J.) 1982. – CALDWELL, P.: The Puritan conversion narrative. The beginnings of American expression. New York 1983. – KOLODNY, A.: The land before her. Fantasy and experience of the American frontier, 1630–1860. Chapel Hill (N. C.) 1984. – BATTILANA, M.: The colonial roots of American fiction. Florenz 1988. – CANUP, J.: Out of the wilderness. The emergence of an American identity in colonial New England. Middletown (Conn.) 1990. – Dawnland encounter. Indians and Europeans in northern New England. Hg. v. C. G. CALLOWAY. Hanover (N. H.) u. a. 1991. – GALINSKY, H.: Gesch. amerikan. Koloniallit. Multinat. Wurzeln einer Weltlit. in Entwicklungslinien u. Werkinterpretationen (1542–1722). 5 Bde. geplant. Bd. 1: Lit. der Erforschung u. Besiedlung einer Neuen Welt. 1. Teilbd.: Span. Anfänge bis Gründungsphase Neuenglands (1542–1676); 2. Teilbd.: Grundlegung der Prosa Neuenglands. Darmst. 1991. – GREENBLATT, S.: Marvelous possessions. The wonder of the New World. Chicago 1991.

Nat. Konstitutionsphase: TYLER, M. C.: The literary history of the American Revolution, 1763–1783. New York 1897. 2 Bde. Neudr. 1970. 1 Bd. – FUSSELL, E. S.: Frontier. American literature and the American West. Princeton (N. J.) 1965. – GRIMSTED, D.: Melodrama unveiled. American theater and culture 1800–1850. Chicago (Ill.) 1968. – SHAW, P.: American patriots and the rituals of revolution. Cambridge (Mass.) 1981. – ELLIOTT, E.: Revolutionary writers. Literature and authority in the New Republic, 1725–1810. New York 1982. – TOMPKINS, J.: Sensational designs. The cultural work of American fiction 1790–1860. New York 1985. – DAVIDSON, C. N.: Revolution and the word. The rise of the novel in America. New York u. a. 1986. – ZIFF, L.: Writing in the new nation. Prose, print, and politics in the early United States. New Haven (Conn.) 1991.

Prämoderne: LAWRENCE, D. H.: Studies in classic American literature. New York 1923. Neudr. Garden City (N. Y.) 1953. – MATTHIESSEN, F. O.: American Renaissance. Art and expression in the age of Emerson and Whitman. London u. a. 1941. Neuaufl. 1962. Dt. Amerikan. Renaissance. Kunst u. Ausdruck im Zeitalter Emersons u. Whitmans. Wsb. 1948. – FEIDELSON, C.: Symbolism and American literature. Chicago (Ill.) 1953, [9]1976. – LEVIN, H.: The power of blackness. Hawthorne, Poe, Melville. New York 1958. – BRUMM, U.: Die religiöse Typologie im amerikan. Denken. Ihre Bedeutung für die amerikan. Lit. u. Geistesgesch. Leiden 1963. – GOETZMANN, W. H.: Exploration and empire. The explorer and the scientist in the winning of the American West. New York 1966. – PIZER, D.: Realism and naturalism in nineteenth-century American literature. Carbondale (Ill.) 1966. Neuaufl. 1984. – MARTIN, J.: Harvests of change. American literature, 1865–1914. Englewood Cliffs (N. J.) 1967. – AARON, D.: The unwritten war. American writers and the Civil War. New York 1973. – RIDGELY, J. V.: Nineteenth-century Southern literature. Lexington (Ky.) 1980. – MITCHELL, L. C.: Witnesses to a vanishing America. The nineteenth-century response. Princeton (N. J.) 1981. – ZIFF, L.: Literary democracy. The declaration of cultural independence in America. New York 1981. – TRACHTENBERG, A.: The incorporation of America. Culture and society in the gilded age. New York 1982. – WOLTER, J.: Die Suche nach nat. Identität. Entwicklungstendenzen des amerikan. Dramas vor dem Bürgerkrieg. Bonn 1983. – CAMERON, K. W.: Studies in Emerson, Thoreau, and the American Renaissance. Hartford (Conn.) 1987. – PEASE, D. E.: Visionary compacts. American Renaissance writings in cultural contexts. Madison (Wis.) 1987. – American short-story writers before 1880. Hg. v. B. E. KIMBEL u. W. E. GRANT. Detroit (Mich.) 1988. – REYNOLDS, D. S.: Beneath the American Renaissance. The subversive imagination in the age of Emerson and Melville. New York 1988. – COGAN, F. B.: All-American girl. The ideal of real womanhood in mid-nineteenth-century America. Athens (Ga.) 1989. – The frontier experience and the American Dream. Essays on American literature. Hg. v. D. MOGEN u. a. College Station (Tex.) 1989. – HUTCHINSON, S.: The American scene. Essays on nineteenth-century American literature. New York 1991.

Moderne: KAZIN, A.: On native grounds. An interpretation of modern American prose literature. New York 1942. – CLURMAN, H.: The fervent years. The story of the Group theatre and the thirties. New York 1945. Neudr. 1975. – GREGORY, H./ZATURENSKA, M.: A history of American poetry, 1900–1940. New York 1946. – GEISMAR, M.: The last of the provincials. The American novel, 1915–1925. Boston (Mass.) 1947. Nachdr. 1959. – COWLEY, M.: Exile's return. A literary odyssey of the 1920's. New York u. a. 1951, ^{3}1961. – WILSON, E.: The shores of light. A literary chronicle of the twenties and thirties. New York 1952. – KRUTCH, J. W.: The American drama since 1918. Neuaufl. New York 1957. – FIEDLER, L. A.: Love and death in the American novel. New York 1960, ^{3}1982. Dt. Liebe, Sexualität u. Tod. Bln. 1964. – KENNER, H.: The Pound era. London 1972. – KENNER, H.: A homemade world. The American modernist writers. New York 1975. – PERKINS, D.: History of modern poetry. Bd. 1: From the 1890's to the high modernist mode. Bd. 2: Modernism and after. Cambridge (Mass.) u. a. 1976 u. 1987. – VENDLER, H.: Part of nature, part of us. Modern American poets. Cambridge (Mass.) 1980. – KLEIN, M.: Foreigners. The making of American literature, 1900–1940. Chicago (Ill.) 1981. – BIGSBY, C. W. E.: A critical introduction to 20th century American drama. Cambridge 1982–85. 3 Bde. – American realism. New essays. Hg. v. E. J. SUNDQUIST. Baltimore (Md.) 1982. – BRADBURY, M.: The modern American novel. Oxford 1983. Neuausg. 1984. – Modern American poetry. Hg. v. R. W. BUTTERFIELD. London u. a. 1984. – The modernists. Studies in a literary phenomenon. Hg. v. L. B. GAMACHE u. I. S. MCNIVEN. Rutherford (N. J.) 1987. – GELPI, A.: A coherent splendor. The American poetic renaissance 1910–1950. New York u. a. 1987. – Modern American critics, 1920–1955. Hg. v. G. S. JAY. Detroit (Mich.) 1987. – Lit.- u. Gesellschaftsentwicklung der U. S. A. im Spannungsfeld der Epochenproblematik des 20. Jh.s. Hg. v. H. HÖHNE u. H. WÜSTENHAGEN. Potsdam 1988. – SCHNITZER, D.: The pictorial in modernist fiction from Stephen Crane to Hemingway. Ann Arbor (Mich.) 1988. – VESTER, J.: Wirklichkeit u. Text/Wirklichkeit als Text. Exemplar. Studien zum amerikan. Naturalismus. Ffm. 1989. – WEST, J. L. W., III.: American authors and the literary marketplace since 1900. Philadelphia (Pa.) 1988.

Postmoderne: TANNER, T.: City of words. American fiction 1950–1970. London u. a. 1971. – Die amerikan. Lit. der Gegenwart. Aspekte u. Tendenzen. Hg. v. H. BUNGERT. Stg. 1977. – DICKSTEIN, M.: Gates of Eden. American cultures in the sixties. New York 1977. – HENDIN, J.: Vulnerable people. A view of American fiction since 1945. New York 1978. – BERTHOFF, W.: A literature without qualities. American writing since 1945. Berkeley (Calif.) 1979. – Black literature. Zur afrikan. u. afroamerikan. Lit. Hg. v. E. BREITINGER. Mchn. 1979. – Harvard guide to contemporary American writing. Hg. v. D. HOFFMAN. Cambridge (Mass.) 1979. – MAZZARO, J.:

Postmodern American poetry. Urbana 1980. – KARL, F. R.: American fictions, 1940–1980. A comprehensive history of critical evaluation. New York 1983. – Black women writers (1950–1980). Hg. v. M. EVANS. Garden City (N. Y.) 1984. – HALLBERG, R. VON: American poetry and culture 1945–1980. Cambridge (Mass.) 1985. – SANCHEZ, M. E.: Contemporary Chicano poetry. A critical approach to an emerging literature. Berkeley (Calif.) 1985. – Der amerikan. Roman nach 1945. Hg. v. A. HELLER. Darmst. 1987. – KELLER, L.: Re-making it new. Contemporary American poetry and the modernist tradition. New York u. a. 1987. – Since Flannery O'Connor. Essays on the contemporary American short story. Hg. v. L. LOGSDON u. C. W. MAYER. Macomb (Ill.) 1987. – MCHALE, B.: Postmodernist fiction. New York 1987. – Contemporary American literature. Hg. v. G. PERKINS u. B. PERKINS. New York 1987. – Der zeitgenöss. amerikan. Roman. Von der Moderne zur Postmoderne. Hg. v. G. HOFFMANN. Mchn. 1988. 3 Bde. – KALAIDIJAN, W.: Languages of liberation. The social text in contemporay American poetry. New York 1989. – KERKHOFF, I.: Poetiken u. lyr. Diskurs im Kontext gesellschaftl. Dynamik. U. S. A. ›The Sixties‹ Ffm. u. a. 1989. – DOCHERTY, T.: After theory. Postmodernism - postmarxism. London 1990. – HELLER, A.: Gewaltphantasien. Unterss. zu einem Phänomen des amerikan. Gegenwartsromans. Tüb. 1990. – SCHÖPP, J. C.: Ausbruch aus der Mimesis. Der amerikan. Roman im Zeichen der Postmoderne. Mchn. 1990. – VARSAVA, J. A.: Contingent meanings. Postmodern fiction, mimesis, and the reader. Tallahassee (Fla.) 1990. – REICHARDT, U.: Innenansichten der Postmoderne. Zur Dichtung John Ashberys, A. R. Ammons, Denise Levertovs u. Adrienne Richs. Wzb. 1991. – Poststrukturalismus – Dekonstruktion – Postmoderne. Hg. v. K. W. HEMPFER. Stg. 1992.

A

Abbey, Edward ['æbi], * in Arizona 29. Jan. 1927, Schriftsteller. – Einer der bedeutendsten Vertreter der neuen Literatur des Westens in den USA; knüpft an die Tradition der naturverbundenen Cowboys an, die einen beständigen Kampf gegen die Übermacht der Technik führen. Die Verteidigung der Natur wird bes. deutlich in den z. T. autobiographisch gefärbten Romanen *The brave cowboy* (1956), *Fire on the mountain* (1963), *Black sun* (1971), *The monkey wrench gang* (1975; dt. *Die Universal-Schraubenschlüssel-Bande,* 1987), *The journey home* (1977), *Black roads of Arizona* (1978), *Good news* (1980) und *Beyond the wall* (1984).

Weitere Werke: One life at a time, please (Biogr., 1988), The fool's progress (R., 1988), The best of E. A. (Neudr. 1988), Hayduke lives! (R., 1989).

Literatur: RONALD, A.: The New West of E. A. Albuquerque (N. Mex.) 1982. Neudr. 1988. – Resist much, obey little. Some notes on E. A. Hg. v. G. MCNAMEE. Salt Lake City 1985.

Abish, Walter ['æbɪʃ], * Wien 24. Dez. 1931, Schriftsteller österr. Herkunft. – Verbrachte Kindheit und Jugend in Schanghai, acht Jahre in Israel, dann Übersiedlung nach New York; seit 1960 amerikan. Staatsbürger; unterrichtete an verschiedenen Universitäten des amerikan. Nordostens engl. und vergleichende Literaturwiss., seit 1979 vornehmlich an der Columbia University in New York; gehört mit seinen experimentellen Fiktionen zur Gruppe der postmodernen Schriftsteller, die die Krise der Gegenwartsliteratur durch die Aufgabe traditioneller Strukturen sowie durch die Selbstbezüglichkeit der Sprache thematisieren. Neben dem ersten Roman, *Alphabetical Africa* (1974), in dem das Strukturierungsprinzip auf der Reihenfolge des Alphabets (A-Z/Z-A) beruht, wobei in den 52 Kapiteln jeweils ein Buchstabe dominant verwendet wird, und zwei Kurzgeschichtensammlungen, *Minds meet* (1975; dt. *Das ist kein Unfall,* 1982, 1987 u. d. T. *Das ist kein Zufall*), *In the future perfect* (1977; dt. *Quer durch das große Nichts,* 1983), die mit formalen Experimenten auf die amerikan. Gegenwartskultur Bezug nehmen, ist bes. der Roman *How German is it* (1980; dt. *Wie deutsch ist es,* 1982) durch die Vision des vermeintlich ›neuen Deutschland‹ nach dem Weltkrieg bed. geworden; *99: The new meaning* (En., 1990; dt. *99: Der neue Sinn,* 1990) ist eine Textcollage mit Auszügen aus Werken moderner Schriftsteller; schreibt auch Gedichte, u. a. *Duel site* (1970).

Literatur: Individuals. Postmovement art in America. Hg. v. A. SONDHEIM. New York 1977. – KLINKOWITZ, J.: The life of fiction. Urbana (Ill.) 1977. – MARTIN, R.: W. A.s unmäßige Fiktionen. In: Der zeitgenöss. amerikan. Roman. Hg. v. G. HOFFMANN. 3 Bde. Mchn. 1988. Bd. 3, S. 7–21.

Acker, Kathy ['ækər], * New York 18. April 1947, Schriftstellerin. – Studium der Philosophie, Lehrtätigkeit am San Francisco Art Institute, vorübergehend in Sex-Shops am Times Square in New York, lebte 1986–90 in London, seit 1990 in San Francisco. Die avantgardist. Punk-Romane der engagierten Feministin und Pop-Künstlerin verweigern sinnstiftende Strukturen konventionellen Erzählens und leben vielmehr von einem aus Pornographie, Plagiaten und Punk-Provokation bestehenden intertextuellen Beziehungsgeflecht, das der Leser zusammensetzen muß. So tauchen in *Blood and guts in high school* (R., 1978; dt. *Harte Mädchen weinen nicht,* 1985) als Erzählfragmente ein Eifersuchtsdrama zw. Vater und Tochter, eine Liebesaffäre mit Präsident Carter, intertextuelle Bezüge zu Freud, N. Hawthornes *The scarlet letter* und Boccaccios *Decamerone* auf. In dem C. Dickens zitierenden Roman *Great expectations* (R., 1982; dt. *Große Erwartungen. Ein Punk-Roman,* 1988) werden in einer durch Zeichnungen angereicherten Mischung aus Fiktion, Mythen, Autobiographie und Literaturkritik Fragen der Geschlechterrollen und ihres Einflusses auf die Selbstbestimmung der Frau erörtert, die in dem mit einer weibl. Figur besetzten *Don Quixote which was a dream* (1986; dt. *Die Geschichte der Don Quixote. Ein Traum,* 1988) eine literaturkrit. Variante erhält. In *Empire of the senseless* (1988; dt. *Im Reich ohne Sinne,* 1989) wird schließlich der Abbau von hierarch. Autoritätsstrukturen auf die Erzählinstanz und die Sprache selbst ausgeweitet, um eine hierarchiefreie Zone in der Literatur und schließlich auch in der Realität zu schaffen.

Weitere Werke: I dreamt I was a nymphomaniac. Imagining (R., 1974), Kathy goes to Haiti (R., 1978; dt. Kathy auf Haiti, 1991), My death, my life by Pier Paolo Pasolini (R., 1987; dt. Mein Tod, mein Leben. Die Geschichte des Pier Paolo Pasolini, 1987).

Adams, Abigail ['ædəmz], * Weymouth (Mass.) 11. Nov. 1744, † Braintree (heute Quincy, Mass.) 28. Okt. 1818, Schriftstellerin. – Frau des 2. amerikan. Präsidenten John A. und Mutter von John Quincy A. (6. Präsident der USA); berühmt wurden ihre Briefe, die sie während der Revolutionszeit an ihren Mann schrieb und die ihr Enkel Charles Francis A. herausgab: *Letters of Mrs. A., the wife of John A.* (2 Bde., 1840), *Familiar letters of John A. and his wife* (1876).

Ausgaben: New letters of A. A. 1788–1801. Hg. v. S. MITCHELL. Westport. (Conn.) 1947. Nachdr. 1973. 2 Bde. – Adams family correspondence. 1761–1782. Hg. v. L. H. BUTTERFIELD, W. D. GARRETT u. M. E. SPRAGUE. Cambridge (Mass.) 1963–73. 4 Bde.

Literatur: WITHEY, L.: Dearest friend. New York 1981. – NAGEL, P. C.: The Adams women. New York 1987.

Adams, Henry ['ædəmz], * Boston (Mass.) 16. Febr. 1838, † Washington 27. März 1918, Historiker, Geschichtsphilosoph und Schriftsteller. – Enkel des 6. Präsidenten der USA, John Quincy A.; war 1870–77 Prof. (Mediävist) an der Harvard University; schuf mit seiner *History of the United States during the administrations of Thomas Jefferson and James Madison* (9 Bde., 1889–91) ein epochemachendes Werk. Aus dem Zweifel am menschl. Fortschritt durch die Technik, unter bes. Einfluß A. de Tocquevilles und seines Bruders, des Historikers Brooks A., entstand seine Kulturkritik in Konfrontation des geschlossenen Weltbilds des MA mit dem des 20.Jh.; auf der Suche nach neuer Einheit entwickelte A. in Anwendung naturwiss. Theorien seine geschichtsphilosoph. Überzeugungen. Stadien sind die Biographien bed. Politiker, *The life of Albert Gallatin* (1879) und *John Randolph* (1882), die anonym erschienenen, autobiographisch gefärbten Romane *Democracy. An American novel* (1880) und *Esther* (1884), die kulturgeschichtl. Studie über die got. Konzeption eines von Einheit bestimmten Lebens im 12. und 13. Jh., *Mont-Saint-Michel and Chartres* (1904), die als komplementär dazu verfaßte, von der Vorstellung des Scheiterns an der Multiplizität der Moderne bestimmte, als klass. Werk der amerikan. Literatur gepriesene Autobiographie *The education of Henry Adams* (Privatdruck 1907, veröffentl. 1918; dt. *Die Erziehung des Henry Adams,* 1953) sowie die postum von Brooks A. herausgegebene Geschichtstheorie *The degradation of the democratic dogma* (Essays, 1919).

Ausgaben: H. A. Letters. Hg. v. W. C. FORD. Boston (Mass.) u. a. 1930–38. 2 Bde. – H. A. Library of America, 3 Bde. Bd. 1: Democracy, Esther, Mont-Saint-Michel and Chartres, The education of H. A. Hg. v. E. SAMUELS u. J. N. SAMUELS. New York 1983. Bd. 2 u. 3: The history of the United States of America during the administrations of Thomas Jefferson and James Madison. Hg. v. E. N. HARBERT. New York 1986. – The letters of H. A. 1892–1918. Hg. v. J. C. LEVENSON u. a. Cambridge (Mass.) 1982 (Bde. 1–3) u. 1988 (Bde. 4–6).

Literatur: ROWE, J. C.: H. A. and Henry James. The emergence of modern consciousness. Ithaca (N. Y.) 1976. – HARBERT, E. N.: The force so much closer home. H. A. and the A. family. New

York 1977. – BLACKMUR, R. P.: H. A. Hg. v. V. A. MAKOWSKY. New York 1980. – DUSINBERRE, W.: H. A. The myth of failure. Petersburg (Va.) 1980. – Critical essays on H. A. Hg. v. E. N. HARBERT. Boston (Mass.) 1981. – NAGEL, P. C.: Descent from glory. Four generations of the John A. family. Oxford 1983. – SAMUELS, E.: H. A. Cambridge (Mass.) 1989. – O'TOOLE, P.: The five of hearts. An intimate portrait of H. A. and his friends, 1880–1918. New York 1990.

Adams, Leonie ['ædəmz], * New York 9. Dez. 1899, † New Milford 27. Juni 1988, Lyrikerin. – Kindheit und Jugend in Brooklyn, Studium am Barnard College; als Guggenheim-Stipendiatin stand sie während ihres Paris-Aufenthaltes (1928–30) mit A. Tate und G. Stein in Kontakt; Dozentin für Englisch u. a. an der Columbia University (1947–68); seit 1933 ∞ mit dem Literaturkritiker William Troy (* 1903, † 1961). Ihre von den Metaphysical poets beeinflußte Lyrik besteht vornehmlich aus romant. Naturgedichten (*Those not elect,* 1925; *High Falcon and other poems,* 1929), in denen die Phänomene von Leben und Tod mit dem Ablauf der Jahreszeiten parallelisiert werden (*This measure,* 1933). A.s lyr. Werk wurde mit verschiedenen bed. Preisen, u. a. dem Bollingen Prize (1955), ausgezeichnet.

Ausgabe: L. A. Poems. A selection. New York 1954.

Literatur: DEUTSCH, B.: Poetry in our time. Garden City (N. Y.) 1963.

Addams, Jane ['ædəmz], * Cedarville (Ill.) 6. Sept. 1860, † Chicago 21. Mai 1935, Schriftstellerin. – Lernte auf ihren Reisen in Europa das soziale Elend obdachloser Arbeiter in East London kennen und beschloß, die abstrakte Distanz des Bildungsbürgertums zugunsten konkreter Sozialarbeit in Chicago aufzugeben, wo sie 1889 ›Hull-House‹, ein alternatives Siedlungsprojekt für arme und eingewanderte Arbeiter, gründete (*Democracy and social ethics,* 1902). Ihre zahlreichen reformer. Schriften spiegeln ihren Kampf für soziale Gerechtigkeit, Frauenwahlrecht, Verbesserung des Jugendschutzes und Armenpflege. Ihr mit der Geschichte von ›Hull-House‹ eng verknüpftes Leben ist Gegenstand zweier autobiograph. Texte (*Twenty years at Hull-House,* 1910; *Second twenty years at Hull-House,* 1930), in denen sie ihr Konzept einer aus der Interaktion aller Menschen bestehenden Kultur entwirft. Für ihre Aktivität in der internat. Friedensbewegung und als Mitbegründerin und Präsidentin (bis 1934) der Women's International League for Peace and Freedom erhielt sie 1931 zus. mit Nicholas M. Butler (* 1862, † 1947) den Friedensnobelpreis.

Weitere Werke: The spirit of youth and the city streets (Studie, 1909), A new conscience and an ancient evil (Studie, 1912), Peace and bread in time of war (Studie, 1922).

Ausgaben: J. A. A centennial reader. Hg. v. E. COOPER JOHNSON. New York 1960. – The social thought of J. A. Hg. v. C. LASCH. New York 1965.

Literatur: LEVINE, D.: J. A. and the liberal tradition. Madison (Wis.) 1971. – DAVIS, A. F.: American heroine. The life and legend of J. A. Neudr. New York 1979. – DEEGAN, M. J.: J. A. and the men of the Chicago School, 1892–1918. Oxford ²1990.

Ade, George [eɪd], * Kentland (Ind.) 9. Febr. 1866, † Brook (Ind.) 16. Mai 1944, Schriftsteller. – Verfasser von zahlreichen Kurzgeschichten (berühmt: *Fables in slang,* 1900), erfolgreichen Dramen und auch Romanen. Seine Werke sind im Slang der Jahrhundertwende geschrieben und wirken durch ihre Sprache, durch Witz und Satire in der Personenzeichnung.

Weitere Werke: The sultan of Sulu (Dr., 1903), The county chairman (Dr., 1904), Handmade fables (Kurzgeschichten, 1920).

Ausgabe: The permanent A. The living writings of G. A. Hg. v. F. C. KELLY. New York 1947. Nachdr. Westport (Conn.) 1979.

Adler, Renata ['ædlər], * Mailand 19. Okt. 1938, Schriftstellerin italien. Herkunft. – Studierte u. a. an der Harvard University und an der Sorbonne; danach Tätigkeit als Journalistin, u. a. Filmkritikerin der *New York Times,* seit 1964 ständige Mitarbeiterin des ↑*New Yorker.* Schildert in den beiden autobiographisch gefärbten Romanen *Speedboat* (1976; dt. *Rennboot,* 1979) und *Pitch dark* (1983; dt. *Pechrabenschwarz,* 1987) auf originelle Weise Episoden aus dem Leben einer jungen Journalistin und die komplexen Verhältnisse zwischenmenschl. Kommunikation. *Reckless disregard. Westmoreland v. CBS et al.; Sharon v. Time* (Prosa, 1986) stellt eine Reportage über ihre öffentl. Diskussion des militär. Engagements in Vietnam dar.

afroamerikanische Literatur, Bez. für die Literatur der größten ethn. Minorität in den USA, der Amerikaner afrikan. Abstammung. Das mit dem Verkauf von zwanzig Afrikanern an engl. Kolonisten in Jamestown 1619 begründete Sklavendasein prägte die Entstehung und Entwicklung der a. L. Da den Afroamerikanern der Zugang zur engl. Sprache zunächst nur selektiv über die Bibel und mündl. Äußerungen gegeben war, entstammten die ersten, im 18. Jh. registrierten Zeugnisse der a. L. einerseits religiösen Quellen, andererseits mündl. Erzählungen. Mit religiösen Gedichten, die allerdings auch schon emanzipator. Ideen enthalten, gehören Jupiter Hammon (* um 1720, † um 1800) und die bedeutendere P. Wheatley, die als Sklavin 1761 von Senegal nach Boston (Mass.) gebracht wurde, zu den Pionieren der a. L. Erzählungen der persönlich erlebten grausamen Wirklichkeit der Sklaverei bilden das strukturelle Muster des seit dem Unabhängigkeitskrieg bis zur Sklavenbefreiung praktizierten Genres der ›slave narrative‹, die mit der Flucht eines Sklaven in die Nordstaaten und seinem Engagement für die Emanzipation aller Sklaven endet. Bed. Beispiele der seit 1760 zunächst von Männern, später auch von Frauen verwendeten Erzählform sind *The interesting narrative of the life of Olaudah Equiano, or Gustavus Vassa, the African* (1789) sowie die klassisch gewordene *Narrative of the life of Frederick Douglass, an American slave* (1845) und Harriet Jacobs' (* um 1815, † um 1897) *Incidents in the life of a slave girl* (1861). Die Popularität des Genres in den 1840er und 1850er Jahren sowie die Veröffentlichung des von W. W. Brown verfaßten ersten afroamerikan. Romans *Clotel; or, The President's daughter* (London 1853; amerikan. Ausgabe 1864 u. d. T. *Clotel. A tale of the Southern States*) bzw. des ersten Romans einer Afroamerikanerin, Harriet E. Wilsons (* um 1828, † um 1863) *Our nig* (1859) kennzeichnen die erste Renaissance der a. L. Die zweite, heute als ›New Negro Renaissance‹ oder ›Modern Negro Renaissance‹ bezeichnete Blüte der a. L. läßt sich als eine zeitl. und räuml. Ausdehnung der ↑ Harlem Renaissance der 20er Jahre begreifen und umfaßt die Zeit von der Jahrhundertwende bis in die 30er Jahre. Basierend auf dem von W. E. B. Du Bois in der Auseinandersetzung mit B. T. Washington gewonnenen, als ›double consciousness‹ bezeichneten neuen Selbstverständnis der Afroamerikaner entstanden eigenständige, den Dialekt der Schwarzen verwendende Literaturformen, wie die Erzählungen von C. W. Chesnutt oder der das Thema des ›Passing‹, d. h. des ›Sich-als-weiß-Ausgebens‹ behandelnde Roman von J. W. Johnson und seine dramat. Tanzspiele sowie die volkstüml. Gedichte von P. L. Dunbar. Kritik an der Rassendiskriminierung und formale Innovation kennzeichnen die Werke der Hauptvertreter der Harlem Renaissance (C. McKay, J. Toomer, C. Cullen und L. Hughes). Erst spät wurde der bed. Beitrag afroamerikan. Schriftstellerinnen anerkannt, wie die feminist. Positionen schildernden Romanschriftstellerinnen J. R. Fauset und Georgia Douglas Johnson (* 1886, † 1966) oder die folklorist. Elemente des afroamerikan. Erbes verarbeitende Z. N. Hurston. Endpunkt der Harlem Renaissance ist einerseits die zunehmende Politisierung der a. L. in den naturalist. Romanen R. Wrights, A. Petrys und den Detektivromanen C. B. Himes', andererseits eine zunehmende Ästhetisierung der afroamerikan. Thematik. Den Höhepunkt dieser beiden Tendenzen bildet die dritte afroamerikan. Renaissance der 50er und 60er Jahre, in der einerseits die Identifizierung mit dem afroamerikan. Kulturerbe dem ästhet. Anliegen untergeordnet wird, so etwa in den Gedichten M. Walkers, G. Brooks' und des frühen L. Jones [Amiri Baraka] oder in R. W. Ellisons klass. Roman *Invisible man* (1952), andererseits poet. Mittel für polit. Ziele eingesetzt werden, so im Werk J.

Baldwins und in den Dramen L. Hansberrys während der Zeit der Bürgerrechtsbewegung. Eine zunehmend militante Haltung bestimmte Leben und Werk der revolutionären Autoren der ›Black-Power‹-Bewegung (u. a. L. Jones und E. Bullins mit Theaterstücken), die Pamphlete und Autobiographien der ›Black Muslims‹ (wie Malcolm X), der ›Black Panthers‹ (wie E. Cleaver) oder der Kommunisten (wie W. E. B. Du Bois). Die a. L. der 70er und 80er Jahre wendet sich auf der Suche nach neuen Ausdrucksformen publikumswirksamen Erzählungen oder Theaterstücken zu – so in dem von A. Haley verfaßten und populär wirksam verfilmten Werk *Roots* (1976) oder C. Fullers *A soldier's pay* (Dr., 1981) und August Wilsons (* 1945) *Fences* (Dr., 1986) – und experimentiert auf der anderen Seite wie die Romanciers I. Reed, C. Major und Charles Johnson ([* 1948], *Oxherding tale,* R., 1982) mit postmodernen Techniken. Die wichtigsten Impulse in der a. L. gehen heute von Schriftstellerinnen aus, die im Anschluß an Z. N. Hurston den Beitrag schwarzer Frauen zur Emanzipation der Afroamerikaner in autobiograph. Texten (M. Angelou) oder in formal gemischten, an den mag. Realismus erinnernden Werken herausstellen; so die Romanschriftstellerinnen A. Walker, T. C. Bambara, G. Jones, T. Morrison und Jamaica Kincaid ([* 1949], *Annie John,* R., 1985; dt. 1989), die Dramatikerin N. Shange sowie die Dichterinnen N. Giovanni, A. Lorde und R. Dove. – Auch auf dem Gebiet der Literaturkritik haben Afroamerikaner insofern neue Wege beschritten, als die anfänglich thematisch-sozialkrit. Interpretation mit z.T. militanter Zielsetzung der Formulierung einer schwarzen Ästhetik weicht, die nicht mehr bloßes Accessoire, sondern wesentl. Bestandteil der amerikan. Literatur ist.

Literatur: PLESSNER, M.: Ich bin der dunklere Bruder. Die Lit. der schwarzen Amerikaner. Hagen 1977. – Black literature. Zur afrikan. u. a. L. Hg. v. E. BREITINGER. Mchn. 1979. – ENSSLEN, K.: Einf. in die schwarzamerikan. Lit. Stg. 1982. – BRIGNANO, R. C.: Black Americans in autobiography. An annotated bibliography of autobiographies and autobiographical books written since the Civil War. Durham (N. C.) [2]1984. – HAJEK, F.: Selbstzeugnisse der Afroamerikaner. Bln. 1984. – BYERMAN, K. E.: Fingering the jagged grain. Tradition and form in recent black fiction. Athens (Ga.) u. a. 1985. – KOENEN, A.: Zeitgenöss. Afro-amerikan. Frauenlit. Ffm. 1985. – The slave's narrative. Hg. v. C. T. DAVIS u. H. L. GATES, JR. Oxford u. a. 1985. – ANDREWS, W. L.: To tell a free story. The first century of Afro-American autobiography, 1760–1865. Urbana (Ill.) u. a. 1986. – DIEDRICH, M.: Ausbruch aus der Knechtschaft. Stg. 1986. – GATES, H. L., JR.: Figures in black. Words, signs, and the ›racial‹ self. New York u. a. 1987. – WASHINGTON, M.H.: Invented lives. Narratives of black women 1860–1960. Garden City (N. Y.) 1987. – BRÖCK, S.: Der entkolonisierte Körper. Die Protagonistin in der afroamerikan. weibl. Erzähltradition der 30er bis 80er Jahre. Ffm. 1988. – GATES, H. L., JR.: The signifying monkey. A theory of Afro-American literary criticism. New York u. a. 1988. – NIGEL, T. H.: From folklore to fiction. A study of folk heroes and rituals in the black American novel. London 1989. – PETESCH, D. A.: A spy in the enemy's country. The emergence of modern black literature. Iowa City 1989. – BENESCH, K.: The threat of history. Gesch. u. Erzählung im afro-amerikan. Roman der Gegenwart. Essen 1990. – Reading Black, reading feminist. A critical anthology. Hg. v. H. L. GATES, JR. New York 1990. – HUKE, T.: Jazz u. Blues im afroamerikan. Roman von der Jahrhundertwende bis zur Gegenwart. Wzb. 1990. – MOSSELL, N. F.: The work of the Afro-American woman. New York 1990. – Bearing witness. Selections from 150 years of Afro-American autobiography. Hg. v. H. L. GATES, JR. New York 1991. – JONES, G.: Liberating voices. Oral tradition in African American literature. Cambridge (Mass.) 1991. – Memory of kin. Stories about family by black writers. Hg. v. M. H. WASHINGTON. New York 1991.

Agee, James ['eɪdʒi:], * Knoxville (Tenn.) 27. Nov. 1909, † New York 16. Mai 1955, Schriftsteller. – Studierte an der Harvard University, war dann Mitarbeiter verschiedener Zeitschriften, Filmkritiker, schrieb nach 1948 hauptsächlich für Film und Fernsehen (*Agee on film. Reviews and comments,* hg. 1958; *Agee on film. Five film scripts,* hg. 1960). A. verfaßte außer Gedichten (*Permit me voyage,* 1934) einen Dokumentarbericht über das Leben der Farmpächter in Alabama (*Let us now praise famous men,* 1941; dt. *Zum Lob großer Männer,* 1975, 1989 u. d. T. *Preisen will ich die großen Männer. Drei Pächterfamilien*), der mit den Photographien von

Walker Evans (* 1903, † 1975) als Klassiker der amerikan. Literatur gilt. Außerdem schrieb er zwei in seiner Heimat Tennessee spielende psycholog. Romane, *The morning watch* (1951; dt. *Die Morgenwache,* 1964) und *A death in the family* (hg. 1957; dt. *Ein Schmetterling flog auf,* 1962), der in der von Tad Mosel (* 1922) u. d. T. *All the way home* (1960) dramatisierten Fassung den Pulitzerpreis erhielt. 1962 erschien die Sammlung seiner Briefe an seinen Lehrer und Mentor, *Letters of J. A. to Father Flye.*

Literatur: Remembering J. A. Hg. v. D. MADDEN. Baton Rouge (La.) 1974. – KRAMER, V. A.: J. A. Boston (Mass.) 1975. – MOREAU, G.: The restless journey of J. A. New York 1977. – HUSE, N. L.: John Hersey and J. A. A reference guide. London 1978. – BERGREEN, L.: J. A. A biography. New York 1984.

Agrarians [ə'greərɪənz] ↑ Fugitives.

Aiken, Conrad Potter ['eɪkɪn], * Savannah (Ga.) 5. Aug. 1889, † ebd. 17. Aug. 1973, Schriftsteller. – Studierte an der Harvard University zus. mit T. S. Eliot und V. W. Brooks, bereiste Frankreich, Italien und England, wo er sich immer wieder aufhielt. Ab 1917 war er Hauptmitarbeiter der Zs. *The Dial.* Sein lyr. Schaffen zeigt am Anfang den Einfluß von E. A. Poe, J. Keats, R. Browning und E. Dickinson (deren literar. Ruhm er 1924 mit seinem Vorwort zu einer Ausgabe ihrer Gedichte begründete) sowie die Wirkung der Imagisten und T. S. Eliots. Weitere Werke verraten seine Neigung zur Musik und Psychoanalyse sowie den Einfluß von S. Freud und J. Joyce. Für die *Collected poems* (1953) wurde er als ›Künder der beiden großen Themen Liebe und Tod‹ mit dem National Book Award ausgezeichnet. Sowohl thematisch – durch psycholog., erot. und patholog. Probleme – als auch formal – durch die schwierige Schreibweise – kompliziert und daher schwer zugänglich sind seine Kurzgeschichten und Romane, u. a. *Blue voyage* (R., 1927), *Costumes by Eros* (Kurzgeschichten, 1928), *Great circle* (R., 1933), *King Coffin* (R., 1935) und *Conversation; or, Pilgrims' progress* (R., 1940; dt. *Ein Platz, den Mond zu sehen,* 1988). A. war auch ein bed. Literaturkritiker.

Weitere Werke: Punch. The immortal liar (Ged., 1921), Priapus and the pool (Ged., 1922), The pilgrimage of Festus (Ged., 1923), Selected poems (1929; Pulitzerpreis 1930), Time in the rock (Ged., 1936), Brownstone eclogues (Ged., 1942), The soldier (Ged., 1944), The kid (Ged., 1947), The short stories of C. A. (1950; dt. Auswahlen 1964 und 1989 u. d. T. Fremder Mond), Ushant (Autobiogr., 1952), A letter from Li Po (Ged., 1955), A reviewer's ABC (Essays, 1958), The morning song of Lord Zero (Ged., 1963).

Ausgaben: C. P. A. The collected novels. Hg. v. R. P. BLACKMUR. New York 1964. – Collected criticism. Hg. v. R. A. BLANSHARD. London u. a. 1968. – Collected poems. Nineteen sixteen to nineteen seventy. New York ^{2}1970. – Collected short stories of C. A. Hg. v. R. P. WARREN. New York 1982 (dt. Ausw. u. d. T. Die Nacht vor der Prohibition u. a. Erzählungen. Bln. 1987).

Literatur: HOFFMAN, F. J.: C. A. Boston (Mass.) 1962. – MARTIN, J.: C. A. A life of his art. Princeton (N. J.) 1962. – LORENZ, C. M.: Lorelei two. My life with C. A. Athens (Ga.) 1983. – BUTCHER, E.: C. A. Poet of the white horse vale. Athens (Ga.) 1988. – MARTEN, H.: The art of knowing. The poetry and prose of C. A. Columbia (S. C.) 1988.

Albee, Edward [Franklin] ['ɔːlbiː], * Washington 12. März 1928, Dramatiker. – Als Adoptivsohn eines Theaterunternehmers kam A. früh mit dem Theater in Berührung. Nach Tätigkeit in verschiedenen Berufen wurde er durch die Uraufführung des Einakters *The zoo story* in Berlin (1959; dt. *Die Zoogeschichte,* 1962) schlagartig berühmt. Aus der Philosophie des Existentialismus und der Praxis des absurden Theaters in Europa kreiert er eine typisch amerikan. Form des Gegenwartstheaters. In seinen Dramen mischt er Wirklichkeit und Traumwelt, um die geistige Unbeweglichkeit, die Konformität und Überheblichkeit der Menschen zu entlarven und ihre Entfremdung in der modernen Gesellschaft zu zeigen. Sein erstes abendfüllendes Schauspiel *Who's afraid of Virginia Woolf?* (1962; dt. *Wer hat Angst vor Virginia Woolf?,* 1963) ist die scharfe Seelenanalyse und Anatomie einer Ehe, die das menschl. Scheitern bloßlegt. In späteren Stücken wie *Box; Quotations from chairman Mao-Tse-Tung* (Szenenfolge, 1969; dt. *Kiste – Worte des Vorsitzenden Mao Tse-Tung – Kiste,* 1969), *Seascape* (1975; dt. *Seeskapade,* 1981), *Listening* (1976; dt. *Zuhören. Ein Kammerspiel,* 1976) und *Counting the ways* (1976; dt. *Spielarten. Ein Vaudeville,* 1976) experimentiert A. mit der Auflösung der Charaktere, während er in den Dramen *The lady from Dubuque* (1980; dt. *Die Dame von Dingsville,* 1982) und *The man who had three arms* (1984; dt. *Der Mann, der drei Arme hatte,* 1984) zu eher konventioneller Darstellung zurückkehrt.

Weitere Werke: Fam and Yam (Einakter, 1960), The death of Bessie Smith (Dr., 1960; dt. Der Tod von Bessie Smith, 1962), Tiny Alice (Dr., 1965; dt. Winzige Alice, 1966), A delicate balance (Dr., 1966; dt. Empfindliches Gleichgewicht, 1967; Pulitzerpreis 1967), Everything in the garden (Dr., 1968; dt. Alles im Garten, 1970), All over (Dr., 1971; dt. Alles vorbei, 1973).

Ausgaben: E. A. Stücke. Dt. Übers. Ffm. 1968. Bd. 1 (m. n. e.). – E. A. The plays in five volumes. New York 1981ff.

Literatur: E. A. A collection of critical essays. Hg. v. C. W. E. BIGSBY. Englewood Cliffs (N. J.) 1975. – STENZ, A. M.: E. A. The poet of loss. Den Haag 1978. – KERJAN, L.: Le théâtre d'E. A. Paris 1979. – GREEN, C.: E. A. An annotated bibliography. 1968–1977. New York 1980. – TREIB, M.: August Strindberg u. E. A. Eine vergleichende Analyse moderner Ehedramen. Ffm. 1980. – E. A. An interview and essays. Hg. v. J. N. WASSERMAN u. a. Syracuse (N. Y.) 1983. – E. A. Hg. v. H. BLOOM. New York 1987. – ROUDAN, M. C.: Understanding E. A. Columbia (S.C.) 1987. – GIANTVALLEY, S.: E. A. A reference guide. Boston (Mass.) 1987. – KALLENBERG-SCHRÖDER, A.: Die Darst. der Familie im modernen amerikan. Drama. Untersucht an ausgewählten Dramen von Arthur Miller, Tennessee Williams und E. A. Ffm. 1990.

Alcott, Amos Bronson ['ɔ:lkət], * Wolcott (Conn.) 29. Nov. 1799, † Concord (Mass.) 4. März 1888, Pädagoge, Philosoph und Schriftsteller. – Lehrer und Schulinspektor u. a. in Concord; Mitglied der Transzendentalistengruppe in Concord, Freund R. W. Emersons; bekannt durch das (erfolglose) idealist. Experiment einer von vegetar. Ernährung bestimmten und nach den Prinzipien des Gemeineigentums organisierten Mustersiedlung in Harvard (Fruitlands, 1844/45), deren Ideen von seiner Tochter Louisa in *Transcendental wild oats* (1876) fiktional verarbeitet wurden. Seine individualist. Konzeptionen ablehnenden, kommunitären Anschauungen kommen in pädagog. Abhandlungen (*Observations on the principles and methods of infant instruction,* 1830; *The doctrine and discipline of human culture,* 1836) sowie in mit Gedichten durchsetzten Essays (*Tablets,* 1868), persönl. Memoiren (*Concord days,* 1872; *New Connecticut,* 1887) und Erinnerungen an seine Frau (*Sonnets and canzonets,* 1882) zum Ausdruck.

Literatur: SCHLICHT, R. C.: Die pädagog. Ansätze amerikan. Transzendentalisten. Erziehungswiss. Studien zu A. B. A., Ralph Waldo Emerson u. Henry David Thoreau, 1830–1840. Ffm. 1977. – BEDELL, M.: The A. s. Biography of an American family. New York 1980.

Alcott, Louisa May ['ɔ:lkət], * Germantown bei Philadelphia 29. Nov. 1832, † Boston (Mass.) 6. März 1888, Schriftstellerin. – Tochter von Amos Bronson A., durch dessen Kontakte zu H. D. Thoreau und R. W. Emerson ihre geistige Entwicklung in Boston und Concord bestimmt wurde; schilderte das englisch-amerikan. Familienleben in zahlreichen, außerordentlich beliebten realistisch-humorvollen Jugendschriften, die einerseits richtunggebend für die Mädchenerziehung sein sollten, andererseits aber auch indirekt einseitige Erziehungsideale kritisierten.

Werke: Moods (R., 1864, überarb. 1882, Neudr. 1991), Little women (2 Bde., 1868/1869; dt. Kleine Frauen, 1877, u. a. 1948 auch u. d. T. Vier Schwestern), An old-fashioned girl (1870; dt. Ein Mädchen aus der guten alten Schule, 2 Bde., 1872/73), Little men (1871; dt. Kleine Männer, 1877), Aunt Jo's scrap-bag (6 Bde., 1872–82).

Ausgaben: Eine glückl. Zeit. Übers. v. R. FEDERMANN. Stg. [6]1982. – The selected letters. Hg. v. J. MYERSON u. D. SHEALY. Boston (Mass.) 1987. – A double life. Newly discovered thrillers of L. M. A. Hg. v. M. B. STERN. Boston (Mass.) 1988. – L. M. A. Selected fiction. Hg. v. D. SHEALY, M. B. STERN u. J. MYERSON. Boston (Mass.) 1991.

Literatur: L. M. A. Life, letters, and journals. Hg. v. E. D. CHENEY. Boston (Mass.) 1889. Nachdr. New York 1980. – WORTHINGTON, M.: Miss A. of Concord. A biography. Garden City (N. Y.) 1958. – STERN, M. B.: L. M. A. Norman (Okla.) ²1971. – SAXTON, M.: L. M. A. A modern biography. Boston (Mass.) 1977. – BEDELL, M.: The A. s. Biography of an American family. New York 1980. – MACDONALD, R. K.: L. M. A. Boston (Mass.) 1983. – Critical essays on L. M. A. Hg. v. M. B. STERN. Boston (Mass.) 1984. – ELBERT, S.: A hunger for home. L. M. A.'s place in American culture. New Brunswick (N. J.) 1987. – Alternative A. Hg. v. E. SHOWALTER. New Brunswick (N. J.) 1988.

Aldrich, Thomas Bailey ['ɔːldrɪtʃ], * Portsmouth (N. H.) 11. Nov. 1836, † Boston (Mass.) 19. März 1907, Schriftsteller. – War Journalist in Boston, mehrfach in Europa; trat mit formgewandter Lyrik unter dem Einfluß H. W. Longfellows (*The bells,* 1855; *Cloth of gold,* 1874), mit Romanen (*The story of a bad boy,* autobiograph. R., 1870; dt. *Die Geschichte eines bösen Buben,* 1875) und launigen Erzählungen (*Marjorie Daw,* 1873; dt. *Marjorie Daw u. a. Erzählungen,* 1900) hervor. Als Hg. der Zeitschrift *The* ↑*Atlantic Monthly* (1881–90) übte er großen Einfluß auf die Entwicklung der amerikan. Literatur aus.
Ausgabe: Writings of T. B. A. Boston (Mass.) u. a. 1907. 9 Bde. Nachdr. u. d. T. Works. New York 1970.

Alger, Horatio, Jr. ['ældʒər], * Revere (Mass.) 13. Jan. 1834, † Natick (Mass.) 18. Juli 1899, Schriftsteller. – Strenge puritan. Erziehung und Theologiestudium an der Harvard Divinity School; ein Jahr als Bohemien in Paris, dann Weihe zum unitar. Geistlichen. Lebte ab 1866 als Schriftsteller in New York, wo er rund 130 Romane für Jungen verfaßte, die die moral. Überwindung der Armut und den Aufstieg zu Reichtum und Ruhm durch Fleiß und Ausdauer darstellen. Entsprechend den Titelhelden ordnen sich die Romane in drei Gruppen: *Ragged Dick* (1867ff.), *Luck and pluck* (1869ff.) und *Tattered Tom or the story of a street Arab* (1871ff.). Dt. Überss. u. a. *Das Mädchen, das man Tom nannte* (1987), *Tom Tracy. Ein böser Verdacht* (1987), *Julius zieht westwärts* (1988), *Ein neues Leben für Phil* (1988), *Paul kämpft sich nach oben* (1988). Die Verwirklichungsmöglichkeit des American dream zeigt A. auch in verschiedenen Biographien bed. amerikan. Staatsmänner (*Abraham Lincoln, the backwoods boy,* 1883).
Literatur: GARDNER, R. D.: H. A., or the American hero era. New York 1978. – DENNING, M.: Mechanic accents. Dime novels and working class culture in America. London 1987.

Algren, Nelson ['ælgrɪn], * Detroit (Mich.) 28. März 1909, † Sag Harbor (N. Y.) 9. Mai 1981, Schriftsteller. – Wuchs im poln. Einwandererviertel von Chicago auf; mit Simone de Beauvoir befreundet; schildert in seinen Romanen und Short stories die sozialen und menschl. Verhältnisse in den Slums, v. a. Chicagos. Basierend auf eigenen Erfahrungen, wählte er für seine von realist. Reportagen bis zu naturalist. Darstellungen reichenden Romane häufig die Zeit der großen Depression in den 30er Jahren (*Somebody in boots,* R., 1935; *A walk on the wild side,* R., 1956, dt. *Wildnis des Lebens,* 1959, 1988 u. d. T. *Wildes Leben*) sowie die Zeit nach dem Weltkrieg. Am bekanntesten wurde sein Roman *The man with the golden arm* (1949; dt. *Der Mann mit dem goldenen Arm,* 1952, ²1987); schrieb auch Essays.
Weitere Werke: Never come morning (R., 1942; dt. Nacht ohne Morgen, 1956), The neon wilderness (En., 1947; dt. Im Neon-Dschungel, 1964, 1987 u. d. T. Der Neon-Dschungel), Who lost an American? (Skizzen, 1963), Notes from a sea diary. Hemingway all the way (Essays, 1965), The last carousel (Prosa und Ged., 1973), The devil's stocking (R., 1983).
Ausgabe: Werke. Ffm. 1988.
Literatur: COX, M. H./CHATTERTON, W.: N. A. Boston (Mass.) 1975. – DREW, B.: N. A. A life on the wild side. New York 1990. – GILES, J. R.: Confronting the horror. The novels of N. A. Kent (Ohio) 1990.

Allen, Frederick Lewis ['ælən], * Boston (Mass.) 5. Juli 1890, † New York 13. Febr. 1954, Schriftsteller. – Journalist bei verschiedenen Zeitschriften, 1923–53 bei ↑*Harper's Magazine,* seit 1941 als Chefredakteur. Neben humorist. und satir. Artikeln, Skizzen und Kurzgeschichten stellte A. in mehreren Büchern die Geschichte der USA in der 1. Hälfte des 20. Jh. dar: *Only yesterday* (1931), *The lords of creation* (1935), *Since yesterday* (1940), *The big change* (1952; dt. *Die große Wandlung. Die Vereinigten Staaten von 1900 bis heute,* 1954).

Allen, [William] Hervey ['ælən], * Pittsburgh (Pa.) 8. Dez. 1889, † Miami (Fla.) 28. Dez. 1949, Schriftsteller. – Studierte in Annapolis und Pittsburgh, nahm am 1. Weltkrieg teil (autobiograph. Roman *Toward the flame,* 1926; dt. *Flammen vor uns,* 1937); war Englischlehrer in Charleston, wo er mit D. Heyward die *Poetry Society of South Carolina* gründete und mit ihm die *Carolina chansons* (Ged., 1922) schuf. Schrieb v. a. histor. Romane, darunter den erfolgreichen romantisch-abenteuerl. Roman *Anthony Adverse* (3 Bde., 1933; dt. *Antonio Adverso,* 1935) aus der Zeit Napoleons I. und *Action at Aquila* (1937; dt. *Oberst Franklin,* 1937) aus der Zeit des Bürgerkriegs; veröffentlichte auch einige Gedichtbände und die biograph. Studie *Israfel. The life and times of E. A. Poe* (2 Bde., 1926).
Weitere Werke: The forest and the fort (R., 1943; dt. Der Wald und das Fort, 1944), Bedford village (R., 1944; dt. Das Dorf am Rande der Welt, 1946), Toward the morning (R., 1948; dt. Dem Morgen entgegen, 1949, 1950 u. d. T. Rast am Wege; alle drei zus. 1950 u. d. T. The city in the dawn, dt. 1951 u. d. T. Die Enterbten).

Allen, James Lane ['ælən], * Lexington (Ky.) 21. Dez. 1849, † New York 18. Febr. 1925, Schriftsteller. – Gab in seinen Romanen und Kurzgeschichten einfühlsame, z. T. idealisierende Schilderungen seiner Heimat: *A Kentucky cardinal* (R., 1894), *The choir invisible* (1897), *The landmark* (Kurzgeschichten, 1925).

Allston, Washington ['ɔ:lstən], * auf der Familienfarm am Waccamaw River (S. C.) 5. Nov. 1779, † Cambridge (Mass.) 9. Juli 1843, Maler und Dichter. – Studierte an der Harvard University, dann an der Kunstakademie in London bei B. West sowie in Rom, wo er sich u. a. mit S. T. Coleridge befreundete. Erster romant. Maler der USA. Als Schriftsteller trat A. u. a. mit Gedichten (*The sylphs of the seasons,* 1813) und der Erzählung *Monaldi, a tale* (1841; dt. *Monaldi,* 1843) hervor; postum erschienen 1850 *Lectures on art.*
Ausgabe: The correspondence of W. A. Hg. v. N. WRIGHT. Ithaca (N. Y.) 1989.

American Book Awards, The [ði ə'merıkən 'bʊk ə'wɔ:rdz] ↑ Literaturpreise

American Renaissance [ə'merıkən ,renə'sɑ:ns] ↑ New England Renaissance

Amerikanistik, im Unterschied zur ethnolog. A. des 19. Jh., die sich mit den Sprachen und Kulturen der nord- und südamerikan. Völker befaßte, ist die A. im 20. Jh. eine relativ junge Disziplin, die sich zum einen parallel zur Anglistik innerhalb des Faches Engl. Philologie, zum anderen aufgrund polit. Gegebenheiten mit verschiedenen Vorzeichen vor und nach dem 2. Weltkrieg in Deutschland entwickelte. Im Rahmen der Beschäftigung mit englischsprachiger Literatur untersucht die A. zunächst als Amerikakunde die Kultur der USA. Ein in Berlin seit 1910 als außeruniversitäres Informationszentrum bestehendes Amerika-Institut wurde 1926 durch den von F. Schönemann (* 1886, † 1956) betreuten Aufbau der Amerika-Abteilung des Engl. Seminars an der Universität ergänzt. Seine nationalsozialist. Einstellung verhalf Schönemann 1936 zur ersten dt. Professur für ›amerikan. Literatur- und Kulturgeschichte‹ und 1940 zur Leitung der Amerika-Abteilung der Auslandswiss. Fakultät. Nach dem 2. Weltkrieg setzte der von der Vergangenheit unbelastete W. Fischer (* 1889, † 1961) seine in Dresden und Gießen begonnene erfolgreiche Lehr- und Forschungsarbeit als Amerikanist in Marburg fort. 1953 gründete er zus. mit Fachkollegen die Dt. Gesellschaft für Amerikastudien und wurde ihr erster Präsident. In Analogie zu den schon in den 30er Jahren in den USA entstandenen ›American Studies‹ konzipierte der 1950 aus der Emigration in den USA zurückgekehrte Kulturhistoriker und Politikwissenschaftler A. Bergsträsser (* 1896, † 1964) im ersten Band des *Jahrbuchs für Amerikastudien* (1956; seit 1974: *Amerikastudien/*

American Studies) die Amerikastudien als eine Kooperation verschiedener wiss. Disziplinen. Der interdisziplinäre Charakter der A., der die Lehre und Forschung der unter dem Einfluß des amerikan. Reeducation-Programms gegr. Amerika-Institute (Frankfurt a. M., 1946; München, 1949; Berlin [West], 1952) bestimmt, ist am besten in Berlin verwirklicht, wo in der von dem Politologen E. Fraenkel (* 1898, † 1975) 1963 in John F. Kennedy-Institut für Nordamerikastudien umbenannten Amerikaabteilung der FU eine Zusammenarbeit von Literatur, Politik, Kultur, Geschichte, Geographie, Wirtschaft, Sprache und Soziologie angestrebt wird. Die amerikanist. Abteilungen in Erlangen (seit 1947) und Mainz (seit 1952) sowie die inzwischen an den meisten Universitäten eingerichteten A.lehrstühle konzentrieren sich auf die Sprache, Literatur und Kultur der Vereinigten Staaten von Amerika. Bed. Beiträge zur A.forschung haben H. Galinsky ([* 1909, † 1991]; Mainz), U. Brumm ([* 1919]; Berlin) und H.-J. Lang ([* 1921]; Erlangen) geleistet.

Literatur: Amerikastudien, Theorie, Gesch., interpretator. Praxis. Hg. v. M. CHRISTADLER u. H. LENZ. Stg. 1977. – FINKENSTAEDT, T.: Kleine Gesch. d. Anglistik in Deutschland. Eine Einführung. Darmst. 1983.

Ammons, A[rchie] R[andolph] ['æmənz], * Whiteville (N. C.) 18. Febr. 1926, Lyriker. – Studierte zunächst Biologie und Chemie in Wake Forest (N. C.), dann Literatur in Berkeley; nach 12jähriger Tätigkeit im Management einer Glasfabrik in New Jersey wurde er 1964 Prof. für ›creative writing‹ an der Cornell University in Ithaca (N. Y.). In seinen vom Lokalkolorit in North Carolina, New Jersey und New York geprägten Gedichten verbinden sich naturwiss. Kenntnisse mit einer scharfen Beobachtungsgabe für natürl. Phänomene und deren Auswirkungen auf den Menschen (*Ommateum with doxology,* 1955). In bewußter Anlehnung an Emersons transzendentale Philosophie spekuliert A. in langen, z. T. tagebuchartigen Meditationen über die Beziehung zw. konkreten Erfahrungen und der Welt des Geistes (*Tape for the turn of the year,* 1965; *Sphere. The form of motion,* 1974; *Sumerian vistas,* 1987).

Weitere Werke: Expressions of sea level (Ged., 1964), Diversifications (Ged., 1975), The snow poems (1977), Highgate Road (Ged., 1977), A coast of trees (Ged., 1981), Worldly hopes (Ged., 1982), Lake effect country (Ged., 1983).

Ausgaben: Collected poems. 1951–1971. New York 1972. – The selected poems 1951–1977. New York 1977. – Selected longer poems. New York 1980. – The selected poems. New York 1987.

Literatur: A. R. A. Hg. v. H. BLOOM. New York 1986. – VENDLER, H.: The music of what happens. Cambridge (Mass.) 1988. – REICHARDT, U.: Innenansichten der Postmoderne. Zur Dichtung John Ashberys, A. R. A.s, Denise Levertovs u. Adrienne Richs. Wzb. 1991.

Anaya, Rudolfo A. [ən'aɪə], * Pastura (N. Mex.) 30. Okt. 1937, Schriftsteller. – Studium an der University of New Mexico in Albuquerque, wo A. heute Prof. für Chicano-Literatur und ›creative writing‹ ist. A. ist einer der bedeutendsten Chicano-Autoren, die vornehmlich im Südwesten der USA leben und in ihren Schriften an die myth. Vergangenheit ihrer mexikan. Pueblos anknüpfen wollen. Folglich schildert A. in seinen Romanen den Gegensatz zwischen weißer Stadtkultur und den mag. Kräften einer naturverbundenen Stammesexistenz. Mit Mitteln des mag. Realismus versucht er, eine eigenständige Chicano-Identität zu verwirklichen. Sein bekanntester Roman ist *Bless me, Ultima* (1972; dt. *Segne mich, Ultima,* 1984). Seine Tätigkeit als Literaturkritiker manifestiert sich u. a. in der Herausgabe von Anthologien der Chicano-Literatur (*Tierra. Contemporary fiction of New Mexico,* 1991).

Weitere Werke: Heart of Aztlan (R., 1976), Tortuga (R., 1979), The silence of the Llano (Kurzgeschichten, 1982), Ultima came to stay with us the summer I was almost seven (Ged., 1983), The legend of La Llorona (R., 1984), A Chicano in China (Autobiogr., 1986), The Farolitos of Christmas. A New Mexican Christmas story (1987), Lord of the dawn. The legend of Quetzalcoatl (Prosa, 1987).

Literatur: The magic of words. R. A. A. and his writings. Hg. v. P. VASSALLO. Albuquerque

(N. Mex.) 1982. – Missions in conflict. Essays on U. S.-Mexican relations and Chicano culture. Hg. v. R. v. BARDELEBEN, D. BRIESEMEISTER u. J. BRUCE-NOVOA. Tüb. 1986. – European perspectives on the Hispanic literature of the United States. Hg. v. G. FABRE. Houston (Tex.) 1988.

Anderson, Maxwell ['ændərsən], * Atlantic (Pa.) 15. Dez. 1888, † Stamford (Conn.) 28. Febr. 1959, Dramatiker. – War nach dem Studium Sprachlehrer und Mitarbeiter verschiedener Zeitungen. Verfaßte u. a. polit. und sozialkrit. Stücke, histor. Versdramen, romant. Komödien und Singspiele, in denen er Traditionelles mit den Techniken des modernen Theaters verband. In bewußter Anlehnung an das griech. und elisabethan. Theater greift er Themen aus der Bibel sowie der engl. und amerikan. Geschichte auf. Seine erfolgreichsten Dramen sind die Verarbeitung des Falles von Sacco und Vanzetti, zweier wegen mutmaßlichen Mordes zum Tode verurteilter italien. Anarchisten, in *Winterset* (1935; dt. *Wintertag,* 1954) sowie der frz. Geschichte in *Joan of Lorraine* (1947; dt. *Johanna aus Lothringen,* 1953). Zu der Musikkomödie *Knickerbocker holiday* (1938; dt. *Knickerbocker,* 1948) schrieb K. Weill die Musik. A. trat auch als Theaterkritiker hervor (*Off Broadway. Essays about the theater,* 1947).

Weitere Werke: White desert (Dr., 1923), What price glory? (Dr., 1924; dt. Rivalen, 1929; zus. mit Laurence Stallings [* 1894, † 1968]), Elizabeth the queen (Dr., 1930), Night over Taos (Dr., 1932), Both your houses (politisch-satir. Dr., 1933; Pulitzerpreis 1933), Mary of Scotland (Dr., 1933; dt. Maria von Schottland, 1947), The masque of kings (Dr., 1936), Anne of the thousand days (Dr., 1948; dt. Anna, Königin für tausend Tage, 1950).

Ausgabe: Dramatist in America. Letters of M. A. 1912–1958. Hg. v. L. G. AVERY. Chapel Hill (N. C.) 1977.

Literatur: BAILEY, M. D.: M. A. The playwright as prophet. London 1957. – SHIVERS, A. S.: M. A. Boston (Mass.) 1976. – COX, M.: M. A. A bibliography. Norwood 1978. – SHIVERS, A. S.: The life of M. A. Briarcliff Manor (N. Y.) 1982.

Anderson, Sherwood ['ændərsən], * Camden (Ohio) 13. Sept. 1876, † Colón (Panama) 8. März 1941, Schriftsteller. – Verlebte eine trostlose Jugend, nahm 1898 am Spanisch-Amerikan. Krieg teil; Arbeiter, 1907–13 Leiter einer Farbenfabrik; verließ Arbeitsplatz und Familie und ging nach Chicago, wo er, von T. Dreiser, C. Sandburg und F. Dell ermutigt, zu veröffentlichen begann. Aufenthalt in Paris (Einfluß von G. Stein), dann Farmer und Zeitungsbesitzer in Virginia. *A storyteller's story* (1924; dt. *Der Erzähler erzählt sein Leben,* 1927, 1963 u. d. T. *Eines Geschichtenschreibers Geschichte*) schildert A.s Werdegang mit aufschlußreicher Offenheit. Mit Romanen und naturalistisch beeinflußten Kurzgeschichten eroberte er sich schnell eine führende Rolle in der amerikan. Literatur. A. schrieb über das Leben des kleinen Mannes, den Alltag und die Enge der Kleinstadt des amerikan. Mittelwestens. Beeinflußt von den Erkenntnissen der Psychoanalyse und von D. H. Lawrence, sah er in seelisch-sexuellen Triebkräften die Befreiung aus Routine und Zwang des Alltags. Seine bedeutendsten Werke sind *Winesburg, Ohio* (Kurzgeschichtenzyklus, 1919; dt. 1958) und *Dark laughter* (R., 1925; dt. *Dunkles Lachen,* 1962).

Weitere Werke: Many marriages (R., 1923), The triumph of the egg (Kurzgeschichten, 1921; dt. Das Ei triumphiert, 1926), Horses and men (Kurzgeschichten, 1923), Death in the woods (Kurzgeschichten, 1933), Kit Brandon (R., 1936), Home town (Essays, 1940; dt. Kleinstadt in Amerika, 1956), S. A.'s memoirs (hg. 1942).

Ausgaben: S. A. Werke. Dt. Übers. Olten u. a. 1963. 4 Bde. – A., S./STEIN, G.: Briefwechsel u. persönl. Aufss. Aus dem Amerikan. übers. v. J. DIERKING. Ffm. 1985. – The S. A. diaries, 1936–1941. Hg. v. H. H. CAMPBELL. Athens (Ga.) 1987. – Early writings. Hg. v. R. L. WHITE. Kent (Ohio) 1989. – S. A.'s love letters to Eleanor Copenhauer Anderson. Hg. v. C. E. MODLIN. London u. a. 1990. – S. A.'s secret love letters. For Eleanor, a letter a day. Hg. v. R. L. WHITE. Baton Rouge (La.) 1991.

Literatur: HOWE, I.: S. A. Stanford (Calif.) ²1966. – S. A. A collection of critical essays. Hg. v. W. B. RIDEOUT. Englewood Cliffs (N. J.) 1974. – S. A. Centennial studies. Hg. v. H. H. CAMPBELL u. C. E. MODLIN. Troy (N. Y.) 1976. – WELFORD, D. T.: S. A. New York 1977 – GÖBEL, W.: S. A. Ästhetizismus als Kulturphilosophie.

Hdbg. 1982. – TOWNSEND, K.: S. A. New York 1987. – WILLIAMS, K. J.: A storyteller and a city. S. A.'s Chicago. DeKalb (Ill.) 1988.

Angelou, Maya ['ændʒəlu:], * Saint Louis 4. April 1928, Schriftstellerin. – Musik- und Tanz- (bei M. Graham) sowie Schauspielausbildung; verschiedene Aufenthalte in Afrika, dort Mitarbeit an Zeitungen in Kairo und am Institute for African Studies in Accra (Ghana); Tätigkeit als Bühnen- und Filmschauspielerin sowie Tänzerin, seit 1966 Dozentin, zuletzt in Wake Forest (N. C.). In ihren autobiograph. Texten bekennt sich A. zu der afroamerikan. Vergangenheit und schildert den Werdegang einer jungen schwarzen Frau in den USA von der Kindheit bei der Großmutter im rassisch segregierten Arkansas, über die Stationen der Identitätsgewinnung als berufstätige Frau und alleinerziehende Mutter in Kalifornien, bis zur Karriere einer international anerkannten Künstlerin: *I know why the caged bird sings* (1970; dt. *Ich weiß, daß der gefangene Vogel singt,* 1980, als Fsp. 1977), *Gather together in my name* (1974), *Singin' and swingin' and gettin' merry like Christmas* (1976), *The heart of a woman* (1981), *All God's children need traveling shoes* (1986), *Now Sheba sings the song* (1987). Daneben auch Gedichte: *Poems* (1980).

Literatur: Women's autobiography. Essays in criticism. Hg. v. E. C. JELINEK. Bloomington (Ind.) 1980. – Black women writers (1950–1980). A critical evaluation. Hg. v. M. EVANS. New York 1984. – MAYER, S.: Die Sehnsucht nach den anderen. Eine Studie zum Verhältnis von Subjekt u. Gesellschaft in den Autobiographien v. Lillian Hellman, M. A. u. Maxine Hong Kingston. Ffm. 1986. – Conversations with M. A. Hg. v. J. M. ELLIOT. Jackson (Miss.) 1989. – MCPHERSON, D. A.: Order out of chaos. The autobiographical works of M. A. New York u. a. 1990.

Ashbery, John [Lawrence] ['æʃbərɪ], * Rochester (N. Y.) 28. Juli 1927, Schriftsteller. – Studium an der Harvard und der Columbia University, verschiedene Tätigkeiten bei Verlagen und Zeitschriften; seit 1974 Prof. für engl. Literatur und ›creative writing‹ am Brooklyn College in New York; 1976–80 verantwortl. Lyrik-Hg. von *The ↑Partisan Review;* Kunstkritiker renommierter Zeitschriften in Europa und in den USA. Neben einigen Dramen (*The heroes,* UA 1952; *The compromise,* UA 1956; *The philosopher,* alle gedr. in: *Three plays,* 1978) und einem gemeinsam mit J. Schuyler veröffentl. Roman (*A nest of ninnies,* 1969; dt. *Ein Haufen Idioten,* 1990) ist A. bes. durch seine Gedichtsammlungen als Mitglied der New York School of Poets bekannt geworden. Aus der Verbindung der Darstellungsmittel der abstrakten Malerei mit seiner Dichtung entstehen seine avantgardist. Kunstauffassung und der collageartige lyr. Stil, der Anklänge an die Symbolisten und T. S. Eliot besitzt. Den ursprünglich unverbundenen sprachl. Abstraktionen, etwa in der Anthologie *Some trees* (1956) und den pasticheartigen Gedichten in *The tennis court oath* (1962), steht in den späteren Werken zunehmend der Versuch gegenüber, die metaphys. Dimension der Existenz zu ergründen (*Rivers and mountains,* 1966) bzw. in der Hinwendung zur eigenen Person einen autobiograph. Sinnkontext zu erstellen, wie in A.s bekanntester Gedichtsammlung *Self-portrait in a convex mirror* (1975; dt. *Selbstporträt im konvexen Spiegel,* 1977) sowie in dem an W. Wordsworths *Prelude* erinnernden Langgedicht *Flow Chart* (1991).

Weitere Werke: Selected poems (1967), The double dream of spring (Ged., 1970), Three poems (1972), Houseboat days (Ged., 1977), As we know (Ged., 1979), Shadow train (Ged., 1981), A wave (Ged., 1984; dt. Eine Welle, 1988) Selected poems (1985), April galleons (Ged., 1987).

Literatur: SUTTON, W.: American free verse. The modern revolution in poetry. New York 1973. – KERMANI, D. K.: J. A. A comprehensive bibliography. New York 1976. – KALSTONE, D.: Five temperaments. New York 1977. – SHAPIRO, D.: J. A. New York 1979. – Beyond amazement. New essays on J. A. Hg. v. D. LEHMANN. Ithaca (N. Y.) 1980. – Code of signals. Hg. v. M. PALMER. Berkeley (Calif.) 1983. – J. A. Hg. v. H. BLOOM. New York 1985. – REICHARDT, U.: Innenansichten der Postmoderne. Zur Dichtung J. A.s, A. R. Ammons, Denise Levertovs u. Adrienne Richs. Wzb. 1991.

asiatisch-amerikanische Literatur, Bez. für die von Amerikanern asiat. Herkunft (China, Japan, Philippinen, Korea, Indien) verfaßte Literatur. Wie bei den meisten eingewanderten ethn. Gruppen verläuft der in der a.-a. L. präfigurierte Prozeß der Akkulturation in drei Stufen. Die Generation der Einwanderer, die – wie die Chinesen – in der 2. Hälfte des 19. Jh. zum Eisenbahnbau von Amerikanern angeworben wurden, bemüht sich um Assimilation an die amerikan. Kultur und nutzt die autobiographisch geprägte Literatur zur Korrektur der negativen Einstellung der Amerikaner gegenüber Asiaten (Lee Yan Phou [* 1861, † ?], *When I was a boy in China,* 1887; New Il-Han, *When I was a boy in Korea,* 1928) sowie zur Werbung für das Heimatland (China: Lin Yutang [* 1895, † 1976], *My country and my people,* 1937; Korea: Younghill Kang [* 1903, † 1972], *East goes West,* 1937). Die spürbare Anverwandlung an das neue Land und seine demokrat. Ordnung, die Thema von Carlos Bulosans (* 1913, † 1956) die Lage der philippin. Arbeiter schildernder Erzählung *America is in the heart* (1940) ist, wird bei der ersten in den USA geborenen Generation zu einem von der amerikan. Gesellschaft aufgrund der polit. Situation während des 2. Weltkriegs akzeptierten Anspruch auf Integration. Dies erklärt die große Popularität der chines. Autobiographien von Pardee Lowe ([* 1873, † ?], *Father and glorious descendant,* 1943) und Jade Snow Wong ([* 1922], *Fifth Chinese daughter,* 1945) sowie die Ablehnung japan. Erzählungen wie Toshio Moris (* 1910) *Yokohoma, California* (1949), Monica Sones (* 1919) *Nisei daughter* (1953) und John Okadas (* 1923, † 1970) *No-no boy* (R., 1957). Erst Ende der 60er Jahre wurden die in japan. Autobiographien dargestellten Erfolge als Beispiel für die Aufstiegsmöglichkeiten ethn. Minoritäten herausgestellt (Daniel Inouye [* 1924] und Lawrence Elliott [* 1924], *Journey to Washington,* 1967; Daniel Okimoto [* 1942], *American in disguise,* 1971). Seit den 70er Jahren bemüht sich die dritte Generation der Amerikaner asiat. Abstammung um eine eigenständige Literatur in einer von kulturellem Pluralismus bestimmten Gesellschaft. Dieses Konzept zeigt sich deutlich in dem autobiographisch-fiktionalen Werk der Amerikanerin chines. Abstammung M. H. Kingston (*The woman warrior,* 1976; *China men,* 1980; *Tripmaster monkey,* 1989). Wie Kingston betont auch Amy Tan (* 1952) die Mutter-Tochter-Beziehung in chinesisch-amerikan. Familien in *The joy luck club* (R., 1989; dt. *Töchter des Himmels,* 1990) und *The kitchen god's wife* (R., 1991; dt. *Die Frau des Feuergottes,* 1991), während David Wong Louie ([* 1954], *Pangs of love,* En., 1991), Gus Lee ([* 1946], *China boy,* R., 1991) und Gish Jen ([* 1955], *Typical American,* R., 1991) den Prozeß der Amerikanisierung anhand interkultureller Kontakte chines. Einwanderer mit der amerikan. Alltagswelt nachzeichnen. Cynthia Kadohata (* 1956) stellt das unstete Leben einer japanisch-amerikan. Familie in *The floating world* (R., 1989) dar. Die ind. Welt im Kontakt mit der nordamerikan. Kultur thematisiert die Erfolgsautorin Bharati Mukherjee (* 1940) in *The middleman and other stories* (En., 1988) und *Jasmine* (R., 1989). Jessica Hagedorns (* 1949) Roman *Dogeater* (1990) und David Henry Hwangs (* 1957) Drama *M. Butterfly* (UA 1988) stellen polit. Reaktionen auf postkoloniale Verhältnisse in den Philippinen und in China dar.

Ausgaben: Aiiieeeee! An anthology of Asian-American writers. Hg. v. J. CHAN u.a. Washington (D. C.) 1974. – Forbidden stitch. Hg. v. S. LIM u.a. Corvallis (Oreg.) 1989. – Making waves. Hg. v. ASIAN WOMEN UNITED OF CALIFORNIA. Boston (Mass.) 1989. – Home to stay. Hg. v. S. WATANABE u. C. BRUCHAC. Greenfield Center (N. Y.) 1990.

Literatur: KIM, E. H.: Asian American literature. An introduction to the writings and their social context. Philadelphia (Pa.) 1982. – Amerikan. Gettoliteratur. Zur Lit. ethn., marginaler u. unterdrückter Gruppen in Amerika. Hg. v. B. OSTENDORF. Darmst. 1983. – MEISSENBURG, K.: The writing on the wall. Socio-historical aspects of Chinese American literature, 1900–1980. Ffm. 1987. – CHEUNG, K./YOGI, S.: Asian American literature. An annotated bibliography. New York 1988. – Pake: Writings by Chinese in Hawaii. Hg. v. E. CHOCK u. D. H. Y. LUM. Honolulu 1989. – Between worlds. Contemporary Asian-American plays. Hg. v. M. BERSON. New York 1990. – LING, A.: Between worlds. Women writers of Chinese ancestry. New York 1990. – Autobiographie u. Avantgarde. Hg. v. A. HORNUNG u. E. RUHE. Tüb. 1992.

Asimov, Isaac ['æzıma:f], * Petrowsk 2. Jan. 1920, † New York 6. April 1992, Biochemiker und Schriftsteller russ. Herkunft. – Lebte seit 1923 in den USA (1928 naturalisiert) und war seit 1951 Prof. für Biochemie in Boston (Mass.). Verfasser zahlreicher populärwiss. Bücher über naturwiss. Themen, u. a. Biochemie, Astronomie und Geschichte der Naturwissenschaften; schrieb seit 1938 auch Sciencefiction, u. a. *I, Robot* (R., 1950; dt. *Ich, der Robot,* 1952), *The stars, like dust* (R., 1951, 1954 u. d. T. *The rebellious stars;* dt. *Sterne wie Staub,* 1960), *Foundation-trilogy* (*The 1,000 year plan,* R., 1951, dt. *Der Tausendjahresplan,* 1966; *Foundation and empire,* R., 1952, dt. *Der galakt. General,* 1966; *Second foundation,* R., 1953, dt. *Alle Wege führen nach Trantor,* 1966), *The naked sun* (R., 1957; dt. *Die nackte Sonne,* 1960), *The gods themselves* (R., 1972; dt. *Lunatico oder die nächste Welt,* 1973), *Foundation's edge* (R., 1982; dt. *Auf der Suche nach der Erde,* 1984), *Nemesis* (R., 1989), *Puzzles of the black widowers* (Kurzgeschichten, 1990).

Literatur: FIEDLER, J./MELE, J.: I. A. New York 1982. – GUNN, J. E.: I. A. The foundations of science-fiction. New York 1982.

Atherton, Gertrude Franklin ['æθərtən], * San Francisco 30. Okt. 1857, † ebd. 14. Juni 1948, Schriftstellerin. – Ihre Romane, Erzählungen und Essays, die Geschichte und Gesellschaft ihres Heimatstaates Kalifornien zum Thema haben, gewähren Einblick in das Leben der Menschen von der Spanierzeit bis zur Gegenwart. Ihr populärstes Werk ist eine fiktionalisierte Biographie des Staatsmannes Alexander Hamilton, *The conqueror* (1902).

Weitere Werke: The Californians (R., 1898), Golden Gate country (Geschichte Kaliforniens, 1945).

Literatur: MCCLURE, C. S.: G. A. Boston (Mass.) 1979.

Atlantic Monthly, The [ðı ət'læntık 'mʌnθli], heute unter dem Namen *The Atlantic* in Boston (Mass.) erscheinende Zeitschrift für Literatur, Kunst und Politik; 1857 durch M. D. Phillips auf Anregung von F. H. Underwood (* 1825, † 1894) gegr. und 1857–61 von J. R. Lowell herausgegeben. Veröffentlichte in den ersten Jahren v. a. Beiträge neuengl. Dichter (R. W. Emerson, O. W. Holmes und H. W. Longfellow). Schon während des Bürgerkrieges nahm sie politisch Stellung (gegen die Sklaverei); enthält seit Beginn des 20. Jh. zunehmend Artikel über aktuelle polit., soziale und ökonom. Fragen.

Auchincloss, Louis [Stanton] ['ɔ:tʃınkləs], * Lawrence (N. Y.) 27. Sept. 1917, Schriftsteller. – In bewußter Anlehnung an H. James und bes. E. Whartons Romanwerk zeichnet der praktizierende Rechtsanwalt in seinen zahlreichen Romanen und Kurzgeschichten ein Sittengemälde der aristokrat. Gesellschaft New Yorks von der Kolonialzeit bis in die Gegenwart. Dabei stellt A. die Bedeutung der Familie als einer organ. Einheit innerhalb der Gesellschaft heraus, die einerseits durch egoist. Geschäftsinteressen der Männer (*The Romantic egoists,* En., 1954; *The great world and Timothy Colt,* R., 1956; *Venus in Sparta,* R., 1958; *Pursuit of the prodigal,* R., 1959; *A world of profit,* R., 1968; dt. *Die Profitmacher,* 1971), andererseits durch Ablehnung der gesellschaftl. Konventionen auf der Seite der Frauen (*Sybil,* R., 1952; *A law for the lion,* R., 1953) zerstört wird. In *The Rector of Justin* (R., 1964; dt. *Der Rektor,* 1965), *The Winthrop covenant* (R., 1976) und *The dark lady* (R., 1977) weitet A. die Thematik auf die Gesellschaft Neuenglands aus. Persönl. Erfahrungen aus der Anwaltspraxis bzw. der Schriftstellerkarriere werden in *Powers of attorney* (En., 1963) und dem autobiograph. *A writer's capital* (1974) deutlich. A. hat auch zahlreiche biograph. und literaturkrit. Studien, u. a. über Edith Wharton (1961), Ellen Glasgow (1964), Shakespeare (*Motiveless malignity,* 1969), Henry Adams (1971) und Henry James (*Reading Henry James,* 1975), verfaßt.

Weitere Werke: The indifferent children (R., 1947; unter dem Pseudonym Andrew Lee), The house of five talents (R., 1960; dt. Das Haus der fünf Talente, 1961), Portrait in Brownstone (R., 1962), The embezzler (R., 1966; dt. Die Gesellschaft der

Reichen, 1967), Tales of Manhattan (En., 1967), Second chance (En., 1971), The country cousin (R., 1978), Watchfires (R., 1982), Narcissa and other fables (En., 1983), The book class (R., 1984), Honorable men (R., 1985), Diary of a yuppie (R., 1987), The golden calves (R., 1988), Fellow passengers. A novel in portraits (1989), Love without wings (Essays, 1991).

Literatur: BRYER, J. R.: L. A. and his critics. Boston (Mass.) 1977. – DAHL, C. C.: L. A. New York 1985. – PARSELL, D. B.: L. A. Boston (Mass.) 1988. – PIKET, V.: L. A. The growth of a novelist. New York 1991.

Auden, Wystan Hugh ['ɔ:dn], * York 21. Febr. 1907, † Wien 28. Sept. 1973, Dichter. – Studierte in Oxford; dort war er, nach einem Deutschlandaufenthalt, in den dreißiger Jahren Wortführer einer linksintellektuellen Dichtergruppe (›Pylon poets‹), der u. a. C. Day-Lewis, L. MacNeice und S. Spender angehörten; 1935 heiratete er Erika Mann. Am Span. Bürgerkrieg nahm er auf republikan. Seite als Sanitäter teil; 1938 reiste er während des chinesisch-japan. Krieges nach China. Seine Gedichtbände aus dieser Zeit – *Poems* (1930), *The orators* (1932), *Look, stranger!* (1936), *Spain* (1937) u. a. – sind engagierte, marxistisch orientierte Auseinandersetzungen mit Zeitproblemen, die mit einer Vielfalt lyr. Ausdrucksformen operieren und Anregungen vom german. Stabreim bis zum modernen Trivialvers aufnehmen. Zus. mit C. Isherwood schrieb er kämpfer., formal vom dt. Expressionismus und B. Brecht beeinflußte Versdramen (u. a. *The dog beneath the skin,* 1935; *The ascent of F6,* 1936). 1939 emigrierte A. in die USA und nahm 1946 die amerikan. Staatsbürgerschaft an. Religiöse und religionsgeschichtl. Studien brachten, unter dem Einfluß von S. Kierkegaard und R. Niebuhr, eine christlich inspirierte Wende seines Schaffens; fortan herrschen längere philosoph. Dichtungen vor, u. a. *Another time* (1940), *New Year letter* (1941). *The sea and the mirror* (1945), ein poet. Kommentar zu Shakespeares Drama *The tempest,* behandelt Wechselbeziehungen von Kunst und Gesellschaft; die ›barocke Ekloge‹ *The age of anxiety. A baroque eclogue* (1947; dt. *Das Zeitalter der Angst,* 1951) deutet Existenzprobleme des modernen Menschen (1948 Pulitzerpreis). 1956–61 war A. Prof. für Dichtung an der Oxford University, danach lebte er zeitweise auch in Italien und in Kirchstetten (Österreich). Seine Spätwerke (z. B. *City without walls,* Ged., 1967; *Thank you, fog,* Ged., 1974) setzen das lyr. Experimentieren fort und sind von einer Haltung der überlegenen Humanität gekennzeichnet. A. ist auch als Essayist und als Verfasser von Opernlibretti, z. B. *The rake's progress* (1951; dt. *Der Wüstling,* 1951, mit C. Kallman; Musik von I. Strawinski), *Elegy for young lovers* (1961; dt. *Elegie für junge Liebende,* 1961, mit C. Kallman; Musik von H. W. Henze) hervorgetreten.

Weitere Werke: Journey to a war (Ged., 1939; mit C. Isherwood), For the time being (1944; dt. Hier und jetzt. Ein Weihnachtsoratorium, 1961), The shield of Achilles (Ged., 1955), Homage to Clio (Ged., 1960), The dyer's hand (1962; dt. Des Färbers Hand u. a. Essays, 1965), A certain world. A commonplace book (1970), Academic graffiti (Ged., 1971), Gedichte = Poems (dt. und engl. 1973), Forewords and afterwords (Sammlung, hg. 1973; dt. Wie es mir schien, 1977).

Ausgaben: W. H. A. Collected poems. London 1976. – The complete works of W. H. A. Bisher 8 Bde. erschienen. Hg. v. E. MENDELSON. Princeton (N. J.) 1989. – W. H. A. ›The map of all my youth‹. Early works, friends, and influences. Hg. v. K. BUCKNELL u. N. JENKINS. New York 1990.

Literatur: SPEARS, M. K.: The poetry of W. H. A. New York 1963. – FULLER, J.: A reader's guide to W. H. A. London 1970. – BLOOMFIELD, B. C./MENDELSON, E.: W. H. A. A bibliography, 1924–1969. Charlottesville (Va.) [2]1973. – HOFER, R.C.: A.'s land of glass. Kansas (Kans.) 1980. – CARPENTER, H.: W. H. A. A biography. London 1981. – JARFE, G.: Der junge A. Hdbg. 1985. – SMITH, S.: W. H. A. Oxford 1985. – ROWSE, A. L.: The poet A. A personal memoir. London 1987. – MCDIARMID, L.: A.'s apologies for poetry. Princeton (N. J.) 1990.

Auster, Paul ['ɔ:stər], * Newark (N. J.) 3. Febr. 1947, Schriftsteller. – Unterrichtet seit 1986 ›creative writing‹ an der Princeton University. Neben zahlreichen

Übersetzungen moderner frz. Dichter hat A. eine Reihe bed. Gedichtbände und Erzählungen veröffentlicht. Am bekanntesten sind die intertextuell miteinander verbundenen, die Grenze zw. Fiktion und Realität aufhebenden New-York-Romane, in denen er apokalyptisch Endzeitsituationen der sterbenden Großstadt entwirft (*In the country of last things,* 1987; dt. *Im Land der letzten Dinge,* 1989), das Schicksal skurriler Existenzen schildert (*Moon palace,* 1989; dt. *Mond über Manhattan,* 1990) und kriminalist. Erzählkonventionen selbstreferentiell durch den Einbezug der eigenen Person durchbricht (*The New York trilogy,* 1988, bestehend aus *City of glass,* 1985, *Ghosts,* 1986, *The locked room,* 1987; dt. *Die New York-Trilogie: Stadt aus Glas, Schlagschatten, Hinter verschlossenen Türen,* 1989).

Weitere Werke: Unearth (Ged., 1974), Wall writing (Ged., 1976), Fragments from cold (Ged., 1977), Facing the music (Ged., 1980), White spaces (Prosa, 1980), The invention of solitude (R., 1982), Disappearances (Ged., 1988), The music of chance (R., 1990; dt. Die Musik des Zufalls, 1992).

Austin, Mary ['ɔːstɪn], geb. Hunter, * Carlinville (Ill.) 9. Sept. 1868, † Santa Fe (N. Mex.) 13. Aug. 1934, Schriftstellerin. – Frauenrechtlerin; befaßte sich in einem Großteil ihrer Werke (Romane, Erzählungen, Essays und Dramen) mit dem Leben und der Kultur der Indianer in den südkaliforn. Wüstengebieten (*The land of little rain,* Skizzen, 1903; *The arrow maker,* Dr., 1911; *The American rhythm,* Essays, 1923).

Weitere Werke: The basket woman (Kurzgeschichten, 1904), A woman of genius (R., 1912), The ford (R., 1917), Earth horizon (Autobiogr., 1932).

Literatur: DOYLE, H. M.: M. A. Woman of genius. New York 1939. – Women and American literature. Hg. v. H. W. STAUFFER u. S. J. ROSOWSKI. Troy (N. Y.) 1982.

Autobiographie. Als literar. Darstellung des eigenen Lebens oder einzelner Lebensphasen, mit dem Ziel der Überwindung von Krisensituationen, kommt der sich auch in Memoiren, autobiograph. Romanen, Tagebüchern und Reisebeschreibungen artikulierenden A. in der Entwicklung der amerikan. Literatur große Bedeutung zu. So wandten sich v. a. in der krisenhaften Besiedlungs- und Kolonialzeit Entdecker wie Captain J. Smith (*The true travels,* 1630) und Kolonisten dem Erzählen der eigenen Erlebnisse zu, um eine Stabilisierung ihrer Lebenssituation zu erreichen. Dabei entstand die bes. Form der die Verschleppung durch Indianer beschreibenden ›captivity narratives‹ (Mary Rowlandson [* um 1635, † um 1678], *The sovereignty and goodness of God ...,* veröffentl. 1682). Die *Confessiones* des Augustinus (entst. 397/398) waren das literar. Modell für die A.n puritan. Geistlicher, in deren Schilderung auf das sündhafte Leben die Konversion zum Glauben und das aus pädagogisch verstandenen Schicksalsschlägen abgeleitete Bewußtsein der Auserwähltheit folgen. Bed. Beispiele der geistl. A. sind T. Shepards *Autobiography* (1646), C. Mathers *Paterna* (1699–1727), J. Edwards' *Personal narrative* (1739) und J. Woolmans *Journal* (1774). Die Affinität der A. zur amerikan. Kultur als einer potentiell allen Bürgern verfügbaren Form der Selbstdarstellung, die sich schon an der Praxis der ›conversion narrative‹, dem öffentl. Sündenbekenntnis puritan. Konvertiten vor der Aufnahme in die Kirchengemeinde, zeigte, etablierte sich als ein Strukturelement der amerikan. A. während der Revolutionszeit sowie in den Anfängen der Republik. So artikulierte die für die amerikan. Kultur modellbildende A. von B. Franklin (entst. 1771–90, hg. 1868, dt. bereits 1792) das Selbstbewußtsein der amerikan. Nation und zeigte exemplarisch die Verwirklichungsmöglichkeiten des ›selfmade man‹ im demokrat. Staat auf. Ebenso wurde in der Phase der kulturellen Emanzipation die Eigenständigkeit der amerikan. Literatur über autobiograph. Bezüge begründet – so in Romanen J. F. Coopers (*The pioneers,* 1823) N. Hawthornes (*The scarlet letter,* 1850) und H. Melvilles (*Typee,* 1846; *Omoo,* 1847; *Mardi,* 1849; *Redburn,* 1849; *White-jacket,* 1850) sowie in H. D. Thoreaus Erlebnisbericht *Walden* (1854) und W.

Whitmans Gedichten (*Song of myself,* 1855) und Erinnerungen (*Specimen days and collect,* 1882). Eine ähnlich krisenbewältigende Funktion erfüllt die A. im Übergang zur modernen amerikan. Literatur, indem sie der als fragmentarisch erfahrenen Existenz eine narrative, wenn auch illusionäre Kohärenz verleiht, wie es in den zahlreichen autobiograph. Texten Mark Twains, den A.n von H. James (1913–17) und H. Adams (*The education of Henry Adams,* Privatdruck 1907, veröffentl. 1918) sowie den autobiograph. Romanen T. Wolfes und H. Millers geschieht. In der amerikan. Gegenwartsliteratur dient die autobiograph. Form als Folie zur Markierung der Krise von Subjekt wie von Erzählmedium. So werden autobiograph. Erzählformen im postmodernen Roman parodisierend und spielerisch für therapeut. (V. Nabokov, P. Roth), metafiktionale (J. Barth, R. Sukenick), oder identitätsstiftende Zwecke in der kreativen Rezeption des eigenen Werks (J. Barth, R. Federman, P. Roth) eingesetzt. Krisenbewältigende Funktion erfüllt die A. v. a. auch in den Schriften ethn. Minoritäten (Indianer, Afroamerikaner, Chicanos, Amerikaner asiat. Herkunft) und in der Frauenliteratur. Frühe Beispiele indian. A.n datieren aus dem 18. Jh. (Samson Occom [* 1723, † 1782]) und führen über mündlich überlieferte, aber von weißen Ethnologen transkribierte Texte (J. G. Neihardts *Black Elk speaks,* 1932) zu den autobiograph. Romanen und A.n von N. S. Momaday und G. Vizenor. Die afroamerikan. Literatur beginnt mit den die Schrecken der Sklaverei darstellenden ›slave narratives‹ in der frühen Republik, deren beste Realisierung die *Narrative of the life of Frederick Douglass, an American slave* (1845) darstellt. Politisch, später auch ideologisch revolutionäre Intentionen bestimmen die A.n afroamerikan. Führer wie B. T. Washington (*Up from slavery,* 1901), W. E. B. Du Bois (*Darkwater,* 1920; *Dusk of dawn,* 1940; *The autobiography of W. E. B. D.,* 1961) und *The autobiography of Malcolm X* (1965), während sich bei den Autoren der † Harlem Renaissance die noch nicht völlig stabilisierte Schriftstellerexistenz im Alternieren zwischen autobiograph. Romanen und eigentl. A.n zeigt (J. W. Johnson, C. McKay, L. Hughes, Z. N. Hurston, R. Wright). Ähnliche Phänomene sind bei Einwanderern aus Mexiko, Europa und Asien zu konstatieren, die in ihren autobiograph. Texten den Prozeß der Akkulturation beschreiben. So bevorzugen Chicano-Schriftsteller wie Oscar Zeta Acosta (* 1936) und R. A. Anaya autobiograph. Fiktionen zur Darstellung ihrer eigenen bikulturellen Existenz. Jüd. Frauen aus Osteuropa nutzen um die Jahrhundertwende autobiograph. Erzählungen zur kulturellen und feminist. Emanzipation und weisen damit den Weg für die Karriere als Schriftstellerin über die A. (Mary Antin [* 1881, † 1949]). Früher als Männer beginnen Frauen ihre oft in Fortsetzungen geschriebenen autobiograph. Lebensdarstellungen. Klass. Beispiele sind die modernist. A.n G. Steins (*The autobiography of Alice B. Toklas,* 1933) und L. Hellmans (*Pentimento,* 1973). Potenziert ist die existentielle Krisensituation bei Schriftstellerinnen ethn. Minoritäten, deren A.n von konventionell chronolog. bei der Afroamerikanerin M. Angelou *(I know why the caged bird sings,* 1970) über die Projizierung einer neuen Identität bei den Afroamerikanerinnen N. Giovanni (*Gemini,* 1971) und A. Lorde (*Zami. A new spelling of my name,* 1982) sowie der Chicana Sandra Cisneros ([* 1954], *The house on Mango Street,* 1984) bis zum grandiosen Entwurf einer poet. Anthropologie bei der Amerikanerin chines. Abstammung M. H. Kingston (*The women warrior,* 1976; *China men,* 1980) reichen.

Literatur: PASCAL, R.: Die A. Dt. Übers. u. Bearb. v. K. WÖLFEL. Stg. 1965. – COOLEY, T.: Educated lives. The rise of modern autobiography in America. Columbus (Ohio) 1976. – BLASING, M. K.: The art of life. Studies in American literature. Austin (Tex.) 1977. – WEINTRAUB, K. J.: The value of the individual. Self and circumstance in autobiography. Chicago 1978. – COUSER, G. T.: American autobiography. The prophetic mode. Amherst (Mass.) 1979. – Autobiography. Essays theoretical and critical. Hg. v. J. OLNEY. Princeton (N. J.) 1980. – KERSCHGENS, E.: Das gespaltene Ich, 100 Jahre afroamerikan. A. Strukturuntersuchung zu den A.n v. Frederick Douglass, Booker T. Washington u.

W. E. B. DuBois. Ffm. 1980. – Women's autobiography. Essays in criticism. Hg. v. E. C. JELINEK. Bloomington (Ind.) 1980. – SPENGEMANN, W. C.: The forms of autobiography. Episodes in the history of a literary genre. New Haven (Conn.) 1980. – SCHMIDT-VON BARDELEBEN, R.: Studien zur amerikan. A. Benjamin Franklin u. Mark Twain. Mchn. 1981. – BOELHOWER, W.: Immigrant autobiography in the United States. Verona 1982. – A bibliography of American autobiography. 1954–1980. Hg. v. M. L. BRISCOE u. a. Madison (Wis.) 1982. – GUNN, J. V.: Autobiography. Toward a poetics of experience. Philadelphia (Pa.) 1982. – STONE, A. E.: Autobiographical occasions and original acts. Versions of American identity from Henry Adams to Nate Shaw. Philadelphia (Pa.) 1982. – ADDIS, P. K.: Through a woman's I. An annotated bibliography of American women's autobiographical writings, 1946–1976. Metuchen (N. J.) u. a. 1983. – CALDWELL, P.: The Puritan conversion narrative. The beginnings of American expression. Cambridge (Mass.) 1983. – KUCZYNSKI, J.: Probleme der A. Bln. u. a. 1983. – TAYLOR, G. O.: Chapters of experience. Studies in 20th century American autobiography. New York 1983. – BATAILLE, G./SANDS, K.: American Indian women. Telling their lives. Lincoln (Nebr.) 1984. – HAJEK, F.: Selbstzeugnisse der Afroamerikaner. Black Liberation Movement u. A. Bln. 1984. – ANDREWS, W. L.: To tell a free story. The first century of Afro-American autobiography, 1760–1865. Ithaca (N. Y.) 1986. – DIEDRICH, M.: Ausbruch aus der Knechtschaft. Das amerikan. Slave Narrative zw. Unabhängigkeitserklärung u. Bürgerkrieg. Stg. 1986. – JELINEK, E. C.: The tradition of women's autobiography. From antiquity to the present. Boston (Mass.) 1986. – MAYER, S.: Die Sehnsucht nach den anderen. Eine Studie zum Verhältnis von Subjekt u. Gesellschaft in den A.n v. Lillian Hellman, Maya Angelou u. Maxine Hong Kingston. Ffm. 1986. – ABBOTT, P.: States of perfect freedom. Autobiography and American political thought. Amherst (Mass.) 1987. – SMITH, S.: A poetics of women's autobiography. Marginality and the fictions of self-representation. Bloomington (Ind.) 1987. – SHEA, D. B., JR.: Spiritual autobiography in early America. Madison (Wis.) 1968. Neudr. 1988. – BRUMBLE III, J. D.: American Indian autobiography. Berkeley (Calif.) 1988. – EAKIN, P. J.: Fictions in autobiography. Princeton (N. J.) 1985. Neudr. 1988. – HEILBRUN, C.: Writing a woman's life. London 1988. – First person singular. Studies in American autobiography. Hg. v. R. LEE. London 1988. – SAYRE, R. F.: The examined self. Benjamin Franklin, Henry Adams, Henry James. Madison (Wis.) ^{2}1988. – Studies in autobiography. Hg. v. J. OLNEY. New York 1988. – TONN, H.: Zeitgenöss. Chicano-Erzählliteratur in engl. Sprache. A. u. Roman. Ffm. 1988. – BRAXTON, J.: Black women writing autobiography. A tradition within a tradition. Philadelphia (Pa.) 1989. – COUSER, G. T.: Altered egos. Authority in American autobiography. New York 1989. – COX, J. J.: Recovering literature's lost ground. Essays in American autobiography. Baton Rouge (La.) u. a. 1989. – FICHTELBERG, J.: The complex image. Faith and method in American autobiography. Baltimore (Md.) 1989. – LEIBOWITZ, H.: Fabricating lives. Explorations in American autobiography. New York 1989. – LIONNET, F.: Autobiographical voices. Race, gender, self-portraiture. Ithaca (N. Y.) 1989. – ADAMS, T. D.: Telling lies in modern American autobiography. Chapel Hill (N.C.) u. a. 1990. – Autobiography and democracy in America. Hg. v. A. HORNUNG. Sonderheft der Zs. ›Amerikastudien/American Studies‹ Jg. 35 (1990), H. 3. – Located lives. Place and idea in southern autobiography. Hg. v. B. BERRY. London u. a. 1990. – JOVE, N. W.: White woman speaks with forked tongue. Criticism as autobiography. New York 1991. – Bearing witness. Selections from 150 years of African-American autobiography. Hg. v. H. L. GATES, JR. New York 1991. – A. u. Avant-garde. Hg. v. A. HORNUNG u. E. RUHE. Tüb. 1992. – WONG, H. D.: Sending my heart back across the years. Tradition and innovation in Native American autobiography. New York 1992.

B

Baker, Ray Stannard ['beɪkər], Pseudonym David Grayson, * Lansing (Mich.) 17. April 1870, † Amherst (Mass.) 12. Juli 1946, Schriftsteller. – Zunächst bekannt als Journalist in der ›Muckraking‹-Bewegung (↑ Muckraker), dann enger Vertrauter Präsident W. Wilsons, über den er mehrere Werke veröffentlichte, u. a. eine monumentale Biographie in 8 Bänden (*Woodrow Wilson. Life and letters,* 1927–39; Pulitzerpreis 1940 für die beiden letzten Bände; dt. *Woodrow Wilson. Memoiren und Dokumente,* 3 Bde.); schrieb außerdem eine zweiteilige Autobiographie (*Native American,* 1941; *American chronicle,* 1945) und – unter seinem Pseudonym – mehrere Essaysammlungen (u. a. *Adventures in contentment,* 1907).

Baldwin, James ['bɔːldwɪn], * New York 2. Aug. 1924, † Saint-Paul-de-Vence (Alpes Maritimes) 1. Dez. 1987, Schriftsteller. – Verbrachte seine Jugend in Harlem; war Prediger in einer Pfingstgemeinde, zeitweilig Gelegenheitsarbeiter, dann publizistisch für verschiedene Zeitschriften tätig; lebte 1948–58 in Frankreich. B., einer der bedeutendsten Sprecher der schwarzen Amerikaner, trat mit häufig religiös inspirierten Romanen, Erzählungen, Dramen, krit. Essays [und gelegentlich auch Gedichten] zu Problemen seiner Rasse und zum Rassenkonflikt hervor, wobei er eine von militanten Afroamerikanern kritisierte, vermittelnde Haltung zwischen Weißen und Schwarzen propagierte.

Werke: Go tell it on the mountain (R., 1953; dt. Gehe hin und verkünde es vom Berge, 1966), Notes of a native son (Essays, 1955; dt. Schwarz und Weiß, 1963), Giovanni's room (R., 1956; dt. Giovannis Zimmer, 1963), Another country (R., 1962; dt. Eine andere Welt, 1965 u. 1985), The fire next time (Essays, 1963; dt. Hundert Jahre Freiheit ohne Gleichberechtigung, 1964), Blues for Mister Charley (Dr., 1964; dt. Blues für Mister Charlie 1971), Going to meet the man (En., 1965; dt. Des Menschen nackte Haut, 1974), The Amen Corner (Dr., 1968; dt. Amen Corner, 1971), Tell me how long the train's been gone (R., 1968; dt. Sag mir, wie lange ist der Zug schon fort, 1969), A rap on race (1972; dt. Rassenkampf – Klassenkampf. Ein Streitgespräch, 1973; mit M. Mead), No name in the street (Essays, 1972; dt. Eine Straße und kein Name, 1973), One day when I was lost. A scenario based on the autobiography of Malcolm X (1972; dt. Sie nannten ihn Malcolm X. Ein Drehbuch, 1974), If Beale Street could talk (R., 1974; dt. Beale Street blues, 1974), The devil finds work (Essays, 1976; dt. Teufelswerk, 1977), Just above my head (R., 1979; dt. Zum Greifen nah, 1981), Jimmy's blues (Ged., 1983; engl. und dt. 1984), The evidence of things not seen (Essay, 1985; dt. Das Gesicht der Macht bleibt weiß, 1986), The price of the ticket (Essays, 1985).

Ausgabe: J. B. Ges. Erzählungen. Dt. Übers. Rbk. 1968.

Literatur: Macebuh, S.: J. B. London 1975. – J. B. Hg. v. T. B. O'Daniel. Wash. 1977. – Pratt, L. H.: J. B. Boston (Mass.) 1978. – Sylvander, C. W.: J. B. New York 1980. – Grädel, P.: J.B.s Romane in den USA und in den deutschsprachigen Ländern Europas, 1953–1981. Ffm. 1985. – Harris, T.: Black women in the fiction of J. B. Knoxville (Tenn.) 1985. – Critical essays on J. B. Hg. v. F. L. Standley u. V. Nancy. Boston (Mass.) 1988. – Conversations with J. B. Hg. v. F. L. Standley u. L. H. Pratt. Jackson (Miss.) 1989. – Campbell, J.: Talking at the gates. A life of J. B. New York 1991.

Bambara, Toni Cade [bəm'bærə], * New York 25. März 1939, Schriftstellerin. – Studierte in New York, Mailand und Paris und war u. a. im Sozialdienst und als Englischlektorin tätig. Die selbsterklärte Feministin und Revolutionärin, die die Überwindung der Rollentrennung zw. den Geschlechtern als Voraussetzung für die Befreiung der Schwarzen sieht, stellt Erfahrungen schwarzer Mädchen und Frauen in ihrer ersten Kurzgeschichtensammlung *Gorilla, my love* (1972) im afroamerikan. Dialekt aus der Ich-Perspektive dar. Unter dem Eindruck ihrer Reisen nach Kuba (1973) und Vietnam (1975), des Umzugs mit ihrer Tochter nach Atlanta (Ga.) (1974) sowie ihrer polit. und sozialen Aktivitäten betont sie in *The sea birds are still alive* (Kurzgeschichten, 1977) stärker die Beziehungen zw. schwarzen Männern und schwarzen Frauen wie der Schwarzen untereinander und die Gemeinsamkeiten der Schwarzen mit anderen ethn. Gruppen; in ihrem Roman *The salt eaters* (1980) stehen die Solidarität der schwarzen Frauen und die Bedeutung des Feminismus für die afroamerikan. Kultur des Südens im Vordergrund. B. arbeitet auch für Film und Fernsehen.

Weitere Werke: The black woman (Essays, hg. 1970), Tales and stories for black folks (hg. 1971), Till blessing comes (R., 1987).

Literatur: TATE, C. C.: Black women writers at work. New York 1983. – KOENEN, A.: Zeitgenöss. afro-amerikan. Frauenlit. Ffm. u.a. 1985. – BUTLER-EVANS, E.: Race, gender and desire. Narrative stategies in the fiction of T. C. B., Toni Morrison and Alice Walker. Philadelphia (Pa.) 1989.

Bangs, John Kendrick [bæŋz], * Yonkers (N. Y.) 27. Mai 1862, † Ogunquit (Maine) 21. Jan. 1922, Schriftsteller. – Durch die Abstammung von bed. neuengl. Vorfahren und die Ausbildung in der urbanen Atmosphäre New Yorks geprägt, entwickelte sich B. zu einem der populärsten humorist. Unterhaltungsschriftsteller der Jahrhundertwende. Neben komisch-iron. Beiträgen zu den neuen New Yorker Zss. *Life,* ↑*Harper's, Puck,* die er mitherausgab, verfaßte er auch zahlreiche humorist. Sketche, Erzählungen, unterhaltsame Gedichte und Dramen sowie Kinderbücher. Am erfolgreichsten waren die Romane (*Coffee and repartee,* 1893; *The idiot,* 1895), die imaginären Konversationen bed. Persönlichkeiten der westl. Zivilisation (*The houseboat on the Styx,* 1896; *The pursuit of the houseboat,* 1897), die auf R. B. Sheridans *School for scandal* basierende musikal. Komödie *Lady Teazle* (UA 1904) und farcenhafte, groteske Kindergeschichten (*Tiddledywink tales,* 1891).

Literatur: BANGS, F. H.: J. K. B. Humorist of the nineties. New York 1941.

Baraka, Imamu Amiri [bəˈrɑːkə], Schriftsteller, ↑Jones, LeRoi.

Barker, James Nelson [ˈbɑːrkər], * Philadelphia 17. Juni 1784, † Washington 9. März 1858, Dramatiker. – Setzte sich für ein selbständiges amerikan. Theater ein; verfaßte Maskenspiele, Komödien, histor. und polit. Dramen, deren Erfolg bei seinen Zeitgenossen v. a. auf der Behandlung amerikan. Themen beruhte. Sein Melodrama *The Indian princess; or, La belle sauvage* (1808), das den Pocahontas-Mythos zum Thema hat, ist das erste ›Indianerstück‹ eines amerikan. Autors, das aufgeführt wurde.

Weitere Werke: Tears and smiles (Kom., 1807), Marmion; or, the battle of Flodden Field (Dr., 1812), Superstition (Dr., 1824).

Literatur: MUSSER, P. H.: J. N. B. 1784–1858. Philadelphia 1929.

Barlow, Joel [ˈbɑːrloʊ], * Redding (Conn.) 24. März 1754, † Zarnowiec bei Krakau 24. Dez. 1812, Dichter, Politiker und Diplomat. – Mitglied der ↑Hartford Wits; trat im Geiste der amerikan. Revolution für Liberalismus ein und wirkte u. a. erfolgreich ab 1795 als Konsul in Nordafrika. Ab 1811 Botschafter in Paris; starb bei dem Versuch, mit Napoleon während dessen Rußlandfeldzug einen Vertrag mit den USA auszuhandeln, auf dem Rückzug in Polen. Er verwirklichte den Plan eines amerikan. Epos, *The vision of Columbus. A poem in nine books* (1787), das er 1807 erweiterte und u. d. T. *The Columbiad* veröffentlichte. Das humorist. Kleinepos *The hasty pudding* (1796) und einige seiner polit. Schriften sind noch heute lesenswert.

Ausgabe: The writings of J. B. Hg. v. W. K. BOTTORF u. A. L. FORD. New York 1970.
Literatur: WOODRESS, J. L.: Yankee's odyssey. The life of J. B. Philadelphia 1958. – FORD, A. L.: J. B. New York 1971. – Deism, masonry, and the enlightenment. Hg. v. J. A. L. LEMAY. Newark (N. J.) 1987.

Barnes, Djuna ['bɑ:rnz], * Cornwall-on-the-Hudson (N. Y.) 12. Juni 1892, † New York 18. Juni 1982, Schriftstellerin. – Nach Kunststudium Tätigkeit als Theaterschauspielerin, Journalistin und Illustratorin; während eines langen Aufenthaltes in Paris Freundschaft mit Avantgarde-Künstlern (v. a. G. Stein und J. Joyce); 1939 Rückkehr in die USA. Als Autorin von Dramen, Erzählungen und krit. Essays gestaltet sie in lyr. Sprache die unentrinnbare Schreckenswelt von Alpträumen. Mit diesen an schwarzen Humor und das Theater der Grausamkeit erinnernden Darstellungen beeinflußte sie bes. H. Miller, N. West und A. Nin. Am bedeutendsten ist der psychoanalyt. Roman *Nightwood* (1936; dt. *Nachtgewächs,* 1959 und 1986), der die Problematik menschl. Zusammenlebens zeigt und dessen Erfolg durch T. S. Eliots anerkennende Kritik lanciert wurde.
Weitere Werke: A book (Kurzgeschichten, Ged. und Dramen, 1923, erw. Fassung 1929 u. d. T. A night among the horses; dt. Eine Nacht mit den Pferden, 1961, gekürzte Fassung [nur Kurzgeschichten] 1962 u. d. T. Spillway, dt. Leidenschaft, 1986), Ryder (R., 1928; dt. 1986), Ladies' almanach (Prosa, 1928; dt. 1985), Antiphon (Dr., 1958; dt. 1972), Vagaries malicieux (Kurzgeschichten, 1974), Smoke and other early stories (Kurzgeschichten, 1982), Eine Nacht in den Wäldern (Kurzgeschichten, dt. Ausw. 1984), Interviews (Prosa, hg. 1985; dt. Portraits, 1985), Saturnalien (En., dt. Ausw. 1987), Paprika Johnson u. a. Stories (En., dt. Ausw. 1989).
Literatur: MESSERLI, D.: D. B. A bibliography. Rhinebeck (N. Y.) 1975. – SCOTT, J. B.: D. B. Boston (Mass.) 1976. – KANNENSTINE, L. F.: The art of D. B. New York 1977. – American women writers. Bibliographical essays. Hg. v. M. DUKE u. a. Westport (Conn.) 1983. – STROMBERG, K.: D. B. Leben und Werk einer Extravaganten. Bln. 1989. – Silence and power. A revaluation of D. B. Hg. v. M. L. BROE. Carbondale (Ill.) 1991.

Barry, Philip ['bæri], * Rochester (N. Y.) 18. Juni 1896, † New York 3. Dez. 1949, Dramatiker. – Schrieb geistreiche Gesellschaftsstücke und satir. Komödien, daneben auch Stücke mit psycholog. und religiös-myst. Tendenz.
Werke: You and I (Kom., 1923), The youngest (Kom., 1924), In a garden (Kom., 1925), White wings (dramat. Phantasie, 1926), Paris bound (Kom., 1927), Holiday (Kom., 1929), The animal kingdom (Kom., 1932), Here come the clowns (Kom., 1938), The Philadelphia story (Kom., 1939), Second threshold (Kom., vollendet von R. E. Sherwood, hg. 1951).
Ausgabe: P. B. States of grace. Eight plays. Hg. v. B. GILL. New York 1975.
Literatur: HAMM, G.: The drama of P. B. Philadelphia (Pa.) 1948. – ROPPOLO, J. P.: P. B. New York 1965.

Barth, John [Simmons] [bɑ:rθ], * Cambridge (Md.) 27. Mai 1930, Schriftsteller. – Seit 1973 Prof. für engl. Literatur an der Johns Hopkins University in Baltimore. Sein bed. Werk steht unter den kompositionellen Leitbegriffen von ›exhaustion‹ (Erschöpfung) und ›replenishment‹ (Auffüllung), als Ausdruck seiner Überzeugung, daß die Möglichkeiten der traditionellen Literatur erschöpft sind und durch parodisierende Wiederholung mit neuem Leben angefüllt werden müssen. Während die ersten beiden Romane, *The floating opera* (1956) und *The end of the road* (1958; dt. *Ich bin Jake Horner, glaube ich,* 1983), eine weitgehend realist. Auseinandersetzung mit existentialist. Fragen darstellen, greift B. in den folgenden Romanen die im konventionellen Erzählen angelegten und ungenutzten Möglichkeiten durch Parodie des Schelmen- und Abenteuerromans in *The sot-weed factor* (1960; dt. *Der Tabakhändler,* 1968), des Bildungs- und Entwicklungsromans in *Lost in the funhouse. Fiction for print, tape, live voice* (En., 1968; dt. *Ambrose im Juxhaus. Fiktion für den Druck, das Tonband und die menschl. Stimme,* 1973) sowie Erzählungen aus 1001 Nacht in *Chimera* (En., 1972) auf. Der deutlich experimentelle Charakter dieser postmodernen Fiktion der Gegenwart dient als Analogon einer alles beherrschenden Computerwelt in *Giles goat-boy* (R., 1966) und erreicht seinen Höhepunkt in *LETTERS* (R., 1979), in dem B. die Phänomene von ›exhaustion‹ und ›replenishment‹ an seinem eigenen Werk demonstriert. Die experimentelle Phase scheint durch die Wiederentdeckung des dem Verlauf von Segelfahrten folgenden Erzählens überwunden, das mit authent. und imaginären Zyklen der eigenen Lebensgeschichte (*Sabbatical. A romance,* 1982) und Strukturen klass. Erzählmuster (*The tidewater tales. A novel,* 1987; *The last voyage of somebody the sailor,* 1991) gekoppelt ist. B.s krit. Essays zur Situation der Gegenwartsliteratur sind in *The Friday book. Essays and other nonfiction* (1984) gesammelt.

Literatur: MORRELL, D.: J. B. University Park (Pa.) 1976. – WEIXLMANN, J.: J. B. A descriptive primary and annotated secondary bibliography. New York 1976. – Critical essays on J. B. Hg. v. J. J. WALDMEIR. Boston (Mass.) 1980. – HARRIS, C. B.: Passionate virtuosity. The fiction of J. B. Urbana (Ill.) 1983. – CLAAS, D.: Entgrenztes Spiel. Leserhandlungen in der postmodernen amerikan. Erzählkunst. B., Pynchon, Barthelme. Wsb. 1984. – ARLART, U.: ›Exhaustion‹ und ›Replenishment‹. Die Fiktion in der Fiktion bei J. B. Hdbg. 1984. – WALKIEWICZ, E. P.: J. B. Boston (Mass.) 1986. – ZIEGLER, H.: J. B. London 1987. – SCHULZ, M. F.: The muses of J. B. Tradition and metafiction from ›Lost in the funhouse‹ to ›The tidewater tales‹. Baltimore (Md.) 1990.

Barthelme, Donald ['bɑːrθelmi], * Philadelphia 7. April 1931, † Houston (Tex.) 23. Juli 1989, Schriftsteller. – Arbeitete als Reporter und Redakteur, Hg. von avantgardist. Literatur- und Kunstzeitschriften, Museumsdirektor in Houston und Gastprofessor an der Boston University sowie am City College in New York. B. ist ein Meister postmoderner Kurzprosa. In zahlreichen Kurzgeschichten und drei Romanen demonstriert er die von J. L. Borges bekannten, metafiktionalen Praktiken der Gegenwartsliteratur: Abbau konventioneller Erzählstrukturen, Entlarvung der mimet. Funktion der Literatur als Farce, Negierung einer festgefügten Bedeutung im Text. Thematisch verarbeitet er kulturelle und polit. Aspekte der modernen Gesellschaft durchaus mit sozialkrit. Absicht und parodiert überkommene literar. Texte. Witz, Ironie und schwarzer Humor bestimmen seine experimentellen Erzählungen, die die Sinnfindung dem kreativen Leser aufgeben.

Werke: Come back, Dr. Caligari (En., 1964; dt. Komm wieder, Dr. Caligari, 1965), Snow white (R., 1967; dt. Schneewittchen, 1968), Unspeakable practices, unnatural acts (En., 1968; dt. Unsägl. Praktiken, unnatürl. Akte, 1969), City life (En., 1970; dt. 1972), Sadness (En., 1972; dt. 1974, 1986 u. d. T. Am Boden zerstört), Guilty pleasures (En., 1974), The dead father (R., 1975; dt. Der tote Vater, 1977 u. 1989), Amateurs (En., 1976; dt. Amatöre, 1988), Great days (Prosatexte, 1979; dt. Tolle Tage, 1985), Sixty stories (1981), Overnight to many distant cities (En., 1983; dt. Über Nacht zu vielen fernen Städten, 1991), Der Kopfsprung (En., dt. Ausw. [aus Sadness, Amateurs u. Great days] 1985), Paradise (R., 1986; dt. Paradies. Zustände, 1989), Forty stories (En., 1987), Randerscheinungen (En., dt. Ausw. 1987), The king (R., postum 1990).

Literatur: BRUSS, P.: Victim. Textual strategies in recent American fiction. Lewisburg (Pa.) 1981. – GORDON, L.: D. B. Boston (Mass.) 1981. – COUTURIER, M./DURAND, R.: D. B. London 1982. – MOLESWORTH, C.: D. B.'s fiction. Columbia (Mo.) 1982. – CLAAS, D.: Entgrenztes Spiel. Leserhandlungen in der postmodernen amerikan. Erzählkunst. Barth, Pynchon, B. Wsb. 1984. – WINKEMANN, M.: Wirklichkeitsbezug u. metaliterar. Reflexion in der Kurzprosa D. B. s. Ffm. 1986. – FOLTA, A.: D. B. als postmoderner Erzähler. Poetologie, Lit. u. Gesellschaft. Ffm. 1991. – KLINKOWITZ, J.: D. B. An exhibition. Durham (N. C.) 1991.

Barthelme, Frederick ['bɑːrθelmi], * Houston (Tex.) 10. Okt. 1943, Künstler und Schriftsteller. – Nach Kunststudium Ausbildung zum Schriftsteller bei J. Barth an der Johns Hopkins University, seit 1978 Direktor des ›writers program‹ an der University of Southern Mississippi. B. gehört mit seinen meist im Süden angesiedelten Kurzgeschichten und Romanen, die die Einsamkeit der Menschen und die neuen Geschlechterbeziehungen durch die veränderte Stellung der Frau in der amerikan. Gegenwartskultur thematisieren, zu der konventionelle Strukturmittel der Fiktion ignorierenden ›minimalist. Bewegung‹ in den USA. Am bekanntesten sind die Kurzgeschichtensammlung *Moon deluxe* (1983; dt. *Moon de luxe,* 1988) sowie die Dreiecksbeziehungen eines Mannes mit seiner geschiedenen und einer zweiten Frau darstellenden Romane, die glücklich (*Second marriage,* 1984, dramatisiert 1985) oder in Verzweiflung (*Tracer,* 1985; dt. *Leuchtspur,* 1989, dramatisiert 1986) enden.

Weitere Werke: Rangoon (Kurzgeschichten, 1970), War and war (R., 1971), Chroma (Kurzgeschichten, 1987), Two against one (R., 1988).

Barzun, Jacques [Martin] [frz. bar'zœ̃, engl. 'bɑ:rzn], * Créteil (Val-de-Marne) 30. Nov. 1907, Historiker und Schriftsteller frz. Herkunft. – Seit 1919 in den USA; von 1929–1975 Historiker an der Columbia University. Vielseitiger Autor, der als Kämpfer gegen die Enthumanisierung des modernen Denkens mit zahlreichen Beiträgen zu Kultur- und Geistesgeschichte und zum amerikan. Erziehungs- und Bildungssystem hervortrat; auch Arbeiten zur Musikgeschichte.

Werke: Race. A study in modern superstition (1937; rev. 1965), Of human freedom (1939; dt. Von menschl. Freiheit), Darwin, Marx, Wagner. Critique of a heritage (1941; ^{2}1958), Romanticism and the modern ego (1943, 1961 u. d. T. Classic, romantic, and modern), The teacher in America (1945; ^{4}1981), Berlioz and the romantic century (1950; ^{4}1982), The house of intellect (1959; dt. Pathologie des Intellekts, 1961), Critical questions. On music and letters, culture and biography (hg. 1982), A stroll with William James (1983), A word or two before you go (1986), The culture we deserve (1989).

Baum, L[yman] Frank [bɑ:m, bɔ:m], * Chittenango (N. Y.) 15. Mai 1856, † Los Angeles-Hollywood 6. Mai 1919, Schriftsteller. – Journalist, Dramatiker und Autor von Märchen und Kindergeschichten. Begründete seinen Ruhm und den Typus eines eigenständigen amerikan. Märchens mit *The wizard of Oz* (1900; dt. *Der Zauberer Oz,* 1964 u. 1988; mit 13 Fortsetzungsbänden), das, zus. mit seiner klassisch gewordenen Verfilmung (1939; Regie: V. Fleming), zum Kulturgut der amerikan. Nation gehört.

Literatur: BAUM, F. J./MACFAULL, R. P.: To please a child. A biography of L. F. B. Chicago 1961. – Children's novels and the movies. Hg. v. D. STREET. New York 1983.

Bay Psalm Book ['beɪ 'sɑ:m bʊk], erstes (1640) in Amerika gedrucktes Buch. Verfaßt von den puritan. Geistlichen Richard Mather (* 1596, † 1669), John Eliot (* 1604, † 1690) und Thomas Weld (* 1595, † 1661), enthielt es metr. Psalmenfassungen (zunächst ohne, in späteren Auflagen auch mit Melodien) für den gottesdienstl. Gesang in der Massachusetts Bay Colony. Indem es zugunsten der Nähe zum bibl. Original unebene Metren in Kauf nimmt, spiegelt das B. P. B. das puritan. Mißtrauen gegenüber der Kunst wider.

Ausgabe: The whole booke of psalmes faithfully translated into English metre. Cambridge (Mass.) 1640. Nachdr. Chicago 1956.

Literatur: HARASZTI, Z.: The enigma of the B. P. B. Chicago 1956. – DORNEKAMP, J. H.: The B. P. B. and the Ainsworth Psalter. ›Early American Literature‹, Jg. 7 (1972), H. 1, S. 3–16.

Beat generation ['bi:t dʒenə'reɪʃər], Bewegung der amerikan. Gegenkultur (Counterculture) in der 2. Hälfte der 50er Jahre als Ausdruck der Krise eines Teils der amerikan. Nachkriegsjugend (Beatniks). – Heute versteht man darunter im wesentl. die Literatur der B. g., in der sich die Counterculture-Bewegung in ihrem v. a. auch vom Zen-Buddhismus beeinflußten Lebensgefühl widergespiegelt sah. Als Vertreter der Literatur der vornehmlich in New York und San Francisco angesiedelten B. g., die nicht als einheitl. Gruppe verstanden werden kann, sind bes. die Romanschriftsteller J. Kerouac (*On the road,* 1957) und W. S. Burroughs (*The naked lunch,* 1959), die Lyriker A. Ginsberg (*Howl and other poems,* 1956) und L. Ferlinghetti sowie der Dramatiker J. Gelber zu nennen. Sie stehen, wie fast alle anderen ›beat poets‹ (G. Corso, Michael Rumaker [* 1932], G. S. Snyder und Philip Whalen [* 1923] u. a.), in der Tradition der frz. und engl. Romantiker sowie unter dem Einfluß von A. Rimbaud, G. Apollinaire, A. Breton, B. Cendrars und v. a. W. Whitman. Die B. g., mit der u. a. auch Schriftsteller wie N. Mailer, H. Miller, J. D. Salinger symphatisierten, versuchte den von W. Whitman propagierten amerikan. Traum von Freiheit durch Selbstfindung im Erleben zu verwirklichen. Für sie bedeutete dies die vehemente Ablehnung aller Werte und Konventionen der bestehenden Gesellschaft, die Ablehnung aller gesellschaftl. Tabus; an ihre Stelle trat das Programm der Bindungslosigkeit, des ›glückl.‹ Außenseitertums unter dem Motto: ›die Straße ist das Leben‹; die Straße wurde zum Symbol des Niemandslands; die zentralen Antihelden der Literatur sind gestrandete Underdogs, die Entwurzelten: Landstreicher, Narkotiker, Homosexuelle, Kriminelle, Wanderarbeiter u. a.; auf der sprachl. Ebene waren Slang- und Chiffrewörter, die der Sprache des Jazz (als Symbol der Freiheit) entlehnt sind, charakteristisch. Als Vertreter eines radikalen Hedonismus suchte die B. g. mit Hilfe von Drogen und Alkohol u. a. in der Ekstase aller Sinne nach einem neuen, erweiterten Bewußtsein. Die ›inneren‹, unbewußten Räume des Bewußtseins sollten im Rausch schöpferisch neu erfahren werden. Dementsprechend folgte die Literatur keinerlei Gattungsregeln; Improvisation und freie Assoziation, die literar. Rezeption des Jazz, wurden im Verlangen nach einer rein sinnlich vermittelten Literatur zum literar. Stil. So gehörte zur Lyrik nicht nur der bloße Text, die Lyriker verwirklichten sich auch im öffentl. Vortrag in Kombination mit Jazzmusik. – Die ›beat poets‹ wandten sich seit Beginn der 60er Jahre den verschiedensten Stilen und Formen zu. Einige von ihnen (u. a. Ginsberg und Ferlinghetti) gehören auch heute zu den anerkannten Vertretern der avantgardist. amerikan. Literatur.

Ausgaben: Junge amerikan. Lyrik. Hg. v. G. CORSO u. W. HÖLLERER. Dt. u. engl. Mchn. 1961. – Lyrik der B.-G. Hg. v. G. CORSO u. W. HÖLLERER. Mchn. 1985.

Literatur: The b. g. and the angry young men. Hg. v. G. FELDMANN u. M. GARTENBERG. New York 1959. Nachdr. 1971. – LIPTON, L.: Die hl. Barbaren. Dt. Übers. v. H. DEGNER. Düss. 1960. – A casebook on the beat. Hg. v. T. F. PARKINSON. New York 1961. – COHN, N.: Rock from the beginning. New York 1969. – ROXON, L.: Rock encyclopedia. New York 1969. – COOK, B.: The b. g. New York 1971. – BETZ, G.: Die Beatgeneration als literar. u. soziale Bewegung. Unters. am Beispiel v. J. Kerouac, ›The subterraneans‹, ›The dharma bums‹ u. ›Desolation angels‹. Ffm. 1977. – SPENGEMANN, G.: Jack Kerouac. Spontaneous prose. Ein Beitr. zur Theorie u. Praxis der Textgestaltung von ›On the road‹ u. ›Visions of Cody‹. Ffm. 1980. – RODENBERG, H. P.: Subversive Phantasie. Unterss. zur Lyrik der amerikan. Gegenkultur 1960–75. Gießen 1983. – MCDARRAH, F. W.: Kerouac and friends. A b. g. album. New York 1985. – WEST, V.: The b. g. in southern California. New Brunswick (N. J.) 1991.

Beattie, Ann ['bi:ti], * Washington 8. Sept. 1947, Schriftstellerin. – Ist v. a. durch ihre Kurzgeschichten in der Zeitschrift *The* ↑*New Yorker* bekannt geworden, in denen sie vornehmlich die Welt der gehobenen Mittelschicht der Weißen in realist. Ausschnitten schildert. In der Langform nähert sich ihre sozialkrit. Prosa dem Gesellschaftsroman.

Werke: Chilly scenes of winter (R., 1976), Distortions (Kurzgeschichten, 1976) Secrets and surprises (Kurzgeschichten, 1979), Falling in place (R., 1980; dt. Amerikan. Sommer, 1981), Jacklighting (Kurzgeschichten, 1981), The burning house (Kurzgeschichten, 1982), Love always (Kurzgeschichten, 1985), Where you'll find me and other stories (Kurzgeschichten, 1987), Alex Katz (Biogr., 1987), Picturing Will. A novel (1989), What was mine (En., 1991).

Literatur: MURPHY, C.: A. B. Schenectady (N. Y.) 1986.

Behrman, Samuel Nathaniel ['bermən], * Worcester (Mass.) 9. Juni 1893, † New York 9. Sept. 1973, Dramatiker. – Verfasser von leichten Gesellschaftskomödien mit literar. Anspruch, oft nach Stoffvorlagen anderer Autoren; auch Drehbuchautor, Biograph und Mitarbeiter des ↑*New Yorker.*

Werke: The second man (Kom., 1927), Brief moment (Kom., 1931), Biography (Kom., 1932; dt. Biographie und Liebe,

1948), End of summer (Kom., 1936; dt. Haus Leonie, 1948), No time for comedy (Kom., 1939; dt. Der Elfenbeinturm, 1947), Me and the colonel (Kom., 1944; dt. Jakobowsky und der Oberst, 1960; mit F. Werfel), Jane (Kom. nach W. S. Maugham, UA 1946, erschienen 1952, dt. EA 1953), The Worcester account (Jugenderinnerungen, 1954, 1959 dramatisiert u. d. T. The cold wind and the warm), People in a diary (Erinnerungen, 1972).

Literatur: KLINK, W.: S. N. B. The major plays. Amsterdam 1978.

Belasco, David [bə'læskoʊ], * San Francisco 25. Juli 1853, † New York 14. Mai 1931, Bühnenschriftsteller und Regisseur portugies. Herkunft. – War zuerst Schauspieler, dann auch Theaterproduzent; berühmt war die techn. Vollkommenheit seiner Bühnenausstattungen; schrieb, oft in Zusammenarbeit mit anderen, etwa 75 bühnenwirksame Theaterstücke; seine mit John Luther Long (* 1861, † 1927) verfaßte Tragödie *Madame Butterfly* (1900) und sein Schauspiel *The girl of the golden West* (1905) waren Vorlagen für G. Puccinis gleichnamige Opern (1904 und 1910).

Ausgabe: America's lost plays. Hg. v. R. H. BALL. Bloomington (Ind.) 1963–65. 20 Bde.

Literatur: TIMBERLAKE, C.: The bishop of Broadway. The life and work of D. B. New York 1954. – MARKER, L.-L.: D. B. Naturalism in the American theatre. Princeton (N. J.) 1975. – American drama to 1900. A guide to information sources. Hg. v. W. J. MESERVE. Detroit (Mich.) 1980.

Bellamy, Edward ['beləmi], * Chicopee Falls (Mass.) 26. März 1850, † ebd. 22. Mai 1898, Schriftsteller. – Wurde auf einer Europareise (1868) mit sozialen Problemen vertraut; vertrat als Journalist, Erzähler und Essayist sozialutop. Ideen; sein Hauptwerk ist der Roman *Looking backward 2000–1887* (1888; dt. *Ein Rückblick aus dem Jahre 2000 auf das Jahr 1887,* 1890 u. 1987; Fortsetzung: *Equality,* 1897; dt. *Gleichheit,* 1897); schrieb auch Romane, die sein Interesse an psycholog. Problemen zeigen.

Weitere Werke: Dr. Heidenhoff's process (R., 1880; dt. Dr. Heidenhoffs Kur, 1890), Miss Ludington's sister (R., 1884; dt. Fräulein Ludingtons Schwester, 1891), The blindman's world and other stories (1898; dt. Ausw. u. d. T. Die Liebe eines Positivisten, 1893, u. Mit geschlossenen Augen. Ein Schiffbruch, 1894).

Literatur: BOWMAN, S. E.: Year 2000. A critical biography of E. B. New York 1958. Nachdr. 1979. – Die Utopie in der angloamerikan. Lit. Interpretationen. Hg. v. H. HEUERMANN u. B.-P. LANGE. Düss. 1984. – GRIFFITH, N. S.: E. B. A bibliography. Metuchen (N. J.) 1987. – Looking backward, 1988–1888. Essays on E. B. Hg. v. D. PATAI. Amherst (Mass.) 1988. – E. B. An annotated bibliography of secondary criticism. Hg. v. T. WIDDICOMBE. New York 1988.

Bellow, Saul ['beloʊ], * Lachine bei Montreal 10. Juni 1915, Schriftsteller. – Studium der Anthropologie und Soziologie; Dozenturen an verschiedenen Universitäten, seit 1962 Prof. an der University of Chicago. Seine brillant geschriebenen Romane und Novellen thematisieren Konfliktsituationen des jüd. Intellektuellen in der modernen Stadtgesellschaft. In realist. Manier weist B. auf soziale Mißstände im Großstadtleben hin und zeigt seine Helden in der geistigen Auseinandersetzung mit dem traditionsgebundenen Judentum Osteuropas, dem Christentum und dem Existentialismus. Die in der Reflexion der Helden deutlich werdende Desorientierung entspricht ihrem Versagen in der zwischenmenschl. Kommunikation. Die unabdingbare Sinnsuche führt jedoch zur Bejahung humanist. Werte, die sich in Grenzsituationen in der Annahme der menschl. Existenz und dem damit verbundenen Leiden manifestiert. B.s Hauptwerke sind der pikareske Roman *The adventures of Augie March* (1953; dt. *Die Abenteuer des Augie March,* 1956), der Briefroman *Herzog* (1964; dt. 1965 u. 1985), die Geschichte der Anpassung des Holocaust-Überlebenden Sammler an die westl. Welt, *Mr. Sammler's planet* (1970; dt. *Mr. Sammlers Planet,* 1971 u. 1990), und ein Porträt des Schriftstellers D. Schwartz, *Humboldt's gift* (1975; dt. *Humboldts Vermächtnis,* 1976; Pulitzerpreis 1976). Bes. im letztgenannten Roman und in *The dean's December* (R., 1982; dt. *Der Dezember des Dekans,* 1982) werden in der Schilderung des jüd. Schriftstellers autobiograph. Elemente deutlich, die in *To Jerusalem and back* (Reisebericht, 1976; dt. *Nach Jerusalem und zurück,* 1977) im Vordergrund stehen. In seinen neuesten Erzählungen verbindet B. die existentialist. Thematik familiär entwurzelter Intellektueller und Literaten mit erot. Abenteuern und Komik (*More die of heartbreak,* R., 1987; dt. *Mehr noch sterben an gebrochenem Herzen,* 1989), präsentiert seine erste weibl. Protagonistin (*A theft,* Nov., 1989; dt. *Ein Diebstahl,* 1991) und thematisiert die mit dramat. Mitteln inszenierte Befreiung Verfolgter des Nazi-Regimes und deren Eingliederung in die amerikan. Gesellschaft (*The Bellarosa connection,* Nov., 1989). Daneben schrieb B. auch Kurzgeschichten (*Mosby's memoirs,* 1968, dt. *Mosbys Memoiren,* 1973; *Him with his foot in his mouth,* 1984, dt. *Der mit dem Fuß im Fettnäpfchen,* 1985, 1986 u. d. T. *Anderen auf den Schlips treten*) und Dramen (*The last analysis,* 1965; dt. *Die letzte Analyse,* 1968). 1976 erhielt er den Nobelpreis für Literatur.

Weitere Werke: Dangling man (R., 1944; dt. Mann in der Schwebe, 1969), The victim (R., 1947; dt. Das Opfer, 1966), Seize the day (Nov., 1956; dt. Das Geschäft des Lebens, 1962), Henderson the rain king (R., 1959; dt. Der Regenkönig, 1960), Something to remember me by. Three tales (1991).

Literatur: OPDAHL, K.: Novels of S. B. An introduction. University Park (Pa.) 1967. – BISCHOFF, P.: S. B.s Romane. Bonn 1975. – NAULT, M.: S. B. His works and his critics. An annotated international bibliography. New York 1977. – HASENCLEVER, W.: S. B. Köln 1978. – TANNER, T.: S. B. New York 1978. – CLAYTON, J. J.: S. B. In defence of man. Bloomington (Ind.) ²1979. – Critical essays on S. B. Hg. v. S. TRACHTENBERG. Boston (Mass.) 1979. – KNOP-BUHRMANN, H.: Die Romane S. B. s. Neue Dimensionen des Pikaroromans. Ffm. 1980. – RODRIGUES, E. L.: Quest for the human. An exploration of S. B.'s fiction. London 1981. – ZAPF, H.: Der Roman als Medium der Reflexion. Eine Unters. am Beispiel dreier Romane von S. B. Ffm. 1981. – BRADBURY, M.: S. B. New York 1982. – DUTTON, R. R.: S. B. Boston (Mass.) ²1982. – BRAHAM, J.: A sort of Columbus. The American voyages of S. B.'s fiction. Athens (Ga.) 1984. – MAURER, C.: Die Idee der Liebe. Die Frau in S. B.s Romanen. Ffm. 1984. – NEWMAN, J.: S. B. and history. London 1984. – GULLETTE, M. M.: Safe at last in the middle years. The invention of the midlife progress novel. Berkeley (Calif.) 1988. – KIERNAN, R. F.: S. B. New York 1988. – KRETZER, B. E.: Idealität u. Realität der Frauenfiguren im modernen amerikan. Roman. S. B., Herbert Gold, John Hawkes. Ffm. 1989. – VIERNON, R. F.: S. B. New York 1989. – S. B. in the 1980s. A collection of critical essays. Hg. v. G. L. CRONIN u. L. H. GOLDMANN. East Lansing (Mich.) 1989. – B. at seventy-five. A collection of critical essays. Hg. v. G. BACH. Tüb. 1991.

Bemelmans, Ludwig ['bi:məlmənz], * Meran 27. April 1898, † New York 1. Okt. 1962, Schriftsteller österr. Herkunft. – Kam 1914 in die USA (1918 naturalisiert); verfaßte und illustrierte Kinderbücher, dann auch humorvolle, z. T. autobiograph. Romane, Kurzgeschichten, Essays und Reiseberichte.

Werke: My war with the United States (Autobiogr., 1937), Madeline (Kinderb. 1939; dt. 1947), Hotel Splendid (R., 1941; dt. 1947), Father, dear father (R., 1953; dt. Mit Kind und Krümel nach Europa, 1953), My life in art (Autobiogr., 1958; dt. Mein Leben als Maler, 1959), Are you hungry, are you cold (R., 1960; dt. Allons enfants..., 1961).

Benét, Stephen Vincent [bɪ'neɪ], * Bethlehem (Pa.) 22. Juli 1898, † New York 13. März 1943, Schriftsteller. – Fesselte durch balladeske Darstellung histor. (meist amerikan.) Themen; schrieb auch Kurzgeschichten, Dramen, Hörspiele und Drehbücher (*The devil and Daniel Webster,* 1939; UA als Oper mit Musik von Douglas Moore). Humor und Einfallsreichtum kennzeichnen seine Werke, von denen der Balladenkranz über den Bürgerkrieg *John Brown's body* (1928; dt. *Er war ein Stein. Eine amerikan. Iliade,* 1964) und das ep. Gedicht über die Besiedlung des Westens, *Western star* (1943), mit dem Pulitzerpreis ausgezeichnet wurden.

Weitere Werke: Heavens and earth (Ged., 1920), Tiger Joy (Ged., 1925), Ballads and poems, 1915–1930 (1931), Thirteen o'clock (Kurzgeschichten, 1937), They burned the books (Dr., 1942), The last circle. Stories and poems (1946), As it was in the beginning (Kurzgeschichten, 1943; dt. Es ist alles ein Anfang, 1956), Twenty-five

short stories (1943; dt. Ausw. 1949 u. d. T. Daniel Webster und die Seeschlange).
Ausgaben: Selected works of S. V. B. New York 1942. – Selected stories. New York 1947. – Selected poetry and prose. Hg. v. B. DAVENPORT. New York 1960.
Literatur: STROUD, P.: S. V. B. Boston (Mass.) 1962.

Benét, William Rose [bɪ'neɪ], * Fort Hamilton (N. Y.) 2. Febr. 1886, † New York 4. Mai 1950, Lyriker. – Studium an der Yale University; älterer Bruder von Stephen V. B., von 1923–1928 ∞ mit E. Wylie; Mitbegründer und Hg. literar. Zeitschriften und Anthologien. In seinen zahlreichen romant. und z. T. sentimentalen Gedichten preist er die Einheit von Gott, Mensch und Natur, die er im demokrat. Amerika am besten verwirklicht sieht. Sein bedeutendstes Werk ist die autobiograph. Verserzählung *The dust which is God* (1941; Pulitzerpreis 1942).
Weitere Werke: Perpetual light (Ged., 1919), Man possessed (Ged., 1927), Sagacity (Ged., 1929), With wings as eagles (Ged., 1940), Timothy's angels (Kinderged., 1947).
Literatur: UNTERMEYER, L.: From another world. New York 1939. – OLSON, S.: Elinor Wylie. A life apart. New York 1979.

Berger, Thomas [Louis] ['bɜːrgər], * Cincinnati 20. Juli 1924, Schriftsteller. – Seine hintergründigen und teilweise sarkast. Romane entlarven Mythen des Alltags und Klischeevorstellungen des Lebens der amerikan. Mittelklasse. Darüber hinaus verweisen sie auf die Degeneration des Durchschnittsmenschen im Amerika des 20. Jh. sowie auf die Absurdität unserer modernen Zivilisation. B. schuf den Typus des Protagonisten, der durch seine Humanität zum Antihelden wird. Am bekanntesten sind die aus vier Romanen bestehende *Reinhart-Saga* (*Crazy in Berlin,* 1958; *Reinhart in love,* 1962; *Vital parts,* 1970; *Reinhart's women,* 1981) sowie die komisch-heroische Satire auf die Auseinandersetzungen der Weißen mit den Indianern *Little big man* (R., 1964; dt. *Der letzte Held,* 1970).
Weitere Werke: Killing time (R., 1967; dt. Killing time oder Die Art zu töten, 1970), Regiment of women (R., 1973), Sneaky people (R., 1975), Who is Teddy Villanova? (R., 1977), Arthur Rex (R., 1978; dt. Die Geheimnisse von Camelot, 1986), Neighbors (R., 1980), The feud (R., 1983), Nowhere (R., 1985), Being invisible (R., 1987), The houseguest (R., 1988), Changing the past (R., 1989), Orrie's story (R., 1990).
Literatur: LANDON, B.: T. B. Boston (Mass.) 1989.

Berryman, John ['berimən], * McAlester (Okla.) 25. Okt. 1914, † Minneapolis 7. Jan. 1972, Lyriker. – Seine Dichtung ist zunächst in Form und Thema traditionsund naturverbunden. Später nehmen seine langen Erzählgedichte, in zykl. Struktur und syntaktisch verschlüsselt die Entfremdung von der Umwelt beschreibend, autobiograph. Züge an.
Werke: Poems (1942), The dispossessed (Ged., 1948), Homage to Mistress Bradstreet (Ged., 1956; dt. Huldigung für Mistress Bradstreet, 1967), 77 dream songs (Ged., 1964; Pulitzerpreis 1965), Berryman's sonnets (Ged., 1967), Love and fame (Ged., 1970), Delusions (Ged., hg. 1972), Recovery (autobiograph. R., unvollendet, hg. 1973), The freedom of the poet (En. u. Essays, hg. 1976), Henry's fate (Ged., hg. 1977).
Ausgaben: Collected poems, 1934–1972. Hg. v. C. THORNBURY. New York 1988. – We dream of honour. J. B.'s letters to his mother. Hg. v. R. J. KELLY. New York 1988.
Literatur: LINEBARGER, J. M.: J. B. New York 1974. – ARPIN, G. Q.: J. B. Boston (Mass.) 1976. – CONARROE, J.: J. B. New York 1977. – GUSTAVSSON, B.: The soul under stress. A study of the poetics of J. B.'s dream songs. Uppsala 1984. – B.'s understanding. Reflections on the poetry of J. B. Hg. v. H. THOMAS. Boston (Mass.) 1988. – MATTERSON, S.: B. and Lowell. The art of losing. Totowa (N. J.) 1988.

Bibel, seit den Anfängen der amerikan. Zivilisation nicht nur im religiösen, sondern auch im eth., gesellschaftl., künstler. und literar. Bereich eines der einflußreichsten Bücher. Für die puritan. Siedler war die B. letztgültige Quelle göttl. Offenbarung und Instrument zur Deutung der Geschichte und des individuellen Lebens – abzulesen an der Durchsetzung fast allen puritan. Schrifttums (Geschichtsschreibung, Autobiographie, Lyrik) mit Bibelzitaten (↑Religion und Literatur). Der theologisch begründete Wunsch, jeden einzelnen zur Lektüre der B. zu befähigen, initiierte in den neuengländ. Kolonien ein Bildungsprogramm, das eine im 18. Jh. vergleichsweise sehr hohe Lesefähigkeit der Bevölkerung zur Folge hatte. Die Bedeutung der B. als gesellschaftl. und eth. Handlungsanweisung nahm zwar nach dem Zeitalter des kolonialen Puritanismus mit seinen theokrat. Zielsetzungen ab, aber bibl. Konzepte, Gestalten, Zitate und Idiome sind bis heute zumindest rhetor. und literar. Allgemeingut geblieben. Auch die Anzahl der in Amerika entstandenen Bibelübersetzungen belegt die fortwährende Bedeutung der B. Die ersten aus religiösen Gründen ausgewanderten prot. Siedler brachten nach Neuengland sowohl die von Puritanern verfaßte *Geneva Bible* (1560) als auch die 1611 von James I. autorisierte *Authorized Version* (oder *King James Version*) mit, die bis heute die sprachlich und literarisch einflußreichste geblieben ist. Sie durfte jedoch auf Grund brit. Gesetze bis nach der Revolution nicht in Amerika gedruckt werden. Kath. Siedler benutzten die Rheims-Douay-Übersetzung (AT 1582/NT 1610). Die erste Übersetzung auf amerikan. Boden fertigte der puritan. Missionar John Eliot (1661/1663) in der indian. Algonquin-Sprache an. Von Seiten der jüd. Religionsgemeinschaft gab es Übersetzungen des Pentateuchs (1845, 1963) und des ganzen Alten Testaments (1852, 1917). In Parallele zur brit. Überarbeitung der *Authorized Version* (*Revised Version,* 1881/1885, von amerikan. Theologen 1952 in der *Revised Standard Version* und nochmals 1990 in der *New Revised Standard Version* revidiert) erschien 1901 die *American Standard Version* (1971 revidiert als *New American Standard Version*), der in diesem Jh. eine Fülle neuerer Übersetzungen folgte. Gelenkt vom Bemühen um Modernität der Ausdrucksweise und unter Anwendung moderner linguist. Theorien erschien 1966 die NT-Übersetzung *Today's English Version. Good News for Modern Man* (1976 die gesamte Bibel als *Good News Bible*), der von evangelikaler Seite die *New International Version* (1979) folgte.

Literatur: Bruce, F. F.: History of the Bible in English. From the earliest versions. New York 1961. – Partridge, A. C.: English Biblical translation. London 1973. – Ryken, L.: The literature of the Bible. Grand Rapids 1974. – The Bible in America. Essays in cultural history. Hg. v. N. O. Hatch u. M. A. Noll. New York 1982. – Gabel, J. B./Wheeler, C. B.: The Bible as literature. An introduction. New York 1986. – The Bible and Bibles in America. Hg. v. E. S. Frerichs. Atlanta (Ga.) 1988.

Bierce, Ambrose Gwinett [bɪərs], * Meigs County (Ohio) 24. Juni 1842, † in Mexiko 1914 (verschollen), Schriftsteller. – War nach dem Sezessionskrieg Journalist in Kalifornien, England und Washington. Schrieb, unter dem Einfluß E. A. Poes, B. Hartes und des europ. Naturalismus, Erzählungen unterschiedl. Qualität, die durch grimmigen, schwarzen Humor, zyn. Witz, Menschen- und Lebensverachtung sowie durch die Darstellung von Grenzsituationen bestimmt sind.

Werke: Tales of soldiers and civilians (1891), The monk and the hangman's daughter (En., 1892; dt. Der Mönch und die Henkerstochter, 1968), Can such things be? (Kurzgeschichten, 1893), The cynic's word book (1906, 1911 u. d. T. The devil's dictionary; dt. Ausw. u. a. 1964 u. d. T. Aus dem Wörterbuch des Teufels, 1986 u. d. T. Des Teufels Wörterbuch), The shadow on the dial (Essays, 1909), Das Spukhaus (En., dt. Ausw. 1969), Die Spottdrossel (Nov.n und Fabeln, dt. Ausw. 1976 u. 1987), Mitten im Leben sind wir vom Tod umfangen (En., dt. Ausw. 1978), Zwischenfall an der Eulenflußbrücke. 3 En. (dt. Ausw. 1986), Lügengeschichten (dt. Ausw. 1987).

Ausgaben: A. B. Collected works. Wash. u. a. 1909–12. 12 Bde. – The letters of A. B. Hg. v. B. C. Pope. San Francisco 1922. Nachdr. Staten Island (N. Y.) 1967. – A. B. The collected writings. Hg. v. C. Fadiman. New York 1946. – Werke in 4 Bden. Hg. v. G. Haefs. Zü. 1986–89.

Literatur: Critical essays on A. B. Hg. v. C. N. Davidson. Boston (Mass.) 1982. – Berkove, L. I.: A. B. A braver man than anybody knew. New York 1984. – Davidson, C. N.: The experimental fictions of A. B. Lincoln (Nebr.) 1984. – Saunders, R.: A. B. The making of a misanthrope. San Francisco 1984.

Billings, Josh ['bɪlɪŋz], Schriftsteller, ↑Shaw, Henry Wheeler.

Bird, Robert Montgomery [bɜ:rd], * New Castle (Del.) 5. Febr. 1806, † Philadelphia 23. Jan. 1854, Schriftsteller. – Autor erfolgreicher histor. Tragödien (*The gladiator,* entst. 1831, gedr. 1919; *Oralloossa,* UA 1832, gedr. 1919; *The broker of Bogotá,* UA 1834, gedr. 1917) und Romane (*Calavar, or the knight of the conquest. A romance of Mexico,* 1834, 2 Bde.; dt. *Calavar, oder der Ritter der Eroberung,* 1848, 2 Bde.; *The infidel; or, The fall of Mexico,* 1835, 2 Bde.). Als sein bestes Werk gilt der Grenzerroman *Nick of the woods, or the Jibbenainosay. A tale of Kentucky* (1837, 2 Bde.; dt. *Der Waldteufel,* 1881, 1891 u. d. T. *Die Gefahren der Wildnis*).

Bishop, Elizabeth ['bɪʃəp], * Worcester (Mass.) 8. Febr. 1911, † Boston (Mass.) 6. Okt. 1979, Lyrikerin. – Lebte 16 Jahre in Brasilien; war 1970–79 Dozentin für engl. Literatur an der Harvard University; befreundet mit M. Moore. Schrieb Gedichte mit den stilist. Merkmalen der Umgangssprache. Ihre meist geographisch fixierte Lyrik zeichnet sich durch präzise sprachl. Wiedergabe des Beobachteten, sanften Humor und iron. Distanzierung vom eigenen Gefühl aus.

Werke: North and south (Ged., 1946), A cold spring (Ged., 1955; Pulitzerpreis 1956), Brazil (Ged., 1962), The ballad of the burglar of Babylon (1968), Complete poems (1969; National Book Awards), Geography III (Ged., 1977), That was then (Ged., hg. 1980).

Ausgaben: The complete poems. 1927–1979. New York 1983. – The collected prose. Hg. v. R. GIROUX. New York 1984.

Literatur: STEVENSON, A.: E. B. New York 1966. – MCMAHON, C.: E. B. A bibliography, 1927–1979. Charlottesville (Va.) 1980. – E. B. and her art. Hg. v. L. SCHWARTZ, S. P. ESTESS u. H. BLOOM. Ann Arbor (Mich.) 1982. – E. B. Hg. v. H. BLOOM. New York 1985. – Coming to light. American women poets in the twentieth century. Hg. v. D. W. MIDDLEBROOK u. M. YALOM. Ann Arbor (Mich.) 1985. – PARKER, R. D.: The unbeliever. The poetry of E. B. Ithaca (N. Y.) 1988. – TRAVISANO, T. J.: E. B. Her artistic development. Charlottesville (Va.) 1988. – COSTELLO, B.: E. B. Questions of mastery. Cambridge (Mass.) 1991. – GOLDENSOHN, L.: E. B. The biography of a poetry. Irvington (N. Y.) 1991.

Bishop, John Peale ['bɪʃəp], * Charles Town (W.Va.) 21. Mai 1882, † Hyannis (Miss.) 4. April 1944, Schriftsteller. – Geprägt durch seine Jugend im konservativen amerikan. Süden und das puritan. Erbe seiner neuengländ. Eltern sowie beeinflußt durch die Autoren der ↑Lost generation, bes. von den Studienkollegen F. S. Fitzgerald und E. Wilson in Princeton, beklagt B. in seinem schmalen Werk formvollendeter, oft eleg., vom Geist eines konservativen europ. Humanismus getragener Gedichte den Verlust moral. Werte der aristokrat. Südstaatenkultur und die Kapitulation der europ. Zivilisation vor dem Totalitarismus. Außerdem kunst- und literaturkrit. Essays und Erzähler. Werke (*Many thousands gone,* Kurzgeschichten, 1931; *Act of darkness,* R., 1935), die Porträts seiner südstaatl. Heimat vor und nach dem Bürgerkrieg enthalten.

Weitere Werke: Green fruit (Ged., 1917), The undertaker's garland (Ged. u. En., 1922; zus. mit E. Wilson), Now with his love (Ged., 1931), Minute particulars (Ged., 1935).

Ausgaben: The collected poems of J. P. B. Hg. v. A. TATE. New York u. a. 1948. – The collected essays of J. P. B. Hg. v. E. WILSON. New York u. a. 1948. – Selected poems of J. P. B. Hg. v. A. TATE. London 1960.

Literatur: SPINDLER, E. C.: J. P. B. A biography. Morgantown (Va.) 1980. – The republic of letters in America. The correspondence of J. P. B. and A. Tate. Hg. v. T. D. YOUNG u. J. J. HINDLE. Lexington (Mass.) 1981.

Black Mountain College ['blæk 'maʊntɪn 'kɑ:lɪdʒ], ein von dem Dozenten John Andrew Rice zus. mit progressiven Kollegen und Studenten des Rollins College in Winter Park (Fla.) 1933 gegründetes Reform-College in den Blue Ridge Mountains bei Black Mountain (N. C.). Prinzipien des 1956 gescheiterten Experiments waren Gemeinschaftsleben, interdisziplinäre und praxisnahe Ausbildung sowie die Förderung künstlerisch-kreativer Anlagen. Zu den bed. Künstlern, die sich am B. M. C. aufhielten, gehören u. a. der Lyriker C. Olson, Lehrer von R. Creeley, R.

Duncan, D. Levertov, J. Wieners, der Bauhausarchitekt Josef Albers, der Designer Richard Buckminster Fuller, der Tänzer und Choreograph Merce Cunningham, die Maler Willem De Kooning, Franz Kline und Robert Rauschenberg, der Pädagoge Paul Goodman. Die von Creeley edierte Zeitschrift *The B. M. Review* (1954–57) war für die amerikan. Gegenwartslyrik bes. bedeutend.

Literatur: DUBERMAN, M.: B. M. An exploration in community. New York 1972. – HARRIS, M. E.: The arts at B. M. C. Cambridge (Mass.) 1987.

Blackmur, Richard Palmer ['blækmər], * Springfield (Mass.) 21. Jan. 1904, † Princeton (N. J.) 2. Febr. 1965, Lyriker und Literaturkritiker. – War 1951–65 Prof. für engl. Lit. in Princeton. Veröffentlichte zahlreiche Essays, bes. über engl. Literatur, zu deren Verständnis er in Amerika beitrug; aufgrund seiner Struktur- und Stilanalysen zählt B. zu den bed. Vertretern des ↑New criticism; schrieb auch Gedichte.

Werke: The double agent (Essays, 1935), From Jordan's delight (Ged., 1937), The expense of greatness (Essays, 1940), Second world (Ged., 1942), Language as gesture (Essays, 1952), Anni mirabiles (Essays, 1956), Form and value in modern poetry (Essays, 1957), Eleven essays on the European novel (1964).

Ausgaben: The poems of R. P. B. Princeton (N. J.) 1977. – Outsider at the heart of things. Essays by R. P. B. Hg. v. J. T. JONES. Urbana (Ill.) 1989.

Literatur: JONES, J. T.: Wayward skeptic. The theories of R. P. B. Urbana (Ill.) 1986. – The legacy of R. P. B. Essays, memoirs, texts. Hg. v. E. T. CONE, J. FRANK u. E. KEELEY. New York 1987.

Bly, Robert [Elwood] [blaɪ], * Madison (Minn.) 23. Dez. 1926, Lyriker. – Begründer des Magazins *The Fifties,* das seinen Namen mit dem jeweiligen Jahrzehnt wechselte (*The Sixties* usw.); Übersetzer dt., span., skand. und ind. Literatur. Wurde nach der introspektiven, regionalen Dichtung *Silence in the snowy fields* (1962) zu einem der lyr. Sprecher der Anti-Vietnam-Bewegung (*The light around the body,* 1967; mit David Ray [* 1932] Hg. der Gedichtanthologie *A poetry reading against the Vietnam War,* 1966). In späteren Werken verkündet er die Ablösung der patriarchal. Ordnung der Rationalität durch matriarchal. Sensualität (*Sleepers joining hands,* 1973).

Weitere Werke: Jumping out of bed (Ged., 1973), Leaping poetry (Studie, 1975), This body is made of camphor and gopherwood (Ged., 1977), This tree will be here for a thousand years (Ged., 1979), The man in the black coat turns (Ged., 1981), Four ramages (Ged., 1983), American poetry. Wildness and domesticity (Studie, 1990), Iron John. A book about men (Prosa, 1990; dt. Eisenhans, 1991), A little book of the human shadow (Studie, 1991).

Literatur: Of solitude and silence. Writings on R. B. Hg. v. R. JONES u. K. DANIELS. Boston (Mass.) 1982. – HELD, R.: R. B. u. die Dichtung der Immanent Presence. Darmst. 1984. – DAVIS, W. V.: Understanding R. B. Columbia (S. C.) 1988. – KAPLAN, S.: R. B. and Randall Jarrell as translators of Rainer Maria Rilke. Ffm. 1989.

Bogan, Louise ['boʊgən], * Livermore Falls (Maine) 11. Aug. 1897, † New York 4. Febr. 1970, Lyrikerin. – Studierte an der Boston University, war Literaturdozentin und bis 1969 Literaturrezensentin für *The* ↑*New Yorker.* Erhielt 1955 gemeinsam mit L. Adams den Bollingen Prize für Lyrik und wurde 1969 in die ›American Academy of Arts and Letters‹ gewählt. Einfluß der Metaphysical poets. Sprach sich für eine enge Beziehung zwischen Lyrik und Erlebtem aus. Begann mit ersten kunstvollen, komplizierten, psychologisch-persönl. Gedichten (*Body of this death,* 1923; *Dark summer,* 1929). In ihrer autobiograph. Trilogie (*Journey around my room,* 1932; *Dove and serpent,* 1933; *Letdown,* 1934), die im *New Yorker* veröffentlicht wurde, wandte sie sich noch stärker dem eigenen Innenleben zu. Später schlichtere, knappe, bildhafte Sprache. In der Essaysammlung *Achievements in American poetry, 1900–1950* (1951) beschäftigte sie sich u.a. mit der in ihrem Leben und Werk zentralen Thematik des Frauseins in der Gesellschaft des 19. und 20. Jh.

Weitere Werke: The sleeping fury (Ged., 1937), Poems and new poems (1941), Collected poems, 1923–1953 (1954), Selected criticism. Prose, poetry (1955), The blue estuaries. Poems 1923–1968 (1968), A poet's alphabet (Essays, hg. 1970).

Ausgabe: What the woman lived. Selected letters of L. B. Hg. v. R. LIMMER. New York 1973.

Literatur: SMITH, J. W.: L. B. A woman's words. Wash. (D.C.) 1971. – Critical essays on L. B. Hg. v. M. COLLINS. Boston (Mass.) 1984. – RIDGEWAY, J.: L. B. Boston (Mass.) 1984. – FRANK, E.: L. B. A portrait. New York 1985. – BOWLES, G.: L. B.'s aesthetic of limitation. Bloomington (Ind.) 1987.

Boker, George Henry ['boʊkər], * Philadelphia (Pa.) 6. Okt. 1823, † ebd. 2. Jan. 1890, Schriftsteller. – Diplomat; bed. als Dichter von Sonetten (*Sonnets,* hg. 1929), die meist nat. Probleme und internat. Ereignisse zum Thema haben; auch romant. Blankverstragödien mit Themen aus dem mittelalterl. Spanien und Italien (*Francesca da Rimini,* 1855).

Bollingen Prize ['boʊlɪŋgən praɪz] ↑ Literaturpreise.

Bontemps, Arna [bɔ:n'tɔ:m], * Alexandria (La.) 13. Okt. 1902, † Nashville (Tenn.) 4. Juni 1973, Schriftsteller. – Förderte mit seinen Gedichten, Dramen, Romanen, Kinderbüchern und Essays sowie durch die Herausgabe zahlreicher Anthologien und durch seine Tätigkeit als Erzieher (Harlem Academy, 1924–31; Huntsville, Ala., 1931–34; Chicago, 1935–37, Yale University, 1969–71) sowie als Bibliothekar an der Fisk University in Nashville (1943–1965) die afroamerikan. Kultur. Die in der ↑ Harlem Renaissance begründete Zusammenarbeit mit L. Hughes und C. Cullen erwies sich als sehr fruchtbar. So arbeitete er seinen ersten Roman *God sends Sunday* (1931) zus. mit C. Cullen in ein erfolgreich aufgeführtes Drama um (*St. Louis woman,* UA 1946, ersch. 1971), schrieb zus. mit L. Hughes das Kinderbuch *Popo and Fifina, children of Haiti* (1932), veröffentlichte mit ihm einen Gedichtband *I too sing America* (1964) und gab mit ihm die einflußreichen Anthologien *The poetry of the Negro, 1746–1949* (1949; rev. u. erw. 1970) sowie *The book of Negro folklore* (1958) heraus. Am bekanntesten wurden die das Schicksal der Sklaven verarbeitenden histor. Romane *Black thunder* (1936) und *Drums at dusk* (1939); letzterer erinnert mit dem Sklavenaufstand auf Haiti auch an B.s eigene kreol. Herkunft. Autobiographisch gefärbt sind die Gedicht- (*Personals,* 1963) und Essaysammlung (*The Harlem Renaissance remembered,* 1972). Schrieb auch bed. Biographien für Jugendliche über die afroamerikan. Führer F. Douglass (1959 und 1971) und B. T. Washington (1972).

Weitere Werke: You can't pet a possum (Kindergesch., 1934), We have tomorrow (Kindergesch., 1945), Great slave narratives (hg. 1969).

Ausgabe: A. B. – Langston Hughes letters, 1925–1967. Hg. v. C. NICHOLS. New York 1980.

Literatur: MCPHERSON, J. M.: Blacks in America. Bibliographical essays. Garden City (N. Y.) 1971. – WHITLOW, R.: Black American literature. A critical history. Chicago (Ill.) 1973. – YOUNG, J. D.: Black writers in the thirties. Baton Rouge (La.) 1973. – FLEMING, R. E.: James Weldon Johnson and A. W. B. A reference guide. Boston (Mass.) 1978.

Boucicault, Dion ['bu:sɪkoʊ], eigtl. Dionysius Lardner Boursiquot, * Dublin 26. Dez. 1822, † New York 18. Sept. 1890, irisch-amerikan. Dramatiker. – Frühe Übersiedlung nach England; 1853 Auswanderung in die USA. Ab 1837 Schauspieler; 1862–72 Theaterleiter in London, danach Rückkehr nach New York; Verfasser von insgesamt 132 Melodramen, darunter Adaptationen frz. Vorlagen und Dramatisierungen von Romanen (u. a. von C. Dickens) sowie populäre ir. Komödien (*The Colleen bawn,* 1860; *Arraghna Pogue,* 1864; *The Shaughraun,* 1874); erfolgreich waren ferner *London assurance* (1841), *The poor of New York* (1857), *The octoroon; or, Life in Louisiana* (1859) mit einer melodramat. Darstellung der Sklaverei in Louisiana und die Dramatisierung von W. Irvings *Rip Van Winkle* (1865, zus. mit Joseph Jefferson [* 1829, † 1905]).

Ausgabe: The Dolman B. Hg. v. A. NICOLL. Dublin 1964.

Literatur: RAHILL, F.: World of melodrama. University Park (Pa.) 1967. – HOGAN, R.: B. New York 1969. – FAWKES, R.: D. B. A biography. Topsfield (Mass.) 1983.

Bourne, Randolph Silliman [bɔ:rn], * Bloomfield (N. J.) 30. Mai 1886, † New York 22. Dez. 1918, Kulturkritiker. – B.

trat als Schüler von J. Dewey und Freund von V. W. Brooks mit seinen krit. Essays für die Ideen der progressiven Ausbildung, einer transnationalen Gesellschaft und des ↑Modernismus in den USA ein als Voraussetzung für die radikale Erneuerung der amerikan. Demokratie, deren egalitäre und moral. Prinzipien durch die Existenz industrieller Korporationen bedroht waren. Als intellektueller Sprecher seiner Generation propagierte er die Vision einer auf der Interdependenz von Kultur und Politik aufbauenden, multikulturellen ›Beloved community‹, die er allerdings durch den von ihm abgelehnten amerikan. Kriegseintritt und die in diesem Zusammenhang mit liberalen Intellektuellen geführten Auseinandersetzungen zerstört sah. Seine Trennung von diesen Kriegsbefürwortern bedeutete auch seine Absage an den Pragmatismus Deweys.

Werke: Education and living (1917), Untimely papers (hg. 1919).

Ausgaben: The history of a literary radical. Hg. v. V. W. Brooks. New York 1920. – The world of R. B. An anthology. Hg. v. L. Schlissel. New York 1965. – The radical will. R. B. Selected writings 1911–1918. Hg. v. O. Hansen. New York 1977. – The letters of R. B. A comprehensive edition. Hg. v. E. J. Sandeen. Troy (N. Y.) 1981.

Literatur: Moreau, J. A.: R. B. Legend and reality. Wash. (D. C.) 1966. – Hansen, O.: Bewußtseinsformen literar. Intelligenz. R. B., Herbert Croly, Max Eastman, V. F. Calverton u. Michael Gold. Stg. 1977. – Vitelli, J. R.: R. B. New York 1981. – Clayton, B.: Forgotten prophet. The life of R. B. Baton Rouge 1984. – Abrahams, E.: The lyrical left. R. B., Alfred Stieglitz, and the origins of cultural radicalism in America. Charlottesville (Va.) 1986. – Blake, C.: Beloved community. The cultural criticism of R. B., Van Wyck Brooks, Waldo Frank, and Lewis Mumford. Rochester (N. Y.) 1987.

Bowles, Jane [Sidney] [boʊlz], * New York 22. Febr. 1917, † Málaga 4. Mai 1973, Schriftstellerin. – Private Erziehung in der Schweiz; ab 1938 ∞ mit P. Bowles, gleichzeitig auch Freundschaftsverhältnisse mit Frauen; lebte ab 1952 in Tanger. Zeigt in ihrem Werk den Verlust der Sicherheit im Alltagsleben und die Problematik von Frauenbeziehungen anhand des instabilen Verhältnisses zwischen der Welt der Objekte und der Welt der Menschen auf.

Werke: Two serious ladies (R., 1943; dt. Zwei sehr ernsthafte Damen, 1984), In the summer house (Dr., 1954; dt. Im Gartenhaus, UA 1987), Plain pleasures (En., 1966; dt. Einfache Freuden, 1985), Feminine wiles (En., Sketche, ein Stück, Briefe, hg. 1976; dt. Eine richtige kleine Sünde, 1988).

Ausgabe: J. B. Collected works. New York 1966.

Literatur: Dillon, M.: A little original sin. The life and work of J. B. New York 1981.

Bowles, Paul [boʊlz], * New York 30. Dez. 1910, Schriftsteller und Komponist. – 1938–73 ∞ mit J. Bowles; lebt in Tanger; schrieb Abenteuerromane, in denen er Existenzprobleme, v. a. von Westeuropäern und Amerikanern in der Konfrontation mit fremden Kulturen in Nordafrika (*The sheltering sky,* R., 1949, dt. *Himmel über der Wüste,* 1952; 1990 von B. Bertolucci verfilmt) sowie in Asien und Lateinamerika (*Their heads are green and their hands are blue,* En., 1963, dt. *Der Weg nach Tassemsit und andere Reiseerzählungen aus der nicht-christl. Welt,* 1990, und *Up above the world,* R., 1982, dt. *Gesang der Insekten,* 1988) darstellt; auch Musikkritiker, Komponist von Bühnen- und Filmmusik und einer Oper.

Weitere Werke: Let it come down (R., 1952; dt. So mag er fallen, 1953 u. 1988), The spider's house (R., 1955; dt. Das Haus der Spinne, 1959 u. 1988), Without stopping (Autobiogr., 1972; dt. Rastlos, 1990), The thicket of spring (Ged., 1972), Next to nothing (Ged., 1976), Collected stories 1939–1976 (1979; dt. Allal. Stories aus Marokko, 1988), Next to nothing. Collected poems 1926–1977 (1981), Midnight mass (En., 1981; dt. Mitternachtsmesse, 1989), Zeitstellen (Kurzgeschichten, dt. Ausw. 1989), Eisfelder (En., dt. Ausw. 1990).

Literatur: Stewart, L. D.: P. B. The illumination of North Africa. Carbondale (Ill.) 1974. – Bertens, H.: The fiction of P. B. The soul is the weariest part of the body. Amsterdam 1979. – Miller, J.: P. B. A descriptive bibliography. Santa Barbara 1985. – Pounds, W.: P. B. The inner geography. New York 1985. – Patteson, R. F.: A world outside. The fiction of P. B. Austin (Tex.) 1987. – Sawyer-Lançanno, C.: An invisible spectator. A biography of P. B. New York 1989.

Boyd, Nancy [bɔɪd], Pseudonym der Schriftstellerin Edna S. Vincent ↑Millay.

Boyle, Kay [bɔɪl], * Saint Paul (Minn.) 19. Febr. 1903, Schriftstellerin. – Ihre sich über 30 Jahre erstreckenden Aufenthalte in Europa sowie ihre dritte Heirat mit einem Österreicher bilden den Hintergrund ihrer Romane und Kurzgeschichten. In der geschichtl. Verstrickung der Kriegs- und Nachkriegszeit beweisen ihre Helden tatkräftigen Mut, stoßen allerdings an die Grenzen menschl. Vermögens. Der Glaube an den Wert emotionaler Bindung steht über Versagen und Verzweiflung.

Werke: Wedding day (En., 1930), Gentleman, I address you privately (R., 1933; Neuaufl. 1991), My next bride (R., 1934), The white horses of Vienna (Kurzgeschichten, 1936), His human majesty (R., 1949), Generation without farewell (R., 1959; dt. Generation ohne Abschied, 1962), Collected poems (1962), The smoking mountain. Stories of Germany during the occupation (1963; dt. Der rauhende Berg, 1991), The underground woman (R., 1975), Fifty stories (1980), Words that must somehow be said (Essays, 1985).

Ausgabe: Life being the best and other stories. Hg. v. S. W. SPANIER. New York 1988.

Literatur: Faith of a (woman) writer. Hg. v. A. KESSLER-HARRIS u. W. MCBRIEN. Westport (Conn.) 1988.

Boyle, T. Coraghessan [bɔɪl], * Peekskill (N. Y.) 1948, Schriftsteller. – Prof. für Englisch an der University of Southern California in Los Angeles; Verfasser humorist. Kurzgeschichten, in denen er den Einbruch des Bizarr-Phantastischen in die normale Alltagswelt – wie etwa die Liebesaffäre einer Frau mit einem Nietzsche-lesenden Schimpansen – imaginiert (*The descent of man,* 1979; *Greasy lake,* 1985), sowie von Romanen, in denen geschichtl. Material, Mythen und Legenden als Folie für die satir. Sicht der Gegenwart dienen. So verbindet *Water music* (1982; dt. *Wassermusik,* 1987) histor. Afrikaexpeditionen mit den skrupellosen Praktiken eines Betrügers; *World's end* (1987; dt. 1989) kontrastiert das Leben holländ. Kolonisten im 17. Jh. in New York mit den die Geschichte wiederholenden Verhaltensweisen ihrer Nachfahren in der amerikan. Gegenwart. *Budding prospects* (1984; dt. *Grün ist die Hoffnung,* 1990) verpflanzt einen enttäuschten Lehrer von der Schule auf eine Marihuanafarm.

Weitere Werke: If the river was whiskey. Stories (1989; dt. Wenn der Fluß voll Whisky wär, 1991), East is east (R., 1991).

Brackenridge, Hugh Henry ['brækənrɪdʒ], * bei Campbeltown (Schottland) 1748, † Carlisle (Pa.) 25. Juni 1816, Schriststeller. – Kam 1753 nach Pennsylvania, studierte Theologie an der Princeton University und war Kaplan im Revolutionskrieg, dann Jurastudium; trat politisch und literarisch für die entstehende amerikan. Nation ein; befreundet mit J. Madison (1809–17 Präsident der USA); verfaßte zus. mit P. Freneau das patriot. Gedicht *The rising glory of America* (1772) und schrieb zwei patriot. Dramen; als sein bedeutendstes Werk gilt der u. a. von M. de Cervantes Saavedra und J. Swift beeinflußte Schelmen- und Abenteuerroman *Modern chivalry* (4 Bde., 1792–1815), eine Satire auf die unfähigen Vertreter der jungen amerikan. Demokratie.

Literatur: HEARTMAN, C. F.: A bibliography of the writings of H. H. B. New York 1917. Nachdr. 1968. – NEWLIN, C. M.: The life and writings of H. H. B. Princeton (N. J.) 1932. Nachdr. Mamaroneck (N. Y.) 1971. – MARDER, D.: H. H. B. New York 1967. – The transit of civilization from Europe to America. Hg. v. W. HERGET u. K. ORTSEIFEN. Tüb. 1986.

Bradbury, Ray Douglas ['brædbəri], * Waukegan (Ill.) 22. Aug. 1920, Schriftsteller. – Von E. A. Poe beeinflußter Autor gesellschaftskrit. Science-fiction-Romane und pessimist. Kurzgeschichten; gestaltet in *Fahrenheit 451* (R., 1953; dt. 1955; vertont als Oper 1988) seine Vorstellung vom totalitären Staat der Zukunft; auch Filmdrehbücher, Dramen und Gedichte.

Weitere Werke: The Martian chronicles (Kurzgeschichten, 1950; dt. Die Mars-Chroniken, 1972), The illustrated man (Kurzgeschichten, 1951; dt. Der illustrierte Mann, 1962), The golden apples of the sun (Kurzgeschichten, 1953; dt. Geh nicht zu Fuß durch stille Straßen, 1970), Dandelion wine (R., 1957; dt. Löwenzahnwein, 1983), A medicine for melancholy (Kurzgeschichten, 1959; dt. Medizin für Melancholie, 1969), Something wicked this way comes (R., 1962; dt. Das Böse kommt auf leisen Sohlen, 1969), I sing the body electric (Kurzgeschichten, 1969; dt. Teilausgaben 1973 u. d. T. Gesänge des Computers, 1983 u. d. T. Die vergessene Marsstadt, vollständig 1984 u. d. T. Das Kind von morgen), The October country (En., 1970; dt. Familientreffen, 1986), Pillar of fire and other plays (Stücke, 1975), Long after midnight (Kurzgeschichten, 1976; dt. Lange nach Mitternacht, 1979), The complete poems of B. (1982), Dinosaur tales (En., 1983; dt. Saurier-Geschichten, 1985), A memory of murder (En., 1984; dt. Der Tod kommt schnell in Mexiko, 1988), Death is a lonely business (R., 1985; dt. Der Tod ist ein einsames Geschäft, 1987), The Toynbee convector (En., 1989), A graveyard for lunatics (R., 1990), Die Laurel u. Hardie-Liebesgeschichte (En., dt. Ausw. 1990).

Literatur: NOLAN, W. F.: The B. companion. Detroit 1975. – Voices for the future. Essays on major science fiction writers. Hg. v. T. D. CLARESON. Bowling Green (Ohio) 1976. – R. B. Hg. v. M. H. GREENBERG u. J. D. OLANDER. New York 1980. – JOHNSON, W. L.: R. B. New York 1980. – TOUPONCE, W. F.: R. B. and the poetics of reverie. Fantasy, science fiction, and the reader. Ann Arbor (Mich.) 1984.

Bradford, William ['brædfərd], * Austerfield (England) 19. März 1590, † Plymouth (Mass.) 9. (19.?) Mai 1657, Schriftsteller. – War Mitglied der Separatisten-Kirche in England; 1609 Flucht nach Amsterdam und Aufenthalt in Leiden bis zur Übersiedlung nach Neuengland mit den Pilgervätern auf der ›Mayflower‹ (1620); hatte eine führende Stellung bei der Gründung der Kolonie in Plymouth, deren Gouverneur er zwischen 1621 und 1656 (mit Ausnahme von 5 Jahren) war. Verfaßte 1630–51 seine *History of Plymouth plantation* (gedr. 1856), eines der bedeutendsten, auch literarisch wertvollen Dokumente des kulturellen Lebens der Kolonialzeit.

Ausgabe: Of Plymouth plantation. 1620–1647. Hg. v. S. E. MORISON. New York 1952.

Literatur: Major writers of early American literature. Hg. v. E. H. EMERSON. Madison (Wis.) 1972. – WESTBROOK, P. D.: W. B. Boston (Mass.) 1978.

Bradley, Marion Zimmer ['brædli], * Albany (N. Y.) 3. Juni 1930, Schriftstellerin. – Seit den 70er Jahren populäre Bestsellerautorin von Science-fiction-Romanen. Am bekanntesten ist die nicht in chronolog. Folge erschienene Darkover-Serie, in der die Bewohner des Terran Empire den auf dem mittelalterl. Planeten Darkover lebenden, technologiefeindl., nur auf ihre geistigen Kräfte vertrauenden Wesen kontrastiert sind (u. a. *The bloody sun,* 1964, dt. *Die blutige Sonne,* 1967; *Darkover landfall,* 1972, dt. *Landung auf Darkover,* 1973; *The heritage of Hastur,* 1975, dt. *Hasturs Erbe,* 1981; *Stormqueen,* 1978, dt. *Herrin der Stürme,* 1979). Neuerdings schreibt sie Science-fiction-Romane, die literar. sowie musikal. Vorlagen verarbeiten, z. B. die Artus-Sage in *The mists of Avalon* (1982; dt. *Die Nebel von Avalon,* 1983) bzw. *Die Zauberflöte* in *Night's daughter* (1984; dt. *Tochter der Nacht,* 1985), und deren Protagonistinnen feminist. Thesen vertreten (*The ruins of Isis,* 1978, dt. *Die Matriarchen von Isis,* 1979, 1987 u. d. T. *Die Frauen von Isis; Sword and sorceress,* 1983; *City of sorcery,* 1984, dt. *Die schwarze Schwesternschaft,* 1985).

Weitere Werke: Hawkmistress (R., 1964; dt. Die Falken von Narabedla, 1971, 1984 u. d. T. Herrin der Falken), Hunters of the red moon (R., 1973, zus. mit P. E. Zimmer; dt. Die Jäger des roten Mondes, 1975), Spell sword. A darkover novel (R., 1974; dt. Das Zauberschwert, 1985), The survivors (R., 1979, zus. mit P. E. Zimmer; dt. Die Flüchtlinge des roten Mondes, 1981), The bloody sun (R., 1985; dt. Rote Sonne über Darkover, 1989), Warrior woman (R., 1985; dt. Das Schwert der Amazone, 1986), Das große M. Z. B.-Buch. En. 1950–1980 (dt. Ausw. 1989), Spells of wonder (R., 1989).

Ausgabe: M. Z. B.'s Darkover. Hg. v. H. J. ALPERS. Meitingen 1983.
Literatur: WISE, S.: The Darkover dilemma. Problems of the Darkover series. Baltimore (Md.) 1976. – BREEN, W.: The Darkover concordance. Berkeley (Calif.) 1978. – ARBUR, R.: M. Z. B. Mercer Island (Wash.) Neuaufl. 1986. – Heroines of popular culture. Hg. v. P. BROWNE. Bowling Green (Ohio) 1987.

Bradstreet, Anne ['brædstri:t], geb. Dudley, * Northampton (England) 1612 oder 1613, † North Andover (Mass.) 16. Sept. 1672, Dichterin. – Gehörte zus. mit ihren Eltern und ihrem Mann zur Gruppe der Puritaner, die 1630 unter der Führung von J. Winthrop nach Neuengland übersiedelten und dort die Massachusetts Bay Colony gründeten. B., die sich an der religiösen Dichtung Englands orientierte, gilt als erste amerikan. Dichterin. Die sehr persönlich gehaltenen, meist an ihren Mann und ihren Sohn gerichteten Gedichte religiösen Inhalts wurden zunächst ohne ihr Wissen von ihrem Schwager 1650 in London u. d. T. *The tenth muse, lately sprung up in America,* 1678 mit einigen Ergänzungen postum als *Several poems* in Boston (Mass.) veröffentlicht. Neben diesen frühen Gedichten umfaßt ihr Werk eine Verserzählung (*The four monarchies*), Prosaerzählungen, religiöse Meditationen und eine kurze Autobiographie (*Religious experiences,* 1664, hg. 1867).
Ausgabe: The complete works of A. B. Hg. v. J. R. ELRATH, JR. u. A. P. ROBB. Boston (Mass.) 1981.
Literatur: WHITE, E. W.: A. B. The tenth muse. New York 1971. – STANFORD, A.: A. B. The worldly puritan. An introduction to her poetry. New York 1974. – Critical essays on A. B. Hg. v. P. CROWELL. Boston (Mass.) 1983. – MARTIN, W.: An American triptych. A. B., Emily Dickinson, Adrienne Rich. Chapel Hill (N. C.) 1984. – Puritan poets and poetics. Hg. v. P. WHITE u. H. T. MESEROLE. University Park (Pa.) 1985.

Brautigan, Richard ['brɔ:tɪgən], * Tacoma (Wash.) 30. Jan. 1935, † Bolinas (Calif.) im Sept. (am 25. Okt. aufgefunden) 1984, Schriftsteller. – Erste Gedichte im Kreis der Beat-Lyriker (A. Ginsberg, L. Ferlinghetti u. a.) in San Francisco ab 1954; begründete seinen Ruhm durch seine Romane in den 60er Jahren, die ihn zur Kultfigur der Hippie-Bewegung machten; fand deshalb auch wenig Beachtung bei der akadem. Literaturkritik. Mit seinen collageartigen, fragmentar. Erzählungen, die die amerikan. Geschichte (*A confederate general from Big Sur,* 1964; dt. *Ein konföderierter General aus Big Sur,* 1979 u. 1988), Mythen (*Trout fishing in America,* 1967; dt. *Forellenfischen in Amerika,* 1971 u. 1987) und Lebensformen (*In watermelon sugar,* 1968; dt. *In Wassermelonen Zucker,* 1970) parodieren, kreierte er einen neuen Erzählstil, in dem traditionelle Strukturen wie Charakter und Handlung lyrisch aufgelöst werden. Sein Interesse für Zen-Buddhismus inspirierte sein Spätwerk (*Sombrero fallout. A Japanese novel,* R., 1976; *The Tokyo-Montana express,* Prosa-Ged., 1980, dt. *Der Tokio-Montana Express,* 1987; *So the wind won't blow it all away,* R., 1982, dt. *Ende einer Kindheit,* 1989) vor seinem Freitod.
Weitere Werke: The pill versus the Springhill mine disaster (1968; dt. Die Pille gegen das Grubenunglück von Springhill und 104 andere Gedichte, 1980), The abortion. An historical romance (R., 1971; dt. Die Abtreibung. Eine histor. Romanze, 1966, 1985), The revenge of the lawn (1971; dt. Die Rache des Rasens, Geschichten 1962–1970, 1978 und 1989), The Hawkline monster. A gothic western (R., 1974; dt. Das Hawkline Monster. Ein seltsamer Western... 1986), Willard and his bowling trophies. A perverse mystery (R., 1975; dt. Willard und seine Bowlingtrophäen. Ein perverser Kriminalroman, 1980), Dreaming of Babylon. A private eye novel (1977; dt. Träume von Babylon. Ein Detektivroman, 1986), June thirtieth (Ged. 1978; dt. Japan bis zum 30. Juni, 1978).
Literatur: CHÉNETIER, M.: R. B. London 1983. – FOSTER, E. H.: R. B. Boston (Mass.) 1983. – RIEDEL, C.: America, more often than not, is only a place in the mind. Zur dichotom. Amerikakonzeption bei R. B. Ffm. 1985. – GROSSMANN, C.: R. B. Pounding at the gates of American literature. Unterss. zu seiner Lyrik u. Prosa. Hdbg. 1986. – BOYER, J.: R. B. Boise (Id.) 1987. – HORATSCHEK, A.: Erkenntnis u. Realität. Sprachreflexion u. Sprachexperiment in den Romanen von R. B. Tüb. 1989.

Breuer, Lee ['brɔɪər], * Philadelphia (Pa.) 6. Febr. 1937, Dramatiker. – Regisseur am

San Francisco Actors Workshop (1963–65) und bei verschiedenen Dramen, die unter dem Einfluß der Arbeiten des Berliner Ensembles und J. Grotowskis in Europa aufgeführt wurden (1965–70). Seit 1970 Regiearbeiten bei der Schauspielgruppe Mabou Mines in New York. In seinen innovativen und experimentellen Stücken adaptiert B. dramat. Vorlagen von S. Beckett in *The lost ones* (UA 1976) oder Sophokles in *Gospel at Colonnus* (UA 1983), parodiert die moderne Kultur in *Shaggy dog animation* (UA 1978; *Animations. A trilogy for Mabou Mines,* 1986) und bemüht sich um die Ausweitung des Theaters auf eine visuelle Performanz im Sinne des ›total theatre‹ (*A prelude to death in Venice,* UA 1980; *Sister Suzie cinema,* UA 1980). Auch Performanzgedichte (*Hajj,* 1982).

Bristow, Gwen ['brɪstoʊ], * Marion (S. C.) 16. Sept. 1903, † New Orleans (La.) 17. Aug. 1980, Schriftstellerin. – War 1925–33 Reporterin in New Orleans; schrieb v. a. Romane, die das Leben in Louisiana und Kalifornien schildern.

Werke: Plantation trilogy (dt. Louisiana-Trilogie, mit den Teilen: Deep summer, R., 1937, dt. Tiefer Süden, 1939; Handsome road, R., 1938, dt. Die noble Straße, 1950; This side of Georgia, R., 1940, dt. Am Ufer des Ruhms, 1951), Jubilee trail (R., 1950; dt. Kalif. Sinfonie, 1959), Calico palace (R., 1969; dt. Alles Gold der Erde, 1970), Golden dreams (R., 1980; dt. Melodie der Leidenschaft, 1980).

Broadway ['brɔːdweɪ], eine der bedeutendsten Hauptstraßen von New York, die diagonal durch Manhattan verläuft und v. a. durch ihre ↑Theater zwischen der 42. und 66. Straße bekannt ist; der B. gilt als Zentrum des amerikan. Unterhaltungstheaters, das keine festen Ensembles kennt, sondern für jede Inszenierung neue Schauspielgruppen zusammenstellt, in denen Stars dominieren; am B. entstand Anfang des 20. Jh. das Musical (↑Musik und Literatur) als typ. amerikan. Theaterform; der B. erlangte in den 30er Jahren aber auch größere Bedeutung für die Geschichte des amerikan. Dramas (bes. M. Anderson, L. Hellman und E. Rice) und brachte in jüngerer Zeit, neben beliebten Boulevardstücken (v. a. N. Simon) und anspruchsvollen Shakespeare-Inszenierungen die großen Erfolge von E. O'Neill, A. Miller, T. Williams, T. Wilder und E. Albee auf die Bühne; kennzeichnend ist jedoch der Ruf des B. für populäres Theater mit enger Bindung an Markt und Kommerz, die kaum Platz für Experimente und Avantgardetheater läßt; in Opposition zum B. gruppieren sich seit 1950 experimentelle Avantgardebühnen und Alternativtheater (↑Off-Broadway, ↑Off-Off-Broadway).

Literatur: ATKINSON, J. B.: B. New York 1970. – FRANKEL, A.: Writing the B. musical. New York 1977. – AROS, A. A.: B. and Hollywood, too. Diamond Bar (Calif.) 1980. – DRECHSLER-MARX, C.: B., from the Battery to the Bronx. New York 1988.

Bromfield, Louis ['brɑːmfiːld], * Mansfield (Ohio) 27. Dez. 1896, † Columbus (Ohio) 18. März 1956, Schriftsteller. – Sohn eines Farmers; studierte zunächst Landwirtschaft, dann Philologie und Philosophie; war Journalist, später freier Schriftsteller; lebte 1925–38 in Frankreich, dann auf seiner Farm in Ohio. Verfasser vielgelesener Gesellschaftsromane; besonders erfolgreich war der Indienroman *The rains came* (1937; dt. *Der große Regen,* 1939). Schrieb auch Kurzgeschichten.

Weitere Werke: The green bay tree (R., 1924; dt. Das Leben der Lily Shane, 1954 u. 1986), Possession (R., 1925, 1926 u. d. T. Lilli Barr; dt. Die Besessenen, 1957), Early autumn (R., 1926; dt. Olivia Pentland, 1932; Pulitzerpreis 1927), A good woman (R., 1927; dt. Welch eine Frau, 1956), Night in Bombay (R., 1940; dt. Nacht in Bombay, 1941), Wild is the river (R., 1941; dt. Traum in Louisiana, 1943), Mrs. Parkington (R., 1943; dt. 1947).

Literatur: BROWN, M.: L. B. and his books. An evaluation. London 1956. – ANDERSON, D. D.: L. B. New York 1964.

Brook Farm ['brʊk 'fɑːrm], Bez. für eine 1841 bei West Roxbury (Mass.) in der Nähe von Boston von dem Schriftsteller G. Ripley und anderen Transzendentalisten (↑Transzendentalismus) gegründete Genossenschaft sozialutop. Prägung, die zunehmend von den Theo-

rien des frz. Sozialphilosophen Charles Fourier beeinflußt wurde. Von diesem Zentrum des amerikan. Fourierismus wurde die Zs. *The Phalanx* (1843–45) herausgegeben; 1847 gaben die Mitglieder dieser alternativen Lebensform, die N. Hawthorne in *The Blithedale romance* (1852; dt. *Blithedale,* 1870) mit autobiograph. Bezug schilderte, ihr Projekt auf.
Literatur: BURTON, K. K.: Paradise planters. The story of the B. F. London 1939. Neudr. New York 1973. – SWIFT, L.: B. F. Syracuse (N. Y.) 1973.

Brooks, Cleanth [brʊks], * Murray (Ky.) 16. Okt. 1906, Literaturkritiker. – Prof. für engl. Literatur an der Louisiana State University (1932–47) und der Yale University (1947–84). Sein von den Wertvorstellungen der Southern Agrarians oder ↑Fugitives an der Vanderbilt University in Nashville (Tenn.) geprägtes Literaturverständnis führte in der langjährigen Zusammenarbeit mit R. P. Warren bei der Herausgabe der Zeitschrift *The* ↑*Southern Review* (1935–42) sowie bed. Interpretationsbände (*Understanding poetry,* 1938; *Understanding fiction,* 1943) zur Herausbildung der literaturwiss. Methode des ↑New criticism. Sein Hauptinteresse galt den Dichtern der Moderne (*Modern poetry and the tradition,* 1939; *The well-wrought urn,* 1947, dt. Teilausg. 1965 u. d. T. *Paradoxie im Gedicht. Zur Struktur der Lyrik; The hidden God,* 1963) sowie den Autoren der Südstaaten, v. a. W. Faulkner (*William Faulkner. The Yoknapatawpha country,* 1963; *William Faulkner. Toward Yoknapatawpha and beyond,* 1978; *William Faulkner. First encounters,* 1983; *On the prejudices, predilections and firm beliefs of William Faulkner,* 1987).
Weitere Werke: Modern rhetoric (1956, mit R. P. Warren), Literary criticism. A short history (1957, mit W. K. Wimsatt), A shaping joy (1972), The language of the American South (1985).
Literatur: The possibilities of order. C. B. and his work. Hg. v. L. P. SIMPSON. Baton Rouge (La.) 1976. – PATNAIK, J. N.: The aesthetics of New criticism. Atlantic Highlands (N. J.) 1983.

Brooks, Gwendolyn [brʊks], * Topeka (Kans.) 7. Juni 1917, Schriftstellerin. – Unterrichtete Lyrik an verschiedenen Universitäten. Hauptthema ihres von persönl. Erfahrungen geprägten Werkes ist die Welt der Schwarzen in den Großstädten der USA. Dem anfänglich rein literar. Interesse in *A street in Bronzeville* (Ged., 1945), *Annie Allen* (Ged., 1949; Pulitzerpreis 1950), *Maud Martha* (R., 1953) und *The bean eaters* (Ged., 1960) folgte in den 60er und 70er Jahren eine Politisierung der Kunst im Sinne der Bürgerrechtsbewegung (*In the Mecca,* Ged., 1968; *Riot,* Ged., 1969; *Family pictures,* Ged., 1970).
Weitere Werke: Bronzeville boys and girls (Kinderb., 1956), Selected poems (1963), Report from part one. An autobiography (1972), Primer for blacks (Essays, 1980), Young poet's primer (Essays, 1980), To disembark (Ged., 1981), Very young poets (Ged., 1983).
Ausgabe: The world of G. B. New York 1971.
Literatur: REDMOND, E. B.: Drumvoices. The mission of Afro-American poetry. Garden City (N. Y.) 1976. – SHAW, H. B.: G. B. Boston (Mass.) 1980. – A life distilled. G. B. Her poetry and fiction. Hg. v. M. K. MOORTRY u. G. SMITH. Urbana (Ill.) 1987. – MELHELM, D. H.: G. B. Poetry and the heroic voice. Lexington (Ky.) 1987. – KENT, G. E.: A life of G. B. Ithaca (N. Y.) 1989.

Brooks, Van Wyck [brʊks], * Plainfield (N. J.) 16. Febr. 1886, † Bridgewater (Conn.) 2. Mai 1963, Literaturkritiker. – B.s Interesse galt einer auf soziolog. Basis beruhenden Neubewertung der amerikan. Literatur. Dabei ging er von einer auf den ↑Puritanismus zurückzuführenden Vernachlässigung geistiger und ästhet. zugunsten materieller Werte in der amerikan. Kultur aus (*The wine of the Puritans,* Studie, 1908, u. *America's coming of age,* 1915), der er in seinem Hauptwerk, der bis 1915 reichenden Literaturgeschichte *Makers and finders* (5 Bde., 1936–1952; Pulitzerpreis 1936 für Bd. 1: *The flowering of New England*) eine auf den demokrat. und humanist. Idealen W. Whitmans aufbauende literar. Tradition entgegenzusetzen suchte.
Weitere Werke: Letters and leadership (1918), The ordeal of Mark Twain (1920), The pilgrimage of Henry James (1925), Emerson and others (1927), Sketches in criticism (1932), The writer in America

(1953), From a writer's notebook (1955, erw. 1958), An autobiography (1965).
Literatur: VITELLI, J. R.: V. W. B. New York 1969. – HOOPES, J.: V. W. B. In search of American culture. Amherst (Mass.) 1977. – V. W. B. The critic and his critics. Hg. v. W. WASSERSTROM. Port Washington (N. Y.) 1979.

Brown, Charles Brockden [braʊn], * Philadelphia (Pa.) 17. Jan. 1771, † ebd. 22. Febr. 1810, Schriftsteller. – Kurze Laufbahn als Rechtsanwalt, lebte dann als erster amerikan. Berufsschriftsteller und Journalist in New York und Philadelphia; kam hier mit den neuesten europ. literar. Strömungen in Berührung. Bekannt durch Kritiken, Essays und als Hg. verschiedener Zeitschriften, etablierten bes. seine im Anschluß an engl. Vorbilder (A. Radcliffe, W. Godwin) verfaßten Schauerromane seinen literar. Ruf. Als sein Hauptwerk gilt *Wieland, or the transformation* (R., 1798; dt. *Wieland oder die Verwandlung,* 1973) mit der psycholog. Darstellung religiöser Wahnvorstellungen; bedeutsame Rolle des amerikan. Lokalkolorits. Schrieb auch Gedichte und trat in seinem Werk bes. für die Emanzipation der Frau ein (*Alcuin. A dialogue,* 1798).
Weitere Werke: Ormond, or the secret witness (R., 1799), Edgar Huntly. Memoirs of a sleepwalker (R., 1799; dt. Edgar Huntly oder der Nachtwandler, 3 Bde., 1857), Arthur Mervyn, or memoirs of the year seventeen ninety-three (R., 2 Bde., 1799/1800; dt. Arthur Mervin oder die Pest in Philadelphia, 4 Bde., 1858).
Ausgaben: Essays u. Rezensionen von C. B. B. Hg. v. A. WEBER, ›Jb. f. Amerikastudien‹, Jg. 6 (1962), S. 168–330. – The novels and related works of C. B. B. Hg. v. S. J. KRAUSE u. S. W. REID. Kent (Ohio) 1977–82. 2 Bde. – C. B. B. Memoirs of Stephen Calvert (R., 1799–1800). Hg. v. H. BORCHERS. Ffm. 1978. – C. B. B. Alcuin. A dialogue and memoirs of Stephen Calvert. Hg. v. S. J. KRAUSE, S. W. REID, R. D. ARNER. Kent (Ohio) 1987. – Somnambulism and other stories (1798–1809). Hg. v. A. WEBER. Ffm. 1987.
Literatur: CLARK, D. L.: C. B. B. Pioneer voice of America. Durham (N. C.) 1952. Nachdr. New York 1966. – PARKER, P. L.: C. B. B. A reference guide. Boston (Mass.) 1980. – Critical essays on C. B. B. Hg. v. B. ROSENTHAL. Boston (Mass.) 1981. – GRABO, N. S.: The coincidental art of C. B. B. Chapel Hill (N. C.) 1981. – AXELROD, A.: C. B. B. An American tale. Austin (Tex.) 1983. – FLEISCHMANN, F.: A right view of the subject. Feminism in the works of C. B. B. and John Neal. Erlangen 1983. – MARTENS, K.: Die antinom. Imagination. Studien zu einer amerikan. literar. Tradition (C. B. B., Edgar Allan Poe, Herman Melville). Ffm. 1986.

Brown, William Hill [braʊn], * Boston (Mass.) 1. Dez. 1765, † Murfreesboro (N. C.) 2. Sept. 1793, Schriftsteller. – Schrieb 1789 den ersten amerikan. Roman *The power of sympathy; or, the triumph of nature,* der lange Zeit der Schriftstellerin Sarah Wentworth Morton (* 1759, † 1846) zugeschrieben wurde, einen weiteren Roman, *Ira and Isabella; or, the natural children* (hg. 1807), Gedichte, Essays, Fabeln, eine Komödie und die Tragödie *West Point preserved* (hg. 1797).
Ausgabe: W. H. B. Selected poems and verse fables, 1784–1792. Hg. v. R. WALSER. Newark (N. J.) 1982.
Literatur: PETTER, H.: The early American novel. Columbus (Ohio) 1971. – DAVIDSON, C. N.: ›The power of sympathy‹ reconsidered. W. H. B. as literary craftsman. In: ›Early American Literature‹, Jg. 10 (1975/76).

Brown, William Wells [braʊn], * Lexington (Ky.) 1813, † Chelsea (Minn.) 6. Nov. 1884, Schriftsteller. – Sohn einer Sklavin und eines Plantagenbesitzers, nach Flucht in den Norden (1834) bed. Reformer, Historiker, Schriftsteller und privatgelehrter Mediziner. Als führender Mitarbeiter der Abolitionistenbewegung nahm er an der Pariser Friedenskonferenz (1849) teil. Wichtigste literar. Werke sind die autobiograph. *Narrative of W. W. B, a fugitive slave* (1847) und der erste afroamerikan. Roman *Clotel; or, the president's daughter. A narrative of slave life in the United States* (London 1853; u. d. T. *Clotel. A tale of the southern states,* New York 1864). Außerdem verfaßte er ein Drama (*The escape,* 1858), drei bed. histor. Abhandlungen über den Ursprung und das Schicksal der Schwarzen (*The black man. His antecedents, his genius, and his achievements,* 1863) sowie Reiseberichte über seine Eindrücke in Europa und in dem nach dem Bürgerkrieg befreiten Süden der USA.

Literatur: FARRISON, W. E.: W. W. B. Author and reformer. Chicago 1969. – HEERMANCE, J. N.: W. W. B. and Clotelle. A portrait of the artist in the first negro novel. Hamden (Conn.) 1969.

Browne, Charles Farrar [braʊn], * Waterford (Maine) 26. April 1834, † Southampton (England) 6. März 1867, Humorist. – Journalist; bekannt als Artemus Ward nach einer von ihm erfundenen humorist. Figur, deren Briefe er u. d. T. *Artemus Ward's sayings* seit 1857 im *Cleveland Plain Dealer* veröffentlichte; seit 1859 bei der Zeitschrift *Vanity Fair* in New York; auch Beiträge für den *Punch;* beeinflußte u. a. Mark Twain.
Werke: Artemus Ward. His book (Skizzen, 1862), Artemus Ward. His travels (Skizzen, 1865), Artemus Ward in London (hg. 1869).
Literatur: AUSTIN, J. C.: Artemus Ward. New York 1964.

Bryant, William Cullen ['braɪənt], * Cummington (Mass.) 3. Nov. 1794, † New York 12. Juni 1878, Dichter. – War Anwalt, dann Journalist, Hg. der *Evening Post.* B.s Ruhm als einer der ersten bed. Lyriker Amerikas gründet sich auf zahlreiche kleinere Gedichte, die nach der Art des engl. Vorromantikers W. Cowper eine sorgfältige, flüssige Form mit zarter, nachdenkl. Stimmung, ernstem, kühlem Ton und streng puritanisch-moral. Lebensauffassung verbinden. Sie sind teils Reflexionen über Leben und Tod (*Thanatopsis,* entst. 1811, veröffentlicht 1817), teils Naturschilderungen (*A forest hymn,* 1860) oder indian. Lieder. Von seinen Reisen berichtete B. in *Letters of a traveller; or notes of things seen in Europe and America* (1850) und in *Letters from the east* (1869). Auch Übersetzer griech. (Homer) und röm. Autoren.
Weitere Werke: Poems (1821), Poems (1832), The fountain (Ged., 1842), The white-footed deer (Ged., 1844), Thirty poems (1864), Orations and addresses (1873).
Literatur: MCLEAN, A. F.: W. C. B. New York 1964. Neuaufl. 1989. – BROWN, C. H.: W. C. B. New York 1971. – PHAIR, J. T.: A bibliography of W. C. B. and his critics, 1808–1972. Troy (N. Y.) 1975. – BRADLEY, W. A.: W. C. B. New York 1905. Neuaufl. Philadelphia 1977. – W. C. B. and his America. Centennial conference proceedings 1878–1978. Hg. v. S. BRODWEIS. New York 1983. – Fifteen American authors before 1900. Hg. v. R. A. REES u. E. N. HARBERT. Madison (Wis.) 1984. – Under open sky. Poets on W. C. B. Hg. v. N. KRAPF. New York 1986.

Buck, Pearl S[ydenstricker] [bʌk], Pseudonym John Sedges, * Hillsboro (W.Va.) 26. Juni 1892, † Danby (Vt.) 6. März 1973, Schriftstellerin. – Tochter eines Missionars, wuchs in China auf; Studium in den USA, 1922–32 Prof. für engl. Literatur in Nanking. In ihrem Werk schildert sie in lebensvollen Bildern und schlichter Sprache chines. Menschen im Konflikt zw. Tradition und Moderne und tritt für eine auf Menschenliebe gegründete Verständigung zw. den Rassen und Nationen ein. Es gelang ihr, das Verständnis des Westens für China zu verstärken. Für ihren Roman *The good earth* (1931; dt. *Die gute Erde,* 1933), der zus. mit den beiden Romanen *Sons* (1932; dt. *Söhne,* 1933) und *A house divided* (1935; dt. *Das geteilte Haus,* 1935) eine Trilogie bildet, erhielt sie 1932 den Pulitzerpreis und 1938 den Nobelpreis für Literatur. Gleichwertig neben ihren besten Büchern stehen die in *The spirit and the flesh* (1944) zusammengefaßten Biographien ihrer Eltern (*Fighting angel,* 1936, dt. *Gottesstreiter im fernen Land,* 1937, 1956 u. d. T. *Der Engel mit dem Schwert,* und *The exile,* 1936, dt. *Die Frau des Missionars,* 1936) sowie ihre Übersetzung des chines. Räuberromans *Shui-hu chuan* aus dem 13. Jh., *All men are brothers* (1933). Schrieb auch Kinderbücher (*A gift for the children,* 1973).
Weitere Werke: East wind, west wind (R., 1930; dt. Ostwind-Westwind, 1934), The mother (R., 1934; dt. Die Mutter, 1934), The patriot (R., 1939; dt. Land der Hoffnung, Land der Trauer, 1940), Pavilion of women (R., 1946; dt. Die Frauen des Hauses Wu, 1948), My several worlds (Autobiogr., 1954; dt. Mein Leben, meine Welten, 1955), Three daughters of Madame Liang (R., 1969; dt. Die Töchter der Madame Liang, 1971), Mandala (R., 1970; dt. 1973), The lovers and other stories (hg. 1977), The woman who has

changed and other stories (hg. 1979; dt. Die Frau, die sich wandelt, 1989).

Literatur: HARRIS, T. F.: P. S. B. New York 1969–71. 2 Bde. – DOYLE, P. A.: P. S. B. Neuaufl. Boston (Mass.) 1980. – STIRLING, N.: P. S. B. A woman in conflict. Piscataway (N. J.) 1983.

Bukowski, Charles [bʊˈkɔfski], * Andernach 16. Aug. 1920, Schriftsteller. – Sohn eines Amerikaners und einer Deutschen, kam 1922 mit den Eltern in die USA; nach Wanderleben seit 1956 in Los Angeles ansässig. Auf der Basis seiner eigenen Erfahrungen schreibt er in knappem Stil harte, witzige Stories, Romane und Gedichte über das Leben in den Randzonen der bürgerl. amerikan. Gesellschaft. Schockwirkung wird durch die Darstellung brutaler Gewalt, obszöner Sexualität und extremen Alkoholkonsums am Rande der Gesellschaft erzielt. Stellvertretend für das kontrovers aufgenommene Werk des Kultautors der 60er und 70er Jahre stehen die auch ins Dt. übersetzten Gedichte und Erzählungen *Poems written before jumping out of an eighth-story window* (1968; dt. *Gedichte, die einer schrieb, bevor er im 8. Stockwerk aus dem Fenster sprang,* 1974), *Notes of a dirty old man* (1969; dt. *Aufzeichnungen eines Außenseiters,* 1970), *Post office* (1971; dt. *Der Mann mit der Ledertasche,* 1974), *Erections, ejaculations, exhibitions and general tales of ordinary madness* (1972; dt. *Kaputt in Hollywood,* 1976, 1978 u. d. T. *Das Leben und Sterben im Uncle-Sam-Hotel*), *Women* (R., 1978; dt. *Das Liebesleben der Hyäne,* 1984), *Ham on rye* (R., 1982; dt. *Das Schlimmste kommt noch oder fast eine Jugend,* 1983), *Horsemeat* (1982; dt. *Horsemeat, Pferdefleisch,* 1987), *Hot water music* (En., 1983; dt. 1985), *Flinke Killer* (Ged.; dt. Ausw. 1987).

Literatur: FOX, H.: C. B. A critical and bibliographical study. Somerville (Mass.) 1971. – FOGEL, A.: C. B. A comprehensive checklist (1946–1982). Miami (Fla.) 1982.

Bullins, Ed [ˈbʊlɪnz], * Philadelphia 2. Juli 1935, Dramatiker. – Studium in Kalifornien; 1967–73 Hausdramatiker und stellvertr. Direktor des New Lafayette Theatre in Harlem (N. Y.). 1969–74 Hg. des *Black Theatre Magazine.* In seinen zahlreichen Dramen, seinem Roman *The reluctant rapist* (1973) und in seinen Erzählungen (*The hungered one. Early writings,* 1971) thematisiert B. die zerrüttete Existenz der Schwarzen in den Stadtgettos. Bei der Verfolgung seines Ziels, ein schwarzes Gruppenbewußtsein zu schaffen, nimmt er einen militanten Standpunkt der weißen Kultur gegenüber ein und evoziert mit Gesang und Tanz afrikan. Stammesmythen.

Weitere Werke: The electronic nigger and other plays (Dramen, 1969), The duplex. A black love fable in four movements (Dr., 1971), Four dynamite plays (Dramen, 1971), The theme is blackness (Dramen, 1973).

Literatur: Essays on contemporary American drama. Hg. v. H. BOCK u. A. WERTHEIM. Mchn. 1981. – FABRE, G.: Drumbeats, masks and metaphor. Contemporary Afro-American theatre. Cambridge (Mass.) 1983. – Beliefs vs. theory in black American literary criticism. Hg. v. J. WEIXLMANN u. C. J. FONTENOT. Greenwood (Fla.) 1986.

Burke, Kenneth [Duva] [bɜːrk], * Pittsburgh (Pa.) 5. Mai 1897, Kritiker und Schriftsteller. – War zunächst Musikkritiker und Mitarbeiter bei Fachzeitschriften, dann Prof. für Literaturkritik an verschiedenen Universitäten. Neben philosoph. Studien (*Permanence and change. An anatomy of purpose,* 1935, Neudr. 1965) und literaturkrit. Schriften (*The philosophy of literary form. Studies in symbolic action,* 1941; dt. *Dichtung als symbol. Handlung. Eine Theorie der Literatur,* 1966), in denen er die Technik des ›close reading‹ der New Critics mit linguist., psycholog., theolog. und soziolog. Erkenntnissen verbindet, schreibt er auch Kurzgeschichten (*The complete white oxen,* 1968) und Gedichte (*Collected poems, 1915–1967,* 1968); bed. als Übersetzer von T. Mann, E. Ludwig, O. Spengler und H. v. Hofmannsthal.

Ausgabe: The selected correspondence of K. B. and Malcolm Cowley, 1915–1981. Hg. v. P. JAY. New York 1988.

Literatur: RUECKERT, W. H.: K. B. and the drama of human relations. Minneapolis 1963. – KIMBERLING, C. R.: K. B.'s dramatism and popular arts. Bowling Green (Ohio) 1982. – Representing K. B. Hg. v. H. WHITE u. M. BROSE. Baltimore 1983. – SOUTHWELL, S. B.: K. B. and Martin Heidegger. With a note against deconstruction. Gainesville (Fla.) 1987.

Burlesque [bɜ:r'lesk] ↑Theater.

Burman, Ben Lucien ['bɜ:rmən], * Covington (Ky.) 12. Dez. 1895, † New York 12. Nov. 1984, Schriftsteller. – Schrieb Romane über das Leben am Mississippi (*Mississippi,* 1929; *Steamboat round the bend,* 1933; *Blow for a landing,* 1938, dt. *Der große Strom,* 1939; *Rooster crows for a day,* 1938, dt. *Hahnenschrei, der den Morgen ruft,* 1956) und in Nordafrika (*The street of the laughing camel,* 1959; dt. *Straße des lachenden Kamels,* 1962), ferner eine Serie von Tierfabeln (*High water at Catfish Bend,* 1952, dt. *Ein Waschbär erzählt vom Hochwasser in der Katzfischbucht,* 1958; *The owl hoots twice at Catfish Bend,* 1961, dt. *Der Waschbär gibt nicht auf,* 1970; *High treason at Catfish Bend,* 1977, dt. *Hochverrat in der Katzfischbucht,* 1980; *The strange invasion of Catfish Bend,* 1980, dt. *Friedensfest in der Katzfischbucht,* 1982).

Burnett, Frances Eliza Hodgson [bɜ:r'net], * Manchester 24. Nov. 1849, † Plandome (N. Y.) 29. Okt. 1924, Schriftstellerin engl. Herkunft. – Wanderte 1865 nach den USA aus (1905 naturalisiert); wurde zunächst durch Romane aus dem Leben der engl. Bergleute bekannt (*That lass o'Lowrie's,* 1877), schrieb dann vorwiegend Kinderliteratur, u. a. *Little Lord Fauntleroy* (R., 1886, dramatisiert 1888; dt. *Der kleine Lord,* 1904).

Burroughs, Edgar Rice ['bɜ:roʊz], * Chicago 1. Sept. 1875, † Los Angeles 19. März 1950, Schriftsteller. – Verfasser der bekannten phantast. ›Tarzan-Romane‹, deren erster Band *Tarzan of the apes* (1914; dt. *Tarzan bei den Affen,* 1924), zahlreiche Fortsetzungen hatte, die in über 50 Sprachen übersetzt sowie verfilmt wurden und seit 1929 auch den Stoff für eine populäre Comic-strip-Serie lieferten. Daneben auch Science-fiction; am bekanntesten wurde die Serie der ›Mars-Romane‹, u. a.: *A princess of Mars* (1917; dt. *Die Prinzessin vom Mars,* 1972), *The gods of Mars* (1918; dt. *Die Götter des Mars,* 1972), *Synthetic men of Mars* (1940).

Weitere Werke: The return of Tarzan (R., 1915; dt. Tarzans Rückkehr aus dem Urwald, 1924), The beasts of Tarzan (R., 1916; dt. Tarzans Tiere, 1925), Pirates of Venus (R., 1934; dt. Piraten der Venus, 1970), Lost on Venus (R., 1935; dt. Auf der Venus verschollen, 1970), The wizard of Venus (R., hg. 1970).

Literatur: HEINS, H. H.: A golden anniversary bibliography of E. R. B. West Kingston (R. I.) 1964. – FARMER, P. J.: Tarzan alive. Garden City (N. Y.) 1972. – PORGES, I.: E. R. B. Provo (Utah) 1975. – LUPOFF, R. A.: Barsoom. E. R. B. and the martian vision. Baltimore (Md.) 1976. – HOLTSMARK, E. B.: Tarzan and tradition. Classical myth in popular literature. Westport (Conn.) 1981.

Burroughs, John ['bɜ:roʊz], * bei Roxbury (N. Y.) 3. April 1837, † in Ohio 29. März 1921, Schriftsteller. – Freund von W. Whitman und T. Edison; stark von R. W. Emerson und bes. H. D. Thoreau angeregt, dessen Gabe der Naturschilderung ihn begeisterte; in seinen Naturessays, die er als literar. Genre etablierte (↑Essay), verbindet er Beobachtung und Reflexion im Sinne des amerikan. ↑Transzendentalismus; Studien über Whitman.

Werke: Birds and poets (Essays, 1877), Riverby (Essays, 1894), Literary values (Essays, 1902), Time and change (Essays, 1912).

Ausgabe: The writings of J. B. New York 1904–29. 23 Bde.

Literatur: BARRUS, C.: The life and letters of J. B. Boston (Mass.) 1925. 2 Bde. – SWIFT, H. H.: The edge of April. New York 1957. – WESTBROOK, P.: J. B. New York 1974.

Burroughs, William S[eward] ['bɜ:roʊz], * Saint Louis (Mo.) 5. Febr. 1914, Schriftsteller. – Abgebrochene Studien der Anthropologie (Harvard University) und Medizin (Wien), rastloses Leben und Reisen in den USA, in Mexiko und Südamerika; Aufenthalte in Tanger, Paris, London (1953–74), Rückkehr nach New York, lebt heute zurückgezogen in Lawrence (Kans.). Rauschgiftsüchtig von 1944 bis 1957 (*Junkie,* R., 1953; dt. *Junkie. Bekenntnisse eines unbekehrten Rauschgiftsüchtigen,* 1963; unzensierte Fassung: *Junky,* 1977); zus. mit J. Kerouac und A. Ginsberg einer der bedeutendsten Vertreter der avantgardist. ↑Beat generation.

Drogeninduzierte Halluzinationen und persönl. Erfahrungen bestimmen seinen bekanntesten Roman, *The naked lunch* (1959; dt. 1962), sowie die Romantrilogie *Soft machine* (1961; dt. 1971), *The ticket that exploded* (1962), *Nova express* (1964; dt. 1970), in denen hinter der apokalypt. Vision einer technisierten Welt die satir. Absicht B.s erscheint. Ähnlich der Collage in der Malerei und der Montage im Film verwendet er in Anlehnung an den Maler Brion Gysin, aber auch an die experimentellen Schriftsteller T. Tzara, G. Stein, T. S. Eliot und J. Dos Passos, die Cut-up-Methode, um die durch die Sprache ausgeübten geistigen Kontrollsysteme der Gesellschaft zu durchbrechen. Die Radikalität dieser Technik weicht seit *The wild boys* (R., 1971; dt. *Die wilden Boys,* 1980) konventionellen Erzählmitteln der Popliteratur und einer noch stärkeren Hinwendung zur eigenen, von Sexualität als befreiender, kreativer Kraft bestimmten Person der Kindheit und Jugend (*Exterminator!,* R., 1973), die allerdings Todesahnung miteinschließt (*The place of dead roads,* R., 1983; dt. *Dead Roads,* 1985).

Weitere Werke: The last words of Dutch Schultz (R., 1970; dt. Die letzten Worte von Dutch Schultz, 1971), Cities of the red night (R., 1981; dt. Die Städte der roten Nacht, 1982), The western lands (R., 1987; dt. Western Lands, 1988).

Ausgabe: W. S. B. Interzone [unveröffentl. Teile des ursprüngl. u. d. T. ›Interzone‹ verfaßten Romans ›Naked lunch‹, Kurzgeschichten, Briefe und Tagebucheinträge]. Hg. v. J. GRAUERHOLZ. New York 1989. Dt. Interzone. Übers. v. D. MUELDER. Bln. 1991.

Literatur: ODIER, D.: Der Job. Interview mit W. S. B. Dt. Übers. Köln 1973. – TYTELL, J.: Naked angels. The lives and literature of the beat generation. New York 1976. – MAYNARD, J./MILES, B.: W. S. B. A bibliography, 1953–73. Charlottesville (Va.) 1978. – GOODMAN, M. B.: Contemporary literary censorship. The case history of B.'s ›Naked lunch‹. Metuchen (N. J.) 1981. – SKERL, J.: W. S. B. Boston (Mass.) 1985. – LYDENBERG, R.: Word cultures. Radical theory and practice in W. S. B.'s fiction. Urbana (Ill.) 1987.

Bynner, [Harold] Witter ['bɪnər], * Brooklyn (N. Y.) 10. Aug. 1881, † Santa Fe (N. Mex.) 1. Juni 1968, Schriftsteller. – Nach ersten, an der europ. Tradition orientierten Gedichten (*An ode to Harvard,* 1907, 1918 u. d. T. *Young Harvard*) entdeckte B. die amerikan. Tradition W. Whitmans (*The new world,* 1915; *Grenstone poems,* 1917), lancierte zus. mit Arthur Davison Ficke (* 1883, † 1945) pseudonym eine den Kult modernist. Dichtungsschulen dekuvrierende Bewegung (*Spectra. A book of poetic experiments,* 1916) und wandte sich schließlich chines. Dichtung zu, die er zus. mit Kiang Kang-hu einfühlsam übersetzte (*The jade mountain,* 1929). Whitman und die chines. Lyrik bestimmten seine weiteren Gedichtbände (*Indian earth,* 1929; *Eden tree,* 1931; *Against the cold,* 1940; *New poems,* 1960). Schrieb auch Bühnenstücke (*A book of plays,* 1922; *Cake. An indulgence,* 1926) und einen Bericht über seine Mexikoreisen mit D. H. Lawrence (*Journey with genius,* 1951).

Ausgabe: Selected poems. Hg. v. R. WILBUR. New York 1978. – The works of W. B. Hg. v. J. KRAFT. New York 1978–81. 5 Bde.

Literatur: SMITH, W. J.: The Spectra hoax. Middletown (Conn.) 1961. – LINDSAY, R. O.: W. B. A bibliography. Albuquerque (N. Mex.) 1967.

C

Cabell, James Branch ['kæbəl], * Richmond (Va.) 14. April 1879, † ebd. 5. Mai 1958, Schriftsteller. – Esoter., von E. A. Poe, F. Rabelais und der Troubadourdichtung beeinflußter Romancier, der oft selbstironisch und sarkastisch-satirisch mit der fiktionalen frz. Provinz Poictesme seines Romanzyklus eine myth. Scheinwelt darstellt, aus der die Romanhelden meist resignierend in den bürgerl. Alltag zurückkehren; seine Vorliebe für erot. Szenen, bes. in dem Roman *Jurgen* (1919; dt. *Jürgen,* 1928), trug ihm den Vorwurf der Obszönität ein.

Weitere Werke: The line of love (Kurzgeschichten, 1905), The cream of the jest (R., 1917), Figures of earth (R., 1921; dt. Die Legende von Manuel. Eine Komödie des Scheins, 1985), Smirt (R., 1934), Hamlet had an uncle (R., 1940), Let me lie (Essays, 1947), As I remember it (Autobiogr., 1955).

Literatur: HALL, J. N.: J. B. C. A complete bibliography. New York 1974. – J. B. C. Centennial essays. Hg. v. M.T. INGE u. E. E. MACDONALD. Baton Rouge (La.) 1983.

Cable, George Washington [keɪbl], * New Orleans 12. Okt. 1844, † Saint Petersburg (Fla.) 31. Jan. 1925, Schriftsteller. – Nahm als Sohn einer angelsächs. Mutter am Bürgerkrieg auf seiten der Südstaaten teil. Sein Engagement für die Emanzipation der Schwarzen (*The negro question,* Essays, 1890) und seine liberale Haltung, die er auch durch seinen Umzug nach Massachusetts (1884) dokumentierte, trug ihm die Kritik der Südstaatenbewohner ein. Schilderte in fesselnden Romanen das Leben der Kreolen und der Gesellschaft von Louisiana, am überzeugendsten in *The Grandissimes* (R., 1880; dt. *Die Grandissimes,* 1881), sowie den Bürgerkrieg und die Zeit der Rekonstruktion in *John March, Southerner* (R., 1894). Gehört wie der mit ihm befreundete Mark Twain zu den führenden Vertretern des ›local color movement‹ (↑ Local color) und des amerikan. Realismus.

Weitere Werke: Old creole days (Kurzgeschichten, 1879; dt. Aus der alten Kreolenzeit, 1900), Madame Delphine (Nov., 1881; dt. Madame Delphine von New Orleans, 1981), Strange true stories of Louisiana (En., 1889), Lovers of Louisiana (E., 1918).

Ausgaben: G. W. C. Collected works. New York 1879–1918. Nachdr. 1970. 19 Bde. – The Grandissimes. A story of creole life. Hg. v. S. JONES. Athens (Ga.) 1988.

Literatur: BUTCHER, G.: G. W. C. New York 1959. – TURNER, A.: G. W. C. A biography. Baton Rouge (La.) 1966. – RUBIN, L. D.: G. W. C. The life and times of a southern heretic. New York 1969. – Critical essays on G. W. C. Hg. v. A. TURNER. Boston (Mass.) 1980. – ›The Grandissimes‹. Centennial essays. Hg. v. T. J. RICHARDSON. Jackson (Miss.) 1981. – PETRY, A. H.: A genius in his way. The art of C.'s ›Old creole days‹. Rutherford (N. J.) 1988. – ELFENBEIN, A. S.: Women on the color line. Evolving stereotypes and the writings of G. W. C., Grace King, Kate Chopin. Charlottesville (Va.) 1990.

Cain, James Mallahan [keɪn], * Annapolis (Md.) 1. Juli 1892, † University Park (Md.) 27. Okt. 1977, Schriftsteller. – Schrieb außer Einaktern und Filmdrehbüchern naturalist. Romane mit oft kriminalist. Einschlag, in denen er die psych. Vorgänge bei triebhaften Charakteren darzustellen versuchte. Am bekanntesten wurde der Roman *The postman always rings twice* (1934; dt. *Die Rechnung ohne den Wirt,* 1950, auch u. d. T. *Wenn der Postmann zweimal klingelt*), der A. Camus nach eigener Aussage als Modell für seinen Roman *L'étranger* (1942) diente.

Weitere Werke: Love's lovely counterfeit (R., 1942; dt. Die andere Macht, 1959), The butterfly (R., 1947; dt. Blutiger

Schmetterling, 1971), The moth (R., 1948; dt. Der hellgrüne Falter, 1975), Mignon (R., 1962; dt. Eine schöne junge Witwe, 1974), The magician's wife (R., 1965; dt. Tödl. Begierde, 1976, 1989 u. d. T. Die Frau des Magiers), Rainbow's end (R., 1975; dt. Das Mädchen, das vom Himmel fiel, 1977 u. 1990), The institute (R., 1976; dt. Zarte Hände hat der Tod, 1981), The baby in the icebox (En., hg. 1981; dt. Das Baby im Eisschrank, 1983).

Literatur: Tough guy writers of the thirties. Hg. v. D. MADDEN. Carbondale (Ill.) 1968. – MADDEN, D.: J. M. C. New York 1970. – HOOPES, R.: C. The biography of J. M. C. New York 1982. – American crime fiction. Studies in the genre. Hg. v. B. DOCHERTY. New York 1988. – SKENAZY, P.: J. C. New York 1989.

Caldwell, Erskine ['kɔ:ldwəl], * Moreland (Ga.) 17. Dez. 1903, † Paradise Valley (Ariz.) 11. April 1987, Schriftsteller. – Sohn eines presbyterian. Geistlichen, lernte durch den Beruf des Vaters und eigene Reisen die Südstaaten kennen; Studium am Erskine College und an der University of Virginia, längerer Aufenthalt in Maine und erste Schreibversuche; Journalist und Rundfunkreporter, Filmautor; Reiseberichte u. a. über Spanien, China, die Tschechoslowakei sowie Kriegsberichte aus der Sowjetunion. Themen von C.s Romanen sind die Desintegration des alten Südens der USA und die Degeneration seiner Bewohner, die daraus resultierende Verarmung und geistige Deformierung, die sich bis zur sexuellen Perversion steigert. In naturalist. Manier erscheint der Mensch als Opfer der Umstände und Erbanlagen. Beste Beispiele dafür sind die Romane *Tobacco road* (1932; dt. *Die Tabakstraße,* 1948, 1988 u. d. T. *Tobacco road. Roman*), *God's little acre* (1933; dt. *Gottes kleiner Acker,* 1948), *The journeyman* (1935; dt. *Der Wanderprediger,* 1954), *Trouble in July* (1940; dt. *Ein heißer Tag,* 1952), in denen die ausweglose Situation durch Humor gemildert ist. Kritik an dieser fiktionalen Darstellung erwiderte C. durch faktograph. Berichte, z. T. mit Photographien seiner späteren Frau Margaret Bourke-White (* 1904, † 1971), in *You have seen their faces* (1937). Insgesamt über 50 Werke zur Lage im Süden, darunter auch ein Beitrag zur Bürgerrechtsbewegung (*In search of Bisco,* 1965).

Weitere Werke: This very earth (R., 1948; dt. Opossum, 1952), A lamp for nightfall (R., 1952; dt. Licht in der Dämmerung, 1957), Certain women (Kurzgeschichten, 1957; dt. Gewisse Frauen, 1958), Summertime island (R., 1968; dt. Mississippi-Insel, 1971), The weather shelter (En., 1969), The Earnshaw neighborhood (En., 1971), Annette (R., 1973), The sacrilege of Alan Kent (En., 1976), Stories of life, north and south (1983), With all my might. An autobiography (1987).

Literatur: KORGES, J.: E. S. Minneapolis (Minn.) 1969. – COOK, S. J.: From tobacco road to route 66. Chapel Hill (N. C.) 1976. – Critical essays on E. C. Hg. v. S. MACDONALD. Boston (Mass.) 1981. – Conversations with E. C. Hg. v. E. T. ARNOLD. Jackson (Miss.) 1988. – COOK, S. J.: E. C. and the fiction of poverty. Baton Rouge (La.) 1991.

Caldwell, [Janet] Taylor ['kɔ:ldwəl], Pseudonym Max Reiner, * Prestwich bei Manchester (England) 7. Sept. 1900, † Greenwich (Conn.) 30. Aug. 1985, Schriftstellerin. – Tochter nach Amerika ausgewanderter schott. Eltern, kam 1907 in die USA; Stenographin und Journalistin. Schrieb zahlreiche erfolgreiche Unterhaltungsromane, darunter eine Reihe von Familienromanen aus der amerikan. Vergangenheit.

Werke: Dynasty of death (R., 1938; dt. Einst wird kommen der Tag, 1939), The eagles gather (R., 1940), The final hour (R., 1944), This side of innocence (R., 1946; dt. Diese Seite der Unschuld, 1947), The devil's advocate (R., 1952; dt. Der Anwalt des Teufels, 1979), Tender victory (R., 1956; dt. Das Größte aber ist die Liebe, 1956), Dear and glorious physician (R., 1959; dt. Geliebter und berühmter Arzt, 1960), Great lion of god (R., 1970; dt. Mit dem Herz eines Löwen, 1970), Captains and the kings (R., 1971; dt. Der Preis der Macht. Die Amarghs, 1972), Ceremony of the innocent (R., 1976; dt. Das Ende aller Unschuld, 1977), Bright flows the river (R., 1978; dt. Durch die Nacht leuchtet der Strom, 1980), Answer as a man (R., 1981; dt. Antworte wie ein Mann, 1981).

Literatur: STEARN, J.: The search for a soul. T. C.'s psychic lives. Boston (Mass.) u. a. 1973.

Calisher, Hortense ['kælɪʃər], * New York 20. Dez. 1911, Schriftstellerin. – Studium am Barnard College in New York; seit 1956 Gastprofessorin an verschiedenen amerikan. Universitäten. Analysiert in ihren erfolgreichen Erzählungen mit ellipt. Prosa und feinem Humor die Regungen des menschl. Herzens im allgemeinen und die Psyche der Frau im besonderen. In ihrer Autobiographie *Herself* (1972) stellt sie ihre feminist. Kunstauffassung dar.
Weitere Werke: False entry (R., 1961; dt. Der Eindringling, 1967), Textures of life (R., 1963), Extreme magic (En., 1964), The railway police and the last trolley ride (En., 1966), Queenie (R., 1971), Standard dreaming (R., 1972), On keeping women (R., 1977), Mysteries of motion (R., 1983), Saratoga hot (R., 1985).
Ausgabe: Collected stories of H. C. New York 1975.

Calvinismus ↑ Religion und Literatur.

Canfield, Dorothy ['kænfi:ld], eigtl. Dorothea Frances C., verh. Fisher, * Lawrence (Kans.) 17. Febr. 1879, † in Vermont 9. Nov. 1958, Schriftstellerin. – Verfaßte pädagog. Schriften unter dem Einfluß von Maria Montessori sowie Romane über Menschen und Themen, die sie aus eigenem Erleben kannte. War seit 1926 bis zu ihrem Tode Mitglied des Auswahlkomitees für den Book-of-the-Month Club.
Werke: A Montessori mother (Essays, 1912), The bent twig (R., 1915; dt. Die schwingende Saite, 1948), The deepening stream (R., 1930), Seasoned timber (R., 1939), Four square (Kurzgeschichten, 1949), Vermont tradition (Prosa, 1953).

Capote, Truman [kə'poʊti], eigtl. T. Streckfus Persons, * New Orleans 30. Sept. 1924, † Los Angeles 25. Aug. 1984, Schriftsteller. – Beeinflußt u. a. von J. Joyce und W. Faulkner schildert C., meisterhaft detailliert und originell in der Darstellung, die exotisch-dekadente Gesellschaft des amerikan. Südens, aus der die Gestalten seines Romans *The grass harp* (1951; dt. *Die Grasharfe,* 1952; dramatisiert 1952) in eine symbolhafte Traumwelt entfliehen. Sensationelle Beachtung fand der analyt. Tatsachenroman *In cold blood* (1966; dt. *Kaltblütig,* 1966), zu dem ihm ein Familienmord im Mittelwesten die Anregung gab. Dieser Erfolg lähmte seine Schaffenskraft, so daß der lange angekündigte, teilweise vorabgedruckte Schlüsselroman *Answered prayers* (*Esquire,* 1975) erst postum veröffentlicht wurde (*Answered prayers. The unfinished novel,* hg. v. Joseph M. Fox, 1987; dt. *Erhörte Gebete. Der unvollendete Roman,* 1987). In *Music for chameleons* (Kurzgeschichten, 1980; dt. *Musik für Chamäleons,* 1981) suchte er Regeneration in der Zuwendung zu seinem eigenen Leben und zur autobiograph. Analyse.
Weitere Werke: Other voices, other rooms (R., 1948; dt. Andere Stimmen, andere Stuben, 1950, 1961 u. d. T. Andere Stimmen, andere Räume), Tree of night (Nov., 1949; dt. Baum der Nacht, 1957), House of flowers (Dr., 1955; dt. Das Blumenhaus, 1959), Breakfast at Tiffany's (R., 1958; dt. Frühstück bei Tiffany, 1959), A Christmas memory (E., 1967; dt. Chrysanthemen sind wie Löwen, 1970), The dogs bark (En. u. Berichte, 1973; dt. Wenn die Hunde bellen, 1974), One Christmas (Memoiren, 1983; dt. Eine Weihnacht, 1984).
Literatur: TSCHIMMEL, I.: Kriminalroman u. Gesellschaftsdarst. Eine vergleichende Unters. zu Werken von Christie, Simenon, Dürrenmatt u. C. Bonn 1979. – GARSON, H. S.: T. C. New York 1980. – STANTON, R. J.: T. C. A primary and secondary bibliography. Boston (Mass.) 1980. – REED, K. T.: T. C. Boston (Mass.) 1981. – RUDISILL, M./SIMMONS, J. C.: T. C. The story of his bizarre and exotic boyhood by an aunt who helped raise him. New York 1983. – BRINNIN, J. M.: T. C. Dear heart, old buddy. New York 1986. – T. C. Conversations. Hg. v. M.T. INGE. Jackson (Miss.) 1986. – CLARKE, G.: C. A biography. New York 1988. Dt. T. C. Biogr. Mchn. 1990.

Captivity narrative [kæp'tɪvəti 'nærətɪv] ↑ Autobiographie.

Carson, Rachel Louise ['kɑ:rsən], * Springfield (Pa.) 27. Mai 1907, † Silver Spring (Md.) 14. April 1964, Zoologin und Schriftstellerin. – Schrieb erfolgreiche, z. T. populärwiss. Berichte mit literar. Qualitäten über das Seeleben (*The sea* *around us,* 1951, rev. 1966; *Geheimnisse des Meeres,* 1952, 1974 u. d. T. *Entdeckung der Ozeane*). Kontrovers aufgenommen wurde der Bestseller *Silent spring* (1962; dt. *Der stumme Frühling,* 1965), in dem sie die Gefahren des von Farmern verwendeten Kunstdüngers für die Ernährung von Mensch und Tier aufzeigt.

Weitere Werke: Under the sea wind (1941; dt. Unter dem Meerwind, 1947), The edge of the sea (1955; dt. Am Saum der Gezeiten, 1957), The sense of wonder (postum 1965).

Literatur: GRAHAM, F., JR.: Since ›Silent spring‹. Boston (Mass.) 1970. – STERLING, P.: Sea and earth. The life of R. C. New York 1970. – BROOKS, P.: House of life. Boston (Mass.) 1972. – ELLIOTT, R.: Banners of courage. New York 1972. – LATHAM, J. L.: R. C. who loved the sea. Champaign (Ill.) 1973. – SQUIRE, R. B.: Heroes of conservation. New York 1974. – GARTNER, C. B.: R. C. New York 1983.

Carver, Raymond ['kɑ:rvər], * Clatskanie (Oreg.) 25. Mai 1938, † Port Angeles (Wash.) 2. Aug. 1988, Schriftsteller. – Englisch-Prof. an der Syracuse University im Staat New York (1980–83); schildert in seinen Gedichten und Kurzgeschichten das nicht immer einfache Leben der Arbeiter in Oregon und Washington. Am gelungensten sind seine auch persönl. Erfahrungen entstammenden soziolog. und psycholog. Beobachtungen des menschl. Zusammenlebens in *Cathedral* (Kurzgeschichten, 1983; dt. *Kathedrale,* 1985).

Weitere Werke: Near insomnia (Ged., 1970), At night the salmon move (Ged., 1976), Will you please be quiet, please? (Kurzgeschichten, 1976), What we talk about when we talk about love (Kurzgeschichten, 1981; dt. Wovon wir reden, wenn wir von Liebe reden, 1989), Where water comes together with other water (Ged., 1985), Fires (Essays u. Ged., 1985), Ultramarine (Ged., 1986), Where I am calling from (Kurzgeschichten, 1988), A new path to the waterfall (Ged., hg. 1989).

Ausgabe: The stories of R. C. London 1985. – R. C. No heroics, please. Collected writings. Hg. v. W. L. STULL. Harvill 1991.

Cather, Willa ['kæðər], * Winchester (Va.) 7. Dez. 1873, † New York 24. April 1947, Schriftstellerin. – Farmerstochter angloir. Abstammung; Studium an der University of Nebraska, Englischlehrerin in Pittsburgh, Journalistin und leitende Mitarbeiterin von *McClure's Magazine* in New York; Europareisen, Freundschaft mit S. O. Jewett und H. James; nach persönl. Krise 1922 Eintritt in die Episkopalkirche; lebte in New York. Sie schrieb feinsinnige Romane über die Besiedlung des Westens durch Einwandererfamilien (*O pioneers!,* 1913, dt. *Neue Erde,* 1946, 1948 u. d. T. *Zwei Frauen,* 1991 u. d. T. *Unter den Hügeln die kommende Zeit; My Antonia,* 1918, dt. *Antonia,* 1928, 1987 u. d. T. *Meine Antonia*), setzte sich meist in Kurzgeschichten mit der James'schen Problematik der Künstlerexistenz auseinander (*Youth and the bright Medusa,* 1920) und zeigte nostalgisch in der fiktionalisierten Biographie des Bischofs Lamy die Rolle der kath. Kirche für die Stabilisierung des Südwestens auf (*Death comes for the archbishop,* R., 1927; dt. *Der Tod kommt zum Erzbischof,* 1940). Ihre Erzählungen sind gekennzeichnet durch psycholog. Durchdringung, eine Mischung aus Realismus und Romantik und eine gewisse Wehmut, die ein Bild von der ›heilen‹ Welt der Vergangenheit heraufbeschwört.

Weitere Werke: Alexander's bridge (R., 1912; dt. Traum vergangener Zeit, 1964), One of ours (R., 1922; dt. Einer von uns, 1928; Pulitzerpreis 1923), A lost lady (R., 1923; dt. Frau im Zwielicht, 1929, 1989 u. d. T. Die Frau, die sich verlor), My mortal enemy (R., 1926; dt. Eine alte Geschichte, 1962), Lucy Gayheart (R., 1935; dt. 1957), The old beauty and others (En., hg. 1948).

Ausgaben: The novels and stories of W. C. Boston (Mass.) 1937–41. 13 Bde. – W. C. Collected short fiction. 1892–1912. Hg. v. V. FAULKNER. Lincoln (Nebr.) 1965. – Uncle Valentine and other stories. W. C.'s uncollected short fiction 1915–1929. Hg. v. B. SLOTE. Lincoln (Nebr.) 1986. – Early novels and stories. Hg. v. S. O'BRIEN. New York 1987.

Literatur: The art of W. C. Hg. v. B. SLOTE u. V. FAULKNER. Lincoln (Nebr.) 1974. – GERBER, P.: W. C. Boston (Mass.) 1975. – LATHROP, J.: W. C. A checklist of her published writing. Lincoln (Nebr.) 1975. – ROBINSON, P. C.: Willa. The life of W. C. New York 1983. – Critical essays on W. C. Hg. v. J. J. MURPHY. Boston (Mass.)

1984. – ARNOLD, M.: W. C.'s short fiction. Athens (Ohio) 1984. – BOHLKE, L. B.: W. C. in person. Interviews, speeches and letters. Lincoln (Nebr.) 1986. – ROSOWSKI, S. J.: The voyage perilous. W. C.'s romanticism. Lincoln (Nebr.) 1986. – O'BRIEN, S.: W. C. The emerging voice. New York 1987. – WOODRESS, J.: W. C. A literary life. Lincoln (Nebr.) 1987. – AMBROSE, J.: W. C. Writing at the frontier. Oxford 1988. – NELSON, R. J.: W. C. and France. In search of the lost language. Urbana (Ill.) 1988. – DONOVAN, J.: After the fall. The Demeter-Persephone myth in Wharton, C., and Glasgow. Univ. Park (Tex.) u. a. 1989. – MIDDLETON, J. A.: W. C.'s modernism. Rutherford (N. Y.) 1990. – WASSERMAN, L.: W. C. A study of the short fiction. Boston (Mass.) 1991.

Chandler, Raymond Thornton ['tʃændlər], * Chicago 23. Juli 1888, † La Jolla (Calif.) 26. März 1959, Schriftsteller. – Gab 1929 seine Laufbahn im Ölgeschäft auf und begann Kriminalgeschichten und -romane zu schreiben, deren Erfolg auf spannende Handlungsführung und die knappe, milieugerechte Diktion zurückgeht; die Figur des Detektivs Philip Marlowe verbindet die Romane. C. gehört zus. mit D. Hammett zur ›hard-boiled school‹ der Kriminalschriftsteller (↑ Kriminalroman); auch Drehbücher.

Werke: The big sleep (R., 1939; dt. Der tiefe Schlaf, 1956), Farewell, my lovely (R., 1940; dt. Lebewohl, mein Liebling!, 1953, 1958 u. d. T. Betrogen und gesühnt), The high window (R., 1942; dt. Das hohe Fenster, 1956), The lady in the lake (R., 1943; dt. Einer weiß mehr, 1949, 1989 u. d. T. Die Tote im See), Red wind (Kurzgeschichten, 1946), The little sister (R., 1949; dt. Die kleine Schwester, 1956), The long goodbye (R., 1954; dt. Der lange Abschied, 1956), Killer in the rain (Kurzgeschichten, hg. 1964; dt. Mord bei Regen. Drei Kriminalstories, 1988), Meistererzählungen (dt. Ausw. 1988).

Ausgabe: Selected letters of R. C. Hg. v. F. MACSHANE. New York 1981. Dt. Briefe 1937–1959. Mchn. 1990.

Literatur: GIUDICE, R.: Darst. u. Funktion des Raumes im Romanwerk von R. C. Ffm. 1979. – LUHR, W.: R. C. and film. New York 1982. – SPEIR, J.: R. C. New York 1983. – MACSHANE, F.: R. C. Eine Biogr. Dt. Übers. v. C. HOTZ. Zü. 1984. – American crime fiction. Studies in the genre. Hg. v. B. DOCHERTY. New York 1988. – DEGERING, T.: R. C. mit Selbstzeugnissen u. Bilddokumenten. Rbk. 1989.

Channing, William Ellery ['tʃænɪŋ], * Newport (R. I.) 7. April 1780, † Bennington (Vt.) 2. Okt. 1842, Schriftsteller. – Studium der Theologie an der Harvard University; seit 1803 Geistlicher in Boston. Vertrat in seiner bed. Predigt *Unitarian Christianity* (1819) gegen die traditionelle Trinitätslehre die Auffassung eines gütigen, persönl. und mit dem menschl. Verstand zu erfassenden Gottmenschen und verhalf mit dieser Abwendung vom orthodoxen Calvinismus (*The moral argument against Calvinism,* 1820) der Bewegung des Unitarismus zu einer religiös-philosoph. Grundlage, die zur Gründung der American Unitarian Association (1825) führte. C.s religiös-philosoph. Betonung der Fähigkeiten des Individuums beeinflußte nachhaltig die Entwicklung des ↑ Transzendentalismus sowie seine Vertreter, bes. R. W. Emerson. In seinen zahlreichen literaturkrit. Essays propagierte er eine eigenständige, von den engl. Vorbildern losgelöste amerikan. Nationalliteratur (*Remarks on American Literature,* 1930). Das Konzept eines liberalen Individualismus bestimmte auch sein polit. Engagement für die Emanzipation der Sklaven und für Pazifismus.

Ausgabe: W. E. C. Works. 6 Bde. Boston (Mass.) 1842–43.

Literatur: BROWN, A. W.: W. E. C. New York 1961.

Channing, William Ellery [the Younger] ['tʃænɪŋ], * Boston (Mass.) 29. Nov. 1817, † Concord (Mass.) 23. Dez. 1901, Schriftsteller. – Neffe des gleichnamigen unitar. Geistlichen, Schwager von M. Fuller und Mitglied des Transzendentalistenkreises von Concord; Freund und erster Biograph von H. D. Thoreau (*Thoreau, the poet-naturalist,* 1873, erweitert hg. 1902); schrieb Gedichte und Essays.

Ausgabe: The collected poems of W. E. C. Hg. v. W. HARDING. Gainesville (Fla.) 1967.

Literatur: HUDSPETH, R. N.: E. C. New York 1973.

Chase, Mary Ellen [tʃeɪs], * Blue Hill (Maine) 24. Febr. 1887, † Northampton (Mass.) 28. Juli 1973, Schriftstellerin. – War 1926–55 Prof. für engl. Literatur am

Smith College (Mass.); schrieb populäre, von der Region Neuenglands beeinflußte Romane, Essays, Biographien, autobiograph. Werke und Kinderbücher.
Werke: A goodly heritage (Autobiogr., 1932; dt. Genien der Kindheit, 1948), Mary Peters (R., 1934; dt. 1947), Silas Crockett (R., 1935), The edge of darkness (R., 1957; dt. Am Rande der Dunkelheit, 1964), The lovely ambition (R., 1960; dt. Die größere Liebe, 1961).
Literatur: Westbrook, P. D.: M. E. C. New York 1965.

Chayefsky, Paddy [tʃaɪ'efski], * New York 29. Jan. 1923, † ebd. 1. Aug. 1981, Dramatiker. – Studium in New York; entdeckte während der Rekonvaleszenz von einer Kriegsverwundung in London das Theater; Reisen nach Israel und in die Sowjetunion. Schrieb erfolgreiche, später auch verfilmte Fernsehstücke wie *Marty* (1953) und Dramen, in denen er den Wunsch nach glückl. Liebesbeziehungen (*The tenth man,* 1959; dt. *Der zehnte Mann,* 1963), die jüd. Geschichte und Religion (*Gideon,* 1961; dt. 1963) sowie die Behauptung des Individuums in kommunist. (*The passion of Josef D.,* 1964) bzw. kapitalist. Ländern (*The latent heterosexual,* 1968) thematisierte. Verfaßte danach Filmdrehbücher und einen Science-fiction-Roman (*Altered states,* 1978; dt. *Die Verwandlungen des Edward J.,* 1979).
Literatur: Clum, J. M.: P.C. Boston (Mass.) 1976.

Cheever, John ['tʃi:vər], * Quincy (Mass.) 27. Mai 1912, † Ossining (N. Y.) 18. Juni 1982, Schriftsteller. – Gestaltet in seinen Kurzgeschichten und Romanen die Welt der Vorstädte. Finanziellem Wohlstand steht geistiger Verfall gegenüber. Die Ironie der Ereignisse, in denen die Figuren gefangen sind, führen zum Untergang einer angesehenen Familie in Neuengland (*The Wapshot chronicle,* R., 1957, dt. *Die lieben Wapshots,* 1958; *The Wapshot scandal,* R., 1964, dt. *Die schlimmen Wapshots,* 1967), zur Verbitterung über das eigene Leben (*Bullet park,* R., 1969; dt. *Die Bürger von Bullet Park,* 1972) bis zur Drogenabhängigkeit, Gefängnisstrafe und Homosexualität (*Falconer,* R., 1977; dt. 1981). Verschiedene seiner Kurzgeschichten wurden für das Theater (*The way some people live,* 1943) bzw. für das Fernsehen (*The stories of John Cheever,* 1978; Pulitzerpreis 1979) inszeniert.
Weitere Werke: The enormous radio and other stories (Kurzgeschichten, 1953), The housebreaker of Shady Hill and other stories (Kurzgeschichten, 1958), The brigadier and the golf widow (Kurzgeschichten, 1964), The world of apples (Kurzgeschichten, 1973), Oh what a paradise it seems (R., 1982; dt. Kein schöner Land, 1984).
Ausgaben: The letters of J. C. Hg. v. B. Cheever. New York 1988. – The journals of J. C. New York 1992.
Literatur: Bosha, F. J.: J. C. A reference guide. Boston (Mass.) 1981. – Critical essays on J. C. Hg. v. R. G. Collins. Boston (Mass.) 1982. – Hunt, G. W.: J. C. The hobgoblin company of love. Grand Rapids (Mich.) 1983. – Cheever, S.: Home before dark. A biographical memoir of J. C. Boston (Mass.) 1984. – Conversations with J. C. Hg. v. S. Donaldson. Jackson (Miss.) 1987. – Donaldson, S.: J. C. New York 1988. – Wemhöner, A.: J. C.s Romanwerk zw. ›Romance‹ u. ›Novel of Manners‹. Amsterdam 1988.

Chesnutt, Charles W[addell] ['tʃesnʌt], * Cleveland (Ohio) 20. Juni 1858, † ebd. 15. Nov. 1932, Schriftsteller. – Als Vorreiter des Südstaaten-Realismus des 20. Jh. begann C. seine Karriere mit Kurzgeschichtensammlungen (*The conjure woman,* 1899, dt. *Der verwunschene Weinberg und andere Sklavenmärchen aus Nordamerika,* 1979, 1989 u. d. T. *Die Zauberfrau; The wife of his youth and other stories of the color line,* 1899), in denen er detailgetreu das vom ›Civil Rights Act‹ (1875) und von Segregation und Diskriminierung geprägte Leben der Afroamerikaner schildert. Als Mulatte konzentriert er sich v. a. auf das Problem der Rassenmischung in der amerikan. Mittelklasse, das er in seinen späteren, weniger erfolgreichen Romanen thematisiert (*The house behind the cedars,* 1900, verfilmt 1921; *The marrow of tradition,* 1901; *The colonel's dream,* 1905). Lokalkolorit und volkstüml. Motive (z. B. die Trickster-Figur des Onkel Julius) verbinden ihn mit G. W. Cable. Als endgültige Lösung des Rassenproblems vertritt er in seinen späteren sozial-polit. Schriften und Aktivitäten die Integration der weißen und schwarzen Rassen unter Wahrung der Rechte des Individuums. Schrieb auch eine Biographie über F. Douglass (1899).

Ausgabe: The short fiction of C. W. C. Hg. v. S. L. RENDER. Wash. (D. C.) 1974.

Literatur: HEERMANCE, J. N.: C. W. C. America's first great black novelist. Hamden (Conn.) 1974. – BONE, R.: Down home. Pastoral impulse in Afro-American short fiction. New York 1975. – CURTIS, W. E./METCALF, E. W., JR.: C. W. C. A reference guide. Boston (Mass.) 1977. – KELLER, F. R.: An American crusade. The life of C. W. C. Provo (Utah) 1978. – ANDREWS, W. L.: The literary career of C. W. C. Baton Rouge (La.) 1980. – RENDER, S. L.: C. W. C. Boston (Mass.) 1980.

Chicano-Literatur [tʃɪ'kɑ:noʊ] † mexikanisch-amerikanische Literatur.

Child, Lydia Maria [tʃaɪld], geb. Francis, * Medford (Mass.) 11. Febr. 1802, † Wayland (Mass.) 20. Okt. 1880, Schriftstellerin. – Veröffentlichte u. a. eine der ersten Schriften gegen die Sklaverei (*An appeal in favor of that class of Americans called Africans,* 1833); 1840–44 Hg. des *Anti-Slavery-Standard;* setzte sich frühzeitig für die Rechte der Indianer und der Frauen ein; auch pädagog. Schriften und Erzählungen (*Hobomok. A tale of early times,* 1824; *Philothea. A Grecian romance,* 1836).

Ausgabe: L. M. C. Selected letters, 1817–1880. Hg. v. M. MELTZER u. a. Amherst (Mass.) 1982.

Literatur: MELTZER, M.: Tongue of flame. The life of L. M. C. New York 1865. – OSBORNE, W.: L. M. C. Boston (Mass.) 1980.

Chivers, Thomas Holley ['tʃɪvərz], * bei Washington (Ga.) 18. Okt. 1809, † Decatur (Ga.) 18. Dez. 1858, Schriftsteller. – V. a. bekannt wegen seiner Verbindung zu E. A. Poe (1840–49), dessen Biographie er schrieb (hg. 1952). Auch Gedichte und Dramen.

Weitere Werke: Conrad and Eudora (Vers-Dr., 1834), The lost Pleiad (Ged., 1845), Eonchs of ruby, a gift of love (Ged., 1851), Virginalia (Ged., 1853).

Ausgabe: The unpublished plays of T. H. C. Hg. v. C. M. LOMBARD. Delmar (N. Y.) 1980.

Literatur: DAMON, S. F.: T. H. C., friend of Poe. With selections from his poems. New York u. a. 1930. – LOMBARD, C. M.: T. H. C. Boston (Mass.) 1979.

Chopin, Kate ['ʃoʊpæn], * Saint Louis (Mo.) 8. Febr. 1851, † ebd. 22. Aug. 1904, Schriftstellerin. – Tochter angloir. Einwanderer, lernte durch Heirat das Leben der ›Southern Belle‹ in New Orleans und auf Plantagen im Norden Louisianas am Cane River kennen; nach dem Tod ihres Mannes kehrte sie 1884 nach Saint Louis zurück und wurde Schriftstellerin. Beeinflußt von G. de Maupassant, den sie übersetzte, beschrieb sie im realist. Stil der ›local color school‹ († Local color) das Leben der Kreolen in dem Roman *At fault* (1890) und in Kurzgeschichten (*Bayou folk,* 1894; *A night in Acadie,* 1897). Die in diesen Erzählungen anklingende Problematik der Psyche der Frau, d. h. der leidenschaftl. Konflikt mit der patriarchal. Gesellschaft, wird zum zentralen Anliegen in C.s bedeutendstem Werk *The awakening* (R., 1899; dt. *Das Erwachen,* 1980), in dem weibl. Sexualität affirmiert und das Bild der emanzipierten ›neuen Frau‹ gezeichnet wird.

Ausgaben: The complete works of K.C. Hg. v. P. SEYERSTED. Baton Rouge (La.) 1969. 2 Bde. – A K.C. miscellany. Hg. v. P. SEYERSTED u. E. TOTH. Oslo 1979. – Der Sturm. Ausgew. En. u. short stories. Hg. v. M. HANSEN u. K. D. WOLFF. Ffm. 1988. – K. C. A vocation and a voice. Stories. Hg. v. E. TOTH. New York 1991.

Literatur: SEYERSTED, P.: K.C. A critical biography. Oslo 1969. – American women writers. Bibliographical essays. Hg. v. M. DUKE u. a. Westport (Conn.) 1983. – SKAGGS, P.: K.C. Boston (Mass.) 1985. – EWELL, B.: K.C. New York 1986. – K.C. Hg. v. H. BLOOM. New York 1987. – Approaches to teaching C.'s ›The awakening‹. Hg. v. B. KOLOSKI. New York 1988. – BONNER, T.: The K.C. companion. With C.'s translations from French fiction. Westport (Conn.) 1988. – New essays on ›The awakening‹. Hg. v. W. MARTIN New York 1988. – ELFENBEIN, A. S.: Women on the color line. Evolving stereotypes and the writings of George Washington Cable, Grace King, K. C. Charlottesville (Va.) 1990. – TOTH, E.: K. C. A life of the author of ›The awakening‹. New York 1990.

Churchill, Winston ['tʃɜ:rtʃɪl], * Saint Louis (Mo.) 10. Nov. 1871, † Winter Park (Fla.) 12. März 1947, Schriftsteller – Verfasser von erfolgreichen Bestsellerromanen mit Stoffen aus der amerikan. Geschichte um die Jahrhundertwende; sein bekanntestes Werk ist *The crisis* (1901).

Weitere Werke: Richard Carvel (R., 1899), The crossing (R., 1904), A modern chronicle (R., 1910), The uncharted way (Autobiogr., 1940).

Literatur: WALCUTT, C. C.: Romantic compromise in the novels of W. C. Ann Arbor (Mich.) 1951. – TITUS, W. I.: W. C. New York 1963.

Ciardi, John ['tʃɑ:rdi], * Boston (Mass.) 24. Juni 1916, † Edison (N. J.) 30. März 1986, Lyriker. – Prof. für Englisch, u. a. 1954–61 an der Rutgers University, New Brunswick; 1956–73 verantwortlich für die Lyrik-Sektion der *Saturday Review*. Seine Gedichte zeichnen sich durch Humor und volkstüml. Diktion aus; daneben auch Gedichte für Kinder (u. a. *The reason for the pelican,* 1959; *I met a man,* 1961) und Essays (*Dialogue with an audience,* 1963). Bekannt wurde v. a. seine Übersetzung von Dantes *Divina Commedia* (*The Inferno,* 1954; *The Purgatorio,* 1961; *The Paradise,* 1970).

Weitere Werke: Homeward to America (Ged., 1940), As if (Ged., 1955), How does a poem mean? (1960), In the stoneworks (Ged., 1961), An alphabestiary (Ged., 1966), Lives of X (autobiograph. Ged., 1971), The little that is all (autobiograph. Ged., 1974), For instance (Ged., 1979), A browser's dictionary (1980), A second browser's dictionary (1983), Selected poems (1984).

Ausgabe: Saipan. The war diary of J. C. Hg. v. E. M. CIFELLI u. R. M. CORDAY. Fayetteville (Ark.) 1988.

Literatur: KRICKEL, E.: J. C. Boston (Mass.) 1980. – J. C. Measure of man. Hg. v. V. CLEMENTE. Fayetteville (Ark.) 1987.

Clancy, Tom [Thomas L. C., Jr.] ['klænsi], * Baltimore (Md.) 1947, Schriftsteller. – Verfasser spannender Politthriller über die ideolog. Auseinandersetzung zwischen der Sowjetunion und den USA. Die erfolgreichen Bestseller verherrlichen die militär. Technologie, bes. der Marine, und die Überlegenheit des Westens (*The hunt for Red October,* 1984; dt. *Jagd auf Roter Oktober,* 1986, verfilmt 1990), *Red storm rising* (1986), *The cardinal of the Kremlin* (1988; dt. *Der Kardinal im Kreml,* 1989). Nach dem Ende des kalten Krieges dienen die Aktivitäten terrorist. Organisationen wie der IRA in London (*Patriot games,* 1987; dt. *Die Stunde der Patrioten,* 1988) und der Drogenmafia in Kolumbien (*Clear and present danger,* 1989) als Beispiele für den beständigen Kampf zwischen Gut und Böse.

Clark, Walter van Tilburg [klɑ:rk], * East Orland (Maine) 3. Aug. 1909, † Reno (Nev.) 10. Nov. 1971, Schriftsteller. – Englischstudium an der University of Nevada; Lehrtätigkeit an der Ostküste (1931–46), dann an verschiedenen Universitäten im Westen; ab 1962 an der University of Nevada in Reno. Schrieb zuerst Gedichte, dann Kurzgeschichten und Romane über den mit dem amerikan. Westen verbundenen Mythos des American dream. Bekannt wurde v. a. der psycholog. Roman *The oxbow incident* (1940, verfilmt 1943; dt. *Kurzer Prozeß, Sheriff,* 1948, 1966 u. d. T. *Ritt zum Ox-Bow*), der einen Fall von Lynchjustiz in Nevada behandelt.

Weitere Werke: The city of trembling leaves (autobiograph. R., 1945), The track of the cat (R., 1949; dt. Der schwarze Panther, 1951), The watchful gods (Kurzgeschichten, 1950).

Literatur: WESTBROOK, M. R.: W. van T. C. New York 1969. – LEE, L. L.: W. van T. C. Boise (Id.) 1973. – W. van T. C. Critiques. Hg. v. C. LAIRD. Reno (Nev.) 1983. – A literary history of the American West. Hg. v. M. WESTBROOK u. J. H. MAGUIRE. Fort Worth (Tex.) 1987.

Cleaver, Eldridge ['kli:vər], * Wabbaseka (Ariz.) 31. Aug. 1935, Politiker und Schriftsteller. – Wuchs in den Gettos von Phoenix (Ariz.) und Los Angeles auf. 1954–66 mit kurzen Unterbrechungen im Gefängnis. Während der Haft verfaßte er den autobiograph. Bericht *Soul on ice* (1968; dt. *Seele auf Eis,* 1970). Anhänger von Malcolm X, Beitritt zur Black Panther Party und Informationsminister der Partei. Nach erneuter Haftandrohung Flucht in den Untergrund, lebte 1969–75 in Algier, seit 1975 wieder in den USA. Konversion zum Christentum, die zus. mit anderen Lebensereignissen Gegenstand eines zweiten autobiograph. Berichts ist (*Soul on fire,* 1978).

Weitere Werke: Postprison writings and speeches (1969; dt. Nach dem Gefängnis, 1970), The flashlight (1971, mit L. Lockwood; dt. Gespräche in Algier, 1975).

Clemens, Samuel Langhorne ['klemənz], Schriftsteller, ↑Mark Twain.

Cobb, Irvin S. [kɑ:b], * Paducah (Ky.) 23. Juni 1876, † New York 10. März 1944, Schriftsteller. – Durch seine erfolgreiche Tätigkeit als Journalist bei bed. New Yorker Zeitungen verschaffte sich C. ein nationales Forum für seine zahlreichen humorist. Kurzgeschichten, die u. a. mit der Hauptfigur des liebenswerten Judge Priest aus Kentucky um Verständnis für die Lage der Südstaatler nach dem Bürgerkrieg warben (*Back home,* 1912; *Old Judge Priest,* 1916), die Kunst der Medizin (*Cobb's anatomy,* 1912; *Speaking of operations,* 1916) oder die Kunst der Unterhaltung (*Cobb's bill-of-fare,* 1913) aufs Korn nahmen. Als Südstaatler und regionaler Humorist wurde C. mit Mark Twain verglichen, dessen Popularität als Redner er teilte. Schrieb das Drehbuch für die Verfilmung seiner Judge-Priest-Geschichten und wirkte in einigen Filmen als Schauspieler mit.
Weitere Werke: The abandoned farmers (Kurzgeschichten, 1920), Incredible truth (Kurzgeschichten, 1931), Exit laughing (Autobiogr., 1941).
Literatur: NEUMAN, F. G.: I. S. C. His life and achievements. New York 1974. – LAWSON, A.: I. S. C. Bowling Green (Ohio) 1984.

Connecticut Wits [kə'netıkət 'wıts], erster nordamerikan. Dichterkreis, ↑Hartford Wits.

Connelly, Marc[us Cook] ['kɑ:nəli], * McKeesport (Pa.) 13. Dez. 1890, † New York 21. Dez. 1980, Dramatiker. – Arbeitete zeitweilig als Reporter; schrieb satir. Komödien (oft in Zusammenarbeit mit G. S. Kaufman); bekannt durch *The green pastures* (1930; dt. *Die grünen Weiden,* 1964), eine Darstellung bibl. Szenen aus der Sicht der Schwarzen (Pulitzerpreis 1930).

Cooke, John Esten [kʊk], * Winchester (Va.) 3. Nov. 1830, † Clarke County (Va.) 27. Sept. 1886, Schriftsteller. – Kämpfte im Bürgerkrieg als Offizier auf seiten der Südstaaten; in seinen Gesellschafts- und Geschichtsromanen beschreibt er, J. F. Cooper nachahmend, verklärend das Leben des Südens und die Zeit des Bürgerkriegs; Biographien über Stonewall Jackson (1863; dt. 1968) und Robert E. Lee (1871).
Weitere Werke: Leather stocking and silk (R., 1854; dt. Lederstrumpf und Seide, 4 Bde. 1854–58), The Virginia comedians (R., 1854), Surry of eagle's nest (R., 1866), The heir of Gaymount (R., 1870), My lady Pokahontas (R., 1885).

Cooper, James Fenimore ['ku:pər], * Burlington (N. J.) 15. Sept. 1789, † Cooperstown (N. Y.) 14. Sept. 1851, Schriftsteller. – Wuchs auf dem Landsitz seines Vaters in Cooperstown am Lake Otsego auf; nach abgebrochenem Studium 1806–11 Dienst in der Marine; 1826–33 Reisen in Europa (als nomineller Konsul der USA für Lyon), bes. in Frankreich, England, Italien, der Schweiz und Deutschland, über die er später in *Gleanings in Europe* (2 Bde., 1837; dt. *Erinnerungen aus Europa,* 1837) berichtete. C. war der bekannteste amerikan. Schriftsteller seiner Zeit; seine 32 Romane wurden in mehr als 30 Sprachen übersetzt. Geschätzt als Schöpfer des ›Lederstrumpf‹, als Verfasser von Indianer- und Grenzer-, von See- und von Geschichtsromanen. Nach der weithin unverstandenen Satire *The Monikins* (1835; dt. *Die Monikins,* 1835) übte er zunehmend Kritik an amerikan. Sitten und Zuständen. Der Wert seiner Romane liegt v. a. im Material: in den Schilderungen aus der amerikan. Geschichte, aus dem Leben der Indianer und in den Landschaftsbeschreibungen.
Weitere Werke: Leather-stocking tales (Lederstrumpf-Romane, Bd. 1: The deerslayer, 1841, dt. Der Hirschtöter, 2 Bde., 1841; Bd. 2: The last of the Mohicans, 1826, dt. Der Letzte der Mohikaner, 2 Bde., 1826; Bd. 3: The pathfinder, 1840, dt. Der Pfadfinder, 2 Bde., 1840 Bd. 4: The pioneers, 1823, dt. Die Ansiedler, 2 Bde., 1824; Bd. 5: The prairie, 1827, dt. Die Prairie, 2 Bde., 1827), Lionel Lincoln (R., 1825; dt. 1828), Conanchet (R., 1829,

dt. 1829), The water-witch (R., 2 Bde., 1830; dt. Die Wassernixe, 1830), The chronicles of Cooperstown (histor. Schrift, 1838), History of the navy of the United States of America (1839; dt. Geschichte der Nordamerikan. Seemacht und ihrer Kriegstaten, 1840), Ned Myers (See-R., 1843; dt. 1844), Littlepage-Trilogy (Satanstoe, 2 Bde., 1845, dt. Satanszehe, 1846; The chainbearer, 2 Bde., 1845, dt. Der Kettenträger, 1846; The redskins, 2 Bde., 1846, dt. Ravensnest, 1846), The crater (E., 2 Bde., 1848; dt. Das Marcus-Riff oder der Krater, 1848).

Ausgaben: J. F. C. Sämtl. Werke. Dt. Übers. Hg. v. C. A. FISCHER. Ffm. 1826–50. 258 Tle. in 86 Bden. – J. F. C. Novels. New York 1859–61. 32 Bde. – The works of J. F. C. Mohawk edition. New York u. a. 1912. 32 Bde. – J. F. C. Letters and journals. Hg. v. J. F. BEARD. Cambridge (Mass.) 1960–68. 6 Bde. – BEARD, J. F.: The writings of J. F. C. Statement of editorial principles and procedures. Worcester (Mass.) 1977. – The writings of J. F. C. Hg. v. J. F. BEARD. Albany (N. Y.) 1980ff. Bisher 12 Bde. ersch. – The leatherstocking tales. 2 Bde. Library of America. Hg. v. B. NEVIUS. New York 1985. – Lederstrumpf. Übers. v. C. KOLB. Zü. 1989. 5 Bde.

Literatur: SPILLER, R. E.: F. C. Critic of his times. New York 1963. – MCWILLIAMS, J.: Political justice in a republic. J. F. C.'s America. Berkeley (Calif.) 1972. – RAILTON, S.: F. C. A study of his life and imagination. Princeton (N. J.) 1978. – HANSEN, K. P.: Die retrospektive Mentalität. Europ. Kulturkritik u. amerikan. Kultur. Tüb. 1984. – KELLY, W. P.: Plotting America's past. F. C. and the Leatherstocking tales. Carbondale (Ill.) 1984. – J. F. C. His country and his art. Hg. v. G. A. TEST. Oneonta u. a. 1985. – J. F. C. New critical essays. Hg. v. R. CLARK. Totowa (N. J.) 1986. – HERMANN, E.: Opfer der Geschichte. Die Darst. der nordamerikan. Indianer im Werk J. F. C.s u. seiner Zeitgenossen. Ffm. 1986. – MOTLEY, W.: The American Abraham. J. F. C. and the frontier patriarch. New York 1987. – SUMMERLIN, M. E.: A dictionary of the novels of J. F. C. Greenwood (Fla.) 1987. – RINGE, D. A.: J. F. C. Boston (Mass.) Neuaufl. 1988. – ADAMS, C. H.: ›The guardian of the law‹. Authority and identity in J. F. C. University Park (Pa.) 1990.

Coover, Robert ['ku:vər], * Charles City (Iowa) 4. Febr. 1932, Schriftsteller. – Studium an der University of Chicago, verschiedene längere Aufenthalte in Europa, bes. in Spanien und England, seit 1979 Prof. an der Brown University in Providence (R. I.). In seinen postmodernen Erzählungen und Romanen enthüllt C. mit beißender Ironie die Funktion der von Menschen geschaffenen Fiktionen als einen illusionären, aber lebensnotwendigen Sinnzusammenhang, der durch die Fiktionen des Textes metafiktional unterlaufen wird. Die fatalen Auswirkungen des hartnäckigen Festhaltens an erdachten Vorstellungswelten zeigt er in Satiren auf die nach einem Grubenunglück gegründete neue Religion (*The origin of the Brunists,* R., 1966), auf die strukturierende Kraft von Mythen, Kunst und Spiel (*The Universal Baseball Association Inc., J. Henry Waugh, Prop.,* R., 1968), literar. und kulturelle Stereotypen (*Pricksongs and descants,* Kurzgeschichten, 1969), auf Geschichte und Politik anhand der wegen vermeintl. Spionage 1953 exekutierten Rosenbergs in seinem wichtigsten, kontrovers rezipierten Roman *The public burning* (1977; dt. *Die öffentl. Verbrennung,* 1983), bzw. anhand menschl. Schicksale in der Depressionszeit (*Whatever happened to Gloomy Gus of the Chicago Bears,* E., 1987) und auf die in einem grotesken Kriminalfall bei einer Party deutlich werdende Banalität zwischenmenschl. Beziehungen (*Gerald's party,* R., 1986; dt. 1987). Die Bewußtmachung fiktionaler Techniken des Films bestimmt seine neueren Erzählungen, die thematisch die Relation von Sex und Gewalt aufnehmen und den Aspekt des Wandels betonen (*Spanking the maid,* 1981, dt. *Spiel mit der Magd,* 1991; *A night at the movies, or, you must remember this,* En., 1987, dt. *Casablanca,* 1990).

Weitere Werke: A theological position (Dr., 1972), A political fable (E., 1980), In bed one night and other brief encounters (En., 1983), The plot of the mice and other stories (1986), Pinocchio in Venice (R., 1991).

Literatur: ANDERSON, R.: R. C. Boston (Mass.) 1981. – MCCAFFERY, L.: The metafictional muse. Pittsburgh (Pa.) 1982. – GORDON, L.: R. C. The universal fictionmaking process. Carbondale (Ill.) 1983.

Corso, Gregory ['kɔ:rsoʊ], * New York 26. März 1930, Lyriker. – Sohn italien.

Einwanderer; schwierige, mutterlose Jugend; Kriminalität und Gefängnisaufenthalte; angeregt durch die Lektüre von P. B. Shelley begann er in der Haft, eigene Gedichte zu schreiben; zus. mit A. Ginsberg und J. Kerouac, mit denen er reiste, einer der bedeutendsten Dichter der ↑Beat generation in San Francisco. Seine oft bewußt schockierende, destruktive Lyrik enthält Satire und scharfe Zeitkritik. C. sieht in der poet. Imagination eine moral. Kraft, die einen Wandel in der Gesellschaft bewirken kann. Dichtung ist deshalb notwendig für das eigene Leben (*The vestal lady of Brattle,* 1955; *Gasoline,* 1958), erfüllt eine quasi-religiöse Funktion (*The happy birthday of death,* 1960; *Long live men,* 1962) und wirkt stabilisierend in Krisenzeiten (*Herald of the autochthonic spirit,* autobiograph. Ged., 1981). Neben Gedichten schrieb C. auch ein Drama (*This hung-up age,* 1955) und einen Roman (*The American express,* 1961).

Weitere Werke: Selected poems (1962), In the fleeting hand of time/In der flüchtigen Hand der Zeit (Ged., 1963, zweisprachig), The geometric poem (1966), Elegiac feelings American (Ged., 1970), Gregory Corso (Ged., 1971).

Literatur: COOK, B.: The beat generation. New York 1971. Nachdr. Westport (Conn.) 1983.

Cotton, John ['kɑ:tən], * Derby (England) 4. Dez. 1584, † Boston (Mass.) 23. Dez. 1652, Schriftsteller. – Nach Theologiestudium und Lehrtätigkeit in Cambridge war C. Pastor in Boston. Hinwendung zum Puritanismus und dadurch bewußter Wandel seines Predigtstils von eleganter Rhetorik zum puritan. ›plain style‹ und beispielhafte Handhabung der streng gegliederten puritan. Predigtform (↑Puritanismus). Berühmt ist seine vor der Ausreise der Puritaner um J. Winthrop nach Massachusetts Bay gehaltene Predigt *Gods promise to his plantation* (1630) mit einer biblisch-theolog. Rechtfertigung der Gründung eines neuen, auf göttl. Ordnungen basierenden kolonialen Gemeinwesens. C. folgte 1633 nach Amerika, wurde einflußreicher Pastor in Boston, einer der Hauptverteidiger der kongregationalist. Kirchenordnung (mit weitgehend autonomen Gemeinden) und des ›New England way‹, der dogmatisch begründeten Verknüpfung von religiösem und staatl. Leben – systematisch dargelegt in *The way of the churches of Christ in New-England* (1645) und in der von ihm mitverfaßten *Cambridge platform* (1646). In verschiedenen theolog. Kontroversen (z. B. der antinomist. Krise um die individualistisch geprägte Frömmigkeit der Anne Hutchinson [* 1591, † 1643] oder in der Auseinandersetzung um die Kritik am ›New England way‹ durch R. Williams) vertrat C. meist die konservativeren Positionen. Zahlreiche, zunächst meist in London veröffentlichte Bände mit Predigten, z. B. *The way of life* (1641) über den christl. Heilsweg oder *The covenant of grace* (postum 1655) über die puritan. Bundestheologie zeigen C. als einen der bedeutendsten theolog. Repräsentanten der ersten Siedlergeneration.

Weitere Werke: Gods mercie mixed with his justice (Predigten, 1641), The churches resurrection (Predigten, 1642), A briefe exposition of the whole book of Canticles, or, Song of Solomon (Predigten, 1642), The true constitution of a particular visible church, proved by Scripture (Abh., 1642), The keyes of the kingdom of heaven (Abh., 1644), Milk for babes. Drawn out of the breasts of both testaments (Predigten, 1646), The bloudy tenant, washed, and made white in the bloud of the lambe (Abh., 1647), The way of congregational churches cleared (Abh., 1648).

Literatur: ZIFF, L.: The career of J. C. Puritanism and the American experience. Princeton (N. J.) 1962. – MORGAN, E. S.: Visible saints. The history of a Puritan idea. New York 1963. – EMERSON, E.: J. C. New York 1965. – RUTMAN, D. B.: Winthrop's Boston. A portrait of a Puritan town, 1630–1649. Chapel Hill (N. C.) 1965. – HALL, D. D.: The Antinomian controversy, 1636–1638. A documentary history. Middletown (Conn.) 1968. – J. C. on the churches of New England. Hg. v. L. ZIFF. Cambridge (Mass.) 1968.

Cowley, Malcolm ['kaʊli], * bei Belsano (Pa.) 24. Aug. 1898, † New Milford (Conn.) 28. März 1989, Schriftsteller. – Während des 1. Weltkriegs erste Kontakte zu den Vertretern der ↑Lost generation in Paris; freier Schriftsteller, Publizist, Gastdozent für Literatur, Übersetzer frz. Autoren, Hg. und Verlagsberater. Schrieb außer Lyrik und Prosawerken teils autobiograph. Inhalts v. a. histor. und literaturkrit. Essays, die die soziolog., ökonom. und intellektuellen Bedingungen bes. der amerikan. Schriftsteller behandeln.

Werke: Blue Juniata (Ged., 1929), Exile's return (autobiograph. Bericht, 1934, Neufassung 1951), The literary situation (Abh., 1954; dt. Literatur in Amerika, 1963; mit D. P. Mannix), Black cargoes (Abh., 1962), Think back on us (Essays, 1967), A many-windowed house (Essays, 1970), A second flowering. Works and days of the lost generation (Essays, 1973), And I worked at the writer's trade. Chapters of literary history, 1918–1978 (1979), The dream of the golden mountains. Remembering the 1930's (1980), The view from 80 (1981).

Ausgaben: The selected correspondence of Kenneth Burke and M. C., 1915–1981. Hg. v. P. JAY. New York 1988. – The portable M. C. Hg. v. D. W. FAULKNER. New York 1990.

Literatur: KEMPF, J. M.: The early career of M. C. A humanist among the madness. Baton Rouge (La.) 1985. – The flower and the leaf. A contemporary record of American writing since 1941. Hg. v. D. W. FAULKNER. New York 1985. – Zs. ›Horns of plenty‹. M. C. and his generation. 1988 ff.

Cozzens, James Gould [kʌznz], * Chicago 19. Aug. 1903, † Stuart (Fla.) 9. Aug. 1978, Schriftsteller. – Entstammte einer alten amerikan. Familie, studierte an der Harvard University, kurze Lehrtätigkeit in Kuba und Europa (1925–27); behandelt in seinen Romanen meist dramat. Situationen, die sich aus dem Gegensatz zwischen privilegierten Standesvertretern und gesetzlosen Außenseitern der Gesellschaft ergeben und in denen die handelnden Personen vor eth. Entscheidungen gestellt sind. In Anlehnung an H. James wahrt er kühle Distanz zum Geschehen, das auf der See, im Krieg, in der Großstadt oder in kleinen Städten des Ostens spielt.

Werke: Confusion (R., 1924), S. S. San Pedro (R., 1931; dt. Ein Schiff geht unter, 1933), Ask me tomorrow (R., 1940), The just and the unjust (R., 1942; dt. Die Gerechten und die Ungerechten, 1946), Guard of honor (R., 1948; Pulitzerpreis 1949), By love possessed (R., 1957; dt. Von Liebe beherrscht, 1959), Children and others (En., 1964; dt. Kinder und andere Leute, 1966), Morning, noon and night (R., 1968), A flower in her hair (En., 1975).

Literatur: MOONEY, H. J.: J. G. C. Novelist of intellect. Pittsburgh (Pa.) 1963. – MICHEL, P.: J. G. C. New York 1974. – BRUCCOLI, M. J.: J. G. C. A descriptive bibliography. Pittsburgh (Pa.) 1981. – BRUCCOLI, M. J.: J. G. C. A life apart. New York 1983.

Craddock, Charles Egbert ['krædək], eigtl. Mary Noailles Murfree, * Murfreesboro (Tenn.) 24. Jan. 1850, † ebd. 31. Juli 1922, Schriftstellerin. – Zeitlebens gelähmt, lebte sie immer im Kreis ihrer Familie. Schrieb außer Romanen aus der Geschichte der Südstaaten Kurzgeschichten über die Bergbevölkerung; führte den Tennesseedialekt in die Literatur ein.

Werke: In the Tennessee mountains (Kurzgeschichten, 1884), Where the battle was fought (R., 1884), The frontiersmen (Kurzgeschichten, 1904), The storm centre (R., 1905), The amulet (R., 1906).

Literatur: PARKS, E. W.: C. E. C. Chapel Hill (N. C.) 1941. – CARY, R.: Mary N. Murfree. New York 1967.

Crane, [Harold] Hart [kreın], * Garrettsville (Ohio) 21. Juli 1899, † im Golf von Mexiko 27. April 1932, Lyriker. – Unglückl. Kindheit durch zerrüttetes Familienleben in Ohio, ab 1916 ausschweifendes Leben in New York und Ohio, verschiedene Tätigkeiten, u. a. bei Zeitschriften; Reisen nach Europa (1928) und Mexiko (1931/32), auf der Heimfahrt stürzte er sich ins Meer. Beeinflußt durch E. Pounds und T. S. Eliots offene Form der Dichtung, Identifikation mit Außenseitern wie C. Marlowe und A. Rimbaud. Sein erstes Werk *White buildings* (1926; dt. *Weiße Bauten,* 1960), dunkle, gedrängte Gedichte ohne einheitl. Thematik, bestehend aus Ketten von Assoziationen, zeigt C.s formale Begabung und dichter. Kraft. Der Gedichtband *The bridge* (1930) stellt in der hymn. Schilderung der Großstadt New York eine ›Symphonie mit ep. Thema‹ über den ›Mythos Amerika‹ dar. Intendiert als positive Antwort auf Eliots Dichtung *The waste land,* evoziert C. histor. und literar. Figuren der amerikan. Vergangenheit. (C. Kolumbus, Rip van Winkle, die Wright-Brüder, Pokahontas, W. Whitman, E. A. Poe, E. Dickinson), um sie mit der materialist. synästhetisch-technolog. Gegenwart zu verbinden. Symbol dieser Einheit ist die Brooklyn Bridge, die von einer zykl. Erneuerung der poet. Schaffenskraft kündet. Die teils in traditionellen Formen, teils in freien Versen gebauten Strophen werden durch Bildassoziationen der übergeordneten ›Logik der Metapher‹ zusammengehalten.

Ausgaben: H. C. The collected poems. Hg. v. W. FRANK. New York Neuausg. 1946. – H. C. Letters 1916–1932. Hg. v. B. WEBER. New York 1952. – The complete poems and selected letters and prose of H. C. Hg. v. B. WEBER. New York 1979.

Literatur: UNTERECKER, J.: Voyager. A life of H. C. New York 1969. – ICKSTADT, H.: Dichter, Erfahrung u. Metaphernstruktur. Eine Unters. der Bildersprache H. C. s. Hdbg. 1970. – UROFF, M. D.: H. C. The patterns of his poetry. Urbana (Ill.) 1974. – SUGG, R. P.: H. C.'s ›The bridge‹. A description of its life. Tuscaloosa (Ala.) 1977. – COMBS, R.: Vision of the voyage. H. C. and the psychology of romanticism. Memphis (Tenn.) 1978. – Critical essays on H. C. Hg. v. D. R. CLARK. Boston (Mass.) 1982. – H. C. A collection of critical essays. Hg. v. A. TRACHTENBERG. Englewood Cliffs (N. J.) 1982. – BRUNNER, E.: Splendid failure. H. C. and the making of ›The bridge‹. Urbana (Ill.) 1985. – H. C. Hg. v. H. BLOOM. New York 1986. – BENNETT, M. F.: Unfractioned idiom. H. C. and modernism. New York 1987. – EDELMAN, L.: Transmemberment of song. H. C.'s anatomies of rhetoric and desire. Stanford (Calif.) 1987. – BERTHOFF, W.: H. C. Minneapolis (Minn.) 1989. – SMITH, E.: ›The imagined word‹. The infrastructure of H. C.'s white buildings. New York 1990.

Crane, Stephen [kreɪn], * Newark (N. J.) 1. Nov. 1871, † Badenweiler 5. Juni 1900, Schriftsteller. – Nach dem frühen Tod des Vaters (1880) entbehrungsreiche Kindheit und Jugend; ab 1891 journalist. Tätigkeit in New York und nach ersten literar. Erfolgen Zeitungskorrespondent in Texas und Mexiko; Kriegsberichterstatter in Kuba und Griechenland. Gefördert von H. Garland und W. D. Howells, befreundet mit J. Conrad, H. James und H. G. Wells während seiner Aufenthalte in England; starb in Deutschland, wo er Heilung von seinem Tuberkuloseleiden suchte. C. schrieb vom Naturalismus beeinflußte Erzählungen sowie symbolist. Kurzgedichte. *Maggie. A girl of the streets* (Kurz-R., 1882; dt. *Maggie, das Straßenkind,* 1897, 1989 u. d. T. *Maggie, das Straßenmädchen*) schildert die unausweichl. Entwicklung der Titelheldin zum Straßenmädchen in den Slums von New York. Am erfolgreichsten war der naturalist. Roman *The red badge of courage* (1895; dt. *Das Blutmal,* 1954, 1962 auch u. d. T. *Das rote Siegel*), der ironisch und mit impressionist. Technik die psycholog. Auswirkungen einer Schlacht des Bürgerkriegs auf einen jungen Rekruten zeigt. Angesichts der Indifferenz des Kosmos dem menschlichen Schicksal gegenüber entwickelt der Erzähler eine iron. Distanz, z. B. in der Kurzgeschichte *The open boat* (1898; dt. *Im Rettungsboot,* 1948), die zum Kennzeichen existentieller Ambivalenz in der Moderne wird.

Weitere Werke: The black riders (Ged., 1895), Active service (R., 1899), The monster (Kurzgeschichte, 1899; dt. *Das Monstrum,* 1962), War is kind (Ged., 1899), Whilomville stories (Kurzgeschichten, 1900), Men, women and boats (Kurzgeschichten, hg. 1921), Das blaue Hotel (En., dt. Ausw. 1964), Meistererzählungen (dt. Ausw. 1985).

Ausgaben: S. C. The works. Hg. v. F. BOWERS. Charlottesville (Va.) 1969–75. 10 Bde. – The correspondence of S. C. Hg. v. S. WERTHEIM u. P. SORRENTINO. New York 1988. 2 Bde.

Literatur: STALLMAN, R.: S. C. A critical bibliography. Ames (Iowa) 1972. – NAGEL, J.: S. C. and literary impressionism. University Park (Pa.) u. a. 1980. – CADY, E. H.: S. C. Boston (Mass.) ²1980. – POENICKE, K.: Der amerikan. Naturalismus. C., Norris, Dreiser. Darmst. 1982. – WOLFORD, C. L.: The anger of S. C. Fiction and the epic tradition. Lincoln (Nebr.) 1983. – COLVERT, J. B.: S. C. New York 1984. – S. C. Hg. v. H. BLOOM. New York 1987. – KNAPP, B. L.: S. C. New York 1987. – HALLIBURTON, D.: The color of the sky. A study of S. C. Cambridge (Mass.) 1989. – VESTER, J.: Wirklichkeit u. Text – Wirklichkeit als Text. Exemplar. Studien zum amerikan. Naturalismus. Ffm. 1989. –

WOLFORD, C. L.: S. C. A study of the short fiction. Boston (Mass.) 1989.

Crawford, Francis Marion ['krɔ:fərd], * Bagni di Lucca (Italien) 2. Aug. 1854, † Sorrent 9. April 1909, Schriftsteller. – Sohn eines Bildhauers, studierte german., roman. und oriental. Sprachen; schrieb in gewandtem Stil mehr als 40 Unterhaltungsromane, die ein romantisiertes Bild der von ihm bereisten Länder entwerfen; Indien (*Mr. Isaacs,* 1882; dt. 1892), Italien (*Saracinesca,* 3 Bde., 1887; dt. 1892, mit zahlreichen Fortsetzungen), Deutschland (*Greifenstein,* 3 Bde., 1889; dt. 2 Bde., 1893), USA (*An American politician,* 1884). Daneben verfaßte er eine Reihe histor. Romanzen (*Via crucis,* 1898), phantast. Kurzgeschichten (*Wandering ghosts,* postum 1911), verschiedene Dramen (*Francesca da Rimini,* 1902, für Sarah Bernhardt) und ein literaturkrit. Werk (*The novel – what it is,* 1893), in dem C. den Unterhaltungswert der Literatur herausstellte.

Literatur: MORAN, J. C.: Seeking refuge in Torre San Nicola. An introduction to F. M. C. Nashville (Tenn.) 1980.

Crayon, Geoffrey ['kreɪən], Pseudonym des Schriftstellers Washington ↑ Irving.

Creeley, Robert [White] ['kri:li], * Arlington (Mass.) 21. Mai 1926, Lyriker. – Studierte an der Harvard University, Freundschaft mit C. Olson, mit dem er die Black Mountain School begründete, und mit A. Ginsberg in San Francisco; lebt in Kalifornien; Dozent am ↑ Black Mountain College (N. C.) und verschiedenen Universitäten; Mit-Hg. der *Black Mountain Review* (1954–57), in der er die beiden Dichtungsschulen des amerikan. Ostens und Westens verbindet. In seinen geschliffen formulierten Gedichten und Romanen verschmelzen Empfindung und Anschauung bei der Verarbeitung der persönl. Erfahrungen seiner beiden Ehen. Seine Essays und Interviews kommentieren die Entwicklung der ↑ Lyrik der beiden Dichtungsschulen.

Werke: Le fou (Ged., 1952), Mister Blue (En., 1954, erweitert 1965; dt. Mr. Blue. Sechzehn Geschichten, 1964), For love (Ged., 1962), The island (R., 1963; dt. Die Insel, 1965 u. 1987), Words (Ged., 1967), Gedichte (engl. u. dt. Ausw. 1967), The charm. Early and uncollected poems (1967), Selected poems (1976), Mabel, a story, and other prose (1976; dt. Mabel. Eine Gesch., 1989), Away (Ged., 1976), Later (Ged., 1978), Was that a real poem and other essays (1979), Mirrors (Ged., 1983), Gedichte (dt. Ausw. 1984), Memory gardens (Ged., 1986), The company (Ged., 1988).

Ausgaben: R. C. A quick graph. Collected notes and essays. Hg. v. D. ALLEN. San Francisco 1970. – Charles Olson/R. C. The complete correspondence. Hg. v. G. F. BUTTERICK. Santa Barbara (Calif.) 1980–83. 5 Bde. – The collected poems of R. C. Berkeley (Calif.) 1983. – The collected prose of R. C. New York 1984; Neudr. Berkeley (Calif.) 1988. – The collected essays of R. C. Berkeley (Calif.) 1989.

Literatur: EDELBERG, C. D.: R. C.'s poetry. A critical introduction. Albuquerque (N. Mex.) 1978. – FORD, A. L.: R. C. Boston (Mass.) 1978. – FAAS, E.: Towards a new American poetics. Essays and interviews. Santa Barbara (Calif.) 1979. – PAUL, S.: The lost America of love. Rereading R. C., Edward Dorn, and Robert Duncan. Baton Rouge (La.) 1981. – R. C.'s life and work. A sense of increment. Hg. v. J. WILSON. Ann Arbor (Mich.) 1987. – FOX III., W.: R. C., Edward Dorn, and Robert Duncan. A reference guide. Boston (Mass.) 1988. – KERKHOFF, I.: Poetiken u. lyr. Diskurs im Kontext gesellschaftl. Dynamik. USA. ›The sixties‹. Ffm. 1989.

Crèvecœur, Michel Guillaume Jean de [krev'kœ:r], Pseudonym J. Hector Saint John, * Caen 31. Jan. 1735, † Sarcelles bei Paris 12. Nov. 1813, Schriftsteller frz. Herkunft. – Diente in der frz. Armee in Kanada, ließ sich 1765 naturalisieren und lebte als Farmer im Staat New York; die Revolution gegen die brit. Monarchie zwang ihn 1780 zur Heimkehr nach Frankreich; von 1783 bis 1790 war C. frz. Konsul in Amerika. Seinen Nachruhm begründeten die als *Letters from an American farmer* (1782; dt. *Briefe eines amerikan. Landmanns,* 1788/89) pseudonym erschienenen Essays, lebhafte, unterhaltende und informative Schilderungen aus der Zeit des Entstehens der amerikan. Nation.

Weitere Werke: Voyage dans la Haute Pennsylvanie et dans l'état de New York

(Reisebericht, 3 Bde., 1801; engl. 1963), Sketches of 18th century America (Skizzen, hg. 1925).
Literatur: EISERMANN, D.: C. oder die Erfindung Amerikas. Rheinbach-Merzbach 1985. – ALLEN, G. W./ASSELINEAU, R.: S. J. de C. The life of an American farmer. New York 1987.

Criterion, The [ðə kraɪ'tɪərɪən], einflußreiche engl. literar. Zeitschrift, 1922–39 von T. S. Eliot herausgegeben; veröffentlichte bed. Gedichte und Prosaarbeiten führender Autoren, u. a. E. Pound, W. Empson, W. H. Auden, S. Spender.

Crockett, David ['krɑ:kət], * Rogersville, Hawkins County (Tenn.) 17. Aug. 1786, † San Antonio (Tex.) 6. März 1836, Schriftsteller. – Durch seinen bei Frontier-Erlebnissen (u. a. als Bärenjäger) bewiesenen Mut und seinen volkstüml. Humor beliebt, wurde C. zunächst Abgeordneter des Staates Tennessee, wo er sich für die Rechte der Squatter und Landpächter einsetzte, dann Kongreßabgeordneter der Demokrat. Partei (1827–1831) bzw. der Whigs (1833–1835), die seine Taten als Frontier-Held für polit. Zwecke in humorist. ›tall tales‹ (↑ Short story) mythisch verklärten. Die ihm zugeschriebenen farcenhaften Erzählungen wurden vermutlich größtenteils von polit. Journalisten verfaßt: *Sketches and eccentricities of Col. D. C.* (M. S. C. Clarke, 1833), *A narrative of the life of D. C., of the State of Tennessee* (T. Chilton, Autobiogr., 1834), *An account of Col. C.'s tour to the North and down East* (W. Clark, 1835), *Col. C.'s exploits and adventures in Texas* (R. P. Smith, 1836). Aus Enttäuschung über den Verlust seines Abgeordnetenmandats ging er 1836 nach Texas, wo er im Krieg gegen die Mexikaner in der Schlacht um Alamo fiel.
Weiteres Werk: The life of Martin Van Buren (A. S. Clayton, 1835).
Ausgaben: A narrative of the life of D. C. Hg. v. J. J. ARPAD. Schenectady (N. Y.) 1972. – The tall tales of D. C. The second Nashville series of C. almanac (1839–1841). Facsimile Ed. Hg. v. M. LOFARO. Knoxville (Tenn.) 1987.
Literatur: SHACKFORD, J.A.: D.C. The man and the legend. Chapel Hill (N.C.) 1956. – D.C. The man, the legend, the legacy (1786–1986). Hg.v. M. LOFARO. Knoxville (Tenn.) 1987. – C. at two hundred. New perspectives on the man and the myth. Hg. v. M. LOFARO u. J. CUMMINGS. Knoxville (Tenn.) 1989.

Cross, Amanda [krɔ:s], Pseudonym der Schriftstellerin Carolyn G. ↑ Heilbrun.

Cullen, Countee ['kʌlən], * New York 30. Mai 1903, † ebd. 9. Jan. 1946, Lyriker. – Ausbildung u. a. an der Harvard University. Einer der sich auf ihr kulturelles Erbe berufenden Vertreter der afroamerikan. Kunstbewegung der ↑ Harlem Renaissance in den 20er Jahren; Verfasser formal konventioneller, idealisierender Gedichte mit Stoffen aus dem Leben der Afroamerikaner.
Werke: Color (Ged., 1925), Copper sun (Ged., 1927), The black Christ and other poems (Ged., 1929), One way to heaven (R., 1932).
Ausgaben: On these I stand. An anthology of the best poems of C. C. New York u. a. 1947. – My soul's high song. The collected writings of C. C., voice of the Harlem Renaissance. Hg. v. G. EARLY. New York 1991.
Literatur: FERGUSON, B. E.: C. C. and the Negro renaissance. New York 1966. – BAKER, H. A., JR.: A many-colored coat of dreams. C. C. Detroit (Mich.) 1974. – SHUCARD, A. R.: C. C. Boston (Mass.) 1984.

Cummings, E[dward] E[stlin] ['kʌmɪŋz], * Cambridge (Mass.) 14. Okt. 1894, † North Conway (N. H.) 2. Sept. 1962, Schriftsteller. – Frühzeitige Förderung künstler. Talente durch die Eltern und das kulturelle Umfeld in Cambridge; erste Gedichte während des Studiums an der Harvard University, formulierte in seiner Abschlußrede *The new art* (1916) seine von Kubismus, Futurismus und der neuen Musik I. Strawinskis inspirierte moderne Kunstkonzeption; im 1. Weltkrieg freiwilliger Frontsanitäter; die wegen Spionageverdacht in Frankreich erlittene Haft schilderte der leidenschaftl. Individualist und Kriegsgegner in dem schockierend brutalen Roman *The enormous room* (1922; dt. *Der endlose Raum*, 1954, 1961 u. d. T. *Der ungeheure Raum*) in surrealist. Bildern. 1921–23 Studium der Malerei in Paris, ab 1924 in New York als Maler und Dichter. Bed. wurde C. durch die Schöpfung einer exzentr. Dichtkunst, die inhaltlich zwar auf tradi-

tionelle Themen wie Liebe, Wechsel der Jahreszeiten, Natur zurückgreift, formal aber neue Dimensionen eröffnet. Schon der erste Gedichtband, *Tulips and chimneys* (1923, vollständige Fassung 1937), spiegelt C.s Bestreben, die traditionelle Sprachlogik in Anlehnung an die Spontaneität des Jazz und der kubist. Malerei durch asyntakt. Fügungen und ungewöhnl. Wortschöpfungen zu unterlaufen. C. verwandte seine innovative Lyrik u. a. als Mittel der Satire und wurde durch seine typograph. Experimente zum Vorläufer der Popart. Daneben schrieb er auch Dramen, wie das expressionist.-surrealist. *Him* (1927; dt. *Ihm,* um 1970) über Liebe und Kunst sowie die moderne Moralität *Santa Claus* (1946), verfaßte einen krit. Bericht über seine negativen Reiseeindrücke in der Sowjetunion (*Eimi,* 1933) und veröffentlichte einen Bildband mit Zeichnungen und Gemälden (*CIOPW,* 1931) sowie die während seiner Gastprofessur in Harvard gehaltenen autobiograph. Vorträge (*i: Six nonlectures,* 1953).
Weitere Werke: Is 5 (Ged. , 1926), Vi Va (Ged., 1931), 1 x 1 (Ged., 1944), Gedichte (dt. Ausw. 1958), 73 poems (hg. 1963).

Ausgaben: E. E. C. Complete poems (1913–62). Hg. v. G. J. FIRMAGE, London [2]1981. – ETCETERA. The unpublished poems. Hg. v. G. J. FIRMAGE u. R. S. KENNEDY. New York 1983. – Complete poems. 1904–1962. Hg. v. G. J. FIRMAGE. New York 1991.

Literatur: WEGNER, R. E.: The poetry and prose of E. E. C. New York 1965. – E. E. C. A collection of critical essays. Hg. v. N. FRIEDMAN. Englewood Cliffs (N. J.) 1972. – DUMAS, B. K.: E. E. C. A remembrance of miracles. London 1974. – KIDDER, R.-M.: E. E. C. An introduction to the poetry. New York 1979. – ROTELLA, G. L.: E. E. C. A reference guide. Boston (Mass.) 1979. – KENNEDY, R. S.: Dreams in the mirror. A biography of E. E. C. New York 1982. – Critical essays on E. E. C. Hg. v. G. ROTELLA. Boston (Mass.) 1984. – COHEN, M. A.: Poet and painter. The aesthetics of E. E. C.'s early work. Detroit (Mich.) 1987.

Curtis, George William ['kɜːrtɪs], * Providence (R. I.) 25. Febr. 1824, † New Dorp (Staten Island) 31. Aug. 1892, Schriftsteller. – Durch vorübergehenden Aufenthalt auf ↑Brook Farm Bekanntschaft mit den Transzendentalisten, bes. R. W. Emerson. C. wurde v. a. durch seine amüsant geschriebenen Reiseberichte (*Nile notes of a Howadji,* 1851, dt. *Nil-Skizzen eines Howadji, oder der Amerikaner in Ägypten,* 1857; *The Howadji in Syria,* 1852; *Lotus-eating. A summer book,* 1852), seine satir. Sketche über die New Yorker Gesellschaft (*The Potiphar papers,* 1853; *Prue and I,* 1856), seine ab 1853 für die Zs. ↑*Harper's Monthly* verfaßten, Tagesereignisse in lockerem Stil kommentierenden ›Easy chair‹-Kolumnen sowie durch seinen polit. Einsatz als eindrucksvoller Redner für die Befreiung der Sklaven, die Emanzipation der Frau und die Reform des Staatsdienstes bekannt. Schrieb auch einen Roman (*Trumps,* 1861) und Gedichte.

Ausgabe: Early letters from G. W. C. to John S. Dwight, Brook Farm and Concord. Hg. v. G. W. COOKE. New York 1898.

Literatur: MILNE, G.: G. W. C. and the genteel tradition. Bloomington (Ind.) 1956.

D

Dana, Richard Henry ['deɪnə], * Cambridge (Mass.) 1. Aug. 1815, † Rom 6. Jan. 1882, Schriftsteller und Jurist. – Studierte an der Harvard University; später Experte für Seerecht; machte 1834 als Matrose eine Seereise um das Kap Horn nach Kalifornien und hielt seine Erlebnisse in *Two years before the mast* (1840; dt. *Zwei Jahre vorm Mast,* 1986, 1987 u. d. T. *Zwei Jahre vor'm Mast. Vom Sklavenleben auf den alten Segelschiffen,* 1988 u. d. T. *Zwei Jahre vorm Mast. Mein Bericht vom Leben auf See*) fest. Das Buch wurde zum Vorbild für ähnl. Werke, etwa H. Melvilles. D. trat auch für die Rechte der Sklaven ein.

Literatur: ADAMS, C. F.: R. H. D. A biography. Boston (Mass.) u. a. 1890. 2 Bde. – HUNTER, D. M.: R. H. D., Sr. Boston (Mass.) 1987.

Davenport, Guy [Mattison, Jr.] ['dævənpɔːrt], * Anderson (S. C.) 23. Nov. 1927, Schriftsteller. – Studierte an den Universitäten Duke (N. C.), Oxford und Harvard, seit 1963 Englisch-Prof. an der University of Kentucky in Lexington. D. wurde als Übersetzer klass. Texte aus dem Latein. und Griech., als Literaturkritiker und literar. Autor bekannt. Seine mit eigenen Illustrationen versehenen Erzählungen im postmodernen Stil sind durch die spieler. Kombination von fakt. Gegebenheiten mit fiktionalen Imaginationen und von der originären Koppelung histor. Figuren mit dem Alltag des Schriftstellers in der amerikan. Gegenwart bestimmt. Am bedeutendsten sind die Erzählungen *Tatlin!* (1974) und *Da Vinci's bicycle* (1979). Schreibt auch Gedichte (*Goldfinch thistle star,* 1983).

Weitere Werke: Flowers and leaves (Ged., 1966), Eclogues (En., 1981), The geography of the imagination (Essays, 1981), Apples and pears (En., 1984), The bicycle rider (R., 1985), Thasos and Ohio. Poems and translations (1986), Every force evolves a form (Essays, 1986), The Jules Verne steam balloon (En., 1987).

Davidson, Donald [Grady] ['deɪvɪdsn], * Campbellsville (Tenn.) 18. Aug. 1893, † Nashville (Tenn.) 25. April 1968, Schriftsteller. – D.s Karriere als Lyriker und Literaturkritiker ist mit der Gruppe der ↑ Fugitives an der Vanderbilt University in Nashville (Tenn.) verbunden, wo er studierte und von 1920 bis 1968 lehrte; Mithg. der Zs. *The Fugitive* und Mitautor der programmat. Schrift *I'll take my stand* (1930). Seine Gedichte sind meist dramat. Verserzählungen, die die Sinnsuche eines seiner Tradition entfremdeten Südstaatlers in der modernen Welt (*The tall men,* 1927), die Helden des Bürgerkriegs (*Lee in the mountains,* 1938) und humanist. Themen darstellen (*The long street,* 1961). Trat auch in seinen Prosaschriften für die Werte des Südens ein (*Still rebels, still yankees,* Essays, 1957; *Southern writers in the modern world,* Essays, 1958).

Weitere Werke: The attack on Leviathan. Regionalism and nationalism in the United States (Essays, 1938), The Tennessee (Studie, 1946–48, 2 Bde.), The spyglass. Views and reviews, 1924–1930 (Essays, 1963), Poems 1922–1961 (1966).

Ausgabe: The literary correspondence of D. D. and Allen Tate. Hg. v. J. T. FAIN u. T. D. YOUNG. Athens (Ga.) 1974.

Literatur: The fugitive poets. Modern Southern poets in perspective. Hg. v. W. PRATT. New York 1965. – YOUNG, T. D./INGE, M. T.: D. An essay and a bibliography. Nashville (Tenn.) 1965. – YOUNG, T. D./INGE, M. T.: D. D. New York 1971. – Essays on actions and events. Hg. v. B. VERMAZEN u. M. B. HINTIKKA. New York 1985.

Davis, Rebecca Harding ['deɪvɪs], * Washington (Pa.) 24. Juni 1831, † Mount Kisco (N. Y.) 29. September 1910, Schriftstellerin. – Ausbildung am Washington Female Seminary (1845–48); begann ihre

Karriere als Schriftstellerin im Stil Dickens' und H. B. Stowes mit der sozialkrit., Zolas naturalist. Determinismus antizipierenden Erzählung *Life in the iron mills* (1861), die aufgrund der Darstellung der menschlichen Arbeitsbedingungen in Fabriken einen Skandal in den USA auslöste. Auch in ihren späteren Werken behandelt sie immer wieder Themen wie soziale Ungerechtigkeit (*Margaret Howth,* R., 1862), Rassismus (*Waiting for the verdict,* R., 1868; *John Lamar,* Kurzgeschichte, 1862), Folgen des amerikan. Bürgerkriegs (*David Gaunt,* Kurzgeschichte, 1862; *Paul Blecker,* Kurzgeschichte, 1863; *Bits of gossip,* Autobiogr., 1904), Heldentum und Würde im alltäglichen Leben (*Triar y Soult,* Kurzgeschichte, 1888) und Frauenprobleme (*The wife's story,* Kurzgeschichte, 1864; *The doctor's wife,* Kurzgeschichte, 1874; *Earthen pitchers,* Kurzgeschichte, 1874), wobei sie nicht Handlung sondern Charakterzeichnung in den Mittelpunkt stellt. Wegen der für sie unproblemat. Verbindung von Ehe und Schriftstellerberuf verteidigte sie die traditionelle Rolle der Frau als Mutter (*Pro aris et focis. A plea for our altars and hearths,* R., 1870).

Weitere Werke: Dallas Galbraith (R., 1868), John Andross (R., 1874), Kitty's choice. A story of Berrytown (R., 1874), A law unto herself (R., 1878), Natasque (R., 1887), Silhouettes of American life (En., 1892), Frances Waldeaux (R., 1897).

Ausgabe: Life in the iron mills or the korl woman. Old Westbury (N. Y.) 1972.

Literatur: LANGFORD, G.: The Richard Harding Davis years. A biography of a mother and son. New York 1961. – Notable American women, 1607–1950. Bd. 1. Hg. v. E. T. JAMES u. a. Cambridge (Mass.) 1971. – American women writers. Bd. 1. Hg. v. L. MAINIERO u. L. L. FAUST. New York 1979.

Davis, Richard Harding ['deɪvɪs], * Philadelphia (Pa.) 18. April 1864, † Mount Kisco (N. Y.) 11. April 1916, Schriftsteller. – Sohn von Rebecca Harding D.; bekannter Journalist und Kriegsberichterstatter; Verfasser zahlreicher Kurzgeschichten, von denen *Gallegher and other stories* (1891) und *Van Bibber and others* (1892) am erfolgreichsten waren; schrieb auch Romane (*Soldiers of fortune,* 1897, dt. *Soldaten des Glücks,* 2 Bde., 1900; *The white mice,* 1909), Reisebücher und 25 Dramen (*Miss Civilization,* 1905; *The dictator,* 1906).

Day, Clarence Shepard [deɪ], * New York 18. Nov. 1874, † ebd. 28. Dez. 1935, Schriftsteller. – Studierte an der Yale University; schrieb v. a. humorvolle Familienromane mit autobiograph. Zügen, u. a. *Life with father* (R., 1935; dt. *Unser Herr Vater,* 1936; 1939 dramatisiert von H. Lindsay und Russel Crouse [* 1893, † 1966]), *Life with mother* (R., hg. 1937; dt. *Unsere Frau Mama,* 1938), *Father and I* (R., hg. 1940).

De Forest, John William [də'fɔːrəst], * Humphreysville (heute Seymour, Conn.) 31. März 1826, New Haven (Conn.) 17. Juli 1906, Schriftsteller. – Begann seine Schriftstellerlaufbahn nach einem Aufenthalt in Syrien mit der objektiven Darstellung der *History of the Indians of Connecticut* (1851); dieses realist. Prinzip bestimmt auch seine Romane, die eigene Erlebnisse in Syrien und im amerikan. Bürgerkrieg, das Leben im Süden während der ›Reconstruction‹, polit. Korruption in Washington sowie die Bewährung an der Frontier im Westen behandeln. De F. schuf mit seinem bekanntesten Werk *Miss Ravenel's conversion from secession to loyalty* (1867), in dem er Detailtreue und psycholog. Genauigkeit mit melodramat. Handlung verband, einen der ersten realist. Romane in Amerika und beeinflußte W. D. Howells.

Weitere Werke: Oriental acquaintance; or, letters from Syria (1856), Kate Beaumont (R., 1872), Honest John Vane (R., 1875), Playing the mischief (R., 1875), Irene the missionary (R., 1879), The bloody chasm (R., 1881), Poems (1902), A volunteer's adventures (Essays, hg. 1946), A Union officer in the reconstruction (Essays, hg. 1948).

Literatur: BERGMANN, F.: The worthy gentleman of democracy. J. W. De F. and the American dream. Hdbg. 1971. – Critical essays on J. W. De F. Hg. v. J. W. GARGANO. Boston (Mass.) 1981.

Deismus ↑Religion und Literatur.

Dekonstruktivismus, ein im Anschluß an die um wiss. Objektivität bemühten Theorien des ↑ Strukturalismus (F. de Saussure, R. Jakobson, C. Lévi-Strauss, L. Althusser, R. Barthes) entstandenes Verfahren, das auf der Basis des Poststrukturalismus (G. Deleuze, M. Foucault, J.-F. Lyotard, R. Barthes) ein radikales Gegen-den-Strich-Lesen auf allen Gebieten der Kultur und Wissenschaft praktiziert. Unter Berufung auf die ikonoklast. Philosophie F. Nietzsches, die Hermeneutik M. Heideggers und die Psychoanalyse S. Freuds lehnen die Vertreter des D. die Vorstellungen formalistisch-werkimmanenter Interpretationsmethoden wie Geschlossenheit, formale Einheit, textuelle Autorität, metaphys. Präsenz und eine eindeutig gegebene Bedeutung als Illusion ab und betonen stattdessen die Offenheit, dynam. Prozeßstruktur sowie den Spiel- und Performanzcharakter. Hauptvertreter des v. a. in den USA und auf den ↑ Postmodernismus angewandten D. sind der Philosoph J. Derrida (*L'écriture et la différence,* 1967, dt. *Die Schrift und die Differenz,* 1972; *De la grammatologie,* 1967, dt. *Grammatologie,* 1974), der Psychoanalytiker J. Lacan (*Ecrits,* 1966; dt. *Schriften,* 3 Bde., 1973–80) und die Literaturkritiker der sog. Yale School of Criticism (Harold Bloom [* 1930], Geoffrey H. Hartman [* 1929], Paul de Man [* 1919 (?), † 1983] und J. Hillis Miller [* 1928]).

Literatur: LENTRICCHIA, F.: After the New criticism. London 1980. – CULLER, J.: On deconstruction. Theory and criticism after structuralism. Ithaca (N. Y.) 1982. – HORSTMANN, U.: Parakritik u. Dekonstruktion. Eine Einf. in den amerikan. Poststrukturalismus. Wzb. 1983. – NORRIS, C.: Deconstruction. London 1983. – The Yale critics. Deconstruction in America. Hg. v. J. ARAC u. a. Minneapolis 1983. – BUTLER, C.: Interpretation, deconstruction, and ideology. Oxford 1984. – FRANK, M.: Was ist Neostrukturalismus? Ffm. 1984. – BLOOM, H., u. a.: Deconstruction and criticism. New York ⁴1985. – STURROCK, J.: Structuralism. London 1986. – LEHMANN, D.: Signs of the times. Deconstruction and the fall of Paul de Man. New York 1991.

Deland, Margaret[ta Wade Campbell] [də'lænd], * bei Allegheny (Pa.) 23. Febr. 1857, † Boston (Mass.) 13. Jan. 1945, Schriftstellerin. – Ihre Kindheit und Jugend als Waisenkind in einem kleinen Ort Pennsylvanias sowie die mit dem Kunststudium in New York (1875) eingeleitete, auch während ihrer Ehe in Boston (ab 1880) beibehaltene Selbständigkeit bilden die zwischen dem Festhalten an traditionellen Werten und dem Eintreten für geistig-moral. Erneuerung liegenden Fixpunkte ihrer Erzählungen. So verteidigt sie die eigenständige Frömmigkeit der Frau eines Geistlichen gegen dessen kalvinist. Lehren (*John Ward, preacher,* R., 1888), zeigt Verständnis für alleinerziehende Mütter (*The awakening of Helena Ritchie,* R., 1906), um deren gesellschaftl. Reintegration sie sich bemüht (*The iron woman,* R., 1911), und setzt sich für feminist. Forderungen wie das Frauenwahlrecht ein (*The rising tide,* R., 1916) Das auf gegenseitiges Verständnis und Toleranz gegründete Zusammenleben einer kleinen Gemeinde ist Gegenstand ihrer zahlreichen regionalist. Erzählungen (*Old Chester tales,* 1898, dt. *Alt-Chester Geschichten,* 1910; *Dr. Lavendar's people,* 1903, dt. *Pfarrer Lavendars Freunde,* 1912; *Old Chester days,* 1937). Schrieb auch Gedichte (*The old garden and other verses,* 1886) und zwei Autobiographien (*If this be I, as I suppose it be,* 1935; *Golden yesterdays,* 1941).

Weitere Werke: Around Old Chester (En., 1915), The vehement flame (R., 1922), The Kays (R., 1926), New friends in Old Chester (En., 1924), Captain Archer's daughter (R., 1932).

Literatur: REEP, D. C.: M. D. Boston (Mass.) 1985.

Delany, Samuel R[ay] [də'leɪnɪ], * New York 1. April 1942, Schriftsteller. – Literaturstudium am City College in New York; gelegentlich Gastprofessuren. Thema seiner Romane, Kurzgeschichten und krit. Schriften ist die Science-fiction, in der er die Grenzen der menschl. Wahrnehmung zu ergründen sucht am Beispiel eines jugendl. Helden in *Empire star* (R., 1966) bzw. über die mit Sprachbeherrschung verbundene Weltanschauung in *Babel 17* (R., 1966; dt. 1975). In *The Einstein intersection* (R., 1967; dt. *Einstein,*

Orpheus und andere, 1972) und *Nova* (R., 1968; dt. 1973) verbindet er antike Mythen mit dem Rationalismus der Moderne.

Weitere Werke: The jewels of Aptor (R., 1962, revidiert 1968), The fall of the towers (Toromon-Trilogie, 3 Bde.: Captives of the flame, 1963, dt. Sklaven der Flamme, 1971; The towers of Toron, 1964, dt. Die Türme von Toron, 1978; City of a thousand suns, 1965, dt. Stadt der tausend Sonnen, 1979), The ballad of Beta-2 (R. 1965; dt. Die Ballade von Beta 2, 1985), Dhalgren (R., 1975; dt. 1980), Triton (R., 1976; dt. 1981), Nereryóna (R., 1983; dt. Das Land Nimmerya, 1984), Stars in my pocket like grains of sand (R., 1984; dt. In meinen Taschen die Sterne wie Staub, 1985), Starboard wine. More notes on the language of science fiction (Prosa, 1984), Flight from Nevèrÿon (R., 1985; dt. Flucht aus Nimmerya, 1980), The bridge of lost desire (R., 1987), The motion of light in water. Sex and science fiction writing in the East Village, 1957–1965 (Autobiogr., 1988), Straits in Messina (Essays, 1988).

Literatur: SLUSSER, G. E.: The D. intersection. San Bernardino (Calif.) 1977. – BARBOUR, D.: World out of words. The science fiction novels of S. R. D. Saint Clair Shores (Mich.) 1979. – Science fiction writers. Critical studies of the major authors from the early nineteenth century to the present day. Hg. v. E. F. BLEILER. New York 1982. – WEEDMAN, J. B.: S. R. D. Mercer Island (Wash.) 1982. – Coordinates. Placing science fiction and fantasy. Hg. v. G. E. SLUSSER u. a. Carbondale (Ill.) 1983. – MCEVOY, S.: S. R. D. New York 1984. – FOX, R. E.: Conscientious sorcerers. The Black postmodernist fiction of Leroi Jones/Amiri Baraka, Ishmael Reed, and S. R. D. New York 1987.

DeLillo, Don [dəˈlɪloʊ], * New York 20. Nov. 1936, Schriftsteller. – D. erfaßt in seinen Romanen und Kurzgeschichten die vielfältigen Aspekte des amerikan. Gegenwartslebens in Form von Subkulturen, Sport, Rockmusik, Film, Terrorismus, elektron. Medien, Narzißmus und Paranoia. In seinen weitgehend realist. Erzählungen parodiert er bekannte Romanmuster und ist um sprachl. Präzision bemüht. Vor dem Hintergrund der amerikan. Football-Begeisterung behandelt er in *End zone* (R., 1972) gesellschaftl., linguist. und religiöse Themen. Postmoderne Techniken bestimmen den enzyklopäd. Roman *Ratner's star* (1976), in dem in der Verbindung von Science-fiction-Mustern und mathemat. Erkenntnissen Kurt Gödels der fiktionale Charakter allen menschl. Wissens beleuchtet wird. In neueren Romanen setzt D. Fiktion als Medium der Erkenntnis ein, um mögliche zukünftige Ereignisse, wie die nukleare Zerstörung der Welt, beschwörend zu bannen (*White noise,* 1985; dt. *Weißes Rauschen,* 1987), oder vergangene Ereignisse, wie die Ermordung John F. Kennedys, aufzuarbeiten (*Libra,* 1988; dt. *Sieben Sekunden,* 1991).

Weitere Werke: Americana (R., 1971), Great Jones Street (R., 1973), Players (R., 1977), Running dog (R., 1978), The names (R., 1982), The day room (Dr., 1987), The rapture of the athlete assumed into heaven (Dr., 1990), Mao II (R., 1991; dt. 1992).

Literatur: LECLAIR, T.: In the loop. D. D. and the systems novel. Urbana (Ill.) 1987. – Introducing D. D. Hg. v. F. LENTRICCHIA. London u. a. 1991.

Dell, Floyd [dɛl], * Barry (Ill.) 28. Juni 1887, † Bethesda (Md.) 23. Juli 1969, Schriftsteller. – Reporter und Redakteur verschiedener sozialist. Zeitschriften (*The Masses,* 1914–17; *The Liberator,* 1918–24); sein Interesse für Erziehung und Psychoanalyse zeigt sich in vielen Artikeln über diese Themen. In seinen Romanen schildert er oft die Situation der enttäuschten Jugend nach dem 1. Weltkrieg; schrieb auch Kurzgeschichten (*Love in Greenwich Village,* 1926), Essays (*Women as worldbuilders,* 1913) und Einakter (*Sweet-and-twenty,* 1921).

Weitere Werke: Moon-calf (R., 1920), The briary-bush (R., 1921), Janet March (R., 1923), Upton Sinclair (Biogr., 1927), An unmarried father (R., 1927, dramatisiert 1928 u. d. T. Little accident [mit T. Mitchell]), Love without money (R., 1931), Homecoming (Autobiogr., 1933).

Literatur: HART, J. E.: F. D. New York 1971.

Dennie, Joseph [ˈdɛnɪ], * Boston (Mass.) 30. Aug. 1768, † Philadelphia (Pa.) 7. Jan. 1812, Schriftsteller. – Galt zu seiner Zeit als einer der führenden amerikan. Schriftsteller; Hg. bed. literar. Zeitschriften wie *The Tablet* (1795), *The Farmer's Weekly Museum* (1796–99) und *The Port Folio* (1801–12), zu deren Mitarbeitern u. a. T. Moore, J. H. L. Hunt und T. Campbell gehörten; Verfasser der bekannten *Farrago-* und der proföderalist. *Lay preacher*-Essays, die ihm den Ruf eines ›amerikan. Addison‹ einbrachten; 1796 bzw. 1816 erschienen sie in Buchform. Unter dem Pseudonym Colon schrieb er zus. mit R. Tyler auch satir. Prosa und Gedichte.

Weitere Werke: Desultory reflections on the political aspects of public affairs (Abh., 1800), The letters (hg. 1936).

Literatur: ELLIS, H. M.: J. D. and his circle. Austin (Tex.) 1915.

Detektivgeschichte ↑ Kriminalliteratur.

Deutsch, Babette [dɔɪtʃ], * New York 22. Sept. 1895, † ebd. 13. Nov. 1982, Schriftstellerin. – Erregte schon mit ihren Erstlingsgedichten *Banners* (1919), in denen sie strengste Sonettform und freie Rhythmen mit gleicher Meisterschaft handhabte, Aufsehen. Ihre Lyrik ist gefühlsbetont und zugleich gedankentief. Zusammen mit ihrem Mann, Abraham Yarmolinsky (* 1890, † 1975), gab sie russ. und dt. Gedichte heraus; verfaßte auch Essays über moderne Dichtung und schrieb Romane.

Weitere Werke: Honey out of the rock (Ged., 1925), A brittle heaven (R., 1926), Fire for the night (Ged., 1930), Poetry in our time (Essay, 1952), Animal, vegetable, mineral (Ged., 1954), Coming of age (Ged., 1959), Collected poems (1969).

Dewey, John ['dju:i], * bei Burlington (Vt.) 20. Okt. 1859, † New York City 1. Juni 1952, Schriftsteller. – Einflußreicher Pädagoge und Philosoph, der als Prof. an der University of Chicago (1894–1904) und der Columbia University (1904–1930) weit über sein Fachgebiet hinaus internat. Ruf erlangte. Seine in Fortführung von W. James' Pragmatismus entwickelte Philosophie des Instrumentalismus, die die Bedeutung der Erfahrung und des praktischen Handelns für die Ausbildung auf allen Gebieten herausstellte (*Democracy and education,* 1916, dt. *Demokratie und Erziehung,* 1930; *Art as experience,* 1934, dt. *Kunst als Erfahrung,* 1980; *Experience and education,* 1938, dt. *Erfahrung und Erziehung,* ²1966), wurde zu einem bes. Kennzeichen amerikan. Erziehung und wirkte revolutionierend auf konventionelle pädagog. Erkenntnisse.

Weitere Werke: Psychology (1887), The ethics of democracy (1888), The school and society (1899; dt. Schule und öffentl. Leben), The child and the curriculum (1902), Moral principles in education (1909), Philosophy and civilization (1931), Freedom and culture (1939; dt. Mensch oder Masse, 1956).

Ausgaben: J. D. The essential writings. Hg. v. D. Sidorsky. New York 1977. – The later works of J. D., 1925–1953. Hg. v. J. A. BOYDSTON u. B. LEVINE. Carbondale (Ill.) 1981 ff. Bisher 17 Bde. ersch.

Literatur: HANDLIN, O.: J. D.'s challenge to education. New York 1959. – J. D. His thought and influence. Hg. v. J. BLEWETT. New York 1960. – J. D. Master educator. Hg. v. W. W. BRICKMAN u. S. LEHRER. New York ²1965. – D. on education. Appraisals. Hg. v. R. D. ARCHAMBAULT. New York 1966. – BERNSTEIN, B. J.: J. D. New York 1966. – HOOK, S.: J. D. An intellectual portrait. Westport (Conn.) 1971. – COUGHLAN, N.: Young J. D. An essay in American intellectual history. Chicago 1975. – DEARBORN, M. V.: Love in the promised land. The story of Anzia Yezierska and J. D. New York 1988.

Dickey, James ['dɪki], * Atlanta (Ga.) 2. Febr. 1923, Schriftsteller. – Luftwaffenpilot im 2. Weltkrieg und in Korea; seit 1969 Prof. für Englisch an der University of South Carolina. Die die Technologie ablehnende Südstaatenkultur sowie seine Kriegserlebnisse bilden die Basis seiner autobiograph. Gedichte; in seiner typ. Vermischung von Realität und Traumwelt sucht er in späteren Gedichten nach geistigen Mitteln, um die für den Menschen destruktiven Kräfte zu bekämpfen. Seit den 70er Jahren auch Prosa (*Deliverance,* R., 1970; dt. *Flußfahrt,* 1971), Drehbücher, Prosagedichte und Literaturkritik.

Weitere Werke: Poems 1957–1967 (1967), The eye-beaters, blood, victory, madness, buckhead and mercy (Ged., 1970), Self-interviews (1970), Jericho (Prosa-Ged., 1974), The zodiac (Prosa-Ged., 1976)

God's images (Prosa-Ged., 1977), Puella (Ged., 1982), Night hurdling (Prosa, 1983), The central motion. Poems 1968–79 (1983), Alnilam (R., 1987), The eagle's mile (Ged., 1990).

Literatur: ASHLEY, F.: J. D. A checklist. Detroit (Mich.) 1972. – J. D. The expansive imagination. Hg. v. R. J. CALHOUN. DeLand (Fla.) 1973. – CALHOUN, R. J./HILL, H. W.: J. D. Boston (Mass.) 1983. – BANGHAM, R.: Understanding J. D. Columbia (S. C.) 1985. – J. D. Hg. v. H. BLOOM. New York 1987. – KIRSCHTEN, R.: J. D. and the gentle ecstasy of earth. A reading of the poems. Baton Rouge (La.) 1988.

Dickinson, Emily [Elizabeth] ['dıkınsn], * Amherst (Mass.) 10. Dez. 1830, † ebd. 15. Mai 1886, Dichterin. – Tochter eines Anwalts, akadem. Bildung, lebte seit 1856 zurückgezogen im väterl. Hause, hatte aber lebhaftes Interesse am Weltgeschehen (reger Briefwechsel). Bed. Einfluß auf ihr Werk übten die religiöse Dichtung der Metaphysical poets sowie Ideen der Transzendentalisten aus; als wichtigste literar. Quellen müssen v. a. die Bibel und Shakespeare genannt werden. Ihre Ehrfurcht vor dem Wort Gottes bestimmt auch ihre nahezu sakrale Einstellung zu den Wörtern der Sprache; viele schöpfer. Anregungen empfing sie aus Naturbeobachtung und puritan. Selbstanalyse. Zentrales Thema ihrer Dichtung ist die Angst vor dem Phänomen des Todes, die sie durch die Koppelung des Todes an Alltagsereignisse (*I heard a fly buzz when I died*) durch seine Verbindung mit dem Thema der Liebe (*Because I could not stop for death*) bzw. durch seine poet. Antizipation (*After great pain, a formal feeling comes*) zu überwinden versucht. Trotz der ästhet. Versöhnung bleiben Isolation, Skepsis und Verzweiflung bestehen und konstituieren das Paradoxon einer existentialist. Lebenseinstellung. Dieser typisch moderne Zug zeigt sich auch an den ungewöhnl. Sprach- und Versexperimenten, bei denen metr. und rhythm. Einheiten von Kirchenliedern und Psalmen übernommen werden und eindringl. Bildketten an die Stelle syntakt. Gliederung treten. Wegen der in ihrer Dichtung erkennbaren Verbindung von metaphys. Tradition und moderner Innovation wird D. zur Vorläuferin der Imagisten und gilt als bedeutendste amerikan. Dichterin; nur sieben ihrer insgesamt 1775 Gedichte, die zum großen Teil erst nach ihrem Tode entdeckt wurden, erschienen zu ihren Lebzeiten.

Ausgaben: The poems of E. D. Hg. v. T. H. JOHNSON. Cambridge (Mass.) 1955. – The letters of E. D. Hg. v. T. H. JOHNSON. Cambridge (Mass.) 1958. 3 Bde. – Ausgew. Ged. in dt. Übers.: Der Engel in Grau (1956), Gedichte (1959), Gedichte (1970), Ich bin niemand, bist auch du niemand? (engl. u. dt., 1983), Guten Morgen, Mitternacht. Gedichte und Briefe (engl. u. dt., 1987).

Literatur: LUBBERS, K.: E. D. The critical revolution. Ann Arbor (Mich.) 1968. – GALINSKY, H.: Wegbereiter moderner amerikan. Lyrik. Interpretations- u. Rezeptionsstudien zu E. D. u. William Carlos Williams. Hdbg. 1968. – SEWALL, R. B.: The life of E. D. New York 1974. 2 Bde. – MUDGE, J. M.: E. D. and the image of home. Amherst (Mass.) 1975. – DUCHAC, G.: The poems of E. D. An annotated guide to commentary published in English 1890–1977. Boston (Mass.) 1979. – LINK, F. H.: Zwei amerikan. Dichterinnen. E. D. u. Hilda Doolittle. Bln. 1979. – GRABHER, G.: E. D. Das transzendentale Ich. Hdbg. 1981. – WEISBUCH, R.: E. D.'s poetry. Chicago (Ill.) 1981. – KIMPEL, B.: E. D. as philosopher. Lewiston (N. Y.) 1982. – THOTA, A. N.: E. D. The metaphysical tradition. Atlantic Highlands (N. J.) 1982. – Feminist critics read E. D. Hg. v. S. JUHASZ. Bloomington (Ind.) 1983. – E. D. Hg. v. H. BLOOM. New York 1985. – HOWE, S.: My E. D. Berkeley (Calif.) 1985. – WOLFF, C. G.: E. D. New York 1986. Neudr. 1988. – BARKER, W.: Lunacy of light. E. D. and the experience of metaphor. Carbondale (Ill.) 1987. – MILLER, C.: E. D. A poet's grammar. Cambridge (Mass.) 1987. – HAGENBÜCHLE, R.: E. D. Wagnis der Selbstbegegnung. Tüb. 1988. – PHILLIPS, E.: E. D. Personae and performance. University Park (Pa.) 1988. – STOCKS, K.: E. D. and the modern consciousness. A poet of our time. New York 1988. – E. D. A bibliography of secondary sources, with selective annotations, 1890 through 1987. Hg. v. J. BOSWELL. Jefferson (N.C.) 1989. – DOBSON, J.: D. and the strategies of reticence. The woman writer in nineteenth-century America. Bloomington (Ind.) 1989. – E. D. A celebration for readers. Hg. v. S. JUHASZ u. C. MILLER. New York 1989. – KNAPP, B.: E. D. New York 1989. – BUCKINGHAM, W. J.: E. D.'s reception in the 1890s. A documentary history. Ithaca (N. Y.) 1990. – STONUM, G. L.: The D. sublime. Madison (Wis.) 1990. – BENNETT, P.: E. D. Woman poet. Iowa City (Iowa) 1991.

Dickinson, John ['dɪkɪnsn], * in Talbot County (Md.) 8. Nov. 1732, † Wilmington (Del.) 14. Febr. 1808, Schriftsteller. – Nach Jurastudium in Philadelphia und London Anwaltspraxis und später polit. Tätigkeit als Abgeordneter der Kolonialparlamente von Delaware und Pennsylvania sowie Delegierter in beiden Kontinentalkongressen, Präsident der Staaten Delaware (1781) und Pennsylvania (1782–85). Als Autor polit. Prosa stellte D. seine literar. Fähigkeiten von Beginn der amerikan. Revolution bis zur Erarbeitung der Verfassung in den Dienst der kolonialen Sache. Mitwirkung beim Entwurf zahlreicher bed. Manifeste. In Form fiktiver Briefe (z.B. *The late regulations respecting the British colonies on the continent of America,* 1765) verteidigte er die Anliegen der amerikan. Kolonisten, erhob dabei allerdings zunächst mehr die Forderung nach Aussöhnung als nach Unabhängigkeit, so in seinem bekanntesten Werk *Letters from an American farmer in Pennsylvania, to the inhabitants of the British colonies* (1768), in dem ein idealisierter amerikan. Farmer brit. Übergriffe auf koloniale Rechte anprangert und die Kolonien zur Geschlossenheit aufruft. Obwohl D. aus polit. Gründen nicht die Unabhängigkeitserklärung unterzeichnete, war er einer der ersten Kongreßabgeordneten im bewaffneten Kampf gegen die Briten. Auch als patriot. Liederdichter erfolgreich (*American liberty song*).

Weitere Werke: An essay on the constitutional power of Great-Britain over the colonies in America ... (1774), The letters of Fabius, in 1788, on the Federal Constitution; and in 1797 on the present situation of public affairs (1797).

Ausgabe: J. D. The writings of J. D. Hg. v. P. L. FORD. Philadelphia (Pa.) 1895.

Literatur: JACOBSON, D. L.: J. D. and the revolution in Pennsylvania 1764–1776. Berkeley (Calif.) 1965. – FLOWER, M. E. J.: D. Conservative revolutionary. Charlottesville (Va.) 1983.

Didion, Joan ['dɪdiən], * Sacramento (Calif.) 5. Dez. 1934, Schriftstellerin. – Übt in ihren sehr erfolgreichen Romanen und Essays Kritik an den Auswüchsen der amerikan. Gegenwartskultur. Ausweg aus der sinnentleerten, korrupten Welt des American dream sieht D. für ihre von Angst, Verzweiflung und Isolation geprägten weibl. Helden in der an H. James und J. Conrad erinnernden Wiederherstellung eines moral. Standpunktes (*Run river,* R., 1963; *Play it as it lays,* R., 1970, dt. *Spiel dein Spiel,* 1980; *A book of common prayer,* R., 1977, dt. *Wie die Vögel unter dem Himmel,* 1978; *Democracy,* R., 1984, dt. *Demokratie. Ein Roman,* 1986). Neben kulturkrit. Essays (*Slouching towards Bethlehem,* 1968; *The white album,* 1979, dt. *Das weiße Album. Eine kalifornische Geisterbeschwörung,* 1988) auch polit. Engagement (*Salvador,* Reisebericht, 1983, dt. 1984; *Miami,* Prosa, 1987).

Weitere Werke: New York. Sentimental journeys (Essay, 1991; dt. Überfall im Central Park. Eine Reportage, 1991), After Henry (Essays, 1992).

Literatur: WINCHELL, M. R.: J. D. Boston (Mass.) 1980. Neuaufl. 1989. – HENDERSON, K. U.: J. D. New York 1981. – J. D. Hg. v. E. G. FRIEDMAN. Princeton (N. J.) 1984. – Gender studies. New directions in feminist criticism. Hg. v. J. SPECTOR. Bowling Green (Ohio) 1986. – LORIS, M. C.: Innocence, loss and recovery in the art of J. D. New York 1989.

Dillard, Annie ['dɪlərd], * Pittsburgh (Pa.) 30. April 1945, Schriftstellerin. – Nach ihrem Studium und vor ihrer Redaktionstätigkeit (↑*Harper's Magazine*) ein Jahr der abgeschiedenen Naturbetrachtung und myst. Meditation (in der Nachfolge von H. D. Thoreaus *Walden*), festgehalten 1974 in dem Bestseller *Pilgrim at Tinker Creek* (Pulitzerpreis für Sachliteratur) mit einer wechselseitigen Durchdringung von sprachlich präziser botanisch-zoolog. Detailschilderung und philosophisch-theolog. Erörterung. Von unsentimentaler Sinnlichkeit und bemüht um ein neues, transzendentales Wirklichkeitsverständnis sind auch das Prosagedicht *Holy the firm* (1977) und der Essayband *Teaching a stone to talk. Expeditions and encounters* (1982). Auch literar. und sprachphilosoph. Reflexionen in *Living by fiction* (1982), *The writing life* (1989) und autobiograph. Erinnerungen in *Encounters with Chinese writers* (1984) und *An American childhood* (1987).

Weitere Werke: Tickets for a prayer wheel (Ged., 1974), The living (R., 1992).
Literatur: Contemporary American women writers. Narrative strategies. Hg. v. C. RAINWATER u. W. J. SCHEICK. Lexington (Mass.) 1985.

Dime novel ↑ Kriminalliteratur.

Diskurs [lat. = das Umherlaufen, das Sichergehen (über einen Gegenstand)], bes. seit den 1970er Jahren durch den Einfluß zeitgenöss. frz. Philosophen und Schriftsteller auch in Deutschland vielverwandter Begriff, der historisch und systematisch drei verschiedene Bedeutungen mit den entsprechend zugeordneten Konzeptionen und Kontexten besitzt: 1. Als grammatisch-rhetor. Terminus ist D. die Rede als gesprochener und geschriebener Text, ›der Ort wahrhafter, aufrichtiger, sachl., unemotioneller sprachl. Kommunikation‹ (H. Röseler) und setzt in dieser Funktion die aus der Tradition der klass. Rhetorik bekannte lat. ›oratio‹ (= Sprache, Beredsamkeit, Äußerung) fort. 2. Aus der der Rede inhärenten Ordnung ergibt sich die engere Bedeutung von D. als schriftl., methodisch aufgebaute Abhandlung über ein bestimmtes, zumeist wiss. Thema, deren Aussagen faktisch und ideologisch verifizierbar sind. 3. Die Rationalität von Grammatik, Rhetorik und Wiss. bedingt schließlich die metaphor. Verwendung von D. als Ausdruck eines Vorgehens, das von stringenter Verstandeslogik geprägt ist und damit den Freiheitsanspruch des Individuums, sein Recht auf Intuition, Spontaneität und Phantasie einschränkt oder sogar zerstört. Dieser auch philosoph. Wortgebrauch mit den zugeordneten Begriffen ›Cogito‹ und ›Logozentrismus‹ ist im wesentl. auf den Einfluß der Schriften R. Barthes', J. Derridas und M. Foucaults zurückzuführen.
Literatur: LAUSBERG, H.: Hdb. der literar. Rhetorik. Mchn. 1960. 2 Bde. – SANDERS, W.: Linguist. Stiltheorie. Gött. 1973. – FOUCAULT, M.: Die Ordnung der Dinge. Mchn. 1974. – FRANKLIN, J.: Le discours du pouvoir. Paris 1975. – SCHIWY, G.: Kulturrevolution u. ›Neue Philosophen‹. Rbk. 1978. – HOTTOIS, G.: L'inflation du langage dans la philosophie contemporaine. Brüssel 1979. – BARTHES, R.: Leçon/Lektion. Ffm. 1980. – GENETTE, G.: Nouveau discours du récit. Paris 1983.

Doctorow, E[dgar] L[aurence] ['dɑ:ktəroʊ], * New York 6. Jan. 1931, Schriftsteller. – Verbindet in seinen Romanen postmoderne Techniken mit konkreten sozialkrit. und polit. Anliegen. Im Stil der ›nonfiction novel‹ (↑ New journalism) mischt er histor. Fakten und Figuren mit fiktionalen Elementen in parodist. Manier und satir. Intention; so parodiert *Welcome to Hard Times* (1960; dt. *Willkommen in Hard Times,* 1987) in der Form des Western die amerikan. Fortschrittsgläubigkeit, während *Big as life* (R., 1966) eine Satire auf Science-fiction-Visionen ist; seine bekanntesten Romane, *The book of Daniel* (1971; dt. *Das Buch Daniel,* 1974), *Ragtime* (1975; dt. 1976 u. 1989) und *World's fair* (R., 1985; dt. *Welt-Ausstellung,* 1987), behandeln den Spionagefall von J. und E. Rosenberg in den 50er Jahren, die Geschichte Amerikas Anfang des 20. Jh. bzw. die sich im Kontrast zur New Yorker Weltausstellung von 1939 andeutende Desintegration familiärer Beziehungen und weltpolit. Strukturen; schreibt auch Dramen und Kurzgeschichten.
Weitere Werke: Loon Lake (R., 1980; dt. Sterntaucher, 1982), Lives of the poets. Six stories and a novella (1984; dt. Das Leben der Dichter, 1985), Billy Bathgate (R., 1989; dt. 1990).
Literatur: E. L. D. Essays and conversations. Hg. v. R. TRENNER. New York 1983. – LEVINE, P.: E. L. D. London 1985. – E. L. D. A democracy of perception. A symposium with and on E. L. D. Hg. v. H. FRIEDL u. D. SCHULZ. Essen 1988. – TOKARCYK, M. M.: E. L. D. An annotated bibliography. New York 1988.

Donleavy, James Patrick [dɑ:n'li:vi], * New York 23. April 1926, ir. Schriftsteller amerikan. Herkunft. – Seit 1967 ir. Staatsbürger. In seinen Romanen, Erzählungen und Dramen schildert er, oft satirisch und mit schwarzem Humor, den Menschen als Außenseiter auf der Suche nach einem besseren Leben in einer feindseligen Umwelt.
Werke: The ginger man (R., 1955; dt. 1965, dramatisiert 1959), Fairy tales of New York (Dr., 1961, 1973 als Roman u. d. T. A fairytale of New York), A singu-

lar man (R., 1963; dt. Ein ängstl. Held, 1968), Meet my maker the mad molecule (1964; dt. Das tollgewordene Molekül. Verrückte Geschichten, 1970), The saddest summer of Samuel S. (R., 1966; dt. Schlimmer Sommer für Samuel S., 1970), The beastly beatitudes of Balthazar B. (R., 1968; dt. Die bestial. Seligkeiten des Balthasar B., 1971), The onion eaters (R., 1971), The destinies of Darcy Dancer, gentleman (R., 1977), Schultz (R., 1979), Leila (R., 1983), J. P. D.'s Ireland (Prosa, 1986), A singular country (Prosa, 1989).

Ausgabe: The plays of J. P. D. New York 1972.

Literatur: Masinton, C. G.: J. P. D. The style of his sadness and humor. Bowling Green (Ohio) 1975. – Literary interrelations. Ireland, England and the world. Hg. v. W. Zach u. H. Kosok. 3 Bde. Tüb. 1987. Bd.3.

Doolittle, Hilda ['du:lıtl], bekannt unter den Initialen H. D., * Bethlehem (Pa.) 10. Sept. 1886, † Zürich 27. Sept. 1961, Lyrikerin. – Befreundet mit E. Pound, dem sie 1911 nach Europa folgte; schloß sich den Imagisten an; 1913–37 ∞ mit R. Aldington, für den sie die Zeitschrift *The Egoist* während des 1. Weltkrieges herausgab; ihre Leidenschaft für D. H. Lawrence und die Entscheidung für eine Lebensgemeinschaft mit der engl. Schriftstellerin Winifred Ellermann dokumentieren ihre später auch literarisch verarbeitete erot. Entwicklung; lebte ab 1923 in der Schweiz. In ihren meist sehr persönlich gehaltenen Gedichten, in denen sie die Rolle der Frau und der Dichterin in einer fragmentarisierten Welt untersucht, benutzt sie die klass. Mythologie als Strukturierungselement für die Darstellung der modernen Existenz. Mit der Suche nach dem präzisen Wort, der Präsentation klarer Bilder und der Schaffung neuer Versrhythmen verwirklicht sie die Dichtungsprinzipien des ↑Imagismus. Reisen nach Griechenland, Ägypten und in die USA bilden den Hintergrund ihrer meist autobiographisch gefärbten Romane (*Palimpsest,* 1926; *Hedylus,* 1928; *Bid me to live,* 1960); postum veröffentlichte Romane behandeln explizit lesb. Themen (*Pilate's wife, Asphodel* und *HERmione,* hg. 1981; dt. 1987). Autobiographisch sind auch der Bericht über ihre psychoanalyt. Behandlung 1933/34 durch S. Freud (*Tribute to Freud. Writing on the wall,* 1956; dt. *Huldigung an Freud,* 1976), die Darstellung ihrer Beziehung zu E. Pound (*End of torment. A memoir of Ezra Pound,* 1958; dt. *Das Ende der Qual. Eine Erinnerung an Ezra Pound,* 1985) sowie das lange Gedicht *Helen in Egypt* (1961). Ihre Trilogie von Gedichten über den 2. Weltkrieg (*The walls do not fall,* 1944; *Tribute to the angels,* 1945; *The flowering of the rod,* 1946) knüpft an ihre frühen Gedichte an.

Weitere Werke: Sea garden (Ged., 1916), Hymen (Ged., 1921), Heliodora (Ged., 1924), Red roses for bronze (Ged., 1929), By Avon river (Ged., 1949; dt. Avon, 1955).

Ausgaben: H. D. Collected poems 1912–1944. Hg. v. L. L. Martz. New York 1983. – H. D. Selected poems. Hg. v. L. L. Martz. New York 1988.

Literatur: Swann, T. B.: The classical world of H. D. Lincoln (Nebr.) 1962. – Quinn, V.: H. D. New York 1967. – Link, F. H.: Zwei amerikan. Dichterinnen. Emily Dickinson u. H. D. Bln. 1979. – Friedman, S. S.: Psyche reborn. The emergence of H. D. Bloomington (Ind.) 1981. – Robinson, J. S.: H. D. The life and work of an American poet. Boston (Mass.) 1982. – Coming to light. American women poets in the twentieth century. Hg. v. D. W. Middlebrook u. M. Yalom. Ann Arbor (Mich.) 1985. – DuPlessis, R. B. u. a.: H. D. The career of that struggle. Bloomington (Ind.) 1986. – DiPace Fritz, A.: Thought and vision. A critical reading of H. D.'s poetry. Wash. (D. C.) 1988. – Kreis-Schinck, A.: We are voyagers, discoverers. H. D.'s ›Trilogy‹ and modern religious poetry. Hdbg. 1990. – Hollenberg, D. K.: H. D. The poetics of childbirth and creativity. Boston (Mass.) 1991.

Dorn, Edward [Merton] [dɔ:rn], * Villa Grove (Ill.) 2. April 1929, Lyriker. – Studierte am ↑Black Mountain College (1951–54) und praktizierte zunächst unter dem Einfluß von C. Olsons ›projective verse‹ die poet. Vorstellungen dieser Dichtungsschule in seinen frühen Gedichten (*The newly fallen,* 1961; *Hands up!,* 1964; *Geography,* 1965; *The North Atlantic turbine,* 1967). Mit der Verlagerung des Schauplatzes in den Westen entwickelte D. einen von kom. Elementen und krit. Engagement bestimmten eigenen Stil. So verbindet er in seinem Hauptwerk, der vierbändigen Verserzählung *Gunslinger* (1968–75, Gesamtausgabe u. d. T. *Slinger*), den Mythos des Cowboys mit dem wissenschaftl. Diskurs des Strukturalisten und der Erzählperspektive des Dichters, die gegenseitig relativiert und dekonstruiert werden. Seine sozialkrit. Haltung zeigt sich in seinem Einsatz für die Indianer (*Recollections of Gran Apachería,* 1974) und dem eigene Erfahrungen verarbeitenden Gedichtband (*Hello, La Jolla,* 1978). D. schrieb auch eine Studie über C. Olson (*What I see in the Maximus Poems,* 1960), Kurzgeschichten und einen Roman (*The rites of passage,* 1965; erw. u. d. T. *By the sound,* 1971).

Ausgaben: The collected poems. 1956–1974. Bolinas (Calif.) 1975. – Selected poems. Hg. v. D. ALLEN. San Francisco 1978.

Literatur: The poet, the people, the spirit. E. D. Hg. v. B. ROSE. Vancouver 1976. – Interviews, 1961–1978. Hg. v. D. ALLEN. San Francisco 1980. – MCPHERON, W.: E. D. Boise (Id.) 1988.

Dos Passos, John [Roderigo] [dəs 'pæsəs], * Chicago 14. Jan. 1896, † Baltimore (Md.) 28. Sept. 1970, Schriftsteller. – Sohn eines Rechtsanwalts portugies. Abstammung; Reisen u. a. nach Zentralamerika, Europa und in die Sowjetunion; Studium an der Harvard University; anschließend kurzes Architekturstudium in Spanien, dann Sanitätsfreiwilliger im 1. Weltkrieg; in Paris im Kreis um G. Stein; zeitweise Zeitungskorrespondent; bis 1934 aktiver Kommunist, danach zunehmende Neigung zum Konservatismus. D. P. wurde nach wenig beachteten Anfängen durch den desillusionierenden Weltkriegsroman *Three soldiers* (1921; dt. *Drei Soldaten,* 1922) berühmt. Sein zweites bed. Werk, *Manhattan Transfer* (R., 1925; dt. 1927 u. 1988), gibt ein umfassendes Querschnittsbild aller New Yorker Gesellschaftsschichten durch Darstellung repräsentativer Typen und unter Verwendung verschiedener, aus den neuen Kunstformen (wie Impressionismus, Expressionismus) sowie dem neuen Medium des Films entnommener Techniken (wie Montage, Collage und Reportage), die ein kaleidoskopartiges Bild ermöglichen. Diesen Techniken angepaßt ist der virtuose, mitunter verwirrende Stilwechsel; Einbeziehung von Assoziationen und Reflexionen. Trotz seiner modernen Darstellungsart, die auch auf europ. Romanciers (u. a. J.-P. Sartre und A. Döblin) gewirkt hat, blieb D. P. durchaus Individualist. Einen noch umfassenderen Versuch der ep. Gesamtdarstellung amerikan. Lebens bietet die Romantrilogie *USA* (*The 42nd parallel,* 1930, dt. *Der 42. Breitengrad,* 1930; *1919,* 1932, dt. *Auf den Trümmern,* 1932, 1962 u. d. T. *1919. Roman zweier Kontinente*; *The big money,* 1936, dt. *Der große Schatten,* 1939, 1962 u. d. T. *Die Hochfinanz*). Die späteren Werke erreichen oft nicht das Niveau der genannten Romane. Seine zahlreichen Reiseberichte (*Rosinante to the road again,* 1922), Reportagen vom Prozeß gegen die Anarchisten Sacco und Vanzetti (*Facing the chair,* 1927) sowie von den großen Kriegen und den Nürnberger Prozessen, seine Darstellungen der amerikan. Geschichte (*The ground we stand on,* 1941; *The men who made the nation,* 1957; *The shackles of power 1801–1926,* 1966) und seine Erinnerungen (*The best times. An informal memoir,* 1966; dt. *Die schönen Zeiten. Jahre mit Freunden und Fremden,* 1969) dokumentieren seinen polit. Werdegang vom kommunist. Kritiker zum Verteidiger des amerikan. Systems; schrieb auch Drehbücher und Dramen.

Weitere Werke: One man's initiation – 1917 (R., 1920, 1945 u. d. T. First encounter), District of Columbia (R.-Trilogie mit den Teilen: Adventures of a young man, 1939; Number one, 1943; The grand design, 1949, dt. Das hohe Ziel, 1950), The great days (R., 1958; dt. Die großen Tage, 1960), Midcentury (R., 1961; dt. Jahrhundertmitte, 1963), Century's end (R., hg. 1975).

Ausgaben: The fourteenth chronicle. Letters and diaries of J. D. P. Hg. v. T. LUDINGTON. Boston (Mass.) 1973. – J. D. P. The major nonfictional prose. Hg. v. D. PIZER. Detroit (Mich.) 1988.

Literatur: ASTRE, G.-A.: Thèmes et structures dans l'œuvre de J. D. P. Paris 1956. 2 Bde. – BRANTLEY, J. D.: The fiction of J. D. P. Den Haag 1968. – BECKER, G. J.: J. D. P. New York 1974. – D. P. A collection of critical essays. Hg. v. A. HOOK. Englewood Cliffs (N. J.) 1974. – COLLEY, I.: D. P. and the fiction of despair. Totowa (N. J.) 1978. – WAGNER, L. W.: D. P. Artist as American. Austin (Tex.) 1979. – LUDINGTON, T.: J. D. P. A twentieth-century odyssey. New York 1980. – ISERNHAGEN, H.: Ästhet. Innovation u. Kulturkritik. Das Frühwerk von J. D. P. 1916–1938. Mchn. 1983. – SCHILLER, M.: Gesch. als Erinnerung bei J. D. P. Hdbg. 1983. – CARR, V. S.: D. P. A life. New York 1984. – MAIR, C.: Geschichtsverständnis u. Textstruktur im sozialkrit. amerikan. Roman der dreißiger Jahre. J. D. P., James T. Farrell, Josephine Herbst. Hdbg. 1985. – SPAUNHORST, F.-P.: Literar. Kulturkritik als Dekodierung von Macht u. Werten am Bsp. ausgew. Romane von Upton Sinclair, Frank Norris, J. D. P. u. Sinclair Lewis. Ffm. 1987. – PIZER, D.: D. P.' ›USA‹. A critical study. Charlottesville (Va.) 1988. – D. P. The critical heritage. Hg. v. B. MAINE. London 1988.

Douglas, Lloyd Cassel ['dʌgləs], * Columbia City (Ind.) 27. Aug. 1877, † Los Angeles 13. Febr. 1951, Schriftsteller. – Sohn eines Pfarrers, wurde selbst luther. Geistlicher, widmete sich aber ab 1933 nur noch der Literatur. Verfasser sehr erfolgreicher und fesselnder Romane mit christlich-eth. Hintergrund.

Werke: Magnificent obsession (R., 1929; dt. Wunderbare Macht, 1938), White banner (R., 1936; dt. Weißes Banner, 1938), Disputed passage (R., 1939; dt. Rauhe Laufbahn, 1947), The robe (R., 1942; dt. Das Gewand des Erlösers, 1946), The big fisherman (R., 1948; dt. Der große Fischer, 1949).

Douglass, Frederick ['dʌgləs], eigtl. F. Augustus Washington Bailey, * Tuckahoe (Md.) im Febr. 1817, † Washington 20. Febr. 1895, Schriftsteller. – Nach der Flucht in den Norden 1838 schilderte D. in seiner zur Gattung des ›slave narrative‹ gehörenden bed. ↑ Autobiographie *Narrative of the life of Frederick Douglass, an American slave, written by himself* (1845; dt. *Sklaverei und Freiheit,* 1860, 1986 u. d. T. *Das Leben des F. D. als Sklave in Amerika, von ihm selbst erzählt*) das Leben in der Sklaverei. Er wurde unter Anleitung weißer Freunde einer der Wortführer der Abolitionistenbewegung. Durch seine Zeitschrift *The North Star* (1847–64) sowie durch zahlreiche Vortragsreihen durch die Nordstaaten der USA und durch Großbritannien machte D. die Öffentlichkeit auf die Lage der schwarzen Sklaven aufmerksam und bereitete dadurch den Boden für die Sklavenbefreiung von 1863. Im Bürgerkrieg kämpfte er mit zwei von ihm aufgestellten schwarzen Regimentern und diente Präsident Abraham Lincoln als Berater; später versah er verschiedene polit. Ämter, zuletzt als Minister in Haiti (1889–91). Seine polit. Karriere, die Ausdruck seiner von manchen Afroamerikanern kritisierten Integration in die Welt der Weißen ist, kommt in zwei weiteren autobiograph. Schriften (*My bondage and my freedom,* 1855, dt. *Ein Stern weist nach Norden,* 1965; *Life and times of F. D.,* 1881, erw. 1892) zur Darstellung.

Ausgaben: My bondage and my freedom. Hg. v. W. L. ANDREWS. Champaign (Ill.) 1987. – The heroic slave. New York 1990.

Literatur: BUTTERFIELD, S.: Black autobiography in America. Amherst (Mass.) 1974. – The art of the slave narrative. Original essays in criticism and theory. Hg. v. J. SEKORA. Macomb (Ill.) 1982. – MARTIN, W. E., JR.: The mind of F. D. Chapel Hill (N. C.) 1984. – The slave's narrative. Hg. v. C. T. DAVIS u. H. L. GATES, JR. New York 1985. – DIEDRICH, M.: Ausbruch aus der Knechtschaft. Das amerikan. Slave Narrative zw. Unabhängigkeitserklärung u. Bürgerkrieg. Stg. 1986. – BLIGHT, D. W.: F. D.' Civil War. Keeping faith in jubilee. Baton Rouge (La.) 1989. – MCFEELY, W. S.: The white world of F. D. New York 1991.

Dove, Rita [dʌv], * Akron (Ohio) 28. Aug. 1952, Lyrikerin. – Studierte u. a. in Tübingen (1974–75) und an der University of Iowa, Dozentin an der University of Virginia, ∞ mit dem dt. Schriftsteller Fred Viebahn (* 1947). D. gehört zur neuen Generation emanzipierter afroamerikan. Schriftstellerinnen. In ihren Gedichtbänden (*The yellow house on the corner,* 1980; *Museum,* 1984 [dt. Ausw. aus beiden Bden. *Die gläserne Stirn der Gegenwart,* 1989]; *Grace notes,* 1989) thematisiert sie das Afroamerikanern eigene doppelte Bewußtsein einer schwarzen Existenz in einer weißen Gesellschaft durch die Mischung von persönl. Erfahrung, afrikan. Erbe und Erinnerungen. Für den Gedichtband *Thomas and Beulah* (1985; dt. Ausw. *Die morgenländ. Tänzerin,* 1988), der die Lebensgeschichte ihrer vom ländl. Süden in den industriellen Norden gewanderten Großeltern schildert, erhielt sie als erste schwarze Amerikanerin nach G. Brooks (1950) den Pulitzerpreis für Lyrik (1987).

Weitere Werke: Ten poems (1977), The only dark spot in the sky (Ged., 1980), Mandolin (Ged., 1982), Fifth sunday (Kurzgeschichten, 1985), The other side of the house (Ged., 1988).

Drake, Joseph Rodman [dreɪk], * New York 7. Aug. 1795, † ebd. 21. Sept. 1820, Dichter. – Studierte Medizin; unternahm weite Reisen durch Europa; war zus. mit seinem Freund F.-G. Halleck, Anhänger der in Anlehnung an den Chronisten in W. Irvings *History of New York* so bezeichneten ›Knickerbocker Group‹ und schrieb mit ihm soziale und polit. Satiren, die 1819 u. d. T. *Poems, by Croaker, Croaker and Co., and Croaker jun.*, 1860 als *The Croakers* veröffentlicht wurden. Zu seinen bekanntesten Gedichten gehören *The American flag* (1819) und *The culprit fay* (hg. 1835).

Ausgabe: The life and works of J. R. D. (1795–1820). A memoir and complete text of his poems and prose. Hg. v. F. L. PLEADWELL. Boston (Mass.) 1935.

Drama. Aufgrund der sich in der Theaterschließung während der Cromwell-Zeit (1642) in England manifestierenden theaterfeindl. Einstellung der Puritaner, die die Kultur bei der Besiedlung des neuen Kontinents v. a. in Neuengland schufen, konnten dramat. Werke erst im Zuge der allmähl. Säkularisierung des Lebens während des 18. Jh. entstehen. Obwohl die der weniger strengen Church of England angehörigen Siedler in Virginia und South Carolina – ähnlich wie die von der kath. Kirche geprägten span. und frz. Kulturen auf dem amerikan. Kontinent – Theateraufführungen kannten, und das dem Virginier William Darby (* ?, † ?) zugeschriebene *Ye bare and ye cubb* (UA 1665) das erste von einem Amerikaner verfaßte und aufgeführte Drama darstellt, kann von einer eigenständigen amerikan. Theatertradition erst im 18. Jh. gesprochen werden. Die dramat. Zuspitzung der Auseinandersetzung zwischen England und den Kolonien ebenso wie die Auseinandersetzung mit den inneren und äußeren Gefahren in der Neuen Welt lieferten die Vorlagen für die der Entstehung der amerikan. Nation parallel laufende Entwicklung des Dramas. Einigen wenigen von konservativen Tory-Anhängern verfaßten Dramen zur polit. Situation (Johnathan Sewall [* 1728, † 1796], *The Americans roused, in a cure for the spleen,* UA 1774; John Burgoyne [* 1722, † 1792], *The blockade,* UA 1776) stehen die die Gründung der amerikan. Nation propagierenden Dramen der revolutionär gesinnten Autoren gegenüber. Zu diesen patriot. Stücken, die die Ereignisse des Unabhängigkeitskrieges dramatisieren, gehören M. O. Warrens *The adulateur. A tragedy, as it is now acted in Upper Servia* (UA 1773) und *The group* (UA 1775), H. H. Brackenridges Blankversdramen *The battle of Bunkers-Hill* (UA 1776) und *The death of General Montgomery* (UA 1777) sowie John Leacocks (* 1729, † 1802) *The fall of British tyranny* (UA 1776). Eine differenzierendere Behandlung der revolutionären Auseinandersetzung zeigt W. Dunlap, der ›Vater des amerikan. Dramas‹, in *André* (UA 1798), das Verständnis für den als Spion verurteilten engl. Offizier zeigt und ihm ebenso wie G. Washington heroische Qualitäten verleiht. Daneben entstanden Stücke, die die polit. Verhältnisse in den amerikan. Kolonien mit kom. Elementen darstellen, wie Robert Hunters (* ?, † 1734) satir. *Androboros,* dem ersten in Amerika gedruckten Drama (1714), oder Dramen im Stil der engl. ›comedy of manner‹, die das gesellschaftl. Leben im Umbruch von der Kolonialzeit zur frühen amerikan. Republik spiegeln; so stellt R. Tyler in seiner Gesellschaftskomödie *The contrast* (UA 1787, ersch. 1790) der sklav. Imitation engl. Kultur die Vorzüge der neuen amerikan. Kultur gegenüber, und W. Dunlap entlarvt in *The father; or, American shandyism* (UA und Druck 1789; bearb. als *The father of an only child,* 1806) die betrüger. Absichten eines als engl. Offizier auftretenden Dieners und führt den als Retter figurierenden Vater mit seinem verloren geglaubten Sohn wieder zusammen. Gleichzeitig lebte die Bühne von zahlreichen Adaptationen europ. Dramen und

Romane (W. Dunlap, D. Boucicault). Die Verknüpfung des in der Auseinandersetzung zwischen England und den Kolonien angelegten Konflikts mit kom. Elementen stellte die Voraussetzung für die Entwicklung des im 19. Jh. dominanten Melodramas dar, das die Gegenüberstellung zweier konträrer Vorstellungswelten typenhaft in der schematisierten Darstellung der neuen amerikan. Wirklichkeit dramatisiert. Der dichotome Konflikt zwischen Zivilisation und Wildnis taucht in zahlreichen Indianerdramen und Frontier-Stücken auf. Der ersten ernsthaften Behandlung der Indianerthematik in Robert Rogers' (* 1731, † 1795) auf eigener Erfahrung basierenden Blankverstragödie *Ponteach, or, The savages of America* (verfaßt 1766), die Thomas Godfrey (* 1736, † 1763) erfolgreich mit *The prince of Parthia* (UA 1767) imitierte, folgten mit der Entdeckung der Natur in der Romantik idealisierende Darstellungen der Indianer, wie in Anne Kemble Hattons (* ?, † ?) *Tammany* (verfaßt 1794). Bedeutendste Beispiele dieses Genres sind die an die krieger. Auseinandersetzung der ersten Siedler mit indian. Stämmen erinnernden Stücke, John Augustus Stones (* 1800, † 1834) Tragödie *Metamora; or, The last of the Wampanoags* (UA 1829) und George Washington Parke Custis' (* 1781, † 1857) histor. Romanze *Pocahontas; or, The settlers of Virginia* (UA 1830), das die schon von J. N. Barker gestaltete, zuerst von J. Smith aufgezeichnete Geschichte seiner Errettung vom Tod durch die Tochter des Häuptlings Powhatan zum Thema hat. Dichotome Opposition und melodramat. Züge bestimmen auch die an der Grenze zwischen Wildnis und Zivilisation spielenden Frontier-Stücke, (D. Boucicault u. a., *Rip Van Winkle,* UA 1865; Frank Murdoch [* 1843, † 1872], *Davy Crockett; or, Be sure you're right, then go ahead,* UA 1872), das Verhältnis von Schwarzen und Weißen, wie in der erfolgreichsten Theateraufführung des 19. Jh., der von George L. Aiken (* 1830, † 1876) besorgten Dramatisierung von H. Beecher Stowes Roman *Uncle Tom's cabin* (UA 1852), die moral. Anliegen der Abstinenzvereine (*The drunkard; or, The fallen saved,* UA 1843), die Schilderung des neuen sozialen Elends in den Großstädten (D. Boucicault, *The poor of New York,* UA 1857) sowie die durch den Bürgerkrieg hervorgerufenen Konfliktsituationen (B. Howard, *Shenandoah,* UA 1889).

Unabhängig von der europ. Dramentradition entstand aufgrund der Sklaverei eine authent. amerikan. Theaterform, die von Thomas D. Rice (* 1808, † 1860) popularisierte † Minstrel show, eine groteske mit Musik- und Tanzspielen durchsetzte Parodie stereotyp. Verhaltensweisen der Schwarzen, deren Rollen zunächst von weißen Schauspielern mit schwarzer Maskierung gespielt wurden, dann Schwarzen die Möglichkeit zum Auftritt auf der Bühne gaben. Die Praxis der Minstrel show führte zum einen zur Gründung des African Grove Theater in New York, das seit 1821 das Forum für erste afroamerikan. Dramen bildete (wie das dem schwarzen Schauspieler Henry Brown zugeschriebene, nicht mehr existente *King Shotaway* [UA unbekannt] oder die von W. W. Brown verfaßten auf eigenen Erfahrungen beruhenden Dramen [*Escape; or, A leap to freedom,* UA 1856; *Experience; or, How to give a Northern man a backbone,* 1853]), zum anderen leitete die Minstrel show durch parodisierende und musikal. Elemente eine burleske Tendenz im amerikan. Theater ein, die die Entstehung solcher typisch amerikan. Formen wie Variété, Vaudeville, Aufführungen im Zirkus (P. T. Barnum) und das Musical (Charles M. Barras [* 1820, † 1893], *The black crook,* 1866) förderten. Gegen Ende des 19. Jh. ist eine Tendenz von der melodramat. zur realist. Dramenkonvention spürbar, die sich in der Professionalisierung und der Anwendung neuer Medien auf der Bühne (Augustin Daly [* 1838, † 1899] *Under the gaslight* UA 1867), der Entdeckung neuer Themen (D. Belasco, *The girl of the golden West,* UA 1905, 1925) und der Verlagerung des Akzentes von den Schauspielgruppen auf individuelle Dramatiker zeigt. Charlotte Blair Parkers (* 1868, † 1937) *Way down East* (1898), William Eastons (* 1861, † ?) *Dessalines, a dramatic tale; a single chapter form Haiti's history* (UA 1893) doku-

mentieren die Präsenz des von Frauen und Afroamerikanern verfaßten Theaters; das von H. Ibsen beeinflußte naturalist. Theater J. A. Hernes (*Shore acres,* UA 1892), B. Howards, C. Fitch' (*The city,* UA 1909) und W. V. Moodys (*The great divide,* UA 1906) stellt den Übergang vom 19. Jh. zum modernen Theater des 20. Jh. dar.
Mit der Professionalisierung des Theaters, dem Einsatz techn. Mittel für publikumswirksame Aufführungen, bestand allerdings auch die Gefahr der Kommerzialisierung, der die modernen Dramatiker zum einen durch die den neuen Themen adäquaten Dramenformen, zum anderen durch eigene, avantgardist. Schauspieltruppen entgegenzuwirken suchten. Die von S. Glaspell mitbegründeten Provincetown Players (1915–29) sowie die Washington Square Players (1915–18) brachten europ. Dramen von Ibsen, Strindberg und G. Kaiser ebenso wie ihre eigenen experimentellen Stücke zur Aufführung. Wesentlich gefördert wurde die Herausbildung einer neuen, modernen Dramenkonzeption durch die Institutionalisierung von Theaterabteilungen an bed. Universitäten. Pionierdienste leistete George Pierce Baker (* 1866, † 1935) mit seinem ›47 Workshop‹ an der Harvard University, den zahlreiche bed. Dramatiker wie P. Barry, S. Howard, S. N. Behrman und v. a. E. O'Neill besuchten. Während erstere neue Formen der Gesellschaftskomödie verfaßten, versuchte O'Neill mit immer neuen Theaterformen, die von existentialist. Einaktern über expressionist., symbolist. und ep. Stücke zu autobiographisch gefärbten Dramen reichen, im Rückgriff auf antike Mythen, die er mit der puritan. Vergangenheit Neuenglands und der Freudschen Psychologie koppelte, eine Erneuerung des Theaters zu erreichen, um mit dem Hinweis auf die religiösen Ursprünge des Theaters einen neuen Gemeinschaftssinn zu schaffen. Ähnlich unterstreicht T. Wilder in seiner Version des ep. Theaters den Gedanken der Verbrüderung in der Gemeinde, der seine Entsprechung in der demokrat. Staatsform findet. Unter dem Eindruck der wirtschaftl. Verhältnisse, v. a. des Börsenkrachs (1929), wandten sich Autoren wie E. Rice, J. H. Lawson, R. Sherwood, C. Odets, A. Maltz sozialist. Ideen zu und kreierten ein politisch engagiertes Theater, das zur Propagierung sozialrevolutionärer Lösungen expressionist. Mittel, Formen des Agit-Prop und die in der Sowjetunion entstandene Form der ›Living Newspaper‹, ein von einem Autorenkollektiv geschaffenes, kaleidoskopartiges Arrangement von feststehenden Szenen aus dem revolutionären Alltag, einsetzte. Diese Stücke wurden u. a. vom Group Theatre (1931–41) und dem von F. D. Roosevelt lancierten Federal Theatre Project (1935–39) aufgeführt. Polit. Zeitthemen, histor. und bibl. Stoffe nutzten M. Anderson und A. MacLeish zur Wiederbelebung des Versdramas, das auch von W. V. Moody, S. Howard, E. S. V. Millay und T. S. Eliot gepflegt wurde. Diese auch schon von O'Neill intendierte Anknüpfung an das griech. und elisabethan. Drama bestimmt zus. mit dem neuen polit. Bewußtsein das gesellschaftskrit. Theater und verdrängt die komödienhaften Gesellschaftsstücke in den Bereich der Musicals, die bes. in Zusammenarbeit von O. Hammerstein und R. Rogers entstanden.
Nach dem 2. Weltkrieg wird die im Zusammenbruch der heilen Familienstruktur aufscheinende Brüchigkeit der amerikan. Gesellschaft zum beherrschenden Thema des amerikan. Dramas. Psycholog. Charakteranalyse und schonungslose Offenlegung des verderbl. Glaubens an den American dream verband A. Miller mit sozial-eth. Engagement bei der Darstellung der Mittelklasse, L. Hellman mit polit. Aussagen angesichts des dt. Faschismus und des Niederganges der Aristokratie der Südstaaten, T. Williams mit Mitgefühl für die gescheiterten Existenzen des Südens. Er bemühte sich mit seiner Konzeption des ›plastic theatre‹, durch akust. und visuelle Eindrücke zusätzl. Bedeutungsdimensionen zu integrieren, die die späteren postmodernen Theaterexperimente erst möglich machten. E. Albee kreierte mit seinen Stücken eine amerikan. Version des absurden Theaters, L. Hughes, R. Wright, J. Bald-

win, L. Hansberry und August Wilson (* 1945) erlangten als Vertreter eines gesellschaftl. Integration fordernden afroamerikan. Theaters Bedeutung. Die polit. und gesellschaftl. Veränderungen der 60er Jahre (Bürgerrechtsbewegung, Vietnam-Krieg, Hippie-Kultur, Frauenbewegung) intensivierten einerseits den Wunsch von ethn. Minoritäten und Frauen nach Eigenständigkeit, andererseits führte die Absage an eine eindeutig bestimmte Theaterkonvention zu einer Vielzahl von Kunst und Leben verbindenden Theaterexperimenten, wobei private Kleinbühnen (↑Off-Broadway, ↑Off-Off-Broadway) mit den kommerziellen Interessen der Broadway-Bühnen konkurrierten. Aggressiv und militant sind die revolutionären afroamerikan. (L. Jones, E. Bullins), mexikanisch-amerikan. (L. Valdes), indian. (Hanay Geiogamah [* 1945]) und asiatisch-amerikan. (Frank Chin [* 1940], David Henry Hwang [* 1957]) Dramen, bzw. die die destruktive Gewalt des Vietnamkrieges (D. Rabe), die Verdinglichung zwischenmenschl. Beziehungen in kapitalist. Gesellschaften (D. Mamet) und heuchler. Moral (L. Wilson) darstellenden Stücke. A. L. Kopit, S. Shepard und J.-C. Van Itallie verbinden diese Kritik mit myth. und antirealist. Elementen.

Die Darstellung der kulturell determinierten Geschlechterrolle im Frauendrama reicht von der Schilderung der psycholog. Implikationen (Beth Henley [* 1952]) über die soziolog. Auswirkungen (Wendy Wasserstein [* 1950]) bis zur radikalen Infragestellung (M. Terry, Rochelle Owens [* 1936], Joan Holden [* 1939]). Formal radikal-innovativ, praktizierten die avantgardist. Theaterensembles (↑Off-Off-Broadway) die Aufhebung der Grenze zwischen Theater und Leben (u. a. Bread and Puppet Theatre), die zu Gesamtkunstwerken wie J. Gelbers *The Connection* (1960; ↑Living Theatre), *Paradise now!* (1968; Living Theatre) sowie u. a. dem Rockmusical *Hair* (1968; G. McDermott) und *Cats* (1983; A. L. Webber) führten. Die vollkommene Auflösung von Figuren und Handlung schließlich war die Voraussetzung für R. Foremans, L. Breuers und R. Wilsons ›Theatre of images‹, in dem die stat. Fixierung verbaler Vorgänge von einer neuen Wirklichkeit kündet.

Ausgaben: The best plays of... The Burns Mantle yearbook. Hg. v. B. MANTLE. New York 1920ff.; seit 1986 hg. v. O. L. GUERNSAY u. J. SWEET. – America's lost plays. Hg. v. B. H. CLARK. Bloomington (Ind.) 1963. 20 Bde. – Famous American plays of the nineteen twenties. Hg. v. K. MACGOWAN. New York 1980. – Famous American plays of the nineteen thirties. Hg. v. H. CLURMAN. New York 1980. – Famous American plays of the nineteen fourties. Hg. v. H. HEWES. New York 1960. – Famous American plays of the nineteen fifties. Hg. v. L. STRASBERG. New York 1963. – Nineteenth-century American plays. Hg. v. M. MATLAW. New York 1967. Nachdr. 1985. – Famous American plays of the nineteen sixties. Hg. v. H. CLURMAN. New York 1972. – Famous American plays of the nineteen seventies. Hg. v. T. HOFFMANN. New York 1981. – Plays by American women. The early years. Hg. v. J. E. BARLOW. New York 1981. – On to victory. Propaganda plays of the woman suffrage movement. Hg. v. B. FRIEDL. Boston (Mass.) 1987. – Famous American plays of the nineteen eighties. Hg. v. R. MARX. New York 1988. – Black female playwrights. An anthology of plays before 1950. Hg. v. K. A. PERKINS. Bloomington (Ind.) 1989. – Between worlds. Contemporary Asian-American plays. Hg. v. M. BERSON. New York 1990.

Literatur: – Nachschlagewerke: BRONNER, E.: The encyclopedia of the American theatre, 1900–1975. London 1980. – Who's who in the theatre. Hg. v. I. HERBERT. Detroit (Mich.) [17]1981. 2 Bde. – The Oxford companion to American theatre. Hg. v. G. BORDMAN. Oxford 1984. Neuaufl. 1992. – CARPENTER, C. A. International bibliography of modern drama scholarship and criticism, 1966–1980. Toronto 1985.

Histor. Unterss.: Das amerikan. Drama von den Anfängen bis zur Gegenwart. Hg. v. H. ITSCHERT. Darmst. 1972. – Das amerikan. Drama. Hg. v. P. GOETSCH. Düss. 1974. – Theater u. Drama in Amerika. Hg. v. E. LOHNER u. R. HAAS. Bln. 1978. – BERNSTEIN, S.: The strands entwined. A new direction in American drama. Boston (Mass.) 1980. – KISLAN, R.: The musical. A look at the American musical theatre. Englewood Cliffs (N. J.) 1980. – MARRANCA, B./GAUTAM, D.: American playwrights. A critical survey. New York 1981. Bd. 1. – American melodrama. Hg. v. D. C. GEROULD. New York 1983. – Das amerikan. Drama. Hg. v. G. HOFFMANN. Bern 1984. – Amerikanisierung des Dramas u. Dramatisierung Amerikas. Hg. v. M. SIEBALD u. H. IMMEL. Ffm. 1985. – **18. Jh.:** MESERVE, W. J.: An emerging entertainment. The drama of the

American people to 1828. Bloomington (Ind.) 1977. – **19. Jh.:** Meserve, W. J.: American drama to 1900. A guide to information sources. Detroit (Mich.) 1980. – Miller, T. L.: Bohemians and critics. American theatre criticism in the 19th century. Metuchen (N. J.) 1981. – Wolter, J.: Die Suche nach nat. Identität. Entwicklungstendenzen des amerikan. Dramas vor dem Bürgerkrieg. Bonn 1983. – **20. Jh.:** Amerikan. Drama u. Theater im 20. Jh. American Drama and Theater in the 20th century. Hg. v. A. Weber u. S. Neuweiler. Gött. 1975. – Essays on contemporary American drama. Hg. v. H. Bock u. A. Wertheim. Mchn. u. a. 1981. – Twentieth-century American dramatists. Hg. v. J. MacNichols. Detroit (Mich.) 1981. 2 Bde. – Bigsby, C. W. E.: A critical introduction to 20th century American drama. Cambridge (Mass.) 1982–85. 3 Bde. – Blau, H.: Take up the bodies. Theater at the vanishing point. Urbana (Ill.) 1982. – Cohn, R.: New American dramatists, 1960–1980. London 1982. – Greenfield, T. A.: Work and the work ethic in American drama, 1920–1970. Columbia (Mont.) 1982. – Kaufman, A. S./Franklin, D. C.: Modern drama in America. Realism from Provincetown to Broadway, 1915–1929. New York 1982. – Sarlós, R. K.: Jig Cook and the provincetown players. Theatre in ferment. Amherst (Mass.) 1982. – Schäfer, J.: Geschichte des amerikan. Dramas im 20. Jh. Stg. 1982. – Dukore, B.: American dramatists, 1918–1945. London 1984. – Simard, R.: Postmodern drama. Contemporary playwrights in America and Britain. Lanham (Md.) 1984. – American playwrights since 1945. A research survey of scholarship, criticism and performance. Hg. v. P. C. Kolin. London 1989. – Around the absurd. Essays on modern and postmodern drama. Hg. v. E. Brater u. R. Cohn. Ann Arbor (Mich.) 1990. – Marcuson, L. R.: The stage immigrant. The Irish, Italians, and Jews in American drama, 1920–1960. New York 1990.

Themat. Unterss.: Minderheiten: Toll, R. C.: Blacking up. The minstrel show in nineteenth-century America. London u. a. 1974. – Bigsby, C. W. E.: The second Black renaissance. Essays in black literature. Westport (Conn.) 1980. – The theater of Black Americans. A collection of critical essays. Hg. v. E. Hill. Englewood Cliffs (N. J.) 1980. 2 Bde. – Sampson, H. T.: Blacks in blackface. A source book on early black musical shows. Metuchen (N. J.) 1980. – Keyssar, H.: The curtain and the veil. Strategies in Black drama. New York 1981. – Haskins, J.: Black theatre in America. New York 1982. – Huerta, J. A.: Chicano theater. Themes and forms. Ypsilanti (Mich.) 1982. – From Hester street to Hollywood. The Jewish-American stage and screen. Hg. v. S. B. Cohen. Bloomington (Ind.) 1983. – Fabre, G.: Drumbeats, masks, and metaphors. Contemporary Afro-American theatre. Cambridge (Mass.) 1983. – Ethnic theatre in the United States. Hg. v. M. S. Seller. Westport (Conn.) 1983. – Woll, A.: Dictionary of the Black theatre. Broadway, Off-Broadway, and selected Harlem theatre. Westport (Conn.) 1983. – Williams, M.: Black theatre in the 1960s and 1970s. A historical-critical analysis of the movement. Westport (Conn.) 1985. – Brown-Guillory, E.: Black woman playwrights in America. Westport (Conn.) 1989.
Frauen: Brown, J.: Feminist drama. Definition and critical analysis. Metuchen (N. J.) 1979. – Leavitt, D. L.: Feminist theatre groups. Jefferson (N. C.) 1980. – Olausen, J.: The American woman playwright. A view of criticism and characterization. Troy (N. Y.) 1981. – Coven, B.: American women dramatists of the twentieth century. A bibliography. Metuchen (N. J.) 1982. – Women in theatre. Compassion and hope. Hg. v. K. Malpede. New York 1983. – Natalle, E. J.: Feminist theatre. A study in persuasion. Metuchen (N. J.) 1985. – Austin, G.: Feminist theories for dramatic criticism. Ann Arbor (Mich.) 1990. – Brown, J.: Taking center stage. Feminism in contemporary U. S. drama. Metuchen (N. J.) 1991. – Comtemporary American theatre. Hg. v. B. King. New York 1991.

Dreiser, Theodore ['draɪzər], * Terre Haute (Ind.) 27. Aug. 1871, † Los Angeles 28. Dez. 1945, Schriftsteller. – Entstammte einer dt. Einwandererfamilie; wuchs in ärml. Verhältnissen auf; Gelegenheitsarbeiten in Chicago, dann Journalist beim *Chicago Globe* und in St. Louis, bevor er sich 1895 in New York niederließ. D. gilt als Hauptvertreter des naturalist. Romans in Nordamerika. Die Veröffentlichung seines ersten, zunächst als unmoralisch abgelehnten Romans (*Sister Carrie,* 1900; dt. *Schwester Carrie,* 1929) mußte von Frank Norris gegen zahlreiche Widerstände durchgesetzt werden. D. schildert objektiv und schonungslos in gesellschaftskrit. Romanen menschl. Existenzen, die – oft unschuldig – im modernen Leben der amerikan. Großstädte zu Fall kommen. Sein Hauptwerk dieser Richtung, das scharfe Kritik an der amerikan. Zivilisation übt, ist der Roman *An American tragedy* (1925; dt. *Eine amerikan. Tragödie,* 1927 u. 1986). Schließlich wandte er sich einem untheoret. Sozialismus zu. D. bedient sich einer wuchtigen, schwerfälligen, doch äußerst wirksamen Sprache. Er ist auch Verfasser von Novellen, Dramen, Gedichten und Essays.

Weitere Werke: Jennie Gerhardt (R., 1911; dt. 1928), The financier, The titan, The stoic (R.-Trilogie, 1912, 1914 u. postum 1947; dt. Der Finanzier, 1954, Der Titan, 1956, Der Stoiker, 1954, die ersten beiden Werke auch dt. 1928 u. d. T. Der Titan; letzteres dt. 1953 u. d. T. Der Unentwegte), The genius (R., 1915; dt. Das Genie, 1929), The hand of the potter (Dr., 1918; dt. Ton in des Schöpfers Hand, 1928), Twelve men (Nov.n, 1919), A gallery of women (Nov.n, 2 Bde., 1929; dt. Die Frau, 1930), Tragic America (Essays, 1931; dt. Die Tragik Amerikas, 1932), The bulwark (R., postum 1946; dt. Solon der Quäker, 1948, 1961 u. d. T. Das Bollwerk).

Ausgaben: Letters of T. D. Hg. v. R. H. ELIAS. Philadelphia (Pa.) 1959. 3 Bde. – T. D. Pennsylvania edition. Hg. v. J. L. W. WEST III u. N. WESTLAKE. Detroit (Mich.) 1977ff. Auf mehrere Bde. berechnet.

Literatur: DREISER, H.: My life with Dreiser (1952; dt. Mein Leben mit D. Hamb. 1952). – D. A collection of critical essays. Hg. v. J. LYDENBERG. Englewood Cliffs (N. J.) 1971. – WARREN, R. P.: Homage to T. D. New York 1971. – LEHAN, R.: T. D. His world and his novels. Carbondale (Ill.) 1974. – PIZER, D. u. a.: T. D. A primary and secondary bibliography. Boston (Mass.) 1975. – PIZER, D.: The novels of T. D. A critical study. Minneapolis (Minn.) 1976. – HAKUTANI, Y.: Young D. A critical study. Cranebury (N. J.) 1980. – Critical essays on T. D. Hg. v. D. PIZER. Boston (Mass.) 1981. – HUSSMAN, L. E.: D. and his fiction. Philadelphia (Pa.) 1983. – VESTER, J.: Wirklichkeit u. Text – Wirklichkeit als Text. Exemplar. Studien zum amerikan. Naturalismus. Ffm. 1989. – LINGEMANN, R.: T. D. Bd. 1: At the gates of the city 1871–1907. New York 1986. Bd. 2: The American journey 1908–1945. New York 1990. – MÜLLER, KURT: Identität u. Rolle bei T. D. Eine Unters. des Romanwerks unter rollentheoret. Aspekt. Paderborn 1991. – New essays on ›Sister Carrie‹. Hg. v. D. PIZER. Cambridge (Mass.) 1991.

Drury, Allen [Stuart] ['drʊri], * Houston (Tex.) 2. Sept. 1918, Schriftsteller. – Seine Arbeit als Journalist und Mit.-Hg. von Zeitungen im polit. Washington ist die Basis seiner Romane und Prosaschriften. Durchgängiges Schema dieser zeitkrit. Schriften der 60er und 70er Jahre ist die ideolog. Spaltung der Welt in zwei Lager, denen die guten und schlechten Charaktere stereotyp zugeordnet werden. Bekanntester Roman ist *Advise and consent* (1959; dt. *Macht und Recht. Wo bleibt das Gewissen, Herr Präsident?,* 1961), für den D. 1960 den Pulitzerpreis erhielt.

Weitere Werke: A shade of difference (R., 1962; Fortsetzung von: Advise and consent), Three kids in a cart (Essays, 1965), That summer (R., 1965), Capable of honor (R., 1966; dt. Macht und Ehre, 1967), Come Nineveh, come Tyre (R., 1973), The promise of joy (R., 1975), Mark Coffin, U. S. S. (R., 1979), The hill of summer (R., 1981), Decision (Abh., 1983), The roads of earth (R., 1984), Pentagon (R., 1986).

Literatur: KEMME, T.: Political fiction, the spirit of the age, and A. D. Bowling Green (Ohio) 1987.

Du Bois, William Edward Burghardt [du'bɔɪs], * Great Barrington (Mass.) 23. Febr. 1868, † Accra (Ghana) 27. Aug. 1963, amerikan.-ghanaischer Schriftsteller. – Promovierte als erster Afroamerikaner 1895 an der Harvard University; leitete mit seinen auf liberalem Idealismus basierenden Studien einen Wandel in der Haltung der Schwarzen in den USA als Abkehr von der Anpassungsmentalität ein; als Prof. für Ökonomie und Geschichte an der Atlanta University (1897–1910) veröffentlichte Du B. bed. Studien über die afroamerikan. Geschichte wie *The suppression of the African slave-trade to the USA 1638–1870* (1896), *The Philadelphia negro* (1899) sowie *The souls of black folk* (1903); seine polit. Aktivitäten umfassen die Mitbegründung und leitende Tätigkeit in der National Association for the Advancement of Colored People sowie seit 1919 in der panafrikan. Bewegung die Herausgeberschaft der Zeitschrift *Crisis* (1910–34). 1961 trat er der KP der USA bei und siedelte auf Einladung des Präsidenten K. Nkrumah nach Ghana über, wo er 1963 Staatsbürger wurde. Seine wiss. Tätigkeit wird durch die fiktionale Darstellung der Rassendiskriminierung ergänzt: *The quest of the silver fleece* (R., 1911), die Trilogie *The black flame* (*The ordeal of Mansart,* 1957;

Mansart builds a school, 1959; *Worlds of color,* 1961).
Weitere Werke: The negro (Studie, 1915), Darkwater (Autobiogr., 1920), Black reconstruction in America 1860–1880 (Studie, 1935), Dusk of dawn (Autobiogr., 1940), Color and democracy. Colonies and peace (Studie, 1945), The world and Africa (Studie, 1947), In battle for peace (Studie, 1952), Selected poems (1965), The autobiography of W. E. B. Du Bois. A soliloquy on viewing my life from the last decade of its first century (1968; dt. 1965 gekürzt u. d. T. Mein Weg, meine Welt).
Ausgaben: The seventh son. The thoughts and writings of W. E. B. Du B. Hg. v. J. LESTER. New York 1971. 2 Bde. – Writings. Hg. v. N. HUGGINS. New York 1987.
Literatur: RAMPERSAD, A.: The art and imagination of W. E. B. Du B. Cambridge (Mass.) 1976. – MOORE, J. B.: W. E. B. Du B. Boston (Mass.) 1981. – DE MARCO, J. P.: The social thought of W. E. B. Du B. Lanham (Md.) 1983. – Critical essays on W. E. B. Du B. Hg. v. W. L. ANDREWS. Boston (Mass.) 1985. – KOSTELANETZ, R.: Politics in the African-American novel. James Weldon Johnson, W. E. B. Du B., Richard Wright and Ralph Ellison. Westport (Conn.) 1991.

Dunbar, Paul Lawrence ['dʌnbɑ:r], * Dayton (Ohio) 27. Juni 1872, † ebd. 9. Febr. 1906, Dichter. – Journalist und Bibliothekar; neben Romanen schrieb D. erfolgreiche, oft balladeske Gedichte über Lebensart und Brauchtum der Afroamerikaner; seine beste Lyrik, die sich durch sicheres Gefühl für Rhythmus auszeichnet, ist im afroamerikan. Idiom verfaßt.
Werke: Oak and ivy (Ged., 1893), Lyrics of lowly life (Ged., 1896), The uncalled (R., 1898), The strength of Gideon and other stories (1900), The love of Landry (R., 1900), The fanatics (R., 1901), The sport of the gods (R., 1902), Lyrics of love and laughter (Ged., 1903), Lyrics of sunshine and shadow (Ged., 1905).
Ausgaben: The complete poems of P. L. D. Hg. v. W. D. HOWELLS. New York 1913. Neuausg. 1980. – The P. L. D. reader. Hg. v. J. MARTIN u. G. H. HUDSON. New York 1975.
Literatur: BRAWLEY, B. G.: P. L. D. Poet of his people. Chapel Hill (N. C.) 1936. – CUNNINGHAM, V.: P. L. D. and his song. New York 1947. – A singer in the dawn. Reinterpretations of P. L. D. Hg. v. J. MARTIN. New York 1975. – REVELL, P.: P. L. D. Boston (Mass.) 1979.

Duncan, Robert ['dʌŋkən], * Oakland (Calif.) 7. Jan. 1919, Lyriker. – Nach dem Studium in Berkeley hat er die zwei bedeutendsten Zentren der Gegenwartslyrik in den USA mitgeprägt: das ↑Black Mountain College, wo er mit C. Olson und R. Creeley die Zeitschrift *Black Mountain Review* gründete, und die San Francisco Bay Area, wo er seit den 60er Jahren lebt. Unter dem Einfluß der Imagisten E. Pound, W. C. Williams und H. Doolittle verwendet er für seine mag. und myst. Bereiche evozierende Dichtung musikal. Formprinzipien von Igor Strawinski und Arnold Schönberg. In den Gedichtsammlungen *The opening of the field* (1960) und *Roots and branches* (1964) entwickelt er seine zentralen Themen der homosexuellen Liebe und des Glaubens an die ordnungstiftende poet. Schöpfungskraft; schreibt auch Dramen und Literaturkritik; polit. Engagement in der Antikriegsbewegung.
Weitere Werke: Heavenly city, earthly city (Ged., 1947), Poems 1948/49 (1949), Medieval scenes (Ged., 1950), Caesar's gate (Ged., 1955), Faust Foutu (Dr., 1958), Letters. Poems 1953–56 (Ged. u. Prosa, 1960), The years as catches. First poems (Ged., 1966), Dante (Ged., 1974), Fudschi-Order (R., 1975; dt. 1978).
Ausgaben: Ground work. Before the war. Concord (Calif.) 1984. – Ground work II: In the dark. Concord (Calif.) 1987.
Literatur: R. D. Scales of the marvelous. Hg. v. R. J. BERTHOFF u. I. W. REID. Concord (Calif.) 1979. – The lost America of love. Rereading Robert Creeley, Edward Dorn, and R. D. Hg. v. S. PAUL u. a. Baton Rouge (La.) 1981. – Sonderheft der Zs. ›Ironwood‹, Jg. 11 (Herbst 1983). – FAAS, E.: Young R. D. Santa Barbara (Calif.) 1983. – Modern American poetry. Hg. v. R. W. BUTTERFIELD. Totowa (N. J.) 1984. – BERTHOFF, R. J.: R. D. A descriptive bibliography. Santa Rosa (Calif.) 1986. – Poetry and Epistemology. Turning points in the history of poetic knowledge. Hg. v. B. ENGLER. Regensburg 1986. – FOX III., W.: Robert Creeley, Edward Dorn, and R. D. A reference guide. Boston (Mass.) 1988. – JOHNSON, M. A.: R. D. Boston (Mass.) 1988.

Dunlap, William ['dʌnlæp], * Perth Amboy (N. J.) 19. Febr. 1766, † New York 28.

Sept. 1839, Schriftsteller. – Gilt als der Begründer des amerikan. Theaters; vielseitiger Dramaturg und Regisseur, der 30 eigene Schauspiele und zahlreiche Bearbeitungen frz. und dt. Dramen (u. a. von Schiller und A. von Kotzebue) produzierte. Seine frühere Karriere als Porträtist (Studium bei Benjamin West in London) nahm er nach dem Bankrott seines Theaters (1805) wieder auf. Daneben verfaßte er auch einen Roman (*Thirty years ago,* 1836), eine Biographie über den Romancier C. B. Brown (1815) und bed. histor. Abhandlungen über die Kunst des Design und das Theater in den USA sowie über den Staat New York.

Werke: The father; or American shandyism (Kom., 1789), Leicester (Dr., UA 1794, hg. 1807), André (Dr., 1798), The Italian father (Dr., UA 1799, hg. 1810) The history of the American theater (1832).

Ausgabe: W. D. A history of the rise and progress of the arts of design in the United States. Hg. v. R. WEISS. New York 1969.

Literatur: COAD, O. S.: W. D. A study of his life and works and of his place in contemporary culture. New York 1917. – CANARY, R. H.: W. D. New York 1970.

Dunne, Finley Peter [dʌn], * Chicago (Ill.) 10. Juli 1867, † New York 24. April 1936, Schriftsteller. – Kommentierte und kritisierte im ir. Dialekt in der Gestalt des ir. Gastwirtes Mr. Dooley mit großem Erfolg Zeitereignisse und Mißstände; *Mr. Dooley in peace and in war* (1898), *What Dooley says* (1899), *Mr. Dooley on making a will* (1919).

Literatur: Irish-American fiction. Essays in criticism. Hg. v. D. J. CASEY u. R. E. RHODES. New York 1979. – ECKLEY, G.: F. P. D. Boston (Mass.) 1981.

Duyckinck, Evert Augustus ['daɪkɪŋk], * New York 23. Nov. 1816, † ebd. 13. Aug. 1878, und sein Bruder **George Long D.,** * New York 17. Okt. 1823, † ebd. 30. März 1863, Schriftsteller. – Gaben 1847–53 die bed. Literaturzeitschrift *New York Literary World* heraus und standen mit bed. zeitgenöss. Schriftstellern, v. a. mit W. Irving, J. F. Cooper, W. C. Bryant und H. Melville, in Verbindung, deren Werke sie förderten. Beide stellten die damals umfassende *Cyclopedia of American Literature* (1855, ²1866, 2 Bde. und 1 Supplement-Bd.) zusammen. Nach dem Tod des Bruders war E. A. D. als Hg. von Zeitschriften und Verfasser von biograph. und histor. Studien tätig.

Literatur: WELLS, D. A.: E. D.'s literary world, 1847–1853. Its views and reviews of American literature. Diss. Duke University Durham (N. C.) 1972.

Dwight, Timothy [dwaɪt], * Northampton (Mass.) 14. Mai 1752, † New Haven (Conn.) 11. Jan. 1817, Dichter. – Sohn eines Kaufmannes, 1795–1817 Präsident der Yale University in New Haven bed. Erzieher, von großem Einfluß auf die Entwicklung Yales. Bewirkte zus. mit J. Trumbull eine Revision des engl. Literaturkanons und gehörte zur Gruppe der † Hartford Wits, deren Lyrik sich formal an engl. Vorbilder anlehnte, aber inhaltlich eine eigenständige amerikan. Literatur auf der Basis des Calvinismus und des Föderalismus vertrat. Verfasser des ersten amerikan. Epos *The conquest of Canaan* (1785) sowie von satir. Gedichten (*The triumph of infidelity,* 1788), polit. Schriften, Predigten, patriot. Gedichten (*America,* 1772; *Columbia,* 1777) und Kirchenliedern. Seine Bedeutung beruht u. a. auf *Travels in New England and New York* (4 Bde., 1821/22).

Weitere Werke: Greenfield hill (Ged., 1794), The nature, and danger of infidel philosophy (Abh. 1798).

Literatur: SILVERMAN, K.: T. D. New York 1969. – BERK, S. E.: Calvinism versus democracy. D. and the origins of American evangelical orthodoxy. Hamden (Conn.) 1974.

E

Eastlake, William ['i:stleɪk], * New York 14. Juli 1917, Schriftsteller – Ließ sich nach Reisen in den USA während der Depression, nach Kriegseinsatz und Aufenthalt in Paris, in New Mexico am Rande der Navajo- und Apachenreservate nieder. Die natürl. Schönheit der Landschaft und die nahezu myth. Vorstellungen des amerikan. Westens werden zur Thematik seiner innovativen Südwestromane, die er mit nachdenkl. Cowboys und stoischen Indianern bevölkert (*Go in beauty,* 1956; *The Bronc people,* 1958; *Dancers in the scalp house,* 1975); daneben auch Kriegsromane (*Castle keep,* 1965; *The bamboo bed,* 1969; *The long naked descent into Boston,* 1977), zahlreiche Kurzgeschichten (*Jack Armstrong in Tangier & other escapes,* 1984) sowie eine Gedicht- und Essaysammlung (*A child's garden of verses for the revolution,* 1970).

Literatur: HASLAM, G. W.: W. E. Austin (Tex.) 1970. – Sondernr. der Zs. ›Review of Contemporary Fiction‹, Jg. 3 (1983), H. 1. – A literary history of the American West. Hg. v. M. WESTBROOK u. J. MAGUIRE. Fort Worth (Tex.) 1987.

Eastman, Max Forrester ['i:stmən], * Canandaigua (N. Y.) 4. Jan. 1883, † Bridgetown (Barbados) 25. März 1969, Kritiker. – Gründer und Hg. der sozialist. Zeitschriften *The Masses* (1911–18) und *The Liberator* (1918–22); hielt sich 1922–24 in der Sowjetunion auf; später ablehnende Haltung gegenüber dem sowjet. Kommunismus. Schrieb Essays, eine zweibändige Autobiographie (*Love and revolution,* 1965), Kurzbiographien über Schriftsteller, Politiker u. Wissenschaftler sowie Gedichte (*Child of the Amazons and other poems,* 1913; *Poems of five decades,* 1954).

Weitere Werke: Enjoyment of poetry (Essay, 1913), The literary mind. Its place in an age of science (Studie, 1931), Enjoyment of laughter (Essay, 1936), Marxism. Is it science? (Studie, 1940).

Literatur: AARON, D.: Writers on the left. New York 1961. – CANTOR, M.: M. E. New York 1970. – HANSEN, O.: Bewußtseinsformen literar. Intelligenz. Randolph Bourne, Herbert Croly, M. E., V. F. Calverton u. Michael Gold. Stg. 1977.

Eberhart, Richard [Ghormley] ['eɪbərhɑ:rt], * Austin (Minn.) 5. April 1904, Lyriker. – 1956–70 Prof. für engl. Literatur am Dartmouth College. Trotz der Unausgeglichenheit seines Werks kann seine Dichtung als eine von der konkreten Erfahrung ausgehende und diese transzendierende Lyrik bezeichnet werden, die deutl. Verbindungslinien zu den Romantikern aufweist. Dieser Einfluß bestimmt auch die dominanten Themen der Kindheit, des menschl. Leidens und des Todes, die moral., metaphys., myst. und religiöse Bedeutungsdimensionen mit einschließen; erhielt für *Selected poems* (1966) den Pulitzerpreis; schreibt auch Versdramen (*Collected verse plays,* 1962) und poetolog. Essays (*Of poetry and poets,* 1979).

Weitere Werke: Collected poems 1930–76 (1976), Survivors (Ged., 1979), Ways of light (Ged., 1980), Chocorua (Ged., 1981), The long reach (Ged., 1984), Collected poems 1930–1986 (1986).

Literatur: MILLS, R. J., JR.: R. E. Minneapolis (Minn.) 1966. – ENGEL, R. F.: R. E. New York 1971. – ROACHE, J. H.: R. E. The progress of an American poet. New York 1971. – R. E. A celebration. Hg. v. S. LEA, J. PARINI u. M. R. BARONE. Hanover (N. H.) 1980.

Edmonds, Walter Dumaux ['edməndz], * Boonville (N. Y.) 15. Juli 1903, Schriftsteller. – Schrieb v. a. beliebte histor. Romane, die in seinem Heimatstaat spielen, außerdem Kurzgeschichten (*Mostly canallers,* 1934) und mehrere Jugendbücher,

u. a. *Tom Whipple* (1942) und *They had a horse* (1962).
Weitere Werke: Rome haul (R., 1929; dramatisiert 1934 von M. Connelly u. F. B. Elser u. d. T. The farmer takes a wife), The big barn (R., 1930), Drums along the Mohawk (R., 1936; dt. Pfauenfeder und Kokarde, 1938), Chad Hanna (R., 1940), The wedding journey (R., 1947), The Boyds of Black River (R., 1953; dt. Die Boyds u. ihre Pferde, 1957), Bert Breen's barn (R., 1975), The night raider and other short stories (1980), The South African quirt (R., 1985).

Edwards, Jonathan ['edwərdz], * East Windsor (Conn.) 5. Okt. 1703, † Princeton (N. J.) 22. März 1758, Schriftsteller. – Nach Studium in Yale erlangte E. Bedeutung als puritan. Geistlicher in Northampton (Mass.); mit seinen Predigten (*Sinners in the hands of an angry God,* 1741) war er einer der bedeutendsten Führer der religiösen Erneuerungsbewegung des ›Great Awakening‹ (etwa 1734–50; ↑Religion und Literatur). E. machte J. Lockes empirist. Philosophie zur Grundlage seiner Theologie (*Treatise on religious affections,* 1746) und stellte eigene philosoph. Betrachtungen in *Freedom of the will* (1754) an. Wegen seiner revisionist. Haltung wurde er 1750 seines Kirchenamtes enthoben, lebte dann als Missionar bei den Indianern in Stockbridge (Mass.). Kurz nach Übernahme des Präsidentenamtes am College of New Jersey (heute Princeton University) starb er. Seine Werke gehören zu den wichtigsten Dokumenten der amerikan. Kolonialliteratur.
Ausgabe: The works of J. E. Hg. v. P. MILLER u. a. New Haven (Conn.) 1957 ff. (bisher 9 Bde. ersch.).
Literatur: MILLER, P.: J. E. New York 1949. – SCHEICK, W. J.: The writings of J. E. Theme, motif, and style. College Station (Tex.) 1975. – Critical essays on J. E. Hg. v. W. J. SCHEICK. Boston (Mass.) 1980. – LESSER, M. X.: J. E. A reference guide. Boston (Mass.) 1981. – DE PROSPO, R. C.: Theism in the discourse of J. E. London 1985. – HOLBROOK, C. A.: J. E. The valley and nature. An interpretative essay. Lewisburg (Pa.) 1987. – J. E. and the American experience. Hg. v. N. O. HATCH u. H. S. STOUT. Oxford 1988. – LESSER, M. X.: J. E. Boston (Mass.) 1988.

Eggleston, Edward ['egəlstən], * Vevay (Ind.) 10. Dez. 1837, † Joshua's Rock (Lake George, N. Y.) 2. Sept. 1902, Schriftsteller. – Methodist. Geistlicher, zunächst Wanderprediger, dann in verschiedenen Pfarrstellen; später Historiker und freier Schriftsteller. Vertreter der Heimatkunst des Mittelwestens; kulturhistorisch interessant sind seine Romane *The hosier schoolmaster* (1871; dt. *Der Schulmeister von Flat-Creek,* 1877), *The end of the world* (1872; dt. *Der Weltuntergang,* 1888) und *The circuit rider* (1874); verfaßte auch Biographien bekannter Indianer für Jugendliche.
Ausgabe: E. E. Collected works. New York 1870–93. 12 Bde.
Literatur: RANDEL, W.: E. E. New York 1963.

Eliot, T[homas] S[tearns] ['eliət], * Saint Louis (Mo.) 26. Sept. 1888, † London 4. Jan. 1965, Dichter. – Streng puritan. Erziehung; Studium an der Harvard University und in Europa (Sorbonne und Merton College, Oxford). Nach einjähriger Tätigkeit als Philosophiedozent in Harvard siedelte E. 1914 nach London um, wo er zunächst als Schullehrer (1915–17), dann als Bankangestellter (1917–25) arbeitete. Gleichzeitig literar. Tätigkeit als Verfasser von Rezensionen und Gedichten sowie als Mit-Hg. der bed. Literaturzeitschrift *The Egoist* (1917–19) und als Hg. der von ihm gegründeten Zeitschrift *The Criterion* (1922–39); ab 1926 Mitarbeiter, dann Direktor im Verlag Faber and Faber (bis 1965). Wurde 1927 brit. Staatsbürger und trat 1928 zur anglikan. Hochkirche über. Verschiedene Gastprofessuren (Trinity College, Cambridge, Harvard) und zahlreiche Ehrungen, darunter der Nobelpreis für Literatur 1948. – E. ist eine der bedeutendsten Dichterpersönlichkeiten des 20. Jh., der v. a. durch seine Lyrik, aber auch durch seine Dramen und seine scharfsinnigen literar. Essays, die anglo-amerikan. Literatur beeinflußte und die engl. Sprache insgesamt erneuerte. Im Spannungsfeld zwischen Tradition und Moderne stellen seine ersten Gedichte (*Prufrock and other observations,* 1917) eine Übernahme der Techniken der frz. Symbolisten dar und formulieren in ironisch-distanziertem

Ton das für die modernen Schriftsteller beherrschende Thema der menschl. Verzweiflung angesichts einer sinnentleerten Welt, das in der Dichtung *The waste land* (1922; dt. *Das wüste Land,* 1927) seinen poet. Höhepunkt erreicht. In diesem für die Moderne exemplar. Gedicht, das unter Mitwirkung E. Pounds entstand und E.s bleibenden Ruhm begründete, werden einerseits die literar. Vorbilder Vergil, Dante und Shakespeare sowie die Mythen außereurop. Kulturen in einer Fülle von verschiedenartigen Motiven aus allen Zeitaltern, andererseits musikal. und kompositor. Elemente als Kennzeichen seiner freirhythm., abstrakten Lyrik für die Suche nach einer Lösung des Existenzproblems genutzt. Sein christl. Humanismus, der nach seiner Konversion z. B. in *Ash-Wednesday* (Ged., 1930; dt. *Aschermittwoch,* 1951) und in *For Lancelot Andrewes* (Essays, 1928) deutlich wird, bestimmt die Dichtung *Four quartets* (1943; dt. *Vier Quartette,* 1948), die als sein bedeutendstes Werk gilt. Die nach vier Ortsnamen betitelten Gedichte der Sammlung *Burnt Norton* (1936), *East Coker* (1940), *The Dry Salvages* (1941), *Little Gidding* (1942) stellen in kontrapunkt. Technik E.s poet. Meditationen über das Phänomen der Zeit und die Suche nach Erlösung von der Kontingenz des Lebens durch dauerhafte Sinnstrukturen dar, die er in der Form der Dichtung sowie in der Vereinigung der Seele mit Gott erkennt. Im Auftrag der Kirche schrieb E. das Versdrama *Murder in the cathedral* (1935; dt. *Mord im Dom,* 1946), ein modernes christl. Mysterienspiel, das die Ermordung des Erzbischofs von Canterbury, Thomas Becket, im 12. Jh. und die Bedeutung der Kirche für soziale Aktionen zum Thema hat. Er verfaßte auch erfolgreiche Gesellschaftsstücke, u. a. *The family reunion* (1939; dt. *Der Familientag,* 1949) und *The cocktail party* (1949; dt. *Die Cocktailparty,* 1950), in denen das Christentum ausgleichend und versöhnend wirkt. Seine zahlreichen Essaysammlungen bezeugen seine eingehende Auseinandersetzung mit der literar. Tradition, die wie etwa die Dichtung der Metaphysical poets (J. Donne und G. Herbert) für die Moderne fruchtbar gemacht werden kann, formulieren wesentl. Dichtungsprinzipien, wie das des ›objektiven Korrelats‹ für die Darstellung der Emotion (*The sacred wood,* 1920), und zeigen seine Vorstellungen von einer christl. Gesellschaft in der modernen Kultur (*The idea of a Christian society,* 1940; *Notes toward a definition of culture,* 1948, dt. *Beiträge zum Begriff der Kultur,* 1949). In den 80er Jahren haben seine ursprünglich für Kinder geschriebenen humorist. Katzengedichte *Old Possum's book of practical cats* (Ged., 1939; dt. *Old Possums Katzenbuch,* 1952) in der Adaptation für das erfolgreiche Musical *Cats* (1981) von A. L. Webber weltweite Bedeutung erlangt.

Weitere Werke: After strange gods (Essays, 1934), Essays ancient and modern (1936), The confidential clerk (Dr., 1953; dt. Der Privatsekretär, 1954), On poetry and poets (Essays, 1957; dt. Dichter und Dichtung, 1958), The elder statesman (Dr., 1958; dt. Ein verdienter Staatsmann, 1959).

Ausgaben: T. S. E. Collected poems, 1909–62. London 1963. – The complete poems and plays of T. S. E. London 1969. – T. S. E. Die Dramen. Dt. Übers. Ffm. 1974. – T. S. E. Selected prose. Hg. v. T. Kermode. London 1975. – The letters of T. S. E. Vol. I: 1898–1922. Hg. v. V. Eliot. San Diego (Calif.) 1988. – T. S. E. Werke. Dt. Übers. Ffm. 1988. 4 Bde. – T. S. E. Über Dichtung und Dichter. Essays. Hg. v. W. Held. Ffm. 1988.

Literatur: Gardner, H.: The art of T. S. E. London 1949. Nachdr. London 1972. – Kenner, H.: The invisible poet. London 1960. Nachdr. London 1966. – T. S. E. A collection of critical essays. Hg. v. H. Kenner. Englewood Cliffs (N. J.) 1962. – Twentieth century interpretations of ›The waste land‹. Hg. v. J. Martin. Englewood Cliffs (N. J.) 1968. – Hesse, E.: T. S. E. und ›Das wüste Land‹. Ffm. 1973. – Zur Aktualität T. S. E. s. Zum 10. Todestag. Hg. v. H. Viebrock u. A. P. Frank. Ffm. 1975. – Spender, S.: T. S. E. New York 1976. – Gardner, H.: The composition of ›Four quartets‹. London u. a. 1978. – Riehle, W. T.: T. S. E. Darmst. 1979. – Moody, A. D.: T. S. E., poet. Cambridge 1980. – Quandt, R.: Struktur u. Funktion der apokalypt. Elemente in der Lyrik T. S. E. s. Ffm. 1980. – Ricks, B.: T. S. E. A bibliography of secondary works. Metuchen (N. J.) 1980. – T. S. E. The critical heritage. Hg. v. M. Grant. London 1982. 2 Bde. – Headings, P. R.: T. S. E. Boston (Mass.) 1982. –

BEHR, C.: T. S. E. A chronology of his life and works. New York 1983. – MERTENS, E.: Identität in der Grenzsituation des Alters. Eine Studie zum Motiv der Lebensretrospektive in ausgewählten Dramen von T. S. E., Peter Ustinov und Samuel Beckett. Aachen 1983. – ACKROYD, P.: T. S. E. A life. London 1984. – T. S. E. A study in character and style. Hg. v. R. BUSH. London 1984. – HULPKE, E.: Die Vielzahl der Überss. u. die Einheit des Werks. Bildmuster u. Wortwiederholungen in T. S. E. ›Collected Poems, Gesammelte Gedichte‹. Ffm. 1985. – T. S. E. Hg. v. H. BLOOM. New York 1985. – T. S. E. Criticism and scholarship in German. A descriptive survey, 1923–1980. Hg. v. E. HULPKE. Gött. 1986. – CALDER, A.: T. S. E. Atlantic Highlands. (N. J.) 1987. – MENAND, L.: Discovering modernism. T. S. E. and his context. Oxford 1987. – Approaches to teaching T. S. E.'s poetry. Hg. v. S. BROOKER. New York 1988. – T. S. E. Essays from the Southern Review. Hg. v. J. OLNEY. New York 1988. – SHUSTERMAN, R. M.: T. S. E. and the philosophy of criticism. Irvington (N. Y.) 1988. – SVARNY, E.: ›The men of 1914‹. T. S. E. and early modernism. New York 1988. – BROOKER, J. S./BENTLEY, J.: Reading ›The waste land‹. Modernism and the limits of interpretation. Amherst (Mass.) 1989. – RICKS, C.: T. S. E. and prejudice. Berkeley (Calif.) 1989. – SIGG, E.: The American T. S. E. A study of the early writings. Cambridge (Mass.) 1989. – T. S. E. Critical assessments. Hg. v. G. CLARKE. 4 Bde. London 1990.

Elkin, Stanley [Lawrence] ['elkın] * New York 11. Mai 1930, Schriftsteller. – Promovierte über W. Faulkner; seit 1960 Literatur-Prof. an der Washington University in Saint Louis. Gegenstand seiner Romane, Novellen (*Searches and seizures,* 1973; in England 1974 u. d. T. *Eligible men*) und Kurzgeschichten (*Criers and kibitzers, kibitzers and criers,* 1966) sind Kommunikationsschwierigkeiten, die in Amerika aus der Konsumgesellschaft (*The franchizer,* R., 1976) und Popkultur (*The Dick Gibson show,* R., 1971) der Gegenwart entstehen. Seine verwaisten Helden suchen Bewährung in ungewöhnlichen Berufen als Ersatz für das fehlende Familienleben. Humor und Tragik, gezeigt an Krankheiten wie der multiplen Sklerose, an der Elkin seit den 60er Jahren selbst leidet, und Tod, sind tragende Gestaltungsweisen seiner Fiktion.

Weitere Werke: Boswell (R., 1964), A bad man (R., 1967), The living end (R., 1979; dt. Himmel und Hölle, 1981, 1988 u. d. T. Zappenduster. Ein höllisch-kom. Roman), George Mills (R., 1982), The magic kingdom (R., 1985), The Rabbi of Lud (R., 1987), The MacGuffin (R., 1991).

Literatur: BARGEN, D. G.: The fiction of S. E. Ffm. 1980. – BAILEY, P. J.: Reading S. E. Urbana (Ill.) 1985. – Sonderheft ›Delta‹. S. E. Hg v. M. CHÉNETIER. Montpellier 1985.

Ellison, Ralph [Waldo] ['elısn], * Oklahoma City 1. März 1914, Schriftsteller. – Unter dem Einfluß moderner Literaturtechniken (u. a. T. S. Eliot, J. Joyce, E. Pound, G. Stein, E. Hemingway, W. Faulkner, F. M. Dostojewski) und R. Wrights naturalist. Gesellschaftskritik verfaßte E. seinen bisher einzigen, jedoch für die Literatur der Nachkriegszeit sehr bed. Roman *Invisible man* (1952; dt. *Unsichtbar,* 1954), der unter Verwendung autobiograph. Züge die vergebl. Suche des Helden nach einer individuellen und rass. Identität zwischen Anpassung und Protest auf seinem Weg vom Süden in die Großstadt New York mit naturalist., symbolist. und musikal. Stilmitteln thematisiert. Neben diesem Klassiker schrieb E. auch Kurzgeschichten, literaturkrit. Zeitungsartikel sowie Essays zu Fragen der Emanzipation der Schwarzen und ihrer Kunst, die in *Shadow and act* (1964) und *Going to the territory* (1986) gesammelt sind.

Literatur: R. E. A collection of critical essays. Hg. v. J. HERSEY. Englewood Cliffs (N. J.) 1974. – DIETZ, K. W.: R. E.s Roman ›Invisible man‹. Ein Beitrag zu seiner Rezeptionsgeschichte u. Interpretation mit bes. Berücksichtigung der Figuren-, Raum- u. Zeitgestaltung. Ffm. 1979. – FISCHER-HORNUNG, D.: Folklore and myth in R. E.'s early works. Stg. 1979. – DIETZE, R. F.: R. E. The genesis of an artist. Nbg. 1982. – O'MEALLY, R. G.: The craft of R. E. Cambridge (Mass.) [2]1982. – Speaking for you. The vision of R. E. Hg. v. K. W. BENSTON. Wash. (D. C.) 1987. – BISHOP, J.: R. E. New York 1988. – NADEL, A.: Invisible criticism. R. E. and the American canon. Iowa City (Iowa) 1988. – New essays on ›Invisible man‹. Hg. v. R. G. O'MEALLEY. Cambridge 1988. – MCSWEENEY, K.: ›Invisible man‹. Race and identity. Boston (Mass.) 1988. – KOSTELANETZ, R.: Politics in the African-American novel. James Weldon Johnson, W. E. B. Du Bois, Richard Wright, and R. E. Westport (Conn.) 1991.

Emerson, Ralph Waldo ['emərsn], * Boston (Mass.) 25. Mai 1803, † Concord (Mass.) 27. April 1882, Philosoph und Dichter. – Sohn eines unitarischen Geistlichen; nach Theologiestudium an der Harvard University zwangen ihn Krankheit und Gewissensgründe, sein geistl. Amt niederzulegen (1832); die Abkehr von der Religion wurde durch die Hinwendung zur Natur als Quelle göttl. Offenbarung sowie zur dt. Transzendentalphilosophie, zum Platonismus, dt. Idealismus und zur ind. Philosophie begleitet, in die er auf seiner ersten Europareise (1832/33) von T. Carlyle, W. Wordsworth und S. T. Coleridge eingeführt wurde. Durch die in dem programmatischen Essay *Nature* (1836) herausgestellte Verbindung von Naturanschauung und Transzendentalphilosophie gelangte E. zu seinem visionären Korrespondenzdenken, wurde damit zu einem der wichtigsten Vertreter der amerikan. Romantik und zum Begründer der klass. amerikan. Literatur. E.s romantisch-philosoph. Ideen, die unter dem Begriff der ›self-reliance‹ den Selbstwert des Individuums und sein durch Intuition gewonnenes Selbstverständnis betonen, sind darüber hinaus auf die Gemeinschaft aller Menschen in der Vorstellung der ›over-soul‹ sowie auf die kulturelle Unabhängigkeit der amerikan. Nation bezogen (*The American scholar,* 1837). Mit den in zwei Folgen von Essays (1841 und 1844; dt. 1858) gesammelten Reden demonstrierte E. sein Interesse für zeitgenöss. Reformen und verfeinerte seine Ideen. Im Einklang mit dem Heldenkult der Romantik beschrieb E. das Leben von sechs exemplar. *Representative men* (1850; dt. *Repräsentanten der Menschheit,* 1896 u. 1987), nämlich Platon, E. Swedenborg, M. Eyquem de Montaigne, Shakespeare, Napoleon und Goethe. Gleichzeitig verfaßte er intellektuell und metaphysisch bestimmte Gedichte (*Poems,* 1847; *Mayday and other pieces,* 1867). Von den späteren Publikationen verdienen nur die aus Vortragsreisen in England (1847/48) bzw. in den USA hervorgegangenen Sammlungen *English traits* (1856; dt. *Engl. Charakterzüge,* 1857), *The conduct of life* (1860; dt. *Die Führung des Lebens,* 1862) und *Society and solitude* (1870; dt. *Gesellschaft und Einsamkeit,* 1875) Erwähnung. E.s Schriften haben die amerikan. Literatur bis ins 20. Jh. nachhaltig beeinflußt und die typisch amerikan. Eigenschaften von Individualismus und Optimismus entscheidend geprägt.

Ausgaben: R. W. E. Complete works. Centenary edition. Hg. v. E. W. EMERSON. Boston (Mass.) 1903–21. 12 Bde. – R. W. E. Ein Weiser Amerikas spricht zu uns. Auszug aus seinen Werken. Dt. Übers. Zusammengestellt v. H. SIEGFRIED. Hamb. 1954. – The journals and miscellaneous notebooks. Hg. v. W. H. GILMAN u. a. Cambridge (Mass.) 1960–1977. 16 Bde. – Letters of R. W. E. Hg. v. R. L. RUSK. New York [2]1966. 6 Bde. – Spanne deinen Wagen an die Sterne. R. W. E. Übers. u. zusammengestellt v. S. SCHAUP. Frib. 1984. – ›Natur‹. Hg. u. neu übers. v. H. KICZKA. Zü. 1986. – Ausgew. Texte. Hg. v. H. C. MEISER. Mchn. 1987. – R. W. E. Essays. Übers. v. K. FELDERN u. T. WEIGAND. Essen 1987. – The collected works of R. W. E. Hg. v. R. E. SPILLER u. a. Cambridge (Mass.) 1971 ff. Bis 1987 4 Bde. ersch. – The complete sermons of R. W. E. Hg. v. A. J. VON FRANK. Columbia (Mo.). Bis 1990 1 Bd. ersch. – The topical notebooks of R. W. E. Hg. v. R. H. ORTH. Columbia (Mo.) 3 Bde. Bis 1990 1 Bd. ersch.

Literatur: RUSK, R. L.: The life of R. W. E. New York 1949. – METTKE, E.: Der Dichter R. W. E. Hdbg. 1963. – FIRKINS, O. W.: R. W. E. New York 1965. – WAGENKNECHT, E.: R. W. E. Portrait of a balanced soul. New York 1974. – WAGGONER, H.: E. as poet. Princeton (N. J.) 1975. – PORTE, J.: Representative man. R. W. E. in his time. New York 1979. – ALLEN, G. W.: R. W. E. A biography. New York 1981. – MYERSON, J.: R. W. E. A descriptive bibliography. Pittsburgh (Pa.) 1982. – E. Centenary essays. Hg. v. J. MYERSON. Carbondale (Ill.) 1982. – PORTE, J.: E. in his journals. Cambridge (Mass.) 1982. – E. Prospect and retrospect. Hg. v. J. PORTE. Cambridge (Mass.) 1982. – Critical essays on R. W. E. Hg. v. R. E. BURKHOLDER u. J. MYERSON. Boston (Mass.) 1983. – PÜTZ, M./ADAMS, J. K./BOECK, J.: R. W. E. A bibliography of twentieth-century criticism. Ffm. 1986. – KRUSCHE, T.: R. W. E.s Naturauffassung u. ihre philosoph. Ursprünge. Eine Interpretation des E.schen Denkens aus dem Blickwinkel des dt. Idealismus. Tüb. 1987. – POIRIER, R.: The renewal of literature. Emersonian reflections. New York 1987. – YANELLA, D.: R. W. E. Boston (Mass.) 1987. – CAMERON, K. W.: E.'s poem. The structure and meaning of nature. Hartford (Conn.) 1988. – MARR, D.: American worlds since E. Amherst (Mass.) 1988. – ROSENWALD L.: E. and the art of the diary. New York 1988. – Mott, W. T.: The strains of eloquence. E. and his sermons. London u. a. 1989.

Erdrich, Louise ['ɜːrdrɪk], * Little Falls (Dak.) 6. Juli 1954, Schriftstellerin. – Chippewa-Indianerin; studierte am Dartmouth College und an der Johns Hopkins University. Schreibt Gedichte (*Jacklight,* 1984), Kurzgeschichten und Romane, in denen sie anhand von Einzel- und Familienschicksalen die Situation von Indianern und Randexistenzen der weißen Gesellschaft in dem myth. Ort Argus in ihrem heimatl. North Dakota in der Zeit von 1912 bis 1924 (*Tracks,* 1988; dt. *Spuren,* 1990), in den frühen 30er Jahren (*The beet queen,* 1986; dt. *Die Rübenkönigin,* 1988) und von 1934 bis 1984 (*Love medicine,* 1984; dt. *Liebeszauber,* 1986) darstellt. Zusammen mit ihrem Mann, dem Anthropologen und Modoc-Indianer Michael **Dorris** (* 1945), der neben anthropolog. Arbeiten einen Roman (*A yellow raft of blue waters,* 1987; dt. *Gelbes Floß auf blauem See,* 1991) und eine Studie über fötales Alkoholsyndrom auf Indianerreservaten (*The broken cord,* 1988) verfaßt hat, schrieb sie den die Geschichte des verlorenen Tagebuchs des Kolumbus verfolgenden Roman *The crown of Columbus* (1991; dt. *Die Krone des Kolumbus,* 1991).
Weiteres Werk: Baptism of desire (Ged., 1989).

Ericson, Walter ['ɛrɪksn], Pseudonym des Schriftstellers Howard [Melvin] ↑Fast.

Erskine, John ['ɜːrskɪn], * New York 5. Okt. 1879, † ebd. 2. Juni 1951, Schriftsteller. – War 1916–37 Prof. für Anglistik an der Columbia University in New York; Mit-Hg. der *Cambridge history of American literature* (1917–21); Verfasser zeitgeschichtlich interessanter autobiograph. Schriften und vielgelesener Essays über Literatur und Musik. In seinen Romanen persiflierte er Stoffe der Weltliteratur und Geschichte. Großen Erfolg hatte *The private life of Helen of Troy* (R., 1925; dt. *Das Privatleben der schönen Helena,* 1927).
Weitere Werke: Galahad, enough of his life to explain his reputation (R., 1926; dt. Lanzelots schwache Stunde, 1952), Adam and Eve, though he knew better (R., 1927; dt. Adam und Eva, 1928), Penelope's man (R., 1928; dt. Penelopes Mann, 1931, 1959 u. d. T. Odysseus ganz privat), Forget if you can (R., 1935; dt. Vergiß, wenn du kannst, 1938), The brief hour of François Villon (R., 1937; dt. Das kurze Glück des François Villon, 1939), Memory of certain persons (Autobiogr., 1947), My life as a teacher (Autobiogr., 1948), My life in music (Autobiogr., 1950), My life as a writer (Autobiogr., 1951).

Essay ['eseɪ; eigtl. = (literar.) Versuch], der von M. de Montaigne zur Bezeichnung des method. Vorgehens seiner philosoph. Reflexionen verwandte, von F. Bacon für die Darlegung seiner philosoph. Überlegungen übernommene Begriff gilt im Bereich der Literatur als ein lose definierter Prosatext von variierender Länge, der eine Vielfalt von Themen in geistreicher, z. T. auch witziger Argumentation und ästhetisch gefälliger Form zur Darstellung bringt. Im Unterschied zur strengen Form des dt. Bildungsessays ist in der angloamerikan. Tradition, in der zw. dem Einzelessay und ›periodical essay‹ unterschieden wird, eine freie Gestaltung erlaubt, so daß viele Formen der Kurzprosa, Briefe, Pamphlete, Sketche und Almanache unter dem Begriff des E. subsumiert werden. Für die Entstehung des amerikan. E.s ist einerseits die v. a. während der Kolonialzeit ungesicherte politisch-kulturelle Lage der Siedler, andererseits die starke Verbreitung des von Joseph Addison und John Steele in den moral. Wochenschriften praktizierten engl. E.s von Bedeutung. Die bes. Form der Siedlerexistenz favorisierte neben religiöser Erbauungsliteratur und lyr. Introspektion die Entstehung von Gebrauchstexten in Prosa, die die neue Umwelt in all ihren Aspekten zu erfassen suchten. Dabei vermischten sich Elemente der Predigtliteratur, religiöser Meditationen, naturphilosoph. Spekulationen und reale Ereignisse zu essayist. Formen mit dem Ziel der moral. Unterweisung. So erlaubt etwa die Darstellung der Errettung aus Seenot, wie in Increase Mathers (* 1639, † 1723) *An essay for the recording of illustrious providences* (1684), spannende Unterhaltung und moral. Belehrung. Die prakt. Anwendung puritan. Glaubensinhalte in der Geschäftswelt Bostons ist das Thema von C. Mathers *Bonifacius. E.s to do good* (1710), die die in den essayist. Schriften B. Franklins sich andeutende Überleitung von religiöser zu moralisch belehrender, naturwissenschaftl. und spekulativer Thematik präfigurieren. Als Leser und Imitator der von Addison und Steele verfaßten ›familiar periodical essays‹, die durch vertraute Leseransprache, regelmäßiges Erscheinen in einer bestimmten Zs. und moralisch didaktisierende Intention gekennzeichnet sind, verhalf Franklin diesem Typus des E.s mit seinen in *The New England Courant* abgedruckten *Dogood papers* (1722) und der Weiterentwicklung der Almanach-Tradition in seinem *Poor Richard's almanack* (1733–58) zur Popularität in den Kolonien.

Eine polit. Variante des E.s stellen die Pamphlete der revolutionären Zeit, wie T. Paines *Common sense* (1776), dar. Bed. Essayisten der frühen Republik, die polit., kulturgeschichtl. und literar. Themen behandeln, sind St. John de Crèvecœur (*Letters from an American farmer,* 1782; 1793 in USA), F. Hopkinson (*A pretty story,* 1774), P. Freneau (*Letters on various interesting and important subjects,* 1799), J. Dennie (*Farrago*-E.s, 1792–95 u. *Lay preacher*-E.s, 1795–99), N. Webster (*The prompter,* 1792) und C. B. Brown (*Alcuin,* 1798). Im 19. Jh. wird die schon bei Dennie anzutreffende heiter-satir. Note bestimmend in den von J. K. Paulding und W. Irving in der Zs. *Salmagundi* veröffentlichten zeitkrit. E.s auf die New Yorker Gesellschaft (1807–08). Mit den in *The sketch book* (1819–20) gesammelten essayist. Impressionen aus England und Amerika wird W. Irving zum Begründer des sentimentalen Bildungsessays in den USA. Diese E.s und Skizzen werden bei Irving zu Vorstufen der amerikan. †Short story (*Rip Van Winkle*).

Die Gründung neuer amerikan. Zeitschriften, wie *The North American Review* (1815) und bes. *The †Atlantic Monthly* (1857), förderte die weitere Ablösung von dem engl. E.-Modell zur Entwicklung eines eigenständigen amerikan. ›familiar periodical essay‹. Romant. Elemente und philosoph. Konzepte verbinden sich in den von der Naturbetrachtung ausgehenden bed. E.s der Transzendentalisten: R. W. Emersons *Nature* (1836), H. D. Thoreaus als Essayzyklus verstandener autobiograph. Bericht *Walden* (1854) sowie J. Burroughs' *Birds and poets* (1871). Emerson und Thoreau nutzten die Kurzform des E. auch zur Darstellung kulturgeschichtl. (*An American scholar,* 1837) und zeitkrit. (*Civil disobedience,* 1849) Themen. L. M. Child schildert das New Yorker Gesellschaftsleben aus weibl. Sicht (*Letters from New York,* 1843–45) und Elizabeth Oakes Smith (* 1806, † 1893) schreibt feminist. Aufsätze für die entstehende Frauenbewegung (*Woman and her needs,* 1851). O. W. Holmes startet 1858 eine sehr beliebte mit Gedichten vermischte E.-Serie über das Leben in Neuengland in Form von imaginären Gesprächsrunden (*The autocrat of the breakfast-table*). Komisch-satir. sind die zahlreichen E.s von A. Bierce (*The fiend's delight,* 1873).

Die von E. A. Poe zur Darlegung literaturkrit. Ideen (*The philosophy of composition,* 1846) praktizierte Essayform wird verschiedentlich von M. Twain, W. D. Howells und H. James zur Konzeption des Romans, im 20. Jh. von E. Pound (*Make it new,* 1934) und T. S. Eliot (*Tradition and the individual talent,* 1919) u. a. zur poetolog. Fundierung des †Modernismus verwendet. Explizit philosoph. und kulturkrit. Themen aus bikultureller Sicht behandelt G. Santayana in Essayform, während H. L. Mencken sie zur Darlegung kultureller, polit. und v. a. der Besonderheiten der amerikan. Sprache nutzt. Aufgrund der neuen Publikationsbedingungen und Medien hat der E. seine ursprüngl. Bedeutung eingebüßt, lebt aber in der Gegenwart in literar. Essaysammlungen (W. H. Auden, *The dyer's hand,* 1962; L. Trilling, *Beyond culture,* 1965) sowie in regelmäßigen Beiträgen bekannter Literaturkritiker, wie E. Hardwick, S. Sontag, W. Gass, J. Updike, G. Vidal u. a., in *The† New Yorker, The† New York Review of Books* sowie *The American Review* fort.

Literatur: PIERCY, J.: Studies in literary types in seventeenth century America, with particular emphasis upon the beginnings of the essay, 1607–1710. New Haven (Conn.) 1939. – FIEDLER, L.: The art of the essay. New York 1958. – CHRISTADLER, M.: Der amerikan. E. 1720–1820. Hdbg. 1968. – BERGER, B.: Der E. Form u. Geschichte. Bern u. a. 1964. – WEBER, H.: Der engl. E. Analysen. Darmst. 1975. – TRÄGER, H.: Der moderne engl. literar. E. Eine Studie zur Geschichte u. Theorie der Gattung. Wzb. 1983. – Essays on the essay. Redefining a genre. Hg. v. A. J. BUTRYM. Athens (Ga.) u. a. 1990.

Expatriates [eksˈpeɪtriəts] ↑Lost generation.

F

Faction-Prosa ['fækʃən], eine auch als ›Faktographie‹, ↑New journalism oder ›nonfiction novel‹ bekannte Spielart des zeitgenöss. amerikan. Romans, in der ›fact‹ und ›fiction‹ miteinander verbunden werden.

Fair, A. A. [feər], Pseudonym des Schriftstellers Erle Stanley ↑Gardner.

Farrell, James T[homas] ['færəl], * Chicago (Ill.) 27. Febr. 1904, † New York 22. Aug. 1979, Schriftsteller. – Sohn armer kath. ir. Einwanderer; harte Jugend, nach längerer Tätigkeit als Gelegenheitsarbeiter Studium an der University of Chicago; u. a. von T. Dreiser, J. Joyce und M. Proust beeinflußt. Seine autobiographisch gefärbten, naturalist. Bewußtseinsromane behandeln das Schicksal der ir. Einwanderer in den ethn. Gettos der amerikan. Großstadt. Von seinen vier großen Romanzyklen stehen die ersten drei in enger themat. Verbindung. Die als sein Hauptwerk geltende erste Trilogie *Studs Lonigan* (1932–35; dt. 2 Bde. *Eine Jugend auf den Straßen von Chicago,* 1982, und *Zerbrochene Träume,* 1983) schildert fatalistisch den Untergang des jungen Titelhelden, Sohn ir. Einwanderer, im Straßenmilieu Chicagos. Der zweite und dritte Zyklus, die sog. *Danny-O'Neill-Pentalogie* (1936–53) und die *Bernard-Carr-Trilogie* (1946–52), zeigen in Anlehnung an J. Joyces Stephen Daedalus die Entdeckung des Schriftstellerberufs durch den jungen Helden ir. Abstammung und führen von Chicago nach New York, wo sich Bernard Clare [Carr im 2. und 3. Teil] als erfolgreicher Autor verwirklicht. Der 11 Bände umfassende Zyklus *A universe of time* (1963–78) ist der grandiose, aber unvollendete Versuch, ein relativist. Panorama der Zeit anhand der Stellung des Schriftstellers in der modernen Welt zu geben. In seinen zahlreichen Kurzgeschichten griff F. Figuren und Themen seiner Romane wieder auf; schrieb auch Gedichte und literaturkrit. Essays, in denen er sich u. a. mit dem Marxismus der 30er Jahre auseinandersetzte.

Weitere Werke: No star is lost (R., 1938; dt. Kein Stern geht verloren, 1959), Literature and morality (Essays, 1947), A dangerous woman and other short stories (1957), Collected poems (1965), Sam Holman (R., hg. 1983).

Literatur: BRANCH, E. M.: J. T. F. New York 1971. – WALD, A. M.: J. T. F. The revolutionary socialist years. New York 1978. – Literature at the barricades. The American writer in the 1930s. Hg. v. R. F. BOGARDUS u. F. HOBSON. Tuscaloosa (Ala.) 1982. – PIZER, D.: Twentieth-century American literary naturalism. An interpretation. Carbondale (Ill.) 1982. – MAIR, C.: Geschichtsverständnis u. Textstruktur im sozialkrit. amerikan. Roman der dreißiger Jahre. John Dos Passos, J. T. F., Josephine Herbst. Hdbg. 1985. – Hearing out J. T. F. Selected lectures. Hg. v. D. PHELPS. New York 1985.

Fast, Howard [Melvin] [fæst], Pseudonyme Walter Ericson, E. V. Cunningham, * New York 11. Nov. 1914, Schriftsteller. – Sohn eines Fabrikarbeiters; politisch linksstehend. Die Stärke F.s liegt auf dem Gebiet des histor. Romans, in dem immer wieder die polit. Überzeugung des Autors deutlich wird; schreibt auch Biographien, Erzählungen, Essays, Dramen sowie unter dem Pseudonym E. V. Cunningham Detektivromane und Kriminalgeschichten. Seine Autobiographie *The naked God* (1957) behandelt die Zeit seiner Mitgliedschaft in der KP (1943–56). Verschiedene seiner Romane wurden verfilmt (z. B. *Spartacus,* R., 1952; dt. 1953); bekannt wurde v. a. seine in San Francisco spielende Romantetralogie mit den Einzelbänden *The immigrants* (1977; dt. *Die Einwanderer,* 1979), *Second genera-*

tion (1978; dt. *Die Nachkommen,* 1980), *The establishment* (1979; dt. *Die Arrivierten,* 1981), *The legacy* (1981; dt. *Die Erben. Die Lavettes und ihre Schicksale,* 1983).
Weitere Werke: The last frontier (R., 1941; dt. Die letzte Grenze, 1951), Citizen Tom Paine (biograph. R., 1943; dt. Bürger Tom Paine, 1953), Freedom road (R., 1944; dt. Straße zur Freiheit, 1948), The Winston affair (R., 1959; dt. Die Affäre Winston, 1960), The edge of tomorrow (E., 1961; dt. Die neuen Menschen, 1963), Power (R., 1963; dt. Versuchung der Macht, 1965), The Jews. Story of a people (Studie, 1968), The Hessian (R., 1972; dt. Der Trommelknabe, 1975, 1978 u. d. T. Der Sohn der Söldner), Max (R., 1982; dt. 1985, 1986 u. d. T. Karriere), The outsider (R., 1984; dt. Der Außenseiter, 1985), The immigrant's daughter (R., 1985; dt. Die Tochter des Einwanderers, 1987), The dinner party (R., 1987), The pledge (R., 1988), Being red (Bericht, 1990).

Faulkner, William [Cuthbert] ['fɔ:knər], ursprünglich (bis 1924) W. C. Falkner, * New Albany (Miss.) 25. Sept. 1897, † Oxford (Miss.) 6. Juli 1962, Schriftsteller. – Entstammte einer Pflanzerfamilie der Südstaaten, verließ die Universität (Studium der engl. und frz. Literatur) ohne Abschluß, war während des 1. Weltkrieges Pilot der kanad. Luftwaffe ohne Kriegseinsatz, arbeitete in meist handwerkl. Berufen und lebte nach kurzem Aufenthalt in Europa (1925) in Oxford (Miss.). Nach erfolglosen ersten literar. Versuchen, *The marble faun* (Gedichte, 1924) und *Soldiers' pay* (Kriegsroman, 1926; dt. *Soldatenlohn,* 1958), gelang ihm mit *Sartoris* (1929; dt. 1961) der erste seiner großen Romane, die die Schicksale einer Reihe von Familien im imaginären Yoknapatawpha County des nördl. Mississippi darstellen, wobei die Geschichte Nordamerikas in ihren konkreten Auswirkungen auf das Individuum jeweils präsent ist. In der Gegenüberstellung der nach seiner eigenen Familie modellierten Sartoris-Familie und der Snopes-Familie zeigt F. den Zusammenbruch der Werte der alten Südstaatenaristokratie und den Aufstieg der besitzlosen ›poor whites‹ als der neuen, rücksichtslosen Klasse im vor allem profitorientierten Süden nach dem Bürgerkrieg. Diese Opposition bestimmt die Handlung der bed. Romane *The sound and the fury* (1926; dt. *Schall und Wahn,* 1956) und *Absalom, Absalom!* (1926; dt. 1938). Als Ausweg bleiben Tod, trag. Leiden oder die Übernahme der inhumanen Verhaltensmuster der skrupellosen Aufsteiger, die in der Snopes-Trilogie (*The hamlet,* 1940, dt. *Das Dorf,* 1957; *The town,* 1957, dt. *Die Stadt,* 1958; *The mansion,* 1959, dt. *Das Haus,* 1960) dargestellt sind. Eine bisweilen überzogene Schreibweise, die ihm schon bei dem Roman *Sanctuary* (1931; dt. *Die Freistatt,* 1951) den Vorwurf eingetragen hatte, er habe pervertierte Psychopathen um des Aufsehens willen geschildert, reflektiert F.s vorübergehende Tätigkeit als Drehbuchautor in Hollywood (u. a. *To have and have not,* 1945; *The big sleep,* 1946). Dem anfängl. Fatalismus in F.s Werk folgte ein durch Resignation nuancierter Optimismus (*Requiem for a nun,* szen. R., 1951, dt. *Requiem für eine Nonne,* 1956; *A fable,* R., 1954, dt. *Eine Legende,* 1955, Pulitzerpreis; *The reivers,* R., 1962, dt. *Die Spitzbuben,* 1963; Pulitzerpreis). Seine zahlreichen Kurzgeschichten, die z. T. in die Romane integriert wurden, verdichten das fiktionale Bezugsnetz. Das auch sprachlich anspruchsvolle Werk zeichnet sich bes. durch innovative Erzähltechniken aus, die von der Koppelung verschiedener Erzählperspektiven über den Einsatz eines ›communal narrator‹ bis zur Wiedergabe von ineinanderverschachtelten Bewußtseinsströmen reichen. Die auf den myth. Schauplatz Mississippi bezogenen kom., trag., grotesken und z. T. absurden Erlebnis- und Gestaltungsweisen fügen sich zu einem Gesamtbild der modernen menschl. Existenz, deren Größe in der bei der Annahme des Nobelpreises für Literatur (1950) gepriesenen ›endurance‹ liegt.
Weitere Werke: As I lay dying (R., 1930; dt. Als ich im Sterben lag, 1961), Light in August (R., 1932; dt. Licht im August, 1935), The wild palms (Kurzgeschichten, 1939; dt. Wilde Palmen und Der Strom, 1957), Go down, Moses (En., 1942, dt.

Das verworfene Erbe, 1953), Intruder in the dust (R., 1948; dt. Griff in den Staub, 1951), Essays, speeches and public letters (hg. 1965), Father Abraham (R.-Fragment, hg. 1983; dt. Vater Abraham, 1987), Vision in spring (Ged., entst. 1921, hg. 1984).

Ausgaben: W. F. Collected stories. New York 1950. – W. F. Sämtl. Werke. Dt. Übers. Zü. 1954–82. 29 Bde. – W. F. Early prose and poetry. Boston (Mass.) u. a. 1962. – W. F. Ges. En. Dt. Übers. v. E. SCHNACK. Tb.-Ausg. Zü. 1972. 5 Bde. – W. F. Selected letters. Hg. v. J. BLOTNER. New York 1977. – W. F. Uncollected stories. Hg. v. J. BLOTNER. New York [3]1979. – W. F.'s manuscripts. Hg. v. J. BLOTNER, T. L. MCHANEY, M. MILLGATE u. N. POLK. New York 1986.

Literatur: CHRISTADLER, M.: Natur u. Gesch. im Werk v. W. F. Hdbg. 1962. – VICKERY, O.: The novels of W. F. A critical interpretation. Baton Rouge (La.) Neuaufl. 1964. – STRAUMANN, H.: W. F. Ffm. 1968. – Über W. F. Hg. v. G. HAFFMANS. Zü. 1973. – BLOTNER, J.: F. A biography. New York 1974. 2 Bde. – MEINDL, D.: Bewußtsein als Schicksal. Zu Struktur u. Entwicklung von W. F.s Generationenromanen. Stg. 1974. – BROOKS, C.: W. F. The Yoknapatawpha country. New Haven (Conn.) [10]1977. – KINNEY, A. F.: F.'s narrative poetics. Style as vision. Amherst (Mass.) 1978. – BROOKS, C.: W. F. Toward Yoknapatawpha and beyond. New Haven (Conn.) 1978. – MINTER, D.: W. F. His life and work. Baltimore (Md.) 1980. – NICOLAISEN, P.: W. F. Hdbg. 1981. – W. F.: Biographical and reference guide. Hg. v. L. H. COX. Detroit (Mich.) 1982. – BROOKS, C.: W. F. First encounters. New Haven (Conn.) 1983. – F. and idealism. Perspectives from Paris. Hg. v. M. GRESSET u. P. SAMWAY. Jackson (Miss.) 1983. – F. International perspectives. F. and Yoknapatawpha. Hg. v. D. FOWLER und A. J. ABADIE. Jackson (Miss.) 1984. – FRIEDMAN, A. W.: W. F. New York 1984. – F. and history. Perspectives from Salamanca. Hg. v. M. GRESSET u. J. COY. Salamanca 1984. – KINDERMANN, W.: Analyse u. Synthese im Werk W. F. s. Generation u. ›Community‹ in der Entwicklung seines Denkens. Ffm. 1984. – Critical essays on W. F. The Sartoris family. Hg. v. A. KINNEY. Boston (Mass.) 1985. – F. and humor, F. and Yoknapatawpha. Hg. v. A. J. ABADIE u. E. HARRINGTON. Oxford 1986. – SNEAD, J. A.: Figures of division. W. F.'s major novels. London 1986. – BROOKS, C.: On the prejudices, predilections, and firm beliefs of W. F. Essays. Baton Rouge (La.) 1987. – DATES, S. B.: W. F. The man and the artist. A biography. New York 1987. – F. and race. Hg. v. D. FOWLER u. A. J. ABADIE. Jackson (Miss.) 1987. – GRIMWOOD, M.: Heart in conflict. F.'s struggles with vocation. Athens (Ohio) 1987. – GWIN, M. C.: The feminine and F. Reading (beyond) sexual difference. Knoxville (Tenn.) 1987. – HÖNNIGHAUSEN, L.: W. F. The art of stylization. Cambridge (Mass.) 1987. – RUZICKA, W. T.: F.'s fictive architecture. The meaning of plays in the Yoknapatawpha novels. Ann Arbor (Mich.) 1987. – WADLINGTON, W.: Reading Faulknerian tragedy. Ithaca (N. Y.) 1987. – WATSON, J. G.: W. F. Letters and fictions. Austin (Tex.) 1987. – F.'s discourse. An international symposium. Hg. v. L. HÖNNIGHAUSEN. Tüb. 1988. – SENSIBAR, J. L.: F.'s poetry. A bibliographical guide to texts and criticism. Ann Arbor (Mich.) 1988. – DOWLING, D.: W. F. New York 1989. – HOFFMAN, D.: F.'s country matters. Folklore and fable in Yoknapatawpha. Baton Rouge (La) 1989. – KARL, F. R.: W. F. American writer. London 1989. – W. F. Annotations to the novels. Hg. v. J. B. MERIWETHER. New York 1989. – BLEIKASTEN, A.: The ink of melancholy. Bloomington (Ind.) 1990. – BRODSKY, L. D.: W. F., life glimpses. Austin (Tex.) 1990. – DAUFENBACH, C.: Ästhetizismus u. Moderne. Studien zu W. F.s früher Prosa. Hdbg. 1990. – DUVALL, J. N.: F.'s marginal couple. Austin (Tex.) 1990. – FANT, J. L./ASHLEY, R.: F. in West Point. Dt. Übers. Zü. 1990. – HARRINGTON, G.: F.'s fables of creativity. The non-Yoknapatawpha novels. Athens (Ga.) 1990. – MILLGATE, M.: The achievement of W. F. London u. a. Neuaufl. 1990. – MORRIS, W./MORRIS, B. A.: Reading F. Madison (Wis.) 1990. – OATES, S. B.: W. F. Sein Leben. Sein Werk. Dt. Übers. Zü. 1990.

Fauset, Jessie [Redmon] ['fɔːsət], * Camden County (N. J.) 27. April 1882, † Philadelphia (Pa.) 30. April 1961, Schriftstellerin. – Studierte an der Cornell University und der Sorbonne in Paris. Als eine der Hauptvertreterinnen der ↑Harlem Renaissance gab sie von 1919–1927 die afroamerikan. Zs. *Crisis* sowie von 1920–1921 *The Brownies' book,* ein von W. E. B. Du Bois gegründetes Magazin für Kinder heraus und unterstützte das Werk von J. Toomer, C. Cullen, L. Hughes und C. McKay. Neben zahlreichen Gedichten, Kurzgeschichten und Essays schrieb sie v. a. Romane, in denen sie den Kampf der Afroamerikaner, v. a. der Frauen, um Gleichberechtigung in den USA schildert (*There is confusion,* 1923; *Plum bun,* 1929). Ihre beiden letzten Romane unterstreichen die Bedeutung des eigenen Kulturerbes (*The chinaberry tree,* 1931) im Kampf gegen die bereits internalisierte Rassendiskriminierung (*Comedy, American style,* 1933).

Literatur: HUGGINS, N.: Harlem Renaissance. New York 1971. – YOUNG, J. O.: Black writers of the thirties. Baton Rouge (La.) 1973. – DAVIS, A.: From the dark tower. Afro-American writers, 1900–1960. Wash. (D. C.) 1974. – SYLVANDER, C. W.: J. R. F. Black American writer. Troy (N. Y.) 1981. – American women writers. Hg. v. L. MAINIERO. New York 1982.

Federal Theatre Projekt ['fedərəl 'θɪətər 'prɑ:dʒekt] ↑Theater.

Federman, Raymond ['fedərmən], * Paris 15. Mai 1928, Schriftsteller. – Kind frz. Juden; blieb 1942 als einziger der fünfköpfigen Familie vom Transport nach Auschwitz und von der Vernichtung verschont; wanderte 1947 nach den USA aus; Gelegenheitsarbeiten, u. a. Jazzmusiker, dann Literaturstudium an der University of California in Los Angeles; seit 1964 Prof. an der State University of New York in Buffalo. Seine Romane (*Double or nothing,* 1971, dt. *Alles oder Nichts,* 1986; *Take it or leave it,* 1976; *The voice in the closet/La voix dans le cabinet de débarras,* 1979, dt. *Die Stimme im Schrank,* dreisprachig, 1989; *The twofold vibration,* 1982, dt. *Die Nacht zum 21. Jahrhundert oder Aus dem Leben eines alten Mannes,* 1988; *Smiles on Washington Square,* 1985, dt. *Eine Liebesgeschichte oder sowas,* 1987; *To whom it may concern,* 1990, dt. *betrifft: Sarahs Cousin,* 1991) verbinden autobiograph. Themen mit experimentellen Erzähltechniken S. Becketts zu extremen Formen postmoderner Fiktion, die die Probleme der Schriftstellerexistenz in der Gegenwart beleuchten; schrieb auch Gedichte (*Among the beasts,* 1967); Hg. von Beckett-Studien und postmoderner Literaturkritik (*Surfiction. Fiction now ... and tomorrow,* 1975; dt. *Surfiction. Der Weg der Literatur,* 1992).

Literatur: KUTNIK, J.: The novel as performance. The fiction of Ronald Sukenick and R. F. Carbondale (Ill.) 1986. – EFFARTZ, G.: Text und/oder Spiel. R. F.s Roman ›The twofold vibration‹. Bonn 1987. – ERDPOHL, E.: Criteria of identity. A comparative analysis of R. F.'s ›The voice in the closet‹ and selected works by Jasper Johns. Ffm. 1992.

Ferber, Edna ['fɜ:rbər], * Kalamazoo (Mich.) 15. Aug. 1887, † New York 16. April 1968, Schriftstellerin ungar. Herkunft. – Ihre sentimental-realist. Romane und Erzählungen behandeln, z. T. mit sozialkrit. Tendenz, Stoffe aus der amerikan. Wirklichkeit der Jahrhundertwende, wie die beginnende Industrialisierung im mittleren Westen (*Come and get it,* R., 1935), die neu besiedelten Regionen im Südwesten (*Giant,* R., 1952, dt. *Giganten,* 1954; *Cimarron,* R., 1930, dt. 1931) und Alaska (*Ice palace,* R., 1958; dt. *Der weiße Palast,* 1958), die Situation poln. Einwanderer (*American beauty,* R., 1931; dt. *Amerikan. Schönheit,* 1933) sowie die neue Rolle der Frau in Familie (*So big,* R., 1924; dt. *So groß,* 1927, 1962 u. d. T. *Eine Frau allein;* Pulitzerpreis 1924) und im Beruf (*Emma McChesney and Co,* En., 1915). Schrieb auch Dramen zus. mit G. S. Kaufman (*The royal family,* 1927); zahlreiche Romane und Bühnenstücke wurden verfilmt. Am bekanntesten wurde die Adaptation ihres Romans *Show boat* (1926; dt. *Das Komödiantenschiff,* 1929) als Operette (O. Hammerstein II u. J. Kern, 1927).

Weitere Werke: Buttered side down (En., 1912), A peculiar treasure (Autobiogr., 1939), A kind of magic (Autobiogr. 1963).

Literatur: GILBERT, J. G.: F. A biography. New York 1978.

Ferlinghetti, Lawrence [fɜ:rlɪŋ'geti], * Yonkers (N. Y.) 24. März 1919, Schriftsteller. – Spielte eine wesentl. Rolle in der ›San Francisco renaissance in poetry‹ (F. O'Hara, K. Patchen, R. Duncan, D. Levertov, A. Ginsberg, G. Corso, J. Kerouac); Verleger von A. Ginsbergs Sammlung *Howl* (1956); seine 1953 gegründete Buchhandlung ›City Lights Bookshop‹ in San Francisco wurde zum Treffpunkt avantgardist. Autoren, die er unterstützte und deren Lyrik und Prosa er in seiner *Pocket poets series* und in der Zeitschrift *Beatitude* verlegte; seine eigenen Werke sind markante Beispiele der von ihm lancierten Beat-Lyrik, die Gesellschaftsveränderung und den Aufbau einer Gegenkultur zum Ziel hat. Seine besten Werke (*A Coney Island of the mind,* Ged., 1958, dt. *Coney Island des inneren Karussells,* 1962; *Her,* autobiograph. R., 1960, dt. *Sie,* 1965) sind ein Manifest seiner antikapitalist. Einstellung und seiner an W. Whitman erinnernden romant. Visionen von Freiheit und östl. Mystik; schreibt auch Dramen.

Weitere Werke: Pictures of the gone world (Ged., 1955), Starting from San Francisco (Ged., 1961), Routines (Dr., 1964), An eye on the world (Ged., 1967), Mexican night. Travel journal (Reisebericht, 1970; dt. Mexikan. Nacht, 1981), Open eye, open heart (Ged., 1973), Endless life. Selected poems (1981), Seven days in Nicaragua (Reisebericht, 1984).

Ausgaben: L. F. Ausgew. Gedichte. Hg. v. A. SCHMITZ. Zü. 1972. – L. F. Gedichte. Dt. Übers. v. W. TEICHMANN. Mchn. 1980.

Literatur: CHERKOVSKY, N.: F. A biography. Garden City (N. Y.) 1979. – SMITH, L. R.: L. F. Poet-at-large. Carbondale (Ill.) 1983.

Fiction ['fɪkʃən], engl. Sammelbegriff für fiktive Erzählliteratur, Prosadichtungen, Romane, Science-fiction; Ggs.: Non-fiction, Faction-Prosa, ↑New journalism. – ↑auch Fiktion.

Fiedler, Leslie A[aron] ['fi:dlər], Newark (N. J.) 8. März 1917, Literaturwissenschaftler und Schriftsteller. – Seit 1965 Englisch-Prof. an der State University of New York in Buffalo. Vertreter des ›myth criticism‹; wendet sich mit Hilfe von Erkenntnissen der Psychologie, Soziologie und Kulturanthropologie der Beschäftigung mit dem Künstler, dem ästhet. Prozeß hoher und populärer Literatur sowie dem Kontext, in dem das Kunstwerk entsteht, zu, wobei es ihm bes. um die Freilegung der nat. Psyche und der Urmythen Amerikas geht; bestes Beispiel für diese Literaturbetrachtung ist seine klass. Studie *Love and death in the American novel* (Studie, 1960, ³1982; dt. *Liebe, Sexualität und Tod,* 1964, 1987 u. d. T. *Liebe, Sexualität und Tod. Amerika und die Frau*); auch Verfasser von Erzählungen und einem Roman (*The messengers will come no more,* 1974) sowie Hg. von Gedichten.

Weitere Werke: An end to innocence (Essays, 1955), The art of the essay (Studie, 1958), The second stone (En., 1963), Waiting for the end (Essay, 1964), The return of the vanishing American (Studie, 1968; dt. Rückkehr des verschwundenen Amerikaners, 1970), Nude croquet (En., 1969), The stranger in Shakespeare (Studie, 1972), Freaks (Studie, 1978), The inadvertent epic (Studie, 1979), What was literature? (Studie, 1982).

Field, Eugene [fi:ld], * Saint Louis (Mo.) 2. Sept. 1850, † Chicago (Ill.) 4. Nov. 1895, Dichter und Journalist. – Ab 1883 Kolumnist der Chicagoer *Morning News* (später *Record*), wo er seine humorist. Gedichte, aber auch ernste Prosaschriften und Lyrik veröffentlichte; schrieb auch Kinderbücher.

Werke: A little book of Western verse (Ged., 1889), Echoes from the Sabine farm (Ged., 1892; mit seinem Bruder R. M. Field, * 1851, † 1919), With trumpet and drum (Ged., 1892).

Field, Rachel [Lyman] [fi:ld], * New York 19. Sept. 1894, † Beverly Hills (Calif.) 15. März 1942, Schriftstellerin. – War Redakteurin in New York, bevor sie sich ganz der Literatur widmete. Sie schrieb vielgelesene Unterhaltungsromane, Dramen (v. a. Einakter) und Kinderbücher.

Werke: Three pills in a bottle (Dr., 1918), Hitty. Her first hundred years (Kinderb., 1929; dt. Hitty, 1950), Time out of mind (R., 1935; dt. Seit Menschengedenken, 1948), All this and heaven, too (R., 1938; dt. Hölle, wo ist dein Sieg, 1939), And now tomorrow (R., 1942; dt. Als wär es heut, 1942, 1951 u. d. T. Morgen wirst du vergessen).

Fiktion [lat., zu lat. fingere, fictum = formen, bilden; ersinnen; erheucheln], als bestimmendes Element von Literatur und Dichtung das Erdachte, Erfundene, Vorgestellte, Erdichtete, das so nicht in der tatsächl. Wirklichkeit existiert, aber so existieren könnte und auch so dargestellt, beschrieben wird, als ob es wirklich wäre. F. und Wirklichkeit, die oft nicht mehr unterscheidbar sind (↑Postmodernismus), sind als vieldeutige Begriffe umstritten; F. wird in der Literaturwissenschaft auch zur Charakterisierung verschiedener Erzählweisen verwendet (↑Fiction).

Literatur: KAYSER, W.: Die Wahrheit der Dichter. Hamb. 1959. – Nachahmung u. Illusion. Kolloquium Gießen 1963. Hg. v. H. R. JAUSS.

Mchn. 1964. – HAMBURGER, K.: Die Logik der Dichtung. Stg. ²1968. – JURGENSEN, M.: Erzählformen des fiktionalen Ich. Beitrr. zum dt. Gegenwartsroman. Bern u. a. 1980. – KELLER, U.: Fiktionalität als literaturwiss. Kategorie. Hdbg. 1980. – Funktionen des Fiktiven. Hg. v. D. HENRICH u. W. ISER. Mchn. 1983.

Film und Literatur. Das Phänomen der audiovisuellen Revolution, die – nach Marshall McLuhan (* 1911, † 1990) – die Erfindung des Buchdrucks an Bedeutung weit übertrifft, ist für die amerikan. Literatur von existentieller Bedeutung, da in diesem Jh. nach einer Periode der wechselseitigen Beeinflussung das sprechende Bild zu einer eigenständigen Kunstform und – in den USA stärker als in Europa – sowohl kulturell als auch ökonomisch zu einer ernsthaften Konkurrenz gegenüber dem gedruckten Wort geworden ist. Nachdem bereits zu Beginn des 20. Jh. in der frühesten Entwicklungsphase des Stummfilms die amerikan. Literatur den amerikan. Film beeinflußt hatte – zunächst bei der Übernahme dramat. Techniken zur Erreichung einer erzähler. Kontinuität (Edwin Porter [* 1879, † 1941], *The great train robbery,* 1903) – emanzipierte sich der amerikan. Film durch die Arbeiten von D. W. Griffith (* 1875, † 1948), Thomas H. Ince (* 1882, † 1924), Cecil B. De Mille (* 1881, † 1959), Charles Chaplin (* 1889, † 1977), Ernst Lubitsch (* 1892, † 1947), Frank Capra (* 1897, † 1991) und F. W. Murnau (* 1889, † 1931) in den nächsten zwei Jahrzehnten wieder von der Literatur und schaffte sich (insbesondere durch die Erfindung des Tonfilms, 1927) sein eigenes ›klass.‹ Handlungsparadigma und ein reichhaltiges Formenvokabular.

Dafür begann die moderne amerikan. Literatur in den 30er Jahren inhaltlich die wachsende Bedeutung des Kinos in der amerikan. Alltagskultur und die nach 1908 einsetzende Entwicklung Hollywoods zur Filmmetropole zu reflektieren. Darstellungen (überwiegend satirisch) der dortigen Filmszene finden sich in Dramen wie *Once in a lifetime* (1930) von G. S. Kaufman und M. Hart und bei den Vertretern der sog. ›Hollywood novel‹: E. Rice, *A voyage to Purilia* (1930), N. West, *The day of the locust* (1933), J. O'Hara, *Hope of heaven* (1938) und F. S. Fitzgerald, *The last tycoon* (1941). Die Kenntnisse der dargestellten Realität in solchen Werken waren meist dadurch bedingt, daß die Autoren selbst zeitweilig in Hollywood Drehbücher geschrieben hatten; außer den genannten taten dies z. B. noch M. Anderson, T. Dreiser, W. Faulkner, S. Howard, C. Odets, D. Parker, R. Sherwood u. a. Darüber hinaus entdeckten Dramatiker und Romanciers auch die Formensprache des Films als ästhet. Potential und transferierten spezif. Filmtechniken wie Kameraperspektivik (›camera eye‹), Schnitt und Überblendung, Montage, Collage, Flashback und Tableau in ihr eigenes Medium – so z. B. J. Dos Passos in seinem Roman *Manhattan Transfer* (1925). Auch inhaltlich wurden Literaturwerke durch Filme beeinflußt: z. B. J. Steinbecks *The grapes of wrath* (1939) durch Pare Lorentzs (* 1905, † 1972) Dokumentarfilme oder C. Van Itallies *The serpent* (1968) durch die Filmaufnahmen der Ermordung Präsident Kennedys.

Ergiebigster Interaktionsort von F. u. L. ist jedoch die mittlerweile von der Kritik ausgiebig untersuchte Verfilmung von literar. Werken. Als erste meisterhafte film. Umsetzung eines Werkes amerikan. Literatur gilt Erich von Stroheims (* 1885, † 1957) *Greed* (1924) nach dem Roman *McTeague* von F. Norris. Ihm folgten bis in die Gegenwart eine Vielzahl von Verfilmungen, deren Skriptautoren und Regisseure sich in unterschiedl. Maße dem literar. Original verpflichtet fühlten. Dem Hollywoodfilm wurde immer wieder vorgeworfen, bei Literaturverfilmungen künstler. Integrität und Werktreue zugunsten von Massenwirksamkeit und schnellem wirtschaftl. Erfolg zu opfern, doch die semiotisch orientierte Literatur- und Filmkritik hat in den letzten Jahren zu Recht die grundsätzl. Frage der Kompatibilität beider Zeichensysteme in den Vordergrund gerückt und die eigenständige Existenz des film. Mediums betont. Trotz der generellen Umsetzungsproblematik sind von Filmregisseuren wie John Ford ([* 1895, † 1973] *The grapes of wrath,* 1940, nach dem Roman von J. Steinbeck), George Stevens ([* 1905, † 1975] *A place in the sun,* 1951, nach T. Dreisers Roman *An American tragedy*) oder Milos Forman ([* 1932] *One flew over the cuckoo's nest,* 1975, nach dem Roman von K. Kesey) immer wieder die dem Medium innewohnenden Möglichkeiten genutzt worden, Orginalwerke nicht nur adäquat wiederzugeben, sondern darüber hinaus neue Interpretationsansätze freizulegen oder sie sogar durch Bildersprache nach Inhalt und Wirkung kongenial zu vertiefen.

Literatur: RACH, R.: L. und F. Möglichkeiten u. Grenzen der film. Adaption. Köln 1964. – GESSNER, R.: The moving image. A guide to cinematic literacy. New York 1968. – RICHARDSON, R.: Literature and film. Bloomington (Ind.) 1969. – SPATZ, J.: Hollywood in fiction. Some versions of the American myth. Den Haag 1969. – MADDUX, R./SILLIPHANT, S./ISAACS, N. D.: Fiction into film. Knoxville (Tenn.) 1970. – BLUESTONE, G.: Novels into film. Berkeley (Calif.) [5]1971. – MARCUS, F. H.: Film and literature. Contrasts in media. New York 1971. – MAGNY, C.-E.: The age of the American novel. The film aesthetic of fiction between the two wars. New York 1972. – MURRAY, E.: The cinematic imagination. Writers and the motion pictures. New York 1972. – Authors on film. Hg. v. H. M. GEDULD. Bloomington (Ind.) 1972. – WELLS, W.: Tycoons and locusts. A regional look at Hollywood fiction of the 1930s. Carbondale (Ill.) 1973. – CORLISS, R.: Talking pictures. Screenwriters in the American cinema. New York 1973. – WINSTON, D. G.: The screenplay as literature. Rutherford (N. J.) 1973. – Literature of the screen. Hg. v. R. A. MAYNARD. Chicago (Ill.) 1974. 4 Bde. – ENSER, A. G. S.: Filmed books and plays, 1928–1974. London 1975. – SKLAR, R.: Movie-made America. A cultural history of American movies. New York 1975. – WAGNER, G.: The novel and the cinema. Cranbury (N. J.) 1975. – SPIEGEL, A.: Fiction and the camera eye. Visual consciousness in film and the modern novel. Charlottesville (Va.) 1976. – L. in den Massenmedien. Demontage von Dichtung? Hg. v. F. KNILLI, K. HICKETHIER u. W. D. LÜTZEN. Mchn. 1976. – DARDIS, T.: Some time in the sun. The Hollywood years of Fitzgerald, Faulkner, Nathaniel West, Aldous Huxley, and James Agee. New York 1976. – HARRINGTON, J.: Film and/as literature. Englewood Cliffs (N. J.) 1977. – LUHR, W./LEHMAN, P.: Authorship and narrative in the cinema. New York 1977. – MARCUS, F.: Short story/Short film. Englewood Cliffs (N. J.) 1977. – The classic American novel and the movies. Hg. v. G. PEARY u. R. SHATZKIN. New York 1977. – IFKOVIC, E.: Dream street. The American movies and the popular imagination 1889–1939. New York 1978. 2 Bde. – EIDSVIK, C.: Cineliteracy. New York 1978. – CHATMAN, S.: Story and discourse. Narrative structure in fiction and film. Ithaca (N. Y.) 1978. – KAES, A.: Kino-Debatte. Texte zum Verhältnis von L. u. F., 1909–1929. Mchn. 1978. – NIERLICH, E.: Fremdsprachl. Lit.-Wiss. u. Massenmedien. Meisenheim 1978. – The modern American novel and the movies. Hg. v. G. PEARY u. R. SHATZKIN. New York 1978. – MCCONNELL, F.: Storytelling and mythmaking. Images from film and literature. New York 1979. – BEJA, M.: Film and literature. An introduction. New York 1979. – COHEN, K.: Film and fiction. The dynamics of exchange. New Haven (Conn.) 1979. – FLITTERMAN, S.: The modern American novel and the movies. New York 1979. – Modern European filmmakers and the art of adaptation. Hg. v. A. S. HORTON u. J. MAGRETTA. New York 1981. – WELCH, J. E.: Literature and film. An annotated bibliography, 1909–1977. New York u. a. 1981. – ALBERSMEIER, F.-J.: Bild u. Text. Studien zur Film- u. Lit.-Wiss. (1976–1981). Ffm. 1981. – Filmphilologie. Studien zur englischsprachigen L. u. Kultur in Buch u. F. Hg. v. P. G. BUCHLOH, J. P. BECKER, u. R. J. SCHRÖDER. Kiel 1982. – COHEN, S. B.: From Hester Street to Hollywood. The Jewish-American stage and screen. Bloomington (Ind.) 1983. – Film/Literature. Hg. v. G. E. TOLES. Winnipeg 1983. – REIF, M.: F. u. Text. Zum Problem von Wahrnehmung u. Vorstellung in F. u. L. Tüb. 1984. – SCHACHTSCHABEL, G.: Der Ambivalenzcharakter der Lit.-Verfilmung. Ffm. 1984. – PAECH, J.: Methodenprobleme der Analyse verfilmter Lit. Münster 1984. – BROOKER-BOWERS, N.: The Hollywood novel and other novels about film, 1912–1982. An annotated bibliography. New York 1984. – L. u. F. Studien zur englischsprachigen Lit. u. Kultur in Buch u. Film. II. Hg. v. P. G. BUCHLOH, J. P. BECKER u. R. J. SCHRÖDER. Kiel 1985. – The motion picture guide. Hg. v. J. R. NASH u. S. R. ROSS. Chicago (Ill.) 1985–87. 12 Bde. – ›Film‹. The postmodern moment. A handbook of contemporary innovation in the arts. Hg. v. S. TRACHTENBERG. Westport (Conn.) 1985. – MCDOUGAL, S. Y.: Made into movies. From literature to Film. New York 1985. – GIANNETTI, L.: Understanding movies. Englewood Cliffs (N. J.) [4]1987. – F. u. L. in Amerika. Hg. v. A. WEBER u. B. FRIEDL. Darmst. 1988. – The motion picture guide. 1990 annual. Evanston (Ill.) 1990.

Fireside poets ['faɪərsaɪd 'poʊəts] † Lyrik.

Fitch, Clyde William [fɪtʃ], * Elmira (N. Y.) 2. Mai 1865, † Châlons-sur-Marne

(Marne) 4. Sept. 1909, Dramatiker. – Erfolgreich mit histor. Dramen, Problem- und Gesellschaftsstücken (u. a. *The climbers,* 1901; *The city,* 1909) und Farcen. Den größten Erfolg hatte *The girl with the green eyes* (1902).

Weitere Werke: The moth and the flame (Dr., 1898), Nathan Hale (Dr., 1898), Barbara Frietchie (Dr., 1899), Her great match (Dr., 1905).

Ausgabe: C. F. The plays. Hg. v. M. J. MOSES u. V. GERSON. Boston (Mass.) 1915. 4 Bde.

Fitzgerald, F[rancis] Scott [Key] [fɪts'dʒerəld], * Saint Paul (Minn.) 24. Sept. 1896, † Los Angeles 21. Dez. 1940, Schriftsteller. – Aus wohlhabender Familie; brach sein Studium an der Princeton University wegen Mißstimmigkeiten ab; nach der Militärzeit (1917–19) zunächst ohne endgültigen Beruf in New York; von 1920 an rasche literar. Karriere und finanzielle Erfolge, die ihm ein extravagantes Leben im Stil der ›roaring twenties‹ der 20er Jahre erlaubten; Auslandsreisen, v. a. nach Frankreich, wo er E. Hemingway und G. Stein kennenlernte. Als einer der Hauptvertreter der Autoren der † Lost generation bzw. der ›Flaming youth‹ und des Jazz-Zeitalters (*Tales of the jazz age,* 1922) thematisiert F. gestützt auf persönl. Erfahrungen die Stimmung der amerikan. Jugend nach den desillusionierenden Ereignissen des 1. Weltkriegs und erfaßt den Geist der von der Umwertung aller Werte bestimmten neuen Zeit in zahlreichen, sehr populären Kurzgeschichten und Romanen. Neben dem Erstlingsroman *This side of paradise* (1920; dt. *Diesseits vom Paradies*), in dem F. die Entwicklung zum Schriftsteller nachzeichnet, zählt v. a. *The great Gatsby* (1925; dt. *Der große Gatsby,* 1928) zu den klass. Romanen der amerikan. Moderne, in dem mit Techniken des symbolist. Realismus die sich aus dem Widerspruch zwischen den Verlockungen des American dream und dem Festhalten an moral. Standpunkten im Zeitalter der Prohibition ergebenden Konflikte dargestellt werden. Die zunehmende Belastung durch die psych. Krankheit seiner Frau Zelda und eigene vom exzessiven Lebenswandel herrührende Krankheit bestimmen die Thematik von *Tender is the night* (R., 1934; dt. *Zärtlich ist die Nacht,* 1952); in den fragmentar. letzten Roman *The last Tycoon* (hg. 1941; dt. *Der letzte Taikun,* 1962) gingen seine Erfahrungen als Drehbuchautor in Hollywood ein.

Weitere Werke: The beautiful and damned (R., 1922), A diamond as big as the Ritz (En., 1922; dt. Ein Diamant – so groß wie das Ritz, 1980), All the sad young men (Kurzgeschichten, 1926), The love boat (En., 1927; dt. Das Liebesschiff, 1984), The captured shadow (En., 1928; dt. Der gefangene Schatten, 1980), The last of the Belles (En., 1929; dt. Die letzte Schöne des Südens, 1980), The rubber check (En., 1932; dt. Der ungedeckte Scheck, 1985), The crack-up (autobiograph. Fragmente, hg. 1945; dt. Der Knacks, 1984), Meistererzählungen (dt. Ausw. 1988).

Ausgaben: F. S. F. Die besten Stories. Dt. Übers. v. W. SCHÜRENBERG. Bln. 1954. – The letters of F. S. F. Hg. v. A. TURNBULL. New York 1963. – The notebooks of F. S. F. Hg. v. M. J. BRUCCOLI. New York 1972. – F. S. F.'s St. Paul Plays 1911–1914. Hg. v. A. MARGOLIES. Princeton (N. J.) 1978. – Correspondence of F. S. F. Hg. v. M. J. BRUCCOLI u. M. M. DUGGAN. New York 1980. – F. S. F. Poems. 1911–1940. Hg. v. M. J. BRUCCOLI. Bloomfield Hills (Mich.) u. a. 1981. – F. S. F. on writing. Hg. v. L. PHILIPS. New York 1986. – The short stories of F. S. F. A new collection. Hg. v. M. J. BRUCCOLI. New York 1989.

Literatur: PIPER, H. D.: F. S. F. New York 1965. – BRYER, J. R.: The critical reputation of F. S. F. A bibliographical study. New Haven (Conn.) 1967. – STERN, M. R.: The golden moments. The novels of F. S. F. Urbana (Ill.) [2]1971. – STAVOLA, T. J.: S. F. Crisis in an American identity. London 1979. – WAY, B.: F. S. F. and the art of social fiction. New York 1980. – BRUCCOLI, M. J.: Some sort of epic grandeur. The life of F. S. F. New York 1981. – The short stories of F. S. F. New approaches in criticism. Hg. v. J. R. BRYER. Madison (Wis.) 1982. – RICHTER, B.: Gesellschaftl. Bedingungen u. literar. Kommunikation in den USA der 20er Jahre, Werte u. Wertungen der Romane F. S. F.s. Potsdam 1982. – DONALDSON, S.: Fool for love. New York 1983. – LEVOT, A.: F. S. F. A biography. London 1984. – KEINER, K. E.: Die Funktion des Reichtums im Erzählwerk von F. S. F. mit bes. Berücksichtigung seiner Romane. Ffm. 1985. – BRUCCOLI, M. J.: F. S. F. A descriptive bibliography. Pittsburgh (Pa.) 1987. – MIZENER, A.: F. S. F. New York 1987. – FRYER, S. B.: F.'s new women. Harbingers of change. Ann Arbor (Mich.) 1988. – TURNBULL, A.: S. F. New York 1988. – HEBEL, U. J.: Romaninterpretation als Textarchäologie. Unterss. zur Intertextualität am Beispiel von F. S. F.s ›This side of paradise‹. Ffm. 1989. – METZGER, C. R.: F. S. F.'s psychiatric novel. Nicole's case, Dick's case. New York 1989. – PETRY, A. H.: F.'s craft of short fiction. The collected stories, 1920–1935. Ann Arbor (Mich.) 1989. – KUEHL, J.: F. S. F. A study of the short fiction. Boston (Mass.) 1991.

Fitzgerald, Robert S[tuart] [fɪts'dʒerəld], * Geneva (N. Y.) 12. Okt. 1910, † Cambridge (Mass.) 16. Jan. 1985, Schriftsteller. – Journalist, seit 1946 Lehrtätigkeit, ab 1965 an der Harvard University, bekannt v. a. als Übersetzer aus dem Griechischen (*The Alcestis of Euripides,* 1936, mit Dudley Fitts [* 1903, † 1968]; *The Antigone,* 1939, mit D. Fitts; *Oedipus at Colonus,* 1941; *Sophocles' Oedipus Rex,* 1949, mit D. Fitts; *The Odyssey,* 1962, in Blankversen) und aus dem Französischen (Saint-John Perse, 1961); schrieb auch Lyrik (*Poems,* 1935; *In the rose of time,* 1956; *Spring shade,* 1971) und literaturkrit. Essays (*Enlarging the change,* 1984).

Fletcher, John Gould ['fletʃər] * Little Rock (Ark.) 3. Jan. 1886, † ebd. 10. Mai 1950, Dichter. – Studierte an der Harvard University und lebte von 1908 bis 1933 in England; danach Rückkehr nach Amerika. F. war einer der Begründer des ↑ Imagismus und gehörte zu dessen bed. Vertretern. Er wandte sich später Schilderungen der Landschaft Amerikas und seiner Geschichte zu.

Werke: Irradiations. Sand and spray (Ged., 1915), Breakers and granite (Ged., 1921), The black rock (Ged., 1928), Selected poems (1938; Pulitzerpreis 1939), South star (Ged., 1941), The burning mountain (Ged., 1946).

Ausgabe: Selected poems of J. G. F. Hg. v. L. CARPENTER u. L. RUDOLPH. Fayetteville (Ark.) 1988.

Literatur: CHASCA, E. S. DE: J. G. F. and imagism. Columbia (La.) 1978. – HERGT, G.: Das lyr. Werk J. G. F. s. Ffm. 1978.

Folk song ['foʊk sɔŋ] ↑ Musik und Literatur.

Forbes, Esther [fɔ:rbz], * Westborough (Mass.) 28. Juni 1891, † Worcester (Mass.) 12. Aug. 1967, Schriftstellerin. – Verfasserin der 1943 mit dem Pulitzerpreis ausgezeichneten Biographie *Paul Revere and the world he lived in* (1942) sowie einer Reihe in Neuengland spielender histor. Romane, u. a. *O, genteel lady* (1926), *A mirror for witches* (1928), *Paradise* (1937; dt. *Wölfe im Paradies,* 1951), *The general's lady* (1938; dt. *Die Generalin,* 1950), *Jonny Tremain* (1943; dt. *Jonny reitet,* 1947), *The running of the tide* (1948; dt. *Im Strom der Gezeiten,* 1954), *Rainbow on the road* (1954; dt. *Am Wegesrand der Regenbogen,* 1956).

Ford, Richard [fɔ:rd], * Jackson (Miss.) 16. Febr. 1944, Schriftsteller. – Nach abgebrochenem Jurastudium erfolgreiche Schriftstellerkarriere. F. schildert in seinen Romanen und Kurzgeschichten die Desillusionierung amerikan. Charaktere, die erfolglos dem Alltag einer mittelständ. Mentalität zu entfliehen suchen. Sein bekanntester Roman (*The sportswriter,* 1986; dt. *Der Sportreporter,* 1989) zeigt den doppelten Bruch der berufl. wie familiären Ambitionen einer Schriftstellerkarriere und des Wunsches nach häusl. Glück.

Weitere Werke: A piece of my heart (R., 1976; dt. Ein Stück meines Herzens, 1989), The ultimate good luck (R., 1981; dt. Verdammtes Glück, 1989), Rock springs (Kurzgeschichten, 1987; dt. 1989), Wildlife (R., 1991; dt. Wildlife. Wild leben, 1991).

Foreman, Richard ['fɔ:rmən], * New York 10. Juni 1937, Dramatiker. – Beeinflußt von B. Brecht, G. Stein und von experimenteller Filmkunst, versucht F., die Konzeption eines ›Ontological-hysteric theatre‹ zu verwirklichen, mit dem er die zwanghafte Verwendung der Bewußtseinsproblematik sowie die konventionelle Behandlung von Charakter, Handlung, Raum und Zeit im traditionell aristotel. Theater durch unbewußte Assoziationsketten ablösen will. Die auf dem Prinzip visueller Kunstformen beruhenden Szenenfolgen kontrastieren polare Themenbereiche und laden den Zuschauer zur Teilnahme am Theatergeschehen ein.

Werke: Angelface (Dr., 1968), Total recall (Dr., 1970), Hotel China (Dr., 1971), Hotel for criminals (Dr., 1975), Plays and manifestos (Abhh., 1976; dt. Warum ich so gute Stücke schreibe, 1982), Slight (Dr., 1977), Madame Adare (Dr., 1980), Reverberation machines. The later plays and essays (1985).

Literatur: DAVY, K.: The ontological-hysteric theatre. The work of R. F. as playwright, director, and designer 1968–1979. New York 1981.

Foster, Stephen [Collins] ['fɑ:stər], * Pittsburgh 4. Juli 1826, † New York 13. Jan. 1864, Liedertexter und Komponist. – Leistete mit seinen etwa 175 Liedern und Balladen, oft melancholisch-nostalg. Art, einen bed. Beitrag zum volkstüml. amerikan. Lied; die für die ↑ Minstrel show bestimmten Lieder spiegeln das Leben der Schwarzen in der weißen Südstaatengesellschaft; zu den in den *Ethiopian melodies* (1849) gesammelten Texten zählen *Old folks at home* (*Swanee river*); *Massa's in de cold, cold ground; My old Kentucky home; Oh, Susanna.*

Literatur: MORNEWECK, E. I.: Chronicles of S. F.'s family. Pittsburgh (Pa.) 1944. 2 Bde. – HOWARD, J. T.: S. F. New York 1962.

Frank, Waldo David [fræŋk], * Long Branch (N. J.) 25. Aug. 1889, † White Plains (N. Y.) 9. Jan. 1967, Schriftsteller und Kritiker. – Journalist in New York, lebte lange in Mexiko und Südamerika. Behandelt in impressionistisch-realist., lyr. Romanen das Thema von der Wiedergeburt der Seele durch Verwandlung; kulturkrit., antipuritan. Essays, die den europ. Einfluß ablehnen (*Our America,* 1919; *The rediscovery of America,* 1929), Reisestudien, Milieuskizzen.

Weitere Werke: Rahab (R., 1922), Virgin Spain (Essay, 1926), The death and birth of David Markand (R., 1934), South American journey (Essays, 1943; dt. Südamerikanische Reise, 1951), Not heaven (R., 1953), Cuba. Prophetic island (Essays, 1961).

Literatur: CARTER, J.: F. New York 1967.

Franklin, Benjamin ['fræŋklɪn], * Boston (Mass.) 17. Jan. 1706, † Philadelphia 17. April 1790, Politiker, Schriftsteller und Naturwissenschaftler. – Ab 1723 mit Unterbrechungen in Philadelphia lebend, übte F. zunächst den erlernten Beruf des Buchdruckers aus, 1728–48 in seiner eigenen Druckerei. Anfangs auf lokaler Ebene publizistisch und politisch tätig, engagierte er sich zunehmend für die polit. Angelegenheiten der nordamerikan. Kolonien und wurde zu einer populären Figur im polit. Leben des 18. Jh. Ab 1729 gab F. die *Pennsylvania Gazette,* 1732–58 den weitverbreiteten *Poor Richard's Almanack* heraus, in dem er seine aufgeklärt-deistischen, v. a. erfolgsorientierten Anschauungen verbreitete. 1737 Postmeister in Philadelphia, 1753–74 zus. mit W. Hunter Generalpostmeister für die nordamerikan. Kolonien; 1736–51 Schriftführer des Parlaments von Pennsylvania (Pennsylvania Assembly), dem er 1751–64 als Mitglied angehörte. Seine ab 1743 ausgearbeiteten Vorschläge zum Aufbau einer wiss. Gesellschaft und einer wiss. Lehranstalt führten zur Gründung der American Philosophical Society (1743) und der Academy of Philadelphia (1751, heute University of Philadelphia). 1757–62 und wiederum 1764–75 vertrat er die Interessen von Pennsylvania, 1768–70 die Georgias und danach die Massachusetts' gegen die brit. Krone in London. Ab 1775 trat er als Mitglied des 2. Kontinentalkongresses in Philadelphia für die Unabhängigkeit ein; er gehörte zu den Mitunterzeichnern der Unabhängigkeitserklärung von 1776. Gesandter in Frankreich (1776–85); war 1783 am Abschluß des Friedens von Paris beteiligt. Nach der Rückkehr in die USA wurde F. 1785 Gouverneur von Pennsylvania. Neben seiner polit. Tätigkeit beruhte F.s Ruhm auf seinen wiss. Arbeiten: 1746 begann er mit Experimenten zur Elektrizität; erfand 1751 den Blitzableiter. Mit seinen Drachenversuchen wies er 1752 die elektr. Natur der Gewitter nach. Als Schriftsteller wurde er durch verschiedene histor., polit. und didakt. Abhandlungen sowie bes. durch seine in 4 Teilen abgefaßte *Autobiography* (1771–90; frz. [unvollständig] 1791; erste vollständige amerikan. Ausg. 1868; dt. 1954, erstmals dt. 1792) bekannt. Ausgehend von seinem Druckerberuf begreift er die Darstellung seines Lebens als 2. Auflage eines Buches, in der die ›Errata‹ der 1. Auflage verbessert werden können. Während der 1. Teil die Zeit von der Geburt bis zur Heirat mit Deborah Read behandelt (1706–1730), entwirft er in dem kurzen 2. Teil ein pragmat. Modell zur Vervollkommnung des Selfmademan; der 3. Teil beginnt mit seiner deistischen Gottesvorstellung und schildert die bed. Stationen seines Lebens in Philadelphia (1731–57). Der fragmentar. 4. Teil endet vor der Aufnahme der diplomat. Tätigkeit in London. Diese Autobiographie wirkt auch heute noch als Modell für die Selbstverwirklichung junger Amerikaner.

Ausgaben: B. F.s sämtl. Werke. Dt. Übers. v. G. T. Wenzel. Dresden 1780. 3 Bde. – The complete works of B. F. Hg. v. J. Bigelow. New York u. a. 1887–88. 10 Bde. – The writings of B. F. Hg. v. A. H. Smyth. New York 1905–07. 10 Bde. – B. F. Autobiogr. Dt. Übers. v. F. Kapp. Bln. 1964. – The papers of B. F. Hg. v. W. B. Wilcox u. a. New Haven (Conn.) 1959ff. (bisher 28 Bde. ersch.). – B. F. Writings. Hg. v. J. A. L. Lemay. New York 1987.

Literatur: Van Doren, C.: B. F. New York 1939. – Cohen, I. B.: B. F. His contribution to American tradition. Indianapolis (Ind.) 1953. – Amacher, R. E.: B. F. New Haven (Conn.) 1962. – Aldridge, A. O.: B. F. Philosopher and man. New York 1965. – Ketcham, R. L.: B. F. New York 1966. – Aldridge, A. O.: B. F. and nature's god. Durham (N. C.) 1967. – Burlingame, R.: B. F. Envoy extraordinary. New York 1967. – Dippel, H.: Individuum u. Gesellschaft. Soziales Denken zw. Tradition u. Revolution. Smith – Condorcet – F. Gött. 1981. – Clark, R. W.: B. F. A biography. New York 1983. – Wright, E.: F. of Philadelphia. Cambridge (Mass.) 1986. – Critical essays on B. F. Hg. v. M. H. Buxbaum. Boston (Mass.) 1987. – Buxbaum, M. H.: B. F. A reference guide 1907–1983. Boston (Mass.) 1988. – Sayre, R. F.: The examined self. B. F., Henry Adams, Henry James. Madison (Wis.) ²1988. – Seavey, O.: Becoming B. F. The autobiography and the life. University Park (Pa.) 1988. – Zall, P. M.: F.'s autobiography. A model life. Boston (Mass.) 1989.

Frauenliteratur, das aufgrund der bes. Siedlungsbedingungen der amerikan. Kolonien anfänglich bestehende Ungleichgewicht zw. männl. und weibl. Siedlern sowie die streng festgelegten Geschlechterrollen können als Erklärung dafür angeführt werden, warum Frauen in Amerika sich zunächst nur vereinzelt literarisch betätigten und erst ab Mitte des 19. Jh. verstärkt als Schriftstellerinnen auftraten und um ihre Anerkennung kämpften, die ihnen im 20. Jh. kaum mehr streitig gemacht wird. Seit Mitte der 70er Jahre hat sich die feminist. Literaturkritik mit Erfolg um die Wiederentdeckung bzw. Neubewertung vergessener oder vernachlässigter Schriftstellerinnen bemüht und durch eine gründl. Revision des bestehenden Literaturkanons zu einer wesentl. Bereicherung der amerikan. Literatur beigetragen. – Ein frühes, sich aus der Auseinandersetzung mit den Indianern ergebendes Beispiel der F. ist Mary Rowlandsons (* um 1635, † um 1678) ›captivity narrative‹ (↑ Autobiographie) *The sovereignty and goodness of God ...* (veröffentl. 1682), die Einblick in das Siedlerleben, die Verschleppung durch Indianer und die Errettung durch Gottes Güte gibt. Religiöse Gesinnung und familiäre Perspektive der puritan. Existenz zeigen sich in den Gedichten u. Meditationen A. Bradstreets, während P. Wheatley als erste afroamerikan. Dichterin ihre Verse (1773) auch zur verhaltenen Kritik an der Sklaverei nutzt. Eine weibl. Sicht der histor. Ereignisse der Revolutionszeit ergibt sich aus den Briefen, die A. Adams an ihren Mann, den 2. amerikan. Präsidenten, während seiner Abwesenheit von der Familie schrieb.

Neue Druck- und Publikationsmöglichkeiten führten zu einer radikalen Veränderung des Literaturbetriebs, und Schriftsteller wie Verleger mußten sich auf ein größeres Lesepublikum einstellen, das nun weitgehend aus Frauen bestand. Zudem ist in der ersten Hälfte des 19. Jh. auch eine deutl. Zunahme der Schriftstellerinnen zu konstatieren. Diese von Hawthorne als ›scribbling women‹ bezeichneten Frauen trugen wesentlich zur Herausbildung einer eigenständigen amerikan. Literatur bei. So schildert C. M. Sedgwick in ihren Romanen die Bedeutung nationaler Identität und weibl. Staatsbürgerschaft; in *Married or single?* (R., 1857) klingen Themen der Frauenbewegung an. M. Fuller, die als Mitglied der Transzendentalisten um Emerson und Thoreau u. a. deren Zs. *The Dial* herausgab (1840–42), verfaßte die erste zusammenhängende feminist. Abhandlung über die Situation der Frau (*Woman in the nineteenth century,* 1845). Mitte des Jh. wurde das Strukturmuster des sentimentalen Romans popularisiert und u. a. von Frauen erfolgreich angewandt, die häufig – gestützt auf christl. Werte – die Entwicklung vom Mädchen zur Frau fiktional gestalteten. Bed. Beispiele dieses Typus sind die Bestseller Susan Warners (* 1819, † 1885) *The wide, wide world* (1850), Maria Susanna Cummins' (* 1827, † 1866) *The lamplighter* (1854) und E. D. E. N. Southworths *The hidden hand* (1859). Das Muster des häuslich-sentimentalen Romans wird auch zur Propagierung von Reformanliegen genutzt, so etwa in bezug auf Erziehungskonzepte in L. M. Alcotts *Little women* (1869), zur Darstellung des Lebens während des Bürgerkriegs in Augusta Evans Wilsons (* 1835, † 1909) *Macaria; or, the altars of sacrifice* (1864) und bes. zu abolitionist. Zwecken in dem erfolgreichsten Werk dieses Genres, H. B. Stowes *Uncle Tom's cabin* (1852). Die auch schon 1832 von M. L. Child vertretene Idee der Sklavenbefreiung (*An appeal in favor of that class of Americans called Africans*) wird schließlich Mitte des Jh. durch literar. Dokumente afroamerikan. Frauen ergänzt, wie Harriet Jacobs' (* 1818, † 1896) ›slave narrative‹ (↑Autobiographie) *Incidents in the life of a slave girl* (1861), Rebecca Cox Jacksons (* 1795, † 1871) religiöse Autobiographie *Gifts of power* (1843–45) und F. E. W. Harpers Gedichte (1845) sowie ihr späterer Roman *Iola Leroy, or shadows uplifted* (1892). Lydia Huntley Sigourney (* 1791, † 1865), Elizabeth Oakes Smith (* 1806, † 1893) und Frances Osgood (* 1811, † 1850) können als Vorläuferinnen E. Dickinsons gesehen werden, deren auf religiösen, regionalen und alltägl. Elementen beruhende Gedichte modernist. Züge antizipieren. Ähnlich modernistisch erscheinen weibl. Ausprägungen der Regionalliteratur bei S. O. Jewett, M. E. W. Freeman und bes. in der Spiegelung der Psyche bei K. Chopin u. E. Wharton. R. H. Davis und C. P. Gilman wenden sich den ökonom. Bedingungen und der Abhängigkeit der Frau zu, Themen die in den die Frauenbewegung unterstützenden Schriften von Susan B. Anthony (* 1820, † 1902) u. E. C. Stanton systematisch zum Ausdruck kommen.

Im 20. Jh. prägen die innovativen Werke von Frauen die Erzählkunst und die Lyrik des ↑Modernismus. In der erzählenden Literatur bestimmen regionalist. Elemente die Darstellung der Südstaatengesellschaft bei E. Glasgow, des Lebens im mittleren Westen und Südwesten bei W. Cather, ethn. Komponenten die Beschreibung der Akkulturation jüd.-europ. Einwanderer bei Mary Antin (* 1881, † 1949) und A. Yezierska sowie die Thematisierung der Suche nach dem kulturellen Erbe afroamerikan. Schriftstellerinnen der ↑Harlem Renaissance (Z. N. Hurston, J. Fauset, N. Larsen). G. Stein kreiert mit ihren experimentellen Texten die sog. ›portrait narration‹; D. Barnes verfeinert die ›stream-of-consciousness‹-Technik, A. Nin integriert erot. Literatur in ihre Tagebücher, D. Parker u. K. A. Porter üben Zeitkritik, F. O'Connor, C. McCullers und E. Welty stellen die Welt des Südens dar. Auf dem Gebiet des Dramas sind S. Glaspell u. L. Hellman durch psycholog. Stücke hervorgetreten. Die Entstehung der modernen Lyrik ist entscheidend durch die Herausgebertätigkeiten u. eigene bed. Werke von A. Lowell, H. D., M. Moore u. E. S. Vincent Millay geprägt worden. In der Nachkriegslyrik und der Gegenwart reicht der Bogen weibl. Ausdrucksformen von der ›confessional poetry‹ (A. Sexton, S. Plath, D. Wakoski) über sozial-engagierte Dichtung (D. Levertov, G. Paley), zur ethn. Identifikation (G. Brooks, A. Lorde, N. Giovanni, T. C. Bambara, R. Dove, L. M. Silko, J. Harjo) und feminist. Anliegen (E. Jong, A. Rich). Die Dramatikerinnen der Gegenwart bringen die kulturell determinierten Muster weibl. Verhaltens auf die Bühne (M. Terry, Joan Holden [* 1939], Rochelle Owens [* 1936], Beth Henley [* 1952]). In den 70er und 80er Jahren hat sich eine mit dem Trend postmoderner Erzählliteratur konkurrierende feminist. Schreibweise herausgebildet, die kulturgeschichtl., polit., religiöse, ethn. und existentielle Anliegen mit phantast. Elementen überzeugend zu transportieren weiß. So knüpfen M. Walker, T. Morrison und A. Walker an die afroamerikan., C. Ozick an die jüd. Erzähltradition, M. Hong Kingston und A. Tan an asiat., L. M. Silko und L. Erdrich an indian. Mythen an; J. C. Oates, A. Tyler und M. Gordon affirmieren traditionelle Werte; R. Adler, J. Didion, E. Hardwick und S. Sontag treten engagiert für die Verbesserung der Mann-Frau-Beziehung ein; E. Jong, K. Millett und T. Olsen verfolgen die gesellschaftl. Aufwertung der Frau; U. Le Guin, M. Piercy und J. Russ bieten radikale utop. Visionen zur Veränderung der bestehenden Rollenverhältnisse an, die K. Acker in ihren Punk-Romanen parodiert.

Literatur: The black woman. Hg. v. T. CADE. New York 1970. – Images of women in fiction. Feminist perspectives. Hg. v. S. K. CORNILLON. Bowling Green (Ohio) 1972. – Images of women in literature. Hg. v. M. A. FERGUSON. Boston (Mass.) 1973. – HEILBRUN, C.: Toward a recognition of androgyny. New York 1973. – WILLIAMS, O.: American black women in the arts and sciences. A bibliographic survey. Metuchen (N. J.) 1973. – KOLODNY, A.: The lay of the land. Metaphor as experience and history in American life and letters. Chapel Hill (N. C.) 1975. – Black-eyed Susans. Classic stories by and about black women. Hg. v. M. H. WASHINGTON. Garden City (N. Y.) 1975. – BAYM, N.: Woman's fiction. A guide to novels by and about women in America, 1820–1870. Ithaca (N. Y.) 1978. – MOERS, E.: Literary women. New York 1978. – WEBBER, J./GRUMMAN, J.: Woman as writer. Boston (Mass.) 1978. – GILBERT, S./GUBAR, S.: The madwoman in the attic. The woman writer and the nineteenth-century literary imagination. New Haven (Conn.) 1979. – American women writers. A critical reference guide from colonial times to the present. Hg. v. L. MAINIERO u. L. L. FAUST. New York 1979. 4 Bde. – Black women writers (1950–1980). A critical evaluation. Hg. v. M. EVANS. New York 1984. – KOLODNY, A.: The land before her. Fantasy and experience of the American frontiers, 1630–1860. Chapel Hill (N. C.) 1984. – MOI, T.: Sexual, textual politics. Feminist literary theory. New York 1985. – The new feminist criticism. Hg. v. E. SHOWALTER. New York 1985. – Regionalism and the female imagination. Hg. v. E. TOTH. New York 1985. – Feminist literary theory. A reader. Hg. v. M. EAGLETON. Cambridge (Mass.) 1986. – BENSTOCK, S.: Feminist issues in literary scholarship. Bloomington (Ind.) 1987. – BENSTOCK, S.: Women of the Left Bank. Paris 1900–1940. New York 1987. – SHAPIRO, A. R.: Unlikely heroines. Nineteenth-century American women writers and the woman question. New York u. a. 1987. – WEEDON, C.: Feminist practice and poststructuralist theory. Cambridge (Mass.) 1987. – The private self. Hg. v. S. BENSTOCK. Chapel Hill (N. C.) 1988. – BLUM, G.: Transcending gender. The male/female double in women's fiction. Ann Arbor (Mich.) 1988. – GILBERT, S./GUBAR, S.: No man's land. The place of the woman writer in the twentieth century. New Haven (Conn.) 1988 ff., bisher 2 Bde. ersch. – HANSCOMBE, C./SMYERS, V. L.: Writing for their lives. The modernist women 1910–1940. Boston (Mass.) 1988. – The feminist reader. Essays in gender and the politics of literary criticism. Hg. v. C. BELSEY u. J. MOORE. Cambridge (Mass.) 1989. – Feminist literary criticism. Explorations in theory. Hg. v. J. DONOVAN. Ithaca (N. Y.) 1989. – FELSKI, R.: Beyond feminist aesthetics. Feminist literature and social change. Cambridge (Mass.) 1989. – Making a spectacle. Feminist essays on contemporary women's theatre. Hg. v. L. HART. Ann Arbor (Mich.) 1989. – HIRSCH, M.: The mother/daughter plot. Narrative psychoanalysis, feminism. Bloomington (Ind.) 1989. – KENDRICK, D.: Women of plums. Poems in the voices of slave women. New York 1989. – The difference within. Feminism and critical theory. Hg. v. E. MEESE u. A. PARKER. Amsterdam 1989. – Feminist readings/Feminists reading. Hg. v. S. MILLS u. a. Charlottesville (Va.) 1989. – Speaking of gender. Hg. v. E. SHOWALTER. New York u. a. 1989. – These modern women. Autobiographical essays from the twenties. Hg. v. E. SHOWALTER. New York 1989. – WAUGH, P.: Feminine fictions. Revisiting the modern. London 1989. – ANDERSON, D.: A house divided. Domesticity and community in American fiction. Cambridge u. a. 1990. – Plotting change. Contemporary women's fiction. Hg. v. L. ANDERSON. New York 1990. – ARDIS, A.: New women, new novels. Feminism and early modernism. New Brunswick (N. J.) 1990. – Feminist theories for dramatic criticism. Hg. v. G. AUSTIN. Ann Arbor (Mich.) 1990. – BARDES, B./GOSSETT, S.: Declarations of independence. Women and political power in nineteenth-century American fiction. New Brunswick (N. J.) 1990. – COULTRAP-MCQUIN, S.: Doing literary business. American women writers in the nineteenth century. Chapel Hill (N. C.) 1990. – DIEHL, J. F.: Women poets and the American sublime. Bloomington (Ind.) 1990. – GILBERT, S. M./GUBAR, S.: Reconstructing desire. The role of the unconscious in women's reading and writing. Chapel Hill (N. C.) 1990. – Women, class, and the feminist imagination. A socialist feminist reader. Hg. v.

K. V. HANSEN u. I. J. PHILIPSON. Philadelphia (Pa.) 1990. – HARRIS, S. K.: Nineteenth century American women's novels. New York 1990. – HUMM, M.: The dictionary of feminist theory. Columbus (Ohio) 1990. – Feminism/Postmodernism. Hg. v. L. J. NICHOLSON. Boston (Mass.) 1990. – PEASE, J./PEASE, W.: Ladies, women, and wenches. Choices and constraint in antebellum Charleston and Boston. Chapel Hill (N. C.) 1990. – SHOWALTER, E.: Sexual anarchy. Gender and culture at the fin de siècle. New York 1990. – TRIN, T. M.: Woman, native, other. Writing postcoloniality and feminism. Bloomington (Ind.) 1990. – AMMONS, W.: Conflicting stories. American women writers at the turn into the twentieth century. New York 1991. – Modern American women writers. Hg. v. L. BAECHLER u. A. WALTON LITZ. New York 1991. – BENSTOCK, S.: Textualizing the feminine. On the limits of genre. Norman (Okla.) 1991. – Feminist literary criticism. Hg. v. M. EAGLETON. New York 1991. – Frauen und Frauendarst. in der engl. und amerikan. Lit. Hg. v. T. FISCHER-SEIDEL. Tüb. 1991. – FOX-GENOVESE, E.: Feminism without illusions. Chapel Hill (N. C.) 1991. – KEYNON, O.: Writing women. Contemporary women novelists. Concord (Mass.) 1991. – ROBINSON, S.: Engendering the subject. Gender and self-representation in contemporary women's fiction. New York 1991. – SHOWALTER, E.: Sister's choice. Traditions and contradictions in American women's writing. New York 1991. – WISER, W.: The great good place. American expatriate women in Paris. New York 1991. – Women in search of literary space. Hg. v. G. M. GRABHER u. M. DEVINE. Tüb. 1992. – LESSER, W.: His other half. Men looking at women through art. Cambridge (Mass.) 1992. – SULEIMAN, S. R.: Subversive intent. Gender, politics, and the avant-garde. Cambridge (Mass.) 1992.

Frederic, Harold ['fredərɪk], * Utica (N. Y.) 19. Aug. 1856, † Surrey (England) 19. Okt. 1898, Schriftsteller. – Nach journalist. Arbeit bei lokalen Zeitungen in Utica und Albany ab 1884 angesehener Londoner Korrespondent der New York Times; gleichzeitig Autor realist. und sozialkrit., meist im ländl. Norden des Staates New York angesiedelter (*Seth's brother's wife. A study of life in the greater New York,* 1887), z. T. auch histor. Romane (z. B. *The copperhead,* 1893). Sein bekanntester Roman *The damnation of Theron Ware* (1896) macht in seiner multiperspektiv. Erzähltechnik die im 19. Jh. wirksamen geistigen Strömungen von Romantik, Wissenschaftsgläubigkeit, Pragmatismus und Skeptizismus zu Auslösern für Aufstieg, Hochmut und Fall eines Methodistenpredigers und gestaltet auf einer anderen Ebene gleichnishaft die kulturellen Konflikte Amerikas mit Europa. Seine letzten Romane *Gloria mundi* (1898) und *The market-place* (1899) haben statt der neuengländ. Gesellschaft das soziale Milieu Englands zum Gegenstand. Weniger erfolgreich war F. als Dramatiker.

Weitere Werke: In the valley (R., 1890), The Lawton girl (R., 1890), The young emperor William II of Germany. A study in character development on a throne (Essays, 1891), The new exodus. A study of Israel in Russia (Essays, 1892), The return of O'Mahoney (R., 1892), Marsena and other stories of the wartime (1894), Mrs. Albert Grundy. Observations in Philistia (En., 1896), March hares (R., 1896; unter dem Pseudonym George Forth), In the sixties (R., 1897), The deserter and other stories. A book of two wars (1898).

Ausgaben: H. F.'s stories of New York State. Hg. v. T. F. O'DONNELL. Syracuse (N. Y.) 1966. – The correspondence of H. F. Hg. v. G. FORTENBERRY, S. GARNER u. R. H. WOODWARD. Fort Worth (Tex.) 1977.

Literatur: O'DONNELL, T. F./FRANCHERE, H. C.: H. F. New York 1961. – BRIGGS, A., JR.: The novels of H. F. Ithaca (N. Y.) 1969. – GARNER, S.: H. F. Minneapolis 1969. – WILSON, E.: The devils and Canon Barham. New York 1973. – O'DONNELL, T./GARNER, S./WOODWARD, R. H.: A bibliography of writings by and about H. F. Boston (Mass.) 1975. – POLK, N.: The literary manuscripts of H. F. A catalogue. New York u. a. 1979.

Freeman, Mary Eleanor ['fri:mən], geb. Wilkins, * Randolph (Mass.) 31. Okt. 1852, † Metuchen (N. J.) 13. März 1930, Schriftstellerin. – Gehört mit ihren ›objektiv‹-realist. Kurzgeschichten zu den Autoren der ›local color school‹ (↑ Local color) in der 2. Hälfte des 19. Jh.; in ihren z. T. im Dialekt geschriebenen Geschichten zeichnet sie das ländl. Leben der Menschen in Neuengland; auch Verfasserin von Romanen.

Werke: A humble romance (Kurzgeschichten, 1887; dt. Ein bescheidener Roman u. a. En.), A New England nun (Kurzgeschichten, 1891), Pembroke (R.,

1894), Jerome. A poor man (R., 1897), Edgewater people (Kurzgeschichten, 1918).

Ausgaben: Selected stories by M. E. W. F. Hg. v. M. Pryse. New York 1983. – The infant sphinx. Collected letters of M. E. W. F. Hg. v. B. L. Kendrick. Metuchen (N. J.) 1985.

Literatur: Foster, E.: M. E. W. F. New York 1956. – Westbrook, P. D.: M. W. F. New York 1967. Neuaufl. 1988. – Meese, E. A.: Crossing the double-cross. Chapel Hill (N. C.) 1986.

French, Marilyn [frentʃ], Pseudonym Mara Solwoska, * New York 21. Nov. 1929, Schriftstellerin. – Studierte an den Universitäten von Hofstra und Harvard, wo sie engl. Literatur unterrichtete. Gestützt auf ihre eigenen Erfahrungen, zeichnet F. in ihren erfolgreichen Romanen die Geschichte der Frauenemanzipation im Nachkriegsamerika nach. So schildert *The women's room* (1977; dt. *Frauen,* 1978) anhand von 16 Frauenschicksalen die allmähl. Befreiung von Hausarbeit und Kindererziehung durch berufl. Karriere. Die sich aus dem Widerspruch zwischen feminist. Positionen und traditionellen Vorstellungen über die Beziehungen von Mann und Frau ergebenden Konfliktsituationen sind das Thema von *The bleeding heart* (R., 1980; dt. *Das blutende Herz,* 1983) sowie der sozialkrit. Studie *Beyond power. On women, men and morals* (1985; dt. *Jenseits der Macht. Frauen, Männer und Moral,* 1988). Die weibl. Perspektive dominiert schließlich in dem die unzerreißbare Bindung zwischen Mutter und Tochter darstellenden Roman *Her mother's daughter* (1987; dt. *Tochter ihrer Mutter,* 1988). Ihre literaturkrit. Werke befassen sich mit Stiluntersuchungen (*The book as world. James Joyce's ›Ulysses‹,* 1976) und feminist. Analysen (*Shakespeare's division of experience,* 1982; *The war against women,* 1992, dt. *Der Krieg gegen die Frauen,* 1992; Einf.en zu Werken von E. Wharton [1981 u. 1983]).

Freneau, Philip Morin [frəˈnoʊ], * New York 2. Jan. 1752, † bei Middletown Point (N. J.) 19. Dez. 1832, Dichter. – Entstammte einer hugenott. Familie, studierte in Princeton zus. mit dem späteren Präsidenten J. Madison und dem Romancier H. H. Brackenridge; fuhr einige Jahre zur See, wo er die Idylle der Karibik und die Brutalität in brit. Gefangenschaft kennenlernte; war danach (1790–99) polit. Journalist im Auftrag T. Jeffersons. Durch seine politisch engagierte Lyrik wurde F. zum Dichter der Revolution und der jungen amerikan. Republik, der die Werte der Nation patriotisch propagierte (*The rising glory of America,* Ged., 1772; zus. mit H. H. Brackenridge) und die persönlich erfahrene brit. Vorherrschaft bekämpfte (*The British prison ship,* Satire, 1781); von romant. Imagination zeugen seine Naturgedichte und die Identifizierung mit den amerikan. Ureinwohnern (*The Indian burial ground,* 1788).

Weitere Werke: General Gage's confession (Satire, 1775), The house of night (Ged., 1779), Poems (1786), The village merchant (Skizzen, 1794).

Ausgaben: P. M. F. Poems. Hg. v. F. L. Pattee. Princeton (N. J.) 1902–07. 3 Bde. – The poems of F. Hg. v. H. H. Clark. New York 1929. – The last poems of P. F. Hg. v. P. F. Leary. New Brunswick (N. J.) 1945.

Literatur: Leary, L.: That rascal F. A study in literary failure. New Brunswick (N. J.) 1941. – Marsh, P. M.: P. F., poet and journalist. Minneapolis (Minn.) 1967.

Frost, Robert Lee, [frɔːst], * San Francisco 26. März 1874, † Boston (Mass.) 29. Jan. 1963, Lyriker. – Der frühe Tod des Vaters zwang F. zu Gelegenheitsarbeiten neben Schule und Studium (klass. Sprachen); lebte 1912–15 in Großbritannien, wo er durch Vertreter des ↑ Imagismus entscheidende Anregungen erhielt und ersten Ruhm erntete; nach der Rückkehr nach Amerika auch dort literarisch erfolgreich; lebte dann als Landwirt in Neuengland; zeitweilig auch Gastdozent an amerikan. Universitäten. Formsicherer, an der klass. Dichtung geschulter Lyriker, der in schlichter Sprache (fast ›colloquial language‹) und in feiner Melodik und Rhythmik Themen der bukol. Dichtung neu gestaltete und variierte. Neben harmon. Stimmungsgedichten, die frei von jeder Beziehung zur Welt der Zivilisation sind, schrieb er auch Gedichte mit düsterem Inhalt, in denen er die Ängste des modernen Menschen zum Ausdruck brachte. Die sichere, nüchterne Darstellung des Anschaubaren ermöglichte ihm den Verzicht auf komplizierte Formen und Bilder in seinen unrhetor., oft zarten Naturgedichten. In seinen Dramen (*A way out,* 1929; *The cow's in the corn,* 1929) bevorzugte er locker gebaute Blankverse.

Weitere Werke: A boy's will (Ged., 1913), North of Boston (Ged., 1914), Mountain interval (Ged., 1916), New Hampshire (Ged., 1923; Pulitzerpreis 1924), Collected poems (1930, dt. Gesammelte Gedichte, 1952; Pulitzerpreis 1931), A further range (Ged., 1936; Pulitzerpreis 1937), A witness tree (Ged., 1942; Pulitzerpreis 1943), A masque of reason (Vers-Dr., 1945), A masque of mercy (Vers-Dr., 1947), In the clearing (Ged., 1962; dt. Überfließendes Leben, 1976).

Ausgaben: R. F. Ges. Ged. Dt. Übers. v. A. Bernus u. a. Mhm. 1952. – Selected letters of R. F. Hg. v. L. Thompson. New York 1964. – R. F. Selected prose. Hg. v. H. Cox u. E. C. Lathem. New York 1966. – The poetry of R. F. Hg. v. E. C. Lathem. New York 1969.

Literatur: R. F. A collection of critical essays. Hg. v. J. Cox. Englewood Cliffs (N. J.) 1962. – Brower, R. A.: The poetry of R. F. New York 1963. – Autorisierte Biogr.: Thompson, L.: R. F. The early years, 1874–1915 (1966), R. F. The years of triumph, 1915–1938 (1970), Thompson, L./Winnick, R.,: R. F. The later years (1976). New York u. a. (Kurzfassung dieser Biogr. in einem Band: R. F. A biography. Hg. v. E. C. Lathem. New York 1981). – Sohn, D. A./Tyre, R.: F. The poet and his poetry. New York 1967. – Poirier, R.: R. F. The work of knowing. New York 1977. – Kemp, J. C.: R. F. and New England. The poet as regionalist. Princeton (N. J.) 1979. – Potter, J. L.: R. F. Handbook. University Park (Pa.) 1980. – Gerber, P. L.: R. F. Boston (Mass.). Neuaufl. 1982. – Critical essays on R. F. Hg. v. P. L. Gerber. Boston (Mass.) 1982. – Wakefield, R.: R. F. and the opposing lights of the hour. New York 1985. – Kjorven, J.: R. F.'s emergent design. The truth of the self in-between belief and unbelief. Atlantic Highlands (N. J.) 1986. – R. F. Hg. v. H. Bloom. New York 1986. – Holland, N. N.: The brain of R. F. A cognitive approach to literature. New York 1988. – Katz, S. L.: Elinor Frost. A poet's wife. Westfield (Mass.) 1988. – Monteiro, G.: R. F. and the New England Renaissance. Lexington (Ky.) 1988. – Walsh, J. E.: Into my own. The English years of R.F (1912–1915). New York 1988. – D'Avanzo, M. L.: A cloud of other poets. R. F. and the romantics. Lanham (Md.) 1991.

Fugitives ['fju:dʒətɪvz; = Flüchtlinge], konservative Dichter des amerikan. Südens, die in den 20er Jahren an der Vanderbilt University in Nashville (Tenn.) lehrten und mit ihrem in der Zs. *The Fugitive* (1922–25) manifesten Dichtungsprogramm bed. Literaturstudenten um sich sammelten. Skepsis gegenüber Fortschritts- und Wissenschaftsgläubigkeit und die Ablehnung von Modernismen, bes. von Anleihen bei den Naturwissenschaften, war die gemeinsame Basis ihrer naturverbundenen Dichtung u. Literaturbetrachtung. Im Einklang mit den die ökonom. Strukturen des industrialisierten Nordens zurückweisenden Südstaatlern forderten sie deshalb eine Rückbesinnung auf die ländlich-agrar. Lebensformen des Südens (daher auch ›Agrarians‹, ›Southerners‹) und versuchten eine Erneuerung der Literatur aus volkstüml. Traditionen. Trotz des gegenwartsfeindl. Programms hatten die literar. und literaturkrit. Werke der bedeutendsten Mitglieder (J. C. Ransom, A. Tate, R. P. Warren, A. Lytle, M. Moore) großen Einfluß auf die Entwicklung der modernen ↑ Lyrik sowie der Schule des ↑ New criticism in den USA.

Literatur: Bradbury, J. M.: The f. New Haven (Conn.) 1964. – Cowan, L.: The fugitive group. Baton Rouge (La.) ^{2}1968. – Conkin, P. K.: The Southern Agrarians. Knoxville (Tenn.) 1988.

Fuller, Charles ['fʊlər], * Philadelphia (Pa.) 5. März 1939, Dramatiker. – Verarbeitet in seinen Dramen histor. und zeitgenöss. Ereignisse der afroamerikan. Existenz sowie seine persönl. Erfahrungen als Soldat. F. erhielt 1982 für *A soldier's play* (1981) als zweiter afroamerikan. Dramatiker den Pulitzerpreis.

Weitere Werke: The perfect party (Dr., 1968), My many names and days (Einakter, 1972), The candidate (Dr., 1974), In the deepest part of sleep (Dr., 1974), The Brownsville raid (Dr., 1976), Zooman and the sign (Dr., 1980).

Fuller, Henry Blake ['fʊlər], * Chicago 9. Jan. 1857, † ebd. 28. Juli 1929, Schriftsteller. – Schrieb histor. Romane, in denen er das Leben an europ. Fürstenhöfen schilderte, u. a. *The chevalier of Pensieri-Vani*

(1890), der zunächst unter dem Pseudonym Stanton Page erschien; auch bed. Gesellschaftsbeobachter der älteren Chicagoer Schule mit realist. sozialkrit. Romanen, darunter *The cliff-dwellers* (1893).
Weitere Werke: With the procession (R., 1895), Under the sky-lights (Kurzgeschichten, 1901), Waldo Trench and others (En., 1908), Not on the screen (R., hg. 1930).
Literatur: GRIFFIN, C. M.: H. B. F. A critical biography. Philadelphia (Pa.) 1939. – PILKINGTON, J.: H. B. F. New York 1970. – BOWRON, B. R., JR.: H. B. F. of Chicago. The ordeal of a genteel realist in ungenteel America. Westport (Conn.) 1974.

Fuller, [Sarah] Margaret ['fʊlər], * Cambridgeport (heute Cambridge, Mass.) 23. Mai 1810, † Fire Island bei New York 19. Juli 1850 (Schiffsuntergang), Schriftstellerin. – Heiratete 1847 den italien. Marchese Angelo Ossoli; sie war als Publizistin Herausgeberin der transzendentalist. Zs. *The Dial* (1840–42) und als Leiterin eines Konversationskreises einflußreiches Mitglied der Transzendentalistengruppe um R. W. Emerson (↑Transzendentalismus). 1839 erschien ihre engl. Übersetzung von J. P. Eckermanns *Gesprächen mit Goethe*. Sie nahm ferner in essayist. Studien zur Frauenfrage Stellung und schrieb Essays zu Literatur und Kunst.
Werke: Summer in the lakes in 1843 (Studie, 1844), Woman in the 19th century (Studie, 1845), Papers on literature and art (Essays, 1846), Memoirs (hg. 1852).
Ausgaben: The woman and the myth. M. F.'s life and writings. Hg. v. B. G. CHEVIGNY. Old Westbury (N. Y.) 1976. – M. F. Essays on American life and letters. Hg. v. J. MYERSON. New Haven (Conn.) 1977. – The letters of M. F. Hg. v. R. N. HUDSPETH. Ithaca (N. Y.) 1983ff. (bisher 5 Bde. ersch.).
Literatur: STERN, M. B.: The life of M. F. Westport (Conn.) 1941. – CHIPPERFIELD, F.: In quest of love. The life and death of M. F. New York 1957. – BROWN, A. W.: M. F. New York 1964. – DURNING, R. E.: M. F. Citizen of the world. An intermediary between European and American literatures. Hdbg. 1969. – ALLEN, M. V.: The achievement of M. F. University Park (Pa.) 1979. – BLANCHARD, P.: M. F. From transcendentalism to revolution. New York 1979. – Critical essays on M. F. Hg. v. J. MYERSON. Boston (Mass.) 1980. – HIGGINSON, T. W.: M. F. Ossoli. New York 1981.

Funeral elegy [f'ju:nərəl 'elədʒi] ↑Lyrik.

G

Gaddis, William ['gædɪs], * New York 29. Dez. 1922, Schriftsteller. – Während des Studiums in Harvard Hg. der satir. Zs. *The Lampoon;* Reisen in Lateinamerika, Afrika und Europa. Die beiden ersten seiner bisher erschienenen Romane sind Meisterwerke postmoderner Fiktion. Sie sind durch enzyklopäd. Themenbreite und Experimente mit narrativen Strukturen gekennzeichnet. Während in *The recognitions* (1955) Formen der Religion in ihrer Beziehung zu menschl. Verhaltensmustern entfaltet werden, führt *JR* (1975) die amerikan. Geschäftswelt vor, die von dem Schüler JR mit betrüger. Tricks manipuliert wird. *Carpenter's gothic* (1985; dt. *Die Erlöser,* 1988) zeigt – in bescheidenerem Maße – eine weitere Variante der Konfliktzonen zwischen menschl. und geschäftl. Beziehungen, die von Komik und Verzweiflung erfüllt sind.

Weiteres Werk: The last act (R., 1988).

Literatur: MOORE, S.: A reader's guide to W. G.'s ›The recognitions‹. Lincoln (Nebr.) 1982. – In recognition of W. G. Hg. v. J. KUEHL u. S. MOORE. Syracuse (N. Y.) 1984. – MOORE, S.: W. G. Boston (Mass.) 1989.

Gale, Zona [geɪl], * Portage (Wis.) 26. Aug. 1874, † Chicago 27. Dez. 1938, Schriftstellerin. – Arbeitete als Journalistin in Milwaukee und New York; schuf realist. Milieuschilderungen und typ. Charakterdarstellungen des Lebens in der amerikan. Kleinstadt.

Werke: Friendship village (Kurzgeschichten, 1908), Birth (R., 1918, dramatisiert 1924 u. d. T. Mr. Pitt), Miss Lulu Bett (R., 1920, Dr., 1921; Pulitzerpreis 1921), Portage, Wis. (Autobiogr., 1928), Borgia (R., 1929).

Literatur: SIMONSON, H. P.: Z. G. New York 1962.

Gallico, Paul William ['gælɪkoʊ], * New York 26. Juli 1897, † Monte Carlo 15. Juli 1976, Schriftsteller. – Sohn eines italien. Pianisten und einer Österreicherin; zeitweilig populärster Sportjournalist der USA. G. schrieb außer Büchern über Sport heitere Romane und Erzählungen mit optimist. Grundhaltung in zart-iron. Ton, von denen *Love of seven dolls* (E., 1954; dt. *Kleine Mouche,* 1955) bes. bekannt wurde.

Weitere Werke: Flowers for Mistress Harris (R., 1958; dt. Ein Kleid von Dior, 1959), Mistress 'Arris goes to New York (R., 1960; dt. Der geschmuggelte Henry, 1961), Mistress Harris, M. P. (R., 1960; dt. Freund mit Rolls-Royce, 1969), The Poseidon adventure (R., 1969; dt. Schiffbruch, 1970), The boy who invented the bubblegum (R., 1974; dt. Julian und die Seifenblasen, 1975), Mistress Harris goes to Moscow (R., 1975; dt. Mrs. Harris fliegt nach Moskau, 1976).

Gardner, Erle Stanley ['gɑːrdnər], * Malden (Mass.) 17. Juli 1889, † Temecula (Calif.) 11. März 1970, Schriftsteller. – Rechtsanwalt; erfolgreicher Autor von über 100 Kriminalromanen, von denen er einige unter Pseudonymen (u. a. A. A. Fair) veröffentlichte; im Mittelpunkt einer Gruppe von Romanen steht der Anwalt Perry Mason, der Held einer anderen ist Douglas Selby († Kriminalliteratur).

Literatur: VAN DOVER, J. K.: Murder in the millions. E. S. G., Mickey Spillane, Ian Fleming. New York 1984.

Gardner, John [Champlin] Jr. ['gɑːrdnər], * Batavia (N. Y.) 21. Juli 1933, † Susquehanna (Pa.) 14. Sept. 1982 (Motorradunfall), Schriftsteller. – Prof. für engl. Literatur des MA; schrieb zahlreiche humorvolle und geistreiche Romane, Erzählungen, Gedichte und literarkrit. Arbeiten (*On moral fiction,* 1978; *The art of fiction.*

Notes on craft for young writers, hg. 1984) sowie Studien, u. a. über G. Chaucer. Seine Themen reichen von der klass. Antike (*The wreckage of Agathan,* R., 1970; *Jason and Medeia,* ep. Ged., 1973) über die Aufnahme der engl. Literatur (*Grendel,* R., 1971; dt. 1972), die skand. Geschichte (*Freddy's book,* R., 1980) zu philosoph. Problemen gegenwärtiger Existenz (*The sunlight dialogues,* E., 1972, dt. *Der Ruhestörer oder die Gespräche mit dem Sonnen-Mann,* 1977; *Nickel mountain,* R., 1973; *October light,* R., 1976, dt. *Oktoberlicht,* 1980; *Mickelsson's ghosts,* R., 1982); auch Kurzgeschichten (*The king's Indian,* 1974; *The art of living,* 1981) und Kindermärchen (*Dragon, dragon,* 1975; *A child's bestiary,* 1977; *In the suicide mountains,* 1977). Postum erschien der Roman *Win, lose or die* (1989).

Literatur: J. G . A bibliographical profile. Hg. v. J. H. HOWELL. Carbondale (Ill.) 1980. – J. G. Critical perspectives. Hg. v. R. A. MORACE u. K. VAN SPANCKEREN. Carbondale (Ill.) 1982. – J. G. True art, moral art. Hg. v. B. MENDEZ-EGLE. Edinburg (Tex.) 1983. – MORRIS, G. L.: A world of order and light. The fiction of J. G. Athens (Ga.) 1984. – Thor's hammer. Essays on J. G. Hg. v. J. HENDERSON u. a. Conway (Ark.) 1985. – BUTTS, L.: The novels of J. G. Making life art as a moral process. Baton Rouge (La.) 1988. – Conversations with J. G. Hg. v. A. CHAVKIN. Jackson (Miss.) 1990. – HENDERSON, J.: J. G. A study of short fiction. Boston (Mass.) 1990.

Garland, Hamlin ['gɑ:rlənd], * bei West Salem (Wis.) 14. Sept. 1860, † Los Angeles-Hollywood 4. März 1940, Schriftsteller. – Sohn eines Pioniers aus Neuengland, verbrachte seine Jugend als Farmer in Iowa und South Dakota; bei einem Aufenthalt in Boston Bekanntschaft mit W. D. Howells, der seine literar. Karriere beeinflußte; ließ sich in Chicago nieder, wo er in den 90er Jahren eine führende Rolle im literar. Leben spielte; später Übersiedlung nach New York; seit 1930 in Los Angeles. G. schrieb naturalist. Romane und Erzählungen über den harten Alltag der Pioniere, über Freude und Mühsal des Farmerlebens im Mittelwesten mit zeitgemäßer sozialkrit. Einstellung. Bekannt durch seine Middle-Border-Familienchronik (*A son of the Middle Border,* Autobiogr., 1917; *A daughter of the Middle Border,* Autobiogr., 1921; Pulitzerpreis 1922).

Weitere Werke: Main-travelled roads (Kurzgeschichten, 1891), A spoil of office (R., 1892), Prairie folks (En., 1893), Rose of Dutcher's Coolly (R., 1895), Ulysses S. Grant (Biogr., 1898), Boy life on the prairie (R., 1899), Back-trailers from the Middle Border (R., 1928).

Ausgabe: Collected works of H. G. New York 1930. Neudr. Hg. v. D. PIZER. New York 1988. 45 Bde.

Literatur: PIZER, D.: H. G.'s early work and career. Berkeley (Calif.) 1960. Neuaufl. New York 1969. – BORCHERS, H.: H. G. (1860–1940). Die Entwicklung eines amerikan. Realisten. Ffm. 1975. – MCCULLOUGH, J. B.: H. G. Boston (Mass.) 1978. – Critical essays on H. G. Hg. v. J. NAGEL. Boston (Mass.) 1982. – The critical reception of H. G. 1891–1978. Hg. v. C. L. P. SILET u. a. Troy (N. Y.) 1985.

Gass, William Howard [gæs], * Fargo (N.Dak.) 30. Juli 1924, Schriftsteller. – Seit 1969 Prof. für Philosophie an der Washington University, Saint Louis (Mo.); beeinflußt von R. M. Rilke, P. A. Valéry, G. Stein und L. Wittgenstein. Sein menschl. Beziehungen thematisierendes Erzählwerk (*Omensetter's luck,* R., 1966; *In the heart of the heart of the country,* En., 1968, dt. *Im Herzen des Herzens des Landes,* 1991; *Willie Masters' lonesome wife,* R., 1968) demonstriert das in seinen zahlreichen Essays besprochene Problem der weltschaffenden Kraft des Wortes (u. a. *Fiction and the figures of life,* 1970; *On being blue,* 1976; *The world within the word,* 1981; *Habitations of the word,* 1985). Mit dieser Aufwertung der von der Wirklichkeit unabhängigen Welt der Fiktion wird er zu einem der bedeutendsten Vertreter der Postmoderne, in dessen Werk literar. Praxis und Kritik ineinandergreifen und sich ergänzen.

Literatur: MCCAFFERY, L.: The metafictional muse. The works of Robert Coover, Donald Barthelme, and W. H. G. Pittsburgh (Pa.) 1982. – SALTZMAN, A. M.: The fiction of W. G. The consolation of language. Carbondale (Ill.) 1986. – HOLLOWAY, W. L.: W. G. Boston (Mass.) 1990.

Gelber, Jack ['gelbər], * Chicago 12. April 1932, Dramatiker. – Dozent der Theaterwissenschaften an der Columbia University 1966–1972, seit 1972 am Brooklyn

College (N. Y.). G.s aufsehenerregendes Drama *The connection* (UA 1959, ersch. 1960; dt. *Konnex,* 1963), in dem die auf ihre nächste Heroinlieferung wartenden Drogenabhängigen als Gegenbild einer optimistisch gesinnten amerikan. Wirklichkeit erscheinen, markiert mit den an Pirandellos Metatheater und Becketts Theater des Absurden erinnernden Techniken sowie den in langen Musikpassagen deutlichen Jazz-Improvisationen den Beginn einer neuen Theaterkonzeption in den USA. So bestimmen die Aufgabe der konventionellen Strukturmittel des Familiendramas und die Aufhebung der Grenze zwischen Bühnen- und Zuschauerwirklichkeit seine Dramen und bedingen neue Inszenierungen, wie sie u. a. vom ↑Living Theatre praktiziert wurden, das die meisten seiner Werke aufführte. G. schrieb auch einen den Geist der ↑Beat generation widerspiegelnden Roman (*On ice,* 1964).

Weitere Werke: The apple (Dr., 1961; dt. Der Apfel, 1976), Square in the eye (Dr., 1965), The Cuban thing (Dr., 1969; dt. Die Sache mit Kuba, 1970), Sleep (Dr., 1972), Rehearsal (UA 1976), Starters (UA 1980), Big shot (Dr., 1988).

Literatur: NOW. Theater der Erfahrung. Hg. v. J. HEILMEYER u. P. FROLICH. Köln 1971. – TAYLOR, K.: People's theatre in America. New York 1973.

Genteel tradition [dʒen'ti:l trə'dɪʃən], eine von G. Santayana um die Jh.-wende geprägte Bezeichnung für eine kulturell-literar. Bewegung Ende des 19. Jh., die eine auf das puritan. Wertesystem zurückgeführte, vornehm-aristokrat. Traditionslinie den kommerziell gesinnten, instinkthaften Verhaltensformen der jüngeren Generation des ›gilded age‹ entgegensetzte. Während allgemein die ›novel of manners‹, v. a. die von H. James verfaßten Gesellschaftsstudien, durch den Verweis auf viktorian. Moralanschauungen teilweise auf einen solchen aristokrat. Werthorizont abzielten, waren es bes. New Yorker Dichter um R. H. Stoddard und dessen Frau Elizabeth sowie T. B. Aldrich, der zu den die Geisteshaltung der G. t. vertretenden ›Boston Brahmins‹ zählende, einflußreiche Hg. von *The ↑Atlantic Monthly* in Boston, die diese Form der Kultur propagierten und praktizierten.

Literatur: SANTAYANA, G.: The g. t. at bay. New York 1931.

Gilman, Charlotte Perkins ['gɪlmən], * Hartford (Conn.) 3. Juli 1860, † Pasadena (Calif.) 17. Aug. 1935 (Freitod), Schriftstellerin. – Abstammung von dem bekannten Theologen Lyman Beecher und verwandt mit H. Beecher Stowe; erlebte als Kind die ärml. Verhältnisse einer vom Vater verlassenen Familie. Diese schwierige Lage einer finanziell abhängigen Frau sowie die in ihrer ersten Ehe mit C. W. Stetson erlittenen Depressionen bildeten die Grundlage ihrer bekanntesten Werke, der Erzählung *The yellow wallpaper* (1892; dt. *Die gelbe Tapete,* 1985) und der Studie *Women and economics* (1898, Neuaufl. 1975; dt. *Mann und Frau. Die wirtschaftl. Beziehungen der Geschlechter als Hauptfaktor der sozialen Entwicklung,* 1901), in denen sie Feminismus und Sozialismus zu verbinden versuchte. Durch Vortragsreisen bekannt; gab die Zs. *The Forerunner* (1909–16) heraus, in der sie ihre Ideen in Artikeln, Gedichten (*In this our world,* 1893), Erzählungen und utop. Romanen (*Herland,* 1915, Neuaufl. 1979; dt. 1980) veröffentlichte, und gründete 1915 zus. mit J. Addams die für die internat. Frauenbewegung bedeutende ›Woman's Peace Party‹.

Weitere Werke: Concerning children (Studie, 1900), The home. Its work and influence (Studie, 1903, Neuaufl. 1970), Human work (Studie, 1904), What Diana did (R., 1910), Manmade world; or, our androcentric culture (Studie, 1911, Neuaufl. 1970), The crux (R., 1911), Moving the mountain (Utopie, 1911), With her in our land (Utopie, 1916), His religion and hers (Studie, 1923), The living of C. P. G. (Autobiogr., 1935).

Ausgaben: The C. P. G. reader. Hg. v. A. J. LANE. New York 1980. – The yellow wallpaper and other tales. Nachdr. Old Westbury (N. Y.) 1980. – Die gelbe Tapete u. a. En. Ffm. 1985. – C. P. G. A nonfiction reader (1865–1935). Hg. v. L. CEPLAIR. New York 1992.

Literatur: HILL, M. A.: C. P. G. The making of a radical feminist, 1860–1896. Philadelphia (Pa.) 1980. – ALLEN, P. W.: Building domestic liberty. C. P. G.'s architectural feminism. Amherst

(Mass.) 1988. – C. P. G. The woman and her work. Hg. v. S. L. MEYERING. Ann Arbor (Mich.) 1989. – The captive imagination. A casebook on ›The yellow wallpaper‹. Hg. v. C. GOLDEN. New York 1991.

Ginsberg, Allen ['gınzbɜːrg], * Paterson (N. J.) 3. Juni 1926, Lyriker. – Unternahm nach der Studienzeit ausgedehnte Reisen, u. a. nach Indien, Kambodscha, Japan und in die UdSSR. Einer der Hauptvertreter der Dichtung der ↑Beat generation und zugleich einer der schärfsten Kritiker der amerikan. Gesellschaft, dessen aufsehenerregendes Gedicht *Howl* (1956, erw. 1971; dt. *Das Geheul u. a. Gedichte,* 1959) den Ruhm der San-Francisco-Renaissance begründete. In seiner bekenntnishaften Lyrik manifestiert sich der Versuch der radikal-individualist. Beatniks, durch ekstat. Lebensgestaltung dem Zwang der Konventionen zu entrinnen. G.s bildhafte, rhythm. und assoziationsreiche Sprache zeigt formal wie thematisch v. a. den Einfluß W. Whitmans.

Weitere Werke: Empty mirror. Early poems (1961), Kaddish and other poems, 1958–1960 (1961; dt. Kaddisch, 1962), Reality sandwiches, 1953–1960 (Ged., 1963; dt. Reality sandwiches. Photographien, 1989), T. V. baby poems (1967), Planet news, 1961–1967 (Ged., 1968; dt. 1969), Indian journals. March 1962-May 1963 (1970; dt. Ind. Tagebücher, 1972), The fall of America. Poems of these states, 1965–1971 (1972; dt. Der Untergang Amerikas. Ged. 1965–1971, 1975), Journals. Early fifties early sixties (1977; dt. A. G.s Notizbücher, 1952 bis 1962, 1980), Composed on the tongue. Literary conversations, 1967–1977 (1980), Straight heart's delight. Love poems and selected letters, 1947–1980 (1980; dt. Herzgesänge. Ausgew. Ged. 1947–1980, 1981), Plutonian ode. Poems 1977–1980 (1982), Jukebox Elegien. Ged. aus einem Vierteljahrhundert, 1953–1978 (dt. Ausw. 1982), The centos 125–143 (1986, zus. mit R. Creeley), White shroud (1986).

Ausgabe: A. G. Collected poems. 1947–1980. New York 1984.

Literatur: KRAMER, J.: A. G. in America. New York 1969. – MOTTRAM, E.: A. G. in the 60's. Brighton u. a. 1972. – TYTELL, J.: Naked angels. The lives and literature of the Beat generation. New York 1976. – KRAUS, M. P.: A. G. An annotated bibliography, 1969–77. Metuchen (N. J.) 1980. – BURNS, G.: Great poets howl. A study of A. G.'s poetry, 1943–55. Ffm. u. a. 1983. – MCBRIDE, D.: Cometh with clouds (Memory. A. G.). New York 1983. – On the poetry of A. G. Hg. v. L. HYDE. Ann Arbor (Mich.) 1984. – MERRILL, T. F.: A. G. Boston (Mass.) 1988. – MILES, B.: A. G. A biography. New York 1989.

Giovanni, Nikki [dʒoʊ'vɑːni], * Knoxville (Tenn.) 7. Juni 1943, Schriftstellerin. – Studium an der Fisk University, der University of Pennsylvania und der Columbia University; lebt heute in Cincinnati (Ohio). Aus der Sicht einer schwarzen Frau widmet sich G. in ihren ersten Gedichtbänden (*Black feeling, Black talk,* 1967, und *Black judgement,* 1968, veröffentlicht 1970 u. d. T. *Black feeling, black talk, black judgement*) militant der Revolution der Afroamerikaner. Durch die mit der Geburt ihres Sohnes Tom zu Beginn der 70er Jahre eingeleitete Hinwendung zu häusl. und familiären Themen (*My house,* 1972; *The women and the men,* 1975) sowie zu Kindergedichten (*Spin a soft black song,* 1971; *Ego-tripping and other poems for young people,* 1973; *Vacation time. Poems for children,* 1980) wird die in dieser ›New black poetry‹ angelegte Spannung zwischen privatem und öffentl. Selbst intensiviert. Die im Rhytmus an schwarze Musik erinnernden Gedichte thematisieren gegen Ende der 70er Jahre zunehmend Einsamkeit und enttäuschte Liebe (*Cotton candy on a rainy day,* 1978), Themen, die zudem mit innovativen Formen (*Those who ride the night winds,* 1983) verbunden werden. Als ausgezeichnete Rednerin nimmt sie an zahlreichen Lesungen und Diskussionen teil, die entweder als Aufnahmen (z. B. *Truth is on its way,* 1971; *Spirit to spirit. The poetry of N. G.,* 1987) oder in Buchform (*A dialogue. James Baldwin and N. G.,* 1971; *A poetic equation. Conversations between N. G. and Margaret Walker,* 1974) veröffentlicht worden sind.

Weitere Werke: Poem of Angela Yvonne Davis (1970), Night comes softly. An anthology of black female voices (hg. 1970), Re:Creation (Ged., 1970), Gemini (Autobiogr., 1971), Sacred cows and other edibles (Essays, 1988).

Weitere Aufnahmen: Like a ripple on a pond (1973), The way I feel (1974), Legacies (1975), The poet today (1979), The reason I like chocolate (1976), The American arts project. N. G. reading from her works (1984).

Literatur: Black women writers at work. Hg. v. C. TATE. New York 1983. – Black women writers (1950–1980). A critical evaluation. Hg. v. M. EVANS. Garden City (N. Y.) 1984. – KERKHOFF, I.: Poetiken u. lyr. Diskurs im Kontext gesellschaftl. Dynamik. USA ›The sixties‹. Ffm. 1989.

Glasgow, Ellen ['glæsgoʊ], * Richmond (Va.) 22. April 1874, † ebd. 21. Nov. 1945, Schriftstellerin. – Entnahm die Themen ihrer Romane der Welt der Südstaaten. Ihre realist. Darstellungsweise in psycholog. Differenziertheit ist von H. James beeinflußt. Ironisch, mitunter satirisch, schildert sie das Leben der Südstaatler aller Gesellschaftsschichten der jüngeren Vergangenheit und ihrer eigenen Zeit; war eine der ersten Schriftstellerinnen, die das Schicksal der Frauen, bes. ihre Aufopferung für die Familie, behandelte.

Werke: The descendant (R., 1897), The battle-ground (R., 1902), Virginia (R., 1913), Barren ground (R., 1925), The romantic comedians (R., 1926), They stooped to folly (R., 1929; dt. Rette mich nicht, 1930), The sheltered life (R., 1932), Vein of iron (R., 1935; dt. Die eiserne Ader, 1947), In this our life (R., 1941; dt. So ist das Leben, 1948; Pulitzerpreis 1942), The woman within (Autobiogr., hg. 1954).

Ausgaben: E. G. Works. Viginia edition. New York 1938. 12 Bde. – Letters of E. G. Hg. v. B. ROUSE. New York 1958. – E. G. Collected stories. Hg. v. R. K. MEEKER. Baton Rouge (La.) 1963. – E. G.'s reasonable doubts. A collection of her writings. Hg. v. J. R. RAPER. Baton Rouge (La.) 1988.

Literatur: KELLY, W. W.: E. G. A bibliography. Hg. v. O. STEELE. Charlottesville (Va.) 1964. – SANTAS, J. F.: E. G.'s American dream. Charlottesville (Va.) 1965. – GODBOLD, E. S.: E. G. and the woman within. Baton Rouge (La.) 1972. – E. G. Centennial essays. Hg. v. T. M. INGE. Charlottesville (Va.) 1976. – MYER, E. G.: The social situation of women in the novels of E. G. New York 1979. – RAPER, J. R.: From the sunken garden. The fiction of E. G. 1916–1945. Baton Rouge (La.) 1980. – THIEBAUX, M.: E. G. New York 1982. – SEIDEL, K. L.: The Southern Belle in the American novel. Tampa (Fla.) 1985. – DONOVAN, J.: After the fall. The Demeter-Persephone myth in Wharton, Cather, and G. University Park (Tex.) u. a. 1989.

Glaspell, Susan ['glæspəl], eigtl. S. G.-Cook, * Davenport (Iowa) 1. Juli 1882, † Provincetown (Mass.) 27. Juli 1948, Schriftstellerin. – Mitbegründerin der sich gegen den kommerziellen Theaterbetrieb richtenden, unbekannte Talente fördernden und vom modernen europ. Theater beeinflußten Amateurtruppe der Provincetown Players. Ihre Einakter zählten neben den Dramen E. O'Neills zu den wichtigsten von der Schauspielgruppe aufgeführten Stücken (u. a. *Suppressed desires,* 1914; *Trifles,* 1916; *Close the book,* 1917; *A woman's honor,* 1918). Ihre abendfüllenden Dramen (*Bernice,* 1919) und Erzählungen waren weniger erfolgreich. Die Geschichte ihrer Ehe mit dem Schriftsteller und Leiter der Truppe George Cram Cook (* 1873, † 1924) schildert sie in dem Buch *The road to the temple* (1926). Für das späte Drama *Alison's house* (1930), dessen Stoff auf E. Dickinsons Leben beruht, erhielt sie 1931 den Pulitzerpreis.

Weitere Werke: The glory of the conquered (R., 1909), Fidelity (R., 1915; dt. Treue, 1947), The inheritors (Dr., 1921).

Ausgabe: Plays by S. G. Hg. v. C. W. E. BIGSBY. Cambridge (Mass.) 1988.

Literatur: WATERMAN, A. E.: S. G. New York 1966. – BACH, G.: S. G. u. die Provincetown Players. Die Anfänge des modernen amerikan. Dramas u. Theaters. Ffm. u. a. 1979.

Glück, Louise [glʊk], * New York 22. April 1932, Lyrikerin. – Studium an der Columbia University; Lehrtätigkeit am Warren Wilson College; ihre in strengem und zugleich sinnl. Stil abgefaßten Gedichte evozieren den Mythos des Westens: *Firstborn* (1969), *The house on marshland* (1976), *Descending figure* (1980), *The triumph of Achilles* (1985), *Ararat* (1990).

Goldbarth, Albert ['goʊldbɑːrθ], * Chicago (Ill.) 31. Jan. 1948, Lyriker. – Prof. für engl. Literatur an der University of Texas in Austin; seine Gedichte stellen eine imaginative Rekonstruktion von Leben und Werk verstorbener Künstler dar (*Opticks*, 1974) und thematisieren mit autobiograph. Bezug den privaten, häusl. Bereich (*Original light. New and selected poems*, 1983).

Weitere Werke: Comings back (Ged., 1976), Different fleshes (Ged., 1979), Faith (Ged., 1981), Arts and sciences (Ged., 1986), Popular culture (Ged., 1990).

Literatur: The generation of 2000. Hg. v. W. HEYNEN. Princeton (N. J.) 1984.

Goodrich, Samuel Griswold ['gʊdrɪtʃ], Pseudonym Peter Parley, * Ridgefield (Conn.) 19. Aug. 1793, † New York 9. Mai 1860, Schriftsteller. – Buchhändler und Verleger; Hg. des Jahrbuchs *The token*, zu dem N. Hawthorne, H. W. Longfellow u. a. Beiträge lieferten. G. ist Verfasser von mehr als 100 pädagogisch-moral. Erbauungsbüchern für die Jugend (u. a. *The tales of Peter Parley about America*, 1827) und der zweibändigen Autobiographie *Recollections of a lifetime* (1856).

Literatur: ROSELLA, D.: S. G. G. Creator of Peter Parley. Albany (N. Y.) 1968.

Gordon, Caroline ['gɔːrdən], * Trenton (Ky.) 6. Okt. 1895, † San Cristóbal de las Casas (Chiapas, Mex.) 11. April 1981, Schriftstellerin. – G. kam als Journalistin der *Chattanooga News* (1920–24) mit der Gruppe der ↑ Fugitives in Verbindung, deren konservatives Wertesystem sie in ihren zahlreichen Kurzgeschichten und Romanen über den amerikan. Süden teilte; 1925–54 ∞ mit A. Tate, mit dem sie *The house of fiction. An anthology of the short story* (1950) herausgab.

Werke: Penhally (R., 1931), Aleck Maury, sportsman (R., 1934), None shall look back (R., 1937), The garden of Adonis (R., 1937), Green centuries (R., 1941), The women on the porch (R., 1944), The forest of the South (Kurzgeschichten, 1945), The strange children (R., 1951), The malefactors (R., 1956), How to read a novel (Studie, 1957), The glory of Hera (R., 1972).

Ausgabe: The collected stories of C. G. New York 1981.

Literatur: WALDRON, A.: Close connections. C. G. and the Southern Renaissance. New York 1987. – MAKOWSKY, V. A.: C. G. A bibliography. New York 1989.

Gordon, Mary Catherine ['gɔːrdən], * Long Island (N. Y.) 8. Dez. 1949, Schriftstellerin. – Bereits mit der Publikation ihres ersten Romans *Final payments* (1978) etablierte G. sich als bed. kath. Schriftstellerin. Ihre Hauptthemen sind psychopatholog. Beziehungen zwischen den Generationen – Traumata und Initiationserfahrungen von Jugendlichen und Rollenkonflikte auf seiten der Eltern – Möglichkeiten der Überwindung von Krisen durch weibl. Solidarität und die Frage nach der Relevanz des kath. Glaubens in einer Welt moral. Ambiguität.

Weitere Werke: The company of women (R., 1981), Men and angels (R., 1985), Temporary shelter (Kurzgeschichten, 1987), The other side (R., 1989), Good boys and dead girls (Essays, 1991).

Literatur: Faith of a (woman) writer. Hg. v. A. KESSLER-HARRIS u. W. MCBRIEN. Westport (Conn.) 1988.

Gordone, Charles [gɔːr'doʊni], * Cleveland (Ohio) 12. Okt. 1925, Dramatiker. – Der auch als Schauspieler und Regisseur tätige Dramatiker wurde durch *No place to be somebody. A black-black comedy* (UA 1967, 1969; Pulitzerpreis 1970) bekannt, in dem er die Auseinandersetzung der armen Schwarzen mit der weißen Mafia in New York schildert.

Weitere Werke: Gordone is a Muthah (Dr., 1970), The last chord (Dr., 1977).

Literatur: ROSS, J. W.: C. G. In Dictionary of literary biography, Bd. 7. Hg. v. J. MCNICHOLAS. Detroit (Mich.) 1981.

Gospel song ['gɑːspəl sɔŋ] ↑ Musik und Literatur.

Goyen, [Charles] William ['gɔɪən], * Trinity (Tex.) 24. April 1915, † Los Angeles 30. Aug. 1983, Schriftsteller. – Nach Studium in Houston und Kriegsdienst (1940–45) Aufenthalt in Taos (N. Mex.), wo er D. H. Lawrence und S. Spender traf; Europareisen und verschiedene Gastprofessuren an amerikan. Universitäten, u. a. Columbia und Princeton. Gestaltet in seinen von der Thematik des Südens und des Krieges gespeisten Erzählungen und Dramen eine verinnerlichte, entrückte Welt von Erinnerungen, Assoziationen und Halluzinationen mit den Stilmitteln einer sensiblen, lyr. Prosa, die sich durch subtile Sprachmusikalität auszeichnet. In Deutschland wurde G. durch E. R. Curtius vorgestellt, der ihn auch übersetzte (*The house of breath,* R. 1950, Dr., 1956; dt. *Haus aus Hauch,* 1952).

Weitere Werke: Ghost and flesh (E., 1952; dt. Geist und Fleisch, 1955), In a farther country (R., 1955; dt. Im fernsten Land, 1957), The fair sister (R., 1963; dt. Savata, 1964), Christy (Dr., 1964), Come the restorer (R., 1974), Erzählungen (dt. Ausw., 1974), Selected writings (1974), The collected stories of W. G. (1975), Wonderful plant (R., 1980), Arcadio (E., hg. 1984).

Literatur: PHILLIPS, R.: W. G. Boston (Mass.) 1979.

Grau, Shirley Ann [graʊ], * New Orleans 8. Juli 1929, Schriftstellerin. – Wuchs in Alabama auf; in ihren Romanen und Kurzgeschichten zeichnet sie das Leben in den Südstaaten, bes. in ihrem Heimatstaat Louisiana; erhielt 1965 für ihren Roman *The keepers of the house* (1964; dt. *Die Hüter des Hauses,* 1966), der persönl. Probleme einer Familie in den Südstaaten vor polit. Hintergrund behandelt, den Pulitzerpreis.

Weitere Werke: The black prince and other stories (1955; dt. Der schwarze Prinz, 1958), The hard blue sky (R., 1958; dt. Harter blauer Himmel, 1961), The house on Coliseum street (R., 1961; dt. Ein Mädchen aus New Orleans, 1968), The condor passes (R., 1971; dt. Der Kondor, 1972), The wind shifting West (Kurzgeschichten, 1973), Evidence of love (R., 1977; dt. Liebe hat viele Namen, 1978), Nine women (En., 1986).

Literatur: SCHLUETER, P.: S. A. G. Boston (Mass.) 1981.

Great awakening ['greɪt ə'weɪkənɪŋ] ↑Religion und Literatur.

Great revival ['greɪt rɪ'vaɪvəl] ↑Religion und Literatur.

Green, Paul [Eliot] [gri:n], * Lillington (N. C.) 17. März 1894, † Chapel Hill (N. C.) 4. Mai 1981, Dramatiker. – Mitglied der 1918 gegründeten Carolina Playmakers, einer Schauspieler- und Dramatikergruppe an der University of North Carolina, wo er später Prof. war. In seinen Dramen verwertet er die auf der elterl. Farm gewonnenen Eindrücke von der Folklore des Südens und dem Leben der Schwarzen. In komisch oder tragisch perspektivierten Einaktern (*Hymn to the rising sun,* 1936), realist. (*In Abraham's bosom,* 1927; Pulitzerpreis 1927) und myth. Volksstücken (*Roll, sweet chariot,* 1934) entwickelt er seine Konzeption eines amerikan. Gesamtkunstwerks, des ›symphonic drama‹, in dem musikal. und phantast. Elemente zum Einsatz kommen. Sein heute bekanntestes Stück, *The lost colony* (1937), hat den Verlust der ersten engl. Kolonie in Amerika (1587) zum Inhalt. Mit Blick auf das kommerzielle Theater schrieb er *The house of Connelly* (1931) über das Leben im Süden nach dem Bürgerkrieg, schuf zus. mit Kurt Weill das Antikriegs-Musical *Johnny Johnson* (1936) und dramatisierte R. Wrights Roman *Native son* (1941). Auch Verfasser von Romanen, Kurzgeschichten, Drehbüchern, Gedichten und theaterkrit. Schriften.

Literatur: LAZENBY, W.: P. G. Austin (Tex.) 1970. – KENNY, V. S.: P. G. New York 1971. – GREEN, E. L.: The P. G. I know. North Carolina Society Imprints 2. Chapel Hill (N. C.) 1978. – Sonderausg. der Zs. ›Pembroke Magazine‹, Jg. 10 (1978).

Gregory, Horace ['gregəri], * Milwaukee (Wis.) 10. April 1898, † Shelburne Falls (Mass.) 11. März 1982, Lyriker. – Bekannt als Übersetzer von Catull und Ovid verfaßte daneben auch krit. Studien über A. Lowell, D. H. Lawrence, J. A. M. Whistler sowie, zus. mit seiner Frau, der Lyrikerin M. Zaturenska, *A history of American poetry 1900–1940* (1946). Seine eigenen Gedichte stehen in der Tradition von E. Pound und T. S. Eliot und kontrastieren die klass. Welt der Antike mit den verwirrenden Eindrücken des modernen Stadtlebens.

Weitere Werke: No retreat (Ged., 1933), Chorus for survival (Ged., 1935), Medusa in Gramercy Park (Ged., 1961), Collected poems (1964), Another look (Ged., 1976).

Literatur: Sondernr. der Zs. ›Modern Poetry Studies‹, Jg. 4 (Mai 1973).

Grey, Zane [greɪ], * Zanesville (Ohio) 31. Jan. 1872, † Altadena (Calif.) 23. Okt. 1939, Schriftsteller. – Schrieb über 50 vielgelesene und oft verfilmte abenteuerl. Romane, meist aus der Welt der Cowboys und des Wilden Westens. Am erfolgreichsten war *Riders of the purple sage* (R., 1912; dt. *Das Gesetz der Mormonen,* 1928).

Weitere Werke: Betty Zane (R., 1903; dt. 1928), The spirit of the border (R., 1906; dt. Männer der Grenze, 1930), Desert gold (R., 1913; dt. Wüstengold, 1929), The U. P. trail (R., 1918; dt. Der eiserne Weg, 1927), The mysterious rider (R., 1921; dt. Der geheimnisvolle Reiter, 1953), The thundering herd (R., 1925; dt. Die donnernde Herde, 1928), Wild horse mesa (R., 1928; dt. Vollblut, 1930).

Literatur: CAWELTI, J. G.: The six-gun mystique. Bowling Green (Ohio) 1971. – JACKSON, C.: Z. G. Boston (Mass.) 1973. – GAY, C.: Z. G. Story-teller. Columbus (Ohio) 1979.

Griffith, John ['grɪfɪθ], Schriftsteller, ↑ London, Jack.

Group Theatre ['gru:p 'θɪətər] ↑ Theater.

H

Habberton, John ['hæbərtən], * Brooklyn (N. Y.) 24. Febr. 1842, † Glen Ridge (N. J.) 24. Febr. 1921, Schriftsteller. – Schrieb humorvolle Kinderbücher (*Helen's babies,* R., 1876; dt. *Helenes Kinderchen,* 1885) und Lausbubengeschichten (*Other people's children,* R., 1877; dt. *Anderer Leute Kinder,* 1886), die sehr erfolgreich waren.

Hackett, Albert ['hækət], * New York 16. Febr. 1900, Schriftsteller und Schauspieler. – Schrieb zus. mit seiner Frau Frances Goodrich erfolgreiche Schauspiele (u. a. *The diary of Anne Frank,* 1955; dt. *Das Tagebuch der Anne Frank,* 1958; Pulitzer-Preis 1956) und Filmdrehbücher.

Hale, Edward Everett [heɪl], * Boston (Mass.) 3. April 1822, † Roxbury (Mass.) 10. Juni 1909, Schriftsteller. – Unitar. Geistlicher und Philanthrop; schrieb zahlreiche populäre Geschichten über moral. und histor. Themen. Am bekanntesten ist die 1863 in *The ↑Atlantic Monthly* erschienene didakt. Erzählung *The man without a country* (als Pamphlet 1865; dt. *Der Mann ohne Vaterland,* 1958), die an das patriot. Engagement während des amerikan. Bürgerkriegs appellierte. Von seinen histor. Studien ist *Franklin in France* (2 Bde., 1887–1888) die bedeutendste.

Ausgaben: The works of E. E. H. Boston (Mass.) 1898–1901. 10 Bde. – HALE, E. E. JR.: The life and letters of E. E. H. New York 1917.

Literatur: ADAMS, J. R.: E. E. H. Boston (Mass.) 1977.

Haley, Alex ['heɪli], * Ithaca (N. Y.) 11. Aug. 1921, † Seattle 10. Febr. 1992, Schriftsteller. – Engagierte sich als Journalist in der nationalist. Panafrikanismusbewegung der 60er Jahre und animierte Malcolm X zur gemeinsamen Erstellung seiner Autobiographie, *The autobiography of Malcolm X* (1965; dt. *Der schwarze Tribun,* 1966), die er nach dem Tod dieses Führers der Black Muslims vollendete und erfolgreich publizierte. *Roots. The saga of an American family* (R., 1976; dt. *Wurzeln,* 1977; Pulitzerpreis 1977) war das literar. Ergebnis seiner Suche nach den afrikan. Ursprüngen seiner Familie.

Hall, James [hɔːl], * Philadelphia (Pa.) 19. Aug. 1793, † Cincinnati (Ohio) 5. Juli 1868, Schriftsteller. – War Anwalt, Richter, Bankier und Verleger; gründete 1830 die erste literar. Zs. westlich des Ohio (*Illinois Monthly Magazine*); schrieb in gewandtem Stil erzählende und histor. Werke u. a. über die nordamerikan. Indianer; interessante geograph. und ethnograph. Details und lebhafte Darstellungen des Grenzerlebens machen H.s Werke kulturgeschichtlich bedeutsam.

Werke: Legends of the West (1832; dt. Legenden des Westens, 1855), Sketches of history, life, and manners in the West (1834), Tales of the border (1835), History of the Indian tribes of North America (3 Bde., 1836–44, zus. mit T. L. McKenney [* 1785, † 1859]).

Literatur: FLANAGAN, J. T.: J. H. Literary pioneer of the Ohio Valley. Minneapolis (Minn.) 1941. – RANDALL, R. C.: J. H. Spokesman of the New West. Columbus (Ohio) 1964.

Hall, James Norman [hɔːl], * Colfax (Iowa) 22. April 1887, † Papeete (Tahiti) 5. Juli 1951, Schriftsteller. – Schrieb zus. mit C. B. Nordhoff Südseeromane; den größten Erfolg hatte die Romantrilogie mit dem Thema der ›Bounty‹-Meuterei *Mutiny on the Bounty* (1932; dt. *Die Meuterei auf der Bounty,* 1961), *Men against the sea* (1933), *Pitcairn's Island* (1934; dt. 2 Bde. *Schiff ohne Hafen. Seemanns-Chronik Anno 1787,* 1935, und *Meer ohne Grenzen.*

Schicksale der Männer von der ›Bounty‹, 1936).

Halleck, Fitz-Greene ['hælək], * Guilford (Conn.) 8. Juli 1790, † ebd. 19. Nov. 1867, Schriftsteller. – Formbegabter, aber oft sorglos schreibender, von Lord Byron angeregter Dichter, der weniger seiner Lyrik wegen als durch die Ärgernis erregenden Satiren auf die New Yorker Gesellschaft, *Poems by Croaker, Croaker and Co., and Croaker jun.* (1819, 1860 u. d. T. *The Croakers*), berühmt wurde, die er gemeinsam mit J. R. Drake schrieb; Mitglied der nach W. Irvings Werk benannten ›Knickerbocker group‹.

Ausgabe: F.-G. H. Poetical works. London 1847.

Literatur: WILSON, J. G.: The life and letters of F-G. H. New York 1869. – ADKINS, N. F.: F-G. H. An early Knickerbocker wit and poet. New Haven (Conn.) 1930.

Hammerstein, Oscar II ['hæmərstaın], * New York 12. Juli 1895, † Doylestown (Pa.) 23. Aug. 1960, Librettist. – Einer der erfolgreichsten Verfasser von Libretti für Musicals, größte Erfolge mit *Show boat* (1927, Musik von J. Kern), *Oklahoma!* (1943, Pulitzerpreis 1944; dt. 1973), *South Pacific* (1949; Pulitzerpreis 1950), *The king and I* (1951) und *The sound of music* (1959), jeweils mit Musik von Richard Rodgers (* 1902, † 1979). – ↑auch Musik und Literatur.

Hammett, [Samuel] Dashiell ['hæmət], * County Saint Mary's (Md.) 27. Mai 1894, † New York 10. Jan. 1961, Schriftsteller. – Begründete mit seinen psychologisch motivierten, realist. Erzählungen die ›hard-boiled school‹ des amerikan. Kriminalromans, in dem er sich unter dem Einfluß E. Hemingways in knapper und unterkühlter Sprache dem urbanen Verbrechermilieu zuwandte (↑Kriminalliteratur). Berühmt wurde H. v. a. durch die Verfilmung seiner Romane, bes. *The Maltese falcon* (1930; dt. *Der Malteser Falke*, 1951), in dem er die bekannte Detektivfigur Sam Spade schuf; auch Tätigkeit als Drehbuchautor, u. a. mit seiner Lebensgefährtin L. Hellman.

Weitere Werke: The red harvest (R., 1929; dt. Bluternte, 1952, 1976 u. d. T. Rote Ernte), The Dain curse (R., 1929; dt. Der Fluch des Hauses Dain, 1954), The glass key (R., 1931; dt. Der gläserne Schlüssel, 1953), The thin man (R., 1934; dt. Der dünne Mann, 1952), Der Komplize. Neu entdeckte Stories (dt. Ausw. 1989), Der schwarze Hut. Neu entdeckte Stories (dt. Ausw. 1990).

Ausgaben: Sämtl. Romane. Zü. 1974. 5 Bde. – Werkausg. Zü. 1981. 10 Bde.

Literatur: BRAUN, H.-M.: Prototypen der amerikan. Kriminalerzählung. Die Romane u. Kurzgeschichten Carroll John Dalys u. D. H.s. Ffm. 1977. – WOLFE, P.: Beams falling. The art of D. H. Bowling Green (Ohio) 1980. – MARLING, W.: D. H. Boston (Mass.) 1983. – NOLAN, W. F.: H. A life at the edge. London 1983. – DOOLEY, D.: D. H. New York 1984. – Deux regards sur l'Amérique. D. H. et Walker Percy. Hg. v. J. M. SANTRAUD. Paris 1987.

Hansberry, Lorraine ['hænzbəri], * Chicago 19. Mai 1930, † New York 12. Jan. 1965, Dramatikerin. – Stammte aus der begüterten schwarzen Mittelschicht; Universitätsstudium, Malerin. Erste schwarze Broadwayschriftstellerin; behandelte in ihren Stücken meist Rassenprobleme wie die afrikan. Abstammung der Schwarzen und deren Leben in der amerikan. Gesellschaft der Gegenwart. War v. a. erfolgreich mit ihrem naturalist. Familiendrama *A raisin in the sun* (1959; dt. *Eine Rosine in der Sonne*, 1963; als Musical 1973).

Weitere Werke: The sign in Sidney Brustein's window (Dr., 1965; dt. Das Zeichen am Fenster, 1976), The movement. Documentary of a struggle for equality (Studie, 1964, 1965 u. d. T. A matter of colour), To be young, gifted and black (Essays u. dokumentar. Entwürfe, hg. 1969; dt. Jung, schwarz und begabt, 1976), Les Blancs (Dramenfragment, UA postum 1970; dt. 1976), The drinking gourd (Dr., UA postum 1972), What use are flowers (Dr., UA postum 1972).

Ausgabe: The collected last plays of L. H. Hg. v. R. NEMIROFF. New York 1972.

Literatur: Sonderheft der Zs. ›Freedomways‹, Jg. 19 (1979). – CARTER, S. C.: H.'s drama. Commitment amid complexity. Baltimore (Md.) 1991.

Hardwick, Elizabeth ['hɑ:rdwık], * Lexington (Ky.) 27. Juli 1916, Schriftstellerin. – Studium der Anglistik an den Universitäten Kentucky und Columbia

(1938–41); in New York Mitarbeit an literar. Zeitschriften, u. a. an der ↑*New York Review of Books,* die sie 1963 mitbegründete; 1949–72 ∞ mit dem Dichter R. Lowell. In ihren Romanen und Kurzgeschichten schildert sie – z. T. mit autobiograph. Bezug wie in *Sleepless nights* (1979; dt. *Schlaflose Nächte,* 1988) – die Brüchigkeit menschl. Beziehungen und die Einsamkeit des Individuums in der modernen Gesellschaft aus der Sicht der Frau.

Weitere Werke: The ghostly lover (R., 1945), The simple truth (R., 1955), A view of my own. Essays in literature and society (1962), Seduction and betrayal. Women and literature (Essays, 1974; dt. Verführung und Betrug. Frauen und Literatur, 1986), Bartleby in Manhattan and other essays (1983).

Harjo, Joy ['hɑ:rdʒoʊ], * Tulsa (Okla.) 9. Mai 1951, Lyrikerin. – Creek-Indianerin; studierte an der University of New Mexico und der University of Iowa; unterrichtet Englisch an der University of Arizona. In ihren Gedichten (*The last song,* 1975; *What moon drove me to this?,* 1980; *She had some horses,* 1983; *Secrets from the center of the world,* Ged., Fotographien v. S. Strom, 1989; *In mad love and war,* 1990) zeigt sie die allen Dingen zugrundeliegende Polarität, die sie indian. Traditionen entsprechend überwinden und zu einem harmon. Ganzen zusammenfügen möchte. Schreibt auch Drehbücher.

Literatur: ALLEN, P. G.: The sacred hoop. Rediscovering the feminine in American Indian traditions. Boston (Mass.) 1986. – I tell you now. Autobiographical essays by Native American writers. Hg. v. B. SWANN u. A. KRUPAT. Lincoln (Nebr.) 1987.

Harland, Henry ['hɑ:rlənd], * New York 1. März 1861, † San Remo 20. Dez. 1905, Schriftsteller. – Gab sich als in Rußland geborener, in Europa erzogener Harvardstudent aus; schrieb unter dem Pseudonym Sidney Luska melodramat. Romane über jüd. Einwanderer (*As it was written. A Jewish musician's story,* 1885); ab 1889 in Europa, zunächst in Paris, dann ab 1890 in London, wo er als einer der führenden Vertreter expatriierter amerikan. Ästheten die einflußreiche Fin-de-siècle-Zeitschrift *The Yellow Book* (1894–97) herausgab und eine Reihe von Gesellschaftsromanen, wie *The cardinal's snuff-box* (1890; dt. *Die Schnupftabakdose des Kardinals,* 1905) und *My friend Prospero* (1904), schrieb.

Literatur: BECKSON, K.: H. H. His life and work. London 1978.

Harlem Renaissance ['hɑ:rləm ˌrɛnə'sɑ:ns], Bezeichnung für die in dem vornehmlich von Schwarzen bewohnten Stadtteil Harlem, im Norden Manhattans, in den 20er Jahren entstehende Bewegung der afroamerikan. Kultur, die die Grundlegung eines neuen, das afrikan. Kulturerbe affirmierende Selbstbewußtsein zum Ziel hatte. Nach heutiger Einschätzung hat diese auf der Propagierung des ›New Negro‹ beruhende, und deshalb auch als New Negro- oder Modern Negro-Renaissance bezeichnete Bewegung eine zeitl. wie räuml. Ausdehnung über die 20er Jahre und über Harlem hinaus erfahren, so daß sich die veränderte Einstellung zur afrikan. Tradition, die sich aus der Kunst ergibt, von der Jahrhundertwende bis in die 30er Jahre erstreckt und auch Schriftsteller erfaßt, die nur vorübergehend in Harlem wirkten. – Der enorme Erfolg der H. R. beruht auf dem Zusammenwirken dreier Autorengruppen in drei Phasen der Bewegung. In der Anfangsphase wurde mit dem Abrücken von einer integrationist. Haltung die polit. Grundlage für ein eigenständiges schwarzes Bewußtsein geschaffen, u. a. durch die Gründung afroamerikan. Zss., wie *The crisis* (1910), die W. E. B. Du Bois bis 1934 herausgab, *Opportunity* (1921), deren Herausgeber, C. S. Johnson (* 1868, † 1963), zus. mit C. Cullen um eine afroamerikan. Ästhetik bemüht war, sowie die von Randolph A. Philip (* 1889, † 1979) herausgegebene sozialist. Zs. *The messenger.* J. W. Johnson wirkte durch seine Romane und Gedichte bewußtseinsbildend auf die Bewegung, deren philosoph. Untermauerung der Kritiker A. Locke leistete. Die Hauptvertreter der H. R. (C. Cullen, J. R. Fauset, Rudolph Fisher [* 1897, † 1934], L. Hughes, Z. N. Hurston, N. Larsen, C. McKay, W. Thurman, J. Toomer) thematisierten auf dem Höhepunkt der Bewegung in ihren Romanen, Gedichten und vereinzelten Dramen die Suche nach einer afroamerikan. Identität durch die Identifizierung mit ihrer Gemeinde bzw. durch die Wiederentdeckung des afrikan. Kulturerbes. Die erst spät anerkannten Schriftstellerinnen vertreten feminist. Positionen (J. R. Fauset, N. Larsen) oder rekonstruieren aus folklorist. Erzählungen afrikan. Identifikationsfaktoren (Z. N. Hurston). E. O'Neill und C. Van Vechten förderten die Bemühungen um eine afroamerikan. Kultur, u. a. mit *The Emperor Jones* (Dr., 1920) bzw. mit *Nigger heaven* (R., 1926). In der Endphase der Bewegung sind v. a. A. Bontemps, William Stanley Braithwaite (* 1878, † 1962) durch Gedichte und krit. Essays, Angelina Grimké (* 1880, † 1958) Maud Hare-Cuney (* 1874, † 1936), Georgia Douglas Johnson (* 1886, † 1966) und Alice Nelson-Dunbar (* 1875, † 1958) durch Dramen und Gedichte hervorgetreten. Die H. R. wird schließlich von den naturalistisch-polit. Romanen R. Wrights und A. Petrys abgelöst. In der Gegenwart knüpfen v. a. afroamerikan. Schriftstellerinnen, wie T. Morrison und A. Walker, an die folklorist. mündl. Tradition von Z. N. Hurston an.

Ausgabe: Shadowed dreams. Women's poetry of the H. R. Hg. v. M. Honey. New Brunswick (N. J.) 1989.

Literatur: Huggins, N. I.: H. R. New York 1971. – The H. R. remembered. Essays. Hg. v. A. Bontemps. New York 1972. – Bone, R.: Down home. A history of Afro-American short fiction from its beginnings to the end of the H. R. New York 1975. – Perry, M.: Silence to the drums. A survey of the literature of the H. R. Westport (Conn.) 1976. – Ikonné, C.: From Du Bois to Van Vechten. The early new negro literature, 1903–1926. Westport (Conn.) 1981. – Lewis, D. L.: When Harlem was in vogue. New York 1981. – Anderson, J.: This was Harlem. A cultural portrait, 1900–1950. New York 1982. Neuaufl. 1991. – Perry, M.: The H. R. An annnotated bibliography and commentary. New York 1982. – Martin, T.: Literary Garveyism. Garvey, black arts, and the H. R. Dover (Mass.) 1983. – Kellner, B.: The H. R. An historical dictionary for the era. Westport (Conn.) 1984. – Campbell, M. u. a.: H. R. Art of Black America. New York 1987. – The H. R. re-examined. Hg. v. V. A. Kramer. New York 1987. – Baker, H. A.: Afro-American poetics. Revisions of Harlem and the black aesthetic. Madison (Wis.) 1988. – Callahan, J. F.: In the African-American grain. The pursuit of voice in the twentieth-century black fiction. Urbana (Ill.) 1988. – Wintz, C. D.: Black culture and the H. R. Houston (Tex.) 1988. – Singh, A.: H. R. Revaluations. Hamden (Conn.) 1989. – Jongh, J. De: Vicious modernism. Black Harlem and the literary imagination. Cambridge (Mass.) 1990. – Roses, L. E./Randolph, R. E.: H. R. and beyond. Literary biographies of 100 black women writers 1900–1945. Boston (Mass.) 1990.

Harper, Frances Ellen Watkins ['hɑːrpər], * Baltimore (Md.) 24. Sept. 1825, † Philadelphia (Pa.) 22. Feb. 1911, Schriftstellerin und Sozialreformerin. – Als Kind freier schwarzer Eltern im sklavenhaltenden Staat Maryland geboren, schloß sich F. E. W. H. bald dem Kampf der Anti-Sklaverei-Bewegung an und wurde mit Vorträgen und Lesungen ihrer Werke zum Thema der Sklaverei, aber auch der Rechte der freien Schwarzen populär. Mit ihrem vielfach aufgelegten Band *Poems on miscellaneous subjects* (1854) etablierte sie sich als abolitionist. Dichterin. Ihre formal einfachen, oft sentimentalen Gedichte erreichen ihr didakt. Ziel meist narrativ (z. B. in *Moses. A story of the Nile,* 1869) oder durch Wiedergabe afroamerikan. Dialekts (*Sketches of Southern life,* 1891). Nach dem Bürgerkrieg setzte sie sich vermehrt für die christliche Abstinenzbewegung und vor allem für Frauenrechte – insbes. der Afroamerikanerinnen – ein und schrieb Essays, Kurzgeschichten und einen feministisch engagierten Roman, *Iola Leroy; or shadows uplifted* (1892), in dem die Protagonistin trotz ihrer möglichen Privilegien als hellhäutiger Mischling sich bewußt entschließt, unter den ehemaligen Sklaven zu leben und sich für deren Bildung einzusetzen.

Ausgabe: A brighter coming day. A F. E. W. H. reader. Hg. v. F. S. Foster. New York 1990.

Literatur: Montgomery, J. W.: A comparative analysis of the rhetoric of two negro women orators. Sojourner Truth and F. E. W. H. Fort Hays (Kans.) 1968. – Sturdy black bridges. Visions of black women in literature. Hg. v. R. P. Bell u. a. Garden City (N. Y.) 1979. – Chris-

TIAN, B.: Black American novelists. The development of a tradition 1892–1976. Westport (Conn.) 1980. – GIDDINGS, P.: When and where I enter... The impact of black women on race and sex in America. New York 1984. – CHRISTIAN, B.: Black feminist criticism. Perspectives on black women writers. Elmsford (N. Y.) 1985.

Harper's Monthly Magazine ['hɑ:rpərz 'mʌnθli 'mægəzi:n], 1850 gegründete Literaturzs., die zunächst brit. Romanschriftsteller wie C. Dickens, W. M. Thackeray, A. Trollope und T. Hardy abdruckte, dann unter dem Hg. Henry M. Alden (* 1869, † 1919) vornehmlich amerikan. Autoren (H. Melville, J. DeForest, H. James, W. D. Howells, H. Garland, S. O. Jewett, O. Wister) aufnahm. Mit dem Wandel des Namens zu *Harper's New Monthly Magazine* erfolgte Anfang des 20. Jh. auch eine Ausdehnung des Themenkatalogs von literar. Texten zu polit. und sozialen Fragestellungen, die u. a. die Präsidenten T. Roosevelt (* 1858, † 1919) und W. Wilson (* 1856, † 1924) erläuterten. Diese Mischung von Literatur und liberalen polit. Auffassungen ist heute das Kennzeichen dieser seit 1925 als *Harper's Magazine* bekannten Zeitschrift.

Harris, Frank ['hærɪs], eigtl. James Thomas H., * Galway 14. Febr. 1856, † Nizza 26. Aug. 1931, Schriftsteller ir. Herkunft. – Wanderte 15jährig in die USA aus; später Jurist; lebte vorübergehend in England als Publizist und Hg. mehrerer Zeitschriften; gehörte in London zu den Freunden von O. Wilde und G. B. Shaw, denen er (ungenaue) Biographien widmete; schrieb erzählende und dramat. Werke sowie die Autobiographie *My life and loves* (3 Bde., 1923–27; dt. 2 Bde., *Mein Leben* u. *Jahre der Reife,* 1926–30).

Literatur: BROME, V.: F. H. London 1959.

Harris, Joel Chandler ['hærɪs], * bei Eatonton (Ga.) 9. Dez. 1848, † Atlanta 3. Juli 1908, Schriftsteller. – Berühmt durch die Kurzgeschichtensammlung *Uncle Remus. His songs and his sayings* (1881), in der er, im Dialekt der farbigen Plantagenarbeiter der Südstaaten und deren Vorstellungswelt angepaßt, die Mythen und Märchen der Schwarzen oft humorvoll nacherzählt. Die Sammlung stellt einen wichtigen – inzwischen wiederholt kritisierten – Beitrag zur Erfassung afroamerikan. Folklore dar. In den ›local-color‹-Erzählungen (↑ Local color) *Mingo and other sketches in black and white* (1884) schildert H. das Schicksal von Menschen am Rande der Gesellschaft in Georgia.

Weitere Werke: Nights with Uncle Remus (Kurzgeschichten, 1883), Uncle Remus and his friends (Kurzgeschichten, 1892), Uncle Remus and Br'er Rabbit (Kurzgeschichten, 1907), Onkel Remus erzählt (Kurzgeschichten, dt. Ausw. 1979).

Ausgabe: The complete tales of Uncle Remus. Hg. v. R. CHASE. Boston (Mass.) 1955.

Literatur: BICKLEY, R. B.: J. C. H. A reference guide. Boston (Mass.) 1978. – Critical essays on J. C. H. Hg. v. R. B. BICKLEY, JR. Boston (Mass.) 1981.

Hart, Moss [hɑ:rt], * New York 24. Okt. 1904, † Palm Springs (Calif.) 20. Dez. 1961, Dramatiker. – Schrieb, in Zusammenarbeit mit G. S. Kaufman, erfolgreiche Stücke, u. a. *You can't take it with you* (1936; Pulitzerpreis 1937) und *The man who came to dinner* (1939), ferner die Libretti zu Irving Berlins *Face the music* (1932), Cole Porters *Jubilee* (1935) sowie Kurt Weills und Ira Gershwins *Lady in the dark* (1941; dt. Das verlorene Lied, 1947; ↑ Musik und Literatur); Autobiographie: *Act one* (1959).

Literatur: MEREDITH, S.: George S. Kaufman and his friends. Garden City (N. Y.) 1974.

Harte, [Francis] Bret[t] [hɑ:rt], * Albany (N. Y.) 25. Aug. 1836, † Camberley (heute zu Frimley and Camberley, England) 5. Mai 1902, Schriftsteller. – Ging 1854 nach Kalifornien, dort nach Tätigkeit in verschiedenen Berufen Lehrer und Journalist. Ab 1878 lebte er in Europa, zunächst als Konsul in Krefeld, später in Glasgow, zuletzt als Journalist in London. Vertreter der amerikan. Regionalliteratur, der seine Charaktere und Stoffe aus dem Goldgräbermilieu schematisierend und typisierend gestaltete. Am erfolgreichsten waren seine frühen Erzählungen *The luck of Roaring Camp* (1868; dt. *Das Glück von Roaring Camp,* 1870), *The outcasts of Poker Flat* (1869; dt. *Die Ausgestoßenen von Poker Flat,* 1870) und das Dialektgedicht

The heathen Chinee (1870); seine Romane und Dramen waren weniger erfolgreich.
Ausgaben: The writings of B. H. Riverside edition. Boston (Mass.) 1906–14. 20 Bde. – Argonaute edition of the works of B. H. New York 1914. 25 Bde. – The letters of B. H. Hg. v. G. B. HARTE. Boston (Mass.) 1926. – B. F. H. Goldgräbergeschichten. Dt. Übers. v. R. RÖDER. Ffm. 1984. – B. H. Kaliforn. Abenteuer. Dt. Übers. v. R. RÖDER. Bln. u. a. 1985.
Literatur: STEWART, G. R.: B. H. Argonaut and exile. Boston (Mass.) u. a. 1931. – WALKER, F.: San Francisco's literary frontier. New York 1939. – DUCKETT, M.: Mark Twain and B. H. Norman (Okla.) 1964. – O'CONNOR, R.: B. H. A biography. Boston (Mass.) u. a. 1966. – MORROW, P. D.: B. H. Literary critic. Bowling Green (Ohio) 1979. – BARNETT, L. D.: B. H. Reference guide. Boston (Mass.) 1980.

Hartford Wits ['hɑ:rtfərd 'wɪts; zu engl. wit = kluger, geistreicher Mensch], Dichterkreis ehem. Yale-Studenten, die sich Ende des 18. Jh. in Hartford, Conn. (daher auch ›Connecticut Wits‹), um T. Dwight sammelten mit dem Ziel, eine eigenständige nat. Dichtung zu schaffen; religiös auf kalvinist. und politisch auf konservativ-föderalist. Basis blieben sie bei der Gestaltung patriot. Stoffe jedoch ganz den engl. Formmustern verpflichtet. Hauptvertreter neben Dwight waren J. Trumbull und J. Barlow.
Literatur: HOWARD, L.: The Connecticut Wits. Chicago (Ill.) 1943.

Hawkes, John [Clendennin Burne, Jr.] [hɔ:ks], * Stamford (Conn.) 17. Aug. 1925, Schriftsteller. – Studium an der Harvard University. Teilnahme am 2. Weltkrieg in Deutschland; seit 1958 Prof. für Englisch zunächst an der Harvard, dann an der Brown University in Providence (R. I.); ist einer der bed. Vertreter postmoderner Erzählliteratur, der auf die konventionellen Strukturierungselemente des Romans verzichtet und an ihre Stelle die ästhet. Vision setzt, die es ihm erlaubt, die Paradoxa der Kriegserlebnisse (*The cannibal,* R., 1949; dt. *Der Kannibale,* 1989) sowie der zwischenmenschl. Beziehungen (*Second skin,* R., 1964, dt. *Die zweite Haut,* 1971; *The blood oranges,* R., 1971; *Death, sleep and the traveler,* R., 1974; *The passion artist,* R., 1979) unter den Leitbegriffen von Chaos und Ordnung zu versöhnen. Dabei parodiert er bekannte Erzählvorlagen wie den Western (*The beetle leg,* R., 1951), den Kriminalroman (*The lime twig,* R., 1961; dt. *Die Leimrute,* 1964), A. Camus' *La chute* (*Travesty,* R., 1976; dt. *Travestie,* 1985), pornograph. (*Virginie. Her two lives,* R., 1982) sowie autobiograph. Fiktion (*Adventures in the Alaskan skin trade,* R., 1985, dt. *Abenteuer unter den Pelzhändlern in Alaska,* 1988; *Innocence in extremis,* Kurzroman, 1985); in *Whistlejacket* (R., 1988; dt. 1990) kreist die Handlung um das gleichnamige engl. Rennpferd; schrieb auch bed. Erzählungen wie die Novellen *Charivari* (1950), *The owl* (1954; dt. *Il Gufo. Der Henker von Sasso Fetore,* 1988), *The goose on the grave* (1954), Kurzgeschichten (ges. in *Lunar landscapes,* 1969) und vier Kurzdramen (*The innocent party,* 1966).
Literatur: BUSCH, F.: H. A guide to his fictions. Syracuse (N. Y.) 1973. – KUEHL, J.: J. H. and the craft of conflict. New Brunswick (N. J.) 1975. – A J. H. Symposium. Design and debris. Hg. v. A. C. SANTORE u. M. POCALYKO. New York 1977. – GREINER, D. J.: Comic terror. The novels of J. H. Memphis ²1978. – BERRY, E.: A poetry of force and darkness. The fiction of J. H. San Bernardino (Calif.) 1979. – O'DONNELL, P.: J. H. Boston (Mass.) 1982. – GREINER, D. J.: Understanding J. H. Columbia (S. C.) 1985. – HRYCIW, C. A.: J. H. A research guide. New York ²1986. – KRAUS, E.: Erwartungs-Angst als Modus kognitiver Ästhetik in J. H.' Werk. Mchn. 1990.

Hawthorne, Nathaniel ['hɔ:θɔ:rn], * Salem (Mass.) 4. Juli 1804, † Plymouth (N. H.) 18. oder 19. Mai 1864, Schriftsteller. – Studierte zus. mit H. W. Longfellow am Bowdoin College in Maine, beteiligte sich 1841 an der von den Transzendentalisten gegründeten ↑Brook Farm, einer sozialutop., später sozialistisch intendierten Genossenschaft; war als Journalist und Zollbeamter tätig; sein polit. Engagement für Franklin Pierce (* 1804, † 1869) brachte ihm den Posten als Konsul in Liverpool (1853–57) ein. Nach einer Italienreise (1857–59) kehrte er 1860 in die USA zurück. Seine ersten Erzählungen und der noch unausgereifte Roman *Fanshawe* (1828) erschienen anonym. In den bed. Kurzgeschichtensammlungen *Twice-told tales* (1837; dt. *Zweimal erzählte Geschichten,* erweitert 1842; dt. Ausw. in 2 Bden.,

1852) und *Mosses from an old manse* (1846), die in der Rezeption durch E. A. Poe und H. Melville zum Ausgangspunkt für die Theorie der amerikan. ↑Short story und zur Einschätzung H.s als amerikan. Shakespeare wurden, entwickelt er das für sein Werk zentrale Thema der sich aus der Religionsauffasssung der puritan. Siedler Neuenglands ergebenden Widersprüche zwischen individueller Freiheit und Konformitätszwang. Sein Hauptwerk ist der Roman *The scarlet letter* (1850; dt. *Der Scharlachbuchstabe,* 1851, 1913 u. 1986 u. d. T. *Der scharlachrote Buchstabe*), in dessen einleitendem biograph. Bericht *Custom house* H. seine eigene Verstrickung in die von Puritanern verübten Ungerechtigkeiten darlegt. Das Werk ist eine meisterhafte psycholog. Durchleuchtung des Schuldbewußtseins und seiner Folgen, eine Darstellung des freudlosen Lebens der sittenstrengen, ihre Gefühle unterdrückenden Puritaner. Das Problem der Sünde und der Erbschuld im Zusammenhang mit der amerikan. Geschichte behandelt H. in dem Roman *The house of the seven gables* (1851; dt. *Das Haus der sieben Giebel,* 2 Bde., 1851), während der autobiograph. Roman *Blithedale Romance* (1852; dt. *Blithedale,* 2 Bde., 1862) die zwischenmenschl. Beziehungen in der fiktionalisierten Brook-Farm-Kommune schildert. Der letzte Roman, *The marble faun* (1860; dt. *Miriam oder Gral und Künstlerin,* 1862, 1961 u. d. T. *Der Marmorfaun*), verlagert das Geschehen um Liebe und Schuld nach Italien.

Weitere Werke: The snow-image (Kurzgeschichten, 1851), Tanglewood tales (Kindergeschichten, 1853), The American notebooks (hg. 1932), The English notebooks (hg. 1941), The French and Italian notebooks (hg. 1979).

Ausgaben: N. H. Romane u. En. Dt. Übers. Hg. v. F. BLEI. Potsdam u. a. 1923. 4 Bde. – N. H. The centenary edition of the works. Hg. v. W. CHARVAT u. a. Athens (Ohio) 1962 ff. Auf mehrere Bde. berechnet (bisher 20 Bde. ersch.). – Dt. Auswahlen der Kurzgeschichten: Das große Steinsgesicht (1983), Der Garten des Bösen u. a. En. (1985, Neuaufl. 1987), Des Pfarrers schwarzer Schleier. Unheiml. Geschichten (1985). – H.'s American travel sketches. Hg. v. A. WEBER u. a. Hanover (N. H.) 1989.

Literatur: JAMES, H.: N. H. New York 1879. Neuausg. 1967. – HAWTHORNE, J.: H. and his circle. New York u. a. 1903. – A ›scarlet letter‹ handbook. Hg. v. S. L. GROSS. San Francisco 1960. – STEWART, R.: N. H. A biography. New Haven (Conn.) 1961. – LINK, F. H.: Die Erzählkunst N. H.s. Hdbg. 1962. – H. A collection of critical essays. Hg. v. A. N. KAUL. Englewood Cliffs (N. J.) 1966. – Twentieth century interpretations of ›The scarlet letter‹. Hg. v. J. C. GERBER. Englewood Cliffs (N. J.) 1968. – STUBBS, J. C.: The pursuit of form. A study of H. and the romance. Urbana (Ill.) 1970. – N. H. A reference bibliography 1900–1971 (with nineteenth century materials). Hg. v. B. RICKS u. a. Boston (Mass.) 1972. – N. H. A collection of criticism. Hg. v. J. D. CROWLEY. New York 1975. – BAYM, N.: The shape of H.'s career. Ithaca (N. Y.) u. a. 1976. – CLARK, C. E. F.: N. H. A descriptive bibliography. Pittsburgh (Pa.) 1978. – MELLOW, J. R.: N. H. in his times. Boston (Mass.) 1980. – N. H. New critical essays. Hg. v. A. R. LEE. London u. a. 1982. – EHRLICH, G. C.: Family themes and H.'s fiction. New Brunswick (N. J.) 1984. – OPFERMANN, S.: Der Mythos der Neuen Welt im amerikan. Europaroman. ›The marble faun‹, ›For whom the bell tolls‹. ›The fable‹. Erlangen 1985. – MARKUS, M.: Point of View im Erzähltext. Eine angewandte Typologie am Beispiel der frühen amerikan. Short Story, insbes. Poes u. H.s. Innsbruck 1986. – N. H. Hg. v. H. BLOOM. New York 1986. – DESALVO, L.: N. H. Atlantic Highlands (N. J.) 1987. – NEWBERRY, F.: H.s divided loyalties. England and America in his works. Rutherford (N. J.) 1987. – ABEL, D.: The moral picturesque. Studies in H.'s fiction. West Lafayette (Ind.) 1988. – HARRIS, K. M.: Hypocrisy and self-deception in H.'s fiction. Charlottesville (Va.) 1988. – HUTNER, G.: Secrets and sympathy. Forms of disclosure in H.'s novels. Athens (Ga.) 1988. – WAGENKNECHT, E.: N. H. The man, his tales, and romances. New York 1989. – HANSEN, K. P.: Die empfindsame Theologie N. H.s. Eine Interpretation seiner Hauptwerke. Rheinbach-Merzbach 1989. Engl. Sin and sympathy. Ffm. u. a. 1991. – ENGLER, B.: Fiktion u. Wirklichkeit. Zur narrativen Vermittlung erkenntnisskept. Positionen bei H. u. Melville. Bln. 1991. – MILLER, J. H.: H. and history. Defacing it. Cambridge (Mass.) 1991. – MILLER, E. H.: Salem is my dwelling place. A life of N. H. Iowa City 1991.

Hay, John [Milton] [heɪ], * Salem (Ind.) 8. Okt. 1838, † Sunapee (N. H.) 1. Juli 1905, Politiker und Schriftsteller. – 1862–65 Privatsekretär Abraham Lincolns (* 1809, † 1865); dann Diplomat in Europa, u. a.

Botschafter in London, dazwischen journalistisch tätig. 1898–1905 Außenminister unter W. McKinley (* 1843, † 1901) und T. Roosevelt (* 1858, † 1919). Verfaßte Skizzen über seinen Spanienaufenthalt, Gedichte, den sozialkrit. Tendenzroman *The bread-winners* (1884) und mit John George Nicolay (* 1832, † 1901) eine Biographie Lincolns (10 Bde., 1890); v. a. bekannt als Autor derb-humorist. Dialektballaden (*Pike County ballads,* 1871), in denen er das Leben der Pioniere in Illinois darstellt.

Ausgaben: Letters of J. H. and extracts from diary. Hg. v. C. S. HAY u. H. ADAMS. 3 Bde. Wash. (D. C.) 1908. – Lincoln and the Civil War in the diaries and letters of J. H. Hg. v. T. DENNETT. New York 1939.

Literatur: THURMAN, K: J. H. as a man of letters. Reseda (Calif.) 1974. – CLYMER, K. J.: J. H. The gentleman as diplomat. Ann Arbor (Mich.) 1975. – KUSHNER, H. I./SHERRILL, A. H.: J. M. H. The union of poetry and politics. Boston (Mass.) 1977.

Hayes, Joseph [Arnold] [heɪz], * Indianapolis (Ind.) 2. Aug. 1918, Schriftsteller. – Romancier, Dramatiker und Funkautor; wurde v. a. bekannt durch seinen Kriminalroman *The desperate hours* (1954; dt. *An einem Tag wie jeder andere,* 1955).

Weitere Werke: The third day (R., 1964; dt. Der dritte Tag, 1965), Like any other fugitive (R., 1971; dt. Zwei auf der Flucht, 1972), Missing ... and presumed dead (R., 1976; dt. Der Schatten des anderen, 1976), Island on fire (R., 1979; dt. Insel auf dem Vulkan, 1979), Winner's circle (R., 1980; dt. Sekunde der Wahrheit, 1980), No escape (R., 1982; dt. Die dunkle Spur, 1982), The ways of darkness (R., 1985; dt. Morgen ist es zu spät, 1985).

H. D. ['eɪtʃ 'di:], Initialen der Lyrikerin Hilda † Doolittle.

Hearn, Lafcadio [hɜ:rn], * auf Lefkas (Griechenland) 27. Juni 1850, † Tokio 26. Sept. 1904, Schriftsteller irisch-griech. Herkunft. – Wanderte 1869 nach Amerika aus, wo er zunächst in Cincinnati, dann in New Orleans lebte; ab 1890 als Berichterstatter in Japan, heiratete er eine Japanerin, wurde Lehrer, nahm den japan. Namen Jakumo Koisumi und die japan. Staatsbürgerschaft an und war ab 1896 Dozent für engl. Literatur in Tokio. Seine Erzählungen und Romane spiegeln die Stationen seiner Begegnung mit bikulturellen Lebensformen in New Orleans (*Chita. A memory of last island,* E. 1889; *Youma. The story of a West-Indian slave,* R., 1890; *Two years in the French West Indies,* Ber., 1890) sowie in Japan, wo ihm als feinsinnigem Beobachter des Brauchtums seiner neuen Heimat eindrucksvolle Impressionen gelangen (*Izumo. Glimpses of unfamiliar Japan,* 2 Bde., 1894, dt. *Izumo. Blicke in das unbekannte Japan,* 2 Bde., 1907/8; *Out of the East,* 1895; *Kokoro. Hints and echoes of Japanese inner life,* Nov.n, 1896, dt. *Kokoro,* 1906; *Ghostly Japan,* 1899, dt. *Der Traumfresser. Japan. Geistergeschichten,* 1925; *A Japanese miscellany,* 1901; *Kwaidan. Stories and studies of strange things,* 1904, dt. *Kwaidan. Seltsame Geschichten und Stücke aus Japan,* 1909; *Kwaidan u. a. Gesch. u. Bilder aus Japan,* dt. Ausw., 1973).

Ausgaben: The writings of L. H. Boston (Mass.) u. a. 1922. 16 Bde. – L. H. Selected writings. Hg. v. H. GOODMAN. New York 1949. – Nippon. Leben u. Erlebnisse im alten Japan 1890–1904. Hg. v. R. SCHECK. Köln 1981.

Literatur: MCWILLIAMS, V.: L. H. Boston (Mass.) 1946. Nachdr. New York 1971. – YU, B.: An ape of god. The art and thought of L. H. Detroit (Mich.) 1964. – KUNST, A. H.: L. H. New York 1969. – STEVENSON, E.: L. H. New York Neuaufl. 1979. – WEBB, K. M.: L. H. and his German critics. New York 1984. – COTT, J.: Wandering ghost. The odyssey of L. H. New York 1991.

Hecht, Anthony [Evan] [hekt], * New York 16. Jan. 1923, Lyriker. – Studium an der Columbia University; Kriegsteilnahme. Prof. für Englisch seit 1985 an der Georgetown University in Washington (D. C.). Formal dem † Modernismus verpflichtet, thematisieren seine Gedichte schockartig in unerwarteter Gegenüberstellung von Bildern das Leiden des jüd. Volkes und die Erfahrung des Todes; auch Übersetzer von Aischylos.

Werke: A summoning of stones (Ged., 1954), The seven deadly sins (Ged., 1958), The hard hours (Ged., 1967; Pulitzerpreis 1968), Millions of strange shadows (Ged., 1977), The Venetian vespers (Ged., 1979), Obligati. Essays in criticism (1986).

Literatur: GERMAN, N.: A. H. London 1988. – The burdens of formality. Essays on the poetry of A. H. Hg. v. S. LEA. Athens (Ga.) 1990.

Hecht, Ben [hekt], * New York 28. Febr. 1894, † ebd., 18. April 1964, Schriftsteller und Journalist. – Arbeitete beim *Chicago Journal;* bed. Mitglied der nach dem 1. Weltkrieg entstandenen ›Chicago Literary Renaissance‹; begründete die Zeitschrift *Chicago Literary Times* und war ihr Herausgeber (1923–1924); wurde als Verfasser melodramat. (*The front page,* 1928; dt. *Extrablatt,* zus. mit C. MacArthur) und politisch-satir. Dramen (*To Quito and back,* 1937), realistisch-psycholog. Romane (*Eric Dorn,* 1921), Kurzgeschichten und als Mitautor vieler Drehbücher (*Wuthering Heights,* 1939) bekannt. Vornehmlich in den Prosaschriften thematisierte er seine jüd. Identität (*A Jew in love,* R., 1930) und schrieb gegen den Antisemitismus (*A guide for the bedevilled,* 1944).

Weitere Werke: A child of the century (Autobiogr., 1954; dt. Ausw. Ein Kind des Jahrhunderts, 1985, 1989 u. d. T. Geschichten aus Deutschland 1919), The sensualists (R., 1959; dt. Die Leidenschaftlichen, 1960), Gaily, gaily (R., 1963), Letters from Bohemia (1964).

Ausgabe: Geschichten aus Chicago und Hollywood. Dt. Übers. v. H. HERBORTH. Ausw., Hofheim/Ts. 1989.

Literatur: GUILES, F.: Hanging on in paradise. New York 1975. – FETHERLING, D.: The five lives of B. H. Toronto 1977.

Heilbrun, Carolyn G. ['haılbrən], * East Orange (N. J.) 13. Jan. 1926, Schriftstellerin. – H. verbindet in ihren unter dem Pseudonym Amanda Cross veröffentl. Kriminalromanen ihre feminist. Anliegen und literaturwiss. Tätigkeit als Englischprofessorin und Direktorin des ›Center for Gender Studies‹ an der Columbia University in der Figur der Amateurdetektivin Kate Fansler, die das meist im akadem. Betrieb einer Großstadtuniversität angesiedelte geheimnisvolle Geschehen mit literaturwiss. Methoden löst. – In ihren krit. Studien zum Einfluß der kulturell geprägten Geschlechterrollen auf das Verhalten der Menschen fordert sie die Aufgabe der sexuellen Polarisierung und die Anerkennung androgyner Werte.

Werke: In the last analysis (R., 1964; dt. Gefährliche Praxis, 1988), The James Joyce murder (R., 1967; dt. In den besten Kreisen, 1989), Poetic justice (R., 1970; dt. Eine feine Gesellschaft, 1989), The Theban mysteries (R., 1972; dt. Schule für höhere Töchter, 1990), Toward a recognition of androgyny (Studie, 1973), The question of Max (R., 1976), Reinventing womanhood (Studie, 1979), Death in a tenured position (R., 1981; dt. Die Tote von Harvard, 1991), Sweet death, kind death (R., 1984), No word from Winnifred (R., 1986; dt. Albertas Schatten, 1988), Writing a woman's life (Studie, 1988), A trap for fools (R., 1989; dt. Der Sturz aus dem Fenster, 1992), Hamlet's mother (Essays, 1990), The players come again (R., 1990).

Heinlein, Robert A[nson] ['haınlaın], * Butler (Mo.) 7. Juli 1907, † Carmel (Calif.) 7. Mai 1988, Schriftsteller. – Besuchte die Marineakademie in Annapolis und war fünf Jahre Geschützoffizier; 1939 begann H. Science-fiction-Literatur zu schreiben. In der Folge veröffentlichte er mehrere Science-fiction-Romane für Jugendliche, darunter *Rocketship Galileo* (1947; dt. *Endstation Mond,* 1951). Zahlreiche Romane und Erzählungen bilden eine zusammenhängende ›Geschichte der Zukunft‹ (*The past through tomorrow,* 1966). Einen unerwarteten Erfolg errang H. mit dem Roman *Stranger in a strange land* (1961; dt. *Ein Mann in einer fremden Welt,* 1970), der zu einem Kultroman der Hippiebewegung wurde. Trotz seines großen Erfolgs bleibt H. v. a. wegen seines als faschistoid kritisierten Romans *Starship troopers* (1959; dt. *Sternenkrieger,* 1979) sehr umstritten; schrieb auch Kurzgeschichten, Essays und Drehbücher.

Weitere Werke: Beyond this horizon (R., 1948), The rolling stones (R., 1952; dt. Die Tramps von Luna, 1970), Tunnel in the sky (R., 1955; dt. Tunnel zu den Sternen, 1974), The door into summer (R., 1957; dt. Tür in die Zukunft, 1967), Glory road (R., 1963; dt. Die Straße des Ruhms, 1970), The moon is a harsh mistress (R., 1966; dt. Revolte auf Luna, 1969), The notebooks of Lazarus Long (R., 1973; dt. Die Leben des Lazarus Long, 1976), Friday (R., 1982; dt. Freitag, 1983), The cat who walks through walls. A comedy of manners (R., 1985), Job. A comedy of justice (R., 1985; dt. Das neue Buch Hiob, 1985).

Literatur: FRANKLIN, H. B.: R. A. H. America as science fiction. New York 1980. – REGINALD, R.: Yesterday or tomorrow? The work of R. A. H. San Bernardino (Calif.) 1984. – Death and the serpent. Immorality in science fiction and fantasy. Hg. v. C. B. YOKE u. D. M. HASSLER. Westport (Conn.) 1985.

Heller, Joseph ['helər], * New York 1. Mai 1923, Schriftsteller. – Studium in New York und Oxford; im 2.Weltkrieg Bomberpilot, dann Universitätsdozent, Werbefachmann. Verfasser erfolgreicher Romane, wie *Catch 22* (1961; dt. *Der IKS-Haken,* 1964, 1971 u. 1986 u. d. T. *Catch-22*), einer grotesk-kom. Entlarvung der Sinnlosigkeit des Krieges, *Something happened* (1974; dt. *Was geschah mit Slocum?,* 1975), in dem er ein grausam-unbestechl. Bild der Welt eines Konzerns und seiner Angestellten entwirft, *Good as gold* (1979; dt. *Gut wie Gold,* 1980), einer komisch-farcenhaften Darst. jüd. Familienlebens und der polit. Szenerie in Washington sowie *God knows* (1984; dt. *Weiß Gott,* 1985) und *Picture this* (1988); weniger erfolgreich als Dramatiker: *We bombed in New Haven* (1968; dt. *Wir bombardieren Regensburg,* 1969), *Clevinger's trial* (1974). *No laughing matter* (1986; dt. *Überhaupt nicht komisch,* 1986) ist der gemeinsam mit Speed Vogel (* 1918) veröffentlichte Bericht einer Krankheitsgeschichte des Autors.

Ausgabe: J. H.'s ›Catch-22‹. A critical edition. Hg. v. R. M. SCOTTO. New York 1973.

Literatur: A ›Catch-22‹ casebook. Hg. v. F. KILEY u. W. MCDONALD. New York 1973. – Critical essays on ›Catch-22‹. Hg. v. J. NAGEL. Encino (Calif.) 1973. – KEEGAN, B. M.: J. H. A reference guide. London u. a. 1978. – POTTS, S. W.: From here to absurdity. The moral battlefields of J. H. San Bernardino (Calif.) 1982. – Critical essays on J. H. Hg. v. J. NAGEL. Boston (Mass.) 1984. – MERRILL, R.: J. H. Boston (Mass.) 1987. – FRITSCH, R.: Absurd oder grotesk? Über literar. Darst. von Entfremdung bei Beckett und H. Ffm. 1989. – SEED, D.: J. H. London 1989.

Hellman, Lillian ['helmən], * New Orleans 20. Juni 1905, † auf Martha's Vineyard (Mass.) 30. Juni 1984, Dramatikerin. – Universitätsdozentin; verfaßte zahlreiche effektvolle und erfolgreiche Problemstücke, in denen sie mit psycholog. Scharfsinn menschl. Beziehungen analysiert und Kritik an der amerikan. Gesellschaft übt. Ihre bekanntesten Dramen schildern den Niedergang einer reichen Südstaatenfamilie (*The little foxes,* 1939; dt. *Die kleinen Füchse,* EA 1950), die Gefahr des Faschismus (*Watch on the Rhine,* 1941) sowie das mangelnde Engagement amerikan. Intellektueller (*The autumn garden,* 1951; dt. *Herbstgarten,* UA 1968). Ihre vierteilige Autobiogr. befaßt sich mit ihrem privaten Leben (*An unfinished woman,* 1969; dt. *Eine unfertige Frau,* 1970 u. 1987), privaten und berufl. Bekanntschaften (*Pentimento,* 1973; dt. 1989) sowie mit der polit. Verfolgung linker Intellektueller während der McCarthy-Ära (*Scoundrel time,* 1976; dt. *Die Zeit der Schurken,* 1978 u. 1987); *Maybe* (1980) stellt eine weitere Episode ihres bewegten Lebens dar; schrieb auch Drehbücher, u. a. mit ihrem politisch gleichgesinnten Lebenspartner D. Hammett.

Weitere Werke: The children's hour (Dr., 1934), Days to come (Dr., 1936), The north star. A motion picture about some Russian people (Dr., 1943), Toys in the attic (Dr., 1960; dt. Zerbrochenes Spielzeug, 1962).

Ausgabe: L. H. The collected plays. Boston (Mass.) 1972.

Literatur: HOLMIN, L. R.: The dramatic works of L. H. Uppsala 1973. – FALK, D.: L. H. New York 1978. – BILLS, S. H.: L. H. An annotated bibliography. New York 1979. – ESTRIN, M.: L. H. A reference guide. Boston (Mass.) 1980. – RIORDAN, M. M.: L. H. A bibliography. 1926–1978. Metuchen (N. J.) u. a. 1980. – Conversations with L. H. Hg. v. J. R. BRYER. Jackson (Miss.) 1986. – MAYER, S.: Die Sehnsucht nach den anderen. Eine Studie zum Verhältnis von Subjekt u. Gesellschaft in den Autobiographien von L. H., Maya Angelou u. Maxine Hong Kingston. Freib. 1986. – WRIGHT, W.: L. H. The image, the woman. New York 1986. – ROLLYSON, C.: L. H. Her legend and her legacy. New York 1988. – Critical essays on L. H. Hg. v. M. W. ESTRIN. Boston (Mass.) 1989. – NEWMAN, R. P.: The cold war romance of L. H. and John Melby. Chapel Hill (N. C.) 1990.

Helprin, Mark ['helprɪn], * New York 28. Juni 1947, Schriftsteller. – Studierte in

Harvard und Oxford und diente in den israel. Streitkräften; talentierter Autor von Kurzgeschichten und Romanen, in denen er u. a. zwischenmenschl. Beziehungen und Großstadtleben in einer Mischung aus Fakten und Phantasie behandelt. Sein bekanntestes Werk ist der Shakespeares Drama aufnehmende Roman *Winter's tale* (1983; dt. *Wintermärchen,* 1984).

Weitere Werke: A dove of the East and other stories (1977; dt. Eine Taube aus dem Osten u. a. En., 1984), Refiner's fire. The life and adventures of Marshall Pearl, a foundling (R., 1977; dt. Der Findling, 1987), Ellis Island (En., 1980; dt. Ellis Island, 1984, 1985 u. d. T. Das Licht im Norden u. a. En.), A soldier of the great war (R., 1991; dt. Ein Soldat aus dem Großen Krieg, 1991).

Hemingway, Ernest [Miller] ['hemɪŋweɪ], * Oak Park (Ill.) 21. Juli 1899, † Ketchum (Idaho) 2. Juli 1961 (Freitod), Schriftsteller. – Sohn eines Landarztes; lehnte sich schon als Kind gegen den Zwang im Elternhaus auf, wurde 18jährig Reporter, ging 1918 als Freiwilliger des Roten Kreuzes an die italien. Front, wo er verwundet und ausgezeichnet wurde; er schrieb während der Rekonvaleszenz seine ersten Kurzgeschichten; 1920 in Chicago (lernte dort S. Anderson kennen), 1921–27 als Korrespondent in Europa (hpts. Paris, wo er mit G. Stein, E. Pound und F. S. Fitzgerald zusammentraf), einige Jahre in Amerika. 1936–1937 Berichterstatter im Span. Bürgerkrieg (auf republikan. Seite), dann in China, auf Kuba, bei der Invasion 1944/45 in Frankreich. 1954 erhielt er den Nobelpreis für Literatur. – H.s Kurzgeschichten und Romane sind vornehmlich eine Verarbeitung seiner eigenen Erlebnisse und der Ereignisse seiner Zeit. Von einem eindeutig maskulinen Standpunkt aus sucht er Bewährung in der Konfrontation mit Formen der Gewalt und des Todes, die sich ihm in existentiellen Grenzsituationen des Lebens, wie Großwildjagd, Stierkampf, Hochseefischerei und Krieg, bieten. Das aus diesen Erfahrungen gewonnene System selbstgesetzter Normen einer sinnlosen Welt gegenüber (Hemingway-Code) scheitert allerdings in der Beziehung zwischen Mann und Frau sowie in der Realität des Schriftstellers, der ästhet. Prinzipien und eth. Gesichtspunkte miteinander verbindet und daraus die Verpflichtung zum polit. Engagement ableitet. Die nüchterne, scheinbar emotionslose Sprache, die an H.s Tätigkeit als Journalist erinnert, besitzt jedoch eine durch Symbole und Metaphern erkennbare Tiefendimension, die ein objektives Korrelat zur Erlebnisqualität darstellen kann; schrieb auch Gedichte.

Werke: In our times (Kurzgeschichten, 1925; dt. In unserer Zeit, 1932), The sun also rises (R., 1926; dt. Fiesta, 1928), A farewell to arms (R., 1929; dt. In einem anderen Land, 1930), Death in the afternoon (Schr., 1932; dt. Tod am Nachmittag, 1957), Green hills of Africa (E., 1935; dt. Die grünen Hügel Afrikas, 1954), To have and have not (R., 1937; dt. Haben und Nichthaben, 1951), The fifth column and the first forty-nine stories (Dr. und Kurzgeschichten, 1938; dt. 1950 u. d. T. 49 Stories [ohne Drama]), For whom the bell tolls (R., 1940; dt. Wem die Stunde schlägt, 1941), The snows of Kilimanjaro (Kurzgeschichten, 1948; dt. Der Schnee vom Kilimandscharo, 1949), Across the river and into the trees (R., 1950; dt. Über den Fluß und in die Wälder, 1951), The old man and the sea (E., 1952; dt. Der alte Mann und das Meer, 1952), A moveable feast (autobiograph. Bericht, hg. 1964; dt. Paris, ein Fest fürs Leben, 1965), By-lines (Zeitungsberr. und Reportagen, hg. 1967; dt. Neunundvierzig Depeschen, 1969), Islands in the stream (R., hg. 1970; dt. Inseln im Strom, 1971), 88 Poems (hg. 1979), The dangerous summer (Reportagen, hg. 1985; dt. Gefährl. Sommer, 1986), The garden of Eden (R., hg. 1986; dt. Der Garten Eden, 1987).

Ausgaben: E. H. Sämtl. Erzählungen. Dt. Übers. v. A. Horschitz-Horst. Rbk. ³1968. – E. H. Ges. Werke. Dt. Übers. v. A. Horschitz-Horst. Rbk. 1986. 10 Bde. (Tb.-Ausgabe). – The complete short stories of E. H. New York 1987. – Die Stories. Dt. Übers. v. A. Horschitz-Horst. Rbk. 1988. – The complete short stories of E. H. New York 1991.

Literatur: STRESAU, H.: E. H. Bln. 1958. – BAKER, C.: E. H. Der Schriftsteller u. sein Werk. Dt. Übers. Rbk. 1967. – GURKO, L.: E. H. and the pursuit of heroism. New York 1968. – BAKER, C.: H. Die Gesch. eines abenteuerl. Lebens. Dt. Übers. Mchn. u. a. 1971. – ASTRE, G. A.: E. H. Dt. Übers. Rbk. [11]1975. – HEMINGWAY, M. W.: How it was. New York 1976. – WAGNER, L. W.: E. H. A reference guide. Boston (Mass.) 1977. – H. Hg. v. H. WEBER. Darmst. 1980. – NICOLAISEN, P.: E. H. Studien zum Bild der erzählten Welt. Neumünster 1980. – E. H. A reevaluation. Hg. v. D. R. NOBLE. Troy (N. Y.) 1982. – GILOI, D.: Short Story u. Kurzgeschichte. Ein Vergleich H.s mit dt. Autoren nach 1945. Tüb. 1983. – HOTCHNER, A. E.: Papa H. The ecstasy and the sorrow. New York 1983. – E. H. New critical essays. Hg. v. A. R. LEE. London 1983. – GARCIA, W.: Mothers and others. Myths of the female in the works of Melville, Twain, and H. New York 1984. – E. H. The writer in context. Hg. v. J. NAGEL. Madison (Wis.) 1984. – NELSON, R. S.: E. H. Life, work, and criticism. Fredericton (New Brunswick) 1984. – BRÜNING, E.: E. H. Humanist u. Antifaschist. Bln. 1985. – MEYERS, J.: H. A biography. New York 1985. – OPFERMANN, S.: Der Mythos der Neuen Welt im amerikan. Europaroman. Erlangen 1985. – SOJKA, G. S.: E. H. The angler as artist. Ffm. 1985. – REYNOLDS, M. S.: The young H. Oxford 1986. – JOHNSTON, K. G.: The tip of the iceberg. H. and the short story. Greenwood (Fla.) 1987. – LYNN, K. S.: H. New York 1987. Dt. 1989. – E. H. Six decades of criticism. Hg. v. L. W. WAGNER. East Lansing (Mich.) 1987. – HARDY, R. E./CULL, J. G.: H. A psychological portrait. New York 1988. – REYNOLDS, M. S.: The sun also rises. A novel of the twenties. Boston (Mass.) 1988. – H.'s neglected short fictions. New perspectives. Hg. v. S. F. BEEGEL. Ann Arbor (Mich.) 1989. – FLORA, J. M.: E. H. A study of the short fiction. Boston (Mass.) 1989. – HARTWIG, W.: E. H. Triumph u. Tragik seines Lebens. Biogr. Bln. 1989. – GRANGER, B.: H.s Tagebuch. Bergisch-Gladbach 1990. – HOTCHNER, A. E.: H. u. seine Welt. Mchn. 1990. – SPILKA, M.: H.'s quarrel with androgyny. Lincoln (Nebr.) 1990. – WEBER, R.: H.'s art of non-fiction. Basingstoke 1990.

Henry, O. ['henri], eigtl. William Sydney Porter, * Greensboro (N. C.) 11. Sept. 1862, † New York 5. Juni 1910, Schriftsteller. – Lehre als Apotheker, dann Kartenzeichner der Regierung und Kassierer einer Bank in Austin (Tex.), wo er wegen Veruntreuung von Geldern verfolgt und später inhaftiert wurde. Während der Haft erste literar. Erzeugnisse; ab 1902 neues Leben in New York; erfolgreicher Verfasser von rund 600 in ihrem Aufbau meisterhaften Kurzgeschichten, in deren Mittelpunkt kleine Leute, Durchschnittscharaktere und Großstadttypen stehen. Die überraschende Schlußpointe ist für seinen Stil charakteristisch.

Werke: Cabbages and kings (1904; dt. Narren des Glücks, 1953, 1955 u. d. T. Kohlköpfe und Könige), Four million and other stories (1906), The voice of the city (1908; dt. Die Stimme der Stadt, 1986), Roads of destiny (1909; dt. Wege des Schicksals, 1981), Rolling stones (1913; dt. Rollende Steine setzen kein Moos an, 1966), Glück, Geld und Gauner (dt. Ausw. 1981).

Ausgabe: O. H. The complete works. Hg. v. H. HANSEN. Garden City (N. Y.) 1953. 2 Bde.

Literatur: LONG, E. H.: O. H. The man and his work. Philadelphia (Pa.) 1949. Nachdr. New York 1969. – CURRENT-GARCIA, E.: O. H. New York 1965. – GALLEGLY, J.: From Alamo Plaza to Jack Harris's saloon. O. H. and the Southwest he knew. The Hague 1970. – LONG, E. H.: O. H. American realist. Austin (Tex.) 1970. – O'CONNOR, R.: O. H. The legendary life of William Sydney Porter (O. H.). Garden City (N. Y.) 1970. – HARRIS, R. C.: William Sydney Porter (O. H.). A reference guide. Boston (Mass.) 1980. – SMITH, C. A.: O. H. New York 1980. – STUART, D.: O. H. A biography of William Sydney Porter. Chelsea (Mich.) 1990.

Hergesheimer, Joseph ['hɜːrgəshaɪmər], * Philadelphia (Pa.) 15. Febr. 1880, † Sea Isle City (N. J.) 25. April 1954, Schriftsteller dt.-schott. Herkunft. – Verfasser von – meist spannend geschriebenen – Liebes- und Gesellschaftsromanen, oft aus der Welt der internat. Müßiggänger.

Werke: Mountain blood (R., 1915; dt. Bergblut, 1932), The three black pennies (R., 1917; dt. Die drei schwarzen Pennys, 1931), Java head (R., 1919; dt. Kap Java, 1927), Linda Condon (R., 1919), The happy end (En., 1919), Aphrodite (R., 1922; dt. 1928), The bright shawl (R., 1922; dt. Der bunte Schal, 1928), Cytherea (R., 1922), Tol'able David (En., 1923), The presbyterian child (Autobiogr., 1923), Merry dale (En., 1924), From an old house (Autobiogr., 1925), Tampico (R., 1926; dt. 1927), Swords and roses (R., 1929), The party dress (R., 1930; dt. Das

Pariser Abendkleid, 1931), Love in the United States (En., 1932), Tropical winter (En., 1933).
Literatur: MARTIN, R. E.: The fiction of J. H. Philadelphia (Pa.) u. a. 1965. – GIMMESTAD, V. E.: J. H. Boston (Mass.) 1984.

Herlihy, James Leo ['hɜ:rlɪhi], * Detroit (Mich.) 27. Febr. 1927, Schriftsteller. – Dt.-ir. Abstammung; Verfasser von märchenhaften Dramen, Kurzgeschichten, erfolgreichen Romanen und Drehbüchern. Am bekanntesten wurde die Verfilmung seines Romans *Midnight cowboy* (1965; dt. *Rodeo der Nacht,* 1968).
Weitere Werke: Streetlight sonata (Dr., 1950), Moon in Capricorn (Dr., 1953), Blue denim (Dr., 1958), Crazy October (Dr., UA 1958), The sleep of baby Filbertson and other stories (En., 1959; dt. Es ist hübsch im Bus bei Nacht, 1960), All fall down (R., 1960; dt. Ich und dieser Berryberry, 1961), A story that ends with a scream and eight others (1967), Stop, you're killing me (Dr., 1968), The season of the witch (R., 1971; dt. Die Zeit der Hexe, 1972).

Herne, James A. ['hɜ:rn], * Cohoes (N. Y.) 1. Febr. 1839, † New York 2. Juni 1901, Dramatiker. – Erfolge als Schauspieler und Dramatiker (z. T. zus. mit D. Belasco). Seine realist., inhaltlich und formal H. Ibsen verwandten Dramen schildern die ehel. Untreue (*Margaret Fleming,* 1890), das Leben in Neuengland (*Shore acres,* 1892) sowie den Bürgerkrieg (*The Reverend Griffith Davenport,* 1899). Seine Stücke hatten großen Einfluß auf die Entwicklung des amerikan. Theaters im 20. Jahrhundert.
Weitere Werke: Hearts of oak (Dr., 1879, zus. mit Belasco), Sag Harbor (Dr., 1899).
Ausgaben: J. A. H. Shore acres and other plays. Hg. v. K. HERNE. New York 1928. – J. A. H. The early plays. Hg. v. A. H. QUINN. Princeton (N. J.) 1940.
Literatur: EDWARDS, H. J.: J. A. H. The rise of realism in the American drama. Orono (Maine) 1964. – PERRY, J.: J. A. H. The American Ibsen. Chicago 1978.

Herrick, Robert ['herɪk], * Cambridge (Mass.) 26. April 1868, † Charlotte Amalie (Jungferninseln) 23. Dez. 1938, Schriftsteller. – Studium an der Harvard University, dann Prof. für Englisch in Chicago (1893–1923). Einer der bedeutendsten kultur- und sozialkrit. Romanciers Amerikas vor dem 1. Weltkrieg, der in seinen v. a. in Chicago spielenden Romanen und Kurzgeschichten und in seinen polit. Essays von der eth. Warte seiner puritan. Abstammung in Neuengland aus eine Erneuerung der amerikan. Gesellschaft im Sinne der Reformbewegungen der Jahrhundertwende (↑ Muckraker) forderte. Seine bekanntesten Werke sind die Romane *The common lot* (1904) und *The memoirs of an American citizen* (1905).
Weitere Werke: The man who wins (R., 1897), The web of life (R., 1900), The real world (R., 1901), The master of the inn (R., 1908), One woman's life (R., 1913), The end of desire (R., 1932).
Literatur: NEVIUS, B.: R. H. The development of a novelist. Berkeley (Calif.) 1962. – BUDD, L. J.: R. H. New York 1971. – HORLACHER, F. W.: Die Romane R. H.s. Empirie u. Fiktion. Ffm. u. a. 1978.

Hersey, John [Richard] ['hɜ:rsi], * Tientsin (China) 17. Juni 1914, Schriftsteller. – Lebt seit 1925 in den USA; Studium an der Yale University; 1937 Sekretär von S. Lewis; Journalist, Kriegskorrespondent in Italien, Polen, der UdSSR und Japan; veröffentlichte zahlreiche Dokumentarromane; für *A bell for Adano* (R., 1944; dt. *Eine Glocke für Adano,* 1945), der das Leben italien. Bauern im 2. Weltkrieg schildert, erhielt er 1945 den Pulitzerpreis; in *Hiroshima* (1946; dt. 1947) gibt H. die Erlebnisse von sechs Überlebenden der Atombombenexplosion, in *The wall* (1950; dt. *Die Mauer,* 1951, 1982 u. d. T. *Der Wall;* dramatisierte Fassung von M. Lampell [* 1919], 1961) anhand von aufgefundenen Tagebüchern eines jüd. Historikers Eindrücke des Aufstandes im Warschauer Getto wieder.
Weitere Werke: The war lover (R., 1959; dt. Verdammt sind wir alle, 1960), The Algiers motel incident (R., 1968; dt. Zwischenfall im Motel, 1970), The conspiracy (R., 1972; dt. Die Verschwörung der Dichter. Geheimberichte aus dem alten Rom, 1974), Aspects of the presidency (Bericht über die Präsidenten H. Truman und G. Ford, 1980), The call (R., 1985),

Blues (Prosa, 1987), Life sketches (Prosa, 1989), Antoinietta (R., 1991; dt. 1992).
Literatur: SANDERS, D.: J. H. New York 1967. – HUSE, N. L.: J. H. and James Agee. A reference guide. Boston (Mass.) 1978. – HUSE, N. L.: The survival tales of J. H. Troy (N. Y.) 1983.

Heyward, DuBose ['heɪwərd], * Charleston (S. C.) 31. Aug. 1885, † Tyron (N. C.) 16. Juni 1940, Schriftsteller. – Hatte großen Erfolg mit dem Roman *Porgy* (1925; dt. 1930), in dem er seine genaue Kenntnis des Lebens und der Psyche der Schwarzen aus den Südstaaten verwertete; später bearbeitete H. zus. mit seiner Frau Dorothy H. Kuhns (* 1890, † 1961) die Vorlage für die Bühne (1927) und verfaßte mit Ira Gershwin (* 1896, † 1983) das Libretto für G. Gershwins Oper *Porgy and Bess* (1935; dt. *Porgy und Bess,* 1945); schrieb auch Gedichte und Dramen.
Weitere Werke: Carolina chansons (Ged., 1922, zus. mit H. Allen), Skylines and horizons (Ged., 1924), Mamba's daughters (R., 1929, 1939 dramatisiert zus. mit Dorothy H. Kuhns), Star spangled virgin (R., 1939).
Literatur: DURHAM, F.: D. H. The man who wrote ›Porgy‹. Columbia (S. C.) 1954. – DURHAM, F.: D. H.'s use of folklore in his Negro fiction. Charleston (S. C.) 1961. – SLAVICK, W. H.: D. H. Boston (Mass.) 1981.

Highsmith, Patricia ['haɪsmɪθ], * Fort Worth (Tex.) 19. Jan. 1921, Schriftstellerin. – Dt. und engl.-schott. Abstammung; Studium am Barnard College und an der Columbia University in New York; lebte lange in Frankreich, seit 1983 im Tessin. Verfasserin glänzend gebauter Kriminalromane, die ihre Spannung weniger aus der äußeren Aktion als aus der differenzierten Schilderung bestimmter psycholog. Zustände und dem sich daraus ergebenden Handlungablauf beziehen; schuf in den von schwarzem Humor erfüllten Erzählungen die Figur des Tom Ripley, eines unmoral. Antihelden und vergnügungssüchtigen Amateurverbrechers; schrieb auch Kurzgeschichten.
Werke: Strangers on a train (R., 1950; dt. Alibi für zwei, 1967, 1974 u. d. T. Zwei Fremde im Zug), The talented Mr. Ripley (R., 1955; dt. Nur die Sonne war Zeuge, 1961, 1971 u. d. T. Der talentierte Mr. Ripley), Plotting and writing suspense fiction (krit. Studie, 1966; dt. Suspense oder wie man einen Thriller schreibt, 1985), Those who walk away (R., 1967; dt. Venedig kann sehr kalt sein, 1968), The tremor of forgery (R., 1969; dt. Das Zittern des Fälschers, 1970), Ripley under ground (R., 1970; dt. 1972) A dog's ransom (R., 1972; dt. Lösegeld für einen Hund, 1974) Ripley's game (R., 1974; dt. Ripleys game oder Regel ohne Ausnahme, 1976), Little tales of misogyny (En., 1977; dt. Kleine Geschichten für Weiberfeinde, 1975), The animal-lover's book of beastly murder (En., 1975; dt. Kleine Mordgeschichten für Tierfreunde, 1976), Edith's diary (R., 1977; dt. Ediths Tagebuch, 1978), Slowly, slowly in the wind (En., 1979; dt. Leise, leise im Wind, 1979), The black house (En., 1979; dt. Keiner von uns, 1982), The boy who followed Ripley (R., 1980; dt. Der Junge, der Ripley folgte, 1980), People who knock on the door (R., 1983; dt. Leute, die an die Tür klopfen, 1983), Mermaids on the golf course and other stories (1985; dt. Nixen auf dem Golfplatz, 1985), Found in the street (R., 1986; dt. Elsie's Lebenslust, 1986), Ripley under water (R., 1991; dt. 1991).
Ausgaben: Eleven stories. London 1970. – Ges. Geschichten von P. H. Dt. Übers. v. A. UHDE. Zü. 1973. – Die besten Geschichten von P. H. Ausgew. v. P. H. Dt. Übers. v. A. UHDE. Zü. 1984.
Literatur: Über P. H. Hg. v. F. CAVIGELLI u. F. SENN. Zü. 1980. – DUNKER, M.: Beeinflussung u. Steuerung des Lesers in der englischsprachigen Detektiv- u. Kriminallit. Zur Beziehung Autor-Text-Leser in Werken von Doyle, Christie u. H. Ffm. 1991.

Himes, Chester Bomar [haɪmz], * Jefferson City (Mo.) 29. Juli 1909, † Moraira (Spanien) 12. Nov. 1984, Schriftsteller. – Begann seine literar. Karriere während eines Gefängnisaufenthaltes; in seinem naturalist., von Protesthaltung bestimmtem Frühwerk übt er scharfe Kritik an der Rassendiskriminierung in den USA (*If he hollers let him go,* R., 1945; *Lonely crusade,* R., 1947); wurde v. a. durch seine Kriminalromane bekannt, in denen er das von Angst und Gewalt bestimmte Leben im New Yorker Schwarzen-Getto Harlem beschreibt; sein Roman *The third generation* (1954; dt. *Mrs. Taylor und ihre Söhne,* 1962), in dem er die Situation der gebildeten Schwarzen in den amerikan. Südstaaten darstellt, trägt autobiograph. Züge. *The quality of hurt. The autobiography of C. H.* (1972) und *My life of absurdity* (1976) stellen seine zweibändige Autobiographie dar.

Weitere Werke: Cast the first stone (R., 1952), The five-cornered square (R., 1957; dt. Die Geldmacher von Harlem, 1962), The real cool killers (R., 1959; dt. Heiße Nacht für kühle Killer, 1969), The big gold dream (R., 1960; dt. Der Traum vom großen Geld, 1969), Run man run (R., 1966; dt. Lauf, Nigger, lauf, 1968), Blind man with a pistol (R., 1969; dt. Blind mit der Pistole, 1970), Black on black, baby sister, and selected writings (1973), A case of rape (R., 1980).

Ausgabe: The collected stories of C. H. New York 1991.

Literatur: LUNDQUIST, J.: C. H. New York 1976. – MILLIKEN, S. F.: C. H. A critical appraisal. Columbia (Mo.) 1976. – Muller, G. H.: C. H. Boston (Mass.) 1989.

Hobart, Alice Tisdale ['hoʊbɑ:rt], * Lockport (N. Y.) 28. Jan. 1882, † Oakland (Calif.) 14. März 1967, Schriftstellerin. – Historikerin; lebte 20 Jahre mit ihrem Mann, einem amerikan. Geschäftsmann, in China; schrieb Reiseberichte, dann Romane mit dem Thema des Gegensatzes zwischen östl. und westl. Mentalität, von denen der bekannteste *Oil for the lamps of China* (1933; dt. *Petroleum für die Lampen Chinas,* 1935) war; später verfaßte sie Romane, die in Mexiko und Kalifornien spielen und sich mit dem sozialen und industriellen Aufschwung in den USA befassen.

Weitere Werke: River supreme (R., 1929; dt. Strom, du Schicksal, 1935), Yang and Yin (R., 1936; dt. Das Haus der heilenden Hände, 1946), Their own country (R., 1940), The cup and the sword (R., 1942; dt. Becher und Schwert, 1945, 1960 u. d. T. Diese Erde ist mein), The peacock sheds his tail (R., 1945; dt. Das Pfauenrad, 1946), The cleft rock (R., 1948; dt. Tal der Unruhe, 1953), The serpent-wreathed staff (R., 1951; dt. Im Zeichen der Schlange, 1953), Venture into darkness (R., 1955; dt. Einer blieb zurück, 1957), Gusty's child (Autobiogr., 1959), The innocent dreamers (R., 1963; dt. Die arglosen Träumer, 1965).

Hollywood ['hɑ:liwʊd] ↑ Film und Literatur.

Holmes, Oliver Wendell [hoʊmz], * Cambridge (Mass.) 29. Aug. 1809, † Boston (Mass.) 7. Okt. 1894, Schriftsteller. – Studierte klass. Philologie und Medizin an der Harvard University und in Paris; war Arzt, 1838–40 Prof. für Anatomie am Dartmouth College, Hanover (N. H.), und 1847–82 an der Harvard University. Sein literar. Hauptwerk ist *The autocrat of the breakfast-table,* eine Mischung aus Gedichten, geistreichen Essays und Plaudereien (publiziert 1857ff. in *The* ↑ *Atlantic Monthly,* Buchausg. 1858; dt. 1876 *Der Tisch-Despot*), deren Erfolg zu weiteren ähnlichen Publikationen führte (*The professor at the breakfast-table,* 1860; dt. 1889 *Der Professor am Frühstückstische*). In seinen Romanen griff der durch das patriot. Gedicht *Old Ironsides* (1830) bekanntgewordene Autor die orthodoxe Einstellung der neuengl. Kalvinisten an. Er stellte Vererbung und Kindheitserlebnisse als maßgeblich für Psyche und Moral des Menschen dar (*Elsie Venner,* R., 1861; dt. 2 Bde, 1866). Verfaßte auch Biographien (u. a. über R. W. Emerson, 1885), und medizin. Abhandlungen (*The contagiousness of puerperal fever,* 1843).

Weitere Werke: The poet at the breakfast-table (Essays, 1872), A mortal antipathy (R., 1885), Over the teacups (Essays, 1891).

Ausgaben: The writings of O. W. H. Riverside edition. Boston (Mass.) 1891–1913. 14 Bde. – The works of O. W. H. Boston (Mass.) 1892. 13 Bde.

Literatur: MORSE, J. T., JR.: Life and letters of O. W. H. Boston (Mass.) 1896. 2 Bde. – TILTON, E. M.: Amiable autocrat. A biography of O. W. H. New York 1947. Nachdr. 1978. – SMALL, M. R.: O. W. H. New York 1962. – HOYT, E. P.: The improper Bostonian. Dr. O. W. H. New York 1979.

Hopkinson, Francis ['hɑ:pkɪnsn], * Philadelphia (Pa.) 2. Okt. 1737, † ebd. 9. Mai 1791, Schriftsteller. – In hohen jurist. und polit. Ämtern; einer der Unterzeichner der Unabhängigkeitserklärung. Vielseitig begabt; schrieb und komponierte das erste Lied eines gebürtigen Amerikaners; entwarf das amerikan. Sternenbanner; bekannt v. a. als Autor der Ballade *The battle of the kegs* (1778) und weiterer antibrit. Satiren und Pamphlete, u. a. *A pretty story* (1774) und *A letter written by a foreigner on the character of the English nation* (1777).

Literatur: SONNECK, O. G. T.: F. H. The first American poet-composer. Wash. (D. C.) 1905. – HASTINGS, G. E.: The life and works of F. H. Chicago (Ill.) 1926. – ALBRECHT, O. E.: F. H. Musician, poet and patriot, 1737–1937. Philadelphia (Pa.) 1938. – Comical spirit of seventy-six. The humor of F. H. Hg. v. P. M. ZALL. San Marino (Calif.) 1976.

Horgan, Paul ['hɔ:rgən], * Buffalo (N. Y.) 1. Aug. 1903, Schriftsteller. – Die vielfältigen Tätigkeiten als Soldat, Sänger, Schauspieler, Regisseur und seit 1962 als ›Writer-in-residence‹ an der Wesleyan University in Middleton (Conn.) spiegeln sich in seinen literar. Schriften, die Romane, Kurzgeschichten, Dramen, biograph. und histor. Darstellungen umfassen. Der kath. Glaube und seine humanist. Überzeugung prägen den Werthorizont seines literar. Werks.

Werke: The fault of angels (R., 1933), The common heart (R., 1942; dt. Das Haus der Sonne, 1957), Look at America. The Southwest (Reiseber., 1947), Great river (Geschichte des Rio Grande, 1954; Pulitzerpreis 1955), Romantrilogie: Things as they are (1964), Everything to live for (1968), The thin mountain air (1977), Lamy of Santa Fe (Studie, 1975; Pulitzerpreis 1976), Mexico Bay (1982), Of America. East and West (Ausw. 1984), The clerikews of P. H. (Ged., 1985), Under the sangre de Cristo (Prosa, 1985), A certain climate. Essays on history, art, and letters (1988).

Literatur: DAY, J. M.: P. H. Austin (Tex.) 1967. – GISH, R.: P. H. Boston (Mass.) 1983.

Hovey, Richard ['hɑ:vi], * Normal (Ill.) 4. Mai 1864, † New York 24. Febr. 1900, Dichter. – Studium in Dartmouth (N. H.), Aufenthalt in England und Frankreich (1891/92), Dozent am Barnard College in New York. Beeinflußt von den frz. Symbolisten schrieb er z. T. mit William Bliss Carman (* 1861, † 1929) *Songs from Vagabondia* (hg. 1894), in denen er das Wanderleben und jugendl. Gemeinschaft pries. Durch den span.-amerikan. Krieg erhielt seine Dichtung einen nationalist. Ton (*Along the trail,* 1898). Von den projektierten drei Versdramen über den *Morte D'Arthur*-Stoff wurde nur *The holy graal* (hg. 1907) vollendet. *To the end of the trail* (1908) ist eine postume Gedichtsammlung; bekannt als Übersetzer M. Maeterlincks.

Literatur: MACDONALD, A. H.: R. H. Man and craftsman. Durham (N. C.) 1957. – LINNEMAN, W. R.: R. H. Boston (Mass.) 1976.

Howard, Bronson [Crocker] ['haʊərd], * Detroit 7. Okt. 1842, † New York 4. Aug. 1908, Dramatiker. – Ab 1865 als Reporter in New York, wo er nach dem Erfolg der farcenhaften Gesellschaftskomödie *Saratoga* (1870) eine Reihe melodramat. Stükke mit sozialkrit. Intention schrieb (*Young Mrs. Winthrop,* 1882; *One of our girls,* 1885, *Aristocracy,* 1892). Am bekanntesten wurde das erfolgreiche Bürgerkriegsdrama *Shenandoah* (1888).

Literatur: FRERER, L. A.: B. H. Dean of American dramatists. Diss. University of Iowa. Iowa City 1971.

Howard, Richard [Joseph] ['haʊərd], * Cleveland (Ohio) 13. Okt. 1929, Lyriker. – Beeinflußt von W. H. Auden und R. Browning zeichnet H. in den meisten seiner Gedichte Porträts engl., amerikan. und frz. Dichter und Künstler in Form von dramatisierten Monologen oder Dialogen. H. erhielt 1970 für *Untitled subjects* (Ged., 1969) den Pulitzerpreis. Bed. Übersetzer frz. Autoren (u. a. C. Baudelaire, A. Robbe-Grillet, A. Breton) und Kritiker (R. Barthes, T. Todorov).

Weitere Werke: Quantities (Ged., 1962), The damages (Ged., 1967), Alone with America. Essays on the art of poetry in the United States since 1950 (1969), Findings (Ged., 1971), Two-part inventions (Ged., 1974, dramat. Fassung UA 1979), Fellow feelings (Ged., 1976), Wildflowers (Dr., 1976), Natures (Dr., 1977), Misgivings (Ged., 1979), Lining up (Ged., 1984), No traveller (Ged., 1986).

Howard, Sidney [Coe] ['haʊərd] * Oakland (Calif.) 26. Juni 1891, † Tyringham (Mass.) 23. Aug. 1939, Dramatiker. – Studium an der University of California und an der Harvard University (in George Pierce Bakers [* 1866, † 1935] ›47 workshop‹); nach dem 1. Weltkrieg als Journalist in New York; schrieb publikumswirksame, erfolgreiche Theaterstücke.

Werke: Swords (Dr., 1921), They knew what they wanted (Dr., 1924; Pulitzerpreis 1925), Lucky Sam McCarver (Dr., 1925), The silver cord (Dr., 1926), Dodsworth (Dr., 1934; mit S. Lewis), Yellow Jack (Dr., 1934), The ghost of Yankee Doodle (Dr., 1937).

Literatur: WHITE, S. H.: S. H. Boston (Mass.) 1977.

Howe, E[dgar] W[atson] [haʊ], * Treaty (Ind.) 3. Mai 1853, † Atchison (Kans.) 3. Okt. 1937, Schriftsteller. – Gründer und Hg. von Zeitungen, journalistisch tätig. Vermittelt in seinem Roman *The story of a country town* (1883) ein frühnaturalist. Bild des engen kleinstädt. Lebens im amerikan. Mittelwesten.

Weitere Werke: Plain people (Autobiogr., 1929), The indignations of E. W. H. (Essays, 1933).

Ausgabe: E. W. H. Collected works. Hg. v. J. WOODRESS. New York 1970. 15 Bde.

Literatur: PICKETT, C. M.: E. H. Country town philosopher. Lawrence (Kans.) u. a. 1968. – SACKETT, S. J.: E. W. H. New York 1972. – BUCCO, M.: E. W. H. Boise (Id.) 1977.

Howe, Julia Ward [haʊ], * New York 27. Mai 1819, † Newport (R. I.) 17. Okt. 1910, Schriftstellerin. – Kämpfte für die Rechte der Frau und gegen die Sklaverei in den Südstaaten; v. a. bekannt durch das Gedicht *The battle hymn of the republic* (1862), das in seiner Wirkung *Uncle Tom's cabin* gleichkommt; schrieb auch Dramen, Essays, eine Biographie über M. Fuller und eine Autobiographie (*Reminiscences,* 1899).

Weitere Werke: Passion flowers (Ged., 1854), Later lyrics (Ged., 1866).

Literatur: RICHARDS, L. E./ELLIOT, M. H.: J. W. H. 1819–1910. Boston (Mass.) u. a. 1916. – CLIFFORD, D. P.: Mine eyes have seen the glory. A biography of J. W. H. Boston (Mass.) 1979.

Howells, William Dean ['haʊəlz], * Martin's Ferry (Ohio) 1. März 1837, † New York 11. Mai 1920, Schriftsteller. – Autodidakt; Reporter, dann Sprachen- und Literaturstudium; seine Wahlkampfbiographie für A. Lincoln (*Lives and speeches of Abraham Lincoln,* 1860) verhalf ihm zum Amt des Konsuls in Venedig (1861–65); Hg. von *The* ↑ *Atlantic Monthly* (1871–81), Förderer junger Talente (H. Garland, S. Crane, F. Norris u. a.); befreundet mit H. James und Mark Twain; erst spät anerkannter Vorkämpfer des realist. Romans und führender Erzähler Amerikas vor der Jahrhundertwende. H. begann sein vielseitiges Werk (Romane, Kurzgeschichten, Dramen, Lyrik, Literaturkritik, autobiograph. Schriften), dessen Themenkreis sich immer mehr erweiterte, mit Reiseskizzen (*Venetian life,* 1866). Er schildert das Amerika sowohl des urwüchsigen Westens wie des kultivierten Ostens, die Begegnung mit Europa sowie typ. amerikan. Zeiterscheinungen (Geschäftsmoral und Privatleben), mit denen er sich auch kritisch auseinandersetzt. Am bedeutendsten sind die die neuen ökonom. Entwicklungen im Konflikt mit moral. Anschauungen schildernden Romane *The rise of Silas Lapham* (1885; dt. *Die große Versuchung,* 1958) und *A hazard of new fortunes* (2 Bde., 1890).

Weitere Werke: Italian journeys (1867; dt. Leben in Venedig, 1987), A chance acquaintance (R., 1873), A foregone conclusion (R., 1875; dt. Voreilige Schlüsse, 1876), A modern instance (R., 1882), Indian summer (R., 1886), Criticism and fiction (Abh., 1891), Literary friends and acquaintance (Autobiogr., 1900), Years of my youth (Autobiogr., 1916), The vacation of the Kelwyns (R., 1920).

Ausgaben: W. D. H. Representative selections. Hg. v. C. M. KIRK u. R. KIRK. New York 1950. – W. D. H. The complete plays. Hg. v. W. J. MESERVE. New York 1960. – A selected edition of W. D. H. Hg. v. E. H. CADY. Bloomington (Ind.) u. a. 1968 ff. Auf 32 Bde. berechnet. – The selected letters of W. D. H. Hg. v. G. ARMS u. a. Boston (Mass.) 1979–84. 6 Bde. – The early prose writings of W. D. H., 1852–1861. Hg. v. T. WORTHAM. Athens (Ohio) 1990.

Literatur: CADY, E. H.: The road to realism. The early years, 1837–1885 of W. D. H. Syracuse

(N. Y.) 1956. – CADY, E. H.: The realist at war. The mature years, 1885–1920 of W. D. H. Syracuse (N. Y.) 1958. – KIRK, C. M./KIRK, R.: W. D. H. New York 1962. – MCMURRAY, W.: The literary realism of W. D. H. Carbondale (Ill.) 1967. – LYNN, K. S.: W. D. H. An American life. New York 1971. – BENNETT, G. N.: The realism of W. D. H., 1889–1920. Nashville (Tenn.) 1973. – BRENNI, V. J.: W. D. H. A bibliography. Metuchen (N. J.) 1973. – EBLE, K. E.: W. D. H. Boston (Mass.) 1982. – Critical essays on W. D. H., 1866–1920. Hg. v. E. H. CADY u. N. W. CADY. Boston (Mass.) 1983. – CADY, E. H.: Young H. and John Brown. Episodes in a radical education. Columbus (Ohio) 1985. – NETTELS, E.: Language, race, and social class in H.' America. Lexington (Ky.) 1988.

Hughes, [James] Langston [hju:z], * Joplin (Mo.) 1. Febr. 1902, † New York 22. Mai 1967, Schriftsteller. – Nach Wanderleben in Mexico, Europa und der Sowjetunion in New York als Leiter des Harlemer Theaters zur Zeit der ↑Harlem Renaissance. Angeregt und beeinflußt von der Dichtung C. Sandburgs, W. Whitmans und P. L. Dunbars, stellte H. anklagend die Existenzprobleme der schwarzen amerikan. Bevölkerung dar, wobei ihm oft der Dialekt Harlems als sprachl. Medium diente. Die Absicht der literar. Adaption von Jazzelementen, deren melanchol. und eleg. Stimmungen H. nachgestaltete, wird durch einige Buchtitel noch bes. betont, z. B. durch *The weary blues* (Ged., 1926) und *The first book of Jazz* (1954; dt. *Das Buch vom Jazz,* 1956). H. schrieb auch Romane, Kurzgeschichten, Dramen, Opernlibretti und Musicals, ferner die Autobiographie *The big sea* (1940; dt. *Ich werfe meine Netze aus,* 1963) und *I wonder as I wander* (1956).

Weitere Werke: Simple speaks his mind (Kurzgeschichten, 1950; dt. Simpel spricht sich aus, 1959), Laughing to keep from crying (Kurzgeschichten, 1952; dt. Lachen um nicht zu weinen, 1959), Tambourines to glory (R., 1958; dt. Trommeln zur Seligkeit, 1959), The selected poems of L. H. (1959; dt. Gedichte, 1960), Powder-white faces (Kurzgeschichten; dt. Ausw. 1961 u. d. T. Weißgepuderte Gesichter).

Ausgaben: The L. H. reader. New York 1958. – Amerikan. Protestdramen. Hg. v. E. BRÜNING. Bln. 1972. – Arna Bontemps-L. H. Letters, 1925–1967. Hg. v. C. H. NICHOLS. New York 1980.

Literatur: MELTZER, M.: L. H. A biography. New York 1968 – L. H. Black genius. A critical evaluation. Hg. v. T. B. O'DANIEL. New York 1971. – DICKINSON, D. C.: A bio-bibliography of L. H. 1902–1967. Hamden (Conn.) ²1972. – JEMIE, O.: L. H. An introduction to the poetry. New York 1973. – WALKER, A.: L. H. American poet. New York 1974. – MANDELIK, P./SCHATT, S.: A concordance to the poetry of L. H. Detroit (Mich.) 1975. – HASKINS, J. S.: Always movin' on. The life of L. H. New York 1976. – MILLER, R. B.: L. H. and Gwendolyn Brooks. A reference guide. Boston (Mass.) 1978. – BARKSDALE, R. K.: L. H. The poet and his critics. Chicago (Ill.) ²1979. – BERRY, F.: L. H. Before and beyond Harlem. Westport (Conn.) 1983. – RAMPERSAD, A.: The life of L. H. Bd. 1: 1902–1941. I, too, sing America. New York 1986; Bd. 2: 1941–1967. I dream a world. New York 1988. – TRACY, S. C.: L. H. and the blues. Urbana (Ill.) 1988. – MILLER, R. B.: The art and imagination of L. H. Ithaca (N. Y.) 1989. – L. H. Modern critical views. Hg. v. H. BLOOM. New York 1989.

Humphrey, William ['hʌmfri], * Clarksville (Tex.) 18. Juni 1924, Schriftsteller. – Studium an der Southern Methodist University und der University of Texas in Austin. Seine Kurzgeschichten und Romane schildern das sich wandelnde Leben in den amerikan. Südstaaten am Beispiel der mit dem Baumwollanbau verbundenen Probleme im Red-River-County im Nordosten von Texas. *Home from the hill* (1958; dt. *Die Schuld der Väter,* 1960) gilt als sein bester Texas-Roman.

Weitere Werke: The last husband and other stories (1953), The Ordways (R., 1965; dt. Die Ordways, 1967), A time and a place (En., 1968; dt. Zur Zeit von Bonnie und Clyde, 1970), Proud flesh (R., 1973), Farther off from heaven (Autobiogr., 1977), Ah! wilderness. The frontier in American literature (Essays, 1977), The collected stories of W. H. (Kurzgeschichten, 1985), Open season. Sporting adventures (Kurzgeschichten, 1986), No resting place (Kurzgeschichten, 1989).

Literatur: LEE, J. W.: W. H. Austin (Tex.) 1967.

Hurst, Fannie [hɜ:rst], * Hamilton (Ohio) 19. Okt. 1889, † New York 23. Febr. 1968, Schriftstellerin. – Studium an der Washington University; begann mit Kurzgeschichten, verfaßte dann zahlreiche Romane, Dramen und Drehbücher, die ihr Interesse am Bühnenleben, an der Musik und an der gesellschaftl. Rolle der Frau zeigen.

Werke: Every soul hath its song (Kurzgeschichten, 1916), Gaslight sonatas (Kurzgeschichten, 1918), Humoresque (Kurzgeschichten, 1919), Star-dust (R., 1921), Lummox (R., 1923), Back street. A novel (1931; dt. Back street, 1948, 1961 u. d. T. Seitenstraße des Lebens), The man with one head (R., 1953), Anatomy of me (Autobiogr., 1958), God must be sad (R., 1961), Fool, be still (R., 1964).

Hurston, Zora Neale ['hɜ:rstən], * Eatonville (Fla.) 7. Jan. 1891, † Fort Pierce (Fla.) 28. Jan. 1960, Schriftstellerin. – Studium der Anthropologie an der Columbia University in New York; ihr Interesse für afroamerikan. Folklore, deren Mythen sie auf karib. Inseln sammelte (*Tell my horse*, 1938, 1939 u. d. T. *Voodoo gods. An inquiry into native myths and magic in Jamaica and Haiti*) bestimmte auch ihre von R. Wright als affirmativ kritisierten Dramen und Romane. Als bed. Mitglied der ↑ Harlem Renaissance arbeitete sie mit L. Hughes und F. Hurst zusammen und beeinflußte u. a. R. W. Ellison und T. Morrison. Der Roman *Their eyes were watching God* (1937), der in einer Mischung aus realist. und surrealist. Elementen die Entwicklung der Heldin zur Unabhängigkeit schildert, sowie die v. a. in feminist. Hinsicht bed. Sammlung afroamerikan. Erzählungen *Mules and men* (1935) gelten als ihre besten Werke.

Weitere Werke: Mule bone. A comedy of Negro life in three acts (1931, zus. mit L. Hughes), Dust tracks on a road (Autobiogr., 1932) Jonah's gourd vine (R., 1934), Moses, man of the mountain (R., 1939), Seraph on the Sewanee (R., 1948), The sanctified church. The folklore writings of Z. N. H. (hg. 1981).

Ausgaben: I love myself when I am laughing ... and then again when I am looking mean and impressive. A Z. N. H. reader. Hg. v. A. WALKER. New York 1979. – The selected stories of Z. N. H. Hg. v. D. SPUNK. Berkeley (Calif.) 1985. – Z. N. H.'s ›Their eyes were watching god‹. Hg. v. H. BLOOM. New York 1987.

Literatur: TURNER, D. T.: In a minor chord. Three Afro-American writers and their search for identity. Carbondale (Ill.) 1971. – HEMENWAY, R. E.: Z. N. H. A literary biography. Urbana (Ill.) u. a. 1977. – HOWARD, L. P.: Z. N. H. Boston (Mass.) 1980. – Z. N. H. Hg. v. H. BLOOM. New York 1986. – HOLLOWAY, K. F. C.: The character of the word. The texts of Z. N. H. Westport (Conn.) 1987. – NEWSON, A. S.: Z. N. H. A reference guide. Boston (Mass.) 1987. – Black feminist criticism and critical theory. Hg. v. J. WEIXLMANN u. H. A. BAKER. JR. Greenwood (Fla.) 1988. – WITCOVER, P.: Z. N. H. New York 1991. – YATES, J.: Z. N. H. A storyteller's life. Staten Island (N. Y.) 199[illegible]. – Zora! Z. N. H. The woman and her community. Hg. v. N. J. NATHIRI. Orlando (Fla). 1991.

I

Ignatow, David [ɪg'nɑ:toʊ], * Brooklyn (N. Y.) 7. Febr. 1914, Lyriker. – Sohn von Einwanderern; macht das Schicksal in der Depressionszeit zum Thema seiner in umgangssprachlich-familiärem Ton geschriebenen Lyrik. Formal zugleich dem Realismus W. C. Williams' verwandt und surrealist. Experimenten zuneigend, ist seine Dichtung von einer trag. Vision erfüllt (*Poems,* 1948; *The gentle weight lifter,* 1955), die nur in einigen späten Gedichten ab 1977 einem das Leben affirmierenden, hoffnungsvolleren Ton weicht (*Tread the dark,* 1978).

Weitere Werke: Say pardon (Ged., 1962), Figures of the human (Ged., 1964), Earth hard (Ged., 1968), Rescue the dead (Ged., 1968), Poems 1934–1969 (1970), Facing the tree (Ged., 1975), The animal in the bush. Poems on poetry (1977), Sunlight. A sequence for my daughter (Ged., 1979), Open between us (Prosa, 1980), Whisper to the earth (Ged., 1981), Leaving the door open (Ged., 1984), New and collected poems 1970–1985 (1986), The one in the many. A poet's memoirs (1988).

Ausgaben: The notebooks of D. I. Hg. v. R. J. MILLS, JR. Chicago (Ill.) 1973. – D. I. Selected poems. Hg. v. R. BLY. Middletown (Conn.) 1975.

Literatur: SJÖBERG, L.: An interview with D. I. ›Contemporary Literature‹, Jg. 28 (1987), H. 2, S. 143–162.

Imagismus (Imagism) ['ɪmɪˌdʒɪzəm, zu lat. imago = Bild(nis), Trugbild, Vorstellung], angloamerikan. literar. Bewegung von etwa 1912 bis 1917; sie markierte den Beginn der modernen engl. und amerikan. Lyrik. Führende Vertreter in Europa waren E. Pound, A. Lowell, daneben v. a. F. S. Flint, H. Doolittle, R. Aldington sowie W. C. Williams in den U. S. A., die sich gegen eine im Konventionellen erstarrte lyr. Tradition (v. a. die Georgian poetry und den Symbolismus) wandten. Charakteristisch waren u. a. Konzentration auf ein Bild als Bild, Verzicht auf erzählende und reflektierende Elemente, Kürze und Präzision des Ausdrucks, Rückgriff auf die Umgangssprache. Die Gedichte erschienen v. a. in *Imagistes,* Anthologien, die von E. Pound (1914) und A. Lowell (1915–1917) herausgegeben wurden sowie in den sog. ↑Little magazines, *The egoist* und ↑*Poetry.*

Literatur: KENNER, H.: The Pound era. Berkeley (Calif.) 1971. – HUGHES, G.: Imagism and imagists. New York 1972. – BISCHOFF, V.: Amerikan. Lyrik zw. 1912 u. 1922. Unterss. zur Theorie, Praxis u. Wirkungsgesch. der ›New Poetry‹. Hdbg. 1983.

Indianerliteratur, Bez. sowohl für die von Weißen verfaßte Literatur über die Indianer wie auch für die Literatur der Indianer selbst, d. h. der Ureinwohner Nordamerikas.

Die Leben und Gebräuche der Indianer darstellende **Indianerliteratur von Nichtindianern,** hat seit den ersten Berichten von Kolumbus über die Neue Welt und ihre irrtümlich Indianer genannten Bewohner bis heute die Vorstellungen der Weißen vom Indianer maßgeblich geprägt. Die darin geschaffenen Images, im wesentl. reduzierbar auf die Klischees vom edlen Wilden und vom barbar. Wilden, fanden zunächst in Reise- und Missionarsberichten, histor. und philosoph. Schriften, dann auch in Epik, Lyrik und Drama ihre Verbreitung. Während das Klischee des Indianers als ›noble savage‹, der als zwar heidn., aber ›unschuldiger‹, edler Naturmensch ein Leben der Freiheit und Einfachheit führt, seit dem 16. Jh. in Europa populär war und v. a. im Frankreich des 18. Jh. von den Philosophen der Aufklärung als Argument für ihre Zivilisationskritik verwendet wurde (J.-J. Rousseau, D. Diderot), dominierte in Amerika lange

Zeit das den weißen Eroberern als Rechtfertigung dienende Negativ-Image des ›ignoble savage‹, der in den historisch-theolog. Schriften der Puritaner und in den populären ›captivity narratives‹ (Berichten von weißen Siedlern über ihre Gefangenschaft bei den Indianern) des 17. u. 18. Jh. als blutrünstiger, gottloser roter Teufel auftrat. Erst im 19. Jh. wurde der Indianer auch in Amerika von den Romantikern als edler Wilder, der jedoch durch das unaufhaltsame Vorrücken der Zivilisation zum Aussterben verurteilt ist, in Gedichten, Dramen und in der erzählenden Prosa verherrlicht, am eindrucksvollsten in J. F. Coopers *Leather-stocking tales* (1823–41). In der Nachfolge Coopers erschienen im 19. Jh. in Deutschland populäre, humanitär für die Indianer eintretende Indianerromane (Charles Sealsfield [eigtl. Karl Anton Postl, * 1793, † 1864] sowie Friedrich Gerstäcker [* 1816, † 1872] und Balduin Möllhausen [* 1825, † 1905]), die jedoch immer mehr zur Unterhaltungsliteratur tendierten, wie Karl Mays (* 1842, † 1912) Abenteuerromane um den ›roten Gentleman‹ Winnetou (*Winnetou,* 1893–1910), die das dt. Indianerbild am nachhaltigsten beeinflußt haben. In Amerika wurde seit der 2. Hälfte des 19. Jh. v. a. in der ›popular culture‹ wieder das Indianerklischee des barbar. Wilden verbreitet, das die Vorstellungen der Amerikaner bis heute entscheidend geprägt hat. Daneben suchte eine ethnolog. detailgetreue I. ein verständnisvolleres, realistischeres Bild indian. Lebens zu zeichnen, wie der Roman *Laughing boy* (1929; Pulitzerpreis 1930) des Ethnologen O. La Farge. In den 60er Jahren schließlich kehrte der schon im 19. Jh. totgesagte Indianer, jetzt als positive Identifikationsfigur der Gegenkultur, zurück und diente als Mittel der Zivilisationskritik nicht nur in der eigenen indian. Literatur, sondern auch im anspruchsvollen Film (›Erwachsenen-Western‹) und in der Hochliteratur der Weißen, z. B. in den Romanen *One flew over the cuckoo's nest* (1962) von K. E. Kesey und *Little big man* (1964) von T. Berger oder A. L. Kopits Drama *Indians* (1969).

I. als **Literatur der indian. Bevölkerung** Nordamerikas, bes. der USA, umfaßt in einem erweiterten Sinne von Literatur die jahrtausendealten, häufig auch heute noch lebendigen, in den jeweiligen Stammessprachen mündlich überlieferten Literaturen der verschiedenen Indianerkulturen, in deren Mythen, Erzählungen, rituellen Dramen und Gesängen das kult. Wissen des Stammes gespeichert ist und die tradierten Glaubens- und Wertvorstellungen von Generation zu Generation weitergegeben werden; z. T. von weißen Ethnologen seit Ende des 19. Jh. aufgezeichnet und übersetzt (Franz Boas [* 1858, † 1924], Alfred Louis Kroeber [* 1876, † 1960], Washington Matthews [* 1843, † 1905]). – Im Wortsinn des schriftlich Niedergelegten bezeichnet I. die von den Indianern in engl. Sprache schriftlich verfaßte Literatur, die sich erst nach dem Kulturkontakt mit den Weißen entwickelte. Nach Anfängen im späten 18. Jh. (z. B. der Mohawk Samson Occom [* 1723, † 1792]) entstanden die ersten bedeutenderen Werke dieser modernen englischsprachigen I. in der 1. Hälfte des 19. Jh. und vermehrt nach Beendigung der Indianerkriege und Einweisung der Urbevölkerung in Reservate um die Jahrhundertwende und in den ersten Jahrzehnten des 20. Jh., u. a. von den Sioux-Indianern Charles Alexander Eastman (* 1858, † 1939) und Luther Standing Bear (* 1868, † 1939). Es waren dies v. a. ethnograph. Schriften sowie Autobiographien, die persönl. Erinnerung und Stammeskultur verbanden und z. T. mit Hilfe weißer Koautoren aufgezeichnet wurden (z. B. die Autobiographie des Sioux-Medizinmannes Black Elk [* 1863, † 1950], *Black Elk speaks,* 1932; dt. *Schwarzer Hirsch. Ich rufe mein Volk,* 1955, die John Neihardt [* 1881, † 1973] niederschrieb). Neben diesen noch heute beliebten Genres erschienen auch erste Werke in der Lyrik und der erzählenden Prosa. In den 30er Jahren setzte im Gefolge einer indianerfreundlicheren Politik eine Renaissance indian. Kultur ein, in der Literatur mit den Romanen, Autobiographien und stammeskundl. Schriften von John Milton Oskison (Cherokee [* 1874, † 1947]), John Joseph Mathews (Osage [* 1894,

† 1979]), und D'Arcy McNickle (Flathead [* 1904, † 1977], *The surrounded,* R., 1936). Erst in den 60er Jahren aber, parallel zu den soziopolit. und kulturellen Befreiungsbewegungen der Indianer mit ihren Forderungen nach Gleichberechtigung und Selbstbestimmung, gelang der bis dahin unbeachteten I. der Durchbruch und die Anerkennung von der für Alternativen sensibilisierten Majorität mit dem Roman *House made of dawn* (1968) des Kiowa N. S. Momaday, während das neu erwachte indian. Selbstbewußtsein seinen expliziten Ausdruck in dem erfolgreichen ›indian. Manifest‹ *Custer died for your sins* (1969) des Sioux Vine Deloria Jr. (* 1933) fand, der damit zum Sprecher der neuen Indianerbewegung avancierte. Angeregt durch diese Erfolge erlebte die moderne I. seitdem einen Boom v. a. in den erzählenden Gattungen (Roman, Kurzgeschichte, Autobiographie) und in der Lyrik; zu ihren bekanntesten Vertretern gehören neben Momaday die Laguna-Pueblo-Indianerin L. M. Silko und der Blackfoot J. Welch, außerdem der Acoma-Pueblo-Indianer S. Ortiz und der Ojibwa G. R. Vizenor und neuerdings die Chippewa-Indianerin L. Erdrich, die Chickasaw-Indianerin Linda Hogan ([* 1947], *Mean spirit,* R., 1990) sowie die Creek-Indianerin J. Harjo. Der Kiowa-Indianer Hanay Geiogamah (* 1945) gehört zu den Vertretern eines politisch-engagierten Theaters (*Body Indian,* UA 1972).

Die meisten indian. Schriftsteller bringen zum einen den Hintergrund der eigenen indian. Kultur und deren myth., naturgebundenes Welt- und Wirklichkeitsverständnis in ihr Werk ein und versuchen, an die mündl. Überlieferung anzuknüpfen, sie in die modernen Texte einzugliedern und dadurch die Tradition des Erzählens fortzusetzen, zum anderen sind sie aufgrund ihrer Bildung nach westl. Muster durch die euroamerikan. Literatur und Kultur beeinflußt, was sich in Form, Stil und Technik ihrer Werke, aber auch in der Verarbeitung der modernen Erfahrung der Identitätskrise und in der Auseinandersetzung mit dem in der westl. Literatur geschaffenen Indianerbild niederschlägt. Zentrale Themen sind neben der Darstellung indian. Lebens in der Vergangenheit und der indianisch-weißen Kontaktgeschichte aus indian. Sicht die Gegenwartsprobleme der im Reservat oder in der Stadt lebenden Indianer, der Konflikt zwischen der traditionellen indian. Seinsweise und dem modernen Leben in der Industrie- und Konsumgesellschaft, die Auswirkungen des Kulturzusammenpralls in Form von sozialer und kultureller Desintegration, die Identitätssuche und -findung eines entwurzelten Indianers durch die Rückbesinnung auf indian. Werte, aber auch deren Scheitern, die Wichtigkeit der Stammesgemeinschaft und -kultur, der Landschaft und der Natur sowie der Fortsetzung der Tradition des Geschichtenerzählens für die Bewahrung indian. Identität.

Ausgaben: The portable North American Indian reader. Hg. v. F. W. Turner. New York 1974. – The man to send rain clouds. Contemporary stories by American Indians. Hg. v. K. Rosen. New York 1975. – Carriers of the dream wheel. Contemporary Native American poetry. Hg. v. D. Niatum. New York u. a. 1975. – The elders wrote. An anthology of early prose by North American Indians 1768–1931. Hg. v. B. Peyer. Bln. 1982. – New and old voices of Wah'kon-tah. Contemporary Native American poetry. Hg. v. R. K. Dodge u. J. B. McCullough. New York 1985. – I tell you now. Autobiographical essays by Native American writers. Hg. v. B. Swann u. A. Krupat. Lincoln (Nebr.) 1987. – Harper's anthology of twentieth century Native American poetry. Hg. v. D. Niatum. San Francisco (Calif.) 1988. – The singing spirit. Early short stories by North American Indians. Hg. v. B. C. Peyer. Tucson (Ariz.) 1989. – Dancing on the rim of the world. An anthology of contemporary Northwest Native American writing. Hg. v. A. Learner. Tucson (Ariz.) 1990.

Literatur: Fiedler, L. A.: The return of the vanishing American. New York [2]1968. – Literature of the American Indian. Hg. v. T. E. Sanders u. W. W. Peek. Beverly Hills (Calif.) 1973. – American Indian authors. Hg. v. N. S. Momaday. Boston (Mass.) u. a. 1976. – Deloria, V., Jr.: Custer died for your sins. An Indian manifesto. Norman (Okla.) 1969. Neudr. 1988. – Larson, C. R.: American Indian fiction. Albuquerque (N. Mex.) 1978. – Velie, A. R.: Four American Indian literary masters. N. S. Momaday, J. Welch, L. M. Silko, and G. Vizenor. Norman (Okla.) 1982. – Studies in American Indian literature. Critical essays and course designs. Hg. v. P. G. Allen. New York 1983. –

LINCOLN, K.: Native American renaissance. Berkeley (Calif.) u. a. 1983. – Smoothing the ground. Essays on Native American oral literature. Hg. v. B. SWANN. Berkeley (Calif.) u. a. 1983. – BATAILLE, G./SANDS, K.: American Indian women. Telling their lives. Lincoln (Nebr.) 1984. – Critical essays on Native American literature. Hg. v. A. O. WIGET. Boston (Mass.) 1985. – For those who come after. A study of Native American autobiography. Hg. v. A. KRUPAT. Berkeley (Calif.) u. a. 1985. – WIGET, A. O.: Native American literature. Boston (Mass.) 1985. – CHILD, L. M.: Hobomok and other writings on Indians. New Brunswick (N. J.) 1986. – Recovering the word. Essays on Native American literature. Hg. v. B. SWANN u. A. KRUPAT. Berkeley (Calif.) u. a. 1987. – BRUMBLE III, H. D.: American Indian autobiography. Berkeley (Calif.) u. a. 1988. – KRUPAT, A.: The voice in the margin. Native American literature and the canon. Berkeley (Calif.) 1989. – Narrative chance. Postmodern discourse on Native American Indian literature. Hg. v. G. VIZENOR. Albuquerque (N. Mex.) 1989. – COLTELLI, L.: Winged words. American Indian writers speak. Lincoln (Nebr.) 1990. – RUOFF, A. L. B.: American Indian literatures. New York 1990. – HOCHBRUCK, W.: ›I have spoken‹ Die Darst. u. ideolog. Funktion indian. Mündlichkeit in der nordamerikan. Literatur. Tüb. 1991. – MURRAY, D.: Forked tongues. Speech, writing and representation in North American Indian texts. Bloomington (Ind.) 1991.

Inge, William [Motter] [ɪndʒ] * Independence (Kans.) 3. Mai 1913, † Los Angeles 10. Juni 1973 (Freitod), Schriftsteller. – Schrieb mit feinem psycholog. Einfühlungsvermögen erfolgreiche Dramen, später auch Romane aus der Welt der amerikan. Mittelklasse.

Werke: Come back, little Sheba (Dr., 1950; dt. Komm wieder, kleine Sheba, 1955), Picnic (Dr., 1953; dt. 1954; Pulitzerpreis 1953), Bus stop. A three-act romance (Dr., 1955; dt. 1955), The dark at the top of the stairs (Dr., 1957; dt. Das Dunkel am Ende der Treppe, 1958), A loss of roses (Dr., 1959), Good luck, Miss Wyckoff (R., 1970; dt. Viel Glück, Miss Wyckoff, 1971), My son is a splendid driver (R., 1971; dt. Mein Sohn fährt so fabelhaft Auto, 1972).

Literatur: SHUMAN, R. B.: W. I. New York 1965. – MCCLURE, A. F.: W. I. A bibliography. New York 1982. – VOSS, R. F.: A life of W. I. The strains of triumph. Laurence (Kans.) 1989.

Irving, John [Winslow] ['ɜːrvɪŋ], * Exeter (N. H.) 2. März 1942, Schriftsteller. – Seine komisch-grotesken Romane geben ein Bild der amerikan. Gegenwartsgesellschaft, deren harmon. Interaktion in Familie und Beruf durch Sexualität, Gewalt und exzentr. Verhalten gefährdet ist. In *The world according to Garp* (1978; dt. *Garp und wie er die Welt sah,* 1979), seinem besten und erfolgreichsten Roman, thematisiert I. zudem die Situation des Gegenwartsschriftstellers als Bindeglied zwischen Kunst und Leben.

Weitere Werke: Setting free the bears (R., 1969; dt. Laßt die Bären los!, 1985), The water-method man (R., 1972; dt. Die wilde Geschichte vom Wassertrinker, 1989), The hundred and fifty-eight-pound marriage (R., 1974; dt. Eine Mittelgewichtsehe, 1986), The hotel New Hampshire (R., 1981; dt. Das Hotel New Hampshire, 1982), The cider house rules (R., 1985; dt. Gottes Werk und Teufels Beitrag, 1988), A prayer for Owen Meany (R., 1989; Owen Meany, 1990).

Literatur: MILLER, G.: J. I. New York 1982. – HARTER, C./THOMPSON, J. R.: J. I. Boston (Mass.) 1986.

Irving, Washington ['ɜːrvɪŋ], Pseudonyme Geoffrey Crayon, Diedrich Knickerbocker, * New York 3. April 1783, † bei Tarrytown (N. Y.) 28. Nov. 1859, Schriftsteller. – Studierte Jura, lebte 1804–1806, 1815–32 und 1842–45 in Europa (u. a. als Gesandtschaftsattaché in London und als Botschafter in Spanien); 1832 Reise in den Westen der USA; Wohnsitz ab 1836 in Sunnyside über dem Hudson River. Berühmt machte ihn *A history of New York, from the beginning of the world to the end of the Dutch dynasty* (2 Bde., 1809, Neuaufl. 1812, 1819, 1848; dt. *Die Handschrift Diedrich Knickerbockers des Jüngeren,* 1825, 1829 u. d. T. *Humorist. Geschichte von New York,* neu hg. [4]1985), eine parodist. Chronik der holländ. Blütezeit in New York, in der er gegen T. Jefferson gerichtete satir. Elemente mit solchen des kom. Epos mischte. Sein W. Scott gewidmetes, bestes Werk ist *The sketch book of Geoffrey Crayon, Gent.* (7 Bde., 1819/20; dt. *Gottfried Crayon's Skizzenbuch,* 2 Bde., 1825), das neben eleg., das Leben in England beschreibenden Prosaskizzen umgeformte, ins amerikan. Milieu transponierte dt. Sagenstoffe umfaßt. Von ihnen gelten *Rip Van Winkle* und *The legend of sleepy hollow* (dt. *Die Sage von der schläfrigen Schlucht*) als frühe Muster der amerikan. ↑Short story. Bes. von Spanien beeinflußt, schrieb I. *A history of the life and voyages of Christopher Columbus* (3 Bde., 1828; dt. *Die Geschichte des Lebens und der Reisen Christoph Columbus',* 1828 u. 1986), die histor. Darstellung *A chronicle of the conquest of Granada* (2 Bde., 1829; dt. *Die Eroberung Granada's,* 1830) und die Sammlung span. Legenden *The Alhambra. A series of tales and sketches of the Moors and Spaniards* (2 Bde., 1832; dt. *Die Alhambra, oder das neue Skizzenbuch,* 1832), daneben auch Biographien (über O. Goldsmith, 1840, dt. 1858, und G. Washington, 5 Bde., 1855–59, dt. 5 Bde., 1856–59).

Weitere Werke: Salmagundi (Essays und Ged., 1807/08, dt. 1827; mit William Irving [* 1766, † 1821] und J. K. Paulding), Bracebridge Hall (Essays, 1822; dt. Bracebridge Hall, oder die Charaktere, 1826), Tales of a traveller (1824; dt. Erzählungen eines Reisenden, 1825).

Ausgaben: W. I. Sämtl. Werke. Dt. Übers. v. E. A. FISCHER. Ffm. 1826–37. 74 Bde. – Spanish papers and other miscellanies. Hg. v. P. M. IRVING. New York 1866. 2 Bde. – W. I. The works. New York 1897–1903. 40 Bde. – W. I. Representative selections. Hg. v. H. A. POCHMANN. New York u. a. 1934 (mit Bibliogr.). – The complete works of W. I. Hg. v. H. A. POCHMANN, R. D. RUST u. a. Boston (Mass.) u. a. 1969ff. (bisher 25 von 27 Bde. ersch.). – W. I. Miscellaneous writings, 1803–1859. The complete works of W. I. 2 vols. Hg. v. W. R. KIME. Boston (Mass.) 1981. – Selected works of W. I. Hg. v. W. KELLY. New York 1983. – W. I. Voyages and discoveries of the companies of Columbus. Hg. v. J. W. TUTTLETON. Boston (Mass.) 1987.

Literatur: REICHART, W. A.: W. I. and Germany. Ann Arbor (Mich.) 1957. Nachdr. Westport (Conn.) 1972. – WAGENKNECHT, E.: W. I. Moderation displayed. New York 1962. – HEDGES, W. L.: W. I. An American study, 1802–1832. Baltimore (Md.) 1965. – BREINIG, H.: I.s Kurzprosa, Kunst und Kunstproblematik im erzähler. und essayist. Werk. Bern u. a. 1972. – A century of commentary on the works of W. I., 1860–1974. Hg. v. A. B. MYERS. Tarrytown (N. Y.) 1976. – SPRINGER, H.: W. I. A reference guide. Boston (Mass.) 1976. – BOWDEN, M. W.: W. I. Boston (Mass.) 1981. – RUBIN-DORSKY, J.: Adrift in the old world. The psychological pilgrimage of W. I. Chicago (Ill.) 1988. – W. I. Bibliography. Hg. v. E. T. BOWDEN. Boston (Mass.) 1989.

Isherwood, Christopher [ˈɪʃərwʊd], eigtl. C. William Bradshaw-I., * Disley (Cheshire) 26. Aug. 1904, † Santa Monica (Calif.) 4. Jan. 1986, Schriftsteller. – Studierte Medizin; war u. a. ab 1929 in Berlin als Lehrer tätig, verließ Deutschland 1933; unternahm ausgedehnte Reisen durch Europa; lebte dann in London. In Zusammenarbeit mit W. H. Auden, mit dem ihn linksradikale Ideen verbanden, entstanden expressionist. Versdramen (u. a. *The ascent of F6,* 1936); 1938 Chinareise mit Auden (*Journey to a war,* 1939; mit Auden); 1939 Emigration in die USA; 1946 amerikan. Staatsbürger. Filmarbeiten in Hollywood; Mitglied der ›Vedanta-Gesellschaft‹, die eine oriental. Religionsphilosophie vertrat; Übersetzer religiöser Literatur Indiens. I.s scharf beobachtende, gelegentlich sarkast. Erzählprosa ist zumeist autobiographisch bestimmt (*Down there on a visit,* 1962; dt. *Tage ohne Morgen,* 1965). Seine Berlin-Erfahrungen der Zeit vor 1933 schlugen sich bes. in *The last of Mr. Norris* (R., 1935; dt. *Mr. Norris steigt um,* 1983) und in der Skizzensammlung *Goodbye to Berlin* (1939; dt. *Leb' wohl, Berlin,* 1949) nieder; Teile aus letzterem Werk wurden von J. W. Van Druten für die Bühne bearbeitet (u. d. T. *I am a camera,* 1951; dt. *Ich bin eine Kamera,* 1953) und 1968 als Musical (u. d. T. *Cabaret*) erfolgreich präsentiert. Auch I.s spätere Romane verarbeiten rückschauend eigene Lebenserfahrungen (*Kathleen and Frank,* 1971, *Christopher and his kind,* 1976, *My guru and his disciple,* 1980).

Weitere Werke: The dog beneath the skin (Dr., 1935; mit W. H. Auden), Lions and shadows (R., 1938), Prater violet (R., 1945; dt. Praterveilchen, 1953), A single man (R., 1964; dt. Der Einzelgänger, 1965), Exhumations (Prosa u. Ged., 1966), A meeting by the river (R., 1967; dt. Treffen am Fluß, 1980), People one ought to know (1982; dt. Bekannte Gesichter, 1983, mit S. Mangeot [* 1913]).

Literatur: HEILBRUN, C. G.: C. I. New York 1970. – WILDE, A.: C. I. New York 1971. – KING, F. H.: C. I. Harlow 1976. – FRYER, J.: A biography of C. I. London 1977. – PIAZZA, P.: C. I. Myth and anti-myth. New York 1978. – FINNEY, B.: C. I. London 1979. – SUMMERS, C. J.: C. I. New York 1980. – LEHMANN, J.: C. I. A personal memoir. New York 1988.

J

Jackson, Helen [Maria Fiske] Hunt ['dʒæksn], *Amherst (Mass.) 15. Okt. 1830, †San Francisco 12. Aug. 1885, Schriftstellerin. – Jugendfreundin E. Dickinsons, deren Leben sie vermutlich in *Mercy Philbrick's choice* (R., 1876) verarbeitet hat; begann mit Lyrik, erste Erzählungen unter dem Pseudonym Saxe Holm, später unter ›H. H.‹; bekannt durch die krit. Studie *A century of dishonor* (1881) über das den Indianern zugefügte Unrecht und durch den vielgelesenen sentimentalen Anklageroman *Ramona* (1884; dt. 1886).

Literatur: ODELL, R.: H. H. J. New York 1939. – BANNING, E. I.: H. H. J. New York 1973.

Jackson, Shirley ['dʒæksn], *San Francisco 14. Dez. 1919, †North Bennington (Vt.) 8. Aug. 1965, Schriftstellerin. – Studium der Anthropologie an der Syracuse University (N. Y.); ihre Vorliebe für bizarre und groteske Begebenheiten des Alltagslebens zeigt sich in der Schilderung von jugendl. Psychen (*The road through the wall,* R., 1948; *Hangsaman,* R., 1951; *The bird's nest,* R., 1954), Aberglauben und Massenpsychosen (*The sundial,* R., 1958; *The haunting of Hill House,* R., 1959; bes. *The lottery; or, the adventures of James Harris,* En., 1949); schrieb auch Kinderbücher.

Weitere Werke: Life among the savages (Autobiogr., 1953; dt. Nicht von schlechten Eltern, 1954), The witchcraft of Salem village (Kinderb., 1956), Raising demons (Autobiogr., 1957), We have always lived in the castle (R., 1962; dt. Wir haben schon immer im Schloß gelebt, 1988).

Ausgabe: The magic of S. J. Hg. v. S. E. HYMAN. New York 1966.

Literatur: FRIEDMAN, L.: S. J. Boston (Mass.) 1975.

Jakes, John [dʒeɪks], *Chicago (Ill.) 31. März 1932, Schriftsteller. – Literaturstudium und 15jährige Tätigkeit in einer Werbeagentur. Verfasser populärer Unterhaltungsromane, die in einer Mischung von Fiktion und Fakten Ereignisse der amerikan. Geschichte publikumswirksam präsentieren. In dem achtteiligen Zyklus *Kent family chronicles* (dt. *Die Chronik der Kent-Familie*), bestehend aus *The bastard* (1974; dt. *Der Bastard,* 1987), *The rebels* (1975; dt. *Der Rebell,* 1987), *The seekers* (1975; dt. *Die Pioniere,* 1987), *The furies* (1976; dt. *Die Rache,* 1988), *The titans* (1976; dt. *Die Titanen,* 1988), *The warriors* (1977; dt. *Die Besiegten,* 1989), *The lawless* (1978; dt. *Die Gesetzlosen,* 1988), *The Americans* (1980; dt. *Der Ruf der Freiheit,* 1988) wird das Schicksal der Kent-Familie über sieben Generationen und 200 Jahre amerikan. Geschichte verfolgt. Die Trilogie über den amerikan. Bürgerkrieg, *North and South* (1982; dt. *Die Erben Kains,* 1984), *Love and war* (1984; dt. *Liebe und Krieg,* 1986), *Heaven and hell* (1987; dt. *Himmel und Hölle,* 1988), die in ihrem letzten Teil von der Rekonstruktion im Süden zur Auseinandersetzung mit den Indianern im Westen reicht, wurde erfolgreich u. d. T. *Fackeln im Sturm* für das Fernsehen verfilmt. *California gold* (R., 1989; dt. 1990) nimmt die Geschichte des Staates um die Jahrhundertwende mit dem Kampf gegen Eisenbahnmonopol und polit. Korruption auf.

James, Henry [dʒeimz], *New York 15. April 1843, †Chelsea (heute zu London) 28. Febr. 1916, Schriftsteller. – Entstammte einer Schriftsteller- und Gelehrtenfamilie; Privaterziehung in den USA und in Europa; jurist. Studien an der Harvard University; ausgedehnte Europaaufenthalte; in Paris Bekanntschaft mit G. Flaubert und I. Turgenjew; seit 1876 Wohnsitz in London; das Leben in England, das nur von drei kurzen USA-Besuchen (1882, 1904–05) unterbrochen wurde, führte 1915 zur brit. Staatsbürgerschaft. Kosmopolitisch denkender, den naturalist. Tendenzen in der Literatur seiner Zeit skeptisch oder ablehnend gegenüberstehender Verfasser von psychologisch-realist. Romanen und Erzählungen, die häufig die problemat. Begegnungen unbefangener Amerikaner mit der etablierten europ. Gesellschaft zum Thema haben (*The American,* R., 1877, dt. *Der Amerikaner,* 1877; *Daisy Miller,* Nov., 1878, dt. 1959; *The portrait of a lady,* R., 3 Bde., 1881, dt. *Bildnis einer Dame,* 1950; *The ambassadors,* R., 1903, dt. *Die Gesandten,* 1956). Die Struktur seiner Romane wird von der Benutzung der ›Standpunkttechnik‹ bestimmt, die den Leser das Geschehen aus dem Blickwinkel einer (*What Maisie knew,* R., 1897; dt. *Maisie,* 1955) oder mehrerer (*The wings of the dove,* R., 2 Bde., 1902; dt. *Die Flügel der Taube,* 1962) Romanfiguren erleben läßt; Verwendung des inneren Monologs und des von seinem Bruder William zuerst beschriebenen Bewußtseinsstroms (›stream of consciousness‹, *The golden bowl,* R., 1904; dt. *Die goldene Schale,* 1963). Die subtilen Situationsanalysen und feinen Nuancierungen psycholog. Vorgänge beeinflußten die Entwicklung des modernen psycholog. Romans; bes. Einfluß auf J. Conrad. Auch Dramen, Reiseberichte (*The American scene,* 1907), literar. Essays (*The art of fiction,* 1888) und die für die Romantheorie bed. *Prefaces* (1907–09) zur New-York-Edition seines Erzählwerkes. Seine Autobiographie, bestehend aus *Small boy and others* (1913), *Notes of a son and brother* (1914) und *The middle years* (1917), blieb unvollendet.

Weitere Werke: The Europeans (R., 1878; dt. Die Europäer, 1983), Washington Square (R., 1880; dt. Die Erbin vom Washington Square, 1956), The Princess Casamassima (R., 3 Bde., 1886; dt. Prinzessin Casamassima, 1954), The Bostonians (R., 3 Bde., 1886; dt. Die Damen aus Boston, 1954), The turn of the screw (E., 1898; dt. Die Drehung der Schraube, 1953, 1954 u. d. T. Die sündigen Engel, 1972 u. d. T. Die Tortur, 1980 u. d. T. Schraubendrehungen), The art of fiction (Studie, hg. 1948; dt. Ausw. Die Kunst des Romans. Ausgew. Essays zur Literatur, 1984).

Ausgaben: H. J. The novels and tales. New York edition. London 1907–18. 26 Bde. Neuaufl. New York 1970–71. – The novels and stories of H. J. Hg. v. P. LUBBOCK. London 1921–23. 35 Bde. – The notebooks of H. J. Hg. v. F. O. MATTHIESSEN u. K. B. MURDOCK. New York 1947 (dt. 1965). – H. J. The complete plays. Hg. v. L. EDEL. New York u. a. 1949. Neuaufl. 1991. – The complete tales of H. J. Hg. v. L. EDEL. London 1962–64. 12 Bde. – H. J. Letters. Hg. v. L. EDEL. London 1974–84. 4 Bde. – The complete notebooks of H. J. Hg. v. L. EDEL u. L. H. POWERS. New York 1987. – H. J. Selected letters. Hg. v. L. EDEL. Cambridge (Mass.) 1987. – Selected letters of H. J. to Edmund Gosse 1882–1915. A literary friendship. Hg. v. R. S. MOORE. Baton Rouge (La.) 1988. – H. J. The painter's eye. Notes and essays on the pictorial arts. Hg. v. J. L. SWEENEY. Madison (Wis.) 1989.

Literatur: STEVENSON, E.: The crooked corridor. A study of H. J. New York 1949. Nachdr. 1980. – EDEL, L.: H. J. London 1953–72. 5 Bde. – KROOK, D.: The ordeal of consciousness in H. J. Neuausg. New York 1967. – BUITENHUIS, P.: The grasping imagination. The American writings of H. J. Toronto u. a. 1970. – TANNER, T.: H. J. Harlow 1979–81. 3 Bde. – FOGEL, D.: H. J. and the structure of the romantic imagination. Baton Rouge (La.) 1981. – EDEL, L./LAURENCE, D. H.: A bibliography of H. J. Oxford [3]1982. – BUDD, J.: H. J. A bibliography of criticism, 1975–1981. Westport (Conn.) 1983. – WAGENKNECHT, E.: The novels of H. J. New York 1983. – ALLEN, E.: Woman's place in the novels of H. J. London 1984. – H. J. Fiction as history. Hg. v. I. F. A. BELL. Totowa (N. J.) 1984. – KASTON, C.: Imagination and desire in the novels of H. J. New Brunswick (N. J.) 1984. – ROWE, J. C.: The theoretical dimension of H. J. Madison (Wis.) 1984. – TANNER, T.: H. J. The writer and his work. Amherst (Mass.) 1985. – The art of criticism. H. J. on the theory and the practice of fiction. Hg. v. W. FEEDER u. S. M. GRIFFIN. Chicago (Ill.) 1986. – H. J. Hg. v. H. BLOOM. New York 1987. – Critical essays on H. J. The early novels. Hg. v. J. W. GARGANO. Boston (Mass.) 1987. – Critical essays on H. J. The late novels. Hg. v. J. W. GARGANO. Boston (Mass.). 1987. – JOHNSON, C.: H. J. and the evolution of consciousness. A study of ›The ambassadors‹. East Lansing (Mich.) 1987. – GAGE, R. P.: Order and design. H. J.'s titled story sequences. New York 1988. – SMIT, D.W.: The language of a master. Theories of style and the late writings of H. J. Carbondale (Ill.) 1988. – CAMERON, S.: Thinking in H. J. Chicago (Ill.)

1989. – DAVIS, L.: Sexuality and textuality in H. J. Reading through the virginal. New York 1989. – HABEGGER, A.: H. J. and the ›woman business‹. New York 1989. – MCWHIRTER, D.: Desire and love in H. J. A study of the late novels. Cambridge 1989. – TINTNER, A. R.: The pop world of H. J. From fairy tale to science fiction. Ann Arbor (Mich.) 1989. – BELL, M.: Meaning in H. J. Cambridge (Mass.) 1991. – TINTNER, A. R.: The cosmopolitan world of H. J. Baton Rouge (La.) 1991. – SCHLOSS, D.: Culture and criticism in H. J. Tüb. 1992.

James, William [dʒeimz], * New York 11. Jan. 1842, † Chocorua (N. H.) 26. Aug. 1910, Philosoph, Psychologe und Schriftsteller. – Wandte sich nach dem Medizinstudium der Psychologie und Philosophie als Prof. an der Harvard University (1872–1907) zu. Zeitlebens in engem Kontakt mit seinem Bruder Henry stehend, verfaßte er das erste amerikan. richtungweisende Werk zur Psychologie (*Principles of psychology,* 1890; dt. *Psychologie,* 1909), in dem er von empir. Basis aus u. a. das Phänomen des ›stream-of-consciousness‹ beschrieb. Aufbauend auf Charles Sanders Peirce (* 1839, † 1914) entwickelte er die Konzeption des amerikan. Pragmatismus, eine auf das Kriterium der Praktikabilität ausgerichtete Verfahrensweise, philosoph. Prinzipien, Grundsätze und Aussagen in ihrem Wert und ihrer Bedeutung an den und für die Handlungen des Menschen zu prüfen (*Pragmatism,* 1907; dt. *Pragmatismus. Ein neuer Name für alte Denkmethoden. Volkstüml. philosoph. Vorlesungen,* 1908). In dem von J. Dewey fortgeführten Pragmatismus sieht J. eine vermittelnde Funktion zw. dem Positivismus der Einzelwiss. und der Metaphysik sowie dem religiösen Denken (*Varieties of religious experience,* 1902; dt. *Die religiöse Erfahrung in ihrer Mannigfaltigkeit,* 1907).

Weitere Werke: The pluralistic universe (1909; dt. Das pluralist. Universum, 1914), Essays on radical empiricism (1912).

Ausgaben: The works of W. J. Hg. v. F. H. BURKHARDT u. a. Cambridge (Mass.) 1975–88. Bisher 18 Bde. ersch. – The writings of W. J. Hg. v. J. J. MCDERMOTT. Chicago (Ill.) 1977. – W. J. Writings 1902–1910. Hg. v. B. KUKLICK. New York 1987.

Literatur: ALLEN, G. W.: W. J. A biography. New York 1967. – The philosophy of W. J. Hg. v. W. R. CORTI. Hamb. 1976. – HERMS, E.: Radical empiricism. Studien zur Psychologie. Metaphysik und Religionstheorie W. J.' Güt. 1977. – SMITH, J. E.: Purpose and thought. The meaning of pragmatism. Chicago (Ill.) 1978. – BARZUN, J.: A stroll with W. J. Chicago (Ill.) 1983. – FEINSTEIN, H. M.: Becoming W. J. Ithaca (N. Y.) 1984. – HANSEN, O.: Aesthetic individualism and practical intellect. American allegory in Emerson, Thoreau, Adams and J. Princeton (N. J.) 1990. – SEIGFRIED, C. H.: W. J.'s radical reconstruction of philosophy. Albany (N. Y.) 1990. – POSNOCK, R.: The trial of curiosity. Henry James, W. J., and the challenge of modernity. New York 1991.

Jarrell, Randall [dʒər'el] * Nashville (Tenn.) 6. Mai 1914, † Chapel Hill (N. C.) 14. Okt. 1965, Lyriker, Kritiker, Übersetzer. – Bereits während seines Psychologiestudiums in Nashville Veröffentlichung von Gedichten und Verbindung zur Gruppe der konservativen ↑ Fugitives. Vor dem Beginn des Kriegsdienstes erster, von großer Themenvielfalt gezeichneter Lyrikband *Blood for a stranger* (1942). Nach dem Krieg Hg. verschiedener literar. Zeitschriften und ab 1947 Literatur-Prof. in Greensboro (N. C.). R. J.s in späteren Jahren den dramat. Monolog bevorzugende Lyrik zeichnet sich durch Strophen von komplexer Syntax, paradoxe Phrasierungen und einen Hang zur formalen Improvisation aus. Seinen Themen – Krieg, städt. Zivilisation, Kindheit, menschl. Extremsituationen, emotionale Verluste, psycholog. Archetypen der Märchen und Träume – näherte er sich einerseits mit einer alle Absolutismen in Frage stellenden skept. Grundhaltung, andererseits mit dem Bemühen um ein intuitives Verständnis der Widersprüche, Absurditäten und Begrenztheiten der menschl. Existenz. Neben vielen anderen Auszeichnungen erhielt er für *The woman at the Washington zoo. Poems and translations* (1960) den National Book Award (↑ Literaturpreise). Erfolgreich auch als Kinderbuchautor und als Übersetzer von Grimmschen Märchen und von Goethes *Faust I.*

Weitere Werke: Little friend, little friend (Ged., 1945), Losses (Ged., 1948), The seven-league crutches. (Ged., 1951), Poetry and the age (Essays, 1953), Pictures from an institution (R., 1954), A sad heart at the supermarket. Essays and fables (1962), The gingerbread rabbit (Kinderbuch, 1964), The lost world (Ged., 1965), The third book of criticism (Essays, 1969), Jerome. The biography of a poem (hg. 1971), Fly by night (Kinderbuch, hg. 1976; dt. Nachtschwärmer, 1980), Auden, Kipling & Co. Essays and reviews, 1935–1964 (hg. 1980).

Ausgaben: Selected poems. New York 1955. – The complete poems. New York 1969. – R. J.'s letters. An autobiographical and literary selection. Hg. v. M. JARRELL. Boston (Mass.) 1985.

Literatur: R. J., 1914–1965. Hg. v. R. LOWELL, P. TAYLOR, u. R. P. WARREN. New York 1967. – SHAPIRO, K.: R. J. Wash. (D. C.) 1967. – The achievement of R. J. Hg. v. F. HOFFMANN. Glenview (Ill.) 1970. – FERGUSON, S.: The poetry of R. J. Baton Rouge (La.) 1971. – HAGENBÜCHLE, H.: The black goddess. A study of the archetypal feminine in the poetry of R. J. Bern 1975. – QUINN, Sister M. B.: R. J. Boston (Mass.) 1981. – Critical essays on R. J. Hg. v. S. FERGUSON. Boston (Mass.) 1983. – WRIGHT, S.: R. J. A descriptive bibliography, 1929–1983. Charlottesville (Va.) 1985. – KAPLAN, S.: Robert Bly and R. J. as translators of Rainer Maria Rilke. A study of the translations and their impact on Bly's and J.'s own poetry. Ffm. 1989. – FLYNN, R.: R. J. and the last world of childhood. Athens (Ga.) 1990.

Jazz ↑ Musik und Literatur.

Jeffers, [John] Robinson ['dʒefərz], * Pittsburgh (Pa.) 10. Jan. 1887, † Carmel (Calif.) 20. Jan. 1962, Lyriker und Dramatiker. – Wuchs in Europa auf, Studium in Zürich und in den USA. J. wurde mit dem Gedichtband *Roan Stallion, Tamar, and other poems* (1925; Erweiterung der früheren Fassung von 1924, weitere Erweiterung 1938) berühmt. Thema seiner philosoph., auf Bibel und klass. Mythologie zurückgreifenden Dichtungen und Versdramen (*The tower beyond tragedy,* 1924; dt. *Die Quelle,* 1960) ist das absurde Dasein in einer dem Menschen feindl. Welt. Unter dem Einfluß von F. Nietzsche und S. Freud steht er der menschl. Zivilisation negativ gegenüber und versucht, die Natur in ihrer Reinheit wiederherzustellen. Sein naturalist. Materialismus und seine trag. Konzeption des Lebens stießen nach dem 2. Weltkrieg zunehmend auf Kritik und Ablehnung.

Weitere Werke: Californians (Ged., 1916), The women at Point Sur (Ged., 1927, 1977 erw. u. d. T. The women at Point Sur and other poems), Dear Judas and other poems (1929), Descent to the dead (Ged., 1931), Solstice and other poems (1935), Selected poetry (1938), Medea (Dr., 1946; dt. 1960), The double axe and other poems (1948), Hungerfield and other poems (1954; enthält auch das Drama The Cretan woman; dt. Die Frau aus Kreta, 1960).

Ausgaben: R. J. Dramen. Dt. Übers. Rbk. 1960. – The selected letters of R. J., 1897–1962. Hg. v. A. N. RIDGEWAY. Baltimore (Md.) 1968. – The collected poems of R. J. Bd. 1: 1920–28; Bd. 2: 1928–1938. Hg. v. T. HUNT. Stanford (Calif.) 1987 u. 1989. – Where shall I take you to. The love letters of Una and R. J. Hg. v. R. KAFKA. Covelo (Calif.) 1987.

Literatur: BENETT, M. B.: Stone mason of Tor House. The life and work of R. J. Los Angeles (Calif.) 1966. – VARDAMIS, A. A.: The critical reputation of R. J. A bibliographical study. Hamden (Conn.) 1972. – BROPHY, R. J.: R. J. Myth, ritual, and symbol in his narrative poems. Cleveland (Ohio) 1973. – BROPHY, R. J.: R. J. Hamden (Conn.) 1976. – SHEBL, J. M.: In this wild water. The suppressed poems of R. J. Pasadena (Calif.) 1976. – NOLTE, W. H.: Rock and hawk. R. J. and the romantic agony. Athens (Ga.) 1978. – ZALLER, R.: The cliffs of solitude. A reading of R. J. Cambridge 1983. – KARMAN, J.: R. J. Poet of California. San Francisco 1987. – R. J. Poetry and response. A centennial tribute. Hg. v. R. J. BROPHY. Los Angeles (Calif.) 1987. – EVERSON, W.: The excesses of God. R. J. as a religious figure. Stanford (Calif.) 1988. – R. J. Songs and heroes. Hg. v. R. J. BROPHY. Los Angeles (Calif.) 1988.

Jeremiade ↑ Religion und Literatur.

Jewett, Sarah Orne ['dʒu:ət], * South Berwick (Maine) 3. Sept. 1849, † ebd. 24. Juni 1909, Schriftstellerin. – Enge Bindung an den Vater und ihren Heimatstaat Maine, den sie in ihren Kurzgeschichten, Romanen und Gedichten zum Ausgangspunkt für die Beschreibung des im Verfall begriffenen neuengl. Lokalkolorits machte (↑ Local color); stand mit den literar. Kreisen Bostons (W. D. Howells, J. R. Lowell) in Verbindung und wirkte mit ihrer Konzeption der Regionalliteratur auf W. Cather. *The country of the pointed firs* (En., 1896; dt. *Das Land der spitzen Tan-*

nen, 1961) und *A white heron* (En., 1886; dt. *Der weiße Reiher,* 1966) gelten als ihre bedeutendsten Werke.

Weitere Werke: Deephaven (En., 1877), A country doctor (R., 1884), A marsh island (R., 1885), The Tory lover (R., 1901, 1975 u. d. T. Yankee ranger), Verses (hg. 1916).

Ausgaben: S. O. J. Collected works. Hg. v. K. S. LYNN. New York 1881–1901. 14 Bde. Nachdr. 1970, Neudr. 1988. – S. O. J. Letters. Hg. v. R. CARY. Waterville (Maine) 1956. Neudr. 1967. – The uncollected short stories of S. O. J. Hg. v. R. CARY. Waterville (Maine) 1971. – The world of Dunnett Landing. A S. O. J. collection. Hg. v. D. B. GREEN. Gloucester (Mass.) 1972.

Literatur: MATTHIESSEN, F. O.: S. O. J. Boston (Mass.) 1929. Neuaufl. Gloucester (Mass.) 1965. – CARY, R.: S. O. J. New York 1962. – NAGEL, G. L./NAGEL, J.: S. O. J. A reference guide. Boston (Mass.) 1978. – DONOVAN, J. L.: S. O. J. New York 1980. – WESTBROOK, P. D.: Acres of flint. S. O. J. and her contemporaries. Metuchen (N. J.) 1981. – RENZA, L. A.: ›A White heron‹ and the question of minor literature. Madison (Wis.) 1984. – KEYWORTH, C.: Master smart woman. A portrait of S. O. J. Unity (Maine) 1988. – SHERMAN, S. W.: S. O. J. An American Persephone. Hanover (N. H.) 1989. – MOBLEY, M. S.: Folk roots and mythic wings in S. O. J. and Toni Morrison. The cultural function of narrative. Baton Rouge (La.) 1992.

Johnson, James Weldon ['dʒɑːnsn], * Jacksonville (Fla.) 17. Juni 1871, † bei Wiscasset (Maine) 26. Juni 1938 (Autounfall), Schriftsteller. – Lebte ab 1901 in New York, später als Diplomat in Südamerika (1906–12), ab 1930 Dozent an der Fisk University in Nashville. Trat als einer der führenden Schriftsteller der ↑ Harlem Renaissance für die Emanzipation der schwarzen Amerikaner ein; gab zus. mit seinem Bruder John Rosamond J. (* 1873, † 1954) eine wertvolle Ausgabe amerikan. Negro Spirituals (2 Bde., 1925/26; Nachdr. 1989 u. d. T. *The books of American Negro spirituals*) heraus, komponierte mit ihm Lieder für Sing- und Tanzspiele (u. a. *Under the bamboo tree*) sowie für die musikal. Komödie *The shoo fly regiment* (1907) und verfaßte mit ihm das als schwarze Nationalhymne bekannte Lied *Lift every voice and sing* (1900). Ein bed. Beitrag zur Selbstdarstellung des modernen Afroamerikaners war sein Roman *The autobiography of an ex-colored man* (1912; dt. *Der weiße Neger,* 1928); schrieb auch Gedichte (*Selected poems,* 1935) und stellte eine Anthologie schwarzer Lyrik zusammen (*The book of American Negro poetry,* 1922, erweitert 1931).

Weitere Werke: God's trombones (Ged., 1927; dt. Gib mein Volk frei, 1960), Black Manhattan (histor. Studie, 1930), Saint Peter relates an incident of the resurrection day (Ged., 1930), Along this way (Autobiogr., 1933), Negro Americans, what now? (Prosa, 1934).

Literatur: LEVY, E.: J. W. J. Black leader, black voice. Chicago (Ill.) 1973. – EGYPT, O. S.: J. W. J. New York 1974. – FLEMING, R. E.: J. W. J. and Arna Wendell Bontemps. A reference guide. Boston (Mass.) 1978. – FLEMING, R. E.: J. W. J. Boston (Mass.) 1987. – KOSTELANETZ, R.: Politics in the African-American novel. J. W. J., W. E. B. Du Bois, Richard Wright and Ralph Ellison. Westport (Conn.) 1991.

Jones, Gayl [dʒoʊnz], * Lexington (Ky.) 23. Nov. 1949, Schriftstellerin. – Studium an der Brown University; vorübergehend Dozentin für ›creative writing‹ und afroamerikan. Literatur an der University of Michigan. Die persönl. Erfahrung der Segregation als Auswirkung der Sklaverei bildet den Hintergrund für die Darstellung der von einer ›blues‹-Stimmung getragenen zwischenmenschl. Beziehungen, die von extremen Gefühlsschwankungen bestimmt, primär auf Sexualität, auch in Form von Prostitution und Inzest, reduziert sind und in Gewalt und Wahnsinn umschlagen (*Corregidora,* R., 1975, *Eva's man,* R., 1976, beide zus. dt. u. d. T. *Dunkle Melodie,* 1979; *White rat,* Kurzgeschichten, 1977, dt. *Der weiße Nigger,* 1980). Die von Frauen im Dialekt Kentuckys formulierten Widersprüche zw. ihrem Wunsch nach Selbstverwirklichung und der Macht patriarchal. Repression scheinen durch eine von geistigen Werten geprägte Liebe von Frau und Mann in dem ep. Gedicht *Song for Anninho* (1981), das im sklavenhaltenden Brasilien des 17. Jh. spielt, aufgehoben. J. schreibt auch Theaterstücke und Gedichte.

Weitere Werke: Chile woman (Dr., 1974), The hermit-woman (Ged., 1983), Xarque (Ged., 1985), The bird-catcher (R., 1985; dt. Die Vogelfängerin, 1986).

Literatur: American women writers. Hg. v. L. MAINIERO. New York 1982. – Black women writers at work. Hg. v. C. TATE. New York 1983. – KOENEN, A.: Zeitgenöss. Afro-amerikan. Frauenliteratur. Selbstbild und Identität bei Toni Morrison, Alice Walker, Toni Cade Bambara u. G. J. Ffm. 1985.

Jones, James [dʒoʊnz], * Robinson (Ill.) 6. Nov. 1921, † Southampton (N. Y.) 10. Mai 1977, Schriftsteller. – Nahm 1939–44 am Krieg im Pazifik teil; wurde schlagartig bekannt mit seinem auch verfilmten Roman *From here to eternity* (1951; dt. *Verdammt in alle Ewigkeit,* 1951), einer ungeschminkten Darstellung des Soldatenlebens in einem Ausbildungslager auf Hawaii kurz vor dem japan. Überfall auf Pearl Harbor. J. lebte von 1958 bis 1975 in Paris, wo er weitere Romane über die Problematik des Krieges und seiner Auswirkungen auf die Soldaten und die Zivilbevölkerung in den USA sowie über seine Eindrücke in Paris schrieb; diese Erzählungen konnten allerdings nicht den Erstlingserfolg wiederholen.
Weitere Werke: Some came running (R., 1958; dt. Die Entwurzelten, 1959), The pistol (R., 1958; dt. Die Pistole, 1959), The thin red line (R., 1962; dt. Der tanzende Elefant, 1963), Go to the widowmaker (R., 1967; dt. Kraftproben, 1968), The ice-cream headache and other stories (1968; dt. Das Messer, 1971), The merry month of May (R., 1970; dt. Mai in Paris, 1971), A touch of danger (R., 1973; dt. Das Sonnenparadies, 1987), Viet journal (1974), WW II. A chronicle of soldiering (1975; dt. Im Zweiten Weltkrieg. Erlebnisse und Eindrücke, 1977; mit A. Weithas), Whistle (R., hg. 1978; dt. Heimkehr der Verdammten, 1979).
Literatur: J. J. A checklist. Hg. v. J. R. HOPKINS. Detroit (Mich.) 1974. – JONES, P. G.: War and the novelist. Columbia (Mo.) 1976. – MORRIS, W.: J. J. A friendship. Garden City (N. Y.) 1978. – GILES, J. R.: J. J. Boston (Mass.) 1981. – GARRETT, G.: J. J. New York 1984.

Jones, LeRoi [dʒoʊnz], seit 1966 Imamu Amiri Baraka, * Newark (N. J.) 7. Okt. 1934, Schriftsteller. – Studium an der Howard und Columbia University; Lehrtätigkeit an verschiedenen Universitäten; seine Eindrücke von einem Kuba-Besuch (1960) und die Ermordung von Malcolm X (1965) führten zum Bruch mit weißen Freunden und der Avantegardeliteratur; gründete das ›Black Arts Repertory Theatre‹ in Harlem (1965), dann Umzug in das ›Spirit House‹ in einem schwarzen Slumviertel von Newark (N. J.). In seinem Werk spiegelt sich die Entwicklung vom literar. Bohemien über die militante ›Black-Nationalist‹-Bewegung zum internat. Marxisten. Veröffentlicht seit 1961 Gedichte (*The dead lecturer,* 1964; *Black art,* 1966; *Hard facts,* 1976), Theaterstükke (*Dutchman,* 1964, dt. 1970; *The slave,* 1964; *General Hag's skeezag,* UA 1991), Romane (*The system of Dante's hell,* 1965; dt. *Dantes System der Hölle,* 1966), Erzählungen (*Tales,* 1967) und Essays (*Home,* 1966, dt. *Ausweg in den Haß,* 1967; *Raise race rays raze,* 1971), in denen er sich kritisch mit der Situation der schwarzen Amerikaner und der afroamerikan. Kunst auseinandersetzt (*Blues people. Negro music in white America,* 1963, dt. *Schwarze und ihre Musik im weißen Amerika,* 1969; *Black music,* 1967, dt. *Schwarze Musik,* 1970; *The autobiography of L. J./Amiri Baraka,* 1984; *The music. Reflections on jazz and blues,* 1987).
Ausgaben: L. J. Four black revolutionary plays. Indianapolis (Ind.) 1969. – Selected poems of Amiri Baraka/L. J. New York 1979. – Selected plays and prose of Amiri Baraka/L. J. New York 1979.
Literatur: HUDSON, T. R.: From L. J. to Amiri Baraka. The literary works. Durham (N. C.) 1973. – BENSTON, K. W.: Baraka. The renegade and the mask. New Haven (Conn.) u. a. 1976. – Imamu Amiri Baraka. A collection of critical essays. Hg. v. K. W. BENSTON. Englewood Cliffs (N. J.) 1978. – SOLLORS, W.: Amiri Baraka/L. J. The quest for a ›populist modernism‹. New York 1978. – HARRIS, W. J.: The poetry and poetics of Amiri Baraka. The jazz aesthetic. Columbia (Mo.) 1985.

Jong, Erica [Mann] [dʒɔŋ], * New York 26. März 1942, Schriftstellerin. – Studien u. a. am Barnard College in New York; Lehrtätigkeit u. a. an der University of Maryland in Heidelberg (1966–69); wurde durch den Roman *Fear of flying* (1973; dt. *Angst vorm Fliegen,* 1976) schlagartig berühmt, in dem sie die oft beanstandete sexuelle Offenheit als Mittel für die

Emanzipation der Frau einsetzt; die Fortsetzung des Romans, *How to save your own life* (1977; dt. *Rette sich wer kann,* 1978) sowie die Parodie auf den pikaresken Roman des 18. Jh. (*Fanny,* 1980; dt. 1980) bzw. auf Shakespeares Drama *The merchant of Venice* (*Serenissima. A novel of Venice,* R., 1987; dt. *Serenissima,* 1988), waren weniger erfolgreich; schreibt auch anspruchsvolle Gedichte über Erfahrungen mit Sexualität und Psychoanalyse.

Weitere Werke: Fruits and vegetables (Ged., 1971), Half-lives (Ged., 1973), Here comes and other poems (1975), Loveroot (Ged., 1975), Selected poems (2 Bde., 1977 u. 1980), At the edge of the body (Ged., 1979), Witches (Ged., 1981; dt. 1985), Ordinary miracles. New poems (1983), Parachutes and kisses (R., 1984; dt. Fallschirme und Küsse, 1985), Any woman's blues (R., 1990; dt. Der letzte Blues, 1990).

jüdisch-amerikanische Literatur. Die Vielzahl in Amerika schreibender jüd. Autoren läßt sich in drei Gruppen einteilen: 1. bewußt im Kontinuum der jüd. Erzähltradition Osteuropas schreibende Autoren; 2. solche, die die soziale, kulturelle, religiöse und psycholog. Existenz jüd. Charaktere und des Judentums als ethno-religiöser Konstante in Amerika thematisieren; 3. weitgehend assimilierte Autoren, deren Werk sich nicht spezifisch mit jüd. Werten und jüd. Lebenswirklichkeit befaßt. – Wenn man auch von einer eigenständigen j.-a. L. erst um die Jahrhundertwende sprechen kann, sind dennoch sozialgeschichtlich die Anfänge – als erster jüdisch-amerikan. Roman gilt Nathan Mayers *Differences* (1867) – interessant. Während der Anfangsphase der ›new immigration‹ (1882 bis etwa zum 1. Weltkrieg) wurden von jüd. Autoren zunächst sowohl die schwierigen Lebensbedingungen der Juden in Osteuropa als auch der nach Amerika eingewanderten verklärt oder als reines Lokalkolorit behandelt. Die *Schtetl*-Kultur der poln. und russ. Juden war bereits vorher Gegenstand literar. Darstellungen gewesen – in den auf Jiddisch abgefaßten Werken von Mendele Moicher Sforim (* 1835, † 1917), Jizchok Lejb Perez (* 1852, † 1915) und Scholem Aleichem (* 1859, † 1916). Eine Fortsetzung fand diese jiddischsprachige Tradition im Werk des 1935 aus Polen eingewanderten I. B. Singer, dessen Erzählungen von der breiteren Öffentlichkeit bis heute erst nach ihrer Übertragung ins Englische rezipiert werden und der an Jiddisch als an der ›Sprache des Exils‹ festhielt.

Die in der Anfangsphase in die USA eingewanderten Juden aus Osteuropa waren angesichts der starken nativist. Strömungen innerhalb der amerikan. Gesellschaft zunächst gezwungen, sich auf ökonom., gesellschaftl. und kulturellem Gebiet möglichst schnell und umfassend zu assimilieren, bewahrten aber z. T. aufgrund ihrer festen Verwurzelungen in jüd. Traditionen ein religiöses, kulturelles und ethn. Selbstbewußtsein, das sie bereits früh in krit. Distanz zu den Werten ihrer neuen Umgebung treten ließ. Die Assimilationsproblematik war zwar bald Gegenstand von Bildungs- und pikaresken Romanen, (z. B. Ezra S. Brudno, *The fugitive. Being memoirs of a wanderer in search of a home,* 1904; Edward A. Steiner [* 1866, † 1956], *The mediator. A tale of the old world and the new,* 1907; J. Oppenheim, *The olympian,* 1912) und Autobiographien (z. B. Mary Antin [* 1881, † 1949], *The promised land,* 1912; dt. *Vom Ghetto ins Land der Verheißung,* 1914), doch erst im Werk des 1882 vor den russischen Pogromen geflohenen Abraham Cahan (* 1860, † 1951) erfährt die Assimilation von Juden in Amerika eine literarisch gültige Problematisierung. Sein Roman *The rise of David Levinsky* (1917; dt. gekürzte Ausg. *David Levinsky,* 1962) zeichnet in Form einer fiktiven Autobiographie den erfolgreichen Aufstieg eines Immigranten mit *Schtetl*-Vergangenheit zum Textilmillionär, aber auch die damit verbundenen Defizite an sozialer, persönl. und spiritueller Erfüllung nach. Die Qualität dieses Werkes wurde danach lange nicht mehr erreicht, auch nicht durch A. Yezierskas Kurzgeschichten. Noch deutlicher wird die Kritik an der Assimilation in den Werken L. Lewisohns gesehen, die gleichzeitig die Bewahrung des jüd. Glaubens propagieren. Nachdem der Einwandererstrom aus Osteuropa durch die restriktiven Immigrationsgesetze von 1921 u. 1924 eingedämmt worden war, begannen jüd. Autoren stärker die Erfahrungen der zweiten Generation (und der Konfliktspannung zur ersten Generation) zu thematisieren (z. B. Samuel Ornitz [* 1890, † 1957], *Haunch, paunch and jowl,* R., 1923; dt. *Herr Fettwanst. Eine amerikan. Autobiographie,* 1925; Sidney Meller, *Roots in the sky,* R., 1938). Auch der wohl beste jüdisch-amerikan. Roman vor dem 2. Weltkrieg, H. Roths psycholog. Gettoroman *Call it sleep* (1934), beschreibt die ärml. Lebensbedingungen einer jüd. Einwandererfamilie aus der Sicht eines Sohnes.

Statt mit spezifisch jüd. Problemen beschäftigten sich jüd. Autoren zunehmend von sozialist. Positionen aus mit allgemein gesellschaftl. Themen, in den 30er Jahren vor allem mit der Wirtschaftskrise, der Gewerkschaftsbewegung und den Gefahren des europ. Faschismus. So kritisieren z. B. die Dramen von E. Rice und C. Odets und der Roman *Jews without money* (1930; dt. *Juden ohne Geld,* 1931) von Michael Gold (* 1893, † 1967) die sozialen und polit. Entwicklungen dieser Jahrzehnte. E. Ferbers Autobiographie, *A peculiar treasure* (1939), setzt dem Faschismus einen jüdisch-amerikan. Patriotismus entgegen. Andere in den 30er und 40er Jahren zu literar. Ruhm kommende jüd. Autoren wie N. West, B. Hecht, M. Levin, D. Schwartz und Daniel Fuchs (* 1909) – letzterer vor allem mit seiner Williamsburg-Romantrilogie *Summer in Williamsburg* (1934), *Homage to Blenholt* (1936) und *Low company* (1937) – deuteten ihrerseits bereits das Thema der Isolation des einzelnen in der Massengesellschaft an, das das nächste Jahrzehnt jüdisch-amerikan. Literatur bestimmen sollte. Gegen Ende des 2. Weltkriegs wandten sich viele Autoren – nun meist der dritten Generation nach der Einwanderung – in introspektiver Gestaltungsweise dem Thema der psycholog. (Selbst-) Entfremdung und gesellschaftl. Marginalisierung bzw. Isolierung des Individuums zu, wobei das Judentum der Protagonisten mehr oder weniger als Metapher für allgemein-menschl. existientielle Befindlichkeiten oder – in seinen eth. Dimensionen – für humanitäre Gesinnung diente, auf diese Weise allerdings eine breite gesamtgesellschaftl. Identifizierung ermöglichte. Die Romane S. Bellows, J. D. Salingers, B. Malamuds, J. Hellers und P. Roths dokumentieren diese Entwicklung, wobei Figuren der jüd. Erzähltradition wie der ›Schlehmiel‹ und der ›Luftmensch‹ zu Symbolen von menschl. Frustration und Insignifikanz, aber auch von Überlebenswillen und -fähigkeit stilisiert wurden. Eine ambivalente Haltung gegenüber dem Judentum artikuliert N. Mailer, während E. Jong in satirisch distanzierter Prosa und Dichtung jüd. und feminist. Themen verbindet. – Eine literar. Bewältigung des Holocaust versuchten seit den 50er Jahren zahlreiche Autoren wie Elie Wiesel (* 1928), E. Wallant, Arthur A. Cohen ([* 1928], *In the days of Simon Stern,* R., 1973), Susan Fromberg Schaeffer ([* 1941], *Anya,* R., 1974) und R. Federman. Der Holocaust bildet auch den Hintergrund für E. L. Doctorows Roman über den Rosenberg-Spionagefall von 1953, *The book of Daniel* (1971). – Mit einem weiteren zeitgeschichtl. Phänomen – der Neugründung des Staates Israel und dem zionist. Gedanken – befaßten sich vergleichsweise wenige Autoren. Zu erwähnen sind die Romane und autobiograph. Werke M. Levins, Hugh Nissensons (* 1933) autobiograph. *Notes from the frontier* (1968), S. Bellows *To Jerusalem and back* (1976) und P. Roths *The counterlife* (1987).

Seit den 70er Jahren werden die Konventionen des jüdisch-amerikan. Romans im Kontext der Postmoderne immer häufiger parodistisch demontiert, z. B. in S. Elkins *The Dick Gibson show* (1971) oder P. Roths The *great American novel* (1973). Neue Impulse gehen dagegen von C. Ozick aus, die in bewußter Absetzung von einem universalist. Verständnis des Judentums eine Rückbesinnung auf jüd. Identität und jüd. Werte fordert und versucht, die Gedanken des Judentums angesichts der ›christl.‹ engl. Sprache neu zu formulieren. Das Konfliktpotential wird hier primär auf religiösem Gebiet, zw.

dem christl. und dem jüd. Glauben gesehen. Ähnl. Bemühungen um eine ethnisch-religiöse Rückbesinnung der j.-a. L. finden sich bei Arthur A. Cohen, Hugh Nissenson (*A pile of stones,* Kurzgeschichten, 1965; *In the reign of peace,* Kurzgeschichten, 1972; *My own ground,* R. 1976) und Jay Neugeboren ([* 1938], z. B. *An orphan's tale,* R., 1976, und *The stolen jew,* R., 1978), in den populären Romanen C. Potoks, deren Charaktere ihre profunden Kenntnisse jüd. Geschichte, Theologie und Kultur für die Auseinandersetzung mit einer nicht-jüd. Umgebung benötigen, und auch in den *Rabbi*-Kriminalromanen H. Kemelmans. – Schließlich ist auch die herausragende Rolle jüd. Kritiker wie Philip Rahv (* 1908, † 1973), L. Trilling, A. Kazin, Irving Howe (* 1920), L. Fiedler, Robert Alter (* 1935), Geoffrey Hartman (* 1929) und Harold Bloom (* 1930) zu erwähnen, die der amerikan. Literaturkritik des 20. Jahrhunderts entscheidende Impulse gaben.

Literatur: A treasury of Yiddish stories. Hg. v. I. Howe u. E. Greenberg. New York 1954. – Great Jewish short stories. Hg. v. S. Bellow. New York 1963. – Breakthrough. A treasury of contemporary American-Jewish literature. Hg. v. I. Malin u. I. Stark. New York 1964. – Liptzin, S.: The Jew in American literature. New York 1966. – Schwarz, L. W.: Mutations of Jewish values in contemporary American fiction. Syracuse (N. Y.) 1966. – Madison, C.: Yiddish literature. Its scope and major writers. New York 1968. – Alter, R.: After the tradition. Essays on modern Jewish writing. New York 1969. – Schulz, M. F.: Radical sophistication. Studies in contemporary Jewish/American novelists. Athens (Ohio) 1969. – Sherman, B. A.: The invention of the Jew. Jewish-American education novels (1916–1964). New York 1969. – Altman, S.: The comic image of the Jew. Explorations of a pop culture phenomenon. Rutherford (N. J.) 1971. – Fisch, H.: The dual image. The figure of the Jew in English and American literature. London 1971. – Guttmann, A.: The Jewish writer in America. Assimilation and the crisis of identity. New York 1971. – Pinsker, S.: The Schlemiel as metaphor. Studies in the Yiddish and American Jewish novel. Carbondale (Ill.) 1971. – Cohen, B.: Sociocultural changes in American Jewish life as reflected in selected Jewish literature. Rutherford (N. J.) 1972. – Contemporary American-Jewish literature. Critical essays. Hg. v. I. Malin. Bloomington (Ind.) 1973. – Gross, T.: The literature of American Jews. New York 1973. – Jewish-American literature. An anthology of fiction, poetry, autobiography, and criticism. Hg. v. A. Chapman. New York 1974. – On being Jewish. American Jewish writers from Cahan to Bellow. Hg. v. D. Walden. Greenwich (Conn.) 1974. – Knopp, J. Z.: The trial of Judaism in contemporary Jewish writing. Urbana (Ill.) 1975. – Langer, L. L.: The Holocaust and the literary imagination. New Haven (Conn.) 1975. – Howe, I./Libo, L.: World of our fathers. New York 1976. – Alter, R.: Defenses of the imagination. Jewish writers and modern historical crisis. Philadelphia 1977. – Dittmar, K.: Assimilation u. Dissimilation. Erscheinungsformen der Marginalitätsthematik bei jüdisch-amerikan. Erzählern (1900–1970). Ffm. 1978. – Gittleman, S.: From shtetl to suburbia. The family in Jewish literary imagination. Boston (Mass.) 1978. – Howe, I./Libo, K.: How we lived 1880–1930. A documentary history of immigrant Jews in America. New York 1979. – Rosenfeld, A. H.: A double dying. Reflections on Holocaust literature. London 1980. – Bilik, D. S.: Immigrant-survivors. Post-holocaust consciousness in recent Jewish American fiction. Middletown (Conn.) 1981. – Girgus, S. B.: The new covenants. Jewish writers and the American idea. Chapel Hill (N. C.) 1982. – Gitenstein, B.: Apocalyptic messianism and contemporary Jewish-American poetry. New York 1986. – Jewish life and suffering as mirrored in English and American literature. Hg. v. F. Link. Paderborn 1987. – Handbook of American-Jewish literature. Hg. v. L. Fried. Westport (Conn.) 1988. – Hertzberg, A.: The jews in America. Four centuries of an uneasy encounter. A history. New York u. a. 1990. – Klingenstein, S.: Jews in the American academy. The dynamics of intellectual assimilation. New Haven (Conn.) 1991.

K

Katz, Steve [kæts], * New York 14. Mai 1935, Schriftsteller. – Studium an der Cornell University (1952–56) sowie an der University of Oregon; Italienaufenthalt (1959–62); seit 1978 Prof. an der University of Colorado. Beeinflußt von der Malerei der italien. Renaissance und der amerikan. Gegenwart, versucht K. in seinen postmodernen Literaturexperimenten imaginativ gängige Vorstellungen von Realität und Kunst zu dekonstruieren. In Erzählungen und Gedichten zeigt er die spieler. Aufhebung der Grenzen zwischen Kunst und Leben, die Ablösung der mimet. Abbildung der Welt durch räumlich-visuelle Strukturierung, wodurch auch die eigene Person zum Gegenstand der Darstellung werden kann, wie in seinen bekanntesten Romanen, *The exagggeration of Peter Prince* (1968) und *Moving parts* (1977).

Weitere Werke: The Lestriad (R., 1962), The weight of Antony (Ged., 1964), Creamy and delicious. Eat my words (En., 1970), Saw (R., 1972), Cheyenne River wild track (Ged., 1973), Stolen stories (1984), Wier & Pouce (R., 1984), Florry of Washington Heights (R., 1986).

Literatur: Anything can happen. Interviews with contemporary American novelists. Hg. v. T. LeClair u. L. McCaffery. Urbana (Ill.) 1983.

Kaufman, George S[imon] ['kɔ:fmən], * Pittsburgh (Pa.) 16. Nov. 1889, † New York 2. Juni 1961, Journalist und Dramatiker. – Schrieb, fast immer in Zusammenarbeit mit anderen Autoren (u. a. mit E. Ferber, M. Hart, R. Lardner), äußerst bühnenwirksame und erfolgreiche Schauspiele; seine besten Werke sind treffende Gesellschaftssatiren; daneben pflegte er die musikal. Komödie, deren erfolgreichste *Of thee I sing* (Kom., 1931; Pulitzerpreis 1932) ist, an der George Gershwin (* 1898, † 1937) und Morrie Ryskind (* 1895, † 1985) wesentlich beteiligt waren.

Weitere Werke: Once in a life time (Dr., 1930, mit M. Hart), Stage door (Kom., 1936, mit E. Ferber), You can't take it with you (Kom., 1936, mit M. Hart und G. Gershwin; Pulitzerpreis 1937), George Washington slept here (Dr., 1940), Silk stockings (Kom., 1955).

Ausgabe: Six modern American plays. Hg. v. A. G. Halline. New York 1966.

Literatur: Teichmann, H.: G. S. K. An intimate portrait. New York 1972. – Meredith, S.: G. S. K. and his friends. Garden City (N. Y.) 1974. – Goldstein, M.: G. S. K. His life, his theater. New York 1979.

Kazan, Elia [kə'zɑ:n], eigtl. E. Kasanioglus, * Istanbul 7. Sept. 1909, Regisseur und Schriftsteller griech. Abstammung. – Seit 1913 in den USA, Studium am Williams College und Theaterausbildung an der Yale University (1930–32); dann Schauspieler des Group Theatre (1932–39) und Theaterregisseur in New York, wo er mit dem ›Actor's Studio‹ zusammenarbeitete. Als Filmregisseur (seit 1945) wurde K. in den 50er Jahren mit psycholog. und sozialkrit. Literaturverfilmungen, z. B. *A streetcar named desire* (1951; dt. *Endstation Sehnsucht*), *On the waterfront* (1954; dt. *Die Faust im Nakken*), *East of Eden* (1955; dt. *Jenseits von Eden*), *Baby Doll* (1956), internat. bekannt. Weitere Filme sind u. a. *A tree grows in Brooklyn* (1945; dt. *Ein Baum wächst in Brooklyn*), *Gentleman's agreement* (1947; dt. *Tabu der Gerechten*), *Viva Zapata* (1951), *America, America* (1963; dt. *Die Unbezwingbaren*), *The visitors* (1971; dt. *Die Besucher*), *The last tycoon* (1975; dt. *Der letzte Tycoon*), *An American odyssey* (1989). Schrieb auch Romane, z. B. *America, America* (1962; dt. *Amerika, Amerika,* 1963, verfilmt 1963), *The ar-*

rangement (1967; dt. *Das Arrangement,* 1968, verfilmt 1969), *The assassins* (1972; dt. *Dieses mörder. Leben,* 1972), *Acts of love* (1978; dt. *Wege der Liebe,* 1980) u. eine Autobiographie, *E. K. A life* (1988).

Literatur: FERNÁNDEZ CUENCA, C.: E. K. San Sebastián 1964. – PAULY, T. H.: An American Odyssey. E. K. and American culture. Philadelphia (Pa.) 1983. – MICHAELS, L.: E. K. A guide to references and resources. Boston (Mass.) 1985.

Kazin, Alfred ['keɪzɪn], New York 5. Juni 1915, Literaturkritiker und Schriftsteller. – Studium am New York City College und an der Columbia University. Stellte in seinen literaturkrit. Schriften eine Beziehung zw. Literatur und dem sozio-kulturellen Kontext her. Neben Studien zu F. S. Fitzgerald und T. Dreiser wurden bes. seine Arbeiten über amerikan. Romanciers der Moderne bekannt: *On native grounds* (1942; dt. *Amerika. Selbsterkenntnis und Befreiung. Werden und Wachsen einer Nation im Spiegel ihrer Prosa-Literatur 1890–1940,* 1951) und die Fortsetzung in *Bright book of life* (1973) sowie *An American procession* (1984). Seine dreiteilige Autobiogr., *A walker in the city* (1951; dt. *Meine Straßen in New York,* 1966), *Starting out in the 30s* (1965) und *New York Jew* (1978), zeichnet seinen auch moralisch engagierten Werdegang nach.

Weitere Werke: The inmost leaf. A selection of essays (1979), A writer's America. Landscape in literature (1988), Our New York (1989, Photographien v. D. Finn).

Keillor, Garrison ['ki:lər], eigtl. Gary Edward K., * Anoka (Minn.) 7. August 1942, Humorist. – Nach journalist. Ausbildung und Moderationstätigkeit Produzent am Minnesota Public Radio. Ab 1974 Hauptautor und Moderator der populären und mehrfach ausgezeichneten Radiosendung ›A Prairie Home Companion‹. In seinen nostalgisch-realist. Geschichten aus der fiktiven Kleinstadt Lake Wobegon in Minnesota zeichnet er mit gutmütiger Ironie Porträts von einfachen Menschen des Mittelwestens (meist skandinav. Abstammung), die die alltägl. Tücken und Absurditäten des Lebens trotz ihrer eigenen Schwächen zu bewältigen versuchen. Seine Geschichten sind gesammelt in *Happy to be here* (1983), *Lake Wobegon days. Recollections of a small American town* (1985; dt. *Lake Wobegon. Die wahre Geschichte einer kleinen Stadt, die auf keiner Landkarte steht,* 1987), *Leaving home* (1987) und *We are still married. Stories and letters* (1989).

Weiteres Werk: WLT. A radio romance (R., 1991).

Keller, Helen [Adams] ['kelər], * Tuscumbia (Ala.) 27. Juni 1880, † Westport (Conn.) 1. Juni 1968, Schriftstellerin. – Ab dem 2. Lebensjahr blind und taubstumm; Schulausbildung und erfolgreicher Besuch des Radcliffe College mit Hilfe ihrer Lehrerin Anne Sullivan Macy (* 1866, † 1936). K. veröffentlichte autobiograph. Bücher sowie Schriften über Blindenerziehung und Existenzprobleme der Blinden.

Werke: The story of my life (Autobiogr., 1902; dt. Geschichte meines Lebens, 1904), Optimism. An essay (Autobiogr., 1903, 1904 u. d. T. My key of life. Optimism. An essay; dt. Optimismus, 1906), The world I live in (Autobiogr., 1908; dt. Meine Welt, 1908).

Ausgabe: H. K. Her socialist years. Writings and speeches. Hg. v. P. S. FONER. New York 1967.

Literatur: CLEVE, E.: H. K. Bln. 1951. – SCHMITT, A.: H. K. und die Sprache. Münster 1954. – BROOKS, V. W.: H. K. Sketch for a portrait. New York 1956. – HARRITY, R./MARIN, R. G.: Three lives of H. K. Garden City (N. Y.) 1962. – LASH, J. P.: Helen and teacher. The story of H. K. and Anne Sullivan Macy. New York 1980.

Kemelman, Harry ['keməlmən], * Boston (Mass.) 24. Nov. 1908, Schriftsteller. – Wurde bekannt durch seine Kriminalromane um den Rabbiner David Small (*Friday the Rabbi slept late,* 1964, dt. *Am Freitag schlief der Rabbi lang,* 1966; *Saturday the Rabbi went hungry,* 1966, dt. *Am Samstag aß der Rabbi nichts,* 1967; *Sunday the Rabbi stayed home,* 1969, dt. *Am Sonntag blieb der Rabbi weg,* 1973; *Monday the Rabbi took off,* 1972, dt. *Am Montag flog der Rabbi ab,* 1975; *Tuesday the Rabbi saw red,* 1973, dt. *Am Dienstag sah der Rabbi rot, 1975; Wednesday the Rabbi got wet,* 1976, dt. *Am Mittwoch wird der Rabbi naß,*

1977; *Thursday the Rabbi walked out,* 1978, dt. *Der Rabbi schoß am Donnerstag,* 1979; *Conversations with Rabbi Small,* 1981; *Someday the Rabbi will leave,* 1985, dt. *Eines Tages geht der Rabbi,* 1985; *One fine day the Rabbi bought a cross,* 1986, dt. *Ein Kreuz für den Rabbi,* 1988), die zugleich auch soziolog. Studien des Lebens in einer jüdisch-amerikan. Gemeinde sind.

Kennedy, John Pendleton ['kenədi], * Baltimore (Md.) 25. Okt. 1795, † Newport (R. I.) 18. Aug. 1870, Schriftsteller. – Studium am Baltimore College, kurze Tätigkeit als Rechtsanwalt, dann literar. und polit. Karriere; Förderer von E. A. Poe und Freund von William Makepeace Thackeray, dem er aus seiner eigenen Darstellung des Staates Virginia, *Swallow barn; or a sojourn in the old dominion* (2 Bde., 1832), wertvolle Hinweise für dessen Roman *The Virginians* (1857–59) lieferte. K. vermittelte ein skizzenhaftes Bild des Landlebens im aristokrat. Süden Amerikas und korrigierte in dem Roman *Horse-shoe Robinson* (3 Bde., 1835; dt. *Hufeisen-Robinson,* 5 Bde., 1853) über den amerikan. Unabhängigkeitskrieg das von J. F. Cooper geprägte einseitige Bild des amerikan. Grenzers. Seine späteren Schriften standen unter dem Eindruck seiner polit. Tätigkeit als Abgeordneter im Repräsentantenhaus (1834–44) und als Marineminister (1852).

Ausgabe: J. P. K. The collected works (1871–72). New York 1872.

Literatur: TUCKERMAN, H. T.: The life of J. P. K. Nachdr. New York 1969. – OSBORNE, W. S.: J. P. K. A study of his literary career. New York 1960. – BOHNER, C. H.: J. P. K. Gentleman from Baltimore. Baltimore (Md.) 1961. – TAYLOR, W. R.: Cavalier and yankee. New York 1963. – RIDGELY, J. V.: J. P. K. New York 1966. – DAVIS, R. B.: Literature and society in early Virginia. Baton Rouge (La.) 1973.

Kennedy, William ['kenədi], * Albany (N. Y.) 16. Jan. 1928, Schriftsteller. – Hatte nach Unterstützung von S. Bellow plötzl. Erfolg mit Romanen, die u. a. das Verbrecherunwesen in seiner Heimatstadt Albany während der 30er Jahre zum Inhalt haben. *Legs* (1975; dt. *Der Lange,* 1985), der an F. S. Fitzgeralds Roman *The great Gatsby* (1925) erinnert, *Billy Phelan's greatest game* (1978; dt. *Billy Phelans höchster Einsatz,* 1985) und *Ironweed* (1983; dt. *Wolfsmilch,* 1986; verfilmt 1987; Pulitzerpreis 1983) geben ein nahezu zusammenhängendes Panorama der Stadt, das K. in *O Albany! An urban tapestry* (1983) mit histor. Anekdoten abrundet.

Weitere Werke: The ink truck (R., 1969; dt. Druck, 1987), The Cotton Club (Drehbuch, 1984, zus. mit F. F. Coppola), Charlie Malarkey and the belley button machine (Kinderb., 1986), Quinn's book (R., 1988; dt. Quinns Buch, 1990), Very old bones (R., 1992).

Kerouac, Jack ['keruæk], * Lowell (Mass.) 12. März 1922, † Saint Petersburg (Fla.) 21. Okt. 1969, Schriftsteller. – Unterbrach sein Studium an der Columbia University, um am 2. Weltkrieg teilzunehmen; gemeinsam mit A. Ginsberg und W. Burroughs, die neben G. Synder und Neal Cassady (* 1926, † 1968) als Figuren in den oft autobiograph. Werken auftauchen, war K. einer der Hauptvertreter der ↑ Beat generation. Der bereits zw. 1949–51 entstandene Roman *On the road* (1957; dt. *Unterwegs,* 1959), in dem die aus San Francisco und New York stammenden Außenseiter der Gesellschaft ständig unterwegs zu neuen Lebenswerten sind, ist zum Manifest einer antibürgerl. Haltung der Beatniks und Hipsters in den 50er Jahren geworden. Die in Anlehnung an Improvisation und freie Assoziation des Jazz auf das spontane Erleben intensiver ekstat. Momente gerichtete Lebensweise, die sich in die Kreativität einer spontan-assoziativen Schreibweise im gruppenspezif. Sprachstil umsetzt, verbindet sich in *The Dharma bums* (1958; dt. *Gammler, Zen und hohe Berge,* 1963), mit den aus der Praxis des Zen-Buddhismus gewonnenen myst. Visionen zur Projektion eines geistig erneuerten Amerikas.

Weitere Werke: Mexico City blues (Ged., 1959), Doctor Sax (R., 1959; dt. 1987), Lonesome traveler (R., 1960; dt. 1981), Big Sur (R., 1962; dt. 1984), Desolation angels (R., 1965; dt. Engel, Kiff und neue Länder, 1967), Satori in Paris (R., 1966; dt. 1968), Vanity of Duluoz. An adventurous education 1935–1946 (autobiograph. Ber., 1968; dt. Die Verblendung des Duluoz, 1969).

Literatur: CHARTERS, A.: K. A biography. London 1973. – CHARTERS, A.: A bibliography of works by J. K. 1939–1975. Neuaufl. New York 1975. – HIPKISS, R. A.: J. K. Prophet of the new romanticism. Lawrence (Kans.) 1976. – TYTELL, J.: Naked angels. The lives and literature of the beat generation. New York u. a. 1976. – GIFFORD, B./LEE, L.: Jack's book. An oral biography of J. K. New York 1978. – MCNALLY, D.: Desolate angel. J. K., the beat generation, and America. New York 1979. – HUNT, T.: K.'s crooked road. Development of a fiction. Hamden (Conn.) 1981. – MILEWSKI, R. J.: J. K. An annotated bibliography of secondary sources, 1944–1979. Metuchen (N. J.) 1981. – NICOSIA, G.: Memory babe. A critical biography of J. K. New York 1983. – K. and friends. A ›beat generation‹ album. Hg. v. F. W. MCDARRAH. New York 1985. – FRENCH, W.: J. K. Novelist of the ›beat generation‹. Boston (Mass.) 1986. – WEINREICH, R.: The spontaneous poetics of J. K. A study of the fiction. Carbondale (Ill.) 1986. – The beat vision. Hg. v. A. KNIGHT u. K. KNIGHT. New York 1987. – K. and the beats. A primary source book. Hg. v. A. KNIGHT u. K. KNIGHT. New York 1988.

Kesey, Ken Elton ['ki:si], * La Junta (Colo.) 17. Sept. 1935, Schriftsteller. – Lebte nach dem Studium an der University of Oregon und der Stanford University (Calif.) als Bohemien; war u. a. auch Präsident einer Filmfirma und Pfleger in einer psychiatr. Klinik. Schreibt gesellschaftskrit., makabere Romane, von denen v. a. *One flew over the cuckoo's nest* (1962; dt. *Einer flog über das Kuckucksnest,* 1972), der in einer psychiatr. Anstalt spielt, bes. durch die Verfilmung bekannt wurde. Seine aufsehenerregende Omnibustour durch die USA mit gleichgesinnten Künstlern, den sog. Merry Pranksters, stellte T. Wolfe in *Electric kool-aid acid test* (R., 1968) dar.

Weitere Werke: Sometimes a great notion (R., 1964; dt. Manchmal ein großes Verlangen, 1966), Kesey's garage sale (R., 1973), The day after Superman died (R., 1980; dt. Der Tag, nachdem Supermann starb, 1988), Demon box (R., 1986; dt. Die Dämonenkiste. Neue Gesch. aus Amerika, 1989), The little trickler. The squirrel (R., 1988), The further inquiry (Prosa, 1990).

Literatur: ›One flew over the cuckoo's nest‹. Text and criticism. Hg. v. J. C. PRATT. New York 1973. Nachdr. Harmondsworth 1978. – CARNES, B.: K. K. Boise (Id.) 1974. – LEEDS, B. H.: K. K. New York 1981. – TANNER, S. L.: K. K. Boston (Mass.) 1983. – SAGER, E. B.: The contemporary American comic epic. The novels of Barth, Pynchon, Gaddis, and K. Detroit (Mich.) 1988.

Key, Francis Scott [ki:], * Frederick County (heute Carroll County, Md.) 1. Aug. 1779, † Baltimore (Md.) 11. Jan. 1843, Dichter. – Verfasser des 1931 zur Nationalhymne der USA erklärten Gedichts *The star-spangled banner* (1814), das er während des brit. Angriffs auf Baltimore schrieb.

Weitere Werke: Poems (hg. 1857), The power of literature and its connection with religion (Schr., 1834).

Literatur: BATES, H. D.: F. S. K. New York u. a. 1936.

King, Stephen [kɪŋ], * Portland (Maine) 27. Sept. 1947, Schriftsteller. – Verfasser zahlreicher, spannender Unterhaltungsromane, in denen der plötzl. Einbruch des Phantastischen in die amerikan. Alltagswelt Figuren wie Leser durch dämon. Geister, blutsaugende Vampire und grauenhafte Monster in Angst und Schrecken versetzt. Die meist auch verfilmten, u. a. von E. A. Poe und N. Hawthorne beeinflußten, Märchenmotive verarbeitenden Bestseller schildern die destruktive Macht einer von ihrer bigotten Umgebung ausgeschlossenen, besessenen Gymnasiastin (*Carrie,* 1974; dt. 1977), das Wirken Draculas in einer Kleinstadt in Maine (*Salem's lot,* 1975; dt. *Brennen muß Salem,* 1979), die unglaubl. Verwandlung der Bewohner eines unheiml. Hauses (*The shining,* 1977; dt. *Shining,* 1982), das makabere Treiben von Untoten (*Pet sematary,* 1983; dt. *Friedhof der Kuscheltiere,* 1985), die bestial. Brutalität eines weibl. Satans (*Misery,* 1987; dt. *Sie,* 1987), die autobiographisch metafiktionale Heimsuchung des Erfolgsautors durch sein diabol. Pseudonym (*The dark half,* 1989; dt. *Stark. The dark half,* 1989). Schreibt auch Kurzgeschichten (*Nightshift,* 1978, dt. *Nachtschicht,* 1987; *Four past midnight,*

1990), Drehbücher und Prosa (*Danse macabre,* 1981; dt. 1988). 1985 bekannte sich K. zu den unter dem Pseudonym Richard Bachman veröffentlichten Romanen (*Rage,* 1977, dt. *Amok,* 1988; *The long walk,* 1979, dt. *Todesmarsch,* 1987; *Roadwork,* 1981, dt. *Sprengstoff,* 1986; *Running man,* 1982, dt. *Menschenjagd,* 1986; *Thinner,* 1984, dt. *Der Fluch,* 1986).

Weitere Werke: The stand (1978; dt. Das letzte Gefecht, 1986), The dead zone (1979; dt. Das Attentat, 1980), Firestarter (1980; dt. Feuerkind, 1982), Cujo (1981; dt. 1983), Different seasons (Nov.n, 1982; dt. Frühling, Sommer, Herbst und Tod, 1984), IT (1986; dt. ES, 1986), The eyes of the dragon (1987; dt. Die Augen des Drachen, 1987), The tommyknockers (1987; dt. Das Monstrum, 1988), Needful things. The last castle rock story (R., 1991; dt. In einer kleinen Stadt – Needful Things, 1991).

Ausgabe: The Bachman books. New York 1985.

Literatur: Kingdom of fear. The world of S. K. Hg. v. T. UNDERWOOD u. C. MILLER. New York 1986. – MAGISTRALE, T.: Landscape of fear. S. K.'s American gothic. Bowling Green (Ohio) 1988. – REINO, J.: S. K. The first decade, ›Carrie‹ to ›Pet sematary‹. Boston (Mass.) 1988. – Bare bones. Conversations on terror with S. K. Hg. v. T. UNDERWOOD u. C. MILLER. New York 1988. – WINTER, D. E.: The art of darkness. The life and fiction of the master of the macabre. S. K. Nachdr. London. 1989. – Das S.-K.-Buch. Hg. v. J. KÖRBER. Mchn. 1989.

Kingsley, Sidney ['kɪŋzli], * New York 22. Okt. 1906, Dramatiker. – Erhielt für sein erstes Stück, *Men in white* (1933; dt. *Menschen in Weiß,* 1934), das den Arztberuf und seine Probleme zeigt, 1934 den Pulitzerpreis; noch erfolgreicher war sein auch verfilmtes Stück *Dead end* (1935) über die Slums in New York.

Weitere Werke: The patriots (Dr., 1942, zus. mit seiner Frau Madge Evans [* 1909, † 1981]; dt. Die Patrioten, 1946), Detective story (Dr., 1949), Darkness at noon (Dr., 1951), Lunatics and lovers (Dr., 1954), Night life (Dr., 1962).

Literatur: MANTLE, B.: Contemporary American playwrights. New York 1938.

Kingston, Maxine Hong ['kɪŋstən], * Stockton (Calif.) 27. Okt. 1940, Schriftstellerin chines. Herkunft. – Studium an der University of California in Berkeley, an der sie seit 1989 Literatur unterrichtet. In ihrem Werk thematisiert sie Probleme der Akkulturation, die sich aus der bikulturellen Existenz der zweiten Generation chines. Einwanderer ergeben. Dabei konzentriert sie sich in dem autobiographisch-fiktionalen Text *The woman warrior. Memoirs of a girlhood among ghosts* (1976; dt. *Die Schwertkämpferin,* 1982) auf die Darstellung der eigenen Kindheit, die sie eng mit den Mythen der eigenen chines. Vergangenheit, den Erzählungen (›talk stories‹) der Mutter und tatsächl. Begebenheiten verknüpft. Dem Ziel einer ethn. Gemeinschaft ist der komplementäre Text *China men* (R., 1980; dt. *Die Söhne des Himmels,* 1984) gewidmet, der die Anpassungsschwierigkeiten der Väter und Großväter an die amerikan. Kultur aus der weibl. Perspektive darstellt und die in der chines. Gesellschaft praktizierte Diskriminierung der Frauen kritisiert. Diesen ›plurilingualen‹ oder avantgardist. Autobiographien stellt sie mit *Tripmaster monkey. His fake book* (1989) einen Roman gegenüber, dessen graduierter Protagonist im San Francisco der 50er Jahre das Zusammenspiel von Mythos und Realität sowie von chines. und amerikan. Kultur in z. T. kom. Situationen erfährt.

Weiteres Werk: Hawai'i one summer (Prosa, 1987).

Literatur: KIM, E. H.: Asian American literature. An introduction to the writings and their social context. Philadelphia (Pa.) 1982. – Amerikan. Ghettoliteratur. Zur Lit. ethn., marginaler und unterdrückter Gruppen in Amerika. Hg. v. B. OSTENDORF. Darmst. 1983. – Contemporary American women writers. Hg. v. C. RAINWATER u. W. J. SCHEICK. Lexington (Ky.) 1985. – MAYER, S.: Die Sehnsucht nach den anderen. Eine Studie zum Verhältnis von Subjekt u. Gesellschaft in den Autobiogr.n von Lillian Hellman, Maya Angelou u. M. H. K. Ffm. 1986. – MEISSENBURG, K.: The writing on the wall. Socio-historical aspects of Chinese American literature, 1900–1980. Ffm. 1987. – SMITH, S.: A poetics of women's autobiography. Marginality and the fictions of self-representation. Bloomington (Ind.) 1987. – EAKIN, P. J.: Fictions in autobiography. Studies in the art of self-invention. Princeton (N. J.) ²1988. – Autobiographie u. avant-garde. Hg. v. A. HORNUNG u. E. RUHE. Tüb. 1992.

Knowles, John Sheridan [noʊlz], * Fairmont (W.Va.) 16. Sept. 1926, Schriftsteller. – Teilnahme am 2. Weltkrieg; Studium in Yale, dort Bekanntschaft mit T. Wilder; schreibt autobiographisch beeinflußte Romane und Erzählungen, u. a. über die Erlebnisse eines Schülers im Internat in Neuengland (*A separate peace,* 1959, dt. *In diesem Land,* 1963; Fortsetzung *Peace breaks out,* 1981) und über Militärzeit und Studentenleben (*Indian summer,* 1966; *The paragon,* 1971; *A stolen past,* 1983; *The private life of Axie Reed,* 1986); auch Kurzgeschichten (*Phineas,* 1968) und Reiseberichte.

Weitere Werke: Morning in Antibes (R., 1962), Double vision. American thoughts abroad (Reiseber., 1964), Spreading fires (R., 1974), A vein of riches (R., 1978).

Koch, Kenneth [koʊk], * Cincinnati (Ohio) 27. Febr. 1925, Schriftsteller. – Gehörte mit J. Ashbery und F. O'Hara zu der New York School of Poets, die in den 50er Jahren eine dem abstrakten Expressionismus der Malerei und den Praktiken der ↑Beat generation analoge Dichtung schuf. Spätere Gedichte sind weniger experimentell und besitzen eine metaphys. Dimension; schrieb auch zahlreiche Dramen für ↑Off-Broadway-Bühnen, einen Roman, Kurzgeschichten und Literaturkritiken.

Werke: Poems (1953), Ko; or a season on earth (Ged., 1960), Permanently (Ged., 1960), Thank you and other poems (1962; dt. Vielen Dank. Gedichte und Spiele, 1976), The pleasures of peace and other poems (1969), Sleeping with women (Ged., 1969), Wishes, lies, and dreams. Teaching children to write poetry (1970), The art of love (Ged., 1975, dramat. UA 1976), The red robins (R., 1975, dramat. UA 1978), The duplications (Ged., 1977), The burning mystery of Anna in 1951 (Ged. u. Prosa, 1979), Days and nights (Ged. u. Prosa, 1982), Selected poems, 1950–1982 (1985), On the edge (Ged., 1986), One thousand avant-garde plays (1988).

Kopit, Arthur L[ee] ['kɑːpɪt], * New York 10. Mai 1937, Dramatiker. – Studium an der Harvard University; greift v. a. Themen des amerikan. Alltagslebens auf, die er parodistisch und grotesk nach Art des absurden Theaters transformiert, wobei eine sozialkrit. Intention spürbar ist. In *Oh dad, poor dad, mama's hung you in the closet and I'm feelin' so sad* (UA 1960; dt. *Oh Vater, armer Vater, Mutter hängt dich in den Schrank, und ich bin ganz krank,* 1965) behandelt er die durch den Ödipuskomplex hervorgerufenen Komplikationen; in *Asylum; or, What the gentlemen are up to, and as for the ladies* (UA 1963; 1971 u. d. T. *Chamber music;* dt. *Kammermusik,* 1966) verwendet er musikal. Strukturierungsmittel zur Darstellung des Wahnsinns in einer Anstalt; *The day the whores came out to play tennis* (1965; dt. *Als die Huren auszogen, Tennis zu spielen,* 1966) parodiert den sozialen Aufstieg im Klubleben Neureicher. Sein bestes Stück, *Indians* (1969; dt. *Indianer,* 1970), enthüllt die mit der Geschichte des amerikan. Westens verbundenen Mythen, wie etwa die Rolle Buffalo Bills. Allen Dramen gemeinsam ist die psychoanalyt. Erkenntnis des notwendigen Scheiterns einer mythisch konzipierten Identität; auch Fernsehspiele.

Weitere Werke: The questioning of Nick (UA 1957), The conquest of Everest (UA 1964; dt. Die Eroberung des Mount Everest, 1975), Sing to me through open windows (Dr., 1965; dt. Sing zu mir durch offene Fenster, 1965), Louisiana Territory; or, Lewis and Clark – lost and found (Dr., UA 1975), Secrets of the rich (Dr., 1978), Wings (Dr., 1978), Good help is hard to find (Dr., 1982), Nine. The musical book by A. K. (1983), End of the world (Dr., 1984).

Ausgaben: The day the whores came out to play tennis and other plays. New York 1965. – An incident in the park, in Pardon me, Sir, but is my eye hurting your elbow? Hg. v. B. BOOKER u. G. FOSTER. New York 1967.

Literatur: A dialogue between A. K. and John Lahr. In ›Indians‹. Hg. v. A. LAHR. New York u. a. 1971. – AUERBACH, D.: Sam Shepard, A. K. and the Off-Broadway theater. Boston (Mass.) 1982.

Kosinski, Jerzy Nikodem [kəˈzɪnski], Pseudonym Joseph Novak, * Łódź 14. Juni 1933, † New York 3. Mai 1991 (Freitod), Schriftsteller poln. Herkunft. – Studium an der Universität Łódź, emigrierte 1957 in die USA, weitere Studien an der Columbia University (1958–64), 1965 naturalisiert; 1970–73 Prof. für Englisch an der Yale University, Präsident des amerikan. PEN-Clubs (1973–75). Seine in diszipliniert-unterkühlter Sprache geschriebenen, autobiographisch bestimmten Romane behandeln in grotesk-absurder Gestaltung die im Krieg verübten Grausamkeiten (*The painted bird,* 1965; dt. *Der bemalte Vogel,* 1965), die kom. Ereignisse im Leben eines amerikan. Durchschnittsmenschen (*Being there,* 1971; dt. *Chance,* 1972, Drehbuch für den Film *Welcome Mr. Chance,* 1979; dt. *Willkommen, Mr. Chance*), die Suche eines reichen jungen Mannes nach Identität (*The devil tree,* 1973; dt. *Der Teufelsbaum,* 1973), Rache und Sexualität (*Cockpit,* 1975; dt. 1978), Spielleidenschaft und Schriftstellertätigkeit (*Passion play,* 1979; dt. 1982) sowie die Enthüllung der wahren Identität eines Rockstars (*Pinball,* 1982; dt. *Flipper,* 1982).

Weitere Werke: The future is ours, comrade (1960; dt. Uns gehört die Zukunft, Genossen, 1961), No third path. Studies in collective behavior (Ber., 1962; dt. Homo Sowjeticus, 1962), Steps (R., 1968; dt. Aus den Feuern, 1970), Blind date (R., 1977; dt. 1980), The hermit of 69th Street. Working papers of Narbert Kosky (R., 1987).

Literatur: WALSH, T. P./NORTHOUSE, C.: John Barth, J. K. and Thomas Pynchon. A reference guide. Boston (Mass.) 1978. – TIEFENTHALER, S. L.: J. K. Eine Einf. in sein Werk. Bonn 1980. – BYRON, L. S.: J. K. Literary alarmclock. Chicago (Ill.) 1982. – LAVERS, N.: J. K. Boston (Mass.) 1982. – LILLY, P. R.: Words in search of victims. The achievement of J. K. Kent (Ohio) 1988. – LUPACK, B. T.: Plays of passion, games of chance. J. K. and his fiction. Bristol (Ind.) 1988.

Kreymborg, Alfred ['kreɪmbɔ:rg], * New York 10. Dez. 1883, † ebd. 14. Aug. 1966, Schriftsteller. – Begann mit lyr. Versuchen, in denen er größtmögl. Einfachheit der Aussage zu erreichen bestrebt war; Einfluß der Imagisten; später Abkehr von Experimenten. Schrieb Dramen, häufig Einakter, mit stark lyr. Prägung; Vorliebe für Groteskes und Komisches, oft marionettenhafte Stilisierung der Charaktere. Sein bedeutendstes Werk ist seine Autobiographie *Troubadour* (1925).

Weitere Werke: Mushrooms (Ged., 1916), Plays for poem-mimes (1918), Puppet plays (1923), Less lonely (Ged., 1923), Our singing strength (Schr., 1929), Selected poems, 1912–1944 (1945), No more war (Ged., 1950).

Literatur: LOEB, H.: The way it was. New York 1959.

Kriegsroman, eine der Geschichtsschreibung verwandte, meist thematisch auf einen bestimmten Krieg bezogene Untergattung des Romans, in dem histor. Abläufe oder Einzelepisoden aus den Auseinandersetzungen mit den Indianern in der Kolonialzeit, den Kämpfen mit den Engländern in der Revolutionszeit sowie der frühen Republik (1775–83; 1812–15), dem Mexikan. Krieg (1846–48), dem Bürgerkrieg (1861–65), dem Spanisch-Amerikan. Krieg (1898), den beiden Weltkriegen, dem Korea- und Vietnamkrieg im fiktionalen Kontext dargestellt werden. – Als Vorstufen des K.s gelten die auf der Struktur der puritan. Predigt aufbauenden Darstellungen Increase Mathers (* 1639, † 1723) über die als ›King Philip's War‹ bezeichneten Kämpfe mit Indianern (1675–78; *A brief history of the war with the Indians,* 1676; *A relation of the troubles which have hapned in New-England by reason of the Indians there,* 1677) sowie die ebenfalls religiös motivierten ›captivity narratives‹ der von Indianern verschleppten Siedler (z. B. Mary Rowlandson [* um 1635, † um 1678], *The soveraignty & goodness of God ...,* hg. 1682). Die als Strafe Gottes verstandenen Indianerkriege erfahren, beeinflußt von der europ. Aufwertung des Indianers als ›noble savage‹ im 18. Jh. und von Sir Walter Scotts histor. Romanzen, eine romantisierende Transformation in J. F. Coopers *Leather-stocking tales* (1823–41), in denen ›gute‹ Indianer zus. mit Weißen gegen ›böse‹ Indianer kämpfen. Diese auf stereotyper Konfrontation beruhende Erzählsituation, in der sich der Frontier-Held (wie der mythisierte D. Crockett oder Coopers fiktionaler Natty Bumppo) an der Grenze zw. Zivilisation und Wildnis behauptet, bildet - häufig zus. mit einer in das Geschehen verflochtenen Liebesgeschichte - das Strukturmodell für romanzenhafte Darstellungen von Auseinandersetzungen mit Indianern (J. F. Cooper, *Leather-stocking;* W. G. Simms, *The Yemassee,* 1835), den Kämpfen mit den engl. Truppen im Revolutionskrieg (J. F. Cooper, *The spy,* 1821; W. G. Simms, *The Partisan,* 1835; J. P. Kennedy, *Horse-shoe Robinson,* 1835), mit Mexiko (George Lippard [* 1822, † 1854], *Legends of Mexico,* 1847), mit Spanien (J. Hergesheimer, *The bright shawl,* 1922) sowie bes. den Schlachten zw. Nord- und Südstaaten im Bürgerkrieg (W. J. De Forest, *Miss Ravenel's conversion from secession to loyalty,* 1867; G. W. Cable, *Dr. Sevier,* 1884; W. Churchill, *The crisis,* 1901; U. Sinclair, *Manassas,* 1923; M. Mitchell, *Gone with the wind,* 1936; J. Jakes, *North and South,* 1982, *Love and war,* 1984, *Heaven and hell,* 1987). Die gleichbleibende Popularität dieses Modells erweist sich auch bei der stereotypen Darstellung der Kriege des 20. Jh. Die ursprünglich religiös motivierten rass. Auseinandersetzungen wandeln sich zu moral. und ideolog. Kämpfen, in denen sich herausragende Individuen als Helden im Kampf bewähren. Neuere Formen dieses unkrit. K.s verlagern die Handlung auf das Kriegsgeschehen und geraten zu bloßen, oft mit perverser Sexualität verknüpften Gewaltdarstellungen.

Mit S. Cranes der Schlacht von Chancellorsville nachempfundenen Darstellung des Bürgerkriegs (*The red badge of courage,* 1895) entsteht ein neuer, naturalist. Typus des K.s, in dem die Vorstellungen vom Heldentum ironisiert und angesichts eines blind waltenden Schicksals dekonstruiert werden. Die in Cranes impressionist. Darstellung angelegte Palette menschl. Verhaltens im Krieg, die die Brutalität des Draufgängers ebenso wie den Pazifismus des Antihelden umfaßt, sowie das unkontrollierbare Walten einer Kriegsmaschinerie werden für die Entwicklung des Antikriegsromans bestimmend. Die idealist. Motivation für die Verteidigung des europ. Kulturerbes gegen die barbar. Deutschen im 1. Weltkrieg, für die sich die Helden in E. Whartons *A son at the front* (1923) und W. Cathers *One of ours* (1922) opfern, wird durch persönl. Kriegserlebnisse amerikan. Schriftsteller als Illusion entlarvt. Die Darstellung sinnloser Massenvernichtung verbindet sich bei J. Dos Passos mit der Kritik an dem kapitalist. Gesellschaftssystem (*One man's initiation - 1917,* 1920; *Three soldiers,* 1921), bei E. E. Cummings mit dem persönl. Erleiden grausamer Folter (*The enormous room,* 1922), bei E. Hemingway mit dem Rückzug in die ebenfalls gescheiterte Privatsphäre (*A farewell to arms,* 1929), bei W. Faulkner mit der ernüchternden Heimkehr des verwundeten Kriegsveteranen (*Soldiers' pay,* 1926). Die in diesen modernist. K.en zuerst angewandten Erzähltechniken der Montage, des Bewußtseinsstroms und der Multiperspektive gehen teilweise in die von ideolog. und rass. Komponenten bestimmten naturalist. und bisweilen romanzenhaften Schilderungen aus dem Span. Bürgerkrieg (E. Hemingway, *For whom the bell tolls,* 1940), dem 2. Weltkrieg (Harry Brown [* 1917, † 1986], *A walk in the sun,* 1944; N. Mailer, *The naked and the dead,* 1948; I. Shaw, *The young lions,* 1948; G. Cozzens, *Guard of honor,* 1948; H. Wouk, *The Caine mutiny,* 1951, *The winds of war,* 1971, *War and remembrance,* 1980; J. Hersey, *The war lover,* 1959), dem Koreakrieg (J. Michener, *The bridges at Toko-Ri,* 1953; Richard Hooker [eigtl. R. Hornberger, * 1924], *M.A.S.H.,* 1968) und dem Vietnamkrieg (Robin Moore [* 1925], *The green berets,* 1964; Richard Newhafer [* 1922], *No more bugles in the sky,* 1966; John Briley [* 1925], *The traitors,* 1969; John DelVecchio [* 1947], *The 13th valley,* 1982) ein.

Unter dem Einfluß postmoderner Erzähltechniken, die durch die Aufhebung der Grenze zw. Geschichte und Fiktion konventionelle Vorstellungen von Charakteren, Handlung und chronolog. Zeitstruktur durchbrechen, hat sich eine Form des K.s entwickelt, in der Autoren, ausgehend von ihren persönl. Erlebnissen, Krieg unspezifisch als Metapher für unkontrollierbare, chaot. Verhältnisse und sinnlose Gewalt und damit als Spiegelbild der Gegenwartsgesellschaft begreifen. So verbindet J. Hawkes die Ereignisse der beiden Weltkriege mit dem Geisteszustand der Patienten einer psychiatr. Klinik zu einem im Unbewußten angesiedelten Kreislauf von Gewalt und Chaos (*The cannibal,* 1949); J. Heller stellt die Absurdität der Kriegsmaschinerie und ihrer destruktiven Folgen in satir. Situationen als Mikrokosmos der Gesellschaft dar (*Catch-22,* 1961); K. Vonnegut nutzt utop. Visionen zur Darstellung und Verarbeitung der persönl. erlebten Bombardierung Dresdens (*Slaughterhouse-Five,* 1969); T. Pynchon vermischt histor. Fakten und technolog. Wissen des 2. Weltkriegs mit phantast. Film- und Erzählfragmenten zu einem undurchschaubaren todbringenden Komplott (*Gravity's rainbow,* 1972). Das von N. Mailer in den psych. und myth. Dimensionen des amerikan. Bewußtseins ergründete Engagement in Vietnam (*Why are we in Vietnam?,* 1967) führt zu zahlreichen aus einer Mischung von Reportage, Autobiographie und Fiktion bestehenden innovativen K.en von Vietnam-Soldaten, wie Ron Kovics (* 1946) *Born on the fourth of July* (1976), Philip Caputos (* 1941) *A rumor of war* (1977), Michael Herrs (* 1940) *Dispatches* (1977) und Tim O'Briens (* 1946) *Going after Cacciato* (1978, National Book Award 1979) und *The things they carried* (1990).

Literatur: WINTER, K. S.: The realistic war novel. Seattle (Wash.) 1930. – COOPERMAN, S.: World War I and the American novel. Baltimore (Md.) 1967. – ROCHESTER, S. I.: American war narratives, 1917–18. A study and bibliography. New York 1969. – BLAKEY, G. T.: Historians on the home front. American propagandists for the great war. Lexington (Ky.) 1970. – WALDMEIR, J.: American novels of the Second World War. Den Haag 1971. – RAEITHEL, G. u. a.: Vietnamkrieg u. Lit. Mchn. 1972. – AARON, D.: The unwritten war. American writers and the Civil War. New York 1973. – LIFTON, R. J.: Home from the war. Vietnam veterans. Neither victims nor executioners. New York 1973. – SLOTKIN, R.: Regeneration through violence. The mythology of the American frontier, 1600–1860. Middletown (Conn.) 1973. – JONES, P. G.: War and the novelist. Appraising the American war novel. Columbia (Mo.) u. a. 1976. – WILSON, E.: Patriotic gore. Studies in the literature of the American Civil War. New York [2]1977. – KENNEDY, D.: Over here. New York 1980. – Kriegserlebnis. Der Erste Weltkrieg in der literar. Gestaltung u. symbol. Deutung der Nationen. Hg. v. K. VONDUNG. Gött. 1980. – BEIDLER, P. D.: American literature and the experience of Vietnam. Athens (Ga.) 1982. – NEWMAN, J.: Vietnam war literature. An annotated bibliography. Metuchen (N. J.) u. a. 1982. – WALSH, J.: American war literature 1914 to Vietnam. London 1982. – WILSON, J. C.: Vietnam in prose and film. Jefferson (N. C.) u. a. 1982. – Ansichten vom Krieg. Vergleichende Studien zum Ersten Weltkrieg in Lit. u. Gesellschaft. Hg. v. B. HÜPPAUF. Königstein 1984. – HELLMANN, J.: American myth and the legacy of Vietnam. New York 1986. – HÖLBLING, W.: Fiktionen vom Krieg im neueren amerikan. Roman. Tüb. 1987. – AXELSSON, A.: Restrained response. American novels of the cold war and Korea, 1945–1962. London 1989. – JEFFORDS, S.: The remasculinization of America. Gender and the Vietnam war. Bloomington (Ind.) 1989. – POTTS, S. W.: Catch 22. Antiheroic antinovel. Boston (Mass.) 1989. – JASON, P. K.: Fourteen landing zones. Approaches to Vietnam war literature. Iowa City (Iowa) 1991.

Kriminalliteratur, meist der Unterhaltungslit. zugerechnete Untergattung der Prosa, v.a. inhaltlich definiert durch eine Handlung, in der es um die Ausübung und anschließende Aufklärung eines Verbrechens geht. Wegen starker terminolog. Unschärfen und Überschneidungen lassen sich die Werke der amerikan. K. nur schwer klassifizieren. Je nachdem, ob die Hauptbetonung auf der für den Leser bestehenden Rätselhaftigkeit des Kriminalfalls (oder sonstigen mysteriösen Ereignisses), der rationalen oder aktionsbetonten Aufklärungsarbeit durch den Detektiv, der erzähltechnisch erzeugten Spannung oder dem Verbrechen selbst liegt, spricht man von ›mystery story‹, ›detective story‹, ›thriller‹ oder ›crime fiction‹. – Obwohl aufgrund einzelner typ. Strukturelemente der Ursprung der Detektivgeschichte (im amerikan. Sprachgebrauch zuweilen einfach als ›mystery‹ bezeichnet) oft bis in die Antike verlegt wurde (so z. B. von D. L. Sayers), datiert ihn die neuere Forschung gewöhnlich mit E. A. Poes Erzählung *The* *murders in the Rue Morgue* (1841), wie auch die weitere Entwicklung des Genres maßgeblich von amerikan. Autoren beeinflußt wurde. Poes Amateurdetektiv Auguste Dupin, in seiner Unabhängigkeit und freiwilligen sozialen Isolation, aber auch in seiner Verfügung über dichter. Imagination eine romant. Existenz, verweist in der Ausnutzung seiner rationalen Überlegenheit auf die vom Bürgertum übernommenen Ideen der Aufklärung und zugleich auf die rasche Entwicklung der Naturwissenschaften im 19. Jh. Seine Demonstration der Erklärbarkeit des scheinbar Unerklärlichen steht zwar literarisch in einer der Traditionen der ›gothic novel‹, dient aber in ihrer Funktion der objektivierten Unterscheidung zw. Schuld und Unschuld soziokulturell nun der Bestätigung eines im bürgerl. Rechtsstaat neu definierten Gerechtigkeitsempfindens der Leserschaft. Poes Detektiv diente als Vorlage für Arthur Conan Doyles Detektiv Sherlock Holmes (zuerst in *A study in scarlet,* 1887) auch in der Verwendung eines vermittelnden Erzählers – Doyles Watson ist bereits bei Poe vorgebildet. Anna Katherine Green ([* 1846, † 1935], *The Leavenworth case,* 1878; dt. *Der Mordfall Leavenworth,* 1944) und Mary Roberts Rinehart ([* 1876, † 1958], *The circular staircase,* 1906; dt. *Die Wendeltreppe,* 1958) entwickelten das Genre weiter; popularisiert wurde es durch die in den 1860er Jahren einsetzende billige Massenliteratur (sog. ›dime novels‹, später auch auf minderwertigem Papier gedruckte ›pulp magazines‹), in der serienweise Hunderte der Fälle von Detektiven wie ›Old Sleuth‹ (bei H. P. Halsey) oder Nick Carter (bei J. R. Coryell) erschienen. Die allmähl. Verfestigung des Genres ließ schließlich nur noch geringfügige Variationen zu – in der Erfindung noch raffinierter ausgeklügelter Verbrechen, der Verwendung neuester Aufklärungstechniken oder der Mythisierung des Detektivs, z. B. als urbanisierten Western-Helden oder nahezu allmächtigen Wissenschaftler. Die bis in die zwanziger Jahre dieses Jahrhunderts bestehende strukturelle Formelhaftigkeit des Plots schlug sich in regelrechten Gebots- und Verbotskatalogen (z. B. von S. S. Van Dine, Pseudonym für W. H. Wright [* 1888, † 1939]) nieder, welche Personeninventar, Handlungselemente und Erzähltechnik so normierten, daß das ›fair play‹ zw. Autor und Leser gewährleistet war.

Parallel zu den Innovationsbemühungen engl. Autoren (wie D. L. Sayers) suchten in den 20er und 30er Jahren die Vertreter der amerikan. ›hard-boiled school‹ neue Realitätsbezüge und damit die Überwindung der abstrakten Rätselformel und des stat. Gesellschaftsbildes. Das 1919 von H. L. Mencken und G. J. Nathan gegründete Magazin *Black Mask* druckte die in realist. Manier und mit unterkühlter Rhetorik geschriebenen Romane von Carroll John Daly (* 1889, † 1958), D. Hammett und R. Chandler, in denen hartgesottene Einzelgänger gegenüber der Gewalt der Verbrecherwelt und der Korruption der bürgerl. Gesellschaft teilweise mit gleichen Waffen ihre Ideale durchsetzen – wodurch Chandlers Detektiv Philip Marlowe metaphorisch zum gralsuchenden Ritter wird. In den 40er und 50er Jahren setzte sich die Tradition der ›hard-boiled school‹ z. T. mit brutal vorgehenden Detektiven (wie M. Spillanes Mike Hammer) fort, z. T. wurde sie modifiziert: durch die Einbeziehung des Gerichtswesens (in den Perry-Mason-Romanen E. S. Gardners) oder durch die Stilisierung des Detektivs zu einem sensiblen Antihelden (wie im Falle von R. Macdonalds Lew Archer). Obwohl auch in den 70er und 80er Jahren der große Detektiv als Zentralfigur weiterlebt (z. B. in H. Kemelmans Rabbi David Small), findet sich seit den 50er Jahren verstärkt eine Konzentration auf die psychopatholog. (bei P. Highsmith, Elmore Leonard [* 1925] und James Ellroy [* 1948]), sozialen (bei C. Himes) oder polit. (bei Ross Thomas [* 1926]) Bedingungen für das Verbrechen, die zur ›crime fiction‹ hinführt. Damit rücken die Romane in die Nähe faktograph. Literaturwerke über histor. Kriminalfälle (T. Capote, *In cold blood,* 1966) oder Verbrecher (N. Mailer, *The executioner's song,* 1977). In den 70er und 80er Jahren verstärkte sich die für das Genre schon immer wichtige Rolle des Schauplatzes, so daß es zu regelrechten kriminolog. Porträts von Städten wie Boston (bei Robert E. Parker [* 1932]), New York (bei P. Auster) oder Detroit (bei Loren D. Estleman [* 1952]) kommt. Im Kontext des erwachenden Selbstbewußtseins ethn. Minderheiten und des Feminismus entwickelt sich auch der indianisch-amerikan. Kriminalroman (z.B. bei Tony Hillerman [* 1925]) bzw. der von Frauen geschriebene Kriminalroman mit einer Frau als Detektiv (z.B. bei C. Heilbrun, Marcia Muller [* 1944], Sara Paretsky [* 1947] und Sue Grafton [* 1940]).

Literatur: DURHAM, P.: Down these mean streets a man must go. Raymond Chandler's knight. Chapel Hill (N.C) 1963. – HAYCRAFT, H.: Murder for pleasure. The life and times of the detective story. New York ²1968. – MURCH, A. E.: The development of the detective novel. London 1968. – NEVINS, F. M., JR.: The mystery writer's art. Bowling Green (Ohio) 1970. – Der Kriminalroman. Zur Theorie u. Gesch. einer Gattung. Hg. v. J. VOGT. Mchn. 1971. 2 Bde. – Der wohltemperierte Mord. Zur Theorie u. Gesch. des Detektivromans. Hg. v. V. ŽMEGAČ. Ffm. 1971. – RABKIN, E. S.: Narrative suspense. ›When Slim turned sideways...‹. Ann Arbor (Mich.) 1973. – SYMONS, J.: Bloody murder. From the detective story to the crime novel. A history. Harmondsworth ²1974. – Triviallit. Hg. v. H.-J. DILLER. Trier 1977. – BRAUN, H.-M.: Prototypen der amerikan. Kriminalerzählung. Die Romane und Kurzgeschichten Carroll John Dalys u. Dashiell Hammetts. Ffm. 1977. – Der Detektiverzählung auf der Spur. Essays zur Form u. Wertung der engl. Detektivlit. Hg. v. P. G. BUCHLOH u. J. P. BECKER. Darmst. 1977. – NUSSER, P.: Der Kriminalroman. Stg. 1980. – Crime and detection in fact and fiction. Hg. v. B. SCHIK u. G. SCHRÖDER. Paderborn 1980–1982. 2 Bde. – HIGHSMITH, P.: Plotting and writing suspense fiction. Boston (Mass.) ²1981. – SUERBAUM, U.: Krimi. Eine Analyse der Gattung. Stg. 1984. – BAKER, R. A./NIETZEL, M. T.: Private eyes. One hundred and one knights. A survey of American detective fiction 1922–1984. Bowling Green (Ohio) 1985. – HAMILTON, C. S.: Western and hard-boiled detective fiction in America. From high noon to midnight. London 1987. – KEATING, H. R. F.: Crime and mystery. The 100 best books. New York 1987. – RUBE-VESTWEBER, C.: Religiöse Elemente des Detektivromans. Marburg 1988. – Der Detektivroman. Studien zur Gesch. u. Form der engl. u. amerikan. Detektivlit. Hg. v. P. G. BUCHLOH u. J. P. BECKER. Darmst. ³1989. – BARZUN, J./TAYLOR, W. H.: A Catalogue of Crime. New York ²1989. – BINYON, T. J.: ›Murder will out‹. The detective in fiction. Oxford 1990. – Twentieth-century suspense. The thriller comes of age. Hg. v. C. BLOOM. London 1990. – HILFER, T.: The crime novel. A deviant genre. Austin (Tex.) 1990. – LEONHARDT, U.: Mord ist ihr Beruf. Eine Geschichte des Kriminalromans. Mchn. 1990. – PRIESTMAN, M.: Detective fiction and literature. The figure on the carpet. London 1990.

Kunitz, Stanley [Jasspon] ['ku:nɪts], * Worcester (Mass.) 29. Juli 1905, Lyriker. – Studium in Harvard, Kriegsteilnahme, Lehrtätigkeit an verschiedenen Universitäten; Hg. der *Yale Series of Younger Poets* (1969–77) sowie von zahlreichen biograph. Lexika. Unter dem Einfluß der Metaphysical poets des 17. Jh. und ihrer poet. Rezeption durch T. S. Eliot und J. C. Ransom thematisiert K.' frühe Dichtung den Konflikt zwischen Intellekt und Gefühl (*Intellectual things,* 1930; *Passport to the war,* 1944), spätere Gedichte befassen sich in häufig wandelndem Stil mit Liebe und einer trag. Vision des Lebens (*The testing-tree,* 1971); schreibt auch literarkrit. Essays (*A kind of order, a kind of folly. Essays and conversations,* 1975); erhielt für *Selected poems* (1958) 1959 den Pulitzerpreis.

Weitere Werke: The terrible threshold. Selected poems, 1940–1970 (1974), The wellfleet whale and companion poems (1983), Next-to-last things (Ged. u. Essays, 1985).

Ausgabe: The poems of S. K., 1928–1978. Boston (Mass.) 1979.

Literatur: HÉNAULT, M.: S. K. Boston (Mass.) 1980. – Sonderheft der Zs. ›Antaeus‹, Jg. 37 (1980). – ORR, G.: S. K. An introduction to the poetry. New York 1985.

L

Ladies' Home Journal [ˌleɪdiz 'hoʊm ˌdʒɜːrnl], eine der ältesten Monatszss. der USA, wurde 1883 begründet von Louisa Curtis und erreichte durch innovative Werbemethoden in kurzer Zeit hohe Auflagen. Ab 1889 wurde die Zs. unter der Herausgeberschaft von Edward W. Bok (* 1863, † 1930) nicht nur populäres Magazin mit frauenspezif. Artikeln und politisch einflußreiches Publikationsorgan für Theodore Roosevelt (* 1858, † 1919) und viele spätere Präsidenten der USA, sondern auch literar. Forum für bed. amerikan. Autoren wie W. D. Howells, M. Twain, J. W. Riley, M. E. W. Freeman, B. Harte, H. Garland, J. C. Harris, S. O. Jewett und W. Cather, wie auch für europ. Schriftsteller (z. B. R. Kipling, J. Galsworthy und H. G. Wells).

Literatur: MOTT, F. L.: A history of American magazines 1885–1905. Cambridge (Mass.) 1957.

La Farge, Oliver [Hazard Perry] [lə'fɑːrʒ], * New York 19. Dez. 1901, † Albuquerque (N. Mex.) 2. Aug. 1963, Schriftsteller und Ethnologe. – Anthropologiestudium an der Harvard University, dann Felduntersuchungen im Südwesten der USA und in Mittelamerika, die zur Basis der meisten seiner psychologisch motivierten Romane und kleineren Erzählwerke sowie der wiss. Untersuchungen über das Leben der Indianer wurden. Für den Roman *Laughing boy* (1929; dt. *Der große Nachtgesang,* 1949, 1956 u. d. T. *Indian. Romanze,* 1983 u. d. T. *Indian. Liebesgeschichte*), der die durch den Kontakt mit der Welt der Weißen und die Entfremdung vom Stammesleben tragisch endende Liebe zweier Navajo-Indianer und die Rückkehr des Mannes zu seinem Stamm schildert, erhielt er 1930 den Pulitzerpreis.

Werke: The enemy gods (R., 1937), As long as the grass shall grow (histor. Darst., 1940), A pictorial history of the American Indian (1956; dt. Die große Jagd. Gesch. der nordamerikan. Indianer, 1961), A pause in the desert (En., 1957; dt. Die letzte Flasche Whisky, 1958), Santa Fé. The autobiography of a Southwestern town (1959).

Literatur: SCHULZ, F.: Der nordamerikan. Indianer u. seine Welt in den Werken v. Ernest Hemingway u. O. La F. Mchn. 1964. – GILLIS, E.: O. La F. Austin (Tex.) 1967. – MCNICKLE, D'A.: Indian man. A life of O. La F. Bloomington (Ind.) 1971. – MAJAR, M./PEARCE, T. M.: Southwest heritage. Albuquerque (N. Mex.) 1972. – PEARCE, T. M.: O. La F. New York 1972.

Langer, Susanne K[atherina Knauth] ['læŋər], * New York 20. Dez. 1895, † Old Lyme (Conn.) 17. Juli 1985, Philosophin und Literaturkritikerin. – Studium am Radcliffe College und in Wien (1921/22); Philosophiedozentin in Radcliffe, an der Columbia University und der University of Connecticut. Ihre interdisziplinären, von A. H. Whitehead und E. Cassirer beeinflußten Werke hatten große Wirkung auf Geistes- und Naturwissenschaftler. Ihr Hauptwerk *Philosophy in a new key* (1942; dt. *Philosophie auf neuem Wege,* 1965, ^{2}1979) stellt eine Untersuchung der Kunst, insbes. der Musik dar und definiert die ästhet. Methode als eine symbol. Form menschl. Kommunikation.

Weitere Werke: Introduction to symbolic logic (1937), Feeling and form (1953), Reflections on art (1958), Mind. An essay on human feeling (3 Bde., 1967–82).

Lanier, Sidney [lə'nɪər], * Macon (Ga.) 3. Febr. 1842, † Lynn (N. C.) 7. Sept. 1881, Dichter. – Die durch die Teilnahme am Bürgerkrieg auf seiten der Südstaaten erfahrenen Leiden, die in dem Roman *Tiger-lilies* (1967) ihren Niederschlag finden, sowie seine musikal. Begabung und

Musikausbildung als Flötist des Peabody Orchestra in Baltimore bilden die Grundlage seiner Gedichte, in denen er die Kompositionsgesetze der Musik auf die Lyrik zu übertragen versucht, um primär emotionale Wirkung zu erzielen. Diese bei seiner Tätigkeit als Dozent an der Johns Hopkins University in *The science of English verse* (1880) ausgebaute Theorie, nach der der semant. Aspekt der Dichtung hinter ihrer musikal. Qualität zurücktritt, verbindet ihn einerseits mit Poes Poesie, andererseits mit den frz. Symbolisten. Am bekanntesten sind das schon im Titel die Verbindung von Musik und Lyrik andeutende zeitkrit. Gedicht *The symphony* (1875) sowie die Naturgedichte *The song of Chattahoochee* (1877) und *The marshes of Glynn* (1878).

Weiteres Werk: Music and poetry. Essays upon some aspects and interrelations of the two arts (hg. 1898).

Ausgabe: L. The centennial edition of the works. Hg. v. C. R. ANDERSON. Baltimore (Md.) 1945. Neuausg. 1963. 10 Bde.

Literatur: MIMS, E.: S. L. Boston (Mass.) 1905. – GRAHAM, P./JONES, J.: A concordance to the poems of S. L. Austin (Tex.) 1939. Nachdr. 1969. – STARKE, A. H.: S. L. A biographical and critical study. New York ²1964. – PARKS, E. W.: S. L. The man, the poet, the critic. Athens (Ga.) 1968. – DEBELLIS, J.: S. L. New York 1972. – GABIN, J. S.: A living minstrelsy. The poetry and music of S. L. Macon (Ga.) 1985.

Lardner, Ring[gold] W[ilmer] ['lɑ:rdnər], * Niles (Mich.) 6. März 1885, † East Hampton (N. Y.) 25. Sept. 1933, Schriftsteller. – Bekannter Sportjournalist, dessen Interesse v. a. dem Volkssport Baseball galt, den er in dem Briefroman *You know me, Al* (1916) kritisch beleuchtete. In den folgenden humorist. und satir. Kurzgeschichten mit zunehmend pessimist. Unterton dehnte er seine Kritik auf andere Sportarten und Berufssparten zur Dekuvrierung menschl. Schwächen und Unzulänglichkeiten aus, wobei er das jeweilige Idiom realitätsnah zu gestalten wußte. Am bekanntesten sind die Kurzgeschichtensammlungen *How to write short stories* (1924) und *The love nest* (1926, dt. *Das Liebesnest,* 1963; 1927 dramatisiert von R. Sherwood).

Weitere Werke: The story of a wonder man. Being the autobiography of R. L. (1927), June moon (Dr., 1929; zus. mit G. S. Kaufman), First and last (Kurzgeschichten, hg. 1934), Champion (Kurzgeschichten; dt. Ausw. 1963, 1974 u. d. T. Geschichten aus dem Jazz-Zeitalter).

Ausgaben: Round up. New York 1929. Neudr. u. d. T. The collected short stories. New York 1941. – The portable R. L. Hg. v. G. SELDES. New York 1946. – The R. L. reader. Hg. v. M. GEISMAR. New York 1963. – Some champions. Sketches and fiction. Hg. v. M. J. BRUCCOLI u. R. LAYMAN. New York 1976. – Letters from R. Hg. v. C. M. CARUTHERS. Flint (Miss.) 1979. – Best of R. L. Hg. v. D. LODGE. London 1984. – Best short stories of R. L. New York 1985.

Literatur: PATRICK, W. R.: R. L. New York 1963. – FRIEDRICH, O.: R. L. Minneapolis (Minn.) 1965. – GEISMAR, M. D.: R. L. and the portrait of folly. New York 1972. – BRUCCOLI, M. J./LAYMAN, R.: R. W. L. A descriptive bibliography. Pittsburgh (Pa.) 1976. – LARDNER, R., JR.: The Lardners. My family remembered. New York 1976. – YARDLEY, J.: Ring. A biography of R. L. New York 1977. – EVANS, E.: R. L. New York 1979. – DEMUTH, J.: Small town Chicago. The comic perspective of Finley Peter Dunne, George Ade, and R. L. Port Washington (N. Y.) 1980.

Larsen, Nella ['lɑ:rsən], * Chicago (Ill.) 13. April 1891, † New York 30. März 1964, Schriftstellerin dänisch-karib. Herkunft. – Studierte in Nashville (1909–10) und Kopenhagen (1910–12), bevor sie in New York als Bibliothekarin und Krankenschwester arbeitete. Zusammen mit J. Fauset gilt L. als eine der bedeutendsten Schriftstellerinnen der † Harlem Renaissance. L. thematisiert in ihren beiden erst neuerdings rezipierten Romanen mit autobiograph. Bezug das Phänomen der Rassenmischung am Schicksal von Mulattinnen. Während die Heldin in *Quicksand* (1928) ihre Identität durch Identifikation mit ihrem Heimatland bzw. Harlem zu gewinnen sucht, endet der Selbstverwirklichungswunsch der als weiß angesehenen Mulattin in *Passing* (1929) mit ihrem Tod. In Anknüpfung an James Joyces *Ulysses* (1922) verwendet L. in den aus weibl. Perspektive geschilderten Romanen die Technik des inneren Monologs. Erhielt als erste Afroamerikanerin

1930 ein Guggenheim-Stipendium für ›creative writing‹.

Ausgabe: ›Quicksand‹ and ›Passing‹. Hg. v. D. E. McDowell. New Brunswick (N. J.) 1986.

Literatur: Huggins, N.: Harlem Renaissance. New York 1971. – The Harlem Renaissance remembered. Hg. v. A. Bontemps. New York 1972. – Davis, A. P.: From the dark tower. Afro-American writers, 1900 to 1960. Wash. (D. C.) 1974. – Singh, A.: The novels of the Harlem Renaissance. Twelve black writers, 1923–1933. University Park (Pa.) 1976. – American women writers. Hg. v. L. Mainiero. New York 1980.

Laurents, Arthur ['lɔ:rənts], * New York 14. Juli 1918, Schriftsteller. – Studium der Theaterwiss., Verfasser von Hörspielen, Dramen, Drehbüchern und Romanen; wurde v. a. bekannt durch *Home of the brave* (1945), ein Stück über die Situation eines jüd. Soldaten im Krieg, und die Vorlage für das Musical *West Side story* (1957; Songtexte S. Sondheim [* 1930], Musik L. Bernstein [* 1918, † 1990]), sowie durch *The way we were* (R., 1973) und *The turning point* (R., 1977; dt. *Am Wendepunkt*, 1978).

Weitere Werke: The bird cage (Dr., 1950), A clearing in the woods (Dr., 1957), Gypsy (Musical, 1959; Songtexte S. Sondheim, Musik J. Styne [* 1905]).

Lawrence, Jerome ['lɔ:rəns], * Cleveland (Ohio) 14. Juli 1915, und **Lee,** Robert E[dwin] [li:], * Elyria (Ohio) 15. Okt. 1918, Dramatiker. – Verfasser zahlreicher gemeinsamer Dramen und Musicals; ihre Gründung des *American Playwrights Theatre* in Columbus (Ohio) war das erfolgreiche Experiment, bed. Stücke außerhalb von New York auf die Bühne zu bringen; gleichzeitig exportieren sie ihre eigenen Stücke mit dieser Theatergruppe in zahlreiche Länder der Welt. Am bedeutendsten sind *Inherit the wind* (1955) über die Debatte um Darwinismus und Religion in den USA, *Auntie Mame* (1957, 1966 als erfolgreiches Musical u. d. T. *Mame*), *The night Thoreau spent in jail* (1970) als Paradebeispiel des bürgerl. Ungehorsams, *Jabberwock* (1974) und *First Monday in October* (1975).

Weitere Werke: The gang's all here (Dr., 1960), Only in America (Dr., 1960), Checkmate (Dr., 1961), The incomparable Max (Dr., 1972), The crocodile smile (Dr., 1972), Whisper in the mind (Dr., 1989).

Lawson, John Howard [lɔ:sən], * New York 25. Sept. 1895, † San Francisco 11. Aug. 1977, Dramatiker und Drehbuchautor. – Studium am Williams College (Mass.); Sanitäter im 1. Weltkrieg (Frankreich und Italien); Aufenthalt in Paris, Drehbuchautor in Hollywood (1928–47); verbüßte als einer der ›Hollywood Ten‹ eine einjährige Gefängnisstrafe (1950/51), da er die Aussage vor dem Kongreßausschuß für ›Un-American Activities‹ verweigert hatte. L.s frühe, expressionist. Dramen (*Roger Bloomer,* 1923; *Processional. A jazz symphony of American life,* 1925), wurden von seinen propagandist. Stücken (*Loud speaker,* 1927; *The international,* 1928; *Success story,* 1932; *The pure in heart,* 1934; *Gentlewoman,* 1934; *Marching song,* 1937) abgelöst, die Sprachrohr seiner marxist. Überzeugung sind. Schrieb auch theater- und filmtheoret. Werke (*Theory and technique of playwriting,* 1936, 1949 revidiert als *Theory and technique of playwriting and screenwriting*).

Literatur: Himelstein, M. J.: Drama was a weapon. The left-wing theatre in New York, 1929–1941. New Brunswick (N. J.) 1963. – Rabkin, G.: Drama and commitment. Politics in the American theatre of the Thirties. New York 1964. – Brüning, E.: Das amerikan. Drama der dreißiger Jahre. Bln. 1966.

Lee, [Nelle] Harper [li:], * Monroeville (Ala.) 28. April 1926, Schriftstellerin. – Hatte großen Erfolg mit ihrem ersten Roman *To kill a mockingbird* (1960; dt. *Wer die Nachtigall stört,* 1962; Pulitzerpreis 1961), der die Brisanz des Rassenkonflikts im Süden anhand des aufsehenerregenden Falls eines wegen Vergewaltigung an einer Weißen angeklagten Schwarzen aus der Sicht der Tochter des weißen Verteidigers schildert.

Lee, Robert E[dwin] [li:], Dramatiker, ↑ Lawrence, Jerome.

Le Guin, Ursula K[roeber] [lə'gwɪn], * Berkeley (Calif.) 21. Okt. 1929, Schriftstellerin. – Kam schon früh über die Arbeit ihres Vaters, des Anthropologen Alfred L. Kroeber (* 1876, † 1960), mit fremden Kulturen in Berührung, was für ihr Werk zum zentralen Thema wurde. Nach dem ersten Science-fiction Roman *Rocannon's world* (1966; dt. *Rocannons Welt,* 1977) wurde sie in kurzer Zeit mit der Fantasy-Serie (*Erdsee-Zyklus*) *A wizard of Earthsea* (1968; dt. *Der Magier der Erdsee,* 1979), *The tombs of Atuan* (1971; dt. *Die Gräber von Atuan,* 1979) und *The farthest shore* (1972; dt. *Das ferne Ufer,* 1979), die mit *TEHANU. The last book of earthsea* (1990) abgeschlossen wurde, sowie mit dem eine androgyne Gesellschaft schildernden Roman *The left hand of darkness* (1969; dt. *Winterplanet,* 1974) zur anerkanntesten amerikan. Science-fiction-Autorin der Gegenwart. Mit dem dem Konzept des philosoph. Anarchismus verpflichteten, preisgekrönten Roman *The dispossessed. An ambiguous utopia* (1974; dt. *Planet der Habenichtse,* 1976) entwirft Le G. eine der eigenen gesellschaftl. Wirklichkeit entgegengesetzte, eth. Positionen vertretende ›ambigue † Utopie‹.

Weitere Werke: The lathe of heaven (R., 1971; dt. Die Geißel des Himmels, 1974), The word for world is forest (R., 1972; dt. Das Wort für Welt ist Wald, 1975), The wind's twelve quarters (En., 1975; dt. Die zwölf Striche der Windrose, 1980), Orsinian tales (En., 1976; dt. Geschichten aus Orsinien, 1985), The language of the night (Essays, 1979), Malafrena (R., 1979; dt. 1984), The compass rose (En., 1982; dt. Die Kompaßrose, 1985), Hard words and other poems (1983), In the red zone (Ged., 1983), Always coming home (R., 1985), Catwings (R., 1988), A visit from Dr. Katz (R., 1988), Catwing's return (R., 1989), Dancing at the edge of the world (Essays, 1989).

Literatur: SHISSER, G. E.: The farthest shores of U. K. Le G. San Bernardino (Calif.) 1976. – The altered I. U. K. Le G.'s science fiction writing workshop. Hg. v. L. HARDING. Hastings-on-Hudson 1978. – U. K. Le G. Hg. v. J. D. OLANDER u. M. H. GREENBERG. New York 1979. – U. K. Le G. Voyager to inner lands and to outer space. Hg. v. J. DEBOLT. Port Washington (N. J.) 1979. – BUCKENALL, B. J.: U. K. Le G. New York 1981. – COGELL, E. C.: U. K. Le G. A primary and secondary bibliography. Boston (Mass.) 1983. – BITTNER, J. W.: Approaches to the fiction of U. K. Le G. Ann Arbor (Mich.) 1984. – SPIVACK, C.: U. Le G. Boston (Mass.) 1984. – U. K. Le G.'s ›The left hand of darkness‹. Hg. v. H. BLOOM. New York 1987. – SELINGER, B.: Le G. and identity in contemporary fiction. Ann Arbor (Mich.) 1988.

Leland, Charles Godfrey ['li:lənd], * Philadelphia (Pa.) 15. Aug. 1824, † Florenz 20. März 1903, Schriftsteller. – Studierte Jura u. a. in Heidelberg, München und Paris, wurde Anwalt in Philadelphia, dann Journalist und Hg. von Zeitschriften; ab 1869 meist in Europa; betrieb folklorist. Feldstudien. L., auch als Heine-Übersetzer bekannt, verdankt seinen Ruf v. a. den in dt.-amerikan. Mischdialekt geschriebenen *Hans Breitmann's ballads* (1914), die satirisch die Lebens- und Denkweise von Deutschamerikanern darstellen.

Literatur: PENNELL, E. R.: C. G. L. A biography. Boston (Mass.) 1906. – JACKSON, J.: A bibliography of the works of C. G. L. Philadelphia (Pa.) 1927. – LANG, A.: C. G. L. und sein ›Hans Breitmann‹. Eine Studie. Diss. Gött. 1931.

Leonard, William Ellery ['lenərd], * Plainfield (N. J.) 25. Jan. 1876, † Madison (Wis.) 2. Mai 1944, Lyriker. – Die aus einem angsterfüllten Kindheitserlebnis mit der Eisenbahn resultierende Entfernungsphobie, die aus der Freundschaft zu Charles Eliot Norton (* 1827, † 1908) und W. James während des Studiums an der Harvard University gewonnenen Kenntnisse sowie die z. T. enttäuschenden Erfahrungen seiner drei Ehen bilden die Grundlage der meist autobiograph. und konventionell bestimmten Lyrik des ab 1906 an der University of Wisconsin in Madison lehrenden Literaturprofessors. Am bekanntesten sind die sein pazifist. (*Poems 1914–16,* 1917) wie sozialkrit. (*The lynching bee,* 1920) Engagement spiegelnden Gedichte, der den im Selbstmord seiner Frau endenden trag. Verlauf seiner 1. Ehe darstellende Sonettzyklus *Two lives* (1923; Neudr. 1990) sowie die seine Phobie dokumentierende Autobiographie *Locomotive-God* (1927). Schrieb auch Dramen über Indianer (*Red bird,* 1923) und übersetzte Lukrez (1921) und *Beowulf* (1923).

Weitere Werke: Sonnets and poems (1906), Glory of the morning (Dr., 1912), A son of earth. Collected poems (1928), A man against time (Sonettzyklus, 1945).

Levertov, Denise ['levərtɔ:f], * Ilford (Essex) 24. Okt. 1923, Dichterin engl. Herkunft. – L. wanderte 1948 in die USA aus (1955 amerikan. Staatsbürgerschaft); seit 1982 Prof.in für Englisch an der Stanford University (Calif.). L. verkörpert durch einfache Diktion sowie autobiograph. Anklänge genuin amerikan. Lyrik, die unter avantgardist. Einfluß bes. von K. Rexroth steht, gleichzeitig aber das für die Dichter des ↑ Black Mountain College typ., organ. Kunstprinzip verwirklicht. Unter dem Eindruck des Vietnamkrieges und des nuklearen Zerstörungspotentials wurde die Dichtung L.s zunehmend Ausdruck ihrer politisch engagierten Haltung; der als ihr bestes Werk geltende Gedichtband *Life in the forest* (1978) zeichnet den Verfall der Zivilisation und die Rückkehr zu einem harmon. Naturzustand.

Weitere Werke: Here and now (Ged., 1957), The Jacob's ladder (Ged., 1961), The sorrow dance (Ged., 1967), To stay alive (Ged., 1971), The poet in the world (Essays, 1973), The freeing of the dust (Ged. 1975), Pig dreams. Scenes from the life of Sylvia (Ged., 1981), Candles in Babylon (Ged., 1982), Poems 1960–1970 (1983), The menaced world (Ged., 1984), Selected poems (1986), Breathing the water (Ged., 1987), Poems 1968–1972 (1987), Door in the hive (Ged., 1989).

Ausgaben: D. L. Collected earlier poems 1940–1960. New York 1979. – D. L. Poems 1960–1967. New York 1983.

Literatur: WAGNER, L. W.: D. L. New York 1967. – WILSON, R. A.: A bibliography of D. L. New York 1972. – MERSMANN, J. F.: Out of the Vietnam vortex. Lawrence (Kans.) 1974. – D. L., in her own province. Hg. v. L. W. WAGNER. New York 1979. – SLAUGHTER, W.: The imagination's tongue. D. L.'s poetic. Portree 1981. – MARTEN, H.: Understanding D. L. Columbia (S. C.) 1988. – SAKELLIOU-SCHULTZ, L.: D. L. An annotated primary and secondary bibliography. New York 1988. – MÖCKEL-RIEKE, H.: Fiktionen von Natur u. Weiblichkeit. Zur Begründung femininer u. engagierter Schreibweisen bei Adrienne Rich, D. L., Susan Griffin, Kathleen Fraser u. Susan Howe. Trier 1991. – REICHARDT, U.: Innenansichten der Postmoderne. Zur Dichtung John Ashberys, A. R. Ammons, D. L.s u. Adrienne Richs. Wzb. 1991.

Levin, Ira ['levɪn], * New York 28. Aug. 1929, Schriftsteller. – Studierte an der New York University; schreibt phantast. Horrorgeschichten und Zukunftsvisionen, v. a. *Rosemary's baby* (R., 1967; dt. *Rosemaries Baby,* 1968) über die Angstzustände einer jungen Frau, die ein Satanskind zur Welt zu bringen glaubt, und *The Stepford wives* (R., 1972; dt. *Die Roboterfrauen,* 1977) über den Ersatz von Ehefrauen durch perfekte, täuschend ähnl. Computerwesen; daneben Dramen, u. a. über das Militär (*No time for sergeants,* 1955).

Weitere Werke: A kiss before dying (R., 1953; dt. Kuß vor dem Tode, 1957), This perfect day (R., 1970; dt. Die sanften Ungeheuer, 1972), Break a leg (Dr., 1974), Veronica's room (Dr., 1974), The boys from Brazil (R., 1976; dt. Die Boys aus Brasilien, 1976), Sliver (R., 1991; dt. 1991).

Levin, Meyer ['levɪn], * Chicago 8. Okt. 1905, † Jerusalem 9. Juli 1981, Schriftsteller. – Wuchs in den Elendsvierteln von Chicago auf; Studium an der University of Chicago, danach Journalist; Anhänger des Zionismus. L. behandelt in seinen z. T. autobiograph. Romanen das Leben jüd. Einwanderer in den USA, Palästina und Israel, die Verfolgung der Juden zur Zeit des Nationalsozialismus, die polit. Situation des jüdisch-amerikan. Schriftstellers sowie die umkämpfte Existenz des Staates Israel. Bestimmend für sein Werk war der Einfluß hebräisch-religiösen Denkens. Einige seiner Romane wurden dramatisiert.

Werke: Citizens (R., 1940), Compulsion (R., 1956; dt. Zwang, 1958), Eva (R., 1959; dt. Eva. Ein Frauenschicksal, 1960), The fanatic (R., 1964), The stronghold (R., 1965), Gore and Igor (R., 1968), The settlers (R., 1972), The harvest (R., 1978), The architect (biograph. Roman über den Architekten Frank Lloyd Wright [* 1869, † 1959], hg. 1982).

Literatur: GRUTLMANN, A.: The Jewish writer in America. Assimilation and the crisis of identity. New York 1971. – RUBIN, S. J.: M. L. Boston (Mass.) 1982.

Lewis, [Harry] Sinclair ['lu:ɪs], * Sauk Centre (Minn.) 7. Febr. 1885, † Rom 10. Jan. 1951, Schriftsteller. – Wuchs als Sohn eines Landarztes im Mittleren Westen auf, studierte an der Yale University und arbeitete dann bei verschiedenen Zeitungen und Zeitschriften; ab 1916 widmete er sich ganz seiner schriftsteller. Tätigkeit. L. übt in seinen psychologisch-realist. Romanen Kritik an der amerikan. Gesellschaft, v. a. der Mittelklasse, verspottet satirisch und sarkastisch ihre Scheinideale und bekämpft die Konventionen seiner Zeit. Ansatzpunkte seiner Kritik sind die Kleinstadt des Mittleren Westens (*Main street,* 1920; dt. *Die Hauptstraße,* 1922), die materialist., selbstgefällig-engstirnige Haltung des kleinbürgerl. Geschäftsmannes (*Babbitt,* 1922; dt. 1925), die Ausübung des Arztberufes (*Arrowsmith,* 1925; dt. *Dr. med. Arrowsmith,* 1925), die religiöse Heuchelei (*Elmer Gantry,* 1927; dt. 1928) sowie das Verhältnis der Amerikaner zur europ. Kultur (*Dodsworth,* 1929; dt. *Sam Dodsworth,* 1930). Die übrigen Romane erreichen nicht das Niveau dieser Werke der 20er Jahre, für die L. als erster Amerikaner 1930 den Nobelpreis für Literatur erhielt.

Weitere Werke: Free air (R., 1919; dt. Die Benzinstation, 1927), The man who knew Coolidge (R., 1928; dt. Der Mann, der den Präsidenten kannte, 1929), Ann Vickers (R., 1933; dt. 1939), Work of art (R., 1934; dt. Das Kunstwerk, 1934), The prodigal parents (R., 1938; dt. Die verlorenen Eltern, 1939), Cass Timberlane (R., 1945; dt. Jinny und der Richter, 1947, 1948 u. d. T. Cass Timberlane), World so wide (R., hg. 1951; dt. Wie ist die Welt so weit, 1954).

Ausgaben: S. L. Nobel prize edition. New York 1931. 9 Bde. – From Main Street to Stockholm. Letters of S. L., 1919–1930. Hg. v. H. SMITH. New York 1952. – The man from Main Street. Selected essays and other writings 1904–1950. Hg. v. H. E. MAULE u. M. H. CANE. New York 1953. – I'm a stranger here myself and other stories. Hg. v. M. SCHORER. New York 1962. – S. L. Spielen wir König. Ges. Erzählungen. Dt. Übers. Hg. v. H. STIEHL. Rbk. 1974.

Literatur: SCHORER, M.: S. L. An American life. New York 1961. – S. L. A collection of critical essays. Hg. v. M. SCHORER. Englewood Cliffs (N. J.) 1962. – LUNDQUIST, J.: S. L. New York 1973. – LIGHT, M.: The quixotic vision of S. L. West Lafayette (Ind.) 1975. – FLEMING, R. E./FLEMING, E.: S. L. A reference guide. Boston (Mass.) 1980. – KOBLAS, J. J.: S. L. Home at last. Bloomington (Ind.) 1981. – BRÜNING, E.: S. L. u. die endgültige Emanzipation der amerikan. Lit. Bln. 1982. – S. L. Hg. v. H. BLOOM. New York 1987. – SPAUNHORST, F.-P.: Literar. Kulturkritik als Dekodierung von Macht u. Werten am Beispiel ausgew. Romane v. U. Sinclair, F. Norris, J. Dos Passos u. S. L. Ffm. 1987. – S. L.'s ›Arrowsmith‹. Hg. v. H. BLOOM. New York 1988.

Lewisohn, Ludwig ['lu:ɪsən], * Berlin 30. Mai 1882, † Miami Beach (Fla.) 31. Dez. 1955, Schriftsteller dt. Herkunft. – Kam 1890 in die USA; Literatur- und Theaterkritiker, 1911–19 Prof. an der Ohio State University. L. identifizierte sich während eines mehrjährigen Aufenthaltes in Paris mit seiner jüd. Vergangenheit und wurde zum Anhänger des Zionismus, der die Stellung der Juden in den USA in soziolog., z. T. autobiograph. Studien behandelte (*Upstream,* 1922, dt. *Gegen den Strom. Eine amerikan. Chronik,* 1924; *Mid-Channel,* 1929, Nachdr. 1975). Er schrieb auch literaturwiss. Studien sowie Romane mit familiärer und jüdisch-histor. Thematik; übersetzte u. a. Werke von G. Hauptmann und R. M. Rilke.

Weitere Werke: The broken snare (R., 1908), The modern drama (Studie, 1915), The drama and the stage (Studie, 1922), Don Juan (R., 1923), The case of Mr. Crump (R., 1926; dt. Der Fall Herbert Crump, 1928), The island within (R., 1928; dt. Das Erbe im Blut, 1929), Expression in America (Studie, 1932), Anniversary (R., 1948; dt. Verlorene Tochter, 1949), Goethe (2 Bde., 1949), The American Jew (Studie, 1950), Theodor Herzl (Studie, 1955).

Literatur: GILLIS, A.: L. L. The artist and his message. New York 1933. – SPIRO, S.: The Jew as man of letters. Being some notes on L. L. Burlington (Vt.) 1935. – LAINOFF, S.: L. L. Boston (Mass.) 1982.

Lindsay, Howard ['lɪndzi], * Waterford (N. J.) 29. März 1889, † New York 1[illegible]. Febr. 1968, Dramatiker. – Schrieb, meist zus. mit Russel Crouse (* 1893, † 1966), Komödien und Dramen und bearbeitete literar. Vorlagen für die Bühne; bes. erfolgreich am Broadway war die Dramatisierung von C. Days Roman *Life with father* (1939), in der L. die Hauptrolle spielte; auch Operetten und Musicals, v. a. *The sound of music* (1959; Musik von Richard Rodgers [* 1902, † 1979]).

Weitere Werke: She loves me not (Kom., 1933), State of the union (Dr., 1945; Pulitzerpreis 1946), Life with mother (Kom., 1948; nach ›Life with mother‹ von C. Day), Mr. President (Musical, 1962).

Literatur: SKINNER, C. O.: Life with L. and Crouse. Boston (Mass.) 1976.

Lindsay, [Nicholas] Vachel ['lɪndzi], * Springfield (Ill.) 10. Nov. 1879, † ebd. 5. Dez. 1931, Lyriker. – Studierte 1901–05 Kunst in Chicago und New York. L. trat, im Gegensatz zu den formalistisch interessierten Vertretern des elitären ↑ Imagismus, für eine gesellschaftl. Funktion der Dichtung ein. Seine umfassende mus. Begabung und seine Mission für ein Evangelium der Schönheit (›gospel of beauty‹) ließen ihn zum populären Bänkelsänger und Rezitator werden. Seine von Negro spirituals und Bluestexten beinflußte klangvolle, kraftvoll-rhythm. Lyrik ist auf Massenwirkung ausgerichtet und zum Vortrag mit Musikbegleitung bestimmt. Am erfolgreichsten waren das zu Heilsarmeemusik geschriebene Gedicht *General William Booth enters into heaven* (1913) und das synkopierte Jazzrhythmen imitierende *The Congo* (Ged., 1914). L. schrieb auch Kindergedichte (*Johnny Appleseed,* 1928; *Every soul is a circus,* 1929) und verfaßte bed. Prosaschriften wie *Adventures while preaching the gospel of beauty* (1914) und *The art of the moving picture* (1915, Neuaufl. 1922) mit ersten filmtheoret. Beiträgen.

Ausgaben: Manhattan und Illinois. Amerikan. Lyrik von Walt Whitman und V. L. Hg. u. übers. v. M. GEILINGER. Herrliberg-Zü. 1947. – V. L. Collected poems. Neuaufl. New York 1966. – Letters of V. L. Hg. v. M. CHÉNETIER. New York 1979. – The poetry of V. L. Complete and with L.'s drawings. Hg. v. D. CAMP. Peoria (Ill.) 1984–86. 3 Bde.

Literatur: MASTERS, E. L.: V. L. A poet in America. New York 1935. – HARRIS, M.: City of discontent. An interpretive biography of V. L. Indianapolis (Ind.) 1952. – RUGGLES, E.: The West-going heart. A life of V. L. New York 1959. – SCHROEDER, R. L.: Where a lad is. An account of V. L. Syracuse (N. Y.) 1962. – MASSA, A.: V. L. Fieldworker for the American dream. Bloomington (Ind.) 1970. – Profile of V. L. Hg. v. J. T. FLANAGAN. Columbus (Ohio) 1970. – WOLFE, G. J.: V. L. The poet as film theorist. New York 1973. – SOUTH, E. L.: From the L. scrapbook. Cousin V. Lafayette (Ind.) 1978. – BALZ, E.: Poetry and community. Tüb. 1990.

Linney, Romulus ['lɪni], * Philadelphia 21. Sept. 1930, Schriftsteller. – Stellt in seinen Dramen den Konflikt zwischen persönl. Überzeugung und traditionellen Werten vor dem Hintergrund histor. Ereignisse dar: *The sorrows of Frederick* (1967) zeichnet ein psychohistor. Porträt des Preußenkönigs Friedrich II., *The love suicide at Schofield barracks* (1971) zeigt das Zerbrechen eines Generals und seiner Frau an der verhängnisvollen Verwicklung der USA in den Vietnamkrieg; in der dramat. Fassung der beiden im Washington des 19. Jh. spielenden Romane von H. Adams (*Democracy and Esther,* 1974) entlarven die Heldinnen die heuchler. Doppelnatur ihrer Liebhaber, während *Holy Ghost* (1977) und *Tennessee* (1981) die Emanzipation zweier Ehefrauen beschreiben. Die Romane L.s behandeln die Thematik von Schuld und Identität: *Heathen valley* (1962), *Slowly by thy hand unfurled* (1965), *Jesus tales* (1980).

Weitere Werke: A woman without a name (Dr., 1986), Juliet, Yancy and April Snow (Dr., 1989).

Literaturpreise. Der bedeutendste der meist für ein Einzelwerk in einer bestimmten Literaturgattung, Biographie, Autobiographie oder literar. Studie verliehenen amerikan. L. ist der von einer Jury der Columbia University nach deren Gründer der Journalismus-Abteilung Joseph Pulitzer (* 1847, † 1911) benannte *Pulitzerpreis.* Den seit 1917 verliehenen Preis, der heute in den Kategorien Roman, Drama, Lyrik, Biographie, histor. Studien, allgemeine Prosa vergeben wird, erhielten zahlreiche der einflußreichsten amerikan. Schriftsteller. Ähnlich strukturiert ist die Vergabe der *National Book Awards,* die seit 1950 von der Vereinigung amerikan. Buchhändler, ab 1979 u. d. T.

The American Book Awards, organisiert wird, sowie das von Herausgebern und professionellen Kritikern 1974 gegründete Preiskommittee *National Book Critics Circle.* Von den für einzelne Literaturgattungen vergebenen L.n sind die für Lyrik am zahlreichsten; der bedeutendste unter ihnen ist der 1948 von Paul Mellon eingerichtete *Bollingen Prize in Poetry,* dessen zuständige Jury nach der kontrovers aufgenommenen Vergabe des ersten Preises an E. Pound (1949) von der Library of Congress an die Yale University Library wechselte. Die von der Yale University Press seit 1919 veröffentlichte *Yale Series of Younger Poets* ist eine Auszeichnung für den ersten Gedichtband junger hoffnungsvoller Dichter, die u. a. A. Rich (1951), J. Ashbery (1956) und J. Tate (1967) erhielten. Eine Jury der von der Modern Poetry Association publizierten Zs. ↑*Poetry* zeichnet jährlich bedeutende Gedichte mit den von einzelnen Dichtern und Dichterinnen gegr. und nach ihnen benannten Preisen aus wie *The Harriet Monroe Poetry Award, Frank O'Hara Prize* u. a. Ebenfalls nach einem bekannten Vorbild benannt ist der *O'Henry Award,* der seit 1919 für die besten in *Prize stories* abgedruckten Kurzgeschichten eines Jahrgangs vergeben wird. Erste in ↑*Atlantic Monthly* gedruckte Kurzgeschichten junger Schriftsteller können seit 1946 mit dem *Atlantic ›Firsts‹ Award* ausgezeichnet werden. Auf dem Gebiet des Dramas etablierte sich 1935 der *New York Drama Critics Circle Award* als Protest gegen die Preisverleihung durch das Pulitzer-Drama-Kommittee. Ab 1938 wurden auch ausländ. Dramen, ab 1946 Musicals ausgezeichnet. Seit 1955/56 vergibt die Redaktion der New Yorker Zs. *The Village Voice* den *Obie Award* für bed. Aufführungen auf ↑Off-Broadway-Bühnen. Daneben werden spezielle L. wie der *Edgar Allan Poe Award* für unheiml. und phantast. Geschichten oder der *Nebula Award* für Science-fiction verliehen. Mit dem international begehrtesten Preis, dem *Nobelpreis für Literatur,* wurden bisher zehn amerikan. Schriftsteller ausgezeichnet (S. Lewis, 1930; E. O'Neill, 1936; P. S. Buck, 1938; T. S. Eliot, 1948; W. Faulkner, 1949; E. Hemingway, 1954; J. Steinbeck, 1962; S. Bellow, 1976; I. B. Singer, 1978); Iossif A. Brodskij ([* 1940, naturalisiert 1977], 1987).

Literatur: Selections, university and college poetry prizes, 1973–78. Hg. v. S. KUNITZ. New York 1980. – WEBER, O. S.: Literary and library prizes. New York [10]1980. – PETERSON, L. K.: Newberry and Caldecott medal books. An annotated bibliography. Boston (Mass.) 1982. – JONES, D. B.: Children's literature awards and winners. A directory of prizes, authors, and illustrators. Detroit (Mich.) 1984. – GILBAR, S.: The book book. New York 1985. – Nobel laureates in literature. A biographical dictionary. Hg. v. R. PRIBIC. New York 1990.

Little magazine ['lɪtl 'mægəzi:n], Bez. für eine avantgardist. Literaturzeitschrift mit geringer Auflagenzahl, und oft kurzer Lebensdauer, die traditionelle Vorstellungen ablehnt und auf eine qualitative Erneuerung der Literatur durch innovative Formexperimente abzielt. – Als Vorläufer der L. m.s gelten die von M. Fuller herausgegebene Zs. *The Dial* (1840–44), die *Saturday Press* (1858–66), das *Chicago Chap Book* (1894–98) und *Lark* (1895–97); die eigentl. Epoche und Bed. des L. m. in den USA beginnt erst im Jahre 1912 mit der von H. Monroe gegr. Lyrikzeitschrift ↑*Poetry.* Die Zeit zw. den beiden Weltkriegen kann als Höhepunkt der L. m.s betrachtet werden, in der einflußreiche Zss. jungen Schriftstellern den Karrierestart erleichterten und zum Gradmesser literar. Innovationen und kulturellen Wandels wurden. Neben einer Vielzahl von bed. Lyrikzeitschriften wie *The Poetry Journal* (1912–18), *Contemporary Verse* (1916–29), *The Measure* (1921–26) und *Palms* (1932–40) entstanden die von M. Eastman und F. Dell herausgegebenen linksorientierten Zss. wie *The Masses* (1911–17), die zunächst von *The Liberator* (1918–24), dann von *The New Masses* (1926–48; hg. v. Michael Gold [* 1893, † 1967]) abgelöst wurden, sowie der heute linksliberale ↑*Partisan Review* (1934-). Bed. Zss. mit regionaler Bindung sind die von den ↑Fugitives gegr. Lyrikzeitschriften *The Fugitive* (1922–25), *Midland* (1915–33) und *The Frontier* (1920–39). Andere L. m.s wie *The Little Review* (1914–29), *Broom* (1921–24),

Secession (1922–24), *The Reviewer* (1921–25) und die im Kreis der ↑Lost generation in Paris gegr. *Transition* (1927–38) standen im Dienst literar. Bewegungen wie ↑Imagismus, Dadaismus und Surrealismus. Unter dem Einfluß von T. S. Eliot, E. Pound, R. P. Blackmur und M. Moore erhielten literaturkrit. Beiträge in solchen Zss. wie *The Dial* (1920–29), *Hound and Horn* (1927–34), *The Symposium* (1930–33) oder *The Seven Arts* (1916–17) stärkeres Gewicht. Nach dem 2. Weltkrieg nahm die Bed. der L. m.s ab, der Schwerpunkt verlagerte sich von der Lyrik auf experimentelle Kurzprosa sowie auf literatur- und kulturkrit. Essays. Während *The Black Mountain Review* (1954–59) als Organ des ↑Black Mountain College bed. Einfluß auf die amerikan. Gegenwartslyrik hatte, waren die in Paris von ›expatriates‹ gegr. *The ↑Paris Review* (1953 ff.), G. Sorrentinos *Neon* (1956–60), die New Yorker *Fiction* (1972) sowie neuerdings die Publikationen der Gruppe ›Fiction Collective‹ wie *The American Review* (1978 ff.) bestimmend für erzählende Literatur. Postmoderne Literatur und Kultur der 60er und 70er Jahre sind die Schwerpunkte der Zss. *Boundary 2* (1972 ff.) und *Tri-Quarterly* (1958 ff.). Das an W. Irvings Vorbild anknüpfende L. m. *Salmagundi* (1965 ff.) widmet sich v. a. literatur- und kulturkrit. Zeitthemen.

Literatur: HOFFMAN, J./ALLEN, C./ULRICH, C. F.: The L. m. A history and a bibliography. Princeton (N. J.) 1946. – WHITTEMOORE, R.: L. m.s. Minneapolis (Minn.) 1963. – The L. m. in America. A modern documentary history. Hg. v. E. ANDERSON u. M. KINZIE. Yonkers (N. Y.) 1978. – New voices, New York. A catalog of New York's literary magazines. Hg. v. COORDINATING COUNCIL OF LITERARY MAGAZINES. New York 1983. – Green isle in the sea. An informal history of the alternative press, 1960–85. Hg. v. D. KRUCHKOW u. C. JOHNSON. Highland Park (Ill.) 1986.

Little Theatre [ˈlɪtl ˈθɪətər] ↑Theater.

Living Theatre [ˈlɪvɪŋ ˈθɪətər], 1947 von Julian Beck (* 1925, † 1985) und seiner Frau Judith Malina (* 1926) – Schülern von Erwin Piscators Theatre Workshop – in New York gegründetes, vornehmlich nicht aus Berufsschauspielern bestehendes Theaterkollektiv; das L. T. war in den 60er Jahren eine bed. und einflußreiche Truppe, die v. a. auf den Bühnen des ↑Off-[Off-]Broadway avantgardist. Stükke von A. Strindberg, L. Pirandello, E. Pound und B. Brecht spielten. In der Auseinandersetzung mit A. Artauds Theater der Grausamkeit änderte sich die Konzeption des L. T., das nach der Zwangsschließung des Ensembles 1963 die Theaterarbeit auf Straßen und Plätze verlagerte und auf eine Aufhebung der Trennung zw. Kunst und Leben abzielte. Die implizit polit. Dimension zeigte sich im sozialen Engagement des häufig sich verändernden Ensembles für die unterdrückten und sozial schwachen Schichten in Brasilien, Brooklyn und Pittsburgh. Die bei zahlreichen Tourneen in Europa (1964–68, 1975, 1982) sowie in den USA erfolgreich aufgeführten Stücke wie *The connection* (1959), *The brig* (1963), *Mysteries* (1964), oder *Paradise now!* (1968), vermittelten die von Beck und Malina konzipierte Programmatik, nach der eine Veränderung der Wahrnehmung Voraussetzung zur Veränderung der Kultur ist, ›um die soziale Ordnung zu erneuern, Gewalt zu verringern und ein erfüllteres Leben zu schaffen – v. a. für die ökonomisch Unterdrückten. Diese Veränderung der Wahrnehmung muß alle sozialen Schranken überschreiten; und deshalb müssen Theaterformen gefunden werden, die alle diese Schranken überwinden können.‹ In diesem Sinne bewirkte das L. T., das mit den verschiedensten Formen experimentierte (Happening, Collage, Montage o. ä.) auch die Entstehung von zahlreichen Theatergruppen in Europa und den USA (↑Theater).

Literatur: BINER, P.: Le l. t. Lausanne ²1970. – MALINA, J./BECK, J.: Paradise now. Collective creation of the L. T. New York 1971. – SILVESTRO, C.: The living book of the L. T. Köln 1971. – BECK, J.: The life of the theatre. The relation of the artist to the struggle of the people. San Francisco (Calif.) ²1974. – SHANK, T.: American alternative theatre. London 1982.

Local color [ˌloʊkəl ˈkʌlər], Bez. für distinktive regionale Charakteristika von Schauplatz, Handlung und Figuren eines

Literaturwerks. In der amerikan. Lit. bildet das ›local-color movement‹ eine Bewegung zwischen 1870 und 1890, die zeitlich mit dem Realismus zusammenfiel, jedoch eher nostalgisch ausgerichtet und weniger ernsthaft in der Darst. negativer Lebensbedingungen war. Besonders Schriftstellerinnen nutzten diese Form der regionalist. Literatur zur Überwindung der an häusl. Sujets gebundenen ›domestic novel‹ (↑Roman). In der Spätphase der kontinuierl. Erschließung des Kontinents erlangten die neu besiedelten Gebiete wie auch die durch den Bürgerkrieg akzentuierte Sektionalisierung des Landes immer größere Bedeutung, und einflußreiche Literaten wie W. D. Howells förderten die fiktionale Darstellung (u. a. in Kurzgeschichte und Skizze) der unterschiedl. Regionen. So beschrieben das Lokalkolorit der jeweils ihnen vertrauten Region S. O. Jewett, Rose Terry Cooke (* 1827, † 1892) und M. E. W. Freeman (Neuengland), H. Garland (Mittelwesten), M. N. Murfree, K. Chopin, G. W. Cable, L. Hearn und J. C. Harris (Süden) und B. Harte, J. Miller und z. T. auch M. Twain (Westen). Zwar strebten sie die detailgetreue Wiedergabe geograph. und kultureller Besonderheiten (Landschaft, Dialekt, Tracht, regionale Vorstellungen und Gebräuche) an, doch beschränkten sich die fiktionalen Handlungen oft auf sentimentale oder humorvolle Begebenheiten. Auf diese Weise wurden um der interessanten regionalen Einzelheit willen häufig Themen von universalem Interesse vernachlässigt.

Ausgaben: The local colorists. American short stories 1875–1900. Hg. v. C. H. SIMPSON. New York 1960. – American local-color stories. Hg. v. H. R. WARFEL u. G. H. ORIANS. New York 1970.

Literatur: WESTBROOK, P. D.: Acres of flint, writers of rural New England 1870–1900. Wash. (D. C.) 1951. Neuaufl. 1981. – Regionalism in America. Hg. v. M. JENSEN. Madison (Wis.) 1952. – The literature of the American West. Hg. v. J. G. TAYLOR. Boston (Mass.) 1971. – RHODE, R. D.: Setting in the American short story of local color 1865–1900. Den Haag 1975. – DONOVAN, J.: New England local color literature. A women's tradition. New York 1983. – FERRIS, W.: Local color. A sense of place in folk art. New York 1983. – Regionalism and the female imagination. A collection of essays. Hg. v. E. TOTH. New York 1985. – KAZIN, A.: A writer's America. Landscape in literature. New York 1988. – Southern literature and literary theory. Hg. v. J. HUMPHRIES. Athens (Ga.) 1990.

Locke, Alain LeRoy [lɑ:k], * Philadelphia (Pa.) 13. Sept. 1886, † New York 9. Juni 1954, Schriftsteller. – Studierte an den Universitäten von Harvard, Oxford und Berlin, Promotion 1918; Philosophie-Prof. an der Howard University (1912–53). L. lancierte mit seiner Anthologie *The New Negro. An interpretation* (1925; Nachdr. 1968), die die bedeutendsten Werke afroamerikan. Schriftsteller des frühen 20. Jh. abdruckte, die ↑Harlem Renaissance. Vertrat in seinen Schriften einen Menschen verbindenden, Rassendiskriminierung transzendierenden Gedanken der Kunst, die für die Afroamerikaner durch die Berufung auf das gemeinsame afrikan. Kulturerbe zu gemeinschaftsstiftendem Selbstbewußtsein und zum Verständnis der Rassen führen sollte.

Weitere Werke: Race contacts and interracial relations (1916), The Negro in America (Bibliographie, 1933), The Negro and his music (1936; Neudr. 1968), Negro art. Past and present (1936), The Negro in art. A pictorial record of the Negro artist and of the Negro theme in art (1940, Hg.; Neudr. 1969 u. 1971).

Ausgabe: The critical temper of A. L. A selection of his essays on art and culture. Hg. v. J. C. STEWART. New York 1983.

Literatur: BUTCHER, M. J.: The Negro in American culture. Based on materials left by A. L. New York 1956. – The philosophy of A. L. Harlem renaissance and beyond. Hg. v. L. HARRIS. Philadelphia (Pa.) 1989.

Lockridge, Ross [Franklin, Jr.] ['lɑ:krɪdʒ], * Bloomington (Ind.) 25. April 1914, † ebd. 6. März 1948, Schriftsteller. – Lehrte in Indiana und Harvard. Sein einziges Werk, der Roman *Raintree county* (1948; dt. *Das Land des Regenbaums,* 1958), der einen Tag (4. Juli 1892) im Leben eines Schulrektors in einem myth. County in Indiana beschreibt, ist ein bed. Beispiel der regionalen Literatur.

Literatur: LEGGETT, J.: Ross and Tom. Two American tragedies. New York 1974.

London, Jack ['lʌndən], eigtl. John Griffith, später J. G. London (nach seinem Stiefvater), * San Francisco 12. Jan. 1876, † Glen Ellen (Calif.) 22. Nov. 1916, Schriftsteller. – Wuchs als unehel. Kind eines umherziehenden Astrologen in ärml. Verhältnissen auf; führte dann ein abenteuerl. Leben als Fabrikarbeiter, Goldsucher, Landstreicher, Seemann, Berichterstatter im Russisch-Japan. Krieg (1904/05) und schließlich als erfolgreicher Schriftsteller. L. schrieb, von R. Kipling und R. L. Stevenson beeinflußt, v. a. naturalistisch-romant. Tiergeschichten und Abenteuerromane, denen teilweise eigene Erlebnisse zugrunde liegen und die häufig in der Südsee oder in Alaska spielen. Am bedeutendsten sind die Erzählung *The call of the wild* (1903; dt. *Wenn die Natur ruft,* 1907, 1956 u. d. T. *Der Ruf der Wildnis*) über einen Schlittenhund in Alaska, der zu seinem Wolfsrudel in der Wildnis zurückkehrt, und *The sea-wolf* (R., 1904; dt. *Der Seewolf,* 1926, Neuaufl. 1990), der den Konflikt zw. roher Naturgewalt und moralisch bzw. ästhetisch bestimmtem Verhalten auf einem Schiff in der Südseee darstellt. L., der 1901–16 Mitglied der sozialist. Partei war, schrieb unter dem Einfluß von K. Marx und F. Nietzsche sozialkrit. Romane, wie den utop. Entwurf einer sozialist. Gesellschaftsordnung *The iron heel* (1908; dt. *Die eiserne Ferse,* 1922) und stellte seine Entwicklung von seinem früheren Trampleben (*The road,* 1907; dt. *Abenteuer des Schienenstrangs,* 1924) über die Entdeckung des Schriftstellerberufs (*Martin Eden,* 1909; dt. 1927) bis zur Verzweiflung im Alkohol (*John Barleycorn,* 1913; dt. *König Alkohol,* 1925) in autobiograph. Romanen dar.

Weitere Werke: The son of the wolf (R., 1900; dt. Der Sohn des Wolfs, 1927), War of the classes (Abh., 1905; dt. Krieg der Klassen. Sozialist. Schriften, 1983), White fang (E., 1905; dt. Wolfsblut, 1912), Burning daylight (R., 1910; dt. Lockruf des Goldes, 1949), The cruise of the Snark (R., 1911; dt. Die Kreuzfahrt der Snark, 1986), South Sea tales (1911; dt. Südseegeschichten, 1965), The mutiny of the Elsinore (R., 1914; dt. Die Meuterei auf der Elsinore, 1932), Jerry of the islands (R., hg. 1917; dt. Jerry, der Insulaner, 1927), Die Goldgräber am Yukon u.a. Geschichten (dt. Ausw. 1983), Geschichten am Rande der Wirklichkeit. Erzählungen und Essays (dt. Ausw. 1985).

Ausgaben: J. L. Gesamtausg. der Werke. Dt. Übers. v. E. MAGNUS. Bln. 1924–32. 31 Bde. – Works. Hg. v. I. O. EVANS. 1962–68. 18 Bde. – J. L. Werke. Tb.-Ausg. Dt. Übers. v. E. MAGNUS. Bln. 1963–70. 18 Bde. – Letters. Hg. v. K. HENDRICKS u. I. SHEPARD. New York 1965. – J. L. on the road. The tramp diary and other hobo writings. Hg. v. R. W. ETULAIN. Logan (Utah) 1979. Nachdr. 1987. – The unabridged J. L. Hg. v. L. TEACHER u. R. E. NICHOLLS. Philadelphia (Pa.) 1981. – J. L. Bd. 1: Novels and stories. Bd. 2: Novels and social writings. Hg. v. D. PIZER. New York 1982. – The letters of J. L. Hg. v. E. LABOR, R. C. LEITZ, III, u. I. M. SHEPARD. Stanford (Calif.) 1988. 3 Bde. – Unter dem Sonnensegel. En. u. Essays. Hg. v. R. M. HAHN. Ffm. 1989. – ›John Barleycorn‹. Hg. v. J. SUTHERLAND. New York 1990. – Alaska-En. Hg. v. U. HORSTMANN. Übers. v. R. VON SAVIGNY. Mchn. 1990.

Literatur: STONE, I.: Sailor on horseback. The biography of J. L. Cambridge (Mass.) 1938. Dt. Zur See und im Sattel. Mchn. 1969. – LONDON, J.: J. L. and his times. An unconventional biography. New York 1939. – LABOR, E.: J. L. New York 1974. – RECKNAGEL, R.: J. L. Leben und Werk eines Rebellen. Bln. 1974. Neuaufl. 1989. – SHERMAN, J. R.: J. L. A reference guide. Boston (Mass.) 1977. – SINCLAIR, A.: Jack. A biography of J. L. New York 1977. Dt. Übers. J. L. Eine Biographie. Ffm. 1982. – PERRY, J.: J. L. An American myth. Chicago (Ill.) 1981. – HEDRICK, J. D.: Solitary comrade. J. L. and his work. Chapel Hill (N. C.) 1982. – Critical essays on J. L. Hg. v. J. TAVERNIER-COURBIN. Boston (Mass.) 1983. – WATSON, C.: The novels of J. L. A reappraisal. Madison (Wis.) u. a. 1983. – JOHNSTON, C.: J. L. An American radical? Westport (Conn.) 1984. – LUNDQUIST, J.: J. L. Adventures, ideas and fiction. New York 1987. – STASZ, C.: American dreamers. Charmian and J. L. New York 1988. – ZAMEN, M. E.: Standing room only. J. L.'s controversial career as a public speaker. New York u. a. 1990.

Longfellow, Henry Wadsworth ['lɔːŋfɛloʊ], * Portland (Maine) 27. Febr. 1807, † Cambridge (Mass.) 24. März 1882, Schriftsteller. – Studierte zusammen mit N. Hawthorne, war 1829–35 Prof. für Literatur und moderne Sprachen am Bowdoin College (Maine), 1836–54 an der Harvard University. Nach Aufenthalten in Frankreich, Italien, Spanien und Deutschland (1826–29) war L., v. a. durch seine einfühlsamen Übersetzungen, ein bed. Vermittler europ. Literatur in den USA. Sein Werk ist von der dt. Romantik, der schott. Balladendichtung und den Dichtern des Viktorian. Englands, bes. A. Tennyson, beeinflußt. Die Versepen, unter denen *Evangeline. A tale of Acadie* (1847; dt. *Evangeline,* 1851) und *The song of Hiawatha* (1855; dt. *Das Lied von Hiawatha,* 1856) herausragen, entnehmen ihre Themen der amerikan. Geschichte und der indian. Mythologie. Viele seiner formal vollendeten, patriot. Gedichte sind zu Klassikern der amerikan. Schulbildung geworden (*Paul Revere's ride,* 1861). Zu seinen bedeutendsten Leistungen zählen die aus Trauer über den Verlust der zweiten Frau begonnene Übersetzung von Dantes *Divina Commedia* (1865–67; mit J. R. Lowell und Charles E. Norton [* 1827, † 1908]) und ein dazugehöriger Sonettzyklus. L. war zu seinen Lebzeiten einer der in Europa und den USA bekanntesten Schriftsteller, der als einziger Amerikaner in die ›Poet's Corner‹ von Westminster Abbey aufgenommen wurde.

Weitere Werke: Voices of the night (Ged., 1839), Hyperion (Romanze, 1839; dt. 1856), Ballads and other poems (1842), The Belfry of Bruges and other poems (1845), Kavanagh (R., 1949; dt. 1951, 1972 u. d. T. Ein Kirchenspiel wie Fairmeadow. Kleinstadtkleinigkeiten um allerhand große Leute und eine Brieftaube), The courtship of Miles Standish and other poems (Vers-Nov., 1858; dt. Miles Standishs Brautwerbung, 1859), Tales of a wayside inn (3 Tle., 1863, 1872, 1874; zus. 1886), Christus. A mystery (Dramentrilogie, 1872: The divine tragedy, 1871; The golden legend, 1851, dt. Die goldene Legende, 1860; The New England tragedies, 1868), Ultima Thule (Ged., 1880).

Ausgaben: H. W. L. Sämtl. poet. Werke in 2 Bdn. Dt. Übers. v. H. SIMON. Lpz. 1883. Nachdr. 1916. – H. W. L. The works. Hg. v. S. LONGFELLOW. Boston (Mass.) 1886–91. 14 Bde. (mit Biogr.). – The essential L. Hg. v. L. LEARY. New York 1963. – The letters of H. W. L. Hg. v. A. HILEN. Cambridge (Mass.) 1966–83. 6 Bde.

Literatur: BROOKS, Van W.: The flowering of New England, 1815–1865. New York 1936. Dt. Die Blüte Neuenglands. L., Emerson u. ihre Zeit. Mchn. 1948. – ARVIN, N.: L. His life and work. Boston (Mass.) u. a. 1963. – WAGENKNECHT, E.: H. W. L. Portrait of an American humanist. New York 1966. – THOMPSON, L. R.: Young L. (1807–1843). Neuaufl. New York 1969. – TUCKER, E. L.: The sharpening of L.'s ›John Endicott‹. A textual history including two earlier versions. Charlottesville (Va.) 1985. – MARTENS, K.: Die ausgewanderte ›Evangeline‹. Longfellows ep. Idylle im übersetzer. Transfer. Paderborn 1989. – CHEVALIER, J. M.: Semiotics, romanticism, and the scriptures. Bln. 1990.

Longstreet, Augustus Baldwin ['lɔ:ŋstri:t], * Augusta (Ga.) 22. Sept. 1790, † Oxford (Miss.) 9. Juli 1870, Schriftsteller. – War hoher Richter und Präsident verschiedener Colleges und Universitäten in Georgia, Mississippi, und South Carolina; schrieb die seinerzeit sehr erfolgreichen humoristisch-realist. Skizzen über das Leben im amerikan. Süden, *Georgia scenes, characters, and incidents* (1835), sowie den teilweise autobiograph. Roman über seine Jugend in Georgia *Master William Mitten* (1864).

Literatur: The rambler in Georgia. Hg. v. M. LANE. Savannah (Ga.) 1969. – PHILLIPS, R. L.: The novel and romance in Middle Georgia humor and local color. Chapel Hill (N. C.) 1971. – KING, K.: A. B. L. Boston (Mass.) 1984.

Loos, Anita [lu:s], * Sisson (heute Mt. Shasta, Calif.) 26. April 1893, † New York 18. Aug. 1981, Schriftstellerin. – Schrieb Unterhaltungsliteratur und wurde v. a. bekannt durch den humorist. Roman *Gentlemen prefer blondes* (1925; dt. *Blondinen bevorzugt,* 1927) über die Vorliebe einer Blondine für reiche Männer; daneben verfaßte sie Untertitel zu den Stummfilmen des Regisseurs D[avid] W[ark] Griffith (* 1875, † 1948), später Drehbücher.

Weitere Werke: But – gentlemen marry brunettes (R., 1928; dt. Brünette heiraten, 1929, 1986 u. d. T. Genleman heiratet Brünette), A mouse is born (Dr., 1951), Gigi (Dr., 1952), This brunette prefers work (Autobiogr., 1956), No mother to guide her (R., 1961), A girl like I (Autobiogr., 1966), Twice over lightly. New York then and now (Erinnerungen, 1972), Kiss Hol-

lywood good-by (Autobiogr., 1974), The Talmadge girls (Erinnerungen, 1979).
Literatur: CAREY, G.: A. L. A biography. London 1988.

Lorde, Audre [Geraldine] [lɔ:rd], * New York 18. Febr. 1934, Schriftstellerin. – Seit 1981 Englisch-Prof.in am Hunter College in New York. L. versucht in ihren Gedichten die afrikanisch-karib. Tradition ihrer Vorfahren als eigenständiges Kulturerbe in der für sie rassist. amerikan. Gesellschaft zu evozieren (*Coal,* 1976; *The black unicorn,* 1978). Erlittenes Leid setzt sie in poet. Kreativität um und schafft mit Hilfe der afrikan. Mythologie imaginativ die Grundlage für ein harmon. Leben. Ihre feminist. Einstellung, die sich auch gegen die Führungsrolle des Mannes in der Bürgerrechtsbewegung richtet, zeigt sich im Rückgriff auf matrilineare Formen des Zusammenlebens, im Bekenntnis zu lesb. Liebe v. a. in dem autobiograph. Roman *Zami. A new spelling of my name* (1982; dt. *Zami. Eine Mythobiografie,* 1986) und in Essaybänden (*Sister outsider,* 1984).
Weitere Werke: The first cities (Ged., 1968), Cables to rage (Ged., 1970), From a land where other people live (Ged., 1973), The New York head shop and museum (Ged., 1975), Between ourselves (Ged., 1976), The cancer journals (1980), Chosen poems, old and new (1982), Our dead behind us (Ged., 1986), Apartheid U. S. A. & our common enemy, our common cause. Freedom organizing in the eighties (Essays, 1986; mit Merle Woo), I am your sister. Black women organizing across sexualities (Essays, 1986; mit Merle Woo), Burst of Light (Essays, 1988; dt. Lichtflut, 1988).
Ausgabe: Macht und Sinnlichkeit. Ausgew. Texte von Adrienne Rich u. A. L. Hg. v. D. SCHULZ. Bln. 1983.
Literatur: Black women writers at work. Hg. v. C. TATE. New York 1983. – Black women writers. Hg. v. M. EVANS. New York 1984. – CHRISTIAN, B.: Black feminist criticism. Perspectives on black women writers. New York 1985.

Lost generation ['lɔ:st ˌdʒenə'reɪʃən], ein G. Steins Bemerkung ›You are all a lost generation‹ im Gespräch mit E. Hemingway in Paris entstammender Begriff für eine Gruppe amerikan. Schriftsteller der 20er Jahre, die durch das desillusionierende Erlebnis des 1. Weltkrieges ein von konventionellen Werten freies Bohème-Leben in Europa, meist Paris führten. Hemingway machte Steins Ausspruch zum Motto seines die existentielle Situation expatriierter Menschen schildernden Romans *The sun also rises* (1926). Zu diesen auch als ›Expatriates‹ bezeichneten Schriftstellern der L. g. gehören u. a. E. E. Cummings, M. Cowley, J. Dos Passos, F. S. Fitzgerald und Hemingway. Der Begriff wurde dann auch auf europ. Schriftsteller wie E. M. Remarque, E. Toller, W. E. S. Owen und A. Huxley angewendet.
Literatur: KAZIN, A.: On native grounds. An interpretation of modern American prose literature. New York 1942. Dt. Übers. Amerika. Selbsterkenntnis u. Befreiung. Freib. u. a. 1951. – COWLEY, M.: A second flowering. Works and days of the l. g. New York 1973. – FITCH, N. R.: Silvia Beach and the l. g. A literary history of Paris in the twenties and thirties. New York 1983. – Letters from the l. g. Hg. v. L. P. MILLER. New Brunswick (N. J.) 1991.

Lovecraft, H[oward] P[hilipps] ['lʌvkræft], * Providence (R. I.) 20. Aug. 1890, † ebd. 15. März 1937, Schriftsteller. – Autodidakt. Studien der engl. Schriftsteller des 18. Jh. sowie die unheiml. Stimmung got. Schauerromane und v. a. von E. A. Poes Erzählungen bilden die Basis von L.s phantastisch-makabren Horrorgeschichten, die einerseits im Stil des psycholog. Realismus Ängste des kollektiven Unbewußten evozieren (*The rats in the walls,* 1924; *At the mountains of madness,* 1931), andererseits im Vorgriff auf die Sciencefiction (↑Utopie) den Einbruch kosm. Kräfte in die Alltagswelt zeigen (*The shadow out of time,* 1934–35). Seine die unheiml. Macht entthronter Götter, leichenfressender Dämonen und schauriger Lemuren darstellenden Geschichten wie *The call of Cthulhu* (1926) hat er zur Cthulhu-Mythologie ausgebaut. Diese erst postum gesammelten Horrorgeschichten sind v. a. von Vertretern des ↑Postmodernismus in den 70er und 80er Jahren rezipiert worden. Schrieb auch

Gedichte sowie eine einflußreiche literaturkrit. Studie *Supernatural horror in literature* (1927; dt. *Die Literatur des Grauens,* 1985).

Weitere Werke: The cats of Ulthar (En., 1935; dt. Die Katzen von Ulthar u. a. En., 1980), The lurker at the threshold (1945; dt. Das Grauen vor der Tür. Phantast. Roman in 3 En., 1982; mit A. Derleth), The case of Charles Dexter Ward (hg. 1951; dt. Der Fall Charles Dexter Ward. 2 Horrorgeschichten, 1971), The dream quest of unknown Kadath (R., hg. 1955; dt. Die Traumfahrt zum unbekannten Kadath, 1980), The dark brotherhood and other pieces (hg. 1966; dt. Die dunkle Brüderschaft. Unheiml. Geschichten, 1987), Cthulhu. Geistergeschichten (dt. Ausw. 1968), Das Ding auf der Schwelle. Unheiml. Geschichten (dt. Ausw. 1969), Berge des Wahnsinns. 2 Horrorgeschichten (dt. Ausw. 1970), Stadt ohne Namen. Horrorgeschichten (dt. Ausw. 1973), Der Schatten aus der Zeit. Geschichten (dt. Ausw. 1982).

Ausgaben: The best supernatural stories of H. P. Hg. v. A. DERLETH. Cleveland (Ohio) u. a. 1945. – H. P. L. Collected poems. Sauk City (Wis.) 1963. – H. P. L. Selected letters. Hg. v. A. DERLETH u. D. WANDREI. Sauk City (Wis.) 1965–76. 5 Bde. – The H. P. L. Christmas book. Hg. v. S. MICHAUD. West Warwick (R. I.) 1984. – L.-Lesebuch. Hg. v. F. ROTTENSTEINER. Ffm. 1987.

Literatur: COOK, W. P.: H. P. L. A portrait. Baltimore (Md.) 1968. – Reader's guide to the Cthulhu Mythos. Albuquerque (N. Mex.) ²1973. – LONG, F. B.: Dreamer on the night side. Sauk City (Wis.) 1975. – SPRAGUE DE DAMP, L.: L. A biography. Garden City (N. Y.) 1975. – GATTO, J. T.: The major works of H. P. L. New York 1977. – SHREFFLER, P. A.: The H. P. L. companion. Westport (Conn.) 1977. – FAIG, K. W.: H. P. L. His life, his work. West Warwick (R. I.) 1979. – H. P. L. Four decades of criticism. Hg. v. S. T. JOSHI. Athens (Ohio) 1980. – H. P. L. Der Poet des Grauens. Hg. v. H. J. ALPERS. Meitingen 1983. – Über H. P. L. Hg. v. F. ROTTENSTEINER. Ffm. 1984. – DAVIS, S. H.: The private life of H. P. L. West Warwick (R. I.) 1985. – ZACHRAU, T.: Mythos u. Phantastik. Funktion u. Struktur der Cthulhu-Mythologie in den phantast. Erzählungen H. P. L.s. Ffm. 1987. – LÉVY, M.: L. A study in the fantastic. Übers. v. S. T. JOSHI. Detroit (Mich.) 1988. – CANNON, P. H.: H. P. L. Boston (Mass.) 1989.

Lowell, Amy ['loʊəl], * Brookline (Mass.) 9. Febr. 1874, † ebd. 12. Mai 1925, Lyrikerin. – Wie andere Mitglieder der angesehenen Neuenglandfamilie führte L. ein unkonventionelles Leben. Frühe Gedichte (*A dome of many-coloured glass,* 1912) lassen den Einfluß John Keats' erkennen, über den sie eine Biographie verfaßte (1925). Kam 1913 über E. Pound in London mit den Imagisten (↑Imagismus) in Kontakt, deren Hauptvertreterin sie in Amerika durch die Herausgabe von Anthologien (*Some Imagist poets,* 1915–17), durch literaturkrit. Essays (*Tendencies in modern American poetry,* 1917) und durch die Veröffentlichung eigener, in freien Rhythmen (›polyphon. Prosa‹) und mit esoter. Bildern geschriebenen Gedichten wurde (*Sword blades and poppy seed,* 1914; *Men, women, and ghosts,* 1916; *Can Grande's castle,* 1918; *Pictures of the floating world,* 1919). In Anlehnung an J. R. Lowells *A fable for critics* entstand das zeitgenöss. Dichter charakterisierende Gedicht *A critical fable* (1922). 1926 erhielt sie postum den Pulitzerpreis für den Gedichtband *What's o'clock?* (1925).

Weitere Werke: Legends (Ged., 1921), East wind (Ged., hg. 1926), Ballads for sale (hg. 1927), Poetry and poets (Essays, hg. 1930).

Ausgaben: A. L. The complete poetical works. Hg. v. L. UNTERMEYER. Boston (Mass.) 1955. – The letters of D. H. Lawrence and A. L., 1914–1925. Hg. v. E. C. HEALEY u. K. CUSHMAN. Santa Barbara (Calif.) 1985.

Literatur: GREGORY, H.: A. L. Portrait of the poet in her time. Edinburgh u. a. 1958. – GOULD, J.: Amy. The world of A. L. and the imagist movement. New York 1975. – RUIHLEY, G. R.: The thorn of a rose. A. L. reconsidered. Hamden (Conn.) 1975. – HEYMANN, C. D.: American aristocracy. The lives and times of James Russell, A. and Robert L. New York 1980.

Lowell, James Russell ['loʊəl], * Cambridge (Mass.) 22. Febr. 1819, † Elmwood bei Cambridge (Mass.) 12. Aug. 1891, Schriftsteller. – Ursprünglich Jurist; war 1855–86 (als Nachfolger H. W. Longfellows) Prof. für Literatur und moderne Sprachen an der Harvard University; 1877–80 Gesandter in Madrid, 1880–85 in London; neben Charles Eliot Norton (* 1827, † 1908) und Longfellow, dessen

Vermittlung europ. Literatur er u. a. als der erste Hg. von *The ↑Atlantic Monthly* (1857–61) fortsetzte, einer der einflußreichsten amerikan. Autoren. Er begann mit aggressiver, zeitkrit. Dichtung oft satir. Prägung, in der er sich u. a. gegen den Mexikanisch-Amerikan. Krieg (1846–48) und für die Sklavenbefreiung einsetzte, so in zwei Serien der im Yankeedialekt verfaßten *Biglow papers* (Verssatiren, 1848 u. 1867), bzw. mit seinen 26 literaturkrit. Schriftstellerporträts ein Bild der amerikan. Literatur Mitte des 19. Jh. gab (*A fable for critics,* Verssatire, 1848). L. war auch ein bed. Essayist.

Weitere Werke: The vision of Sir Launfal (Ged., 1948), Among my books (Essays, 2 Bde., 1870, 1876), Democracy and other addresses (Essays und Reden, 1887), Political essays (1888).

Ausgaben: Letters of J. R. L. Hg. v. C. E. NORTON. New York 1894. 2 Bde. Nachdr. 1966. – Anti-slavery papers of J. R. L. Hg. v. W. B. PARKER. Westport (Conn.) 1902. 2 Bde. Nachdr. 1970. – The complete writings of J. R. L. 1870–76. Hg. v. C. E. NORTON. Boston (Mass.) 1904. 16 Bde. Nachdr. 1966. – New letters of J. R. L. Hg. v. M. A. DE WOLFE HOWE. New York 1932. – J. R. L. Uncollected poems. Hg. v. T. M. SMITH. Philadelphia (Pa.) 1950. – ›The Biglow papers‹. A critical edition. Hg. v. T. WORTHAM. DeKalb (Ill.) 1977. – The poetical works of J. R. L. Hg. v. M. R. KAUFMAN. Boston (Mass.) 1978.

Literatur: SCUDDER, H. E.: J. R. L. A biography. London 1901. – HOWARD, L.: Victorian knight-errant. A study of the early literary career of J. R. L. Berkeley (Calif.) 1952. Nachdr. Westport (Conn.) 1971. – DUBERMAN, M. B.: J. R. L. Boston (Mass.) 1966. – MCGLINCHEE, C.: J. R. L. New York 1967. – Literary criticism of J. R. L. Regents critics series. Hg. v. H. F. SMITH. Lincoln (Nebr.) 1969. – WAGENKNECHT, E.: J. R. L. Portrait of a many-sided man. New York 1971. – HEYMANN, C. D.: American aristocracy. The lives and times of J. R., Amy, and Robert L. New York 1980.

Lowell, Robert [Traill Spence Jr.] ['loʊəl], * Boston (Mass.) 1. März 1917, † New York 12. Sept. 1977, Lyriker. – Studierte u. a. an der Harvard University Literatur; trat 1940 zum Katholizismus über; Pazifist. L. gilt heute als einer der bedeutendsten modernen amerikan. Lyriker. Die frühen Gedichte folgen den formalist. Techniken moderner Dichter im Süden, wie denen A. Tates, und behandeln die Konversion L.s von der puritan. Tradition seiner neuengl. Familie zum Katholizismus (*Land of unlikeness,* 1944; *Lord Weary's castle,* 1946, Pulitzerpreis 1947; *The mills of the Kavanaughs,* 1951). Nach dem Bruch mit dem kath. Glauben schuf er in der Krise seiner mittleren Schaffensperiode mit der Hinwendung zum eigenen Leben und zu einer prosahaften Sprache eine Form der Konfessionsdichtung, die bes. auf S. Plath und A. Sexton wirkte (*Life studies,* 1959, erweitert 1968; *For the union dead,* 1964, engl. und dt. *Für die Toten der Union,* 1969; *Near the ocean,* 1967). In der letzten Phase versuchte L., über seine eigene Person hinaus den Zeitgeist in histor. und z. T. eleg. Gedichtzyklen zu erfassen. Auch Übersetzer aus dem Französischen (u. a. J. Racine) und Griechischen (u. a. Homer, Sappho).

Weitere Werke: Imitations (Ged., 1961), Notebooks 1967–68 (Ged., 1969), The dolphin (Ged., 1973; Pulitzerpreis 1974), For Lizzie and Harriet (Ged., 1973), History (Ged., 1973), Selected poems (1976), Day by day (Ged., 1977), Gedichte (Ausw., engl. und dt. hg. 1982).

Ausgabe: Collected Prose. Hg. v. R. GIROUX. New York 1987.

Literatur: PARKINSON, T. F.: R. L. A collection of critical essays. Englewood Cliffs (N. J.) 1968. – COOPER, P.: The autobiographical myth of R. L. Chapel Hill (N. C.) 1970. – AXELROD, S. G.: R. L. Life and art. Princeton (N. J.) 1978. – FEIN, R. J.: R. L. New York [2]1979. – RAFFEL, B.: R. L. New York 1981. – AXELROD, S. G.: R. L. A reference guide. Boston (Mass.) 1982. – HAMILTON, I.: R. L. A biography. New York 1982. – RUDMAN, M.: R. L. An introduction to the poetry. New York 1983. – R. L. Essays on the poetry. Hg. v. S. G. AXELROD u. H. DEESE. Cambridge (Mass.) 1986. – R. L. Hg. v. H. BLOOM. New York 1987. – MATTERSON, S.: Berryman and L. The art of losing. Totowa (N. J.) 1988. – R. L. Interviews and memoirs. Hg. v. J. MEYERS. Ann Arbor (Mich.) 1988. – WALLINGFORD, K.: R. L.'s language of the self. Chapel Hill (N. C.) 1988.

Ludlum, Robert ['lʌdləm], * New York 25. Mai 1927, Schriftsteller. – Verfasser spannender Agenten- und Detektivromane (*The Bourne identity,* 1978, dt. *Der Borowski-Betrug,* 1981; *The Holcroft cove-*

nant, 1978, dt. *Der Holcroft-Vertrag,* 1983), die als populäre Unterhaltungsliteratur auch erfolgreich verfilmt werden. Schreibt auch unter den Pseudonymen Jonathan Ryder (*Trevayne,* 1973, dt. *Das Genessee-Komplott,* 1984; *The cry of the Halidon,* 1974, dt. *Die Halidon-Verfolgung,* 1989) und Michael Shepherd (*The road to Gandolfo,* 1975; dt. *Der Gandolfo-Anschlag,* 1983).

Weitere Werke: The Scarlatti inheritance (1971; dt. Das Scarlatti-Erbe, 1982), The Matlock papers (1973; dt. Die Matlock-Affaire, 1980), The gemini contenders (1976; dt. Das Jesuspapier, 1982), The Matarese circle (1979; dt. Der Matarese-Bund, 1980), The Parsifal mosaic (1982; dt. Das Parzifal-Mosaik, 1982), The Aquitaine progression (1984; dt. Die Aquitaine-Verschwörung, 1985), The Bourne supremacy (1986; dt. Die Borowski-Herrschaft, 1986), The Icarus agenda (1988; dt. Der Ikarus-Plan, 1988), The Bourne ultimatum (1990; dt. Das Borowski-Ultimatum, 1990), On road to Omaha (1991; dt. Das Omaha-Komplott, 1992).

Lurie, Alison ['lu:ri], * Chicago (Ill.) 3. Sept. 1926, Schriftstellerin. – Studierte am Radcliffe College in Cambridge (Mass.); seit 1968 Englisch-Prof.in an der Cornell University, die u. a. auch Schauplatz ihrer Universitätsromane ist, in denen sie im Stil der Sittenromane von H. James bzw. F. S. Fitzgerald die berufl., familiären und zwischenmenschl. Probleme der Frau in der akadem. Welt (*Love and friendship,* 1962, dt. *Liebe und Freundschaft,* 1987; *The war between the Tates,* 1974, dt. *Familienkrieg,* 1976, 1988 u. d. T. *Ein ganz privater kleiner Krieg; Foreign affairs,* 1984, dt. *Affären. Eine transatlant. Liebesgeschichte,* 1986; Pulitzerpreis 1985) sowie die bes. Situation der Schriftstellerin behandelt (*Real people,* 1969). Schreibt auch Kindergeschichten (*Fabulous beasts,* 1981; dt. *Vom Salamander, der im Feuer lebt und anderen Fabeltieren,* 1981, 1984 u. d. T. *Vom wundersamen Einhorn und anderen Fabeltieren*).

Werke: The nowhere city (R., 1965; dt. Nowhere City, 1991), Imaginary friends (R., 1967; dt. Varna oder imaginäre Freunde, 1988), Only children (R., 1979), The heavenly zoo (Kindergeschichten, 1979), Clever Gretchen and other forgotten folktales (Kindergeschichten, 1980), The language of clothes (Studie, 1981), The truth about Lorin Jones (R., 1988; dt. Die Wahrheit über Lorin Jones, 1990), Don't tell the grown-ups (Essays, 1990).

Lyrik, die im Gegensatz zu Roman und Drama seit der Besiedlung des amerikan. Kontinentes durch engl. Einwanderer im 17. Jh. existente Literaturgattung. – Von den polit. Ereignisse in den südl. und mittleren Regionen thematisierenden Gelegenheitsgedichten und Balladen blieb lediglich die von George Sandys (* 1578, † 1644) während seines Aufenthaltes in Virginia (1621–25) durchgeführte, mit zahlreichen Hinweisen auf Amerika versehene Übersetzung *Ovid's Metamorphosis Englished by G. S.* (1626) von Bedeutung. Dagegen entstanden in Neuengland früh parallel zur religiösen Praxis puritan. Gedichte, deren zentrale Stellung für die Entwicklung der amerikan. L. bis ins 20. Jh. z. T. erst in den letzten Jahren erkannt wurde. Kennzeichen der puritan. Dichtung sind thematisch die enge Bindung an bibl. Stoffe, formal die Techniken der Metaphysical poets im Mutterland. Die lyr. Umsetzung der Bibel, die anfänglich in dem ersten in Amerika gedruckten Buch, dem metr. Psalmenfassungen für den Gottesdienst enthaltenden ↑ *Bay Psalm Book* (1640), sich eng an das Original anlehnte, wurde zunehmend freier, wobei das didakt. Element allerdings beibehalten wurde. So stellte der heute wenig geschätzte M. Wigglesworth in *The day of doom* (1662) eine damals weitverbreitete Poetisierung des Jüngsten Gerichts dar, und der erst 1937 entdeckte, heute wegen der modernen Bildersprache als einer der vollendetsten puritan. Autoren und Barockdichter geltende E. Taylor nutzte seine an die Gedichte der Metaphyical poets erinnernden lyr. Interpretationen der Bibel als Vorbereitung für seine Predigten. Das frühe Gedicht des nur vorübergehend in Neuengland lebenden Thomas Tillam (* ?, † um 1668) *Uppon the first sight of New-England June 29 1638* sowie die das familiäre Leben aus der Sicht der Ehefrau und Mutter schildernden Gedichte A. Bradstreets (*The Tenth Muse, lately sprung up in America,* 1650) sind beispielhaft für die das puritan. Denken bestimmende typolog. Analogie, nach der alle Ereignisse des Lebens eine Entsprechung in der Bibel haben. Barokke, aus Europa nach Amerika verpflanzte Literaturformen sind die in Neuengland am weitesten verbreitete christl. Elegie (›funeral elegy‹) sowie das Epitaph wie *Bacons Epitaph, made by his man* (um 1670), als dessen Verfasser John Cotton (um * 1640, † ?) aus Queen's Creek in Virginia vermutet wird. Satir. Verserzählung verwandte der bed. erste kolonialbürtige Dichter Benjamin Tompson (* 1642, † 1714) zur Darstellung der Auseinandersetzung mit Indianern (*New England crisis. Or a brief narrative, of New-England's lamentable estate at present ...,* 1676).

Im Laufe des 18. Jh. setzte sich die religiöse Erbauungsliteratur in der L. fort, erhielt allerdings zunehmend polit. Relevanz, wie sich an den christl. Elegien und zeitkrit., u. a. die Rassendiskriminierung anmahnenden Gedichten der ersten afroamerikan. Dichterin P. Wheatleys zeigte. Engl. Vorbild war nun A. Popes neoklass., satir. und kom. Ependichtung, die der heute als amerikan. Dichter geltende Ebenezer Cook (* 1667, † 1723) in *The sotweed factor* (1708) und später v. a. die Vertreter der ↑ Hartfort wits in ihren patriot. Gedichten imitierten. Während J. Trumbull Satiren auf die Tories verfaßte (*M'Fingal,* 1776), thematisierten T. Dwight und J. Barlow Aspekte der Besiedlung Amerikas mit Bezug auf religiöse (*The conquest of Canaan,* 1785) bzw. auf histor. Stoffe (*The Columbiad,* 1807). Der erste professionelle und eigentl. Dichter der Revolution war P. Freneau, dessen zus. mit H. H. Brackenridge verfaßtes Gedicht *The rising glory of America* (1771) die Unabhängigkeit und ein nationales Bewußtsein forderten. Seine späteren Naturgedichte (*The wild honey suckle,* 1786) deuten auf seine Stellung zw. Neoklassik und Romantik hin.

Den Einfluß der engl. Romantiker, bes. W. Wordsworths und Lord Byrons, verrät die Dichtung W. C. Bryants, der in seinem bekanntesten Gedicht über die Vergänglichkeit des Lebens meditiert (*Thanatopsis,* 1817) und Trost aus der Erinnerung an Naturerlebnisse zieht (*To a waterfowl,* 1815). In ähnl. Weise wandten sich die Vertreter der New Yorker Dichtergruppe wie J. R. Drake und F. G. Halleck in Anlehnung an die Maler der ›Hudson River School‹ den pittoresken Elementen der heim. Landschaft zu. Obwohl romant. Elemente, philosoph. Konzepte und europ. Strophenformen in den USA fortwirkten, bildete sich im 19. Jh. allmählich eine eigenständige amerikan. Lyrik heraus. Am bekanntesten waren die heute wenig beachteten ›Fireside poets‹, H. W. Longfellow, J. R. Lowell, O. W. Holmes und J. G. Whittier, die Dichtung für die gemütl. Abende vor dem Kamin schrieben. Holmes' Gedichte waren Teil seiner als Tischgespräche verstandenen vermischten Textsammlungen (*The autocrat of the breakfast-table,* 1860). Als Professoren für Fremdsprachen in Harvard verwandten Longfellow und Lowell europ. Versformen wie die Ballade und Versepen, füllten sie aber mit Stoffen aus der amerikan. (*Evangeline,* 1847) und indian. (*The song of Hiawatha,* 1855) Geschichte. Lowells Verssatiren richteten sich zeitkritisch gegen amerikan. Autoren (*A fable for critics,* 1848) sowie gegen Krieg und Sklaverei (*Biglow papers,* 1848 u. 1867). Im Gegensatz zu diesen drei Vertretern der aristokrat. ↑ Genteel tradition Neuenglands setzte sich der einfachen Verhältnissen entstammende Quäker Whittier hpts. für die Sklavenbefreiung ein und wurde mit der das Landleben feiernden retrospektiven Idylle *Snow-bound* (1866) berühmt. Die in der europ. Romantik spürbaren Auswirkungen des Platonismus und des deutschen Idealismus bestimmten die Dichtkunst des ↑ Transzendentalismus. Die schöpfer. Intuition des Individuums sowie seine Eingebundenheit in eine pantheist. Natur und in die transindividuelle Vorstellung der ›over-soul‹ wurden zur Quelle der Erkenntnis und (auch nationalen) Selbstbestimmung in den Gedichten R. W. Emersons, H. D. Thoreaus und W. E. Channings II, wobei

Emerson seine Vorstellungen von der Alleinheit (*Each and all,* 1839) oft mit myst. Vorstellungen aus der ind. Philosophie verband (*Hamatreya,* 1846). Mystisch sind auch die an die religiöse Erfahrung der Metaphysical poets erinnernden Sonette J. Verys. Gleichzeitig kommt der u. a. in seinem Essay *The poet* (1844) entworfenen Dichtungstheorie Emersons große Bedeutung zu. Danach nimmt der Dichter als souveräner Herrscher von eigenen Gnaden und Mittler der durch ihn wirkenden Schöpferkraft des Schönen eine visionäre Rolle wahr. Die zunehmende Bedeutung poetolog. Überlegungen Mitte des Jh. zur Abgrenzung der Gattungen voneinander zeigte sich v. a. auch bei E. A. Poe, der Dichtung als rhythm. Verwirklichung der Idee des Schönen und als psych. Erhebung der Seele verstand (*The Philosophy of composition,* 1846; *The poetic principle,* 1850), sowie ähnlich bei S. Lanier, der die Kompositionsgesetze der Musik auf die Lyrik zur Schaffung emotionaler Wirkung zu übertragen versuchte (*The science of English verse,* 1880). Poes Poesie, die mit der häufigen Thematisierung des Todes einer schönen Frau (*The Raven,* 1845) noch der Romantik verpflichtet ist, leitet formal über zur symbolist. L. und erweist sich heute als erstaunlich modern.

Die eigenständige amerikan. L. beginnt mit den oft als komplementär gesehenen Gedichten von W. Whitman und E. Dickinson, die heute als Vorläufer der Moderne anerkannt sind. Während Whitman in dem seit 1855 immer wieder erweiterten Gedichtband *Leaves of grass* das Emersonsche Gedankengut von der Alleinheit des Individuums kosmisch ausweitete (*Song of myself*), den Gedanken der Verbrüderung der amerikan. Nation betonte und neben den geistigen Aspekten auch den physisch-sexuellen in seinen in freien Rhythmen gestalteten katalogartigen Versen Raum gab, befaßte sich Dickinson ebenfalls in Anlehnung an Emerson und an die puritan. L. in minimalist., metr. und rhythm. Einheiten von Kirchenliedern und Psalmen nachempfundenen Versen mit Alltagserlebnissen, den häufig miteinander verbundenen Phänomenen von Liebe und Tod (*Because I could not stop for death*), religiösen wie poetolog. Fragestellungen (*A word is dead; A word that breathes distinctly*). Ausgenommen von dieser Ausrichtung auf die Moderne, die in den unter dem Einfluß Dickinsons entstandenen, imagist. Techniken vorwegnehmenden Gedichten S. Cranes (*The black riders,* 1895) in freien Rhythmen zum Ausdruck kamen, entstanden die anläßlich des Bürgerkriegs verfaßten naturalist., nationalist. und eleg. Gedichte W. Whitmans (*Drum-taps,* 1865), H. Melvilles (*Battle-pieces and aspects of the war,* 1866) und H. Timrods (*Ode,* 1867) sowie einige sozialkrit. (E. Markham, *The man with the hoe,* 1899) bzw. afroamerikan. (P. L. Dunbar, *Lyrics of lowly life,* 1896) Gedichte.

Im 20. Jh. gaben amerikan. Dichter die wesentl. Impulse für die Begründung des literar. ↑Modernismus mit seiner Betonung subjektiver Visionen und esoter. Strukturen und etablierten den internationalen Rang amerikan. Literatur. So beginnt mit den hpts. in Europa lebenden E. Pound und T. S. Eliot eine Neuorientierung in der L.; 1912 die von Pound lancierte Bewegung des ↑Imagismus, die die ästhet. Qualitäten subjektiver Momentaufnahmen herausarbeitete und dem sich u. a. J. G. Fletcher, A. Lowell, H. Doolittle in Europa und teilweise W. C. Williams anschlossen. Eliots *Wasteland* (1922) und Pounds *Cantos* (1917–69) sind international zum Inbegriff moderner Lyrik geworden. In den USA wurde mit der Gründung der von H. Monroe hg. Zs. ↑*Poetry* 1912 und anderen ↑Little magazines ein Forum für Vertreter der modernen Lyrik geschaffen, die für ihre Dichtung amerikan. Schauplätze und Themen wählten. Den traditionellen Formen der sich mit dem Leben einfacher Menschen beschäftigenden Gedichte wie V. Lindsays rezitativ vorgetragener Gesellschaftskritik, E. L. Masters' Epitaphiensammlung, C. Sandburgs krit. Lobpreis Amerikas, R. L. Frosts Zuflucht zur Natur Neuenglands und E. A. Robinsons Versepen einerseits standen die die moderne Technologie ästhetisierende Dichtung H. Cranes, die synästhet. Konstruktionen W. Stevens', die unkonventionellen Metaphern M. Moores, die radikalen Form- und Sprachexperimente E. E. Cummings andererseits gegenüber. In den 20er und 30er Jahren formierten sich auch neue ethnisch, programmatisch und regional, orientierte Dichtergruppen. So die das Bild des ›New Negro‹ in oft den Jazz-Rhythmen entlehnten Gedichten beschwörenden Dichter der ↑Harlem Renaissance (J. W. Johnson, C. Cullen, L. Hughes, C. McKay, J. Toomer, M. Walker); die Vertreter der ausgehend von einem konkreten Objekt den Prozeß der dichter. Imagination assoziativ beschreibenden Bewegung des ›objectivism‹ (W. C. Williams, C. Reznikoff und L. Zukofsky) sowie die sich an konservativen Werten des agrar. Südens orientierenden ↑Fugitives (J. C. Ransom, A. Tate, R. P. Warren, A. Lytle, R. Jarrell), deren Dichtung im engen Zusammenhang mit der der modernen L. entsprechenden Interpretationsmethode des ↑New criticism steht. Modernist. Gedichte in diesem Sinne schrieben z. T. bis in die Gegenwart E. S. V. Millay, S. V. Benét, A. MacLeish, D. Schwartz, K. Shapiro, D. Ignatow, S. Kunitz, T. Roethke, L. Riding, R. Eberhart und Y. Winters.

In der L. nach dem 2. Weltkrieg zeigt sich der Übergang vom formorientierten Modernismus zum postmodernen Spiel bei den als Avantgarde begriffenen Vertretern der drei Zentren der 50er und 60er Jahre: New York (F. O'Hara, K. Koch, W. S. Merwin, J. Ashbery), Black Mountain (C. Olson, R. Creely, R. Duncan), San Francisco (A. Ginsberg, K. Rexroth, J. Wieners, G. S. Snyder, G. Corso). Unter dem Eindruck der Bürgerrechts- und Anti-Vietnam-Bewegung wurde Lyrik zum Mittel polit. und sozialen Protests (R. Lowell, R. Bly, D. Levertov, G. Paley) sowie ethn. Identifikation (L. Jones/A. Baraka, G. Brooks, S. Ortiz, G. R. Vizenor, A. Lorde, J. Rothenberg). E. Bishop, J. Merrill und bes. J. A. Ashbery bestimmten die 70er Jahre. In den meisten ihrer Gedichte beleuchteten sie die Dichterexistenz wie R. Lowell, A. Sexton, D. Wakoski, W. D. Snodgrass und A. Goldbarth in ihrer Bekenntnislyrik. Der durch diese Selbstfindung eingeleitete konservative Trend setzte sich bei der jüngeren Generation (Frank Bidart [* 1940], R. Pinsky, L. Glück, A. R. Ammons und D. Smith) fort und verdrängte den Einfluß der Avantgarde. Neue Impulse in der Gegenwartslyrik gingen einerseits von den Vertretern der ›Language poetry‹ wie Susan Howe (* 1937), R. Silliman, Bruce Andrews (* 1948), C. Bernstein (* 1950) aus, die von der referentiellen Verweisfunktion der Sprache absehen und Sprache als kreativen Prozeß der persönl. Erfahrung begreifen. Andererseits nutzten v. a. Frauen der ethn. Minoritäten im Anschluß an feminist. Gedichte S. Plaths und A. Richs das Medium der L. für ihre kommunitär verstandene Identitätsgewinnung, so z. B. die Afroamerikanerinnen N. Giovanni, R. Dove, S. Sanchez, die Chicanas Bernice Zamora (* 1938), Angela de Hoyos (* ?), Sandra Cisneros (* 1954) und Lorna Dee Cervantes (* 1954) (↑mexikanisch-amerikanische Literatur) sowie die Indianerin J. Harjo. 1986 wurde die Auszeichnung des für ein Jahr an der Library of Congress in Washington residierenden ›Poet laureate‹ eingerichtet, dessen erste Preisträger R. P. Warren und R. Wilbur (1987) waren.

Literatur: Anthologien: MATTHIESSEN, F. O.: The Oxford book of American poetry. New York 1950. – MESEROLE, H. T.: Seventeenth-century American poetry. New York 1968. Neuaufl. 1985. – SILVERMAN, K.: Colonial American poetry. New York 1968. – GRAY, R.: American verse of the 19th century. Totowa (N. J.) 1973. – ELLMANN, R.: The new Oxford book of American verse. New York 1976. – MOORE, G.: The Penguin book of American verse. Harmondsworth u. a. 1977. – Inventing a word. An anthology of twentieth-century Puerto Rican poetry. Hg. v. J. MARZÁN. New York 1980. – Black sister. Poetry by black American women, 1746–1980. Hg. v. E. STETSON. Bloomington (Ind.) 1981. – Confirmation. An anthology of African-American women. Hg. v. A. u. A. BARAKA. New York 1983. – Breaking silence. An anthology of contemporary Asian American poets. Hg. v. J. BRUCHAC. Greenfield Center (N. Y.) 1983. – Songs from this earth on Turtle's back. Contemporary American Indian poetry. Hg. v. J. BRUCHAC. Greenfield Center (N. Y.) 1983. – Amerikan. Lyrik vom 17. Jh. bis zur Gegenwart (zweisprachig). Hg. v. F. H. LINK. Übers. v. A. u. F. H. LINK. Stg. [2]1984. – ›Language‹ poetries. An anthology. Hg. v. D. MESSERLI. New York

1984. – Harper's anthology of 20th century Native American poetry. Hg. v. D. Niatum. San Francisco (Calif.) 1987. – Early ripening. American women's poetry now. Hg. v. M. Piercy. New York 1987. – Gay and lesbian poets in our time. An anthology. Hg. v. C. Morse u. J. Larkin. New York 1988. – American poetry. Texts and meanings. Hg. v. I. Ehrenpreis. Ffm. 1989. – An ear to the ground. An anthology of contemporary American poetry. Hg. v. M. Harris u. K. Aguero. Athens (Ga.) 1989. – Schon mal gelebt? Amerikan. Gedichte des 20. Jh. Hg. v. H.-J. Heise u. A. Zornack. Kiel 1991.

Histor. Unterss.: Allgemeine histor. Unterss.: Pearce, R. H.: The continuity of American poetry. Princeton (N. J.) 1961. – Köhring, K. H.: Die Formen des ›long poem‹ in der modernen amerikan. Lit. Hdbg. 1967. – Die amerikan. Lyrik von Edgar Allan Poe bis Wallace Stevens. Hg. v. M. Christadler. Darmst. 1972. – Schmitt-v. Mühlenfeld, A.: Die ›funeral elegy‹ Neuenglands. Eine gattungsgeschichtl. Studie. Hdbg. 1973. – Die amerikan. Lyrik. Hg. v. K. Lubbers. Düss. 1974. – Stauffer, D. B.: A short history of American poetry. New York 1974. – Gelpi, A.: The tenth muse. The psyche of the American poet. Cambridge (Mass.) 1975. – Watts, E. S.: The poetry of American women from 1632 to 1945. Austin (Tex.) 1977. – Waggoner, H. H.: American visionary poetry. Baton Rouge (La.) 1982. – Waggoner, H. H.: American poets from the Puritans to the present. Baton Rouge (La.) ²1984. – Engler, B.: Die amerikan. Ode. Paderborn 1985. – Blasing, M. K.: American poetry. The rhetoric of its forms. New Haven (Conn.) 1987. – Amerikan. Lyrik. Perspektiven und Interpretationen. Hg. v. R. Haas. Bln. 1987. – Link, F.: Geschichte der amerikan. Verskunst bis 1900. Stg. 1988. – Fredman, S.: Poet's prose. The crisis in American verse. New York 1990. – Mills-Courts, K.: Poetry as epitaph. Representation and poetic language. Baton Rouge (La.) 1990. – **17.-19. Jh.:** Jantz, H. S.: The first century of New England verse. Worcester (Mass.) 1946, ²1962. – Arms, G.: The fields were green. A new view of Bryant, Whittier, Holmes, Lowell, and Longfellow. Stanford (Calif.) 1953. – Daly, R.: God's altar. The world and the flesh in Puritan poetry. Berkeley (Calif.) 1978. – Duffey, B.: Poetry in America. Expression and its values in the times of Bryant, Whitman, and Pound. Ann Arbor (Mich.) 1978. – Nineteenth-century American poetry. Hg. v. R. Lee. London u. a. 1985. – Puritan poets and poetics. Seventeenth-century American poetry in theory and practice. Hg. v. P. White. University Park (Pa.) 1985. – Diehl, J. F.: Women poets and the American sublime. Bloomington (Ind.) 1990. – **20. Jh.:** Breslin, J. E.: From modern to contemporary. American poetry 1945–65. Chicago (Ill.) 1984. – American poetry between tradition and modernism. 1865–1914. Hg. v. R. Hagenbüchle. Regensburg 1984. – Abrahams, E.: The lyrical left. Randolph Bourne, Alfred Stieglitz, and the origins of cultural radicalism in America. Charlottesville (Va.) 1986. – Keller, L.: Re-making it new. Contemporary American poetry and the modernist tradition. Cambridge 1987. – Perkins, D.: A history of modern poetry. Modernism and after. Cambridge (Mass.) 1987. – Steinman, L. M.: Science, technology, and American modernist poets. New Haven (Conn.) 1987. – On modern poetry. Essays presented to Donald Davie. Hg. v. V. Bell u. L. Lerner. Nashville (Tenn.) 1988. – The line in postmodern poetry. Hg. v. R. Frank u. H. Sayre. Urbana (Ill.) 1988. – Gelpi, A.: A coherent splendor. The American poetic renaissance, 1910–1950. Cambridge (Mass.) 1988. – Grabher, G. M.: Das lyrische Du. Du-Vergessenheit und Möglichkeiten der Du-Bestimmung in der amerikan. Dichtung. Hdbg. 1989. – The post-confessionals. Conversations with American poets of the eighties. Hg. v. E. G. Ingersoll, J. Kitchen u. S. S. Rubin. New York 1989. – Kermode, F.: An appetite for poetry. Cambridge (Mass.) 1989. – Nelson, C.: Repression and recovery. Modern American poetry and the politics of cultural memory, 1910–1945. Madison (Wis.) 1989. – Altieri, C.: Painterly abstraction in modernist American poetry. New York 1990. – Engler, B.: Poetry and community. Tüb. 1990. – Gray, R.: American poetry of the twentieth century. London 1990. – McCorkle, J.: The still performance. Writing, self, and interconnection in five postmodern American poets. London u. a. 1990. – Perloff, M.: Poetic license. Essays on modernist and postmodernist lyric. Evanston (Ill.) 1990. – Schmidt, M.: Reading modern poetry. New York 1990. – Davidson, P.: One of the dangerous trades. Essays on the work and workings of poetry. 1963–1990. Ann Arbor (Mich.) 1991. – Meredith, W.: Poems are hard to read. Ann Arbor (Mich.) 1991.

Lytle, Andrew Nelson ['lɪtl], * Murfreesboro (Tenn.) 26. Dez. 1902, Schriftsteller. – Studierte Literatur an der Vanderbilt University (mit R. P. Warren bei J. C. Ransom) und Theaterwissenschaft bei G. P. Baker (* 1866, † 1935) an der Yale University (1927–29); 1961–73 Dozent an verschiedenen Universitäten, u. a. an der University of the South in Sewanee, und Hg. von *The ↑ Sewanee Review*. Als einer der 12 Südstaatenautoren, die sich in dem

Manifest *I'll take my stand. The South and the agrarian tradition* (1930) zu dem Konzept einer regionalist. Literatur in einem agrar. Süden bekannten (↑ Fugitives), vertritt er in seinen Schriften eine konservative, auf einem christl. Weltbild beruhende Philosophie, nach der die Familie und die sie tragende Gemeinde einen zentralen Integrationspunkt darstellen. Das Scheitern seiner Helden ergibt sich deshalb aus dem Bruch mit familiären Lebensformen und aus dem Konflikt zwischen dem Wunsch nach der Verwirklichung eines ird. Paradieses und unabänderl. histor. Prozessen. Als sein bestes Werk gilt *The velvet horn* (R., 1957).

Weitere Werke: Bedford Forrest and his critter company (Biogr., 1931), The long night (R., 1936), At the moon's inn (R., 1941), A novel, a novella, and four stories (1958; enthält den Wiederabdruck des Romans ›A name for evil‹, 1947), The hero with the private parts (Essays, 1966), A wake for the living. A family chronicle (1975), Stories. Alchemy and others (1984), Southerners and Europeans. Essays in a time of disorder (1988).

Ausgaben: The L.-Tate letters. The correspondence of A. L. and Allen Tate. Hg. v. T. D. YOUNG u. E. SARCONE. Jackson (Miss.) 1987. – From Eden to Babylon. The social and political essays of A. N. L. Hg. v. M. E. BRADFORD. Wash. (D. C.) 1990.

Literatur: The form discovered. Essays on the achievement of A. L. Hg. v. M. E. BRADFORD. Jackson (Miss.) 1973. – WRIGHT, S.: A. N. L. A bibliography 1920–1982. Sewanee (Tenn.) 1982. – Literature of Tennessee. Hg. v. R. WILLBANKS. Macon (Ga.) 1984. – LUCAS, M.: The southern vision of A. L. Baton Rouge (La.) 1986.

M

MacArthur, Charles [mək'ɑ:rθər], * Scranton (Pa.) 5. Nov. 1895, † New York 21. April 1956, Dramatiker. – Die journalist. Tätigkeit M.s in Chicago (1914–17) und New York (1921–24) bildet den themat. Hintergrund für einige, mit anderen Dramatikern verfaßte, erfolgreiche Theaterstücke, die in den 20er und 30er Jahren den Typus des Broadway-Melodramas für die Entwicklung des amerikan. Dramas nutzten. Bekannt wurden v. a. die Geschichte einer schwarzen Kurtisane, *Lulu Belle* (1926; mit Edward Sheldon [* 1886, † 1946], Regie D. Belasco), und *Salvation* (1928; mit S. Howard) über die Tätigkeit einer Evangelistin; am bedeutendsten sind die in Zusammenarbeit mit B. Hecht entstandenen Stücke, v. a. *The front page* (1928; Regie G. S. Kaufman), die publizist. Behandlung eines Kriminalfalles, das satir. *Twentieth century* (1932) sowie das Zirkusspektakel *Jumbo* (1935). M. schrieb zus. mit B. Hecht auch zahlreiche Drehbücher, u. a. für *Wuthering Heights* (1939).

Literatur: Hecht, B.: Charlie. The improbable life and times of C. M. New York 1957.

Macdonald, Ross [mək'dɑ:nəld], eigtl. Kenneth Millar, * Los Gatos bei San Francisco 13. Dez. 1915, † Santa Barbara (Calif.) 11. Juli 1983, Schriftsteller. – Ab 1938 ∞ mit M. Millar. Schrieb in der Nachfolge von D. Hammett und R. T. Chandler († Kriminalliteratur) eine Reihe von erfolgreichen Kriminalromanen um den Detektiv Lew Archer, u. a. *The moving target* (1949; dt. *Das wandernde Ziel,* 1954, 1970 u. d. T. *Reiche sterben auch nicht anders*), *The barbarous coast* (1956; dt. *Sprungbrett ins Nichts,* 1966, 1976 u. d. T. *Die Küste der Barbaren*), *The far side of the dollar* (1965; dt. *Die Kehrseite des Dollars,* 1971), *The underground man* (1971; dt. *Der Untergrundmann,* 1973), *The blue hammer* (1976; dt. *Der blaue Hammer,* 1978). *Self-portrait* (1982) enthält autobiograph. Essays.

Literatur: Wolfe, P.: Dreamers who live their dreams. The world of R. M.'s novels. Bowling Green (Ohio) 1976. – Speir, J.: R. M. New York 1978. – Art in crime writing. Essays on detective fiction. Hg. v. B. Benstock. New York 1983.

MacKaye, Percy [Wallace] [mə'keɪ], * New York 16. März 1875, † Cornish (N. H.) 31. Aug. 1956, Dramatiker. – Sohn des Schauspielers Steele M. (* 1842, † 1894), der selbst Dramen schrieb, v. a. aber durch seine Erneuerung der amerikan. Schauspielkunst und der Aufführungstechniken für die amerikan. Theatergeschichte bed. war; studierte an der Harvard University und in Leipzig; 1906–13 Dozent für Theaterwesen an den Universitäten Harvard, Columbia und Yale. M. pflegte nach Anfängen mit Gedichten und lyr. Dramen v. a. das Freilichtspiel; am bekanntesten wurde das auf einer Kurzgeschichte N. Hawthornes beruhende Drama *The scarecrow* (1908); schrieb auch satir. Komödien und Opernlibretti und setzte sich in Kritiken und Essays für eine Belebung des Theaters ein.

Weitere Werke: The Canterbury pilgrims (Dr., 1903; Oper 1917), Yankee fantasies (Einakterserie, 1912), Rip Van Winkle (Opernlibretto, 1920), Washington the man who made us (Dr., 1920), Tall tales of the Kentucky mountains (Dr., 1925; dt. Lügengeschichten aus den Bergen Kentuckys, 1946), Epoch (Biogr. seines Vaters, 2 Bde., 1927), The mystery of Hamlet, King of Denmark; or, What we will (UA 1949, erschienen 1950; Tetralogie als Prolog zu Shakespeares Hamlet).

MacLeish, Archibald [mək'li:ʃ], * Glencoe (Ill.) 7. Mai 1892, † Boston (Mass.) 20.

April 1982, Schriftsteller. – Jurist, lebte in den 20er Jahren als freier Schriftsteller in Paris im Kreis um E. Hemingway, J. Dos Passos und F. S. Fitzgerald (↑ Lost generation). Durch sein polit. Engagement gegen den Faschismus und rege literar. Tätigkeit, u. a. 1929–38 Hg. der Zeitschrift *Fortune,* wurde er Präsident der League of American Writers, Leiter der Library of Congress in Washington (1939–44) und Assistant Secretary im Außenministerium (1944–45). 1949–62 war er Prof. für Rhetorik an der Harvard University. Seine von Melancholie und Skepsis geprägte Versdichtung zeigt Einflüsse E. Pounds, T. S. Eliots und W. B. Yeats' (u. a. *The pot of earth,* 1925; *The Hamlet of A. M.,* 1928). Die späteren Werke sind durch seine Hinwendung zur Politik bestimmt, v. a. das geschichtsphilosoph. Versepos *Conquistador* (1932; Pulitzerpreis 1933), das sozialkrit. Versdrama *Panic* (1935) und das totalitäre Diktaturen anprangernde Vershörspiel *The fall of the city* (1937; dt. *Der Fall der Stadt,* 1949). In dem Drama *J. B. A play in verse* (1958; dt. *Spiel um Job,* 1958; Pulitzerpreis 1959) projiziert er das Schicksal Hiobs in die amerikan. Geschäftswelt. Für den Band *Collected poems 1917–1952* (1952, 1976 erweiterte Fassung *New and collected poems 1917–1976*) erhielt er 1953 einen weiteren Pulitzerpreis. M. schrieb auch Hörspiele, Drehbücher und literar. Essays (*Poetry and experience,* 1960, dt. *Elemente der Lyrik,* 1963; *Riders of the earth. Essays and reminiscences,* 1978). 1980 veröffentlichte er *Six plays.*

Ausgaben: Letters of A. M., 1907–1982. Hg. v. R. H. WINNICK. Boston (Mass.) 1983. – Collected poems 1917–1982. Hg. v. R. B. MCADOO. Boston (Mass.) 1985.

Literatur: FALK, S. L.: A. M. New York 1965. Neuaufl. 1966. – SMITH, G. C.: A. M. Minneapolis (Minn.) 1971. – WEILER, G.: Die poetolog. Lyrik A. M.s. Ffm. 1977. – The proceedings of the A. M. Symposium May 7–8, 1982. Hg. v. B. A. DRABECK, H. E. ELLIS u. S. RUDIN. Lanham (Md.) 1988.

Mailer, Norman ['meɪlər], * Long Branch (N. J.) 31. Jan. 1923, Schriftsteller. – Lebt seit seiner Kindheit in Brooklyn (N. Y.); studierte an der Harvard University (1939–43) und an der Sorbonne (1947); Soldat im Pazifik (1944–46). M.'s bewegtes Leben ist von aktivem polit. Engagement und existentialist. Einstellung geprägt. Sein umfassendes Werk sprengt bei der Darbietung seiner scharfsinnigen und oft polemisch abgefaßten Analysen der amerikan. Gegenwartskultur konventionelle Gattungsgrenzen, um sein Ziel einer radikalen Bewußtseinsveränderung zu verwirklichen. Nach M. ist die amerikan. Gesellschaft von destruktiver Gewalt und Sexualität bestimmt, die der Künstler allerdings auch kreativ zum Wandel nutzen kann. Dies zeigt sich sowohl an seinem Erstlingserfolg, dem auf persönl. Erlebnissen beruhenden, naturalist. und antimilitarist. ↑ Kriegsroman *The naked and the dead* (1948; dt. *Die Nackten und die Toten,* 1950), bei der Behandlung radikaler polit. Anschauungen (*Barbary shore,* R., 1951; dt. *Am Rande der Barbarei,* 1952), in seiner Satire auf Hollywood (*The deer park,* R., 1955; dt. *Der Hirschpark,* 1955), in der Darstellung zwischenmenschl. Beziehungen (*An American dream,* R., 1965; dt. *Der Alptraum,* 1965), in der auf den Vietnamkrieg projizierten Analyse amerikan. Virilität (*Why are we in Vietnam?,* R., 1967; dt. *Am Beispiel einer Bärenjagd,* 1970), bei den vom Autor mitgestalteten und als Ineinandergreifen von Geschichte und Fiktion (↑ New journalism) dargestellten Protestaktionen gegen das militär. Engagement in Vietnam (*The armies of the night,* 1968; dt. *Heere aus der Nacht,* 1968; Pulitzerpreis 1969) und gegen die Politik der beiden großen Parteien (*Miami and the siege of Chicago,* 1968; dt. *Nixon in Miami und die Belagerung von Chicago,* 1969), in seiner Reflexion über die Wiedereinführung der Todesstrafe und das Gesetz des (Wilden) Westens im Mormonenstaat Utah am Beispiel von Gary Gilmore (*The executioner's song. A true life novel,* 1979; dt. *Gnadenlos. Das Lied vom Henker,* 1979; Pulitzerpreis 1980) als auch in der kom. Verarbeitung des Machokults aus D. Hammets Detektivromanen (*Tough guys don't dance,* R., 1984; dt. *Harte Männer tanzen nicht,* 1984). Histor. Vorstufen dieser Kombination von Sexualität, Macht und Gewalt, die in dem ambitiösen Roman *Ancient evenings* (1983; dt. *Frühe Nächte,* 1983) gestaltet sind, sieht M. im alten Ägypten. Dokumente seiner weitgestreuten Interessen und seines journalist. Sinns für aktuelle Ereignisse sind die Darlegung seiner polit. und ästhet. Ideen (*The white Negro,* 1957), seine Stellungnahme zur Mondlandung (*Of a fire on the moon,* 1970; dt. *Auf dem Mond ein Feuer,* 1971), seine Auseinandersetzung mit dem Feminismus (*The prisoner of sex,* 1971; dt. *Gefangen im Sexus,* 1972), seine Reportage des Boxkampfes zw. Muhammad Ali und G. Foreman (*The fight,* 1975; dt. *Der Kampf,* 1976), seine Bewunderung für Marilyn Monroe (*Marylin. A novel biography,* 1973, dt. *Marylin Monroe. Eine Biographie,* 1973; *Of women and their elegance,* 1980, dt. *Ich, Marilyn M. Meine Autobiographie,* 1981) sowie für das Werk Henry Millers (*Genius and lust,* 1976). M. schreibt gelegentlich auch Dramen, Gedichte und Drehbücher.

Weitere Werke: Advertisements for myself (En., Essays u. a., 1959; dt. Reklame für mich selber, 1963), Pieces and pontifications (Essays and Interviews, 1982), Harlot's ghost (R., 1991; dt. 2 Bde.: Gespenster. Das Epos der geheimen Mächte. Erster Ring, 1991; Feinde. Das Epos der geheimen Mächte. Zweiter Ring, 1992).

Ausgaben: Die Sprache der Männer. En. u. anderes. 1939–1969. Hg. v. E. MANSKE. Lpz. 1978. – The essential M. London 1982.

Literatur: N. M. The man and his work. Hg. v. R. F. LUCID. Boston (Mass.) 1971. – N. M. A collection of critical essays. Hg. v. L. BRAUDY. Englewood Cliffs (N. J.) 1972. – POIRIER, R.: N. M. New York 1972. – RADFORD, J.: N. M. A critical study. London 1975. – BUFITHIS, P.: N. M. New York 1978. – MERRILL, R.: N. M. Boston (Mass.) 1978. – BAILEY, J.: N. M. Quick-change artist. London 1979. – GORDON, A. M.: An American dreamer. A psychoanalytic study of the fiction of N. M. Rutherford (N. J.) 1980. – MILLS, H.: M. A biography. New York 1982. Neuaufl. 1985. – MANSO, P.: M. His life and times. New York 1985. – Critical Essays on N. M. Hg. v. J. M. LENNON. Boston (Mass.) 1986. – STUTE, H. J. Der amerikan. Existenzialismus N. M. s. Ffm. 1987. – WENKE, J.: M.'s America. London 1987. – Conversations with N. M. Hg. v. J. M. LENNON. Jackson (Miss.) 1988. – ROLLYSON, C.: The lives of N. M. A biography. New York 1991.

Major, Clarence ['meɪdʒər], * Atlanta (Ga.) 31. Dez. 1936, Schriftsteller. – Englisch-Prof., seit 1977 an der University of Colorado in Boulder; schreibt in Absetzung von mimet. Fiktion Erzählungen und Kurzgeschichten, in denen die Sprache die Handlung als Aktionsmedium abgelöst hat und sexuelle Wunschvorstellungen oder Bilder einer Medienwirklichkeit mit realist. Details zu einem abstrakten Gesamtbild ohne außersprachl. Verweischarakter verbunden werden. Sein Roman *My amputations* (1986) behandelt die Situation des Schriftstellers in der Gegenwartsliteratur und wählt als Ausweg aus der Identitätsproblematik die Identifizierung mit afroamerikan. Folklore und afrikan. Stammesbewußtsein. M. ist auch als Dichter, Herausgeber von Anthologien afroamerikan. Lyrik (*The new black poetry,* 1969) und Verfasser von Studien über die afroamerikan. Kultur bekannt (*The dark and feeling. Black American writers and their work,* 1974).

Weitere Werke: Love poems of a black man (1965), All-night visitors (R., 1969; dt. Dämonen, 1970), Swallow the lake (Ged., 1970), Dictionary of Afro-American slang (1970, 1971 u. d. T. Black slang. A dictionary of Afro-American talk), NO (R., 1973), Reflex and bone structure (R., 1975), Emergency exit (R., 1979), The other side of the wall (Studie, 1982), Inside diameter. The France poems (1985), Such was the season (R., 1987).

Malamud, Bernard ['mæləmʊd], * New York 26. April 1914, † ebd. 18. März 1986, Schriftsteller. – War Englisch-Prof. an der Oregon State University (1949–61) und ab 1961 am Bennington College (Vt.). M., einer der bed. jüdisch-amerikan. Schriftsteller der Nachkriegszeit, setzte die Tradition des amerikan. Romans des 19. Jh. (N. Hawthorne, Mark Twain, H. James) und das jüd. Kulturerbe (Scholem Aleichem; ↑jüdisch-amerikanische Literatur) in der Moderne fort und verband sie oft mit existentialist. Positionen seiner Helden. Seine Romane und Kurzgeschichten, die die Notwendigkeit eines eth. Standpunkts im menschl. Leben wie in der Kunst betonen, weisen eine große themat. wie formale Vielfalt auf. Die frühen, als symbol. Romanze bzw. moral. Allegorie gesehenen Romane führen exemplarisch menschl. Versagen am Beispiel eines finanziellen und sexuellen Verlokkungen erliegenden Baseballstars (*The natural,* R., 1952; dt. *Der Unbeugsame,* 1984) vor, bzw. die Überwindung rücksichtsloser und krimineller Verhaltensweisen durch die dem jüd. Vorbild folgende Übernahme von Verantwortung für die Gemeinschaft (*The Assistant,* 1957; dt. *Der Gehilfe,* 1960). Die Suche der Helden nach einer jüd. und damit letztlich humanen Identität manifestiert sich in kom. Gestaltung als akadem. Satire an M.s eigener Universität in Oregon (*A new life,* R., 1961; dt. *Ein neues Leben,* 1964), auf histor. Vorlage basierend im Leiden der im zarist. Rußland verfolgten Juden (*The fixer,* R., 1966; dt. *Der Fixer,* 1968; Pulitzerpreis 1967) und in der Existenz des Schriftstellers der Gegenwart (*The tenants,* R., 1971, dt. *Die Mieter,* 1973; *Dubin's lives,* R., 1979, dt. *Die Leben des William Dubin,* 1980). M.s letzter Roman *God's grace* (1982) ist eine apokalypt. Vision vom Untergang der Menschheit, die moral. und humanist. Werte aufgegeben hat.

Weitere Werke: The magic barrel (En., 1958; dt. Das Zauberfaß, 1962), Idiots first and other stories (1963; dt. Schwarz ist meine Lieblingsfarbe u. a. En., 1972), Pictures of Fidelman (En., 1969; dt. Bilder einer Ausstellung, 1975), Rembrandt's hat (En., 1973; dt. Rembrandts Hut, 1977), Two fables (En., 1978).

Ausgabe: The stories of B. M. London 1984.

Literatur: COHEN, S.: B. M. and the trial by love. Amsterdam 1974. – DUCHARME, R.: Art and idea in the novels of B. M. Den Haag u. a. 1974. – B. M. A collection of critical essays. Hg. v. L. A. u. J. W. FIELD. Englewood Cliffs (N. J.) 1975. – The fiction of B. M. Hg. v. R. ASTRO u. J. J. BENSON. Corvallis (Oreg.) 1977. – HERSHINOW, S. J.: B. M. New York 1980. – ALTER, I.: The good man's dilemma. Social criticism in the fiction of B. M. New York 1981. – HELTERMAN, J.: Understanding B. M. Columbia (S. C.) 1985. – Critical essays on B. M. Hg. v. J. SALZBERG. Boston (Mass.) 1987. – RAJAGOPALACHARI, M.: The theme of compassion in the novels of B. M. New Delhi 1988. – AHOKAS, P.: Forging a new self. Turku 1991.

Malcolm X ['mælkəm'eks], eigtl. Malcolm Little, * Omaha (Nebr.) 19. Mai 1925, † New York, 21. Febr. 1965, Bürgerrechtler und Schriftsteller. – Beschreibt in seiner von A. Haley nach Tonbandaufnahmen erstellten, postum veröffentlichten und schlagartig berühmt gewordenen Autobiographie, *The autobiography of Malcolm X* (1965; dt. *Der schwarze Tribun,* 1966), die bed. Stationen seines von Gewalt und politisch motivierter Religionsausübung bestimmten Lebens bis zu der während eines Gefängnisaufenthaltes erfolgten Konversion zum islam. Glauben der Black Muslims (›Lost-Found Nation of Islam in America‹). Maßgeblich an Aufbau und Verbreitung dieser gegen die Weißen gerichteten radikalen Lehre beteiligt, wandelte er sich nach seiner Pilgerreise nach Mekka vom schwarzen Nationalisten zum universellen Humanisten. Er wurde von den Anhängern Elijah Muhammads, des Gründers der militanten Religionsgemeinschaft, ermordet. M.s Autobiographie hatte großen Einfluß auf die schwarze Befreiungsbewegung und gilt als Klassiker der afroamerikan. Selbstdarstellung.

Ausgabe: Malcolm X speaks. Hg. v. G. BREITMAN. New York 1965.

Literatur: M. The man and his times. Hg. v. J. H. CLARKE. London 1969. – ENSSLEN, K.: The autobiography of M. Schwarzes Bewußtsein in Amerika. Mchn. 1983. – DAVIS, L.: M. A selected bibliography. Westport (Conn.) 1984. – CONE, J. H.: Martin & M. A dream or a nightmare. Maryknoll (N. Y.) 1991.

Maltz, Albert [mɔ:ltz], * Brooklyn (heute zu New York) 28. Okt. 1908, † Los Angeles 26. April 1985, Schriftsteller. – Studierte Theaterwissenschaft an der Yale University; behandelt in seinen sozialkrit. Dramen, von denen *Merry-go-round* (UA 1932; dt. *Die Wahl,* 1953, 1962 u. d. T. *Hotelboy Ed Martin*) und *Peace on earth* (UA 1933; dt. *Friede auf Erden,* 1962) zus. mit George Sklar (* 1908) verfaßt wurden, polit. Korruption, pazifist. Themen und wirtschaftl. Probleme der Depression in den USA der 30er Jahre (*Black pit,* Dr., 1935; dt. *Der schwarze Schacht,* 1960) von einem marxist. Standpunkt aus; seine erfolgreichen Kurzgeschichten (*The way* *things are,* 1938; dt. *Prost Neujahr, Amerika!,* 1949, 1958 Ausw. u. d. T. *So ist das Leben*) und Romane (*The underground stream,* 1940; dt. *Der unterird. Strom,* 1949) vertreten die berechtigten Ansprüche der Arbeiter gegen die Firmenbosse. Während seiner Tätigkeit als Drehbuchautor in Hollywood wurde M. wegen seiner polit. Überzeugung verhaftet und zählt wie J. H. Lawson zu den sog. ›Hollywood Ten‹, die die Aussage vor dem Untersuchungsausschuß der ›Un-American Activities‹ verweigerten.

Weitere Werke: The cross and the arrow (R., 1944; dt. Das Kreuz und der Pfeil, 1948), The journey of Simon McKeever (R., 1949; dt. Die Reise des Simon McKeever, 1950), The citizen writer (Essays, 1950; dt. Mitbürger Schriftsteller. Beiträge zur Verteidigung der wahren amerikan. Kultur gegen die imperialist. Verderber, 1953), A long day in a short life (R., 1957; dt. Ein langer Tag in einem kurzen Leben, 1957), A tale of one January (R., 1966; dt. Geschichte eines Januar, 1965), Afternoon in the jungle (En., 1970).

Ausgaben: Abseits vom Broadway. Übers. v. G. R. Lys u. E. Brüning. Bln. 1960. – Hotelboy Ed Martin. Übers. v. M. Liebgen. Bln. 1962.

Literatur: Brüning, E.: A. M. Ein amerikan. Arbeiterschriftsteller. Halle 1957. – Salzman, J.: A. M. Boston (Mass.) 1979.

Mamet, David ['mæmət], * Flossmoor (Ill.) 30. Nov. 1947, Dramatiker. – Begründer und Direktor der Saint Nicholas Theatre Company in Chicago (1973–76). Seine aus kurzen Szenen und Momentaufnahmen bestehenden Stücke behandeln die Sinnlosigkeit menschl. Kommunikation und geben konkrete Handlungen zugunsten von Sprechakten auf. Ziele seines Theaters sind u. a. die Entlarvung der Mythen des amerikan. Alltags, z. B. des Machokults in *Sexual perversity in Chicago* (1978) und der problemlosen heterosexuellen Liebe in *The woods* (1979), sowie die Aufdeckung kapitalist. Geschäftspraktiken im Ganovenmilieu in *American buffalo* (1977) oder in *The water engine* (1978) sowie das Aufzeigen von Klischeevorstellungen im Theater (*A life in the theatre,* 1978) und im Leben (*Mr. Happiness,* 1978; *Shoeshine,* 1981); schrieb auch Stücke für Kinder und Drehbücher.

Weitere Werke: Duck variations (1977), Reunion and Dark pony. Two plays (1979), Lone canoe; or the explorer (UA 1979), The sanctity of marriage (1982), Squirrels (1982), Edmond (1983), Glengarry Glen Ross (1984; dt. Hanglage, Meerblick, EA 1986; Pulitzerpreis 1984), Goldberg Street (1985), Dramatic sketches and monologues (1985), Writing in restaurants (Essays, 1986), Speed-the-plow (1988; dt. Die Gunst der Stunde, 1989), Things change (Drehbuch, 1988).

Literatur: Bigsby, C. W. E.: D. M. London u. a. 1985. – Carroll, D.: D. M. London u. a. 1987.

March, William [mɑ:rtʃ], eigtl. W. Edward March Campbell, * Mobile (Ala.) 18. Sept. 1893, † New Orleans 15. Mai 1954, Schriftsteller. – Schrieb Kurzgeschichten und Romane über Kriegserlebnisse (*Company K,* Kurzgeschichte, 1933) und über das Provinzleben der amerikan. Südstaaten. Er stellte mit Vorliebe und Geschick das Exzentrische und Schreckliche dar, etwa in dem vielgelesenen Roman *The bad seed* (1954; dt. *Die böse Saat,* 1971), der von M. Anderson 1955 dramatisiert wurde.

Weitere Werke: In at the door (R., 1934), The little wife (Kurzgeschichten, 1935), The looking glass (R., 1943), Trial balance (Kurzgeschichten, 1945).

Literatur: Going, W. T.: Essays on Alabama literature. University (Ala.) 1975. – Simmonds, R. S.: The two worlds of W. M. An introduction to his life and work. University (Ala.) 1984.

Markham, Edwin ['mɑ:rkəm], eigtl. Charles Edward Anson M., * Oregon City (Oreg.) 23. April 1852, † Staten Island (N. Y.) 7. März 1940, Lyriker. – Von seiner humanitären, sozialbewußten Dichtung wurde v. a. das im Blankvers geschriebene Titelgedicht der Sammlung *The man with the hoe and other poems* (1899) bekannt, das – das gleichnamige Gemälde von J.-F. Millet interpretierend – die Ausbeutung und Erniedrigung des arbeitenden Volkes darstellt. Auch in Zeitschriftenartikeln griff er sozialkrit. Themen des Muckraking Movement (↑ Muckraker) auf, wie die Kinderarbeit in *The children in bondage* (Studie, 1914). F.

Norris gestaltete die Figur des Dichterprotagonisten Presley in *The Octopus* nach M.

Literatur: FILLER, L.: The unknown E. M. His mystery and its significance. Yellow Springs (Ohio) 1966. – SCHWANITZ, D.: E. M. ›The man with the hoe‹. In: Amerikan. Lyrik. Perspektiven u. Interpretationen. Hg. v. R. HAAS. Bln. 1987. S. 198–207.

Mark Twain ['mɑ:rk 'tweɪn], eigtl. Samuel Langhorne Clemens, * Florida (Mo.) 30. Nov. 1835, † Redding (Conn.) 21. April 1910, Schriftsteller. – War nach Abbruch seines Schulbesuchs u. a. Setzerlehrling, Drucker, Lotse auf dem Mississippi (1856–60) und Journalist und nahm auf seiten der Südstaaten am Bürgerkrieg teil. Seinen literar. Ruhm begründete die volkstümlich-humorist. Skizze *The celebrated jumping frog of Calaveras County* (1856; dt. *Jim Smileys berühmter Springfrosch,* 1874). Auch auf zahlreichen Studien- und Vortragsreisen, v. a. nach Europa, die ihren Niederschlag in humorist. Reisebüchern hatten (*The innocents abroad,* 1869, dt. *Die Arglosen auf Reisen,* 1875; *A tramp abroad,* 1880, dt. *Bummel durch Europa,* 1922), fand er zunehmende Anerkennung. M. T., der einerseits der amerikan. Tradition des ›Western humor‹ und der ›tall tale‹ (↑ Short story) verpflichtet war, andererseits Anregungen der europ. und der europäisch orientierten amerikan. Literatur aufgriff, wurde zu einem der bedeutendsten Vertreter des amerikan. Realismus, der durch den Einsatz von Humor, Lokalkolorit und Dialekt die Mißstände im Süden und Westen der USA sowie darüber hinaus das Verhalten der Amerikaner sozialkritisch beleuchtete. Sein Hauptwerk, der ursprünglich als Jugendbuch verstandene pikareske Roman *The adventures of Huckleberry Finn* (1884; dt. *Abenteuer und Fahrten des Huckleberry Finn,* 1890), die Fortsetzung des Romans *The adventures of Tom Sawyer* (1876; dt. *Die Abenteuer Tom Sawyers,* 1876), wird zu den hervorragendsten Werken der amerikan. Prosaliteratur des ausgehenden 19. Jh. gezählt und hat viele Schriftsteller der Moderne nachhaltig beeinflußt. Zu M. T.s Hauptwerken gehören auch die autobiographisch bestimmten Berichte *Roughing it* (1872; dt. *Im Gold- und Silberland,* 1892, 1922 u. d. T. *Durch dick und dünn*) und *Life on the Mississippi* (1883; dt. *Leben auf dem Mississippi,* 1888). Seine zunehmend krit. Einstellung gegenüber den sozio-ökonom. Entwicklungen nach dem Bürgerkrieg, die schon das zus. mit C. D. Warner verfaßte, die ganze Epoche bezeichnende satir. Sittenbild *The gilded age* (R., 1873; dt. *Das vergoldete Zeitalter,* 1876) bestimmte, äußert sich in der Skepsis gegenüber den Errungenschaften des Industriestaats in dem die Welt des MA mit der Moderne kontrastierenden fantast. Roman *A Connecticut yankee in King Arthur's court* (1889; dt. *Ein Yankee am Hofe des Königs Artus,* 1923). Wachsende Vorbehalte gegenüber den amerikan. Verhältnissen und den sich hier manifestierenden menschl. Verhaltensweisen zeigt der Roman *The tragedy of Pudd'nhead Wilson* (1894; dt. *Querkopf Wilson,* 1898). Im Spätwerk überwiegt die pessimist. Satire (*The man that corrupted Hadleyburg,* En., 1900; dt. *Wie die Stadt Hadleyburg verderbt wurde,* 1900, 1967 u. d. T. *Der Mann, der Hadleyburg korrumpierte*).

Weitere Werke: The prince and the pauper (E., 1882; dt. Der Prinz und der Betteljunge, 1890), Personal recollections of Joan of Arc (erdachte Biogr., 1896; dt. Persönl. Erinnerungen an Jeanne d'Arc, 1970), Following the equator (1897; dt. Meine Reise um die Welt, 1897, 1965 u. d. T. Dem Äquator nach), The mysterious stranger (1916; dt. Der geheimnisvolle Fremde, 1921).

Ausgaben: The writings of M. T. Hg. v. A. B. PAINE. New York 1922–25. 37 Bde. – The complete short stories. Hg. v. C. NEIDER. New York 1957. – Autobiography of M. T. Hg. v. C. NEIDER. New York 1959. Tb.-Ausg. 1975. – M. T. Ausgew. Werke. Dt. Übers. Bln. u. a. [1-3]1961–67. 12 Bde. – Letters from the earth. Hg. v. B. DEVOTO. New York 1962. Tb.-Ausg. 1974. – The Iowa-California edition of the works of M. T. Hg. v. F. ANDERSON. Berkeley (Calif.) 1972ff. Bisher 25 Bde. ersch. – The M. T. papers. Hg. v. F. ANDERSON. Berkeley (Calif.) 1975ff. Auf 15 Bde. ber. – Interviews with Samuel L. Clemens, 1874–1910. Hg. v. L. J. BUDD. Arlington (Tex.) 1977. – M. T. Ges. Werke in fünf Bden. Dt. Übers. Hg. v. K. J. POPP. Mchn. 2-3 1985. – The outrageous M. T. Some lesser-known but extraordinary works. Hg. v. C. NEIDER. Neudr. New York 1987. – M. T.'s letters. Bd. 1: 1853–66. Hg. v. E. M. BRANCH. Berkeley (Calif.) 1988. – M. T. library series. Huck Finn and Tom Sawyer among the Indians and other unfinished stories. Hg. v. D. ARMON u. W. BLAIR. Berkeley (Calif.) 1989. – M. T.'s letters. Bd. 2: 1867–1868. Hg. v. H. E. SMITH u. R. BUCCI. Berkeley (Calif.) 1990.

Literatur: PAINE, A. B.: M. T. A biography. The personal and literary life of Samuel Langhorne Clemens. New York u. a. 1912. 3 Bde. Neuaufl. 1935. 2 Bde. – BLAIR, W.: M. T. and Huck Finn. Berkeley (Calif.) 1960. – STONE, A. E.: The innocent eye. Childhood in M. T.'s fiction. New Haven (Conn.) 1961. – SMITH, H. N.: M. T. The development of a writer. Cambridge (Mass.) 1962. – M. T. A collection of critical essays. Hg. v. H. N. SMITH. Englewood Cliffs (N. J.) 1963. – COX, J. M.: M. T. The fate of humor. Princeton (N. J.) 1966. – KAPLAN, J.: Mr. Clemens and M. T. New York 1966. – WAGENKNECHT, E. C.: M. T. Norman (Okla.) 3 1967. – M. T. A profile. Hg. v. J. KAPLAN. New York 2 1968. – HILL, H.: M. T. God's fool. New York 1973. – AYCK, T.: M. T. Rbk. 1974. – TENNEY, T. A.: M. T. A reference guide. Boston (Mass.) 1977. – SLOANE, D. E. E.: M. T. as a literary comedian. Baton Rouge (La.) u. a. 1979. – GRIBBEN, A.: M. T.'s library. A reconstruction. Boston (Mass.) 1980. 2 Bde. – Critical approaches to M. T.'s short stories. Hg. v. E. MCMAHAN. Port Washington (N. Y.) 1981. – Critical essays on M. T. Hg. v. L. J. BUDD. Boston (Mass.) 1982–83. 2 Bde. – EMERSON, E.: The authentic M. T. Philadelphia (Pa.) 1984. – BREINIG, H.: M. T. Eine Einf. Mchn. 1985. – LONG, E. H./LE MASTER, J. R.: The new M. T. handbook. Neuausg. New York 1985. – Samuel L. Clemens. A mysterious stranger. Tübingen-essays in celebration of the M. T.-year 1985. Hg. v. H. BORCHERS u. D. E. WILLIAMS. Ffm. 1986. – ROBINSON, F. G.: In bad faith. The dynamics of deception in M. T.'s America. Cambridge (Mass.) 1986. – SEWELL, D. R.: M. T.'s languages. Discourse, dialogue, and linguistic variety. Berkeley (Calif.) 1987. – WILSON, J. D.: A reader's guide to the short stories of M. T. Boston (Mass.) 1987. – CUMMINGS, S.: M. T. and science. Adventures of a mind. Baton Rouge (La.) 1988. – GERBER, J. C.: M. T. Boston (Mass.) 1988. – HOFFMANN, A. J.: T.'s heroes, T.'s worlds. Philadelphia (Pa.) 1988. – GILLMAN, S.: Dark twins. Imposture and identity in M. T.'s America. Chicago (Ill.) 1989. – M. T.'s German critical reception, 1875–1986. Hg. v. J. C. B. KINCH. New York 1989. – LENNON, N.: The sagebrush Bohemian. M. T. in California. New York 1991. – STEINBRINK, J.: Getting to be M. T. Berkeley (Calif.) 1991.

Marquand, J[ohn] P[hilips] [ˌmɑːrˈkwɑnd], * Wilmington (Del.) 10. Nov. 1893, † Newburyport (Mass.) 16. Juli 1960, Schriftsteller. – Journalist, Kriegsberichterstatter; schrieb Detektivgeschichten und abenteuerl. Fortsetzungsromane für die Presse, wurde aber v. a. durch seine ironisch-satir. Darstellungen der Lebensverhältnisse in Neuengland, bes. der gesellschaftl. Oberschicht, bekannt (*The late George Apley,* R., 1937; dt. *Der selige Mr. Apley,* 1937; Pulitzerpreis 1938).

Weitere Werke: Wickford Point (R., 1939; dt. Haus Wickford, 1943), H. M. Pulham, Esquire (R., 1941; dt. 1942), B. F.'s daughter (R., 1946, 1947 u. d. T. Polly Fulton; dt. B. F.s Tochter, 1948), Point of no return (R., 1949; dt. Es gibt kein Zurück, 1951), Sincerely, Willis Wayde (R., 1955; dt. Ergebenst Ihr Willis Wayde, 1960), Stopover Tokyo (R., 1957; dt. Zwischenspiel in Tokio, 1958).

Literatur: GROSS, J. J.: J. P. M. New York 1963. – HOLMAN, C. H.: J. P. M. Minneapolis (Minn.) 1965. – BIRMINGHAM, S.: The late J. M. A biography. Philadelphia (Pa.) u. a. 1972. – BELL, M.: M. An American life. Boston (Mass.) 1979.

Marshall, Paule [ˈmɑːrʃəl], * Brooklyn (N. Y.) 9. April 1929, Schriftstellerin. – Studierte an der Columbia University. In ihrem stark autobiograph. Werk schildert sie die Einflüsse der karibisch-afrikan. Kultur ihrer aus Barbados eingewanderten Eltern (*The chosen place, the timeless people,* R., 1969) und betont die schwierige Identitätsfindung einer afroamerikan. Frau (*Brown girl, brownstones,* R., 1959; *Praisesong for the widow,* R. 1983; American Book Award 1984). Durch den Rückgriff auf die mündl. Erzähltradition der Schwarzen bindet sie Einzelschicksale in gesellschaftl. Entwicklungen ein und läßt die Präsenz Afrikas in der Neuen Welt spürbar werden (*Soul clap hands and sing,* Kurzgeschichten, 1961). In *Reena and other stories* (1983, 1985 u. d. T. *Merle and other stories*) thematisiert sie die Beziehung zw. natürl. und künstler. Kreativität der Frau.

Weiteres Werk: Daughters (R., 1991).

Literatur: CHRISTIAN, B.: Black women novelists. Westport (Conn.) 1980. – Black women writers, 1950–1980. Hg. v. M. EVANS. New York 1984. – Black feminist criticism and critical theory. Hg. v. J. WEIXLMANN u. H. A. BAKER. Greenwood (Fla.) 1988.

Masters, Edgar Lee ['mæ:stərz], * Garnett (Kans.) 23. Aug. 1868 oder 1869, † Philadelphia 5. März 1950, Schriftsteller. – Nach Mißerfolgen mit Gedichtbänden und Theaterstücken konventionellen Inhalts brachte ihm die Epitaphiensammlung *Spoon River anthology* (1915, erweitert 1916; dt. *Die Toten von Spoon River,* 1924) Anerkennung; in oft epigrammatisch kurzen Gedichten enthüllte M. die verlogenen Lobreden auf den Grabinschriften von Bürgern einer amerikan. Kleinstadt; das Werk wurde zu einem der wichtigsten der modernen, desillusionierenden amerikan. Dichtung. Schrieb auch Romane und krit. Biographien, u. a. über A. Lincoln (1931), V. Lindsay (1935), W. Whitman (1937) und Mark Twain (1938).

Weitere Werke: Domesday book (Ged., 1920), The new Spoon River (Ged., 1924), The fate of the jury (Ged., 1929), Across Spoon River (Autobiogr., 1936), The tide of the time (R., 1937).

Ausgabe: E. L. M. Selected poems. Hg. v. D. THOMPSON. London 1972.

Literatur: MONROE, H.: A poet's life. New York 1938. – FLANAGAN, J. T.: E. L. M. The Spoon River poet and his critics. Metuchen (N. J.) 1974. – MASTERS, H. W.: E. L. M. A biographical sketchbook about a famous American author. Rutherford (N. J.) u. a. 1978. – PRIMEAU, R.: Beyond ›Spoon River‹. The legacy of E. L. M. Austin (Tex.) 1981. – MASTERS, H.: Last stands. Notes from memory. Boston (Mass.) 1982. – WRENN, J. H./WRENN M. H.: E. L. M. Boston (Mass.) 1983.

Mather, Cotton ['mæðər], * Dorchester (heute zu Boston, Mass.) 12. Febr. 1663, † Boston (Mass.) 13. Febr. 1728, Schriftsteller. – Stammte als Enkel von J. Cotton und Richard Mather (* 1596, † 1669) von zwei der bedeutendsten Puritanerfamilien ab; gibt in seinen mehr als 450 biograph., histor., literar., theolog. und naturwiss. Publikationen ein umfassendes Bild aller Aspekte der puritan. Kultur, deren religiöse Basis zunehmend durch weltl. Einflüsse erschüttert wurde. Die wichtigsten literar. Dokumente dieser Umbruchzeit sind M.s Protokolle der Hexenprozesse von Salem (1692), *The wonders of the invisible world* (1693; dt. *Die Wunder der unsichtbaren Welt,* 1838), seine im Stil eines christl. Epos verfaßte monumentale Kirchen- und Kulturgeschichte Neuenglands (*Magnalia Christi Americana* 1702), sowie die den pragmat. Aspekt des Christentums andeutende Schrift *Bonifacius* (1710), die u. d. T. *Essays to do good* sehr bekannt wurde und v. a. auf B. Franklin wirkte.

Weitere Werke: Memorable providences, relating to witchcrafts and possessions (Schr., 1689), The Christian philosopher (Schr., 1721), Manducatio ad ministerium (Hdb. für Geistliche, 1726), Paterna (Autobiogr., entst. zw. 1699 und 1727, hg. 1976), Diary (hg. 1911–12).

Ausgaben: Selections from C. M. Hg. v. K. B. MURDOCK. New York 1926. Neudr. 1960. – BOSCO, R. A.: An edition of ›Paterna‹. C. M.'s previously unpublished autobiography. Ann Arbor (Mich.) 1975. – C. M.'s verse in English. Hg. v. D. D. KNIGHT. Newark (N. J.) 1989. – Two M. biographies. ›Life and death‹ and ›Parentator‹. Hg. v. W. J. SCHEICK. Bethlehem (Pa.) 1989.

Literatur: MIDDLEKAUFF, R.: The Mathers. Three generations of Puritan intellectuals, 1596–1728. New York 1971. – LEVIN, D.: C. M. Cambridge (Mass.) 1978. – SILVERMAN, K.: The life and times of C. M. New York 1984. – BREITWIESER, M. R.: C. M. and Benjamin Franklin. The price of representative personality. Cambridge 1985.

Matthews, [James] Brander ['mæθju:z], Pseudonym Arthur Penn, * New Orleans 21. Febr. 1852, † New York 31. März 1929, Schriftsteller. – War 1892–1900 Prof. für Literatur an der Columbia University in New York und hatte dort 1900–24 die erste Professur für Theaterwiss. in den USA inne; gab zus. mit Laurence Hutton (* 1843, † 1904) *Actors and actresses of Great Britain and the United States from the days of David Garrick to the present time* (5 Bde., 1886) heraus und schrieb bed. Arbeiten zu theaterwiss. Fragen (*Shakespere as a playwright,* 1913); auch Theaterstücke, Kurzgeschichten und Romane über New York.

Weitere Werke: Margery's lovers (Kom., 1884), His father's son (R., 1895), The development of the drama (1903), Vistas of New York (R., 1912), Rip Van Winkle goes to the play and other essays on plays and players (1926), These many years (Autobiogr., 1917).

Matthiessen, F[rancis] O[tto] ['mæθɪsən], * Pasadena (Calif.) 19. Febr. 1902, † Boston (Mass.) 1. April 1950, Literarhistoriker. – War 1929–50 Prof. an der Harvard University; verfaßte neben Studien zu S. O. Jewett, T. S. Eliot, T. Dreiser und H. James die grundlegende Untersuchung *American Renaissance* (1941; dt. *Amerikan. Renaissance. Kunst und Ausdruck im Zeitalter Emersons und Whitmans,* 1948) über die klass. Autoren der amerikan. Literatur (↑ New England Renaissance).

Literatur: F. O. M. 1902–1950. A collective portrait. Hg. v. P. M. SWEEZY u. L. HUBERMAN. New York 1950. – GUNN, G. B.: F. O. M. The critical achievement. Seattle (Wash.) u. a. 1975. – STERN, F. C.: F. O. M. Christian socialist as critic. Chapel Hill (N. C.) 1981. CAIN, W. E.: F. O. M. and the politics of criticism. Madison (Wis.) 1988.

Matthiessen, Peter ['meɪðsən], * New York 22. Mai 1927, Schriftsteller. – Studierte an der Yale University und der Sorbonne; gehörte in den 50er Jahren als Mitglied einer Gruppe amerikan. ›expatriates‹ wie J. Baldwin, T. Southern und W. Styron zur polit. Avantgarde in Paris. Seine bedeutenden Romane und Naturbeschreibungen spiegeln sein Engagement für Ökologie und soziale Gerechtigkeit sowie sein Interesse für fremde Kulturen in Nord- und Südamerika, Afrika und Asien, die er auf ausgedehnten Reisen kennenlernte. Die für Naturvölker und unberührte Landschaften destruktiven Auswirkungen der westl. Zivilisation, repräsentiert durch Missionare und Soldaten, zeigen sich bei den Indianern des Amazonas (*At play in the fields of the Lord,* R., 1965), bei der Schilderung der aussterbenden Tradition des Schildkrötenfangs in der Karibik (*Far tortuga,* R., 1975), oder in der Zerstörung ird. Paradiese durch korrupte Geschäftsleute in Florida (*Killing Mr. Watson,* R., 1990). Seine bekanntesten Naturbeschreibungen basieren auf Reisen durch Ostafrika (*The tree where man was born,* 1972) bzw. durch Nepal (*The snow leopard,* 1979), wo er zum Zen-Anhänger wurde.

Weitere Werke: Race rock (R., 1954), Partisans (R., 1955), Raditzer (R., 1961), The shorebirds of North America (Studie, 1967; 1973 u. d. T. The wind birds), In the spirit of Crazy Horse (Studie, 1983), Indian Country (Studie, 1985).

Ausgabe: Everglades. Selections from the writings of P. M. Hg. v. P. CAULFIELD. New York 1971.

Maupin, Armistead ['mɔːpɪn], * Washington (D. C.) 13. Mai 1944, Schriftsteller. – Wuchs im konservativen Süden North Carolinas auf; wurde mit seinen die Bewohner San Franciscos im *San Francisco Chronicle* charakterisierenden Geschichten bekannt. Die aus sechs Teilen bestehende Serie schildert das Leben der 70er und 80er Jahre in der von alternativer Jugendkultur und homosexuellen Lebensformen geprägten Stadt (*Tales of the city,* 1978, dt. *Geschichten aus Frisco,* 1987; *More tales of the city,* 1980, dt. *Neue Geschichten aus Frisco,* 1988; *Further tales of the city,* 1982; *Babycakes,* 1984; *Significant others,* 1987). Der letzte Teil behandelt mit autobiograph. Bezug das Thema der durch die AIDS-Krankheit belasteten homosexuellen Beziehungen (*Sure of you,* R., 1989).

McCarthy, Mary [Therese] [mə'kɑːθi], * Seattle (Wash.) 21. Juni 1912, † New York 25. Okt. 1989, Schriftstellerin. – M., die mit sechs Jahren Vollwaise wurde, erhielt eine kath. Erziehung (*Memories of a catholic girlhood,* Autobiogr., 1957, dt. *Eine kath. Kindheit,* 1966; Fortsetzung: *How I grew,* 1987, dt. *Was sich verändert, ist nur die Phantasie,* 1989; *Intellectual memoirs. New York 1936–38,* 1992) und studierte dann am Vassar College (N. Y.). Während ihrer langen literar. Rezensionstätigkeit (1933–48) festigte sich ihr polit. Denken in sozialist. Richtung. Unter dem Einfluß ihres zweiten Mannes, des bed. Literaturkritikers E. Wilson, begann sie, realist., sozialkrit. Romane und Kurzgeschichten zu schreiben, die z. T. auf eigenen Erfahrungen basieren: *The oasis* (E., 1949, 1950 u. d. T. *A source of embarrassment;* dt. *Die Oase,* 1965) beleuchtet satirisch polit.

Idealismus, *The groves of Academe* (R., 1952) verarbeitet die Zeit ihrer Dozententätigkeit (1945–46, 1948), *The group* (R., 1963; dt. *Die Clique,* 1964), ihr bekanntestes Werk, verfolgt das Schicksal einiger ihrer Kommilitoninnen von Vassar; *Birds of America* (R., 1971; dt. *Ein Sohn der neuen Welt,* 1972) und *Cannibals and missionaries* (R., 1979; dt. *Kannibalen und Missionare,* 1981) setzen sich kritisch mit der amerikan. Kultur und mit Zeiterscheinungen auseinander. Diese krit. Haltung zeigt sich auch in ihren Reiseberichten (*The stones of Florence,* Essay, 1959; dt. *Florenz,* 1960) und journalist. Beiträgen: *Report from Vietnam* (1967; dt. *Vietnam-Report,* 1967), *Medina* (1972; dt. *Medina. Die My Lai-Prozesse,* 1973), *The mask of state. Watergate portraits* (1974). In den 80er Jahren veröffentlichte M. v. a. literaturkrit. Arbeiten, in denen sie u. a. ihre Konzeption des Ideenromans im Anschluß an H. James verteidigt (*Ideas and the novel,* 1980).

Weitere Werke: The company she keeps (R., 1942; dt. Sie und die anderen, 1965), A charmed life (R., 1955; dt. Der Zauberkreis, 1970), The writing on the wall and other literary essays (1970; dt. Ein Blitz aus heiterem Himmel, 1972), The hounds of summer and other stories (1981), Occasional prose (Essays, 1985).

Literatur: McKenzie, B.: M. M. New York 1966. Neuaufl. 1967. – Grumbach, D.: The company she kept. London u. a. 1967. – Stock, I.: M. M. Minneapolis (Minn.) 1968. – Hardy, W. S.: M. M. New York 1981. – Gelderman, C.: M. M. A life. New York 1988. – Conversations with M. M. Hg. v. C. Gelderman. Jackson (Miss.) 1991.

McCullers, Carson [Smith] [mə'kʌlərz], * Columbus (Ga.) 19. Febr. 1917, † Nyack (bei New York) 29. Sept. 1967, Schriftstellerin. – Behandelt in ihrem von melanchol. Grundstimmung geprägten Werk traditionelle Themen der Südstaatenliteratur, wie Einsamkeit und die Perversion von Liebesbeziehungen, und gestaltet sehr einfühlsam die Atmosphäre des Südens. Im Mittelpunkt ihrer besten Werke stehen körperlich behinderte Menschen, oft Jugendliche, wie der Taubstumme in *The heart is a lonely hunter* (R., 1940; dt. *Das Herz ist ein einsamer Jäger,* 1950), der bucklige Zwerg in der Titel-Erzählung von *The ballad of the sad café* (En., 1951; dt. *Die Mär von der glücklosen Schenke,* 1954, 1961 u. d. T. *Die Ballade vom traurigen Café,* dramatisiert von E. Albee, 1963, dt. 1964), ferner die Protagonistin in *The member of the wedding* (R., 1946, dt. *Das Mädchen Frankie,* 1947; Dr. 1950, dt. *Mit von der Partie,* 1955). Die Freundschaft mit T. Williams regte sie zu dramat. Versuchen an, u. a. *The square root of wonderful* (1958; dt. *Die Quadratwurzel aus wundervoll,* 1962) über ihre schwierige Ehe, die jedoch weniger erfolgreich waren.

Weitere Werke: Reflections in a golden eye (R., 1941; dt. Der Soldat und die Lady, 1958, 1966 u. d. T. Spiegelbild im goldenen Auge), Clock without hands (R., 1961; dt. Uhr ohne Zeiger, 1962), The mortgaged heart (En. und Essays, hg. 1971).

Ausgaben: C. M. Werkausg. Dt. Übers. Zü. 1971–77. 8 Bde. – Die besten Geschichten v. C. M. Hg. v. A. Friedrich. Dt. Übers. Zü. 1986.

Literatur: Evans, O.: C. M. Her life and work. London 1965. Dt. Übers. C. M. Leben u. Werk. Zü. 1970. – Über C. M. Hg. v. G. Haffmans. Zü. 1974. – Carr, V. S.: The lonely hunter. A biography of C. M. Garden City (N. Y.) 1975. – Cook, R. M.: C. M. New York 1975. – Kiernan, R. F.: Katherine Anne Porter and C. M. A reference guide. Boston (Mass.) 1976. – McDowell, M. B.: C. M. Boston (Mass.) 1980. – Bartle, A.: Ideologeme im amerikan. Roman der Südstaaten. A. Tates ›The fathers‹, R. P. Warrens ›All the king's men‹, C. M.s ›The member of the wedding‹ und F. O'Connors ›The violent bear it away.‹ Wzb. 1980. – Westling, L.: Sacred groves and ravaged gardens. The fiction of Eudora Welty, C. M., Flannery O'Connor. Athens (Ga.) 1985. – C. M. Hg. v. H. Bloom. New York 1986. – Carr, V. S.: Understanding C. M. Columbia (S. C.) 1987. – Buschendorf, C.: Mit Kinderaugen. Zur Perspektivtechnik bei William Faulkner, C. M. u. Flannery O'Connor. Wzb. 1988.

McInerney, Jay ['mækınɜ:rni], * Hartford (Conn.) 13. Jan. 1955, Schriftsteller. – Absolvierte nach kurzer editor. Tätigkeit in Japan und bei der Zs. *The* ↑ *New Yorker* ein ›creative writing‹-Programm an der Syracuse University. Gilt als einer der Vertreter der Yuppie-Literatur, die die Erfahrungen junger Menschen im Geschäftsleben von New York sowie das freizügige und indifferente Verhalten der jungen Generation auf Kokain-Parties und in mod. Nachtklubs darstellen. Sein auch verfilmter Erstlingsroman, *Bright lights, big city* (1984; dt. *Ein starker Abgang,* 1986) thematisiert darüber hinaus die Startschwierigkeiten eines seines langweiligen Jobs bei einer Zs. überdrüssigen, deshalb später entlassenen, jungen Schriftstellers.

Weitere Werke: Ransom (R., 1985; dt. Einhandklatschen in Kioto, 1987), Story of my life (R., 1988; dt. Ich nun wieder, 1991), Brightness falls (R., 1991).

McKay, Claude [məˈkeɪ], eigtl. Festus Claudius M., Pseudonym Eli Edwards, * Sunny Ville (Jamaika) 15. Sept. 1890, † Chicago 22. Mai 1948, Schriftsteller. – Lebte ab 1912 in den USA und wurde zu einem der Hauptvertreter der ↑ Harlem Renaissance. Kam in New York durch die enge Freundschaft mit M. Eastman, dem Hg. der Zss. *The Masses* und *The Liberator,* sowie auf seiner Reise in die Sowjetunion mit kommunist. Ideen in Berührung, die seine polit. Einstellung gegen die Rassendiskriminierung bestimmten. Nach ersten im Dialekt Jamaikas verfaßten Gedichtbänden (*Songs of Jamaica,* 1912; *Constab ballads,* 1912), sind die späteren in engl. Sprache geschriebenen Gedichte Ausdruck seiner polit. Überzeugung (*Spring in New Hampshire,* 1920). Sein bekanntestes, im *Liberator* erschienenes Gedicht *If we must die* (1919) verarbeitet Rassenunruhen nach dem 1. Weltkrieg. Aufgrund seiner Diskrepanzen mit den Führern der afroamerikan. Bewegung lebte er von 1922–34 in Europa, zumeist in Paris, wo er erfolglos Anschluß an die Gruppe der ↑ Lost generation suchte, dann in Marseilles und Marokko. Hier entstanden die die polit. und soziale Situation der Schwarzen in den USA, v. a. in Harlem beschreibenden Romane und Studien, von denen besonders *Home to Harlem* (R., 1928), *Harlem. Negro metropolis* (Prosa, 1940) und seine Autobiogr. (*A long way from home,* 1937) bekannt wurden.

Weitere Werke: Harlem shadows (Ged., 1922), The Negroes in America (Prosa, 1923), Trial by lynching (Kurzgeschichten, 1925), Banjo (R., 1929), Gingertown (Kurzgeschichten, 1932), Banana bottom (R., 1933).

Ausgaben: Selected poems. New York 1953. – Selected poems of C. M. New York 1971. – The dialect poetry of C. M. Freeport (N. Y.) 1972. – The passion of C. M. Selected poetry and prose, 1912–1948. Hg. v. W. F. COOPER. New York 1973.

Literatur: BONE, R.: The Negro novel in America. Neuaufl. New Haven (Conn.) 1965. – CRUSE, H.: The crisis of the Negro intellectual from its origin to the present day. New York 1967. – RAMCHAND, K.: The West Indian novel and its background. New York 1970. – BONTEMPS, A.: The Harlem Renaissance remembered. New York 1972. – GAYLE, A., JR.: C. M. The black poet at war. Detroit (Mich.) 1972. – KENT, G.: Blackness and the adventure of western culture. Chicago (Ill.) 1972. – MPHAHLELE, E.: Voices in the whirlwind. New York 1972. – GILES, J. R.: C. M. Boston (Mass.) 1976. – BROWN, L. W.: West Indian poetry. New York 1978. – COOPER, W. F.: C. M. Rebel sojourner in the Harlem Renaissance. A biography. Baton Rouge (La.) 1987. – TILLERY, T.: A black poet's struggle for identity. Amherst (Mass.) 1991.

McMurtry, Larry (Jeff) [məkˈmɜːrri], * Wichita Falls (Tex.) 3. Juni 1936, Schriftsteller. – Verfasser erfolgreicher Romane, in denen nostalgisch die myth. Tradition des Westens mit der Welt der Cowboys beschworen (*Horseman, pass by,* 1961, 1971 u. d. T. *Hud; Leaving Cheyenne,* 1963), die in der Praxis des Rodeo erhaltenen Werte der Cowboys beschrieben (*Moving on,* 1970) bzw. die psych. Verfassung frustrierter Menschen in den einsamen Städten des Südwestens aufgezeigt werden (*The last picture show,* 1966, dt. *Die letzte Vorstellung,* 1990; *Terms of endearment,* 1975, dt. *Zeit der Zärtlichkeit,* 1984; *Texasville,* 1987).

Weitere Werke: In a narrow grave. Essays on Texas (1968), All my friends are going to be strangers (R., 1972), It's always we rambled. An essay on Rodeo (1974), Somebody's darling (R., 1978), Cadillac Jack (R., 1982), The desert rose (R., 1983; dt. Stardust girl, 1985), Lonesome dove (R., 1985; dt. Weg in die Wildnis, 1990), Filen Elam. Essay on Hollywood (1987),

Anything for Billy (R., 1988; dt. Desperado, 1990), Some can whistle (R., 1989), Buffalo girls (R., 1991).

Literatur: LANDESS, T.: L. M. Austin (Tex.) 1969. – NEINSTEIN, R. L.: The ghost country. A study of the novels of L. M. Berkeley (Calif.) 1976. – PEAVY, C. D.: L. M. Boston (Mass.) 1977. – L. M. Unredeemed dreams. Hg. v. D. SCHMIDT. Edinburgh 1981.

Melville, Herman ['melvıl], * New York 1. Aug. 1819, † ebd. 28. Sept. 1891, Schriftsteller. – Aus verarmter Familie stammend, ging M. früh zur See, unternahm eine Reise nach England und kam auf einem Walfänger u. a. in die Südsee, wo er kurze Zeit unter Eingeborenen lebte. 1844 kehrte er auf einem Kriegsschiff in die USA zurück und lebte ab 1863, zunehmend vereinsamt, in New York; 1866–85 Zollinspektor. M. hatte mit den Schilderungen seiner Seefahrten in vier der fünf Seeromane (*Typee,* 1846, dt. *Typee. Vier Monate auf den Marquesas-Inseln oder Ein Blick auf polynes. Leben,* 1846, 1927 u. d. T. *Taipi; Omoo,* 1847, dt. 1847, 1927 u. d. T. *Omu; Redburn,* 1849, dt. *Redburns erste Reise,* 1850, 1952 u. d. T. *Redburn. Erlebnisse und Bekenntnisse eines Schiffsjungen; White-Jacket,* 1850, dt. *Weißjacke,* 1948) großen Erfolg, der ihm für den fragmentarisch-phantast. Romanentwurf *Mardi* (1849) sowie die folgenden anspruchsvollen, erst im 20.Jh. gewürdigten Romane versagt blieb. Hauptwerk M.s ist der seinem Freund N. Hawthorne gewidmete Roman *Moby-Dick* (1851; dt. *Moby Dick oder Der weiße Wal,* 1927, 1989 u. d. T. *Moby Dick oder der Wal*), der als bedeutendste Prosadichtung des amerikan. Symbolismus gilt. Der in der Katastrophe endende Kampf des rachebesessenen Kapitäns Ahab gegen den weißen Wal Moby Dick symbolisiert die schicksalhafte Spannung zwischen Mensch und Natur. Im Zuge neuerer Literaturtheorien sind die Gattungsgrenzen überschreitenden Werke *Pierre* (R., 1852; dt. 1965) und *The confidence man* (R., 1857; dt. *Ein sehr vertrauenswürdiger Herr,* 1958) als bed. experimentelle Texte gewertet worden. M. schrieb auch Gedichte über den Bürgerkrieg (*Battle pieces,* 1866) sowie über seine Reise ins Heilige Land (*Clarel,* 1876) und bed. Kurzgeschichten (*Piazza tales,* 1856, dt. *Piazza-Erzählungen,* 1962; darin: *Benito Cereno* und *Bartleby, the scrivener*). Die in seinem Todesjahr entstandene trag. Erzählung *Billy Budd* (hg. 1924; dt. 1938) wird vielfach als M.s zweites Meisterwerk angesehen.

Weitere Werke: Journal up the straits (Tagebuch, 1835), Israel Potter (R., 1855; dt. Israel Potters Irrfahrten und Abenteuer, 1956), John Marr and other sailors (Ged., 1888), Timoleon (Ged., 1891).

Ausgaben: H. M. The works. Standard edition. London 1922–24. 16 Bde. Nachdr. New York 1963. – The letters of H. M. Hg. v. M. R. DAVIS u. W. H. GILMAN. New Haven (Conn.) 1960. – H. M. Ges. Werke in Einzelausgg. Dt. Übers. Mchn. 1964–70. 3 Bde. – The writings of H. M. The Northwestern-Newberry Edition. Hg. v. H. HAYFORD u. a. Evanston (Ill.) 1968 ff. Bisher 12 Bde. ersch.

Literatur: CHASE, R.: H. M. A critical study. New York 1949. – HOWARD, L.: H. M. A biography. Berkeley (Calif.) 1951. Neudr. Minneapolis (Minn.) 1961. – The M. log. A documentary life of H. M. 1819–1891. Hg. v. J. LEYDA. New York 1951. 2 Bde. – STERN, M. R.: The fine hammered steel of H. M. Urbana (Ill.) 1957. Nachdr. 1968. – BERTHOFF, W.: The example of M. Princeton (N. J.) 1962. – DRYDEN, E. A.: M.'s thematics of form. The great art of telling the truth. New York 1968. Tb.-Ausg. Baltimore 1981. – O'SEELYE, J.: M. The ironic diagram. Evanston (Ill.) 1970. – ALLEN, G. W.: M. and his world. New York 1971. – H. M. Hg. v. P. G. BUCHLOH u. H. KRÜGER. Darmst. 1974. – BICKLEY, R. B., JR.: The method of M.'s short fiction. Durham (N. J.) 1975. – SWEENEY, G. M.: M.'s use of classical mythology. Amsterdam 1975. – SCHUNK, F.: Das lyr. Werk H. M. s. Bonn 1976. – New perspectives on M. Hg. v. F. PULLIN. Edinburgh 1978. – SIEBALD, M.: Auflehnung im Romanwerk H. M. s. Ffm. 1979. – MUSHABAC, J.: M.'s humor. A critical study. Hamden (Conn.) 1981. – DUBAN, J.: M.'s major fiction. Politics, theology and imagination. De Kalb (Ill.) 1983. – GARCIA, W.: Mothers and others. Myths of the female in the works of M., Twain, and Hemingway. New York 1984. – ROGIN, M. P.: Subversive genealogy. Politics and art of H. M. New York 1984. – A companion to M. studies. Hg. v. J. BRYANT. New York 1986. – NEWMAN, L. B.: A reader's guide to the short stories of H. M. Boston (Mass.) 1986. – BERCAW, M. K.: M.'s sources. Evanston (Ill.) 1987. – HIGGINS, B.: H. M. A reference guide. 1931–60. Boston (Mass.) 1987. – TRIMPI, H.: M.'s confidence men and American politics in the 1850s. Hamden

(Conn.) 1987. – PAUL, C.: Die Antizipation der amerikan. Postmoderne im Romanwerk H. M.s. Das Spiel mit Selbst, Text und Mythos. Idstein 1988. – M.'s reading. Hg. v. M. M. SEALTS, JR. Columbia (S. C.) 1988. – TOLCHIN, N. L.: Mourning, gender, and creativity in the art of H. M. New Haven (Conn.) 1988. – ANDREWS, N., JR. M.'s Camoes. Bonn 1989. – DIMOCK, W.: Empire for liberty. M. and the poetics of individualism. Princeton (N. J.) 1989. – HAMILTON, W.: Reading ›Moby-Dick‹ and other essays. New York 1989. – SAMSON, J.: White lies. M.'s narratives of facts. Ithaca (N. Y.) 1989. – GÖSKE, D.: H. M. in dt. Sprache. Ffm. 1990. – KIER, K. E.: A. M. encyclopedia. The novels. Troy (N. J.) 1990. 2 Bde. – ENGLER, B.: Fiktion u. Wirklichkeit. Zur narrativen Vermittlung erkenntnisskept. Positionen bei Hawthorne u. M. Bln. 1991.

Mencken, H[enry] L[ouis] ['meŋkən], * Baltimore 12. Sept. 1880, † ebd. 29. Jan. 1956, Kritiker. – Aus ursprünglich dt. Familie; war ab 1908 Literaturkritiker und 1914–23 Mit-Hg. des Kulturmagazins *The Smart Set.* 1924 Mitbegründer der bed., moderne amerikan. Schriftsteller veröffentlichenden Zs. *The American Mercury* und bis 1933 deren Hg.; während des 1. Weltkriegs Korrespondent in Deutschland und Rußland; Wegbereiter F. Nietzsches und G. B. Shaws in Amerika; setzte sich bes. für T. Dreiser, S. Lewis, S. Anderson und E. O'Neill ein. M. kreierte in seinen v. a. gegen das Spießbürgertum gewandten Essays, für das er den Ausdruck ›booboisie‹ prägte, einen ikonoklast., iron. Stil (*Prejudices,* 6 Bde., 1919–27); bed. ist v. a. sein das amerikan. gegenüber dem brit. Englisch aufwertende Werk *The American language* (1919; dt. *Die amerikan. Sprache,* 1927, [4]1936; 2 Erg.-Bde. 1945 u. 1948).

Weitere Werke: G. B. Shaw – his plays (1905), The philosophy of Friedrich Nietzsche (1908), In defense of women (1918; dt. Verteidigung der Frau, 1923), Notes on democracy (1926), Treatise on the Gods (1930), The days of H. L. M. (Autobiogr., 1947, 3 Bde.), Minority report. H. L. M.'s notebooks (1956).

Ausgaben: The American scene. A reader. Hg. v. H. CAIRNS. New York 1965. – Letters of H. L. M. Hg. v. G. J. FORGUE. Boston (Mass.) 1981. – Dreiser-M. letters. The correspondence of T. Dreiser and H. L. M., 1907–45. Hg. v. T. P. RIGGIO. Philadelphia (Pa.) 1986. 2 Bde. – RODGERS, M. E.: M. and Sara. A life in letters. The private correspondence of H. L. M. and Sara Haardt. New York 1987. – The diary of H. L. M. Hg. v. C. A. FECHER. New York 1989.

Literatur: WILLIAMS, W. H. A.: H. L. M. Boston (Mass.) 1977. – DOUGLAS, G. H.: H. L. M. Critic of American life. Hamden (Conn.) 1978. – FECHER, C. A.: M. A study of his thought. New York 1978. – MARTIN, E. A.: H. L. M. and the debunkers. Athens (Ga.) 1984. – SCRUGGS, C.: The sage in Harlem. H. L. M. and the Black writers of the 1920's. Baltimore (Md.) 1984. – Critical essays on H. L. M. Hg. v. D. C. STENERSON. Boston (Mass.) 1987. – BULSTERBAUM, A.: H. L. M. A research guide. New York 1988. – FITZPATRICK, V.: H. L. M. New York 1989.

Merrill, James [Ingram] ['merıl], * New York 3. März 1926, Schriftsteller. – Soldat im 2. Weltkrieg; gilt als einer der bedeutendsten amerikan. Dichter der Gegenwart; in seinem Werk lassen sich drei Phasen unterscheiden: 1. auf der Neubewertung metaphys. Dichter in der Moderne beruhende, Stil und Technik der modernen Lyrik praktizierende Gedichte: *Jim's book* (1942), *The black swan* (1946), *First poems* (1951), *Short stories* (Ged., 1954), *The country of a thousand years of peace* (1959, revidiert 1970), *Water Street* (1962); 2. die autobiograph. Hinwendung zum eigenen Leben und zur Bekenntnislyrik, die durch die Verwendung von Mythen und Fabeln narrative Elemente aufweist: *Nights and days* (1966, National Book Award), *The fire screen* (1969), *Braving the elements* (1972); 3. die in Zusammenarbeit mit seinem Lebensgefährten David Jackson über das Medium des Ouija-Bretts gewonnenen mytholog. Einsichten in die Ordnung des Kosmos und die Stellung des Menschen. Die ›poems of science‹ von ep. Dimension, die sich mit Molekularbiologie, genet. Evolution und der Menschheitsgeschichte befassen, stellen M.s Hauptwerk dar: *Divine Comedies* (1976; Pulitzerpreis 1977); die Trilogie *The changing light at Sandover* (1982), bestehend aus dem schon in *Divine Comedies* abgedruckten *The book of Ephraim* (1976), *Mirabell. Books of number* (1978) und *Scripts for the pageant* (1980) sowie der Koda *The higher keys* (1982) und *Late settings* (1985). Daneben schrieb M. auch

Dramen und Romane, u. a. *The seraglio* (1957; dt. *Tanning Junior,* 1961), *The (Diblos) notebook* (1965).

Weitere Werke: Recitative (Prosa, 1986), The inner room (Ged., 1988), Three poems (1988).

Literatur: LABRIE, R.: J. M. Boston (Mass.) 1982. – J. M. Essays in criticism. Hg. v. D. LEHMAN u. C. BERGER. Ithaca (N. Y.) 1983. – MOFFETT, J.: J. M. An introduction to the poetry. New York 1984. – J. M. Hg. v. H. BLOOM. New York 1985. – YEUSER, S.: The consuming myth. The work of J. M. Cambridge (Mass.) 1987.

Merrill, Stuart Fitzrandolph ['merɪl, frz. mɛ'ril], * Hempstead (N. Y.) 1. Aug. 1863, † Versailles 1. Dez. 1915, amerikanisch-frz. Lyriker. – Wuchs in Frankreich auf, wo er ab 1890 ständig lebte; Sozialist; schrieb in frz. Sprache symbolist. Lyrik und setzte sich für die Verbreitung des Symbolismus in Frankreich und in den USA ein; hervorragender Übersetzer symbolist. Texte ins Englische (*Pastels in prose,* 1890).

Weitere Werke: Les gammes (Ged., 1887), Les fastes (Ged., 1891), Les quatre saisons (Ged., 1900), Une voix dans la foule (Ged., 1909), Prose et vers (hg. 1925).

Merton, Thomas ['mɜ:rtən], * Prades (Pyrénées-Orientales, Frankreich) 31. Jan. 1915, † Bangkok (Thailand) 10. Dez. 1968, Schriftsteller. – Wuchs in Frankreich und England auf, lebte ab 1933 in New York; Studium an der Cambridge University (1932–33) und der Columbia University (1934–39); Konversion zum Katholizismus und Eintritt ins Zisterzienserkloster in Gethsemani, Kentucky (1941), Priesterweihe (1949). Der Trappistenmönch brachte in insgesamt 92 Büchern, religiösen Studien, philosoph. Abhandlungen, Romanen und Gedichten seine Gottsuche in einer gottlosen Zeit zum Ausdruck; im Zusammenhang mit seinem polit. Engagement in den 60er Jahren entdeckte er den Zen-Buddhismus und versuchte, diese Philosophie mit christl. Mystik zu verbinden. Am bekanntesten ist seine in Anlehnung an die *Confessiones* des hl. Augustinus und Dantes *Divina Commedia* verfaßte Autobiographie *Seven storey mountain* (1948; dt. *Der Berg der sieben Stufen,* 1985).

Weitere Werke: What is contemplation? (Betrachtungen, 1948; dt. Vom Sinn der Kontemplation, 1955), Seeds of contemplation (Betrachtungen, 1949; dt. Verheißungen der Stille, 1951), The waters of Siloe (Betrachtungen, 1949), No man is an island (Betrachtungen, 1955; dt. Keiner ist eine Insel, 1956), Seeds of destruction (Betrachtungen, 1964; dt. Teilausg. Die schwarze Revolution, 1965), Mystics and Zen masters (Essays, 1967; dt. Weisheit der Stille, 1975), Meditationen eines Einsiedlers (dt. Auswahl 1976), Im Schweigen das Heil. Gedanken für jeden Tag (Betrachtungen, dt. Auswahl 1981).

Ausgaben: T. M. Collected poems. New York 1977. – The literary essays of T. M. Hg. v. P. HART. New York 1981.

Literatur: BAKER, J. T.: T. M. Social critic. Lexington (Ky.) 1971. – DELL'ISOLA, F.: T. M. A bibliography. Kent (Ohio) 1975. – WOODCOCK, G.: T. M. Monk and poet. New York 1978. – LABRIE, R.: The art of T. M. Fort Worth (Tex.) 1979. – FURLONG, M.: M. A biography. New York 1980. – SHANNON, W. H.: T. M.'s dark path. The inner experience of a contemplative. New York 1981. – MOTT, M.: The seven mountains of T. M. Boston (Mass.) 1984. Tb.-Ausg. 1986. – The legacy of T. M. Hg. v. P. HART. Kalamazoo (Mich.) 1986. – Toward an integrated humanity. T. M.'s journey. Hg. v. M. B. PENNINGTON. Kalamazoo (Mich.) 1988. – COOPER, D. D.: T. M.'s art of denial. The evolution of a radical humanist. Athens (Ga.) 1989.

Merwin, W[illiam] S[tanley] ['mɜ:rwɪn], * New York 30. Sept. 1927, Schriftsteller. – Studierte an der Princeton University; mehrere Aufenthalte in Europa. Unter dem Einfluß der New York School of Poetry († Lyrik) untersucht M. in seinen (u. a. auf Volksgut und Mythen beruhenden) Gedichten den Bezug von Kunst und Imagination zur Realität, interpretiert apokalyptisch die Bedeutung des Todes und stellt neuerdings die Deformation des Menschen durch Gewalt und kosm. Indifferenz dar. M. erhielt 1971 den Pulitzerpreis für *The carriers of ladders* (Ged., 1970). Auch bed. als Übersetzer zahlreicher Werke der Weltliteratur und als Dramatiker.

Weitere Werke: A mask for Janus (Ged., 1952), The dancing bears (Ged., 1954), Green with beasts (Ged., 1956), Darkling child (Dr.; mit Dido Milroy, UA 1956), Favor island (Dr., UA 1957), The drunk in the furnace (Ged., 1960), The gilded west (Dr., 1961), The moving target (Ged., 1963), The lice (Ged., 1967), The compass flower (Ged., 1977), Feathers from the hill (Ged., 1978), Finding the islands (Ged., 1982), Unframed original. Recollections (1982), Opening the hand (Ged., 1983), Regions of memory. Uncollected prose 1949–1982 (1987), The rain in the trees (Ged., 1988), Selected poems (1988).

Literatur: DAVIS, C.: W. S. M. Boston (Mass.) 1981. – NELSON, C.: W. S. M.'s other career. The manuscript archive of the university library. UNIVERSITY OF ILLINOIS AT URBANA-CHAMPAIGN. Urbana (Ill.) 1984. – CHRISTHILF, M.: W. S. M., the mythmaker. Columbia (Mo.) 1986. – W.S .M. Essays on the poetry. Hg. v. C. NELSON u. E. FOLSON. Champaign (Ill.) 1987.

Metafiktion, literaturwiss. Begriff zur Bezeichnung einer oder mehrerer über der Fiktion eines Textes liegender Bedeutungsschichten, die die Illusion des Textes durchbrechen und den fiktiven Charakter des ästhet. Konstrukts spielerisch thematisieren. Diese in allen Literaturformen mögliche, v. a. aber im Roman praktizierte Betonung der Fiktionalität des Kunstwerks, die sich schon im engl. Roman des 18. Jh. wie Laurence Sternes *Tristram Shandy* zeigt, ist v. a. in der Gegenwartsliteratur dominant geworden, die durch M. und Selbstreferenz die Stellung des Autors wie des ganzen Literaturbetriebs problematisiert und auf der Suche nach neuen Ausdrucksformen das Verhältnis von Fiktion und Realität neu zu bestimmen versucht. Zu den dabei verwandten metafiktionalen Verfahren gehören verschiedene Formen der u. a. als Intertextualität bezeichneten inhaltl. Wiederaufnahme oder formalen Imitation früherer Texte wie Parodie und Travestie. In der postmodernen amerikan. Literatur werden solche von R. Federman auch ›surfiction‹ genannten metafiktionalen Techniken vielfältig verwandt. So nimmt J. Barth inhaltl. das Gedicht des Maryland-Dichters Ebenezer Cooke (* 1667, † 1723) und formal den Roman des 18. Jh. in *The sot-weed factor* (1960) wieder auf, D. Barthelme und R. Coover nutzen Märchen als Vorlagen (*Snow white,* 1967; *Pricksongs and descants,* 1969), V. Nabokov und R. Brautigan greifen Gedichte und Kurzgeschichten E. A. Poes auf (*Lolita,* 1955; *Ada,* 1969; *The hawkline monster,* 1974), K. Vonnegut nutzt die Möglichkeiten der Utopie und Science-fiction (*Slaughterhouse 5,* 1969), F. O'Hara und J. Ashbery verbinden Malerei und Dichtung zur Illusionsbrechung. Darüber hinaus erweisen sich die Strukturvorlagen des Kriminalromans und des Western als bes. fruchtbar für metafiktionale Zwekke. – Analog zu M. haben sich Begriffe wie Metasprache, Metakommunikation, Metalinguistik, Metatext, Metatheater, Metakritik usw. gebildet.

Literatur: ABEL, L.: Metatheatre. A new view of dramatic form. New York 1963. – BARTHES, R.: Die Lust am Text. 1973. Dt. Übers. Ffm. 1974. – Surfiction. Fiction now ... and tomorrow. Hg v. R. FEDERMAN. Chicago (Ill.) 1973. Dt. Übers. Surfiction. Der Weg der Lit. Ffm. 1992. – ROSE, M. A.: Parody, metafiction. An analysis of parody as a critical mirror to the writing and reception of fiction. London 1979. – SCHLUETER, J.: Metafictional characters in modern drama. New York 1979. – SCHOLES, R.: Fabulation and metafiction. Urbana (Ill.) u. a. 1979. – GENETTE, G.: Palimpsestes. La littérature au second degré. Paris 1982. – MCCAFFERY, L.: The metafictional muse. The works of Robert Coover, Donald Barthelme, and William Gass. Pittsburgh (Pa.) 1982. – Funktionen des Fiktiven. Hg. v. D. HENRICH u. W. ISER. Mchn. 1983. – WAUGH, P.: Metafiction. London 1984. – Intertextualität. Formen, Funktionen, anglist. Fallstudien. Hg. v. U. BROICH u. M. PFISTER. Tüb. 1985. – HEBEL, U. J.: Intertextuality, allusion, and quotation. An international bibliography of critical studies. Westport (Conn.) 1989. – Intertextuality. Hg. v. H. F. PLETT. Bln. 1991.

Metalious, Grace [mə'tæliəs], * Manchester (N. H.) 8. Sept. 1924, † Boston (Mass.) 25. Febr. 1964, Schriftstellerin. – Schrieb erfolgreiche Romane, in denen sie die verdeckten Skandale und Schwächen im Alltagsleben neuengl. Kleinstadtbürger darstellte (*Peyton Place,* 1956, dt. *Die Leute von Peyton Place,* 1960; *Return to Peyton Place,* 1959, dt. *Rückkehr nach Peyton Place,* 1960; *The tight white collar,* 1960, dt. *Der enge weiße Kragen,* 1961).

mexikanisch-amerikanische Literatur, Bez. für die neben der vornehmlich in

New York bzw. Florida beheimateten Literatur von Schriftstellern puertorikan. und kuban. Herkunft zahlenmäßig größte und homogenste, teilweise spanischsprachige ethn. Literatur im Südwesten der USA. – Die Geschichte der von spanisch-indian. Vorfahren abstammenden Amerikaner mexikan. Herkunft, der zweitgrößten ethn. Minorität in den USA, beginnt mit dem durch die Annexion des Staates Texas (1845) ausgelösten Mexikanischen Krieg (1846–48) und der Abtretung der nördl. Regionen Mexikos an die siegreichen USA im Vertrag von Guadalupe-Hidalgo. Die geograph. und sprachl. Homogenität der in den heutigen Bundesstaaten Arizona, Kalifornien, Colorado, Nevada, New Mexico, Texas, Utah, Wyoming ansässigen Mexikaner und die Nähe zu ihrem Herkunftsland bestimmen im Unterschied zu anderen ethn. Minoritäten die bes. Situation dieser multikulturellen Gruppe, die seit den um Emanzipation bemühten sozialpolit. Aktivitäten der 60er Jahre auch als Chicanos (in Anlehnung an die verkürzte Aussprache des als [sh] realisierten x von Mexicano zur Zeit der span. Eroberung) bezeichnet werden.

Erste Werke der in span., engl. und einer Mischung aus beiden Sprachen, dem als ›caló‹ bezeichneten Dialekt Jugendlicher, verfaßten Literatur entstanden in der 2. Hälfte des 19. Jh. Dabei handelt es sich vornehmlich um histor. und auf persönl. Erfahrungen aufbauende Berichte wie die unveröffentlichte, 5bändige Geschichte Kaliforniens von Mariano Vallejo (* 1808, † 1890), *Recuerdos históricos tocante a la alta California,* wie auch die von Pio Pico (* 1801, † 1894), Gedichte und seltener Romane wie die 1892 publizierten *El hijo de la tempestad* und *Trans de la tormenta la calma* von Eusebio Chacón (* 1869, † 1948). Daneben blühten Formen der mündlich überlieferten Literatur wie Volkserzählung, Stammeslegende und bes. der ›corrido‹, eine musikalisch vorgetragene Ballade, die v. a. den bei der Arbeit der Cowboys zutage tretenden Kulturkonflikt zw. Mexikanern und den als ›Anglos‹ bezeichneten Amerikanern zum Thema hatte und deren bekanntestes Beispiel *Gregorio Cortez* ist. Die in diesen ›corridos‹ zum Ausdruck kommende Ablehnung der als arrogant empfundenen amerikan. Lebensweise und die Affirmation der mexikan. Kultur hat sich bis in die Gegenwartsliteratur hinein erhalten. Die einerseits durch die mexikan. Revolution (1910), andererseits durch wirtschaftl. Entwicklungen im Südwesten der USA und erhöhte Produktionen infolge des Weltkriegs ausgelöste Einwanderungswelle führte zu einem vorübergehenden Wandel in der Einstellung zur dominanten Kultur und einer Betonung der romant. Aspekte natürl. Landlebens der Amerikaner mexikan. Herkunft. Die schon in frühen Schriften span. Eroberer deutl. Sonderrolle des Staates New Mexico (Álvar Núñez Cabeza de Vaca [* um 1490, † um 1557], *Los naufragios,* Erlebnisbericht, 1542) setzt sich im 20. Jh. fort mit Gedichten (Victor Bernal [* 1888, † 1915], *Las primicias,* 1916), Erzählungen (Felipe Maximiliano Chacón [* 1873, † ?], *Obras,* Ged. u. En., 1924) und den in engl. Sprache verfaßten Schriften wie Nina Otero Warrens (* ?, † ?) *Old Spain in our Southwest* (1936) sowie den religiösen Erzählungen und Gedichten Fray Angélico Chávez' (* 1910), *New Mexico Triptych* (1940) und *Eleven Lady-Lyrics and other poems* (1945). Das bekannteste Beispiel einer bikulturellen Existenz stellt Josephina Nigglis (* 1910, † 1983) Roman *Mexican village* (1945) dar, in dem der kulturell assimilierte, unehel. Sohn einer mexikan. Mutter und eines amerikan. Vaters vergeblich seine mexikan. Identität wiederzugewinnen sucht.

Nach dem 2. Weltkrieg, an dem auch viele Amerikaner mexikan. Herkunft teilnahmen, konzentrierte sich die m.-a. L. zunächst auf die oft pejorativ verstandene, letztlich unbefriedigende Assimilierung der 2. Generation an amerikan. Verhältnisse wie in José Antonio Villarreals (* 1924) Roman *Pocho* (1959). Im Zuge der polit. Bewußtwerdung der Chicanos in den 60er Jahren wurden solche Assimilationsgeschichten als schmerzhafte Prozesse der Entfremdung von der eigenen Kultur gesehen. Ziel der polit. Aktivitäten war es, eine eigene Chicano-Identität innerhalb eines kulturellen Pluralismus zu gewinnen. Diesem Ziel diente v. a. das oft im Freien aufgeführte, mit Formen des Agitprop (↑Theater) arbeitende Teatro Campesino, das L. Valdez in Zusammenarbeit mit dem Gewerkschaftsführer César Chávez (* 1927) für seine die Ausbeutung der Landarbeiter in Kalifornien schildernden ›Actos‹ 1965 etablierte. Der 1967 für Chicano-Literatur in Berkeley (Calif.) gegr. Verlag Quinta Sol Publications widmete sich primär dem indian. Erbe der Aztekenkultur und der im Südwesten der USA vermuteten Heimstatt der Azteken, ›Atzlán‹. Die bekanntesten Autoren dieses Verlags sind der Dichter José Montoya ([* 1932], *El sol y los de abajo and other R. C. A. F. poems,* 1972) sowie die Erzähler Tomás Rivera ([* 1935, † 1984], *... y no se lo tragó la tierra,* 1971), der das Leben der Chicanos auf Farmen schildert, Rolando Hinojosa-Smith ([* 1929], *Estampas del valle y otras obras,* 1972; *Generaciones y semblanzas,* 1977), der ebenfalls in den einfachen Menschen die Träger der mexikan. Kultur erkennt, sowie der in engl. Sprache schreibende R. Anaya, dessen die multikulturelle Existenz der Chicanos in New Mexico schildernder Roman *Bless me, Ultima* (1972) zum Klassiker der m.-a. L. geworden ist. Andere Chicano-Romanciers schreiben im Dienste des sozialen Engagements, wie Raymond Barrio ([* 1921], *The plum plum pickers,* 1969), John Rechy ([* 1934], *The vampires,* 1971), Oscar Z. Acosta ([* 1936], *The autobiography of a Brown Buffalo,* 1972; *The revolt of the cockroach people,* 1973), während wieder andere an die myth. Vergangenheit des indian. Erbes anknüpfen, wie Ron Arias ([* 1941], *The road to Tamazunchale,* 1975) und R. Anaya (*Heart of Aztlán,* 1976).

Den Reminiszenzen an assimilator. Tendenzen im Akkulturationsprozeß, wie sie Ernesto Galarzas (* 1905, † 1984) autobiograph. Roman *Barrio boy* (1971) beinhaltet, oder wie sie Richard Rodriguez (* 1944) in seiner essayist. Autobiographie *Hunger of memory* (1982) affirmiert, stehen in der jüngeren Generation Chicanos und Chicanas gegenüber, die einen kulturellen Pluralismus vertreten. Bed. Lyriker dieser jüngeren Generation sind Alurista ([* 1947], *Return. Poems collected and new,* 1982), Sandra Cisneros ([* 1954], *Bad boys,* 1980; *My wicked, wicked ways,* 1988), Ricardo Sanchez ([* 1941], *Los cuatro,* 1971; *Amsterdam cantos y poemas pistos,* 1982), Omar Salinas ([* 1937], *Under the trees/Walking behind the Spanish,* 1982; *The sadness of days,* 1987) und der mit seinen selbstreflexiven Gedichten wahrscheinlich überzeugendste Gegenwartsdichter Gary Soto ([* 1952], *The elements of San Joaquin,* 1977; *Where sparrow works hard,* 1981; *Black hair,* 1985). Probleme der Frau in der mexikan. Kultur thematisieren Alma Villanueva ([* 1944], *The ultraviolet sky,* R., 1988) und Sandra Cisneros in der autobiograph. Darstellung ihrer frühen Jugend bzw. in Kurzgeschichten (*The house on Mango Street,* 1984; *Women hollering creek and other stories,* 1991, dt. *Kleine Wunder,* 1992) ebenso wie Lorna Dee Cervantes (* 1954) in ihren Gedichten (*Emplumada,* 1981) und Cherrie Moraga in ihrer für eine lesb. Chicana-Existenz eintretenden Sammlung von Gedichten, Kurzgeschichten und Essays (*Loving in the war years,* 1983).

Literatur: Anthologien: El espejo/The mirror. Selected Chicano literature. Hg. v. O. ROMANO-V. u. C. HERMINIO RÍOS. Berkeley (Calif.) 1969. Nachdr. 1972. – Aztlán. An anthology of Mexican American literature. Hg. v. L. VALDEZ u. S. STEINER. New York 1972. – We are Chicanos. Hg. v. P. D. ORTEGO. New York 1973. – Nuyorican poetry. An anthology of Puerto Rican words and feelings. Hg. v. M. ALGARIN u. M. PIÑERO. New York 1975. – Festival de flor y canto. An anthology of Chicano literature. Hg. v. ALURISTA. Los Angeles (Calif.) 1976. – Hispanics in the United States. Hg. v. G. KELLER u. F. JIMENEZ. Tempe (Ariz.) Bd. 1: 1980, Bd. 2: 1982. – Inventing a word. An anthology of twentieth-century Puerto Rican poetry. Hg. v. J. MARZÁN. New York 1980. – Contemporary Chicano poetry. Hg. v. W. BINDER. Erlangen 1986.

Themat. Unterss.: COTERA, M.: The Chicana feminist. Austin (Tex.) 1977. – BRUCE-NOVOA, J.: Chicano authors. Inquiry by interview. Austin (Tex.) 1980. – PETTIT, A. G.: Images of the Mexican American in fiction and film. College Station (Tex.) 1980. – BRUCE-NOVOA, J.: Chicano poetry. A response to chaos. Austin (Tex.) 1982. – EGER, E. N.: A bibliography of criticism of contemporary Chicano literature. Berkeley (Calif.) 1982. – HUERTA, J. A.: Chicano Theater.

Themes and Forms. Ypsilanti (Mich.) 1982. – TATUM, C. M.: Chicano literature. Boston (Mass.) 1982. – Missions in conflict. Essays on U. S.-Mexican relations and Chicano culture. Hg. v. R. v. BARDELEBEN, D. BRIESEMEISTER u. J. BRUCE-NOVOA. Tüb. 1986. – BINDER, W.: Partial autobiographies. Interviews with 20 Chicano poets. Erlangen 1986. – CANDELARIA, C.: Chicano poetry. A critical introduction. Westport (Conn.) 1986. – European perspectives on Hispanic literature in the United States. Hg. v. G. FABRE. Houston (Tex.) 1988. – Chicana creativity and criticism. Charting new frontiers in American literature. Hg. v. M. HERRERA-SOBEK u. H. M. VIRAMONTES. Houston (Tex.) 1988. – TONN, H.: Zeitgenöss. Chicano-Erzähllit. in engl. Sprache. Ffm. 1988. – Aztlán. Essays on the Chicano homeland. Hg. v. R. A. ANAYA u. F. LOMELÍ. Albuquerque (N. Mex.) 1989. – Pasó por aqui. Critical essays on the New Mexican literary tradition, 1542–1988. Hg. v. E. GONZALES-BERRY. Albuquerque (N. Mex.) 1989. – Biographical dictionary of Hispanic literature in the United States. The literature of Puerto Ricans, Cuban Americans, and other Hispanic writers. Hg. v. N. KANELLOS. Westport (Conn.) 1989. – BRUCE-NOVOA, J.: Retrospace. Collected essays on Chicano literature. Houston (Tex.) 1990. – HERMS, D.: Die zeitgenöss. Lit. der Chicanos (1959–1988). Ffm. 1990. – PILLER, W.: Der Chicano-Roman. Stufen seiner Entwicklung. Bern u. a. 1991. – RAHNER, C.: Chicano-Theater zw. Agit-Prop u. Broadway. Die Entwicklung des Teatro campesino (1965–1985). Tüb. 1991.

Michener, James A[lbert] ['mɪtʃənər], * New York 3. Febr. 1907, Schriftsteller. – War 1936–41 Dozent an der University of Northern Colorado, danach bis 1949 Verlagslektor in New York. Seine vielgelesenen Romane und Erzählungen im konventionellen Erzählstil sind von persönl. Erlebnissen, histor. Ereignissen und aktuellen Zeiterscheinungen bestimmt. In *Tales of the South Pacific* (En., 1947, dt. *Im Korallenmeer,* 1951, 1966 u. d. T. *Südsee;* Pulitzerpreis 1948), die auch Vorlage für das Musical *South Pacific* (1949) von Richard Rodgers (* 1902, † 1979) und O. Hammerstein waren, in *The bridges at Toko-Ri* (R., 1953; dt. *Die Brücken von Toko-Ri,* 1953), *Sayonara* (R., 1954; dt. 1954), und *Return to paradise* (En., 1951; dt. *Zurück ins Paradies,* 1955) verarbeitet er seine Erfahrungen bei der Pazifikflotte (1944/45). Später behandelt er in grandiosen histor. Panoramen die Geschichte Hawaiis (*Hawaii,* R., 1959; dt. 1960), Palästinas (*The source,* R., 1965; dt. *Die Quelle,* 1971), der Küste Marylands (*Chesapeake,* R., 1978; dt. *Die Bucht,* 1979), Südafrikas (*The covenant,* R., 1980; dt. *Verheißene Erde,* 1981), Polens (*Poland,* R. 1983; dt. *Mazurkas,* 1984), Texas' (*Texas,* R., 1985; dt. 1986), Alaskas (*Alaska,* R., 1988; dt. 1989) und der Karibik (*Caribbean,* R., 1989; dt. *Karibik,* 1990). Gegenwartsprobleme werden in *The drifters* (R., 1971; dt. *Die Kinder von Torremolinos,* 1971) und *Space* (R., 1982; dt. *Die Sternenjäger,* 1983) dargestellt; auch zahlreiche Prosaschriften und zeitkrit. Studien.

Weitere Werke: The bridge at Andau (R., 1957; dt. Die Brücke von Andau, 1957), Caravans (R., 1963; dt. Karawanen der Nacht, 1964), Legacy (R., 1987; dt. Patrioten, 1989), Journey (R., 1989), Six days in Havanna (Reiseber., 1989; dt. Havanna, 1990), The eagle and the raven (R., 1990; dt. Der Adler und der Rabe, 1991), The novel (R., 1991).

Literatur: DAY, A. G.: J. M. New York [2]1977. – BECKER, G. J.: J. A. M. New York 1983. – HAYES, J. P.: J. A. M. A biography. Indianapolis (Ind.) 1984.

Millar, Margaret ['mɪlər], * Kitchener (Ontario) 5. Febr. 1915, Schriftstellerin kanad. Herkunft. – Studierte griech. Literatur in Toronto, später Psychiatrie; seit 1938 ∞ mit Kenneth M. (Pseudonym: Ross ↑ Macdonald); schreibt erfolgreiche psycholog. Kriminalromane, daneben auch Kurzgeschichten.

Werke: Wall of eyes (R., 1943; dt. Blinde Augen sehen mehr, 1990), Beast in view (R., 1955; dt. Liebe Mutter, es geht mir gut, 1967), A stranger in my grave (R., 1960; dt. Ein Fremder liegt in meinem Grab, 1969), The fiend (R., 1964; dt. Die Feindin, 1965), Beyond this point are monsters (R., 1970; dt. Von hier an wird's gefährlich, 1974), Ask for me tomorrow (R., 1977; dt. Fragt morgen nach mir, 1978), The murder of Miranda (R., 1980; dt. Der Mord von Miranda, 1981), Mermaid (R., 1982; dt. Nymphen gehören ins Meer, 1984), Banshee (R., 1983; dt. Banshee, die Todesfee, 1987), Spider webs (R.,

1987; dt. Gesetze sind wie Spinnennetze, 1989).

Literatur: Ten women of mystery. Hg. v. E. F. BARGAINNIER. Bowling Green (Ohio) 1981.

Millay, Edna St. Vincent [mɪ'leɪ], Pseudonym Nancy Boyd, * Rockland (Maine) 22. Febr. 1892, † Farm Steepletop bei Austerlitz (N. Y.) 19. Okt. 1950, Schriftstellerin. – Erntete schon während ihres Studiums am Vassar College mit ihrem bekanntesten, die Chance einer Erneuerung des Lebens feiernden Gedicht *Renascence* (1912) frühen Ruhm. In ihren späteren, technisch ausgereiften Gedichten kommen unter dem Eindruck der Kriegsjahre und der gesellschaftl. Verhältnisse Desillusion und Bitterkeit zum Vorschein (*The harp-weaver and other poems,* 1923; Pulitzerpreis 1923). M. schrieb auch Short stories und verfaßte – durch den Kontakt zu den Provincetown Players († Theater) in Greenwich Village angeregt – Bühnenstücke, u. a. satirisch-phantast. Einakter (*The princess marries the page,* UA 1918, Dr. 1932), und das Opernlibretto *The king's henchman* (1927).

Weitere Werke: Second April (Ged., 1921), Three plays (1926), The buck in the snow (Ged., 1928), Collected sonnets (1941; dt. Sonette, 1977), Collected lyrics (1943).

Ausgaben: Letters. Hg. v. A. R. MACDOUGALL. New York 1952. – Mine the harvest. A collection of new poems. Hg. v. N. MILLAY. New York 1954. – Collected poems. Hg. v. N. MILLAY. New York 1956. – Sonette. Dt. u. engl. Hg. v. H. B. SCHIFF. Püttlingen 1977.

Literatur: ATKINS, E.: E. S. V. M. and her times. New York ²1964. – BRITTIN, N. A.: E. S. V. M. New York 1967. Neudr. 1982. – GOULD, J.: The poet and her book. A biography of E. S. V. M. New York 1969. – DASH, J.: A life of one's own. Three gifted women and the men they married. New York 1973. – CHENEY, A.: M. in Greenwich Village. University (Ala.) 1975. – NIERMAN, J.: E. S. V. M. A reference guide. Boston (Mass.) 1977. – Faith of a (woman) writer. Hg. v. A. KESSLER-HARRIS. Westport (Conn.) 1988.

Millenialism [mɪ'leniəlɪzm] † Religion und Literatur.

Miller, Arthur ['mɪlər], * New York 17. Okt. 1915, Dramatiker. – Sohn eines jüd. Fabrikanten, dessen Firma in der Depression der 30er Jahre Konkurs machte; studierte Theaterwiss. an der University of Michigan, wurde 1938 Redakteur und lebte nach dem 2. Weltkrieg in Hollywood und New York; 1956–61 ∞ mit der Filmschauspielerin Marilyn Monroe (* 1926, † 1962). M. ist einer der führenden Vertreter des modernen amerikan. Theaters, der in Anlehnung an europ. Vorläufer, bes. H. Ibsen, gesellschaftskrit. Themen mit neuen techn. Mitteln weitgehend realistisch auf der Bühne darstellt. Der Eindruck des finanziellen Debakels der Depression prägt seine Einstellung gegenüber dem Kapitalismus, den er als System sieht, in dem menschl. Ideale dem Profitstreben geopfert werden (*All my sons,* Dr., 1947; dt. *Alle meine Söhne,* 1948) und selbstrüger. Illusionen des kleinen Mannes – wie in seinem bekanntesten Stück, *Death of a salesman* (1949; dt. *Der Tod des Handlungsreisenden,* 1950; Pulitzerpreis 1949; verfilmt 1952 u. 1989) – tragisch enden. Die polit. Verfolgungen der McCarthy-Ära der 50er Jahre bilden den Hintergrund zu *The crucible* (1953; dt. *Hexenjagd,* 1954), in dem M. die puritan. Hexenprozesse von Salem (1692) mit der amerikan. Gegenwart verbindet. In diesem Drama wird die existentialist. Position der späteren Stücke deutlich, in denen M. auch mit Bezug auf bibl. und myth. Quellen die individuelle Verantwortung des Menschen betont (*After the fall,* 1964, dt. *Nach dem Sündenfall,* 1964; *The price,* 1968, dt. *Der Preis,* 1968; *The creation of the world and other business,* 1972, dt. *Die Erschaffung der Welt und andere Geschäfte,* 1974) und das Phänomen von Schuld und Kollektivschuld behandelt (*Incident at Vichy,* 1964; dt. *Zwischenfall in Vichy,* 1965). M. schreibt auch Romane, Erzählungen, Hörspiele, Drehbücher (u. a. *The misfits,* 1961, dt. *Nicht gesellschaftsfähig,* 1961, für M. Monroe; die Holocaust-Bearbeitung *Playing for time,* 1981, dt. *Spiel um Zeit,* 1981) erregte großes Aufsehen. In den 70er und 80er Jahren liegt der Schwerpunkt des Dramatikers auf Interpretationen seines Werks in *The theater essays of A. M.* (1978; dt. *Theateressays,* 1981), Regiearbeit (*Salesman in Beijing,* 1984; dt. *Der Handlungsreisende in Peking,* 1985) und der Darstellung seines eigenen Lebens (*Timebends. A life,* Autobiogr., 1987; dt. *Zeitkurven,* 1987).

Weitere Werke: Situation normal (Dr., 1944), Focus (R., 1945; dt. Brennpunkt, 1950, 1980 u. d. T. Focus), A view from the bridge (Dr., 1955; dt. Blick von der Brükke, 1962), The American clock (1980, Dr., 1982; dt. Die große Depression, 1982), I can't remember anything (Dr., UA 1986), Clara (Dr., UA 1986; die beiden letzten 1986 hg. u. d. T. Danger! Memory!), Everybody wins. A screenplay (1990).

Ausgaben: A. M. Collected plays. New York 1957. 2 Bde. – A. M. Dramen. Dt. Übers. Ffm. 1966. – A. M. Ges. En. Dt. Übers. Rbk. 1969. – A. M. Meisterdramen. Dt. Übers. v. K. JANECKE. Ffm. 1982.

Literatur: MOSS, L.: A. M. New York 1967. Neuaufl. Boston (Mass.) 1980. – LÜBBREN, R.: A. M. Velber [2]1969. – NELSON, B.: A. M. Portrait of a playwright. New York [2]1970. – HAYMAN, R.: A. M. London [2]1973. – A. M. A reference guide. Hg. v. J. H. FERRES. Boston (Mass.) 1979. – WELLAND, D.: A. M. A study of his plays. London 1979. – Critical essays on A. M. Hg. v. J. J. MARTINE. Boston (Mass.) 1979. – EVANS, R. I.: Psychology and A. M. New York 1981. – CARSON, N.: A. M. London u. a. 1982. – Conversations with A. M. Hg. v. M. C. ROUDANÉ. Jackson (Miss.) 1987. – SCHLUETER, J./FLANAGAN, J. K.: A. M. New York 1987. – WILLIAMS, L. M. A./KENT, P.: Lektürehilfen. A. M. ›Death of a salesman.‹ Stg. 1987. – A. M.'s ›All my sons‹. Hg. v. H. BLOOM. New York 1988. – WÄCHTER, M.: Darst. u. Deutung der Vergangenheit in den Dramen A. M. s. Ffm. 1989. – BIGSBY, C. B. W.: A. M. and company. London 1990. – KALLENBERG-SCHRÖDER, A.: Die Darst. der Familie im modernen amerikan. Drama. Untersucht an ausgew. Dramen von A. M., Tennesse Williams und Edward Albee. Ffm. u. a. 1990.

Miller, Henry ['mɪlər], * New York 26. Dez. 1891, † Pacific Palisades (Calif.) 7. Juni 1980, Schriftsteller. – Sohn eines Schneiders dt. Herkunft; verließ vorzeitig die Schule und schlug sich mit Gelegenheitsarbeiten durch; seit Mitte der 20er Jahre Schriftsteller; hielt sich 1930–40 in Europa, meist in Paris, auf, danach wieder in den USA, ab 1942 in Big Sur (Calif.). M. vertritt einen extremen Individualismus von provozierender Aggressivität, der bis zum Anarchismus reicht. Sein Werk ist dementsprechend fast ausschließlich eine permanente Spiegelung seiner individuellen, romantisch inspirierten Gefühlswelt. Die Glorifizierung aller Formen der Sexualität in seinen autobiographisch bestimmten Romanen und Erzählungen, in denen er sich stilistisch zwischen krassem Realismus und teilweise surrealist. Visionen bewegt und Obszönität als Quelle der Kreativität benutzt, ist als Teil seiner Bestrebungen zur Umwertung des traditionellen bürgerlich-puritan. Wertsystems der nordamerikan. Gesellschaft zu verstehen. Am bekanntesten sind die das Leben des Schriftstellers in Paris (*Tropic of cancer,* 1934; dt. *Wendekreis des Krebses,* 1953) bzw. im New York der 30er Jahre (*Tropic of capricorn,* 1939; dt. *Wendekreis des Steinbocks,* 1953) darstellenden autobiograph. Romane sowie die fiktionalisierte Erinnerung an seine Jugend in Brooklyn (*The rosy crucifixion* (R.-Trilogie, Bd. 1: *Sexus,* 1945, dt. 1970; Bd. 2: *Plexus,* 1949, dt. 1955; Bd. 3: *Nexus,* 1957, dt. 1961). Wirkte mit seiner freizügigen, Leben und Kunst avantgardistisch verbindenden Literatur bes. auf die Autoren der ↑Beat generation und des ↑Postmodernismus.

Werke: Black spring (En., 1936; dt. Schwarzer Frühling, 1954), The world of sex (Essay, 1940; dt. Die Welt des Sexus, 1960), The colossus of Maroussi (Reiseber., 1941; dt. Der Koloß von Maroussi, 1956), The smile at the foot of the ladder (En., 1948; dt. Das Lächeln am Fuß der Leiter, 1954), Big Sur and the oranges of Hieronymus Bosch (autobiograph. Idylle, 1955; dt. Big Sur und die Orangen des Hieronymus Bosch, 1958), Nights of love and laughter (En., 1955; dt. Lachen, Liebe, Nächte, 1958), Just wild about Harry (Dr., 1963; dt. Ganz wild auf Harry, 1963), Quiet days in Clichy (R., 1966; dt. Stille Tage in Clichy, 1968), Insomnia; or, the devil at large (1970; dt. Insomnia oder Die schönen Torheiten des Alters, 1975), H. M.'s book of friends (1976; dt. Jugendfreunde. Eine Huldigung an Freunde aus lang vergangenen Zeiten, 1977), Opus pistorum (En., hg. 1983; dt. 1983), From your Capricorn friend (En., hg. 1984).

Ausgaben: H. M. Letters to A. Nin. Hg. v. G. STUHLMANN. New York 1965. – H. M. Sämtl. Erzählungen. Dt. Übers. Rbk. 1968. – Letters of H. M. and W. Fowlie (1943–1972). New York 1975. – Genius and lust. A journey through the major writings of H. M. Hg. v. N. MAILER. New York 1976.

Literatur: GORDON, W. A.: The mind and art of H. M. Baton Rouge (La.) 1967. – HASSAN, I. H.: The literature of silence. H. M. and Samuel Beckett. New York 1967. – NELSON, J. A.: Form and image in the fiction of H. M. Detroit (Mich.) 1970. – H. M. Three decades of criticism. Hg. v. E. B. MITCHELL. New York 1971. – MATHIEU, B.: Orpheus in Brooklyn. Den Haag 1976. – SCHMIDT, H.: Der Mythos H. M. Hdbg. 1977. – MARTIN, J.: Always merry and bright. The life of H. M. Santa Barbara (Calif.) 1978. Dt. H. M. Die Liebe zum Leben. Eine Biogr. Übers. v. W. WALDHOFF. Bergisch-Gladbach 1982. – SCHMIELE, W.: H. M. Rbk. 1980. – BROWN, J. D.: H. M. New York 1986. – WINSLOW, K.: H. M. Full of life. A memoir of America's uninhibited literary genius. Los Angeles (Calif.) u. a. 1986. Dt. Ein Mann wie H. M. Mchn. 1988 – WIDMER, K.: H. M. Boston (Mass.) 1990. – DEARBORN, M.: The happiest man alive. New York 1991. Dt. H. M. Übers. v. S. Schulte, S. Hauser u. E. Link. Mchn. 1991. – FERGUSON, R.: H. M. A life. New York 1991. Dt. H. M. Ein Leben ohne Tabus. Mchn. 1991.

Miller, Joaquin ['mılər], eigtl. Cincinnatus Hiner (oder Heine) M., * bei Liberty (Ind.) 10. März 1839, † Oakland (Calif.) 17. Febr. 1913, Schriftsteller. – Führte ein bewegtes Leben, arbeitete u. a. in den Goldminen Kaliforniens, war Zeitungs-Hg. in Oregon, unternahm Weltreisen und stand in Verbindung mit vielen literar. Kreisen. Schrieb Lyrik und Prosawerke, in denen er den amerikan. Westen glorifizierte (↑ Local color); seine *Pacific poems* (1870) und *Songs of the Sierras* (Ged., 1871) galten in Europa, bes. in Großbritannien, kurze Zeit als repräsentative Dichtung des amerikan. Westens.

Weitere Werke: Life among the Modocs. Unwritten history (R., 1873), First families in the Sierras (Dr., 1875, Neuausg. 1881 u. d. T. The Danites in the Sierra, UA 1880), The building of the city beautiful (R., 1893).

Ausgaben: J. M. The complete poetical works. San Francisco (Calif.) 1897. Nachdr. Salem (N. H.) 1972. – Selected writings. Hg. v. A. ROSENUS. San Jose (Calif.) 1976.

Literatur: MARBERRY, M. M: Splendid poseur. J. M. American poet. New York 1953. – FROST, O. W.: J. M. New York 1967. – LAWSON, B. S.: J. M. Boise (Id.) 1980. – LONGTIN, R. C.: Three writers of the Far West. A reference guide. Boston (Mass.) 1980.

Miller, Perry [Gilbert Eddy] ['mılər], * Chicago (Ill.) 25. Febr. 1905, † Boston (Mass.) 9. Dez. 1963, Literaturkritiker. – 1931–63 Prof. für Englisch an der Harvard University. Entdeckte in seinen einflußreichen Studien die literar. und intellektuelle Bedeutung der puritan. Kultur Neuenglands (*The New England mind. The seventeenth century,* 1939; *The New England mind. From colony to province,* 1953). M. gab auch wichtige Anthologien zum ↑ Puritanismus heraus (*The Puritans,* 1938 zus. mit Thomas Herbert Johnson [* 1902, † 1985]; *Jonathan Edwards' images; or, shadows of divine things,* 1948) und schrieb Standardbiographien bed. Persönlichkeiten der Kolonialzeit (*Jonathan Edwards,* 1949; *Roger Williams,* 1953).

Weitere Werke: Orthodoxy in Massachusetts. 1630–50. A genetic study (1933), Errand into the wilderness (Essays, 1956), The raven and the whale. The war of words and wits in the era of Poe and Melville (1956), Nature's nation (Essays, hg., 1967).

Millett, Kate [mı'let], eigtl. Katherine Murray, * Saint Paul (Minn.) 14. Sept. 1934, Schriftstellerin. – Studierte an der University of Minnesota und in Oxford; 1961–63 Aufenthalt in Japan; Dozentin am Barnard College in New York. M. übte mit ihrer Studie *Sexual politics* (1970; dt. *Sexus und Herrschaft. Die Tyrannei des Mannes in unserer Gesellschaft,* 1971) sowie mit ihren autobiograph. Romanen (*Flying,* 1974, dt. *Fliegen,* 1982, 2 Bde.; *Sita,* 1977, dt. 1980) und zeitkrit. Berichten aus feminist. Sicht (*Going to Iran,* 1982; dt. *Im Iran,* 1982) entscheidenden Einfluß auf die amerikan. Frauenbewegung aus.

Weitere Werke: The prostitution papers. A candid dialogue (Essays, 1971; dt. Das verkaufte Geschlecht. Die Frau zwischen Gesellschaft und Prostitution, 1973), The basement (Studie, 1979; dt. Im Basement. Meditationen über ein Menschenopfer, 1980).

Minstrel show, ['mınstrəl 'ʃoʊ], eine an die Tradition der aus fahrenden Musikern und Spielleuten bestehenden Minstrel-Gruppen anfangs des 19. Jh. anknüpfende Form des amerikan. ↑Theaters, in der weiße Artisten mit geschwärzten Gesichtern die Verhaltensweisen der Sklaven auf den Plantagen des Südens in Dialekt, Musik und Tanz zur Belustigung parodierten. Das in bestimmter, gleichbleibender Abfolge von Gesangseinlagen (›chorus‹) und Einzelauftritten der in einem Halbkreis auf der Bühne angeordneten Artisten ablaufende Geschehen wurde von dem von der Mitte aus mit den beiden ›end men‹, ›Mr. Tambo‹ und ›Mr. Bones‹, interagierenden Interlocutor mit weißbemaltem Gesicht geleitet. Diese von Thomas Dartmouth Rice (* 1808, † 1860) um 1830 mit der Parodie des *Jim-Crow*-Songs begründete, auf den sog. ›Ethiopian‹-Figuren im amerikan. Theater aufbauende Form der Unterhaltung, der die Aufführung der von Edwin P. Christy (* 1815, † 1862) 1842 organisierten und von Dan Emmett (* 1815, † 1904) geleiteten Virginia Minstrels (später Christy's Minstrels) im Bowery Amphitheatre 1843 in New York zum Durchbruch verhalf, war bis ins 20. Jh., v. a. in der Zeit vor und nach dem Bürgerkrieg, in den USA aber auch in Europa populär. Obwohl diese M. s. durch die Karikierung der schwarzen Kultur der gesellschaftl. Integration der gesetzlich emanzipierten Sklaven entgegenwirkten, führten sie zum einen zur Herausbildung eines afroamerikan. Theaters und gaben später Schwarzen die Möglichkeit zum Auftritt auf der Bühne, zum anderen leiteten die M.s. durch parodisierende und musikal. Elemente eine burleske Tendenz im amerikan. Theater ein, die die Entstehung solcher typisch amerikan. Formen wie Variété, Vaudeville, Aufführungen im Zirkus (P. T. Barnum) und das Musical förderten (↑Drama, ↑Musik und Literatur). Zu den heute noch bekannten Songs der M. s. gehören die von D. Emmett komponierten *Dixie* und *Old Dan Tucker* sowie die von S. Foster in den *Ethiopian melodies* (1849) gesammelten *Oh, Susanna!* und *Uncle Ned.*

Ausgabe: This grotesque essence. Plays from the American minstrel stage. Hg. v. G. D. ENGLE. Baton Rouge (La.) 1978.

Literatur: DAVIDSON, F. C.: The rise, development, decline, and influence of the American m. s. Ann Arbor (Mich.) 1953. – NATHAN, H.: Dan Emmett and the rise of early Negro minstrelsy. Norman (Okla.) 1962. – WITTKE, C. F.: Tambo and bones. A history of the American minstrel stage. Nachdr. New York 1968. – TOLL, R. C.: Blacking up. The m. s. in nineteenth century America. New York 1974. – LEONARD, W. T.: Masquerade in black. Metuchen 1986.

Mitchell, Margaret ['mɪtʃəl], * Atlanta (Ga.) 8. Nov. 1900, † ebd. 16. Aug. 1949 (Autounfall), Schriftstellerin. – Journalistin; ihr einziges Buch, an dem sie zehn Jahre lang schrieb, ist der beispiellos erfolgreiche, nach Quellenstudien verfaßte Roman aus der Zeit des amerikan. Bürgerkrieges vom Standpunkt des Südstaatlers aus, *Gone with the wind* (1936; dt. *Vom Winde verweht,* 1937, Pulitzerpreis 1937; 1939 unter der Regie von Victor Fleming [* 1883, † 1949] mit Clark Gable [* 1901, † 1960] und Vivien Leigh [* 1913, † 1967] verfilmt). Eine von den Erben autorisierte Fortsetzung des Romans erschien 1991 (Alexandra Ripley [* 1934], *Scarlett;* dt. 1991).

Ausgabe: M. M. A dynamo going to waste. Letters to Allen Edee 1919–1921. Hg. v. J. B. PEACOCK. Atlanta (Ga.) 1985. Dt. ›Stolz und unbeugsam wie Scarlet.‹ M. M.s Briefe an ihren Jugendfreund Allen Edee 1919–1921. Düss. 1987.

Literatur: FARR, F.: M. M. of Atlanta. The author of ›Gone with the wind‹. New York 1965. Dt. Die M.-M.-Story u. die Gesch. des Buches ›Vom Winde verweht‹. Hamb. u. a. 1967. – PRATT, W.: Scarlet fever. New York 1977. – HANSON, E. I.: M. M. Boston (Mass.) 1990. – PYRON, D. A.: Southern daughter. The life of M. M. New York 1991.

Mitchell, S[ilas] Weir ['mɪtʃəl], * Philadelphia 15. Febr. 1829, † ebd. 4. Jan. 1914, Schriftsteller. – Arzt; schrieb außer populärmedizin. und wiss. Werken psycholog. und histor. Romane, von denen viele sein Interesse für psych. und neurot. Leiden und Abnormitäten bezeugen; seine Hauptwerke sind *Hugh Wynne, Free Quaker* (R., 1897) und *Westways* (R., 1913), in denen er die Schrecken des Revolutions- bzw. Bürgerkrieges schonungslos darstellt. Schrieb auch Gedichte und Kurzgeschichten.

Weitere Werke: In wartime (R., 1885), Characteristics (R., 1892), Dr. North and his friends (R., 1900), Constance Trescot (R., 1905), John Sherwood, iron master (R., 1911).

Literatur: REIN, D. M.: S. W. M. as a psychiatric novelist. New York 1952. – LOVERING, J. P.: S. W. M. New York 1971.

Modernismus, im Unterschied zu der in den verschiedenen Wissenschaften zu verschiedenen Zeiten angesetzten Moderne bzw. zu einer unspezifisch als Modernität bezeichneten Befindlichkeit ein ungefähr zw. 1880 und 1940 zu datierender Periodenbegriff für eine internat. künstler. Bewegung in Europa und den USA. – Nach G. Stein beginnt das 20. Jh. und damit der M. in den USA nach dem Bürgerkrieg, in dem die Widersprüche in dem vormals geeinten Land aufbrechen und Einheitsvorstellungen durch multiperspektiv. Konzepte abgelöst werden. Die von Politik und Wirtschaft postulierte kontinuierl. Fortschrittsideologie für alle Amerikaner widerspricht der sozialen Wirklichkeit des sich zu einem modernen Industriestaat wandelnden Landes. Angesichts dieser der Kunst feindl. Entwicklung zieht sich der Künstler in die private Welt seiner subjektiven Anschauungen zurück und versucht, die realen Widersprüche durch ästhet. Konstrukte zu versöhnen, dem Gefühl der Fragmentierung einen alternativen ganzheitl. Entwurf entgegenzustellen. Kennzeichen der literar. Produkte des M. sind die Verlagerung von der vermeintlich objektiv-realist. Darstellung der Außenwelt auf die subjektiv-psycholog. Spiegelung der Innenwelt, die Aufgabe chronolog. Zeitabläufe zugunsten momentaner psych. bzw. zykl. Zeitkonzeptionen und die daraus resultierende Verräumlichung der Zeit sowie die Ablösung allgemein verbindl. moral. Normen durch ästhet. Konstrukte. Damit verbunden ist ein Wandel in den Darstellungsformen der Literatur. Die chronolog. Abfolge äußeren Geschehens wird durch die Schilderung psych. Vorgänge ersetzt und die Komplexität und Fragmentierung der Erfahrung erscheint als Multiperspektive. Eine Zunahme der sich im Einsatz von Ironie und esoter. Symbolen verdeutlichenden Skepsis und Ambivalenz soll einerseits durch die Anspielung auf strukturbildende Mythen und klass. Vorbilder, andererseits durch eine Raum und Zeit zu einer momentanen Vorstellungseinheit verbindende Darstellungsform wie W. C. Williams' ›moment of awareness‹, T. S. Eliots ›objective correlative‹ oder W. Faulkners ›frozen moment‹ kompensiert werden.

Während in Europa die dekonstruktive rhapsod. Philosophie F. Nietzsches, die als dauerhafter Fluß verstandene Zeitkonzeption H. Bergsons, die das Bewußtsein aufgliedernde Psychoanalyse S. Freuds sowie die den Bereich der Arbeit in einzelne Berufssparten ausdifferenzierende Soziologie M. Webers die theoret. Basis des M. bilden, sind seine Voraussetzung in den USA die den ›stream-of-consciousness‹ zuerst formulierende Psychologie W. James', die Reichtum und Konsum analysierende Soziologie Thorstein B. Veblens (* 1857, † 1929), die den Zusammenhang zw. Fortschritt und Armut durch Grundbesitz erklärende Ökonomie Henry Georges (* 1839, † 1897) sowie die feminist. Studien zur Bedeutung der Sozialarbeit von J. Addams bzw. zur ökonom. Unabhängigkeit der Frau von C. Perkins Gilman. Auf dem Gebiet der Literatur ist zw. der Beeinflussung des M. durch amerikan. Schriftsteller in Europa bzw. in den USA zu unterscheiden, als deren Vorstufen einerseits die symbolist. Dichtung E. A. Poes und die psycholog. Erzählungen H. James', andererseits die innovativen Gedichte W. Whitmans und E. Dickinsons sowie die naturalistisch-impressionist. Kurzgeschichten S. Cranes gelten können. Für den M. in Europa waren die meist in London oder Paris dauerhaft bzw. vorübergehend lebenden amerikan. Schriftsteller wie T. S. Eliot, E. Pound und G. Stein sowie die Vertreter der ↑Lost generation bes. bedeutend. Während Eliot und Pound durch die Rezeption der frz. Symbolisten, ind. Philosophie, asiat. Kultur und klass. Mythologien sowie durch die 1912 gegr. Bewegung des ↑Imagismus, an der auch A. Lowell, H. Doolittle und M. Moore partizipierten, neue Akzente in der Lyrik set-ten, bildete sich unter dem Einfluß von G. Stein eine moderne, die existentielle Befindlichkeit des Menschen nach dem 1. Weltkrieg spiegelnde Erzählweise bei S. Anderson, E. Hemingway, J. Dos Passos und F. S. Fitzgerald heraus.

In den USA boten die von H. Monroe 1912 gegr. Zs. ↑*Poetry* sowie andere ↑Little magazines ein Forum für experimentelle Lyrik, in der u. a. sprachl. Neuschöpfungen (E. E. Cummings), synästhet. Imagination (W. Stevens) und die Symbiose von moderner Technologie und Ästhetik (H. Crane) zum Ausdruck kamen und die Praktiken des Imagismus übernommen oder eigene avantgardist. Dichterschulen wie der Objectivism (W. C. Williams, C. Reznikoff, L. Zukofsky) lanciert wurden. Daneben entstand unter modernen Vorzeichen eine genuin amerikan., regionalist. Dichtung von E. L. Masters, C. Sandburg, V. Lindsay oder R. Frost im Mittleren Westen und in Neuengland, bzw. die mit einem konservativen Programm verbundene Dichtung der ↑Fugitives im Süden. Eine Erneuerung des ↑Dramas wurde mit der Little-Theatre-Bewegung (↑Theater) von E. O'Neill und S. Glaspell eingeleitet, die expressionist., symbolist., myth. und ep. Techniken in ihren Stücken verarbeiteten. Die Theatre Guild und das Group Theatre bemühten sich um moderne Inszenierungen europ. und amerikan. Dramatiker (E. Rice, C. Odets, M. Anderson); T. Williams und A. Miller setzten visuelle und akust. Mittel in ihren psycholog. Stücken ein, die zu bühnentechn. Neuerungen führten. Die erzähltechn. Möglichkeiten des modernen ↑Romans, die in W. Faulkners Werk exemplarisch verwirklicht sind, wurden ausgehend von G. Stein von D. Barnes und H. Miller zu Kunst und Leben verbindenden Formexperimenten genutzt.

Schließlich sind auch die Errungenschaften der Vertreter der ↑Harlem Renaissance als ein bed. Beitrag zum amerikan. M. zu werten, indem durch die Rückbesinnung auf das afrikan. Kulturerbe ein authent. Bezugspunkt zur Strukturierung moderner Existenz gefunden und über die Kunst ein afroamerikan. Bewußtsein erzeugt wurde. Die enge, von vielen Modernisten praktizierte Verbindung von Literatur und Literaturkritik zeigte sich v. a. bei den Vertretern des ↑New criticism, die eine den esoter. Formen moderner Dichtung adäquate Interpretationsmethode entwickelten, in der werkimmanente Strukturen sowie der Einsatz von Ironie und Ambiguität analysiert wurden. Der von amerikan. Kritikern wie L. Fiedler als elitär abgelehnte M. findet seine Fortsetzung im ↑Postmodernismus, der allerdings auch als ein radikaler Bruch mit den Praktiken des M. gesehen wird.

Literatur: SPENDER, S.: The struggle of the modern. Berkeley (Calif.) 1963. – The modern tradition. Backgrounds of modern literature. Hg. v. R. ELLMANN u. C. FEIDELSON, JR. New York 1965. – The idea of the modern in literature and the arts. Hg. v. I. HOWE. New York 1967. – CHIARI, J.: The aesthetics of modernism. New York 1970. – Modernism. 1890–1930. Hg. v. M. BRADBURY u. J. MCFARLANE. Harmondsworth 1976. – BENDER, T. K.: Modernism in literature. New York 1977. – FAULKNER, P.: Modernism. London 1977. – KORG, J.: Language in modern literature. Innovation and experiment. New York 1979. – Romanticism, modernism, postmodernism. Hg. v. H. R. GARVIN. London 1980. – RUSSELL, J.: The meanings of modern art. New York 1981. – How New York stole the idea of modern art. Hg. v. S. GUILBAUT u. D. SOLKIN. Chicago (Ill.) 1983. – Modernism reconsidered. Hg. v. R. KIELY. Cambridge (Mass.) 1983. – HABERMAS, J.: Der philosoph. Diskurs der Moderne. Zwölf Vorlesungen. Ffm. 1985. – Art after modernism. Rethinking representation. Hg. v. B. WALLIS. New York 1985. – Modernism. Challenges and perspectives. Hg. v. M. CHEFDOR, R. QUINONES u. A. WACHTEL. Urbana (Ill.) u. a. 1986. – HUYSSEN, A.: After the great divide. Modernism, mass culture, postmodernism. Bloomington (Ind.) 1986. – The crisis of modernity. Recent critical theories of culture and society in the United States and West Germany. Hg. v. G. LENZ u. K. SHELL. Ffm. 1986. – CALINESCU, M.: Five faces of modernity. Modernism, avantgarde, decadence, kitsch, postmodernism. Neuaufl. Durham (N. C.) 1987. – LONGENBACH, J.: Modernist poetics of history. Pound, Eliot, and the sense of the past. Princeton (N. J.) 1987. – STEINMAN, L. M.: Made in America. Science, technology, and American modernist poets. New Haven (Conn.) 1987. – FOSTER, T. C.: Form and society in modern literature. DeKalb (Ill.) 1988. – KARL, F. R.: Modern and modernism. The sovereignty of the artist, 1885–1925. New York 1988. – WENZEL, R.: Aspekte der engl. Geistes- u. Kulturgesch. Bd.

17: Posen des modernen Denkens. Die Yale critics. Ffm. 1988. – MALAMUD, R.: The language of modernism. Ann Arbor (Mich.) u. a. 1989. – NELSON, C.: Repression and recovery. Modern American poetry and the politics of cultural memory, 1910–1945. Madison (Wis.) 1989. – EYSTEINSSON, A.: The concept of modernism. Ithaca (N. Y.) 1990. – SCHMIDT, M.: Reading modern poetry. New York 1990. – Criticism in the twilight zone. Postmodern perspectives on literature and politics. Hg. v. D. ZADWORNA-FJELLESTAD. Stockholm 1990.

Momaday, N[avarre] Scott ['ma:mədeɪ], * Lawton (Okla.) 27. Febr. 1934, Schriftsteller. – Seit 1963 Prof. für engl. und vergleichende Literaturwiss., zuletzt an der University of Arizona in Tucson. M. etablierte mit seinem erfolgreichen Roman *House made of dawn* (1968; dt. *Haus aus Dämmerung,* 1971, 1989 u. d. T. *Haus der Morgendämmerung;* Pulitzerpreis 1969), in dem die Suche eines in der dominanten weißen Gesellschaft Amerikas lebenden Indianers nach der Wiedergewinnung seiner Stammesidentität auf der Reservation dargestellt wird, einen aus fiktionalen Elementen und Stammesmythen bestehenden Typus indian. Gegenwartsliteratur. In *The journey of Tai-me* (1967), das die Grundlage für *The way to Rainy Mountain* (1969) bildete, und der Autobiographie *The names. A memoir* (1976) verbindet er Mythen der Kiowa mit autobiograph. und fiktionalen Texten und mit histor. Exkursen. In *The ancient child* (R., 1989) wird die Problematik der Identitätsfindung an einem elternlos aufgewachsenen, sich über die Kunst mit seiner indian. Vergangenheit identifizierenden Maler aufgezeigt. Schreibt auch Gedichte: *Angle of geese and other poems* (1974), *The gourd dancer* (1976).

Literatur: TRIMBLE, M. S.: N. S. M. Boise (Id.) 1973. – VELIE, A. R.: Four American Indian literary masters. Norman (Okla.) 1982. – SCHUBNELL, M.: N. S. M. The cultural and literary background. Norman (Okla.) 1985 – GEORGI-FINDLAY, B.: Tradition u. Moderne in der zeitgenöss. indian. Lit. der USA. N. S. M.s Roman ›House made of dawn‹. Köln 1986. – Approaches to teaching M.'s ›The way to Rainy Mountain‹. Hg. v. K. M. ROEMER. New York 1988. – WOODARD, C. L.: Ancestral voice. Conversations with N. S. M. Lincoln (Nebr.) 1989. – SCARBERRY-GARCÍA, S.: Landmarks of healing. A study of ›House made of dawn‹. Albuquerque (N. Mex.) 1990.

Monroe, Harriet [mən'roʊ], * Chicago 23. Dez. 1860, † Arequipa (Peru) 26. Sept. 1936, Schriftstellerin. – Gründete 1912 die Zs. ↑ *Poetry. A magazine of verse,* die sie bis zu ihrem Tod herausgab und die – v. a. mit der Unterstützung von E. Pound – zum zentralen Organ der bedeutendsten anglo-amerikan. Dichter der Zeit wurde. Während ihre eigenen Gedichte kaum rezipiert wurden, gilt ihre Autobiographie *A poet's life. Seventy years in a changing world* (hg. 1937) als ein bed. kulturhistor. Dokument.

Literatur: CAHILL, D. J.; H. M. New York 1973. – WILLIAMS, E.: H. M. and the poetry renaissance. The first ten years of ›Poetry‹, 1912–1922. Urbana (Ill.) 1977.

Moody, William Vaughn ['mu:di], * Spencer (Ind.) 8. Juli 1869, † Colorado Springs 17. Okt. 1910, Schriftsteller. – Nach dem Studium in Harvard zeitweilig Dozent für engl. Literatur an der Chicago University. M. verwendet in seinen Dramen Stoffe aus der griech. Mythologie, der Bibel sowie der amerikan. Geschichte zur Darstellung menschl. Verhaltensweisen. Der dritte Teil des als Trilogie geplanten Versdramas über den Prometheus-Mythos und das Verhältnis von Gott und Mensch, bestehend aus *The masque of judgment* (1900), *The fire bringer* (1904) und *The death of Eve* (1912) blieb unvollendet. *The Sabine woman* (UA 1906, Dr. 1909 u. d. T. *The great divide*) und *The faith healer* (Dr., 1909) behandeln Konfliktsituationen, die sich aus unterschiedl. Einstellungen zum Leben ergeben. Schrieb auch ausdrucksvolle, bildhafte Gedankenlyrik (*Poems,* 1901).

Ausgabe: W. V. M. The poems and plays. Hg. v. J. M. MANLY. New York 1912. Neuaufl. 1969. 2 Bde.

Literatur: HALPERN, M.: W. V. M. New York 1964. – BROWN, M. F.: Estranging dawn. The life and works of W. V. M. Carbondale (Ill.) 1973.

Moore, Marianne [Craig] [mʊər], * Saint Louis 15. Nov. 1887, † New York 5. Febr. 1972, Lyrikerin. – Studierte am Bryn Mawr College in Pennsylvania. Durch erste Gedichtveröffentlichungen in ↑ Little magazines hatte M. Kontakte mit führenden modernen Dichtern in England und den USA und stand zeitweise den Imagisten nahe (↑Imagismus); war 1925–29 leitende Redakteurin der avantgardist. Kunstzeitschrift *The Dial.* M. gilt mit ihren intellektbetonten, formal disziplinierten Gedichten mit unkonventionellen Metaphern als eine der führenden Vertreterinnen moderner amerikan. Lyrik; ihre u. a. von E. Pound und T. S. Eliot geschätzten Gedichte (*Collected poems,* 1951) wurden mit dem Pulitzerpreis (1952), dem Bollingen Prize for Poetry und dem National Book Award ausgezeichnet. M. trat auch als Literaturkritikerin (*Predilections,* Essays, 1955) sowie als Übersetzerin der Fabeln von J. de La Fontaine (1954) hervor.

Weitere Werke: Observations (Ged., 1924), What are years? (Ged., 1941), Nevertheless (Ged., 1944), Gedichte (dt. Ausw., 1954), O to be a dragon (Ged., 1959), Tell me, tell me (Ged. u. Prosa, 1966), Unfinished poems (Ged., hg. 1972).

Ausgaben: M. M. Complete poems. Hg. v. C. E. DRIVER. New York 1981. – The complete prose of M. M. Hg. v. P. C. WILLIS. New York 1986.

Literatur: ENGEL, B. F.: M. M. New York 1964. Neuaufl. Boston (Mass.) 1989. – NITCHIE, G. W.: M. M. An introduction to the poetry. New York u. a. 1969. – WHITE, P. H.: M. M. Poet of affection. Syracuse (N. Y.) 1977. – STAPLETON, L.: M. M. The poet's advance. Princeton (N. J.) 1978. – COSTELLO, B.: M. M. Imaginary possessions. Cambridge (Mass.) 1981. – PHILLIPS, E.: M. M. New York 1982. – SLATIN, J. M.: The savage's romance. The poetry of M. M. University Park (Pa.) 1986. – HOLLEY, M.: The poetry of M. M. A study in voice and value. New York 1987. – M. M. Hg. v. H. BLOOM. New York 1987. – SCHULMAN, G.: M. M. The poetry of engagement. Champaign (Ill.) 1987. – WILLIS, P. C.: M. M. Vision into verse. Charlottesville (Va.) 1987. – M. M. The art of a modernist. Hg. v. J. PARISI. Ann Arbor (Mich.) 1989. – MOLESWORTH, C.: M. M. A literary life. Boston (Mass.) 1991.

Morris, Wright [Marion] ['mɔːrɪs], * Central City (Nebr.) 6. Jan. 1910, Schriftsteller. – Studierte am Pomona College in Kalifornien; 1962–75 Englisch-Prof. an der California State University in San Francisco. Viele der zahlreichen, z. T. mit eigenen Photographien illustrierten, in präzisem Stil abgefaßten Erzählungen leben von der Spannung zw. dem Pioniergeist der älteren Generation im mittleren Westen und den Auswüchsen einer oft geistlosen modernen Gegenwart. Die sich daraus ergebende satir. Perspektive zielt auf die Bloßstellung der oft grotesk überhöhten Banalitäten des alltägl. Lebens, die zu Konfliktsituationen in zwischenmenschl. Beziehungen führen, und dient M.' zivilisationskrit. Intention (*Ceremony in Lone Tree,* R., 1960, dt. *Unterwegs nach Lone Tree,* 1963; *The field of vision,* R., 1956). Konservative Werte kleinstädt. Lebens bilden auch den Hintergrund der aktuelle Themen wie Raumfahrt (*The Fork River space project,* 1977) oder ›Momism‹, die Unterdrückung des Mannes durch dominante Frauen (*The deep sleep,* R., 1953; dt. *Die gläserne Insel,* 1957), behandelnden Romane. Veröffentlicht auch Bildbände und kulturkrit. Studien.

Weitere Werke: The huge season (R., 1954; dt. Die maßlose Zeit, 1958), Love among the cannibals (R., 1957; dt. Liebe unter Kannibalen, 1959), Cause for wonder (R., 1963), One day (R., 1965), In orbit (R., 1967), God's country and my people (Photobericht, 1968), A life (R., 1973), Here is Einbaum (En., 1973), About fiction (1975), Plains song for female voices (R., 1980), Will's boy. A memoir (1981), Photographs and words (1982), Picture America (Bildband, 1982; m. James Gilbert Alinder [* 1941]), A cloak of light. Writing my life (Autobiogr., 1985), Collected stories 1948–86 (En., 1986).

Literatur: MADDEN, D.: W. M. New York Neuaufl. 1965. – HOWARD, L.: W. M. Minneapolis (Minn.) 1968. – Conversations with W. M. Critical views and responses. Hg. v. R. E. KNOLL. Lincoln (Nebr.) 1977. – ZIRKEL, M.: Mensch u. Mythos. Der Mittlere Westen im Romanwerk v. W. M. Bonn 1977. – CRUMP, G. B.: The novels of W. M. A critical interpretation. Lincoln (Nebr.) 1978. – BIRD, R. K.: W. M. Memory and imagination. New York 1985.

Morrison, Toni ['mɔːrɪsən], eigtl. Chloe Anthony Wofford, * Lorain (Ohio) 18. Febr. 1931, Schriftstellerin. – Studierte an der Cornell University; Verlagslektorin in New York und Dozentin an verschiedenen Universitäten, zuletzt an der

Princeton University. M. gehört mit ihren international anerkannten, mythisch-phantast. mit realist. Elementen mischenden Romanen zu den bedeutendsten Vertreterinnen der afroamerikan. Gegenwartsliteratur (↑afroamerikanische Literatur), die in Anknüpfung an die Leistungen der ↑Harlem Renaissance, bes. die Z. N. Hurstons, die geschichtl. Erfahrung der Sklaverei sowie das afrikan. Kulturerbe aus der Sicht der Frau thematisieren. Während *Sula* (1973; dt. 1980) und *Song of Solomon* (1977; dt. *Solomons Lied,* 1979) die leidvolle Initiation und Selbstbewußtwerdung durch die Entdeckung der kulturellen Identität einer jungen Frau aus einer matriarchalisch bzw. eines jungen Mannes aus einer patriarchalisch geführten Familie darstellen, kontrastiert *Tar baby* (1981; dt. *Teerbaby*, 1983) in Anspielung auf afroamerikan. Folklore das Konzept einer emanzipierten schwarzen Frau in der weißen Gesellschaft mit dem eines in der schwarzen Geschichte verwurzelten Mannes. Der mit dem Pulitzerpreis ausgezeichnete Roman *Beloved* (1987; dt. *Menschenkind,* 1989), der das traumat. Geschehen nach einer Kindestötung zur Zeit des Bürgerkriegs schildert, ist ein Monument für die trag. Rolle alleinerziehender schwarzer Frauen und für die von den Folgen der Sklaverei betroffenen Schwarzen. M. schreibt auch Dramen.
Weitere Werke: The bluest eye (R., 1969; dt. Sehr blaue Augen, 1979), Playing in the dark. Whiteness and the literary imagination (Prosa, 1992), Jazz (R., 1992).

Literatur: Black women writers (1950–1980). A critical evaluation. Hg. v. M. EVANS. New York 1984. – CHRISTIAN, B.: Black feminist criticism. Perspectives on Black women writers. New York 1985. – JONES, B. W./VINSON, A. L.: The world of T. M. Explorations in literary criticism. Dubuque (Iowa) 1985. – KOENEN, A.: Zeitgenöss. afro-amerikan. Frauenlit. Selbstbild u. Identität. T. M., Alice Walker, Toni Cade Bambara und Gayl Jones. Ffm. 1985. – HOLLOWAY, K. F. C.: New dimensions of spiritualists. A bi-racial and bi-cultural reading of the novels of T. M. New York 1987. – Critical essays on T. M. Hg. v. N. Y. MCKAY. Boston (Mass.) 1988. – BUTLER-EVANS, E.: Race, gender and desire. Narrative strategies in the fiction of Toni Cade Bambara, T. M., and Alice Walker. Philadelphia (Pa.) 1989. – OTTEN, T.: The crime of innocence in the fiction of T. M. Columbia (Mo.) 1989. – MOBLEY, M. S.: Folk roots and mythic wings in Sarah Orne Jewett, and T. M. The cultural function of narrative. Baton Rouge (La.) 1992.

Muckraker ['mʌkreɪkər = Schmutzwühler], mit diesem aus John Bunyans *The pilgrim's progress* (1675–1684) entnommenen Namen für eine im Schmutz wühlende und damit nur materiellen Dingen zugewandte Figur bezeichnete Präsident Theodore Roosevelt 1906 eine Gruppe amerikan. Editoren, Journalisten (u. a. Charles Edward Russell [* 1860, † 1941], Samuel H. Adams [* 1874, † 1954], Thomas W. Lawson [* 1857, † 1925]) und Schriftsteller (u. a. W. Churchill, E. Markham, D. G. Phillips, Brand Whitlock [* 1869, † 1934]), die Anfang des 20. Jh. polit., wirtschaftl., finanzielle und soziale Mißstände kritisierten und gegen die skrupellose Ausnützung des liberalen Individualismuskonzeptes für Reformen kämpften. Das nach diesen krit. Autoren benannte ›Muckraking Movement‹ (1902–1912) war eingelagert in die polit. Bewegung des Progressivismus (etwa 1890–1916) und bildete den Höhepunkt der Reformbemühungen. Es wurde mit den drei 1903 in *McClure's Magazine* abgedruckten, aufrüttelnden Aufsätzen von L. Steffens (über polit. Korruption), R. S. Baker (über das Streikrecht der Arbeiter) und I. M. Tarbell (über die skrupellosen Machenschaften der Standard Oil Company J. D. Rockefellers in Pennsylvania) zu einer nat. Bewegung, die ihren Höhepunkt mit U. Sinclairs Schilderung der unhygien. Zustände in den Schlachthäusern Chicagos in *The jungle* (R., 1906) sowie mit D. G. Phillips' Artikelserie *The treason of the senate* (1906), die Roosevelt zu seiner M.-Rede veranlaßte, erreichte. Die Reformbemühungen schlugen sich in einer Reihe von Gesetzesmaßnahmen wie dem ›Pure Food and Drug Act‹ (1906) nieder und führten zu einer Änderung der kritisierten Verhältnisse. Ausgehend von dieser histor. Bewegung wird der Begriff M. allgemein auf Enthüllungsjournalisten angewendet, wie etwa Bob Woodward (* 1943) und Carl Bernstein (* 1944) in der Watergate Affaire (*All the presi-*

dent's men, 1974; dt. *Die Watergate-Affaire,* 1974).

Ausgaben: The m.s. The era in journalism that moved America to reform. The most significant magazine articles of 1902–1912. Hg. v. A. u. L. WEINBERG. New York 1961. – Years of conscience. The m.s Hg. v. H. SWADOS. New York ²1971.

Literatur: CHALMERS, D. M.: The social and political ideas of the m. s. New York 1964. Nachdr. 1970. – COOK, F. J. H.: The m. s. Crusading journalists who changed America. Garden City (N. Y.) 1972. – Muckraking. Past, present, and future. Hg. v. J. M. HARRISON u. H. H. STEIN. University Park (Pa.) u. a. 1973. – FILLER, L.: The m.s. Neuaufl. University Park (Pa.) u. a. 1976. – FILLER, L.: Progressivism and muckraking. New York 1976. – FILLER, L.: Appointment at Armageddon. Muckraking and progressivism in the American tradition. Westport (Conn.) 1976. – HORNUNG, A.: Narrative Struktur u. Textsortendifferenzierung. Die Texte des Muckraking Movement (1902–1912). Stg. 1978. – VOWE, K. W.: Gesellschaftl. Funktionen fiktiver u. faktograph. Prosa. Roman u. Reportage im amerikan. Muckraking Movement. Ffm. 1978.

Musical ['mju:zɪkəl] †Musik und Literatur.

Musik und Literatur, durch wechselseitige Beeinflussung charakterisiertes enges Beziehungsgeflecht, das sich in den USA. sowohl in der Verwendung musikal. Mittel oder der Anspielung auf musikal. Werke in der L. als auch bei den poet. Aspekten bzw. der Adaptationspraxis in den verschiedenen Sparten der Folklore und der Popularmusik und auf dem Gebiet der klass. M. manifestiert. – Am sinnfälligsten werden musikal. Elemente als Gesangseinlagen und Bühnenmusik im amerikan. Theater eingesetzt, insbes. im expressionist. Drama zur Evozierung von Stimmungen (so z. B. in E. O'Neills *The Emperor Jones*) aber auch zur leitmotiv. Strukturierung der Handlung (z. B. in A. Millers *Death of a salesman* oder T. Williams' *The glass menagerie*). Auch die amerikan. Lyrik zeigt mannigfaltige Affinitäten zur M., z. B. bei jenen Dichtern, die (wie C. Sandburg) Volkslieder sammelten und als fahrende Sänger zur Gitarre oder (wie V. Lindsay) rezitativisch mit vokal. und percussiven Mitteln ihre Verse dem Publikum vortrugen. In seiner Wahl musikal. Sujets und in der intertextuellen Verwendung von Liedtexten stellte schließlich auch der amerikan. Roman ständig Beziehungen zur amerikan. M. her – abzulesen z. B. an Titeln wie C. McKays *Banjo,* E. L. Doctorows *Ragtime,* J. Steinbecks *The grapes of wrath* (Zitat aus J. Howes *Battle hymn of the republic*) oder E. O'Neills *All God's chillun,* W. Faulkners *Go down, Moses* und J. Baldwins *Go tell it on the mountain* (Titel von Negro Spirituals). – Durch das in den letzten Jahrzehnten gewachsene wiss. Interesse an populärer Kultur sind die Zeugnisse amerikan. Folklore zum Gegenstand literaturwiss. Forschungen geworden. So sieht man heute die ersten Anfänge einer afroamerikan. Literatur in den Negro Spirituals, die meist noch in Anlehnung an Erweckungslieder der Weißen entstanden, aber bald auch selbst wiederum die Spirituals der Weißen beeinflußten. (Der ›Gospel song‹, das kommerziell verbreitete geistl. Lied mit nichtanonymer Autorschaft, ist eine Erscheinung des 20. Jh.). Der säkulare Nachfolger des Spirituals, der um die Jahrhundertwende entstandene und textlich, formal, melodisch und harmonisch eigengeprägte Blues, gilt in seiner Wiedergabe von zwischenmenschl. Problemen als Bestandteil einer proletar. Populärkultur und hat trotz seiner Vermarktung bis in die Gegenwart hinein einen Teil seiner Authentizität bewahren können. Der im letzten Drittel des 19. Jh. in den Südstaaten aus der Begegnung afroamerikan. und weißer Musiktraditionen entstandene Jazz, ein sowohl von Komposition und Improvisation, individueller und kollektiver Spielweise geprägtes Musikidiom, beeinflußte vor allem in seiner Rhythmik, aber auch als korrespondierendes Vortragsmedium die amerikan. Lyrik (z. B. der †Harlem Renaissance). Die Fixierung, kommerzielle Nutzung und Weiterentwicklung des in früheren Jh.en nur mündlich tradierten ›Folk song‹ und die Neuentdeckung seines Protestpotentials in den 50er und 60er Jahren durch Woody Guthrie (* 1912, † 1967), Pete Seeger (* 1919), Bob Dylan (* 1941) u. a. führte zur Herausbildung der literar. Subkultur des Protestsongs.

In der musikal. Adaptation von Literaturwerken ist die Beziehung von amerikan. M. und L. am engsten. Es gibt kaum einen bed. amerikan. Dichter, von dem nicht Gedichte vertont worden sind, wobei als Texte von Kunstliedern die Gedichte von H. W. Longfellow, E. Dickinson, E. E. Cummings und E. A. Poe besonders beliebt gewesen sind. Doch L. wurde auch in komplexere musikal. Idiome übergeführt. Die Bemühungen der jungen Republik um kulturelle Eigenständigkeit fanden bereits 1796 in der Oper Ausdruck – in *The Archers, or The mountaineers of Switzerland,* einer die amerikan. Revolution symbolisierenden Bearbeitung des Wilhelm-Tell-Stoffes durch den amerikan. Dramatiker W. Dunlap. Weitere literarisch bedeutsame Schritte zur Amerikanisierung der Oper waren George Frederick Bristows (* 1825, † 1898) *Rip Van Winkle* (1855) mit einem Libretto nach W. Irvings Erzählung und die Oper *The scarlet letter* (1896) des Deutschamerikaners Walter Johannes Damrosch (* 1862, † 1950) nach Hawthornes Roman. Zu Opern gemacht wurden sowohl amerikan. Dramen (O'Neills *The Emperor Jones,* 1932 von Louis Gruenberg [* 1884, † 1964] adaptiert, L. Hellmans *Little foxes,* 1949 als *Regina* vertont von Marc Blitzstein [* 1905, † 1964], oder A. Millers *The crucible,* 1961 musikalisch bearbeitet von Robert Ward [* 1917]), Romane (*Giants in the earth* des norweg. Einwanderers Ole Rölvaag [* 1876, † 1931], 1951 als trag. Oper adaptiert von Douglas Moore [* 1893, † 1969]), Kurzgeschichten (S. V. Benéts *The devil and Daniel Webster,* 1938 als ›folk opera‹ von Douglas Moore oder Mark Twains *The celebrated jumping frog of Calaveras County,* 1950 in der Opernfassung von Lukas Foss [* 1922]) und Gedichte (Longfellows *Evangeline,* 1948 adaptiert von Otto Luening [* 1900]). Gelegentlich waren Opern Ergebnisse einer Adaptationskette – so Howard Hansons (* 1896, † 1981) Oper *Merry Mount* (1933), die auf Richard Stokes Gedicht *The Maypole* (1932) über eine Kurzgeschichte Hawthornes basiert; oder George Gershwins (* 1898, † 1937) Oper *Porgy and Bess* (1935) nach dem Roman *Porgy* (1925) bzw. dessen Dramatisierung (1927) von D. Heyward, der auch an der Abfassung des Librettos beteiligt war.

Andere musikal. Gattungen bezogen gedankl. Gehalt oder Inspiration aus der Literatur. So entnahm Gregory Mason (* 1873, † 1953) den Titel seiner Konzertouvertüre *Chanticleer* (1926) einer Passage aus Thoreaus *Walden,* Jaromir Weinberger (* 1896, † 1967) schrieb seine Orchestersuite *The legend of Sleepy Hollow* (1939) in Anlehnung an Irvings Erzählung, Leonard Bernstein (* 1918, † 1990) seine 2. Symphonie für Klavier und Orchester (1949) nach W. H. Audens Gedichtzyklus *The age of anxiety* und Roger Reynolds (* 1934) sein experimentelles Kammermusikstück *The emperor of icecream* (1962) nach W. Stevens' gleichnamigem Gedicht. Selbst literar. Persönlichkeiten wie Emerson, Hawthorne, die Alcotts und Thoreau und ihr intellektuelles Erbe wurden musikalisch porträtiert, in Charles Ives' (* 1874, † 1954) 2. Klaviersonate, *Concord, Mass. 1840–60.* Die von vielen Dichtern übernommene Rolle des Opernlibrettisten läßt sich an G. Stein und ihren für Virgil Thomson (* 1896) geschriebenen Libretti *Four saints in three acts* (1928) und *The mother of us all* (1947) oder an W. H. Auden und Chester Kallman (* 1921) mit ihrem Libretto (nach Stichen von Hogarth) zu Igor Strawinskis (* 1882, † 1971) Oper *The rake's progress* (1951) dokumentieren.

Ebenso intensiv sind die musikalisch-literar. Beziehungen auf dem Gebiet des Musicals, einer spezifisch amerikan. Gattung, die Elemente von Operette, Revue und Musical Comedy kombiniert und 1927 durch Jerome Kern (* 1885, † 1945) mit seiner musikal. Fassung von E. Fербers Roman *Show boat* (1926) kreiert wurde. Im selben Jahr produzierten Richard Rodgers (* 1902, † 1979) und Lorenz Hart (* 1895, † 1943) eine weitere Musicalfassung eines amerikan. Literaturwerkes: das auf Mark Twain fußende *A Connecticut Yankee.* Abgesehen von Shakespeare-Adaptationen wie *Kiss me Kate* (Cole Porter [* 1891, † 1964], 1948, nach *The taming of the shrew*) und *West Side story* (Leonard Bernstein, 1957, nach

Romeo and Juliet) und Shaw-Bearbeitungen wie Frederick Loewes (* 1904) *My fair Lady* (1956, nach *Pygmalion*) war es die Umsetzung amerikan. Werke, die einige der populärsten Musicals hervorbrachte: Irving Berlin (* 1888, † 1989), *Holiday Inn* (1942, nach E. Rices Kurzgeschichte), Richard Rodgers und O. Hammerstein II, *South Pacific* (1949, nach J. Micheners *Tales of the South Pacific*), Cole Porter, *High society* (1956, nach P. Barrys Komödie *The Philadelphia story*), Frank Loesser (* 1910, † 1969), *The most happy fella* (1956, nach S. Howards Drama *They knew what they wanted*), Jerry Herman (* 1932), *Hello, Dolly!* (1964, nach T. Wilders Komödie *The matchmaker*), Jerry Bock (* 1928), *Fiddler on the roof* (1964, nach den Tewje-Geschichten von Scholem Aleichem [* 1859, † 1916]), John Kander (* 1927), *Cabaret* (1966, nach C. Isherwoods Erzählungen in *Goodbye to Berlin*) und Andrew Lloyd Webber (* 1948), *Cats* (1981, nach T. S. Eliots *Old Possum's book of practical cats*). Von der Mitwirkung amerikan. Autoren als Librettisten profitierten u. a. Kurt Weill ([* 1900, † 1950] *Knickerbocker holiday,* 1938, Text von M. Anderson nach W. Irving; *Street scene,* Liedtexte von L. Hughes nach dem Drama von E. Rice; *Lost in the stars,* 1949, Text von M. Anderson nach Alan Patons [* 1903, † 1988] *Cry, the beloved country*) und Harold Arlen ([* 1905] *House of flowers,* 1954, Text von T. Capote) – Kooperationen, die die vielfältigen symbiot. Beziehungen von M. und L. in den USA unterstreichen. Bei der Popularisierung von Werken der amerikan. L. kann die Rolle der M. gar nicht hoch genug eingeschätzt werden.

Literatur: JACKSON, G. P.: Down-east spirituals and others. New York 1943. Nachdr. Locust Valley (N. Y.) 1953. – HOWARD, J. T.: Our American music. Three hundred years of it. New York 1946. – SMITH, C.: Musical comedy in America. New York 1950. – SANDBURG, C.: The American songbag. New York 1955. – WILGUS, D. K.: Anglo-American folksong scholarship since 1898. New Brunswick (N.J.) 1959. – BRAND, O.: The ballad mongers. Rise of the modern folk song. o. O. 1962. – OLIVER, P.: The meaning of the blues. Foreword by R. Wright. New York 1963. – LEHMANN, T.: Negro Spirituals. Gesch. u. Theologie. Bln. 1965. – CHASE, G.: America's music. From the Pilgrims to the present. New York ²1966. – ENGEL, L.: The American musical theatre. A consideration. New York 1967. – The American folk scene. Dimensions of the folksong revival. Hg. v. D. A. DE TURK u. A. POULIN, JR. New York 1967. – SABLOSKY, I.: American music. Chicago (Ill.) 1969. – DENISOFF, R. S.: Great day coming. Folk music and the American left. Urbana (Ill.) 1971. – SOUTHER, E.: The music of black Americans. A history. New York 1971. – BLUESTEIN, G.: The voice of the folk. Folklore and American literary theory. Amherst (Mass.) 1972. – DENISOFF, R. S.: Sing a song of social significance. Bowling Green (Ohio) 1972. – GRAVES, B. F./MCBAIN, D. J.: Lyric voices. Approaches to the poetry of contemporary songs. New York 1972. – WILDER, A.: American popular song. The great innovators 1900–1950. New York 1972. – HITCHCOCK, H. W.: Music in the United States. A historical introduction. Englewood Cliffs (N. J.) ²1974. – LOMAX, J. A./LOMAX, A.: Folk song U. S. A. New York ²1975. – NETTL, B.: Folk music in the United States. An introduction. Detroit (Mich.) ³1976. – RODNITZKY, J. L.: Minstrels of the dawn. The folk protest singer as a cultural hero. Chicago (Ill.) 1976. – MARCUS, G.: Mystery train. Images of America in Rock'n'Roll music. London 1977. – FAULSTICH, W.: Rock – Pop – Beat – Folk. Grundll. der Textmusik-Analyse. Tüb. 1978. – URBAN, P.: Rollende Worte – die Poesie des Rock. Von der Straßenballade zum Pop-Song. Ffm. 1979. – BOOTH, M. W.: The experience of songs. New Haven (Conn.) 1981. – BOWDEN, B.: Performed literature. Words and music by Bob Dylan. Bloomington (Ind.) 1982. – BOOTH, M. W.: American popular music. A reference guide. Westport (Conn.) 1983. – BAKER, H. A., JR.: Blues, ideology, and Afro-American literature. A vernacular theory. Chicago (Ill.) 1984. – MATES, J.: America's musical stage. Two hundred years of musical theatre. New York 1985. – PERRIS, A.: Music as propaganda. Art to persuade, art to control. Westport (Conn.) 1985. – HOVLAND, M.: Musical settings of American poetry. A bibliography. New York 1986. – Rock-Lyrik. Exemplar. Analysen englischsprachiger Song-Texte. Hg v. E. DAHL u. C. DÜRKOB. Essen 1989. – HUKE, T.: Jazz u. Blues im afroamerikan. Roman v. der Jahrhundertwende bis zur Gegenwart. Wzb. 1990. – SWAIN, J. P.: The Broadway musical. A critical and musical survey. New York 1990. – BEHRENDT, M.: Engl. u. amerikan. Rocklyrik 1950–1975. Ästhet. u. histor. Strukturen. Ffm. 1991.

Mystery ['mɪstəri] ↑ Kriminalliteratur.

N

Nabokov, Vladimir [nəˈbɔːkəf, ˈnɑːbəkɔf], russ. Wladimir Wladimirowitsch Nabokow [russ. naˈbɔkɐf], *Leningrad 22. April 1899, † Montreux 2. Juli 1977, russ.-amerikan. Schriftsteller. – Emigrierte 1919, Reisen in Europa; lebte 1922–37 in Berlin, dann in Paris und wanderte 1940 in die USA aus; 1948–56 Prof. für russ. Literatur an der Cornell University (Ithaca, N. Y.); lebte dann als freier Schriftsteller in Montreux. Die erste Phase seines umfangreichen Werks umfaßt Gedichte, Kurzgeschichten und Romane in russ. Sprache, die er in Berlin und Paris unter dem Pseudonym V. Sirin schrieb und die später von seinem Sohn ins Englische übersetzt wurden. Die zweite Phase begann in den USA mit engl. Publikationen, von denen bes. seine stilistisch brillianten psycholog. Romane weltweite Bedeutung erlangt haben. Seine Vorliebe für das ausgeklügelte System des Schachspiels sowie für die naturwiss. Methoden der Lepidopterologie ist die Basis seines raffinierten Spiels mit der Sprache und seiner literar. Parodien. So parodiert er die Form der Biographie in seinem ersten engl. Roman *The real life of Sebastian Knight* (1941; dt. *Das wahre Leben des Sebastian Knight,* 1960), die Form der Autobiographie in dem aufsehenerregenden Roman *Lolita* (1955, dt. 1959 u. 1989) über die Leidenschaft eines Mannes zu seiner 12jährigen Stieftochter sowie die Praxis des Literaturbetriebs bei der Edition eines Gedichts in seinem erzähltechnisch experimentellsten Roman *Pale fire* (1962; dt. *Fahles Feuer* 1968). Gleichzeitig behandelt er seine Exilexistenz in *Pnin* (R., 1957; dt. 1960) und in *Look at the harlequins!* (R., 1974; dt. *Sieh doch die Harlekins!,* 1979). In *Ada or ardor. A family chronicle* (R., 1969; dt. *Ada oder Das Verlangen,* 1974) nimmt N. in genialer Weise die Chronik einer Inzestbeziehung als Basis, um über die existentiellen Probleme von Liebe, Raum und Zeit nachzudenken. Er übersetzte Werke aus dem Russischen ins Englische (A. S. Puschkin) und umgekehrt; wird seit 1986 auch in der ehem. Sowjetunion gedruckt.

Weitere Werke: Mary (R., russ. 1926; dt. Sie kommt - kommt sie?, 1928; engl. 1970), King, queen, knave (R., russ. 1928; dt. König, Dame, Bube. Ein Spiel mit dem Schicksal, 1928; engl. 1968), The defense (fiktive Autobiogr., russ. 1930; engl. 1964 [in der Sowjetunion 1986]; dt. Lushins Verteidigung, 1961), Camera obscura (R., russ. 1932; engl. 1935; 1938 u. d. T. Laughter in the dark; dt. Gelächter im Dunkel, 1960), Despair (R., russ. 1936; engl. 1937; dt. Verzweiflung, 1972), Invitation to a beheading (R., russ. 1938; engl. 1959; dt. Einladung zur Enthauptung, 1970), Conclusive evidence (1951; dt. Andere Ufer, 1964; rev. 1966 u. d. T. Speak, memory. An autobiography revisited; dt. Sprich, Erinnerung, sprich. Wiedersehen mit einer Autobiographie, 1984), Transparent things (R., 1972; dt. Durchsichtige Dinge, 1980), Lectures on literature (1980; dt. Die Kunst des Lesens. Meisterwerke der europ. Literatur, 1982), Lectures on Russian literature (1981; dt. Die Kunst des Lesens. Meisterwerke der russ. Literatur, 1984), The enchanter. His long lost novel (hg. 1987; dt. Der Zauberer, 1987).

Ausgaben: V. N. Ges. En. Dt. Übers. Hg. v. D. E. ZIMMER. Rbk. 1969. – The N.-Wilson Letters. Hg. v. S. KARLINSKY. New York 1980. – V. N. The man from the U. S. S. R. and other plays. New York 1985. – V. N. Sobranie socinenij. Ann Arbor (Mich.) 1986 ff. Auf 15 Bde. ber. Bisher 3 Bde. ersch. – The letters of V. N. 1940–77 Hg. v. D. NABOKOV u. M. J. BRUCCOLI. San Diego (Calif.) 1988. – V. N. Gesammelte Werke Hg. v. D. E. ZIMMER. Hbg. 1989 ff. Auf 22 Bde. ber. Bis-

her 6 Bde. ersch. – V. N. Selected letters, 1940–1977. Hg. v. D. NABOKOV u. M. J. BRUCCOLI. New York 1989.
Literatur: N. Criticism, reminiscences, translations and tributes. Hg. v. C. NEWMAN u. A. APPEL, JR. Evanston (Ill.) 1970. – For V. N. on his seventieth birthday. Hg. v. C. NEWMAN und A. APPEL, JR. New York 1970. – MORTON, D. E.: V. N. New York 1974. Dt. Übers. Rbk. 1984. – GRABES, H.: Erfundene Biographien. V. N.s engl. Romane. Tüb. 1975. – APPEL, A., JR.: N.'s dark cinema. New York 1980. – PIFER, E.: N. and the novel. Cambridge (Mass.) 1980. – ROSE-WERLE, K.: Harlekinade. Genealogie u. Metamorphose. Struktur u. Deutung des Motivs bei J. D. Salinger u. V. N. Ffm. 1980. – N. The critical heritage. Hg. v. N. PAGE. London 1982. – KECHT, M.-R.: Das Groteske im Prosawerk V. N.s. Bonn 1983. – MADDOX, L.: N.'s novels in English. Athens (Ga.) 1983. – HOF, R.: Das Spiel des ›unreliable narrator‹. Aspekte unglaubwürdigen Erzählens am Beispiel von V. N. Mchn. 1984. – BARTON JOHNSON, D.: Words in regression. New York 1985. – KARGES, J.: N.'s lepidoptera. Ann Arbor (Mich.) 1985. – ROSS, C. S.: V. N. Life, work, and criticism. Fredericton (New Brunswick) 1985. – FIELD, A.: V. N. The life and art of V. N. New York 1986. – JULIAR, M.: V. N. A descriptive biography. New York 1986. – V. N. Hg. v. H. BLOOM. New York 1987. – PARKER, S. J.: Understanding V. N. Columbia (S. C.) 1987. – GREEN, G.: Freud and N. Lincoln (Nebr.) 1988. – WOOD, M.: V. N. London 1988. – TOKER, L.: N. The mystery of literary structures. Ithaca (N. Y.) 1989. – BOYD, B.: V. N. The Russian years. Princeton (N. J.) 1990. – HÜLLEN, C.: Der Tod im Werk V. N.s. Mchn. 1990. – BOYD, B.: V. N. The American years. Princeton (N. J.) 1991.

Nash, [Frederic] Ogden [næʃ], * Rye (N. Y.) 19. Aug. 1902, † Baltimore (Md.) 19. Mai 1971, Schriftsteller. – Redakteur der Zs. *The ↑New Yorker;* wurde durch seine witzige, manchmal satir. und sozialkrit., manchmal parodist. Lyrik bekannt; pflegte die Nonsensdichtung; schrieb auch Kinderbücher und Dramen wie die in Zusammenarbeit mit Kurt Weill und S. J. Perelman entstandene Musikkomödie *One touch of Venus* (1943).
Weitere Werke: I'm a stranger here myself (1938; engl. u. dt. Ich bin leider hier auch fremd, 1969), The face is familiar. Selected verse (1940), Good intentions (1942; engl. u. dt. Gute Vorsätze, Teilausg., 1965), Family reunion (1950), Parents keep out. Elderly poems for youngerly readers (1951), You can't get there from here (1957), Everyone but thee and me (1962), Der Kuckuck führt ein Lotterleben. Purzelreime (dt. Ausw. 1977), A penny saved is impossible (hg. 1981).
Literatur: AXFORD, L. B.: An index to the poems of O. N. Metuchen (N. J.) 1972. – WALLACE, R.: God be with clown. Humor in American poetry. Columbia (Mo.) 1984.

Nash, N. Richard [næʃ], eigtl. Nathaniel R. Nusbaum, * Philadelphia 7. Juni 1913, Dramatiker. – Hatte weltweiten Erfolg mit seiner romant. Komödie *The rainmaker* (1955; dt. *Der Regenmacher,* 1956).
Weitere Werke: Girls of summer (Kom., 1956), Wildcat (Musical, 1960), 110 in the shade (Kom., 1964), Eastwind, rain (R., 1977; dt. Ostwind und Regen, 1978).

Nathan, Robert [Gruntal] ['neɪθən], * New York 2. Jan. 1894, † Los Angeles 25. Mai 1985, Schriftsteller. – Studierte 1912–1915 an der Harvard University, war 1924/25 Dozent für Journalistik an der New York University, 1940–42 Präsident des PEN-Clubs; trat auch als Drehbuchautor, Komponist und Illustrator hervor. In seinem von hebr. Propheten, Skeptikern und Mystikern beeinflußten Werk propagiert er den Glauben an Gott als Hoffnung für die Existenz des modernen Menschen; er schrieb vorwiegend iron. Romane, häufig in lyr. Prosa und mit einem Hang für das Phantastische; daneben auch Dramen und Gedichte.
Werke: The river journey (R., 1949; dt. Flußfahrt mit Herrn Mortimer, 1953), The married look (R., 1950, 1951 u. d. T. His wife's young face; dt. Wer warst du, Clementine?, 1952), So love returns (R., 1958; dt. Wenn Liebe wiederkehrt, 1961), The wilderness-stone (R., 1961; dt. Miranda, 1968), The devil with love (R., 1963), The fair (R., 1964), Stonecliff (R., 1967), Mia (R., 1970), The elixir (R., 1971), Heaven and hell and the megas factor (R., 1975).
Literatur: SANDELIN, C. K.: R. N. New York 1968.

National Book Awards, The [ðe 'næʃənəl 'bʊk ə'wɔ:rdz] ↑Literaturpreise.

Naylor, Gloria ['neɪlər], * New York 25. Jan. 1950, Schriftstellerin. – Studierte u. a.

an der Yale University und wandte sich nach ihrer Beschäftigung als Missionarin der Zeugen Jehovas (1968–1975) u. als Telefonistin in New Yorker Hotels (1975–1981) dem Schriftstellerberuf zu. Der 1983 mit dem American Book Award ausgezeichnete Erstlingsroman *The women of Brewster Place. A novel in seven stories* (R., 1982; dt. *Die Frauen von Brewster Place,* 1984; 1985 verfilmt) schildert die Komplexität afroamerikan. Lebens aus der den sieben Geschichten des Romans zugeordneten jeweiligen Perspektive einer Frau. Die allen gemeinsame Erfahrung der Unterdrückung soll durch die aus gemeinschaftl. Handeln gewonnene geistige Stärke kompensiert werden. Schreibt seit 1986 für die *New York Times* und hat verschiedene Gastdozenturen, u. a. an der New York University, wahrgenommen.

Weitere Werke: Linden Hills (R., 1985), Mama Day (R., 1988).

Neal, John [ni:l], * Portland (Maine) 25. Aug. 1793, † ebd. 20. Juni 1876, Schriftsteller. – Autodidakt; entstammte einer Quäkerfamilie, war Händler und Kaufmann, studierte dann Jura und wurde Anwalt; lebte 1823–27 in England, wo er durch entstellende, vorurteilsreiche und oft sachlich falsche Artikel über amerikan. Autoren bekannt wurde (1937 hg. u. d. T. *American writers*), die als früher Versuch amerikan. Literaturgeschichtsschreibung gelten. Seine kunstlosen, aber wirkungsvollen Romane über Neuengland und das revolutionäre Amerika, die er im Wettstreit mit J. F. Cooper schrieb, sind heute weitgehend vergessen. N. förderte früh das literar. Talent E. A. Poes und hatte Einfluß auf W. Whitman.

Weitere Werke: Logan (R., 1822), Adams (R., 1823), Seventy-six (R., 1823), Randolph (R., 1823), Rachel Dyer (R., 1828), The Down-Easters (R., 1833), Wandering recollections of a somewhat busy life (Autobiogr., 1869).

Ausgabe: The genius of J. N. Selections from his writings. Hg. v. B. LEASE u. H.-J. LANG. Ffm. 1978.

Literatur: SEARS, D. A.: J. N. Boston (Mass.) 1978.

Nemerov, Howard ['nemɪrəf], * New York 1. März 1920, † Saint Louis (Mo.) 5. Juli 1991, Schriftsteller. – War Pilot im Zweiten Weltkrieg; lehrte 1946–66 an den Colleges Hamilton und Bennington sowie an der Brandeis University in Waltham (Mass.) und war ab 1969 Englisch-Prof. an der Washington University in Saint Louis (Mo.); 1946–51 Mit-Hg. der Zs. *Furioso.* N. ist v. a. als Verfasser von verstechnisch bed. Gedichten, oft im Blankvers, bekannt geworden, in denen er sich um eine von vorgefaßten Meinungen freie Darstellung der Realität bemüht. Der als chaotisch und primitiv empfundenen Realität stellt er eine künstler., wenn auch nur zeitl. Ordnung gegenüber. Neben Gedichten und Versdramen (*Endor* und *Cain,* 1962) schreibt N. auch Kurzgeschichten (*Stories, fables, and other diversions,* 1971) und Romane, in denen die themat. Bandbreite von religiös-philosoph. Fragen (*The melodramatists,* 1949) über das Doppelgängermotiv (*Federigo; or, the power of love,* 1954) bis zu Alltagsproblemen in Schule und Sport reicht (*The homecoming game,* 1957). N. veröffentlichte auch bed. literaturkrit. Essays.

Weitere Werke: The image and the law (Ged., 1947), Guide to the ruins (Ged., 1950), The salt garden (Ged., 1955), Journal of the fictive life (Essays, 1965), The blue swallows (Ged., 1967), Gnomes and occasions. Poems (1972), Reflexions on poetry and poetics (Essays, 1972), Collected poems (1977; Pulitzer Preis 1978), Figures of thought. Speculations on the meaning of poetry and other essays (1978), Inside the onion (Ged. 1984), New and selected essays (1985), The oak in the acorn. On remembrance of things past and on teaching Proust who will never learn (Studie, 1987), War stories (Ged., 1987), Trying conclusions. New and selected poems. 1961–1991 (1991).

Ausgabe: A H. N. reader. Columbia (Mo.) 1991.

Literatur: The critical reception of H. N. A selection of essays and a bibliography. Hg. v. B. DUNCAN. Metuchen (N. J.) 1971. – BARTHOLOMAY, J. A.: The shield of Perseus. The vision and imagination of H. N. Gainesville (Fla.) 1972. – MILLS, W.: The stillness in moving things. The world of H. N. Memphis (Tenn.) 1975. – LABRIE, R.: H. N. Boston (Mass.) 1980.

New criticism ['nu: 'krıtısızm = neue Kritik], angloamerikan., bes. zwischen 1930 und 1960 praktizierte Methode der werkimmanenten Literaturinterpretation, die im Zuge des ↑ Modernismus als Gegenbewegung gegen positivistisch-faktenbezogene, biographist. und soziolog. Literaturwiss. entstand, angeregt bes. von T. S. Eliot, E. Pound, I. A. Richards (* 1893, † 1979) und William Empson (* 1906, † 1984), beeinflußt auch von Benedetto Croce (* 1866, † 1952). Der N. c. konzentrierte sich ganz auf das literar. Kunstwerk als organ. Einheit und suchte, unter Hintanstellung histor., biograph. und gattungsgeschichtl. Kontexte, durch intensive objektive Analyse der sprachl., metaphor. und strukturellen Konstituenten der literar. Texte sowie ihrer Interrelationen und Ambiguitäten den spezif. kulturellen und moral. Aussagewert von Dichtung auszuloten. Zu den amerikan. Hauptvertretern zählen (bei im einzelnen unterschiedl. Standpunkten) J. C. Ransom, dessen Schrift *The n. c.* (1941) der Bewegung den Namen gab, A. Tate, R. P. Blackmur, R. P. Warren, C. Brooks, William K. Wimsatt, Jr. (* 1907, † 1975) und Y. Winters; in England standen u. a. auch T. E. Hulme (* 1883, † 1917) und F. R. Leavis (* 1895, † 1978) dem N. c. nahe. Zwar wurde der N. c. auch zum ›contextual criticism‹ erweitert (Murray Krieger [* 1923] u. a.), doch wird ihm heute v. a. die Vernachlässigung theoret. Konzepte sowie anthropolog. und sozialer Dimensionen der Literatur vorgehalten.

Literatur: HALFMANN, U.: Der amerikan. N. c. Ffm. 1971. – WEIMANN, R.: N. C. u. die Entwicklung bürgerl. Literaturwiss. Mchn. ²1974. – LÜTHE, R.: N. C. u. idealist. Kunstphilosophie. Philosoph. Unterss. zu den literar. Theorien J. C. Ransoms u. A. Tates. Bonn 1975. – LENTRICCHIA, F.: After the N. c. Chicago (Ill.) 1980.

New England Renaissance ['nu: 'ıŋglənd ˌrenə'sɑ:ns], auch ›American Renaissance‹, Bez. für die zw. 1830 und 1860 in Neuengland (hpts. in Boston und Concord) angesiedelte Blütezeit der amerikan. Literatur, die einen Wandel im Weltbild und die kulturelle Eigenständigkeit der Amerikaner dokumentiert. Der polit. und ökonom. Unabhängigkeit, in der nach den Demokratievorstellungen des Präsidenten Andrew Jackson (* 1767, † 1845) sich jeder Bürger gleichermaßen verwirklichen konnte, folgte die auf Rationalismus und dt. Idealismus aufbauende Ablösung von der orthodoxen kalvinist. Doktrin durch die die Selbstbestimmung des einzelnen in der amerikan. Nation betonenden religiös-geistigen Strömungen des Unitarismus und ↑ Transzendentalismus. So markieren die Schriftsteller den Umbruch vom theokrat. bestimmten Leben zu selbständigem Handeln (N. Hawthorne), bringen Skepsis und Zweifel an der Existenz Gottes zum Ausdruck (E. Dickinson, H. Melville), betonen zeitkrit. die geistigen Werte gegenüber den materiellen des neuen Zeitalters (R. W. Emerson, H. D. Thoreau) und propagieren den Gedanken der Selbstverwirklichung in der amerikan. Demokratie (W. Whitman). Neu gegründete Zss., wie die von M. Fuller und später von R. W. Emerson hg. *The Dial* (1840–44), literar. Salons (E. P. Peabody, M. Fuller), Gesprächskreise wie der Transcendental Club sowie Experimente alternativer Lebensformen (↑ Brook Farm und A. B. Alcotts Fruitlands) waren Ausdruck des neuen Zeitgeistes. Obwohl auch Schriftsteller wie Cooper, Melville, Poe und Whitman wesentlich zur American Renaissance beitrugen, stellen die ausschließlich in Neuengland lebenden Autoren E. Dickinson, R. W. Emerson, M. Fuller, N. Hawthorne, O. W. Holmes, H. W. Longfellow, J. R. Lowell, H. D. Thoreau, J. G. Whittier die Hauptvertreter der N. E. R. dar.

Literatur: BROOKS, V. W.: The flowering of New England 1815–1860. New York 1934. – MATTHIESSEN, F. O.: American Renaissance. Art and expression in the age of Emerson and Whitman. New York 1941. – VOGEL, S. M.: German literary influences on the American Transcendentalists. New Haven (Conn.) 1955. – The American Renaissance. The history and literature of an era. Hg. v. G. HENDRICK. Bln. 1961. – BUELL, L.: Literary transcendentalism. Style and vision in the American Renaissance. Ithaca (N. Y.) 1973. – BOLLER, P. F., JR.: American transcendentalism, 1830–1860. New York 1974. – NYE, R. B.: Society and culture in America 1830–1860. New York 1974. – CONRAD, S. P.: Perish the thought. Intellectual women in romantic America 1830–1860. New York 1976. – Studies in the American Renaissance. Hg. v. J. MYERSON. 1977 ff. Bisher 13 Bde. ersch. – American Renaissance and transcendentalism. Hg. v. K. W. CAMERON. Hartford (Conn.) 1978. – The American Renaissance reconsidered. Hg. v. W. B. MICHAELS u. D. E. PEASE. Balitmore (Md.) 1985. – Concord literary renaissance. Hg. v. K. W. CAMERON. Hartford (Conn.) 1988. – REYNOLDS, D. S.: Beneath the American Renaissance. The subversive imagination in the age of Emerson and Melville. Cambridge (Mass.) 1989.

New historicism ['nu: his'tɔ:rısızm], eine auch als ›poetics of culture‹ bzw. ›cultural materialism‹ bezeichnete, von marxist. und poststrukturalist. Theorien beeinflußte, Methoden der interpretativen Kulturanthropologie aufnehmende Form der Literaturkritik, die seit den 1980er Jahren in den USA praktiziert wird. – Im Unterschied zu den abstrakten, oft ahistor. Theorien von Poststrukturalismus und ↑Dekonstruktivismus handelt es sich bei der Praxis des N. h. um die histor. Kontextualisierung eines in ein kulturelles Umfeld eingebetteten literar. Werks, das als gesellschaftl. Konstrukt Ausdruck der Machtinteressen einer Zeit ist und seinerseits diese beeinflußt, also gleichzeitig repräsentativ und subversiv sein kann. Durch die wechselseitige Durchdringung und gleichrangige Vernetzung von Diskursen über isolierte histor. Ereignisse mit literar. Diskursen ergeben sich im intertextuellen Dialog potentiell innovative kulturhistor. Interpretationen einer gesamtkulturellen Situation, wie der vornehmlich untersuchten engl. und amerikan. Renaissance. Durch die Vertextung der als diskontinuierlich begriffenen Geschichte wird das Kausalitätsprinzip geschichtl. Entwicklung ebenso wie der ontolog. Unterschied zw. Literatur und Wirklichkeit aufgehoben, und die einer pragmat. Literaturbetrachtung vergleichbare Praxis gerät leicht zur Spekulation.

Literatur: The N. h. Hg. v. H. A. VEESER. New York 1989. – THOMAS, B.: The N. h. and other old-fashioned topics. Princeton (N. J.) 1991.

New journalism ['nu: 'dʒɜ:rnəlızəm], eine auch als Faction-Prosa [fækʃən], ›Faktographie‹, oder ›nonfiction novel‹ bekannte Spielart des zeitgenöss. amerikan. Romans, in dem ›fact‹ und ›fiction‹ miteinander verbunden werden. Tatsächlich Geschehenes – Dokumentarisches, Autobiographisches o. ä. – wird zur Grundlage der Gestaltung fiktiver Ebenen eingesetzt und mit fiktionalen Elementen vermischt, um die selbst schon phantast. Wirklichkeit nachzubilden, so bei T. Capote (*In cold blood,* 1966), J. R. Hersey (*The Algiers motel incident,* 1968), N. Mailer (*The armies of the night,* 1968; *Of a fire on the moon,* 1970; *The executioner's song,* 1979) sowie in jüngster Zeit Michael Herr ([* 1940], *Dispatches,* 1977; dt. *An die Hölle verraten,* 1987) und E. L. Doctorow (*World's Fair,* 1985).

Literatur: JOHNSON, M.: The n. j. Lawrence (Kans.) 1971. – The n. j. Hg. v. T. WOLFE u. E. W. JOHNSON. New York 1973. – ZAVARZADEH, M.: The mythopoetic reality. The postwar American nonfiction novel. Urbana (Ill.) 1976. – HOLLOWELL, J.: Fact and fiction. The n. j. and the nonfiction novel. Chapel Hill (N. C.) [2]1977. – WEBER, R.: The literature of fact. Literary nonfiction in American writing. Athens (Ohio) 1980. – SMART, R. A.: The nonfiction novel. Lanham (Md.) 1985.

New Yorker, The [ðə nu: 'jɔ:rkər], 1925 von Harold Ross (* 1892, † 1951) gegründete und herausgegebene amerikan. Wochenzeitschrift (seit 1951 Hg. William Shawn [* 1906]), die neben Kulturnachrichten für New York City originelle Kurzgeschichten, Gedichte, Rezensionen von Theater, Film, Musik und Kunst sowie witzige Zeichnungen und Karikaturen enthält. Bed. Beiträger: E. B. White, O. Nash, J. Hersey, E. Wilson, J. Updike, J. D. Salinger, S. J. Perelman, T. Capote, J. O'Hara, J. Ashbery, J. Cheever, D. Barthelme. J. Thurber und Brendan Gill (* 1914) haben ihre Zeit beim *N. Y.* in *The years with Ross* (1959) bzw. *Here at The New Yorker* (1975) dargestellt.

New York Review of Books, The [ðə 'nu: jɔ:rk rı'vju: əv 'bʊks], 1963 während eines Druckerstreiks gegründete, vierzehntägig (im Juli und August monatlich) erscheinende, liberale Literaturzeitschrift, die primär Neuerscheinungen der Literatur und der Kulturwissenschaften in ausführl. Rezensionen vorstellt, aber auch Gedichte und längere Essays über aktuelle Ereignisse abdruckt. Künstlerkarikaturen von David Levine (* 1926).

Nichols, John ['nɪkəls], * Berkeley (Calif.) 23. Juli 1940, Schriftsteller. – Gelegenheitsarbeiter, u. a. als Verfasser humorvoller Grußkarten. Stellt in seinen zeitkrit., erfolgreichen Romanen die aus der Normalität erwachsenden Perversionen und Psychopathien normaler Menschen mit grotesker Komik und makaberem Humor dar. Seine Kritik richtet sich gegen die Ausbeutung der Natur und die Unterdrückung des Einzelnen durch Machtkonzerne, etwa in der New Mexico-Trilogie (*The Milagro beanfield war,* 1974, dt. *Milagro. Der Krieg im Bohnenfeld,* 1987, 1987 verfilmt; *The magic journey,* 1978; *The nirvana blues,* 1981, dt. *Nirwana Blues,* 1991) und *If mountains die* (Prosa, 1979), sowie gegen Brutalität und Gewalt im Vietnamkrieg wie in der amerikan. Gegenwartsgesellschaft und die daraus resultierende psych. Verkrüppelung der Menschen (*American blood,* 1987; dt. 1990).

Weitere Werke: The sterile cuckoo (R., 1965), A ghost in the music (R., 1979), On the mesa (Prosa, 1986), A fragile beauty (R., 1987).

Nin, Anaïs [nɪn], * Neuilly-sur-Seine 21. Febr. 1903, † Los Angeles 14. Jan. 1977, Schriftstellerin. – Tochter eines span. Komponisten und einer frz.-dän. Sängerin; lebte ab 1914 in New York (später naturalisiert), 1923–40 in Europa, meist in Paris als Modell und Tänzerin; war später, nach Ausbildung durch Otto Rank, auch als Psychoanalytikerin tätig; schloß sich Künstlerkreisen an und setzte sich u. a. für den seit 1931 mit ihr befreundeten H. Miller ein. Ihre schon in der Jugend deutliche Neigung, Erfahrungen und Eindrücke in Tagebüchern festzuhalten (*The early diary of Anaïs Nin 1914–1931,* 1978–1985; dt. *Das Kindertagebuch, 1914–20,* 1981, 2 Bde.), wurde ab 1931 zur literar. Betätigung. Die insgesamt 10 Bände *Diary* (1966–83; dt. *Die Tagebücher der Anaïs Nin,* bisher 8 Bde., 1968–86), die die Zeit von 1931 bis zu ihrem Tod umfassen, enthalten neben lyr. Reflexionen und poet. Impressionen auch intime erot. Erzählungen; gleichzeitig bilden sie die wichtigste Quelle für ihre Romane, Kurzgeschichten und Essays. N. stellt die Welt emotional unverantwortl. Männer der von verführer. und sensiblen Frauen gegenüber. Themen der Romane sind u. a. Inzestprobleme (*The House of incest,* 1936, 1974 u. d. T. *Winter of artifice. House of incest;* dt. *Das Haus des Inzests,* 1984), die Suche der Frau nach ihrer weibl. Identität (*Ladders to fire,* 1946; dt. *Leitern ins Feuer,* 1980), Liebeskonflikte (*The four-chambered heart,* 1950, dt. *Djuna oder das Herz mit den vier Kammern,* 1983; *A spy in the house of love,* 1954, dt. *Sabina,* 1960, 1970 u. d. T. *Ein Spion im Haus der Liebe;* beide Romane wurden 1974 mit anderen Erzählungen u. d. T. *Cities of the interior,* zu einem Gesamtroman zusammengefaßt). Das in Tagebuch und Fiktion deutl. Bemühen um eine eigenständige, feminine Sensibilität und Schreibhaltung ist auch der Gegenstand ihrer krit. Abhandlungen (*A woman speaks,* 1975; dt. *Sanftmut des Zorns. Was es heißt, Frau zu sein,* 1979; *In favor of the sensitive man,* 1976; dt. *Die neue Empfindsamkeit,* 1980).

Weitere Werke: D. H. Lawrence. An unprofessional study (Literaturkritik, 1932), Under a glass bell (En., 1944; dt. Unter einer Glasglocke, 1979), Realism and reality (Literaturkritik, 1946), Children of the albatross (E., 1947; dt. Kinder des Albatross, 1982), On writing (Literaturkritik, 1947), Seduction of the Minotaur (R., 1961; dt. Labyrinth des Minotaurus, 1985), Collages (R., 1966), The novel of the future (Literaturkritik, 1968), Delta of Venus (erot. Kurzgeschichten, 1977; dt. Das Delta der Venus, 1978), Little birds (hg. 1979; dt. Die verborgenen Früchte, 1979), The white blackbird and other writings (hg. 1985), Henry and June (hg. 1986; dt. Henry, June und ich. Intimes Tagebuch, 1987; 1990 verfilmt).

Ausgaben: MILLER, H.: Letters to A. N. Hg. v. G. STUHLMANN. New York 1965. Briefe an A. N. Dt. Übers. Rbk. 1968. – A literate passion. Letters of A. N. and Henry Miller, 1932–53. Hg. v. G. STUHLMANN. San Diego (Calif.) 1987. Dt. Übers. Briefe der Leidenschaft. 1932–1953. Bern 1989.

Literatur: EVANS, O. W.: A. N. Carbondale (Ill.) 1968. – HINZ, E. J.: The mirror and the garden. Realism and reality in the writings of A. N. Columbus (Ohio) 1971. – FRANKLIN, B.: A. N. A bibliography. Kent (Ohio) 1973. – A casebook on A. N. Hg. v. R. ZALLER. New York 1974. – The world of A. N. Critical and cultural perspectives. Hg. v. E. J. HINZ. Winnipeg 1978. – FRANKLIN, B./SCHNEIDER, D.: A. N. An introduction. Athens (Ohio) 1980. – SPENCER, S.: Collage of dreams. The writings of A. N. New York ^{2}1981. – SCHOLAR, N.: A. N. Boston (Mass.) 1984. – A., art and artists. A collection of essays. Hg. v. S. SPENCER. Greenwood (Fla.) 1986. – BARILLÉ, E.: Maskierte Venus. Das Leben der A. N. (Mchn. 1992).

Nordhoff, Charles Bernard ['nɔ:rdhɔf], * London 1. Febr. 1887, † Santa Barbara (Calif.) 11. April 1947, Schriftsteller dt. Herkunft. – Enkel des aus Preußen stammenden Charles Nordhoff (* 1830, † 1901); verfaßte, meist zus. mit J. N. Hall, See- und Abenteuerromane; auch sozialgeschichtl. Schriften.

Norris, Frank ['nɔ:rɪs], eigtl. Benjamin Franklin N., * Chicago 5. März 1870, † San Francisco 25. Okt. 1902, Schriftsteller. – Kunststudium 1887 bis 1889 in Paris; während seines Literaturstudiums an der University of California und an der Harvard University erste schriftsteller. Versuche unter dem Einfluß von Émile Zolas Naturalismus; 1895 als Journalist für den *San Francisco Chronicle* in Südafrika (Burenkrieg) und 1898 für *McClure's Magazine* in Kuba (Span.-Amerikan. Krieg); Verlagsarbeit in New York (1899). In seinem von sozialkrit. Anliegen und romant. Idealismus geprägten Werk, das eine eigenständige amerikan. Variante des europ. Naturalismus darstellt, schildert er den verzweifelten Kampf der Menschen gegen die dämon. Einflüsse von Maschine und Technik. In seinem bedeutendsten Werk, der unvollendeten Romantrilogie *The trilogy of the wheat* (dt. *Das Epos des Weizens:* Bd. 1: *The Octopus,* 1901, dt. *Der Oktopus,* 1907, 1939 u. d. T. *Die goldene Fracht;* Bd. 2: *The pit,* hg. 1903, dt. *Die Getreidebörse,* 1912, 1935 u. d. T. *Kampf um Millionen*) wird die Kraft der sich zyklisch erneuernden Natur (am Beispiel des Weizens), der wirtschaftl. Macht des Eisenbahnkonzerns (Bd. 1) und der finanziellen Macht der Börse in Chicago (Bd. 2) gegenübergestellt; der geplante 3. Bd. sollte die Auswirkung der amerikan. Transaktionen auf die in Europa hungernde Bevölkerung zeigen. Neben bed. Kurzgeschichten (*A deal in wheat,* hg. 1903; *The third circle,* hg. 1909) verfaßte er auch vielbeachtete literaturkrit. Essays (*The responsibilities of the novelist,* hg. 1903).

Weitere Werke: McTeague (R., 1899; dt. Gier nach Gold, 1937, 1965 u. d. T. Heilloses Glück), Vandover and the brute (R., entst. 1894/95, hg. 1914).

Ausgaben: F. N. The complete edition. Garden City (N. Y.) 1928. 10 Bde. – F. N. Literary criticism. Hg. v. D. PIZER. Austin (Tex.) 1964. – Collected letters. Hg. v. J. S. CRISLER. San Francisco (Calif.) 1986. – Novels and Essays. Hg. v. D. PIZER. New York 1986.

Literatur: WALKER, F. D.: F. N. A biography. Garden City (N. Y.) 1932. Neudr. New York 1963. – MARCHAND, E.: F. N. A study. Stanford (Calif.) 1942. Neuausg. New York 1964. – PIZER, D.: The novels of F. N. Bloomington (Ind.) 1966. Neudr. New York 1973. – GRAHAM, D.: The fiction of F. N. The aesthetic context. Columbia (Mo.) 1978. – Critical essays on F. N. Hg. v. D. GRAHAM. Boston (Mass.) 1980. – SPAUNHORST, F.-P.: Literar. Kulturkritik als Dekodierung v. Macht u. Werten am Beispiel ausgew. Romane v. Upton Sinclair, F. N., John Dos Passos u. Sinclair Lewis. Ffm. 1987. – HOCHMANN, B.: The art of F. N. Storyteller. Columbia (Mo.) 1988. – VESTER, J.: Wirklichkeit u. Text - Wirklichkeit als Text. Exemplar. Studien zum amerikan. Naturalismus. Ffm. 1989.

O

Oates, Joyce Carol [oʊts], * Lockport (N. Y.) 16. Juni 1938, Schriftstellerin. – Seit 1978 Prof.in an der Princeton University. In zahlreichen Romanen und Kurzgeschichten behandelt O. zentrale Themen der amerikan. Wirklichkeit, wie die Isolation des Menschen, die Zerstörung des Glaubens an den Erfolgsmythos des American dream durch sozioökonom. Verhältnisse und Formen brutaler Gewalt sowie die Unterdrückung durch polit. Machtstrukturen. Das Geschehen spielt teils in dem an die ländl. Umgebung ihrer Kindheit erinnernden ›Eden County‹ (*With shuddering fall,* 1964; *A garden of earthly delights,* 1967, dt. *Ein Garten ird. Freuden,* 1970), teils in reichen Vorstädten (*Expensive people,* 1968) und im Großstadtmilieu (*Them,* 1969; dt. *Jene,* 1975; National Book Award, 1969). Ihre Erzählform entwickelte sie von naturalist. Milieustudien über psychologisch-realist. Bewußtseinsdarstellungen (*The assassins,* 1975) zur durch die Gegenwart gebrochenen Rückschau auf die Kindheit (*Childwold,* 1976; dt. *Im Dickicht der Kindheit,* 1983), und auf den akadem. Literaturbetrieb (*Unholy loves,* 1979; dt. *Unheilige Liebe,* 1984). Neuerdings erhält diese Rückschau eine histor. Dimension, wie in der anspruchsvollen, die amerikan. Geschichte spiegelnden Familienchronik *Bellefleur* (1980; dt. 1982), den parodist. Romanzen (*Bloodsmoor romance,* 1983, dt. *Die Schwestern von Bloodsmoor,* 1987; *Mysteries of Winterthurn,* 1984), und der biograph. Erzählung *Marya. A life* (1986; dt. Marya. Ein Leben, 1991). O. schreibt auch unter Pseudonymen, wie Rosamond Smith (*Lives on the twins,* R., 1987; dt. *Der Andere,* 1989).

Weitere Werke: The wheel of love and other stories (1970; dt. Das Rad der Liebe, 1988), By the North Gate (En., 1963), Wonderland (R., 1971), Marriages and infidelities (En. 1972; dt. Lieben, Verlieren, Lieben, 1980), Miracle play (UA 1974; gedr. in Three plays, 1980), Crossing the border (En., 1976; dt. Grenzüberschreitungen, 1978), Son of the morning (R., 1978), Cybele (R., 1979), A sentimental education (En., 1980), Angel of light (R., 1981; dt. Engel des Lichts, 1984), Contraries (Essays, 1981), Invisible woman. New and selected poems 1970–82 (1982), The profane art (Essays, 1983), Last days (En., 1984; dt. Letzte Tage, 1986), Solstice (R., 1985; dt. Im Zeichen der Sommerwende, 1990), You must remember this (R., 1987), On boxing (Essay, 1987; dt. Über Boxen, 1988), The assignation (En., 1988; dt. Das Rendezvous, 1992), Woman writer. Occasions and opportunities (Essays, 1988), American appetites (R., 1989), The time traveler. Poems 1983–89 (1989), Because it is bitter, and because it is my heart (R., 1990), I lock my door upon myself (R., 1990), The rise of life on earth (R., 1991), Black water (R., 1992).

Literatur: GRANT, M. K.: The tragic vision of J. C. O. Durham (N. C.) 1978. – CREIGHTON, J. V.: J. C. O. Boston (Mass.) 1979. – Critical essays on J. C. O. Hg. v. L. W. WAGNER. Boston (Mass.) 1979. – WALLER, G. F.: Dreaming America. Obsession and transcendence in the fiction of J. C. O. Baton Rouge (La.) 1979. – FRIEDMAN, E. G.: J. C. O. New York 1980. – BASTIAN, K.: J. C. O's short stories between tradition and innovation. Ffm. u. a. 1983. – NORMAN, T.: Isolation and context. A study of character relationship in J. C. O.'s short stories 1963–80. Göteborg 1984. – SEVERIN, H.: The image of the intellectual in the short stories of J. C. O. Ffm. 1986. – BENDER, E. T.: J. C. O. Artist in residence. Bloomington (Ind.) 1987. – J. C. O. Hg. v. H. BLOOM. New York 1987. – JOHNSON, G.: Understanding J. C. O. Columbia (S. C.) 1987. – Conversations with J. C. O. Hg. v. L. MILAZZO. Jackson (Miss.) 1989.

Obie Award ['oʊbi ə'wɔ:rd] ↑ Literaturpreise.

Objectivism [əb'dʒektɪvɪzəm] ↑ Lyrik.

O'Connor, Flannery [oʊ'kɑ:nər], * Savannah (Ga.) 25. März 1925, † Milledgeville (Ga.), 3. Aug. 1964, Schriftstellerin. – Studierte u. a. an der University of Iowa. Die ländl. Bevölkerung des Südens, bes. Georgias, die kath. Erziehung in einer fundamentalistisch-prot. Umgebung sowie das Leiden an einer tödl. Krankheit bestimmen die groteske Welt von O'C.s bed., für die amerikan. Gegenwartsliteratur äußerst einflußreichen Erzählungen. Die häufig behandelte, in eindrucksvollen Symbolen dargestellte paradoxe Konfrontation von Leben und Tod, von fanat. Glauben und rationalen Überzeugungen sowie von kindl. Unschuld und der Allgegenwart des Bösen bringt O'C.s Glaube an die göttl. Gnade und Erlösung zum Ausdruck. Am bedeutendsten sind: *A good man is hard to find* (En., 1955; dt. Ausw. 1961 u. d. T. *Ein Kreis im Feuer,* 1987 u. d. T. *Ein guter Mensch ist schwer zu finden*) und *The violent bear it away* (R., 1960; dt. *Das brennende Wort,* 1962, 1972 u. d. T. *Ein Herz aus Feuer,* 1987 u. d. T. *Die Gewalt tun*).

Weitere Werke: Wise blood (R., 1952; dt. Die berstende Sonne, 1963, 1982 u. d. T. Die Weisheit des Blutes), Everything that rises must converge (En., hg. 1965; dt. Die Lahmen werden die Ersten sein, 1987).

Ausgaben: F. O'C. The complete stories. New York 1971. Neudr. 1982. – F. O'C. The habit of being. Letters. Hg. v. S. FITZGERALD. New York ³1979. – F. O'C. Mystery and manners. Occasional prose. Hg. v. S. u. R. FITZGERALD. New York ⁹1980. – The presence of grace and other book reviews by F. O'C. Hg. v. L. J. ZUBER u. W. C. MARTIN. Athens (Ga.) 1983. – The correspondence of F. O'C. and the Braniard Cheneys. Hg. v. C. R. STEPHENS. Jackson (Miss.) 1986. – Collected works. Hg. v. S. FITZGERALD. New York 1988. – The manuscripts of F. O'C. at Georgia College. Hg. v. S. G. DRIGGERS u. R. J. DUNN mit S. GORDON. Athens (Ga.) 1989.

Literatur: The added dimension. The art and mind of F. O'C. Hg. v. M. J. FRIEDMAN u. L. A. LAWSON. New York 1966. – ORVELL, M.: Invisible parade. The fiction of F. O'C. Philadelphia (Pa.) 1972. – STEPHENS, M.: The question of F. O'C. Baton Rouge (La.) 1973. – BROWNING, P. M., JR.: F. O'C. Carbondale (Ill.) ²1976. – MAY, J. R.: The pruning word. The parables of F. O'C. London 1976. – BARTLE, A.: Ideologeme im amerikan. Roman der Südstaaten. A. Tates ›The fathers‹, R. P. Warrens ›All the King's men‹, C. McCullers ›The member of the wedding‹ u. F. O'C.s ›The violent bear it away.‹ Wzb. 1980. – MCKENZIE, B.: F. O'C.'s Georgia. Athens (Ga.) 1980. – ASALS, F.: F. O'C. The imagination of extremity. Athens (Ga.) 1982. – Critical essays on F. O'C. Hg. v. M. J. FRIEDMAN u. B. L. CLARK. Boston (Mass.) 1985. – KINNEY, A. F.: F. O'C.'s library. Athens (Ga.) 1985. – GENTRY, M. B.: F. O'C.'s religion of the grotesque. Jackson (Miss.) 1986. – KESSLER E.: F. O'C. and the language of apocalypse. Princeton (N. J.) 1986. – Conversations with F. O'C. Hg. v. R. M. MAGEE. Jackson (Miss.) 1987. – DESMOND, J. F.: Risen sons. F. O'C.'s vision of history. Athens (Ga.) 1987. – Realist of distances. F. O'C. revisited. Hg. v. K.-H. WESTARP u. J. N. GRETLUND. Aarhus 1987. – BAUMGÄRTNER, J. P./BÜCHNER, F. G.: F. O'C. A proper scaring. Wheaton (Ill.) 1988. – PAULSON, S. M.: F. O'C. A study of the short fiction. Boston (Mass.) 1988. – BRINKMEYER, R. H., JR.: The art and vision of F. O'C. Baton Rouge (La.) 1989.

Odets, Clifford [oʊ'dets], * Philadelphia 18. Juli 1906, † Los Angeles 15. Aug. 1963, Dramatiker. – Mitbegründer (1931) des ›Group Theatre‹, einer der führenden Theatergruppen New Yorks, die O.s Dramen nach der Stanislawski-Methode und z. T. mit marxist. Einstellung inszenierte; pflegte, u. a. von A. P. Tschechow beeinflußt, das anklagende ›proletar. Drama‹ in der Art des politisch engagierten Theaters des dt. Expressionismus; auch Drehbuchautor.

Werke: Waiting for Lefty (Dr., 1935; dt. Warten auf Lefty, 1876), Awake and sing (Dr., 1935; dt. Die das Leben ehren, 1947, 1985 u. d. T. Wachet auf und rühmt), Paradise lost (Dr., 1935; dt. Verlorenes Paradies, 1977), Golden boy (Dr., 1937; dt. Goldene Hände, 1950; als Musical 1964 u. d. T. Golden boy, Musik von Charles Strouse [* 1928]), Rocket to the moon (Dr., 1938; dt. Brücke zum Mond, 1978), Clash by night (Dr., 1941), The big knife (Dr., 1949; dt. Das große Messer, 1950), The flowering peach (Dr., 1954), The time is right. The nineteen-forty journal of C. O. (hg. 1988).

Ausgabe: Six plays of C. O. New York 1939. Nachdr. 1979.
Literatur: SHUMAN, R. B.: C. O. New York 1962. – MURRAY, G.: C. O. The thirties and after. New York 1968. – MENDELSOHN, M. J.: C. O. Humane dramatist. De Land (Fla.) 1969. – WEALES, G.: C. O. Playwright. New York 1971. – CANTOR, H.: C. O. Playwright - poet. Metuchen (N. J.) 1978. – BRENMAN-GIBSON, M.: C. O. American playwright. The years from 1906 to 1940. New York 1981. – MILLER, G.: C. O. New York 1989.

Off-Broadway ['ɔ:f'brɔ:dweɪ], Ende der 40er Jahre in Opposition zum Broadway zunächst als ›Non-Profit-Theater‹ entstandene Theatergruppen, die, 1949 zu der ›League of O.-B. Theaters and Producers‹ zusammengeschlossen, in New York auf kleineren Bühnen spielten, u. a. ›Cherry Lane Theatre‹, ›Circle in the Square‹, ›New York Shakespeare Festival‹, ›Provincetown Playhouse‹, ›Artists' Theatre‹ und ›Phoenix Theatre‹. Die O.-B.-Bühnen machten nach der Wiederentdeckung der Theaterstücke E. O'Neills im wesentlichen Werke des neuen amerikan. Dramas bekannt (u. a. S. Shepard, E. Bullins, John Guare [* 1938], D. Rabe, D. Mamet); auch klass. und zeitgenöss. Werke europ. Dramatiker, die in den USA in Vergessenheit geraten oder weitgehend unbekannt waren, standen bevorzugt auf dem Programm (u. a. Shakespeare, Molière, H. Ibsen, A. P. Tschechow, S. Beckett, M. Frisch, P. Handke, D. Fo, S. I. Witkiewicz, J. Orton und C. Churchill, deren Stücke meist erst durch das O.-B. internat. bekannt wurden). – Das O.-B.-Theater schuf (u. a. durch Workshops und Lesungen) auch die Bedingungen für die Entfaltung des zeitgenöss. experimentellen Theaters. – Heute werden Dramen, die durch das O.-B. zu Erfolgsstücken wurden, zunehmend von den Bühnen des Broadway übernommen (↑Off-Off-Broadway).

Literatur: PRICE, J. S.: The O.-B. theater. Westport (Conn.) 1962. – ROOSE-EVANS, J.: Experimental theatre from Stanislavsky to today. London 1970. – Now. Theater der Erfahrung. Hg. v. HEILMEYER u. P. FRÖHLICH. Köln 1971. – The O.-B. experience. Hg. v. H. GREENBERGER. Englewood Cliffs (N.J.) 1971. – LITTLE, S. W.: O.-B. The prophetic theatre. New York 1972. – FRÖHLICH, P.: Das nichtkommerzielle amerikan. Theater. Lampertheim 1974. – Theater u. Drama in Amerika. Hg. v. E. LOHNER u. R. HAAS. Bln. 1978. – WOLL, A.: Dictionary of the Black theatre. Broadway, O.-B., and selected Harlem theatre. Westport (Conn.) 1983. – BIGSBY, C. W. E.: A critical introduction to twentieth-century American drama. Cambridge 1982–85. 3 Bde.

Off-Off-Broadway ['ɔ:fɔ:f'brɔ:dweɪ], experimentierende, im wesentlichen mit Amateuren arbeitende Theatergruppen in New York, die sich im Unterschied zum ↑Off-Broadway u. a. als Underground-Theater verstanden; als erstes O.-O.-B.-Theater gilt das ›Caffé Cino‹ (1958–67); von den zahlreichen weiteren O.-O.-B.-Theatern sind v. a. das ›Café La Mama‹ (›La Mama Experimental Club‹; gegr. von Ellen Stewart 1962) sowie das ›Open Theatre‹ (1963–73; gegr. von Joseph Chaikin [* 1935]) zu nennen. Neben wöchentl. Erstaufführungen unbekannter Autoren im ›Café La Mama‹ konzentrierte sich das ›Open Theatre‹, das als das bedeutendste Theater des O.-O.-B. bezeichnet werden kann, v. a. auch auf die Entwicklung von Improvisationstechniken und Werkstattmethoden, die vom ›La Mama Experimental Club‹ unter Leitung von E. Stewart durch internat. Tourneen und Workshops auch in Europa bekannt wurden und heute zum Ausbildungsprogramm der offiziellen Schauspielschulen in den USA gehören. Auch das ↑Living Theatre gehörte teilweise zum O.-O.-B.

Literatur: The new underground theatre. Hg. v. R. J. SCHROEDER. New York 1968. – The best of O.-O.-B. Hg. v. M. SMITH. New York 1969. – Theater u. Drama in Amerika. Hg. v. E. LOHNER u. R. HAAS. Bln. 1978. – LEVINE, M.: New York's other theatre. A guide to O.-O.-B. New York 1981. – WOLL, A.: Dictionary of the Black theatre. Broadway, Off-Broadway, and selected Harlem theatre. Westport (Conn.) 1983. – BIGSBY, C. W. E.: A critical introduction to twentieth-century American drama. Cambridge 1982–85. 3 Bde.

O'Hara, Frank [oʊ'hærə], * Baltimore (Md.) 27. Juni 1926, † Fire Island (N. Y.) 25. Juli 1966 (Unfall), Lyriker. – Beeinflußt von Musik und moderner Kunst, schrieb O'H. Gedichte im Stil surrealist. und abstrakter Malerei; als einer der Mitbegründer der Beat-Lyrik (↑Beat generation) und einer der bed. Vertreter der New York School of Poets (neben J. Ashbery, K. Koch u. J. Schuyler) übte er großen Einfluß auf die jüngere amerikan. Dichtergeneration aus; schrieb auch kunstkrit. Essays (*Standing still and walking in New York,* hg. 1975) und Dramen.

Weitere Werke: A city winter and other poems (1952), Meditations in an emergency (Ged. 1956), Odes (1960), Lunch poems (1964; dt. Lunch poems und andere Gedichte, 1969), Love poems (1965). Selected plays (hg. 1978).

Ausgaben: The collected poems of F. O'H. Hg. v. D. ALLEN. New York 1971. – The selected poems of F. O'H. Hg. v. D. ALLEN. New York 1974. – F. O'H. Poems retrieved, 1951–1966. Hg. v. D. ALLEN. Bolinas (Calif.) 1977. – F. O'H. Early writing. Hg. v. D. ALLEN. Bolinas (Calif.) 1977.

Literatur: PERLOFF, M.: F. O'H. Poet among painters. Austin (Tex.) 1979. – SMITH, A., JR.: F. O'H. A comprehensive bibliography. New York 1980. – F. O'H. To be true to a city. Hg. v. J. ELLEDGE. Ann Arbor (Mich.) 1989. – PARKER, A. C.: The exploration of the secret smile. The language of art and of homosexuality in F. O'H.'s poetry. New York 1989.

O'Hara, John [Henry] [oʊ'hærə], * Pottsville (Pa.) 31. Jan. 1905, † Princeton (N. J.) 11. April 1970, Schriftsteller. – Schrieb naturalist., gesellschaftskrit. Romane mit stark satir. Neigung. Auch in seinen hpts. für die Zeitschrift *The ↑New Yorker* geschriebenen iron. Skizzen stellt er oft die Schwächen der gesellschaftlich einflußreichen Schichten Amerikas dar. Insgesamt liefern seine Schriften ein Panorama der amerikan. Wirklichkeit vom 1. Weltkrieg bis zum Vietnamkrieg. Schrieb auch Dramen und Erzählungen.

Werke: Appointment in Samara (R., 1934; dt. Treffpunkt in Samara, 1950), Butterfield 8 (R., 1935; dt. 1966), A rage to live (R., 1949; dt. Eine leidenschaftl. Frau, 1965), Ten north Frederick (R., 1955; dt. Stolz und Leid, 1956), From the terrace (R., 1958; dt. Träume auf der Terrasse, 1970), Elizabeth Appleton (R., 1963; dt. 1964), The Lockwood concern (R., 1965; dt. Die Lockwoods, 1967), The instrument (R., 1967; dt. Danke für gar nichts, 1969), Lovey Childs. A Philadelphian's story (R., 1969; dt. Diese zärtl. wilden Jahre, 1972), The Ewings (R., hg. 1972; dt. All diese ungelebten Stunden, 1973).

Ausgaben: An artist is his own fault. J. O'H. on writers and writing. Hg. v. M. J. BRUCCOLI. Carbondale (Ill.) 1977. – J. O'H. Selected letters. Hg. v. M. J. BRUCCOLI. New York 1978. – Collected stories of J. O'H. Hg. v. F. MCSHANE. New York 1985.

Literatur: BRUCCOLI, M. J.: The O' H. concern. A biography. New York 1975. – MCSHANE, F.: The life of J. O'H. New York 1980. – LONG, R. E.: J. O'H. New York 1983.

Olsen, Tillie ['oʊlsən], * Omaha (Nebr.) 14. Jan. 1913, Schriftstellerin. – O.s Erzählungen und Essays sind von ihrer Rolle als Mutter von vier Töchtern, als Arbeiterin, engagierte Arbeiterführerin und Feministin bestimmt. Die Titelgeschichte der bed. Kurzgeschichtensammlung *Tell me a riddle* (1962; dt. *Erzähl mir ein Rätsel,* 1980) zeigt den frustrierten Rückblick einer Arbeitermutter auf die durch die Hausarbeit zerstörten Ideale ihrer Jugend. *Silences* (Essays, 1978) ist ein Dokument ihrer literar. und feminist. Auffassungen.

Weiteres Werk: Yonnondio (R., 1975; dt. 1979).

Literatur: MARTIN, A.: T. O. Boise (Id.) 1984. – ORR, E. N.: T. O. and a feminist spiritual vision. Jackson (Miss.) 1986. – PEARLMAN, M.: T. O. Boston (Mass.) 1991.

Olson, Charles ['oʊlsən], * Worcester (Mass.) 27. Dez. 1910, † Gloucester (Mass.) 10. Jan. 1970, Lyriker und Kritiker. – Studium in Harvard, Yale u. an der Wesleyan University (Conn.), Dozent für engl. Literatur u. a. an der Harvard University (1936–39) und am ↑Black Mountain College (N. C.), wo er Rektor und Mithg. der literar. Zs. *Black Mountain Review* war (1951–56), die avantgardist. Lyrik u. a. der ↑Beat generation publizierte. O. war bes. in formaler Hinsicht einflußreich für die amerikan. Nachkriegsdichtung; in dem programmat. Aufsatz *Projective Verse* (1950) lehnte er feste metr. Schemata ab und forderte eine von Atem- und Sprechrhythmus des Dichters bestimmte dynam. Prosodie sowie offene Dichtungsformen. Diese formalen Neuerungen basieren auf einer als ›objectism‹ bezeichneten Form der Erfahrung, nach der der Dichter sich als eines der Objekte der Phänomenwelt begreift. Neben den die Theorie exemplifizierenden Gedichten *In cold hell, in thicket* (1953) ist O. bes. durch den ep. Gedichtzyklus der *Maximus poems* bekannt geworden, der von E. Pounds *Cantos* und W. C. Williams' *Paterson* beeinflußt ist. Die von 1953 bis 1975 veröffentl. 3 Bde. stellen eine auf myst. und mytholog. Quellen zurückgreifende, an O.'s Heimatstadt Gloucester gezeigte Geschichte Amerikas dar, in der der Gemeinschaftsethos der Vergangenheit gegen den Kommerz der Gegenwart beschworen wird. Auch dramat. Versuche (*The fiery hunt and other plays,* hg. 1977), originelle Literaturkritik (*Call me Ishmael. A study of Melville,* 1947; dt. *Nennt mich Ismael. Eine Studie über Herman Melville,* 1979) u. Interesse für Maya-Inschriften (*Mayan letters,* hg. v. R. Creeley, 1953).

Weitere Werke: Corrado Cagli (Ged., 1947), Projective verse (Literaturkritik, 1959), Gedichte (dt. Ausw. 1965), Selected writings (hg. 1967), West (Ged., engl. u. dt. 1969), Poetry and truth. The Beloit lectures and poems (hg. 1971).

Ausgaben: C. O. Archaeologist of morning. The collected poems outside the Maximus series. London 1970. – C. O. and Ezra Pound. An encounter at St. Elizabeth's. Hg. v. C. SEELYE. New York 1975. – C. O. Muthologos. The collected lectures and interviews. Hg. v. G. F. BUTTERICK. Bolinas (Calif). 1978. 2 Bde. – C. O. and Robert Creeley. The complete correspondence. Hg. v. G. F. BUTTERICK. Santa Barbara (Calif.) 1980–87. 8 Bde. – The Maximus poems. Hg. v. G. F. BUTTERICK. Berkeley (Calif.) 1983. – The collected poems of C. O. Excluding the Maximus poems. Hg. v. G. F. BUTTERICK. Berkeley (Calif.) 1987.

Literatur: BUTTERICK, G. F.: A guide to the Maximus poems of C. O. Berkeley (Calif.) 1978. – HALLBERG, R. VON: C. O. The scholar's art. Cambridge (Mass.) 1978. – CHRISTENSEN, P.: C. O. Call him Ishmael. Austin (Tex.) 1979. – CECH, J.: C. O. and Edward Dahlberg. A portrait of a friendship. Victoria (British Columbia) 1982. – MERRILL, T. F.: The poetry of C. O. A primer. Newark (Del.) 1982. – MCPHERON, W.: C. O. The critical reception, 1941–1983. A bibliographic guide. New York 1986. – CLARK, T.: The allegory of a poet's life. New York 1991. – HALDEN-SULLIVAN, J.: The topology of being. The poetics of C. O. Ffm. u. a. 1991.

Olson, Elder [James] ['oʊlsən], * Chicago 9. März 1909, Literarhistoriker und Schriftsteller. – Seit 1954 Prof. an der University of Chicago; schreibt rationale, streng formale ›absolute‹ Lyrik, ferner Einakter, die in Parabeln Konfliktsituationen des modernen Menschen darstellen.

Werke: The scarecrow Christ (Ged., 1954), The poetry of Dylan Thomas (Studie, 1954), Plays and poems 1948–58 (1958), Tragedy and the theory of drama (Studie, 1961), Collected poems (1963), Aristotle's ›Poetics‹ and English literature (1965; Hg.), The theory of comedy (Studie, 1968), O.'s penny arcade (Ged., 1975), On value judgments in the arts and other essays (1976), Last poems (Ged., 1984).

Literatur: OPPEL, H.: E. O. als Dramatiker. In ›Die neueren Sprachen‹ N. F., Jg. 9 (1959), H. 4.

O'Neill, Eugene [Gladstone] [oʊ'ni:l], * New York 16. Okt. 1888, † Boston (Mass.) 27. Nov. 1953, Dramatiker. – Sohn eines aus Irland eingewanderten Schauspielers, der eine eigene Theatertruppe unterhielt; unruhiges Wanderleben in der Kindheit; nach dem Besuch kath. Schulen studierte er 1906/07 an der Princeton University (N. J.), ging dann verschiedenen Beschäftigungen nach (u. a. als stellvertretender Direktor der Schauspielertruppe seines Vaters, Seemann, Schauspieler, Reporter); 1912/13 durch schwere Lungenerkrankung bedingter Sanatoriumsaufenthalt, danach Studium der Dramaturgie an der Harvard University; trat 1916 in Verbindung zu den ›Provincetown Players‹, später zur ›Theatre Guild‹; diese Bühnen führten experimentelle europ. Dramen sowie O'N.s Einakter und frühe Stücke auf; lebte trotz großer Erfolge zurückgezogen, in den letzten Jahren seines Lebens schwer krank. 1936 erhielt er den Nobelpreis für Literatur. Beeindruckt von A. Strindberg und F. M. Dostojewski, schrieb O'N. seine ersten Stücke, ohne jedoch der Selbstentblößung des einen oder der Religiosität des anderen zu folgen. In seinem Bemühen, zu den menschl. Urkonflikten vorzustoßen, mit Blick auf die antiken Tragödiendichter (bes. in seinem bedeutendsten Werk, der Dramentrilogie in 13 Akten, *Mourning becomes Electra,* 1931; dt. *Trauer muß Elektra tragen,* 1947), gestaltete O'N. pessimistisch und illusionslos den in seiner Schuld hilflos unterlegenen Menschen, für den zwar eine Hoffnung aufleuchtet, die sich jedoch, wenn überhaupt, nur für kurze Zeit realisieren läßt. In O'N.s dramat. Werk mischen sich naturalist., expressionist. und symbolist. Stilformen, philosoph. und psycholog. Tiefenschau und das Wissen um die Erkenntnisse der Naturwiss., bes. der Biologie, zu einer ›trag. Biographie‹ der Zeit. O'N. schrieb auch theatergeschichtlich und dramentheoretisch bed. Aufsätze.

Weitere Werke: The moon of the Caribees (Dr., 1918; dt. Unterm karib. Mond, 1924) Beyond the horizon (Dr., 1920; dt. Jenseits vom Horizont, 1952), Emperor Jones (Dr., 1920; dt. Kaiser Jones, 1923), Anna Christie (Dr., 1920; dt. 1923), The hairy ape (Dr., 1922; dt. Der haarige Affe, 1924), All god's chillun got wings (Dr., 1924; dt. Alle Kinder Gottes haben Flügel, 1932), Desire under the elms (Dr., 1924; dt. Gier unter Ulmen, 1925), The great god Brown (Dr., 1926; dt. Der große Gott Brown, 1928), Marco millions (Dr., 1927; dt. Marco Polos Millionen, 1956), Strange interlude (Dr., 1928; dt. Seltsames Zwischenspiel, 1929), Ah, wilderness! (Kom., 1933; dt. O Wildnis, 1949), Days without end (Dr., 1934; dt. Tage ohne Ende, 1965), The iceman cometh (Dr., 1946; dt. Der Eismann kommt, 1949), A moon for the misbegotten (Dr., 1952, UA 1957; dt. Ein Mond für die Beladenen, 1954), Long day's journey into night (Dr., hg. 1956; dt. Eines langen Tages Reise in die Nacht, 1956), A touch of the poet (Dr., hg. 1957; dt. Fast ein Poet, 1959) Hughie (Dr., hg. 1958; dt. 1960), More stately mansions (Dr., hg. 1964; dt. Alle Reichtümer der Welt, 1965).

Ausgaben: E. O'N. The plays. New York 1934–35. 12 Bde. – E. O'N. Meisterdramen. Dt. Übers. Ffm. 1963–66. 2 Bde. – The plays of E. O'N. New York 1964. 3 Bde. – E. O'N. Ten ›lost‹ plays. New York 1964. – E. O'N. Children of the sea, and three other unpublished plays. Hg. v. J. M. ATKINSON. Washington (D. C.) 1972. – Poems 1912–44. Hg. v. D. GALLUP. New York 1980. – The theatre we worked for. The letters of E. O'N. to Kenneth Macgowan. Hg. v. J. BRYER. New Haven (Conn.) 1982. – E. O'N. Comments on the drama and the theater. A source book. Hg. v. U. HALFMANN. Tüb. 1987. – The complete plays. 3 Bde. Hg. v. T. BOGARD. New York 1988. – More stately mansions. The unexpurgated edition. Hg. v. M. BOWER. New York 1988. – Selected letters of E. O'N. Hg. v. T. BOGARD u. J. BRYER. New Haven (Conn.) 1988. – The unknown O'N. Unpublished or unfamiliar writings. Hg. v. T. BOGARD. New Haven (Conn.) 1988.

Literatur: O'N. and his plays. Four decades of criticism. Hg. v. O. CARGILL u. a. New York 1961. – GELB, A./GELB, B.: O'N. New York 1962. Neuaufl. 1974. – RALEIGH, J. H.: The plays of E. O'N. Carbondale (Ill.) 1965. – LINK, F. H.: E. O'N. u. die Wiedergeburt der Tragödie aus dem Unterbewußten. Ffm. u. a. 1967. – SHEAFFER, L.: O'N. Son and playwright; son and artist. Boston (Mass.) 1968 u. 1973. 2 Bde. – TÖRNQVIST, P. E.: A drama of souls. Studies in O'N.s supernaturalistic technique. Uppsala 1968 u. New Haven (Conn.) 1969. – BOGARD, T.: Contour in time. The plays of E. O'N. New York 1972. Neuaufl. 1987. – ATKINSON, J. M.: E. O'N. A descriptive bibliography. Pittsburgh (Pa.) 1974. – AHRENDS, G.: Traumwelt u. Wirklichkeit im Spätwerk E. O'N. s. Hdbg. 1978. – CHOTHIA, J.: Forging a language. A study of the plays of E. O'N. Cambridge u. a. 1979. – OSWALD, J.: The discordant, broken, faithless rhythm of our time. Eine Analyse der späten Dramen E. O'N. s. Ffm. 1980. – E. O'N. at work. Newly released ideas for plays. Hg. v. V. FLOYD. New York 1981. – BERLIN, N.: E. O'N. New York 1982. – MANHEIM, M.: E. O'N.s new language of kinship. Syracuse (N. Y.) 1982. – Critical essays on E. O'N. Hg. v. J. J. MARTINE. Boston (Mass.) 1984. – FLOYD, V.: The plays of E. O'N. A new assessment. New York 1984. – RANALD, M. L.: The E. O'N. companion. New York 1984. – SEIDEL, M.: Aberglaube bei O'N. Ffm. 1984. – SEIDEL, M.: Bibel u. Christentum im dramat. Werk E. O'N.s. Ffm. 1984. – LEWIS, W. B.: E. O'N. The German reception of America's first dramatist. New York 1984. – BARLOW, J. E.: Final acts. The creation of three late O'N. plays. Athens (Ga.) 1985. – HIRSCH, F.: E. O'N. Life, work and criticism. Fredericton (New Brunswick) 1986. – E. O'N. Hg. v. H. BLOOM. New York 1987. – BAGCHEE, S.: Perspectives on O'N. New Essays. Victoria (British Columbia) 1988. – PORTER, L.: The banished prince. Time, memory and ritual in the late plays of E. O'N. Ann Arbor (Mich.) 1988. – SMITH, M./EATON, R.: E. O'N. An annotated bibliography. New

York 1988. – Critical approaches to O'N. Hg. v. J. H. STROUPE. New York 1988. – E. O'N. and the emergence of American drama. Hg. v. M. MANFORT. Amsterdam 1989. – E. O'N. 1988. Beiträge zum 100. Geburtstag des amerikan. Dramatikers. Hg. v. U. HALFMANN. Tüb. 1990.

Open Theatre ['oʊpən 'θɪətər] ↑Theater.

Oppenheim, James ['ɑːpənhaɪm], * Saint Paul (Minn.) 24. Mai 1882, † New York 4. August 1932, Schriftsteller. – Nach abgebrochenem Studium an der Columbia University Lehrer und Sozialarbeiter im Südosten Manhattans - eine Erfahrung, die sein lebenslanges soziales und pazifist. Engagement begründete. In halb realist., halb sentimentalen Kurzgeschichten (*Pay envelopes* 1911; *Doctor Rast,* 1909) und Romanen (z. B. *The olympian,* 1912) porträtierte er die Welt der jüd. Gettos. Seine Gedichte (*Monday morning,* 1909; *Songs for the new age,* 1914; *The book of self,* 1917; *The golden bird,* 1923; *The sea,* 1924) sind formal eng an W. Whitman angelehnt und verraten in ihrer psycholog. Introspektion den Einfluß C. G. Jungs. Bedeutend wurde O. v. a. als Hg. der Literaturzeitschrift *The Seven Arts* (1916–17), die Werke von A. Lowell, S. Anderson, T. Dreiser, E. O'Neill und J. Dos Passos veröffentlichte.
Literatur: PHELPS, R./DEANE, P.: The literary life. A scrapbook almanac of the Anglo-American literary scene from 1900 to 1950. New York 1968.

Ortiz, Simon [ɔːr'tiːz], * Albuquerque (N. Mex.) 27. Mai 1941, Lyriker. – Wuchs in der Indianerreservation des Acoma Pueblo in New Mexico auf; Studium an der University of New Mexico und Schriftstellerausbildung an der University of Iowa. Gilt als einer der bedeutendsten indian. Dichter in den USA. Tritt in seinem Werk für die Rechte der Indianer ein; schreibt gelegentl. auch Kurzgeschichten.
Werke: Naked in the wind (Ged., 1970), Going for the rain (Ged., 1976), Howbah Indians (En., 1977; dt. Dunkle Wolken am Horizont, 1985), Fight back. For the sake of the people, for the sake of the land (Ged., 1980), From Sand Creek (Ged., 1981), Fightin'. New and collected stories (1983), Earth power coming. Short fiction in Native American literature (1988).
Literatur: LINCOLN, K.: Native American Renaissance. Berkeley (Calif.) 1983. – Coyote was here. Essays on contemporary native American literary and political mobilization. Hg. v. B. SCHÖLER. Aarhus 1984. – Survival this way. Interviews with American Indian poets. Hg. v. J. BRUCHAC. Tucson (Ariz.) 1987.

Osborn, Paul ['ɑːzbɔːrn], * Evansville (Ind.) 4. Sept. 1901, † New York 12. Mai 1988, Dramatiker. – Verfaßte v. a. Gesellschaftskomödien und Drehbücher, dramatisierte Romane anderer Autoren (u. a. J. Herseys *A bell for Adano,* 1944).
Weitere Werke: The vinegar tree (Dr., 1931; dt. Familienleben, 1949), On borrowed time (Dr., 1938; dt. Der Tod im Apfelbaum, 1947), Innocent voyage (Dr., 1947), Contessa (Dr., 1966).

Ostenso, Martha ['ɑːstənsoʊ], norweg. ['ɔstɛnsu], * Haukeland bei Bergen 17. Sept. 1900, † Seattle (Wash.) 25. Nov. 1963, Schriftstellerin norweg. Herkunft. – Studierte an der University of Manitoba und an der Columbia University. O. schildert in ihren realist. Romanen das Leben eingewanderter norweg. Bauern in den USA und Kanada.
Werke: Wild geese (R., 1925; dt. Der Ruf der Wildgänse, 1926), The dark dawn (R., 1926; dt. Erwachen im Dunkel, 1927), The mad Carews (R., 1927; dt. Die tollen Carews, 1928), The young May moon (R., 1929; dt. Der junge Maimond, 1929), The waters under the earth (R., 1930; dt. Die Wasser unter der Erde, 1931), The white reef (R., 1934; dt. Das weiße Riff, 1936), O river, remember (R., 1943; dt. Schicksale am Fluß, 1950), The sunset tree (R., 1949), A man had tall sons (R., 1958).

Ozick, Cynthia ['oʊzɪk], * New York 17. April 1928, Schriftstellerin. – Studium an der New York und Ohio University; versucht in ihren symbolist., an die lyr. Prosa H. James' erinnernden Erzählungen orthodox-jüd. Traditionen und Formen der hebräischen Kultur für das moderne Leben in einer dem Juden feindl., christl. Welt fruchtbar zu machen. *Trust* (R., 1966) beschreibt die Suche einer Tochter nach ihrem biolog. und geistigen Vater;

The pagan rabbi and other stories (En., 1971), die als ihr bestes Werk angesehenen Kurzerzählungen *Bloodshed and three novellas* (1976) sowie *Levitation. Five fictions* (1981) zeigen unter Verwendung phantast. Elemente die Identitätssuche jüd. Charaktere zwischen weltl. und orthodoxer Einstellung zur jüd. Religion. In *The cannibal galaxy* (R., 1983; dt. *Die Kannibalengalaxis,* 1985) wird ein auf der Schrift basierendes, abstraktes christl. Erziehungskonzept dem auf mündl. Tradition beruhenden Kulturgut der Thora gegenübergestellt; *The Messiah of Stockholm* (R., 1987; dt. *Der Messias von Stockholm,* 1990) nimmt intertextuell die Schriften des von den Nazis ermordeten jüd. Schriftstellers Bruno Schulz zur Thematisierung der Authentizität der Literatur auf. Schreibt auch literarkrit. Aufsätze (*Art and ardor: Essays,* 1983).

Weitere Werke: Puttermesser und ihr Golem (En., dt. Ausw. 1987), The shawl (En., 1989), Metaphor and memory (Prosa, 1989).

Literatur: C. O. Hg. v. H. BLOOM. New York 1986. – C. O. Sonderheft der Zs. ›Studies in American Jewish Literature‹, Jg. 6 (1987). – PINSKER, S.: The uncompromising fiction of C. O. Columbia (Mo.) 1987. – LOWIN, J.: C. O. Boston (Mass.) 1988. – KIELSKY, V. E.: Inevitable exiles. C. O's view of the precariousness of Jewish existence in a gentile society. New York 1989. – RZADTKI, B.: Jüd. Tradition in der amerikan. Diaspora. Das Erzählwerk C. O.s. Ffm. 1991.

P

Page, Stanton [peɪdʒ], Pseudonym des Schriftstellers Henry Blake ↑Fuller.

Page, Thomas Nelson [peɪdʒ], * Oakland Plantation (Hanover County, Va.) 23. April 1853, † ebd. 1. Nov. 1922, Schriftsteller. – P., der der Local-color school (↑Local color) nahestand, vermittelte v. a. in seinem Hauptwerk, der Erzählungssammlung *In ole Virginia* (1887), ein Bild der Südstaaten, bes. Virginias, vor dem Bürgerkrieg, wobei er v. a. die romant. Aspekte hervorhob; verwandte z. T. afroamerikan. Wendungen. In seinen Romanen behandelte er die Zeit des Bürgerkrieges und der darauffolgenden Rekonstruktion; schrieb auch Essays, Sozialstudien (*The old South,* 1892) und Biographien über bed. Männer des Südens wie Robert E. Lee (1911) und Thomas Jefferson (1918).

Ausgabe: T. N. P. The novels, stories, sketches, and poems. New York 1906–12. 18 Bde.

Literatur: PAGE, R.: T. N. P. A memoir of a Virginia gentleman. New York 1923. – GROSS, T. L.: T. N. P. New York 1967.

Paine, Thomas [peɪn] * Thetfork (Norfolk, England) 29. Jan. 1737, † New Rochelle (N. Y.) 8. Juni. 1809, Politiker und Publizist. – Obwohl im Vorfeld der amerikan. und später der frz. Revolution einer der einflußreichsten Propagandisten, war P. politisch und philosophisch größtenteils Autodidakt. Nach mehrfacher Entlassung aus dem öffentl. Dienst ging er 1774 auf Empfehlung B. Franklins nach Amerika, wo er als erfolgreicher Journalist in volksnaher Sprache die amerikan. Unabhängigkeit propagierte. Seine weitverbreitete Schrift *Common sense* (1776; dt. *Gesunder Menschenverstand. An die Einwohner von Amerika gerichtet,* 1794) übte in ihrer Analyse des Verhältnisses der Kolonien zum engl. Mutterland, in ihrer Popularisierung neuer polit. Strukturen und ihrem aggressiven Ton einen wesentl. Einfluß auf die Öffentlichkeit aus. Sein in Europa im Zuge der frz. Revolution entstandenes *The rights of man* (1791/92; dt. *Die Rechte des Menschen,* 1791) empfahl die Abschaffung der Monarchie in England und brachte ihm ein Strafverfahren ein, das ihm auf Dauer die Rückkehr nach England verwehrte. Als Abgeordneter der frz. Nationalversammlung wurde er ab 1793 wegen anti-jakobin. Politik für ein knappes Jahr inhaftiert. *The age of reason* (1794–1795; dt. *Das Zeitalter der Vernunft,* 1794–1796), eine teilweise in der Haft geschriebene Abh., enthält eine aufklärer. Kritik des Christentums. Gegen Ende seines Lebens führte der stets streitbare P. Auseinandersetzungen mit Washington und anderen Gründervätern.

Weitere Werke: The American crisis (Abh., 15 Bde, 1776–1783), Public good (Abh., 1780), Letter addressed to the Abbé Raynal on the affairs of North America (Abh., 1782; dt. Brief an Abbé Raynal, 1786), Dissertations on government. The affairs of the bank. And paper-money (Abh., 1786), Letter to George Washington, President of the United States of America, on affairs public and private (Abh., 1796), Compact maritime. (Abh., 1801).

Ausgaben: The writings of T. P. Hg. v. M. D. CONWAY. New York 1894–1896. 4 Bde. – The complete writings of T. P. Hg. v. P. S. FONER. New York 1945. 2 Bde. – The T. P. reader. Hg. v. M. FOOT u. I. KRAMNICK. Harmondsworth 1987.

Literatur: ALDRIDGE, A. O.: Man of reason. The life of T. P. New York 1959. – BAILYN, B.: The ideological origins of the American revolution. Cambridge (Mass.) 1969. – WILLIAMSON, A.: T. P. His life, work and times. London 1973. – HAWK, D. F.: P. New York 1974. – FONER, E.: T. P. and revolutionary America. London 1976. –

MAY, H. F.: The enlightenment in America. New York 1976. – SILVERMAN, K.: A cultural history of the American revolution. New York 1976. – WILSON, J. E./RICKETSON, W.: T. P. Boston (Mass.) 1978. – POWELL, D.: T. P. The greatest exile. London 1985. – AYER, A. J.: T. P. New York 1988.

Paley, Grace ['peɪli], * New York 11. Dez. 1922, Schriftstellerin. – Studium am Hunter College und der New York University, u. a. bei W. H. Auden; anarchist. Pazifistin und Feministin, aktiv in der Anti-Vietnam-Bewegung; lebt im Greenwich Village in New York und lehrt am Sarah Lawrence College. Schreibt aus feminist. Perspektive iron. Kurzgeschichten über die Themen des Alltagslebens, wie Liebe, Tod, Verlust, Scheidung, Versagen. Die u. a. in *The* ↑ *New Yorker* u. *The* ↑ *Atlantic Monthly* abgedruckten Texte sind in *The little disturbances of man. Stories of men and women at love* (1956), *Enormous changes at the last minute* (1960), *Later the same day* (1985) gesammelt.

Literatur: ISAACS, N. D.: G. P. A study of the short fiction. Boston (Mass.) 1990. – TAYLOR, J.: G. P. Illuminating the dark lives. Austin (Tex.) 1990.

Paris Review, The [ðə 'pærɪs rɪ'vju:], 1953 u. a. von W. Styron gegründete Literaturzeitschrift, die zugleich in Paris und New York herausgegeben wird und amerikan. Gegenwartsliteratur und Literaturkritik veröffentlicht. Zu den Beiträgern gehören u. a. M. Cowley, J. Kerouac, P. Roth, W. D. Snodgrass, J. C. Oates. W. Styron hat eine Sammlung der *Best short stories* herausgegeben (1959).

Parker, Dorothy ['pɑ:rkər], geb. Rothschild, * West End (N. J.) 22. Aug. 1893, † New York 7. Juni 1967, Schriftstellerin und Journalistin. – Nach privater Erziehung im Kloster Leben in New York im freiheitl. Stil der Jugendkultur der 20er Jahre; wegen des späteren polit. Engagements für die kommunist. Partei Schwierigkeiten in der McCarthy-Ära; schrieb Theater- und Literaturkritiken u. a. für *Vogue* (1916–17), *Vanity Fair* (1917–20) und den ↑ *New Yorker* (1925–27), Berichte aus dem Span. Bürgerkrieg, Drehbücher für Hollywood (1933–63), z. T. mit dem Schauspieler Alan Campbell (* 1904, † 1963), ihrem zweiten Mann, u. G. S. Kaufman. Als Schriftstellerin trat sie bes. durch ihre satir. Gedichte (*Enough rope,* 1926; *Sunset gun,* 1928; *Death and taxes,* 1931) sowie durch ihre sarkastisch-lyn. Kurzgeschichten (*Laments for the living,* 1930; *After such pleasures,* 1933), in denen sie das Leben der Frauen der Oberschicht im Manhattan der 20er u. 30er Jahre beschreibt, hervor. Verfaßte auch Dramen in Zusammenarbeit mit E. Rice (*Close harmony,* 1929; dt. *Close harmony oder die liebe Familie,* 1989), mit Arnaud d'Usseau (*Ladies of the corridor,* 1953; dt. *Ladies im Hotel,* 1989) sowie den Text für das Musical *Candide* (Buch L. Hellman, Musik Leonard Bernstein [* 1918, † 1990], UA 1956).

Weitere Werke: Die Geschlechter. New Yorker Geschichten (dt. Ausw. 1985). Eine starke Blondine. New Yorker Geschichten (dt. Ausw. 1985).

Ausgaben: D. P. Kurzgeschichten. Dt. Übers. v. E. ROEDER. Zü. 1947. – The collected D. P. Neuaufl. mit einer Einf. v. B. GILL. London 1973.

Literatur: HELLMAN, L.: An unfinished woman. Boston (Mass.) 1969. – KEATS, J.: You might as well live. The life and times of D. P. New York 1970. – KINNEY, A. F.: D. P. Boston (Mass.) 1978. – FREWIN, L.: The late Mrs. D. P. New York 1987. – MEADE, M.: D. P. What fresh hell is this? New York 1988.

Parkman, Francis ['pɑ:rkmən], * Boston (Mass.) 16. September 1823, † ebd. 8. November 1893, Historiker. – Bereits während seines Studiums in Harvard Autor von Reisetagebüchern mit humorvollen Skizzen und romant. Naturschilderungen von literar. Qualität (*The Oregon trail,* 1849; dt. *Der Oregon-Treck,* 1958). Bed. ist seine 9bändige patriotisch-heroisierende Geschichte des frz.-brit. Kampfes um die Vorherrschaft in Nordamerika (*France and England in North America. A series of historical narratives,* 1865–1892; dt. *Frankreich und England in Nord-Amerika,* 3 Bde., 1875–1878), in der er dokumentar. Fakten vor dem Hintergrund der unzivilisierten amerikan. Wildnis narrativ aufbereitet. Befürworter einer eigenständigen amerikan. Literatur und Verfasser eines autobiograph. Romans (*Vassall Morton,* 1856).

Weitere Werke: The history of the conspiracy of Pontiac and the Indian War after the conquest of Canada (Abh., 1851; dt. Die Verschwörung des Pontiac, 1960). The book of roses (Sachb., 1866).
Ausgaben: The journals of F. P. 2 Bde. Hg. v. M. WADE. New York 1947. – France and England in North America. 2 Bde. Hg. v. D. LEVIN. New York 1983.
Literatur: PEASE, O.: P.'s history. The historian as literary artist. New Haven (Conn.) 1953. – LEVIN, D.: History as romantic art. Bancroft, Motley, Prescott, and P. Stanford (Calif.) 1959. – DOUGHTY, H.: F. P. New York 1962. – GALE, R. L.: F. P. New York 1973. – VITZTHUM, R. C.: The American compromise. Theme and method in the histories of Bancroft, P., and Adams. Norman (Okla.) 1974. – JACOBS, J. T.: The Western journey. Exploration, education, and autobiography in Irving, P., and Thoreau. New York 1988.

Parrington, Vernon L[ouis] ['pærɪŋtən], * Aurora (Ill.) 3. Aug. 1871, † Seattle (Wash.) 16. Juni 1929, Kritiker. – Prof. für amerikan. Lit. an der University of Washington (1908–1929). P.s Hauptwerk ist die dreibändige Studie der Entwicklung amerikan. Ideen in der Literatur, *Main currents in American thought* (1927–30); für die ersten beiden Bde. erhielt er den Pulitzerpreis (1928). Der 3. Band war bei seinem Tod unvollendet. Dieses Werk war bestimmend für die Auseinandersetzung mit dem amerikan. Liberalismus und dem literar. Realismus.
Literatur: HOFSTADTER, R.: The progressive historians. Turner, Beard, P. New York 1968. – MORRIS, W.: Toward a new historicism. Princeton (N. J.) 1972.

Partisan Review, The [ðə 'pɑːrtɪzən rɪ'vjuː], 1934 gegründete, von Philip Rahv (* 1908, † 1973) und William Phillips ([* 1907] seit 1970 in alleiniger Verantwortung) herausgegebene amerikan. Literaturzs., die zunächst einen radikal marxist. Standpunkt vertrat, jedoch die avantgardist. Literatur der Moderne förderte. Zu den Mitarbeitern und Beiträgern dieser bed. Vierteljahreszs. gehören: M. McCarthy, D. Schwartz, W. H. Auden, W. Stevens, W. C. Williams, T. S. Eliot, A. Tate, V. Nabokov, R. P. Warren, L. Trilling, E. Wilson, Steven Marcus (* 1928), S. Bellow, N. Mailer, S. Sontag, G. Sorrentino.

Patchen, Kenneth ['pætʃən], * Niles (Ohio) 13. Dez. 1911, † Palo Alto (Calif.) 8. Jan. 1972, Schriftsteller. – Seine zahlreichen Gedichte erinnern zum einen durch religiöse Symbolik und bizarre Stilfiguren an die Metaphysical poets, zum anderen durch ihre freien Assoziationen an die amerikan. Lyriktradition W. Whitmans, W. C. Williams' und der Lyriker des ↑ Black Mountain College; auch Romane und Dramen.
Werke: Before the brave (Ged., 1936), First will and testament (Ged., 1939), The journal of Albion Moonlight (R., 1941), The memoirs of a shy pornographer (R., 1945; dt. Erinnerungen eines schüchternen Pornographen, 1964), See you in the morning (R., 1948), The famous boating party (Prosa-Ged., 1954), Hallelujah anyway (Ged., 1966), But even so (Ged., 1968), Wonderings (Ged., 1971), Nokturne für die Bewahrer des Lichts. Gedichte 1936–46 (dt. Ausw. 1987).
Ausgaben: The collected poems of K. P. New York 1968. – K. P. Lost plays. Hg. v. R. MORGAN. Santa Barbara (Calif.) 1977. – K. P. A collection of essays. Hg. v. R. MORGAN. New York 1980.
Literatur: MILLER, H.: P. Man of anger and light. New York 1947. – K. P. A collection of essays. Hg. v. R. MORGAN. New York 1977. – SMITH, L. R.: K. P. Boston (Mass.) 1978. – NELSON, R.: K. P. and American mysticism. Chapel Hill (N. C.) 1984.

Patrick, John ['pætrɪk], eigtl. J. Patrick Goggan, * Louisville (Ky.) 17. Mai 1905, Dramatiker. – Hatte großen Erfolg mit dem preisgekrönten Drama *The teahouse of the August moon* (1953; dt. *Das kleine Teehaus,* 1954; Pulitzerpreis 1954), einer Bühnenbearbeitung des gleichnamigen Romans von Vern Sneider ([* 1916], 1951; dt. *Die Geishas des Captain Fisby,* 1955).

Pattee, Fred Lewis [pæ'tiː], * Bristol (N. H.) 22. März 1863, † Winter Park (Fla.) 6. Mai 1950, Literaturkritiker. – Nach Studien an den Universitäten Dartmouth (N. H.), Göttingen und Marburg Prof. am Pennsylvania State College (1894–1928) und erster Inhaber eines

Lehrstuhls für amerikan. Literatur, deren eigenständigen Charakter gegenüber der engl. Literatur er in seinen Studien betonte. Literaturgeschichtlich bed. sind *A history of American literature since 1870* (1915), *The development of the American short story* (1923), *The new American literature, 1890–1930* (1930), *The first century of American literature, 1770–1870* (1935), *The feminine fifties* (1940). Seine Autobiogr. *Penn State yankee* (hg. 1953) dokumentiert die Entwicklung der Amerikanistik in den USA, während seine Romane und Gedichte heute vergessen sind.

Literatur: MARTINE, J. J.: F. L. P. & American literature. London 1973.

Paul, Elliot [Harold] [pɔ:l], * Malden (Mass.) 11. Febr. 1891, † Providence (R. I.) 7. April 1958, Schriftsteller. – Lebte nach Kriegsteilnahme als ›expatriate‹ in Europa; 1927 mit Eugène Jolas (* 1894, † 1952) Begründer und Hg. der avantgardist. Zs. *transition;* lebte ab 1931 auf Ibiza und kehrte erst während des Span. Bürgerkrieges in die USA zurück. P. hinterließ ein vielseitiges Werk, darunter Filmdrehbücher, Kriminalparodien und Romane sowie nur z. T. autobiograph. Memoiren, von denen der Band *The life and death of a Spanish town* (1937) am bekanntesten wurde.

Weitere Werke: Indelible (R., 1922), The narrow street (Autobiogr., R., 1942; dt. Die kleine Gasse, 1944), Springtime in Paris (Autobiogr., 1950).

Paulding, James Kirke ['pɔ:ldɪŋ], * Putnam County (N. Y.) 22. Aug. 1778, † Hyde Park (N. Y.) 6. April 1860, Schriftsteller. – Erfolgreicher Politiker, 1838–41 Marineminister. Begann seine literar. Laufbahn mit der satir. Essay- und Gedichtserie *Salmagundi* (1807/08; dt. 1827), an deren Abfassung sein Freund und Schwager William Irving (* 1766, † 1821) und dessen Bruder Washington beteiligt waren. 1819/20 ließ P. allein eine Fortsetzung folgen; sein aus realist. und romant. Romanen, satir. Erzählungen, geschichtl. Abhh. und Biographien bestehendes Werk ist von antibrit. Gefühlen und vom amerikan. Nationalbewußtsein geprägt.

Weitere Werke: The backwoodsman (Ged., 1818), Koningsmarke. The long Finne. A story of the new world (R., 2 Bde., 1823; dt. Königsmarch, der lange Finne. Ein Roman aus der neuen Welt, 1824, 1840 u. d. T. Koningsmarke, oder: Alte Zeiten in der neuen Welt), John Bull in America (E., 1825), The lion of the West (Dr., UA 1830, gedr. 1954), The Dutchman's fireside (R., 1831; dt. Des Holländers Herd, 1838), Westward ho! (R., 1832; dt. Wohlauf, nach Westen!, 1837, 1984 u. d. T. Auf nach Westen!).

Ausgabe: J. K. P. Works (unter Mitarbeit von W. Irving). New York 1834–37. Neuaufl. Ann Arbor (Mich.) 1978.

Literatur: PAULDING, W. J.: Literary life of J. K. P. New York 1867. – HEROLD, A. L.: J. K. P. Versatile American. New York 1926. Nachdr. 1966. – REYNOLDS, L. J.: J. K. P. Boston (Mass.) 1984.

Payne, John Howard [peɪn], * New York 9. Juni 1791, † Tunis 9. April 1852, Dramatiker. – War u. a. 1805/06 Hg. einer der ersten amerikan. Theaterzss., des *Thespian Mirror;* wurde als einer der ersten amerikan. Literaten in Europa bekannt; er schrieb (oft zus. mit W. Irving) leichte Komödien, melodramat. Werke und Blankverstragödien (insgesamt mehr als 50 Stücke), darunter sein Hauptwerk *Brutus; or, The fall of Tarquin* (1818). *Clari; or, The maid of Milan* (Dr., 1823) enthält die bekannte Liedeinlage *Home, sweet home.*

Ausgaben: J. H. P. Hg. v. C. HISLOP u. W. R. RICHARDSON. In: America's lost plays. Bd. 5 u. 6. Princeton (N. J.) 1940. – J. H. P. Trial without jury and other plays. Hg. v. C. HISLOP u. W. R. RICHARDSON. Bloomington (Ind.) ²1964.

Literatur: CHILES, R. P.: J. H. P. Wash. (D. C.) 1930. – OVERMYER, G.: America's first Hamlet. New York 1957.

Peabody, Elizabeth Palmer ['pi:bɑ:di], * Billerica (Mass.) 16. Mai 1804, † Jamaica Plain (Mass.) 3. Jan. 1894, Schriftstellerin. – Schwägerin von N. Hawthorne u. Horace Mann (* 1796, † 1859); interessierte sich bes. für literar. Diskussionen, Sozialreform u. Pädagogik; in ihrem Haus und Buchladen mit eigener Presse in Boston trafen sich die Mitglieder des Transcendental Club und von M. Fullers Konversationskreis (1839–44). P. richtete den ersten Kindergarten in den USA ein, veröffentlichte ihre Erfahrungen an B. Alcotts Temple School in *Record of a school* (1935), gab den *Kindergarten messenger* heraus (1873–77) und setzte sich für die Ausbildung der Indianer ein. *A last evening with Allston* (1886) enthält ihre frühen Aufsätze aus der Zs. *The Dial* sowie ihre Memoiren. In H. James' Roman *The Bostonians* wird ihre Bedeutung für die literar. Szene Bostons in der Figur der Miss Birdseye dargestellt.

Ausgabe: Letters of E. P. P. American Renaissance woman. Hg. v. B. A. RONDA. Middletown (Conn.) 1984.

Literatur: THARP, L. H.: The P. sisters of Salem. Boston (Mass.) 1950. – BROOKS, G.: Three wise virgins. New York 1957. – BAYLOR, R. M.: E. P. P. Kindergarten pioneer. Philadelphia (Pa.) 1965.

Peabody, Josephine Preston ['pi:bɑ:di], verh. Marks, * New York 30. Mai 1874, † Cambridge (Mass.) 4. Dez. 1922, Schriftstellerin. – Schrieb unter dem Einfluß von W. V. Moody lyr. Versdramen, in denen sie histor. und Legendenstoffe verarbeitete; ihrem Drama *The piper* (1910; dt. *Der Pfeifer,* 1912) um den Konflikt zwischen christl. Liebe und der Macht des Teufels liegt der Stoff vom ›Rattenfänger von Hameln‹ zugrunde.

Ausgaben: The collected plays of J. P. P. Boston (Mass.) u. a. 1927. – The collected poems of J. P. P. Boston (Mass.) u. a. 1927.

Percival, James Gates ['pɜ:rsɪvəl], * Kensington (Conn.) 15. Sept. 1795, † Hazel Green (Wis.) 2. Mai 1856, Dichter. – Vielseitig begabt, war P. als Arzt, Chemiedozent, Geologe und Journalist tätig. Wegen seiner häufigen paranoiden Anfälle stand er zeitweilig freiwillig unter ärztl. Aufsicht. P. gilt mit seinen intellektbetonten romant. Gedichten als bedeutendster amerikan. Lyriker vor W. C. Bryant.

Werke: Poems (1821, enthält das mit Lord Byrons ›Childe Harold‹ verglichene Lang-Ged. ›Prometheus‹ in der Spenserstanze), Clio (Ged., 3 Bde., 1822–27), The dream of a day (Ged., 1843).

Percy, Walker ['pɜ:rsi], * Birmingham (Ala.) 28. Mai 1916, † Covington (La.) 10. Mai 1990, Schriftsteller. – Medizinstudium an der Columbia University; gab 1943 wegen Tuberkulosekrankheit den Arztberuf auf, konvertierte zum Katholizismus und wurde Schriftsteller in Louisiana. Gehört wie A. Tate, R. P. Warren u. W. Faulkner zu den die traditionellen Werte der Gesellschaft gegen technolog. Neuerungen und den oft damit verbundenen Verfall der Moral verteidigenden Südstaatenautoren. Mit beißender Ironie und mit Komik schildert er in seinen Romanen die aus der Verwechslung von Liebe und Sexualität sowie dem Mangel an emotionaler Verantwortung entstehenden Konflikte seiner Charaktere (*The moviegoer,* 1961, dt. *Der Kinogeher,* 1980; *The last gentleman,* 1966, dt. *Der Idiot des Südens,* 1985; Fortsetzung *The second coming,* 1980, dt. *Die Wiederkehr,* 1989), die Abkehr von der modernist., durch Gentechnologie und soziobiolog. Manipulation verderbten, todbringenden Kultur und schließl. die Rückkehr zum einfachen, von der kath. Religion bestimmten Leben (*Love in the ruins,* 1971; dt. *Liebe in den Ruinen,* 1974; Fortsetzung *The Thanatos syndrome,* 1987; dt. *Das Thanatos-Syndrom,* 1989) sowie innere Einkehr nach Mord an der Frau und deren Liebhaber (*Lancelot,* 1977; dt. 1978). P. schrieb auch zeit-, sprach- und literaturkrit. Essays (*The message in the bottle,* 1975).

Weitere Werke: Lost in the cosmos. The last self-help book (1983; dt. Loch im Kosmos. Das letzte Hilfdirselbstbuch, 1991), Novel-writing in an apocalyptic time (1986), The state of the novel. Dying art or new science (1988).

Ausgabe: Signposts in a strange land. W. P. Hg. v. P. SAMWAY. New York 1991.

Literatur: COLES, R.: W. P. An American search. Boston (Mass.) 1978. – The art of W. P. Stratagems for being. Hg. v. P. R. BROUGHTON. Baton Rouge (La.) 1979. – W. P. Art and ethics. Hg. v. J. L. THARPE. Jackson (Miss.) 1980. – W. P. Sonderheft ›Delta‹, Jg. 13 (1981). – KRAMER, V. A.: Andrew Lytle, W. P., Peter Taylor. A reference guide. Boston (Mass.) 1983. – THARPE, J. L.: W. P. Boston (Mass.) 1983. – Conversations with W. P. Hg. v. L. A. LAWSON u. V. A. KRAMER. Jackson (Miss.) 1985. – POTEAT, P. L.: W. P. and the old modern age. Reflections on language, argument, and the telling of stories. Baton Rouge (La.) 1985. – ALLEN, R. W.: W. P. A Southern wayfarer. Jackson (Miss.) u. a. 1986. – SPIVEY, T. R.: The writer as shaman. The pilgrimages of Conrad Aiken and W. P. Macon (Ga.) 1986. – TAYLOR, J.: In search of self. Life and death and W. P. Cambridge (Mass.) 1986. – HARDY, J. E.: The fiction of W. P. Urbana (Ill.) 1987. – SWEENEY, M. K.: W. P. and the post-modern world. Chicago (Ill.) 1987. – HOBSON, L. W.: W. P. A comprehensive descriptive bibliography. New Orleans (La.) 1988. – Critical essays on W. P. Hg. v. J. D. CROWLEY u. S. M. CROWLEY. Boston (Mass.) 1989. – HOBSON, L. W. Understanding W. P. Columbia (S. C.) [2]1990. – W. P. Novelist and philosopher. Hg. v. J. N. GRETLUND u. a. Jackson (Miss.) 1991.

Perelman, S[idney] J[oseph] ['pɜːrlmən], * New York 1. Febr. 1904, † ebd. 17. Okt. 1979, Schriftsteller. – Studium an der Brown University; humorist. Essays und Karikaturen für die Zs. *Judge* (1925–29), die die Basis seiner ersten Buchpublikation (*Dawn Ginsbergh's revenge,* 1929) bildeten und ihn bekannt machten, und für *The* ↑ *New Yorker* (seit 1931); in seinen kurzen satir. Beiträgen mokierte sich P. über die surreale Welt der Werbung, über Klischees und Fiktionen in der amerikan. Gesellschaft und Sprache. *The most of S. J. Perelman* (1958) ist eine der mehr als 20 Essaysammlungen. Schrieb auch erfolgreiche Drehbücher u. humorist. Dramen, u. a. mit seiner Frau Laura (* 1911, † 1970), der Schwester von N. West, u. O. Nash (*One touch of Venus,* UA 1943, Musik v. K. Weill) sowie Reisebücher (*Westward Ha! Or, Around the world in eighty clichés,* 1948; *Eastward Ha!,* 1977). *The last laugh* (hg. 1981) ist eine unvollendete Autobiographie.

Weitere Werke: Look who's talking! (Essays, 1940), Baby, it's cold inside (Essays, 1970).

Ausgabe: Don't tread on me. The selected letters of S. J. P. Hg. v. C. PRUDENCE. New York 1987.

Literatur: FOWLER, D.: S. J. P. Boston (Mass.) 1983.

Performance Group [pər'fɔːrməns gruːp] ↑ Theater.

Petry, Ann [Lane] ['petri], * Old Saybrook (Conn.) 12. Okt. 1908, Schriftstellerin. – Auf das Studium an der University of Conn. folgte 1938 der Umzug vom kleinstädt. Neuengland nach Harlem, der ihr gesamtes Werk entscheidend prägte. Vorübergehend Mitglied des ›American Negro Theater‹, schrieb P. zunächst für die *Amsterdam News* (1938–1941) und die *People's Voice* (1941–1944), bevor sie mit dem in der naturalist. Tradition der Protestliteratur R. Wrights stehenden Roman *The street* (1946; dt. *Die Straße,* 1948), in dem sie die Auswirkungen des Rassismus auf das Leben afroamerikan. Frauen schildert, ihren literar. Ruhm begründete. Die folgenden Romane, *Country place* (R., 1947) und *The narrows* (R., 1953 dt. *Link und Camilo,* 1955), wenden sich der afroamerikan. Randexistenz in einer von Weißen dominierten Kleinstadt Neuenglands zu. Schrieb auch Kinderbücher (*The drugstore cat,* 1949; *Harriet Tubman, conductor on the underground railroad,* 1955, 1960 u. d. T. *The girl called Moses; Tituba of Salem Village,* 1964; *Legends of the saints,* 1970), Essays und teilweise autobiograph. Kurzgeschichten (*Miss Muriel, and other stories,* 1971).

Literatur: HUGHES, C. M.: The Negro novelist 1940–1950. New York 1953. – BONE, R. The Negro novel in America. New Haven (Conn.) Neuaufl. 1965. – O'BRIEN, J.: Interviews with black writers. New York 1973. – JACKSON, C. O.: Twentieth century children's writers. New York 1978. – American women writers. Hg. v. L. MAINIERO. New York 1980. – RAMM, H.-C.: Modell für eine literar. Amerikakunde. Zugänge zum schwarzamerikan. Roman am Bsp. v. A. P.s ›The street‹, J. Baldwins ›Go tell it on the mountain‹ u. R. Ellisons ›Invisible man‹. Ffm. 1989.

Phillips, David Graham ['fɪlɪps], * Madison (Ind.) 31. Okt. 1867, † New York 24. Jan. 1911 (ermordet), Journalist und Schriftsteller. – Schrieb realist., sozialkrit. Romane im Geist der für Reformen kämpfenden ↑ Muckraker, in denen er schonungslos polit. Skandale und Korruptionsfälle bloßlegte (*The great god success,* 1901, u. d. Pseudoym John Graham; *The deluge,* 1905; *The plum tree,* 1905) und sich - oft bitter und kritisch - u. a. mit der Stellung der amerikan. Frau auseinandersetzte (*Susan Lenox. Her fall and rise,* 2 Bde., entst. 1908, hg. 1917). Die 1906 veröffentlichte Artikelserie *The treason of the Senate* (hg., 1953), in der P. korrupte Politiker angreift, erregte großes Aufsehen.

Ausgabe: Collected works. 1908–17. 27 Bde. Neudr. Irvine (Calif.) 1988.

Literatur: MARCOSSON, I.: D. G. P. His life and times. New York 1932. – RAVITZ, A. C.: D. G. P. New York 1966. – FILLER, L.: Voice of the democracy. A critical biography of D. G. P. Journalist, novelist, progressive. University Park (Pa.) 1978.

Piercy, Marge ['pɪrsi], * Detroit 31. März 1936, Schriftstellerin. – Studium an der University of Michigan und der Northwestern University; aktiv in der Bürgerrechts- und Studentenbewegung der 60er Jahre, dann in der Frauenbewegung; ihre zahlreichen Romane und Gedichtsammlungen thematisieren das Bewußtsein der Frau in einer von Männern dominierten Gesellschaft. In dem utop. Roman *Woman on the edge of time* (1976; dt. *Die Frau am Abgrund der Zeit*) entwirft P. eine hierarchiefreie alternative, allerdings nicht dauerhaft zu realisierende Welt.

Weitere Werke: Breaking camp (Ged., 1968), Going down fast (R., 1969), Hard loving (Ged., 1969), Dance the eagle to sleep (R., 1970), 4-telling (Ged., 1971), Small changes (R., 1973), To be of use (Ged., 1973), Vida (R., 1979), The moon is always female (Ged., 1980), Braided lives (R., 1982), Circles on the water (Ged., 1982), Stone, paper, knife (Ged., 1983), Fly away home (R., 1984), My mother's body (Ged., 1985), Gone to soldiers (R., 1987), Available light (Ged., 1988), Early ripening (Ged. 1988), Summer people (R., 1989).

Literatur: Women's culture. The women's Renaissance of the seventies. Hg. v. G. KIMBALL. Metuchen (N. J.) 1981. – THIELMAN, P.: M. P.'s women. Visions captured and subdued. Ffm. 1986. – Ways of knowing. Critical essays on M. P. Hg. v. S. WALKER u. E. HAMMER. Mobile (Ala.) 1986. – KEULEN, M.: Radical imagination. Feminist conceptions of the future in Ursula Le Guin, M. P. and Sally Miller Gearhart. Ffm. 1991.

Pinsky, Robert Neal ['pɪnski], * Long Branch (N. J.) 20. Okt. 1940, Lyriker. – Studierte u. a. an der Stanford University bei Y. Winters; seit 1980 Englisch-Prof. in Berkeley (Calif.). Behandelt in seinen geistreichen und ernsthaften Gedichten im Stil Y. Winters' zugleich gesellschaftl. und private Bereiche.

Werke: Landor's poetry (Literaturkritik, 1968), Sadness and happiness (Ged., 1975), The situation of poetry (Literaturkritik, 1977), An explanation of America (Ged., 1979), History of my heart (Ged., 1984), Poetry and the world (Literaturkritik, 1988).

Plath, Sylvia [plæθ], * Boston (Mass.) 27. Okt. 1932, † London 11. Febr. 1963 (Freitod), Schriftstellerin. – Literaturstudium (1950–53, 1954/55), später Lehrtätigkeit (1957–58) am Smith College (Mass.), Fulbright-Stipendium in Cambridge (1955–57); ab 1956 ∞ mit Ted Hughes (* 1930); Gasthörerin bei R. Lowell in Harvard (1958); 1959 Umzug nach London. Schrieb Bekenntnislyrik in bilderreicher Sprache und kühner Formgebung, die neben der Privatsphäre der schwierigen Vater- und Mutterbeziehung, polit. Themen wie autoritäre Unterdrückung und allgemeinmenschl. Themen wie Liebe und Tod mit der Hoffnung auf Auferstehung behandeln. Diese Gedichte (*The colossus,* 1960; *Ariel,* hg. 1965, dt. und engl. 1974; *Uncollected poems,* hg. 1965; *Crossing the water,* hg. 1971; *Winter trees,* hg. 1971) und der autobiograph. Roman *The bell jar* (1963; dt. *Die Glasglocke,* 1968), in dem sie die Auswirkungen eines Nervenzusammenbruchs während ihres Studiums, den Beginn ihrer schriftsteller. Karriere und erste Selbstmordversuche darstellt, spiegeln die manisch-depressive Verfassung der Dichterin. Schrieb auch Hörspiele.

Ausgaben: S. P. Letters home. Correpondance 1950–63. Hg. v. A. S. PLATH. London 1975. Dt. Übers. Briefe nach Hause 1950–1963. Mchn. u. a. 1979 – Johnny Panic and the Bible of dreams and other prose writings. Hg. v. T. HUGHES. London 1977. Amerikan. Neuaufl. New York 1979. Neudr. 1986. Dt. Die Bibel der Träume. En., Prosa aus den Tagebüchern. Übers. v. J. BACHSTEIN u. S. TECHEL. Ffm. 1987. – S. P. The collected poems. Hg. v. T. HUGHES. London u. a. 1981. Pulitzerpreis. – S. P. Journals. Hg. v. T. HUGHES u. F. MCCULLOUGH. New York 1982. – Zungen aus Stein. En. Übers. v. J. BACHSTEIN u. S. LEVIN. Ffm. 1989. – Drei Frauen. Three women. Dt. u. engl. Ffm. 1991. – Sonntag bei den Mintons. En. 1949–1956. Übers. v. J. BACHSTEIN u. S. LEVIN. Ffm. 1992.

Literatur: The art of S. P. A symposium. Hg. v. C. H. NEWMAN. London 1970. – AIRD, E. M.: S. P. Edinburgh 1973. – STEINER, N. H.: A closer look at Ariel. A memory of S. P. New York 1973. – NORTHOUSE, C./WALSH, T. P.: S. P. and Anne Sexton. A reference guide. Boston (Mass.)

1974. – Butscher, E.: S. P. Method and madness. New York 1976. – Holbrook, D.: S. P. Poetry and existence. London 1976. – Kroll, J.: Chapters in a mythology. The poetry of S. P. New York 1976. – S. P. The woman and her work. Hg. v. E. Butscher. New York 1977. – Barnard, C. K.: S. P. Boston (Mass.) 1978. – Land, G./Stevens, M.: S. P. Metuchen (N. J.) 1978. – S. P. New views on the poetry. Hg. v. G. Lane. London 1979. – Rosenblatt, J.: S. P. The poetry of initiation. Chapel Hill (N. C.) 1979. – Broe, M. L.: Protean poetic. The poetry of S. P. Columbia (Miss.) 1980. – Uroff, M. D.: S. P. and T. Hughes. Urbana (Ill.) ²1980. – Bundtzen, L. K.: P.'s incarnations. Woman and the creative process. Ann Arbor (Mich.) 1983. – Critical essays on S. P. Hg. v. L. W. Wagner. Boston (Mass.) 1984. – Ariel ascending. Writings about S. P. Hg. v. P. Alexander. New York 1985. – Markey, J.: A new tradition? The poetry of S. P., Anne Sexton and Adrienne Rich. A study of feminism and poetry. New York 1985. – Matovich, R. M.: A concordance to the collected poems of S. P. New York 1986. – Bassnett, S.: S. P. London 1987. – Wagner-Martin, L.: S. P. A biography. New York 1987. Dt. Übers. Ffm. 1990. – Annas, P. J.: A disturbance in mirrors. The poetry of S. P. Westport (Conn.) 1988. – Hetmann, F.: So leicht verletzbar unser Herz. Weinheim u. a. 1988. – S. P. The critical heritage. Hg. v. L. W. Wagner. London 1988. – Stevenson, A.: Bitter fame. A life of S. P. New York 1989. Dt. Übers. S. P. Eine Biogr. Ffm. 1989. – Axelrod, S. G.: S. P. The wound and the cure of words. Baltimore (Md.) 1990. – Meyering, S. L.: S. P. A reference guide 1973–88. Boston (Mass.) 1990. – Alexander, P.: This rough magic. A biography of S. P. New York 1991. – Hayman, R.: The death and life of S. P. New York 1991. – Rose, J.: The haunting of S. P. Cambridge (Mass.) 1992.

Poe, Egar Allan [poʊ], * Boston (Mass.) 19. Jan. 1809, † Baltimore (Md.) 7. Okt. 1849, Schriftsteller. – Sohn eines Schauspielerehepaares; wuchs nach dem Tod seiner Eltern (1810/11) im Haus des Kaufmanns John Allan in Richmond (Va.) auf; lebte 1815–20 in Großbritannien, studierte 1826 an der University of Virginia in Charlottesville. Nach dem Bruch mit dem Stiefvater trat P. 1827 in die Armee ein; 1830 Kadett in der Militärakademie West Point, 1831 wegen Aufsässigkeit entlassen. Danach wählte P. die Schriftsteller- und Journalistenlaufbahn, heiratete 1836 seine 13jährige Kusine Virginia Clemm und lebte, u. a. wegen alkohol. Ausschweifungen oft in Konflikte verwickelt, meist in ärml. Verhältnissen. P., einer der bedeutendsten Dichter in der 1. Hälfte des 19. Jh., wurde zuerst in Europa anerkannt, u. a. durch Charles Baudelaire. Beeinflußt von der europ. Romantik, ist er gleichbed. als Kritiker, Literaturtheoretiker, Lyriker, Verfasser kurzer Erzählungen und Hg. von Zss. (u. a. *Southern Literary Messenger, Burton's Gentleman's Magazine, Graham's Magazine*). Zu den besten seiner melod., stimmungsvollen Versdichtungen gehören *Tamerlane* (1827), *Al Aaraaf* (1829), *The raven* (1845; dt. *Der Rabe,* 1931) und *Ulalume* (1847). Seine Dichtung beeinflußte die frz. Symbolisten. Auf dem europ. Kontinent wurde P. v. a. als Meister der ↑ Short story bekannt, die er gleichwertig neben das Gedicht stellte und deren Theorie er - ausgehend von N. Hawthornes *Twice-told tales* (1837) - begründete. – Die Vorliebe des Rationalismus im 18. Jh. für präzise gedankl. Analyse zeigte Nachwirkungen in P.s Kriminalerzählungen (›tales of ratiocination‹; dt. Ausw. *Detektivgeschichten,* 1989), darunter *Murder in the Rue Morgue* (1841; dt. *Der Doppelmord in der Rue Morgue,* 1853) und *The purloined letter* (1845; dt. *Der entwendete Brief,* 1882). Mit der Erzählung *The fall of the house of Usher* (1839; dt. *Der Untergang des Hauses Usher,* 1883) schuf P. einen vollendeten Beitrag zur romant. Gattung der Schauererzählung; zum Typus der Abenteuererzählung gehören die Kurzgeschichte *The gold-bug* (1843; dt. *Der Goldkäfer,* 1853) und der fragmentar. Kurzroman *The narrative of Arthur Gordon Pym* (1838; dt *Die denkwürdigen Erlebnisse des Arthur Gordon Pym,* 1908, 1963 u. d. T. *Die Abenteuer Gordon Pyms*). Seine letzten bed. Prosawerke sind *Eureka* (1848; dt. 1904), der Versuch einer umfassenden Kosmogonietheorie, und *Hop-frog* (1849; dt. 1923), ein Zeugnis seines zunehmenden Menschenhasses. – P., dessen Sprachartistik und Formkunst von den amerikan. Zeitgenossen nur in vergleichsweise geringem Maß geschätzt wurden, ist einer der bedeutendsten Vorbereiter der von der Romantik ausgehenden symbolist. Literatur des 19. Jh. und der Moderne. In der amerikan. Gegenwartslit. werden viele seiner Werke intertextuell wieder aufgenommen, so bei V. Nabokov, R. Brautigan, S. King, und dienen Literaturkritikern als exemplarische Texte für poststrukturalist. Theorien (u. a. Jacques Lacan, Jacques Derrida) (↑Dekonstruktivismus, ↑Strukturalismus).

Ausgaben: E. A. P. The complete works. Hg. v. J. A. HARRISON. New York 1902. 17 Bde. Nachdr. New York 1965. – E. A. P. Werke. Hg. v. MOELLER-BRUCK u. H. LACHMANN. Minden 1921. Neudr. 1987 u. d. T. Ges. Schriften. – The letters of E. A. P. Hg. v. W. OSTROM. 1948. 2 Bde. Nachdr. Staten Island (N. Y.) 1966. – E. A. P. Das gesamte Werk. Dt. Übers. Hg. v. K. SCHUMANN u. H. D. MÜLLER. 1966–1973. Tb.-Ausg. Olten u. a. 1976. 10 Bde. – E. A. P. Collected works. Hg. v. T. O. MABBOTT. Cambridge (Mass.) 1969–78. 3 Bde. – E. A. P. The collected writings. Hg. v. B. R. POLLIN. Boston (Mass.) 1981ff (bisher 4 Bde. ersch.). – Essays and reviews. Hg. v. G. R. THOMPSON. New York 1984. – Poetry and tales. Hg. v. P. F. QUINN. New York 1984. – E. A. P. Gedichte = Poems. Hg. v. K. SCHUHMANN. Vollständige zweisprachige Ausg. Mchn. 1986. – E. A. P. Ausgew. Werke in drei Bden. Hg. v. G. GENTSCH. Lpz. 1989. Nachdr. Ffm. 1990.

Literatur: BAUDELAIRE, C.: P.s Leben u. Werke. In: Baudelaire. Werke. Dt. Übers. Hg. v. M. BRUNS. Bd. 3. Minden 1902. – SCHUHMANN, K.: Die erzählende Prosa E. A. P.s Hdbg. 1958. – PARKS, E. W.: E. A. P. as a literary critic. Athens (Ga.) 1964. – LINK, F. H.: E. A. P. Ein Dichter zw. Romantik u. Moderne. Ffm. 1968. – JACOBS, R. D.: P. Journalist and critic. Baton Rouge (La.) 1969. – RICHARD, C.: E. A. P. Journaliste et critique. Paris 1978. – KETTERER, D.: The rationale of deception in P. Baton Rouge (La.) 1979. – WOODBERRY, G. E.: E. A. P. New York 1980. – Ruined Eden of the present. Hawthorne, Melville, P. Hg. v. G. R. THOMPSON u. V. L. LOKKE. West Lafayette (Ind.) 1981. – EDDINGS, D. W.: The Naiad voice. Essays on P.'s satiric hoaxing. Port Washington (N. Y.) 1983. – The other P. Comedies and satires. Hg. v. D. GALLOWAY. New York 1983. – KNAPP, B. L.: E. A. P. New York 1984. – LENNIG, W.: E. A. P. Rbk. 1984. – E. A. P. The critical heritage. Hg. v. I. M. WALKER. London u. a. 1986. – BACHINGER, K.: The multi-man genre and P.'s Byrons. Salzburg 1987. – The tales of P. Hg. v. H. BLOOM. New York 1987. – Critical essays on E. A. P. Hg. v. E. W. CARLSON. Boston (Mass.) 1987. – DAYAN, J.: Fables of mind. An inquiry into P.'s fiction. New York 1987. – Myths and reality. The mysterious Mr. P. Hg. v. B. F. FISHER IV. Baltimore (Md.) 1987. – KENNEDY, J. G.: P., death, and the life of writing. New Haven (Conn.) 1987. – THOMAS, D./JACKSON, D. K.: The P. log. A documentary life of E. A. P. 1809–1849. Boston (Mass.) 1987. – ZUMBACH, F. T.: E. A. P. Eine Biogr. Mchn. 1987. – DEAS, M. J.: The portraits and daguerrotypes of E. A. P. Charlottesville (Va.) 1988. – PERSON, L. S., JR.: Aesthetic headaches. Women and a masculine poetics in P., Melville, and Hawthorne. Athens (Ga.) 1988. – The purloined P. Lacan, Derrida, and psychoanalytic reading. Hg. v. J. P. MULLER u. W. J. RICHARDSON. Baltimore (Md.) 1988. – WILLIAMS, M. J. S.: A world of words. Language and displacement in the fiction of E. A. P. Durham (N. C.) 1988. – WULETICH-BRINBERG, S.: P. The rationale of the uncanny. New York 1988. – WATKINS, G. K.: God and circumstances. A lineal study of intent in E. A. P.'s ›The narrative of Arthur Gordon Pym‹ and Mark Twain's ›The great dark‹. New York 1989. – WARTH, E.-M.: The haunted palace. E. A. P. u. der amerikan. Horrorfilm (1909–1969). Trier 1990. – E. A. P. Critical assessments. Hg. v. G. CLARKE. Mountfield 1991. – WEISSBERG, L.: E. A. P. Stg. 1991.

Poet laureate [ˌpoʊət 'lɔːriət] ↑Lyrik.

Poetry. A magazine of verse ['poʊətri ə mægə'ziːn əv 'vɜːrs], 1912 von H. Monroe in Chicago gegründete und von ihr bis 1936 herausgegebene, monatlich erscheinende Lyrikzeitschrift, in der alle bed. amerikan. und international bekannten Dichter des 20. Jh. publiziert haben. 1950–56 war K. Shapiro Herausgeber, seit 1978 ist dies John Frederick Nims (* 1913).

Poole, Ernest [puːl], * Chicago 23. Jan. 1880, † New York 10. Jan. 1950, Schriftsteller. – Studierte in Princeton (N. J.); Journalist, lebte als Korrespondent in Rußland (u. a. während der Oktoberrevolution), Deutschland und Frankreich. P., der U. Sinclair bei der Materialbeschaffung für dessen Roman *The jungle* (1906) behilflich war, schrieb wie dieser naturalist., sozialkrit. Romane.

Werke: The harbor (R., 1915; dt. Der Hafen, 1920), His family (R., 1917; Pulitzerpreis 1918), His second wife (R., 1918), The little dark man and other Russian sketches (1925), The bridge. My own story (Autobiogr., 1940), The Nancy flyer. A stagecoach epic (1949).

Porter, Katherine Anne ['pɔːrtər], * Indian Creek (Tex.) 15. Mai 1890, † Silver Spring (Md.) 18. Sept. 1980, Schriftstellerin. – Während der 20er und 30er Jahre längere Aufenthalte in Mexico und Europa, danach als Gastdozentin und Schriftstellerin an verschiedenen Universitäten. Ihre Kurzgeschichten und Kurzromane zeichnen sich durch eine lebendige psycholog. Charakterzeichung, geschliffene Prosa und erzähler. Geschick aus; sie spielen z. T. im texanisch-mexikan. Grenzgebiet und reflektieren die eigenen Erfahrungen der Autorin. Ihr bekanntestes Werk ist der kontrovers rezipierte Roman *Ship of fools* (1962; dt. *Das Narrenschiff,* 1963), an dem P. 20 Jahre lang schrieb; anhand einer Schiffspassage von Veracruz nach Bremerhaven im Jahre 1931 wird aus iron. Sicht ein an moral. Allegorien erinnerndes Bild menschl. Existenz angesichts der Verhältnisse in Deutschland gegeben.

Weitere Werke: Flowering Judas (Kurzgeschichten, 1930; dt. Unter heißem Himmel, 1951, 1964 u. d. T. Blühender Judasbaum, 1984 u. d. T. Judasblüten und andere Erzählungen), Pale horse, pale rider (Kurzgeschichten, 1939; dt. Das dunkle Lied, 1950, 1963 u. d. T. Fahles Pferd und fahler Reiter), The leaning tower (Kurzgeschichten, 1944; dt. Das letzte Blatt, 1953, 1965 u. d. T. Der schiefe Turm), The days before (Essays, 1952; dt. Was vorher war, 1969).

Ausgaben: K. A. P. The collected stories. New York 1965. – K. A. P. Collected essays and occasional writings. New York 1970.

Literatur: HENDRICK, G.: K. A. P. New York 1965. – K. A. P. A critical symposium. Hg. v. L. HARTLEY u. G. CORE. Athens (Ga.) 1969 – LIBERMAN, M. M.: K. A. P.'s fiction. Detroit (Mich.) 1971. – HARDY, J. E.: K. A. P. New York 1973. – KIERNAN, R. F.: K. A. P. and Carson McCullers. A reference guide. Boston (Mass.) 1976. – K. A. P. A collection of critical essays. Hg. v. R. P. WARREN. Englewood (N. J.) 1979. – LOPEZ, E. H.: Conversations with K. A. P. Refugee from Indian Creek. Boston (Mass.) 1981. – DEMOUY, J. K.: K. A. P.'s women. The eye of her fiction. Austin (Tex.) 1983. – UNRUE, D. H.: Truth and vision in K. A. P.'s fiction. Athens (Ga.) 1985. – K. A. P. Conversations. Hg. v. J. GIVNER. Jackson (Miss.) 1987. – UNRUE, D. H.: Understanding K. A. P. Columbia (S. C.) 1988. – K. A. P. and Texas. An uneasy relationship. Hg. v. C. MACHANN u. W. R. CLARK. College Station (Tex.) 1990.

Postmodernismus, die allgemein seit Kriegsende datierte Bewegung des P. ist Ausdruck eines kulturellen Wandels von der Phase des die erste Hälfte des 20. Jh. bestimmenden ↑ Modernismus zu der Zeit danach. – In diesem Sinne eines mit F. Nietzsche beginnenden, bei Rudolf Pannwitz 1917 zuerst begrifflich erwähnten Umbruchs verwenden span. Literaturkritiker seit 1934, der engl. Historiker Arnold Toynbee (* 1889, † 1975) seit 1947 den Begriff des P., bevor dieser sich in den 50er und 60er Jahren als nicht immer eindeutig bestimmter literaturkrit. Begriff, jedoch kaum als Epochenbegriff, v. a. in den USA durchsetzte, zunächst in negativer Sicht als Bruch mit den avantgardist. Errungenschaften des Modernismus (Irving Howe [* 1920], Harry Levin [* 1912]), dann in positiver Sicht als eine logische Fortsetzung der im Modernismus erreichten Positionen mit einer Öffnung der Kunst zur Pop-art (Ihab Hassan [* 1925], L. Fiedler, William Spanos [* 1925], David Antin [* 1932], S. Sontag). In gesamtkultureller Hinsicht analysieren neokonservative Intellektuelle (Daniel Bell [* 1919]) ebenso wie marxist. Kritiker, die den P. als die reinste Ausprägung eines multinationalen Konsumkapitalismus begreifen (Fredric Jameson [* 1934]), die Auswirkungen des P. auf die Gesellschaft, was u. a. zur Auffassung des P. als einer neokonservativen Bewegung geführt hat (Jürgen Habermas).

Kennzeichen aller postmodernen Erscheinungen, die v. a. in den USA im Anschluß an die kulturelle Jugendrevolution der 60er Jahre avantgardistisch alle Bereiche der Kunst, Wissenschaft, Kultur und des Lebens erfaßt und von dort aus auf Europa gewirkt haben, ist ein Gefühl der Unbestimmtheit, der Unbestimmbarkeit, der Abwendung von strengen, elitären Formen zu offenen Formen einer Kunst, die die konventionellen Strukturierungsmittel spielerisch auflöst und den Performanzcharakter des auch den Rezipienten in den Kunstakt einbeziehenden Kommunikationsprozesses betont. Damit verbunden ist der Umbruch von einer subjektorientierten zu einer das Subjekt dekonstruierenden und Handlungslogik negierenden Kunst- und Kulturauffassung der Gegenwart, die im weitesten Sinne als postrationalistisch, posthumanistisch (I. Hassan), postmaterialistisch (Christopher Lasch [* 1932]), postindustriell (D. Bell), posthistorisch (Arnold Gehlen [* 1904, † 1976]), postkulturell (George Steiner [* 1929]) bezeichnet worden ist. In dieser Übergangsphase sind die nicht mehr unterscheidbaren Bereiche von Kunst und Leben von der innovativen Verwendung von Kitsch, Klischee, Parodie, Pastiche und Zitat bestimmt. Am deutlichsten zeigen sich solche postmodernen Erscheinungsformen in der Architektur (Ieoh Ming Pei [* 1917], Robert Venturi [* 1925], Charles Moore [* 1925], Michael Graves [* 1934]), im Theater (J. Gelber, N. Shange, S. Shepard, R. Wilson, ↑ Living Theatre, Performance Group, Open Theater [↑ Theater]), im Tanz (Merce Cunningham [* 1919]), in der Musik (John Cage [* 1912], Punk, New Wave), in der Philosophie und dem ↑ Dekonstruktivismus (Jacques Derrida, Jean-François Lyotard, Hannes Böhringer), in den elektron. Medien wie Film (Stanley Kubrick [* 1928], Steven Spielberg [* 1947]), Fernsehen, Video- und Computerspiele, der bildenden Kunst (Joseph Beuys) sowie in der Literatur (K. Acker, J. Ashbery, J. Barth, D. Barthelme, R. Brautigan, W. Burroughs, R. Coover, D. DeLillo, R. Federman, W. Gaddis, A. Ginsberg, J. Hawkes, S. Katz, V. Nabokov, T. Pynchon, I. Reed, R. Silliman, G. Sorrentino, R. Sukenick). Obwohl durch die Kommerzialisierung der innovativen Erscheinungsformen postmoderner Kultur der P. nach Umberto Eco zu einem ›Passepartoutbegriff‹ geworden ist, haben die Vertreter des P. eine neue ästhet. Sensibilität und damit auch ein neues kulturelles Bewußtsein geschaffen.

Literatur: Performance in postmodern culture. Hg. v. M. Bénamou u. C. Caramello. Madison (Wis.) 1977. – Jencks, C.: Die Sprache der postmodernen Architektur. 1977. Dt. Übers. Stg. [2]1980. – Romanticism, modernism, postmodernism. Hg. v. H. R. Garvin. Lewisburg (Pa.) 1980. – Hassan, I.: The dismemberment of Orpheus. Toward a postmodern literature. Madison (Wis.) [2]1982. – The anti-aesthetic. Essays on postmodern culture. Hg. v. H. Foster. Port Townsend (Wash.) 1983. – Said, E.: The world, the text, and the critic. Cambridge (Mass.) 1983. – Taylor, M.: Erring. A postmodern a-theology. Chicago (Ill.) 1983. – Cox, H.: Religion in a secular city. Toward a postmodern theology. New York 1984. – Fokkema, D.: Literary history, modernism, and postmodernity. Amsterdam u. a. 1984. – Mesch, H.: Verweigerung endgültiger Prädikation. Ästhet. Formen u. Denkstrukturen der amerikan. ›Postmoderne‹ 1950–1970. Mchn. 1984. – Postmodernism in American literature. A critical anthology. Hg. v. M. Pütz und P. Freese. Darmst. 1984. – Vester, H.-G.: Die Thematisierung des Selbst in der postmodernen Gesellschaft. Bonn 1984. – Klotz, H.: Moderne und Postmoderne. Architektur der Gegenwart 1960–1980. Brsw. u. a. [2]1985. – Newman, C.: The postmodern aura. The act of fiction in an age of inflation. Evanston (Ill.) 1985. – Schiwy, G.: Poststrukturalismus u. ›Neue Philosophen‹. Rbk. 1985. – Wellmer, A.: Zur Dialektik von Moderne u. Postmoderne. Vernunftkritik nach Adorno. Ffm. 1985. – Postmodernism and politics. Hg. v. J. Arac. Minneapolis (Minn.) 1986. – Burgin, V.: The end of art theory. Criticism and postmodernism. Atlantic Highlands (N. J.) 1986. – Approaching postmodernism. Hg. v. D. Fokkema und H. Bertens. Amsterdam u. a. 1986. – Huyssen, A.: After the great divide. Modernism, mass culture, postmodernism. Bloomington (Ind.) 1986. – Postmoderne. Zeichen eines kulturellen Wandels. Hg. v. A. Huyssen und K. R. Scherpe. Rbk. 1986. – Moderne oder Postmoderne? Hg. v. P. Koslowski, R. Spaceman und R. Löw. Weinheim 1986. – Kroker, A./Cook, D.: The postmodern scene. Excremental culture and hyper-aesthetics. New York 1986. – Lyotard, J.-F.: Das postmoderne Wissen. Dt. Übers. Graz u. a. 1986. – Postmodern fiction. A bio-bibliographical guide. Hg. v. L. McCaffery. New York 1986. – Postmoderne. Alltag, Allegorie und Avantgarde. Hg. v. C. und P. Bürger. Ffm. 1987. – Calinescu, M.: Five faces of modernity. Modernism, avant-garde, decadence, kitsch, postmodernism. Durham (N. C.) [2]1987. – Exploring postmodernism. Hg. v. M. Calinescu u. D. Fokkema. Amsterdam u. a. 1987. – Hassan, I.: The postmodern turn. Essays in postmodern theory and culture. Columbus (Ohio) 1987. – Die unvollendete Vernunft. Moderne versus Postmoderne. Hg. v. D. Kamper u. W. Van Reijen. Ffm. 1987. – Koslowski, P.: Die postmoderne Kultur. Gesellschaftlich-kulturelle Konsequenzen der technischen Entwicklung. Mchn. 1987. – MCHALE, B.: Postmodern fiction. New York 1987. – WELSCH, W.: Unsere postmoderne Moderne. Weinheim 1987. – Postmodern fiction in Europe and the Americas. Hg. v. T. D'HAEN u. H. BERTENS. Amsterdam 1988. – HUTCHEON, L.: A poetics of postmodernism. History, theory, fiction. London 1988. – SARUP, M.: An introductory guide to post-structuralism and postmodernism. New York 1988. – Wege aus der Moderne: Schlüsseltexte der Postmoderne-Diskussion. Hg. v. W. WELSCH. Weinheim 1988. – CONNOR, S.: Postmodernist culture. An introduction to theories of the contemporary. Oxford 1989. – FALCK, C.: Myth, truth, and literature. Towards a true post-modernism. New York 1989. – GRIFFIN, D. R.: God and religion in the postmodern world. Essays in postmodern theology. New York 1989. – HARVEY, D.: The condition of postmodernity. Oxford 1989. – HUTCHEON, L.: The politics of postmodernism. London 1989. – KOSLOWSKI, P.: Die Prüfungen der Neuzeit. Über Postmodernität, Philosophie der Gesch., Metaphysik, Gnosis. Wien 1989. – Feminism/Postmodernism. Hg. v. L. J. NICHOLSON. New York 1989. – WAKEFIELD, N.: Postmodernism. The twilight of the real. Winchester (Mass.) 1989. – WIEGMANN, H.: Von Platons Dichterkritik zur Postmoderne. Studien zu Rhetorik u. Ästhetik. Bielefeld 1989. – Postmoderne - Aufbruch einer neuen Epoche? Hg. v. G. EIFLER u. O. SAAME. Wien 1990. – NORRIS, C.: What's wrong with postmodernism. Critical theory and the ends of philosophy. New York 1990. – PFEIL, F.: Another tale to tell. Politics and narrative in postmodern culture. London u. a. 1990. – FLAX, J.: Thinking fragments. Psychoanalysis, feminism and postmodernism in the contemporary West. Berkeley (Calif.) 1991. – Storming the reality studio. A casebook of cyberpunk and postmodern science fiction. Hg. v. L. MCCAFFERY. Durham (N. C.) 1991. – ROSENAU, M. P.: Post-Modernism and the social sciences. Insights, inroads, and intrusions. Princeton (N. J.) 1992.

Poststrukturalismus ↑Strukturalismus.

Potok, Chaim ['poʊtək], * New York 17. Febr. 1929, Schriftsteller. – 1954 Ordination zum Rabbiner, 1955–57 Militärgeistlicher in Korea; behandelt in seinen meist in den jüd. Gemeinden der USA spielenden Romanen und Kurzgeschichten das Zusammentreffen osteurop. Judentums mit dem modernen Amerika.

Werke: The chosen (R., 1967; dt. Die Erwählten, 1975), The promise (R., 1969; dt. Das Versprechen, 1976), My name is Asher Lev (R., 1972; dt. Mein Name ist Ascher Lev, 1973), In the beginning (R., 1975; dt. Am Anfang, 1977), Wanderings. C. P.'s history of the Jews (Abh., 1978; dt. Wanderungen. Geschichte des jüd. Volkes, 1980), The book of lights (R., 1981), Davita's harp (R., 1985), Ethical living for a modern world (Essays, 1985).

Pound, Ezra [Weston Loomis] [paʊnd], * Hailey (Id.) 30. Okt. 1885, † Venedig 1. Nov. 1972, Dichter. – Studierte vergleichende Literaturwiss. und Romanistik; Studienaufenthalt in Spanien, ab 1908 erneut in Europa (1909–20 in London, 1920–24 in Paris, 1924–44 in Rapallo [Italien]). Scharfer Kritiker Nordamerikas und der westl. Zivilisation. Aus Sympathie für die faschist. Staatsführung hielt P. im 2. Weltkrieg über Radio Rom antiamerikan. Propagandareden, wurde deshalb 1945 in Pisa inhaftiert und - um ihn vor einem Hochverratsprozß zu bewahren - in eine amerikan. Heilanstalt, Saint Elizabeth's in Washington (D. C.) eingeliefert, aus der er erst 1958 auf Intervention namhafter literar. Freunde, wie R. L. Frost, entlassen wurde. Danach lebte er in Meran. – P., der während seiner Londoner Zeit literar. Zeitschriften herausgab und redigierte, u. a. *Poetry* (1912–18) und *The Little Review* (1917–19), und als Übersetzer frz., italien., chines. und japan. Literatur hervortrat, wurde durch die Gedichtsammlungen *Exultations* (1909) und *Personae* (1909; dt. *Masken,* 1959), orientiert an der roman. Dichtung des MA berühmt; er stand in enger Beziehung zu W. B. Yeats, T. S. Eliot und J. Joyce; als Verfechter einer kosmopolit. Versdichtung bed. Anreger und kühner Erneuerer, durch den die moderne angloamerikan. Dichtung viele Impulse empfing; Begründer und zeitweilig führender Vertreter des ↑Imagismus (1912–14), später des Vortizismus (1914/15; zus. mit dem Bildhauer H. Gaudier-Brzeska, abstrakte Kunstrichtung). P.s erstes bed. Gedicht, *Hugh Selwyn Mauberley* (1920), beinhaltet seine Klage über den Kulturverfall und seinen Aufbruch von London nach Paris. Sein Hauptwerk, die 1915–59 entstandene, 1925 mit der Veröffentlichung von *A draft of XVI cantos for the beginning of a poem* *of some length* eigtl. begonnene, durch frühere Publikationen in *Quia pauper amavi* (Ged., 1919) vorbereitete Reihe der *Cantos* (insgesamt 120; unter verschiedenen Titeln in Teilausgaben veröffentlicht von 1917 bis 1969, dt. Auswahlen 1964 und 1975), zu denen auch das preisgekrönte, v. a. aus polit. Gründen umstrittene Teilstück *The Pisan cantos* (1948; dt. *Die Pisaner Gesänge,* 1956, 1969 u. d. T.. *Pisaner Cantos*) gehört, ist eine nach der Struktur von Dantes *Divina comedia* (1321) geplante ep. Dichtung in einer freirhythm. Mischsprache mit v. a. roman. und chines. Elementen sowie Wendungen der amerikan. Umgangssprache. Das Werk stellt der entwerteten kommerziellkapitalist. Welt die Kulturtraditionen der Antike, des Abendlandes und des alten China gegenüber. Es enthält zahlreiche Anspielungen auf Mythen sowie Gestalten und Geschichten alter Literaturen.

Weitere Werke: A lume spento (Ged., 1908), Provença (Ged., 1910), The spirit of romance (Essay, 1910, erw. 1952), Canzoni (Ged., 1911), Ripostes (Ged., 1912), Cathay (Übersetzungen aus dem Chines., 1915), Lustra (Ged., 1916), Gaudier-Brzeska. A memoir (1916, erw. 1959), Instigations (Essays, 1920), How to read (Essays, 1931; dt. Wie lesen, 1953), Make it new (Essays, 1934), Patria mia (Essays, 1950, dt. 1960), Literary essays (1954), Pavannes and divagations (Essays, 1958), Essays on ignorance and the decline of American civilization (1960).

Ausgaben: The letters of E. P., 1907–41. Hg. v. D. D. PAIGE. New York 1950. – Literary essays of E. P. Hg. v. T. S. ELIOT. London 1954. Nachdr. 1974. – E. P. Ausgew. Werke. Engl. u. dt. Hg. v. E. HESSE. Zü. 1959–64. 2 Bde. – P./Joyce. The letters of E. P. to James Joyce. Hg. v. F. READ. New York 1967. Dt. Übers. Zü. 1972. – E. P. The Cantos. London Neuaufl. 1975. – E. P. Collected early poems. Hg. v. M. KING. London 1977. – E. P. Selected prose, 1909–1965. Hg. v. W. COCKSON. London 1978. – E. P. and Dorothy Shakespear. Their letters, 1909–1914. Hg. v. O. POUND u. A. W. LITZ. New York 1984. – P./ Lewis. The letters of E. P. and Wyndham Lewis. Hg. v. T. MATERER. New York 1985. – E. P. and Louis Zukofsky. Selected letters. Hg. v. B. AHEARN. New York 1987. – E. P. Lesebuch. Dichtung u. Prosa. Hg. v. E. HESSE. Mchn. 1987. – E. P. and Japan. Letters and essays. Hg. v. S. KODAMA. Redding Ridge (Conn.) 1987. – P./The Little Review. The letters of E. P. to Margaret Anderson. Hg. v. T. L. SCOTT, M. J. FRIEDMAN, J. R. BRYER. New York 1988.

Literatur: WILHELM, J. J.: Dante and P. The epic of judgement. Orono (Maine) 1974. – NASSER, E. P.: The Cantos of E. P. London 1975. – BUSH, R.: The genesis of E. P.'s Cantos. Princeton (N. J.) 1976. – GUGELBERGER, G. M.: E. P.'s medievalism. Ffm. u. a. 1978. – HESSE, E.: E. P. Von Sinn u. Wahnsinn. Mchn. 1978. – BROOKER, P.: A student's guide to the selected poems of E. P. London 1979. – EASTMAN, B. C.: E. P.'s Cantos. The story of the text 1948–1975. Orono (Maine) 1979. – HANSEN, M.: E. P.s frühe Poetik u. Kulturkritik zw. Aufklärung u. Avantgarde. Stg. 1979. – BACIGALUPO, M.: The formed trace. The later poetry of E. P. New York 1980. – FLORY, W. S.: E. P. and the Cantos. A record of struggle. New Haven (Conn.) u. a. 1980. – KEARNS, G.: Guide to E. P.'s selected Cantos. New Brunswick (N. J.) 1980. – TERRELL, C. F.: A companion to the Cantos of E. P. Berkeley (Calif.) 1980 u. 1984. 2 Bde. – FROULA, C.: A guide to E. P.'s selected poems. New York 1983. – E. P. and W. C. Williams. The University of Pennsylvania conference papers. Hg. v. D. HOFFMAN. Philadelphia (Pa.) 1984. – E. P. Eine Einf. Hg. v. F. H. LINK. Mchn. u. a. 1984. – NICHOLLS, P.: E. P. Politics, economics, and writing. London 1984. – TORREY, E. F.: The roots of treason. E. P. and the secret of St. Elizabeth's. New York 1984. – FROULA, C.: To write paradise. Style and error in P.'s Cantos. New Haven (Conn.) 1985. – WILHELM, J. J.: The American roots of E. P. New York 1985. – KAYMAN, M. A.: The modernism of E. P. The science of poetry. London 1986. – KORN, M.: E. P. and history. Orono (Maine) 1986. – ODERMANN, K.: E. P. and the erotic medium. Durham (N. C.) 1986. – E. P. A bibliography of secondary works. Hg. v. B. RICKS. Metuchen (N. J.) 1986. – E. P. Hg. v. H. BLOOM. New York 1987. – TYTELL, J.: E. P. The solitary volcano. New York 1987. – CARPENTER, H.: A serious character. The life of E. P. Boston (Mass.) 1988. – CASILLO, R.: The genealogy of demons. Anti-semitism, fascism, and the myths of E. P. Evanston (Ill.) 1988. – FOGELMANN, B.: Shapes of power. The development of E. P.'s poetic sequences. Ann Arbor (Mich.) 1988. – E. P. The legacy of Kulchur. Hg. v. M. SMITH u. W. A. ULMER. Tuscaloosa (Ala.) 1988. – FLORY, W. S.: The American E. P. New Haven (Conn.) 1989. – E. P. and Italian fascism. Hg. v. T. REDMAN. Cambridge (Mass.) 1990. – BISCHOFF, V.: E. P. criticism, 1905–1985. A chronological listing of publications in English. Marburg 1991. – HESSE, E.: Die Achse Avantgarde–Faschismus. Reflexionen über Filippo Tommaso Marinetti u.

E. P. Zü. 1991. – RAINEY, L. S.: E. P. and the monument of culture. Text, history and the Malatesta Cantos. Chicago (Ill.) 1991.

Powers, James Farl ['paʊərz], * Jacksonville (Ill.) 18. Juli 1917, Schriftsteller. – Wurde bes. durch seine u. a. in *The* ↑ *New Yorker* abgedruckten Kurzgeschichten bekannt, in denen er die meist durch kath. Priester vertretene Rolle der Religion im materialist. Zeitalter des 20. Jh. ironisch und satirisch darstellt. Der von vielen als sein bestes Werk angesehene satir. Roman *Morte d'Urban* (1962; dt. *Gottes Schrift ist schwer zu lesen,* 1965) zeigt die Korruption der Ideale eines Ordensmannes durch die Praktiken der Geschäftswelt.

Weitere Werke: Prince of darkness and other stories (1947; dt. Fürst der Finsternis, 1957), He don't plant cotton (En., 1958; dt. Ol' man river, 1958), A valiant woman (En., 1958; dt. Die Streitaxt, 1958), Am späten Abend (En., dt. Ausw. 1959), Der Teufel und der Pfarrvikar (En., dt. Ausw. 1961), Look how the fish live (En., 1975), Wheat that springeth green (En., 1988).

Ausgabe: J. F. P. Ges. En. Dt. Teilslg. Hg. v. E. SCHNACK u. U. HENGST. Rbk. 1968.

Literatur: J. F. P. Hg. v. F. EVANS. Saint Louis (Mo.) 1968. – HAGOPIAN, J. F.: J. F. P. New York 1968.

Price, [Edward] Reynolds [praɪs], * Macon (N. C.) 1. Febr. 1933, Schriftsteller. – Seit 1958 Prof. für Englisch an der Duke University in Durham (N. C.); die meist in P.s Heimatstaat North Carolina angesiedelten Erzählungen stellen das Landleben anhand von Familiensagen dar (*A long and happy life,* R., 1962, dt. *Ein langes, glückl. Leben,* 1963, 1977 dramatisiert u. d. T. *Early dark; A generous man,* R., 1966, dt. *Ein ganzer Mann,* 1967), in die z. T. seine eigenen Erfahrungen mit einfließen (*The surface of earth,* R., 1975; *The source of light,* R., 1981). Schreibt auch Dramen und Gedichte; seine literaturkrit. Studien befassen sich häufig mit Geschichten aus der Bibel, die er z. T. neu übersetzt hat.

Weitere Werke: The names and faces (En., 1963; dt. Siegerehrung für Verlierer, 1971), Love and work (R., 1968), Permanent errors (En., 1970), Things themselves (Essays, 1972), A palpable God. Thirty stories translated from the Bible with an essay on the origins and life of narrative (1978), Vital provisions (Ged., 1982), Private contentment (Dr., 1984), Kate Vaiden (R., 1986; dt. 1991), A common room. Essays 1954–1987 (1987), Good hearts (R., 1988), Clear pictures. First loves, first guides (Prosa, 1989), The tongues of angels (R., 1990), Use of fire (Ged., 1990).

Ausgabe: R. P. Mustian (enthält: A long and happy life; A generous man; A chain of love). New York 1984.

Literatur: ROOKE, C.: R. P. Boston (Mass.) 1983. – WRIGHT, S./WEST, J. L. W.: R. P. A bibliography 1949–84. Charlottesville (Va.) 1986.

Projective Verse [prə'dʒektɪv 'vɜːrs] ↑ Lyrik.

Prokosch, Frederic ['proʊkɔʃ], * Madison (Wis.) 17. Mai 1908, † Plan-de-Grasse (Frankreich) 2. Juni 1989, Schriftsteller österr. Abstammung. – Prof. für engl. Sprache u. a. an der Yale University (1936–37), im 2. Weltkrieg diplomat. Tätigkeit. Ausgedehnte Reisen, u. a. in Afrika und Asien, lieferten P. Stoff für seine Reise- und Abenteuerromane, in denen er meist Lebensprobleme westl., v. a. europ. Menschen darstellt; seine Lyrik ist romantisch-stimmungsvoll; übersetzte Hölderlin.

Werke: The Asiatics (R., 1935; dt. Die Asiaten, 1936), The seven who fled (R., 1937; dt. Sieben auf der Flucht, 1940), Death at sea (Ged., 1940), Storm and echo (R., 1948; dt. Sturm und Echo, 1952), Nine days to Mukalla (R., 1953; dt. Neun Tage nach Mukalla, 1954), The dark dancer (R., 1964; dt. Und kalt glänzte der Marmor, 1966), America, my wilderness (R., 1972; dt. Amerika, meine Wildnis, 1973), Voices (Porträts, 1983; dt. Die metaphys. Pizza. Ein Buch der Begegnungen, 1984).

Literatur: SQUIRES, R.: F. P. New York 1964.

Provincetown Players ['prɑːvɪns,taʊn 'pleɪərz] ↑ Theater.

Pulitzer Prize ['pʊlɪtsər praɪz] ↑ Literaturpreise.

Pulp magazine [pʌlp 'mægəziːn] ↑ Kriminalliteratur.

Purdy, James [Otis Amos] ['pɜ:rdi], * bei Fremont (Ohio) 17. Juli 1923, Schriftsteller. – Lehrte 1949–53 am Lawrence College in Appleton (Wis.); Übersetzertätigkeit in Lateinamerika, Spanien und Frankreich. P.s Romane und Kurzgeschichten, die meist in Provinzstädten des mittleren Westens lokalisiert sind, thematisieren meist homosexuelle Beziehungen und Liebe in der amerikan. Mittelschicht; am bedeutendsten sind die satir. Behandlung des Literaturbetriebs (*Cabot Wright begins,* R., 1964; dt. *Cabot Wright legt los,* 1967) sowie die Darstellung der kreativdestruktiven Macht homosexueller Beziehungen (*Eustace Chisholm and the works,* R., 1967; dt. *Die Preisgabe,* 1970); schreibt auch Dramen, Kurzgeschichten und Gedichte.

Weitere Werke: Color of darkness (En., 1957; dt. Die Farbe der Dunkelheit, 1959; 1969 dramatisiert u. d. T. Eventide and other stories from ›Color of darkness‹), Malcolm (R., 1959; dt. 1963; 1965 dramatisiert von E. Albee), The nephew (R., 1960; dt. Der Neffe, 1964), Children is all (En. u. Dr., 1961; dt. Immer nur die Kinder, 1966), Cracks (Dr., 1963), Sleepers in moon-crowned valleys (R.-Trilogie, 1970–81), The running sun (Ged., 1971), I am Elijah Thrush (R., 1972; dt. Die Millionärin auf der Wendeltreppe kannibal. Beziehungen, 1984), Sunshine is an only child (Ged., 1973), In a shallow grave (R., 1977), Narrow rooms (R., 1978; dt. Enge Räume, 1982), Dawn. A story (1984), On glory's course (R., 1984), The Brooklyn branding parlors (Ged., 1986), The house of the solitary maggot (R., 1986), In the hollow of his hand (R., 1986), The candles of your eyes (En., 1987), Garments the living wear (R., 1989).

Literatur: SCHWARZSCHILD, B.: ›The not-right house‹. Essays on J. P. Columbia (Mo.) 1968. – CHUPACK, H.: J. P. New York 1975. – ADAMS, S. D.: J. P. London 1976. – Sonderheft ›Delta‹, Jg. 13 (1981).

Puritanismus, Bezeichnung für die Glaubensausprägung der ersten amerikan. Siedlergeneration und im weiteren Sinne für die Kultur und die politisch-sozialen Organisationsformen der frühen kolonialen Epoche Neuenglands. Aus den zahlreichen unterschiedl. protestant. Gruppierungen Englands, für die um 1560 der pejorative Sammelbegriff ›Puritaner‹ geprägt wurde, weil sie aufgrund der Lehren Calvins die engl. Staatskirche über die organisator. Reformation (1534) Heinrichs VIII. hinaus vom röm. Katholizismus reinigen wollten, wanderten zw. 1620 und dem Beginn des engl. Bürgerkriegs (1642) über 20 000 Separatisten, Kongregationalisten und Presbyterianer nach Massachusetts (dort zunächst vor allem in die Massachusetts Bay Colony von Boston und Salem) und Connecticut aus. Aufgrund ihrer typolog. Bibelauslegung sahen sie sich als Entsprechung des bibl. Volkes Israel, versuchten aber auch, die neutestamentl. ›Stadt auf dem Berge‹ zu sein und das ›Neue Jerusalem‹ zu bauen. Sie verknüpften kirchl. und weltl. Recht – politisch wahlberechtigt waren nur Gemeindeglieder – und legten, im Sinne ihres ›New England way‹ an das gesamte soziale und kulturelle Leben religiöse Maßstäbe an, was auf die Kritik der zweiten Generation und der nicht-puritan. Siedler stieß. Der nachlassenden Integration der nachfolgenden Generationen in das geistl. Gemeinwesen versuchten die Geistlichen in an Naturkatastrophen und andere Bedrohungen anknüpfenden Gerichtspredigten, sog. ›Jeremiaden‹ (nach dem alttestamentl. Gerichtspropheten Jeremia) zu begegnen, doch die streng auf die persönl. Erfahrung und Bezeugung der Wiedergeburt des einzelnen Gemeindegliedes ausgerichtete Kirchenverfassung lockerte sich bereits 1662 (sog. ›Half-Way Covenant‹). Gegen Ende des 17. Jh. begann der P. seine Vorherrschaft zu verlieren. Die einflußreichsten Theologen der ersten Generation waren J. Cotton, Thomas Hooker (* 1586, † 1647), Richard Mather (* 1596, † 1669) und T. Shepard, in der zweiten Generation Increase Mather (* 1639, † 1723) und Samuel Willard (* 1640, † 1707) und danach C. Mather und J. Edwards.

Grundlegend für die puritan. Weltsicht waren die Lehren Calvins von der durch den Sündenfall entstandenen völligen Verderbtheit des Menschen, der souveränen Vorherbestimmung der ›Erwählten‹

durch Gott, des stellvertretenden Opfers Christi für die Erwählten, der Unwiderstehlichkeit der göttl. Gnade und des Beharrens der Erwählten im Glauben - was in chronolog. Reihenfolge die Auserwählung, Berufung, Rechtfertigung, Heiligung und Verherrlichung der Erwählten bedeutet. Im Vorgang der Wiedergeburt wird der Erwählte ohne eigenes Zutun (wenn er sich auch bis zu einem gewissen Grade durch Reue und Demut vorbereiten kann) Teil des Gnadenbundes (›covenant of grace‹) zw. Gott und Menschen. Da äußerer Erfolg und Heiligung des Lebenswandels als Zeichen göttl. Gnade angesehen wurden, war für den Puritaner von zentraler Bedeutung die ständige geistl. Selbstprüfung, um zur Gewißheit der eigenen Erwählung zu gelangen.

Auf das literar. Leben der Kolonien wirkte der P. sowohl restriktiv als auch förderlich. Bis auf die Lyrik weniger Autoren (A. Bradstreet, E. Taylor, M. Wigglesworth) entstanden aus Nützlichkeitserwägungen oder Mißtrauen gegenüber der Kunst keine Werke imaginativer Literatur. Andererseits erforderte die reformator. Rückkehr zur Bibel und der Gedanke der geistl. Verantwortung des einzelnen die Lesefähigkeit der Gläubigen - was zu einem intensiven Bildungswesen führte. Die vorkommenden literar. Gattungen entsprachen den Erfordernissen des kirchl., polit. und berufl. Lebens: Streng rational gegliederte und allgemeinverständl. (›plain style‹) Predigten dienten der Lehre der Gemeinde, hatten allerdings - im Falle der sog. ›election sermons‹ auch deutl. polit. Bezüge; ausführl. theolog. und polit. Traktate legten dogmat. Positionen fest und kommentierten von einer geschichtstheolog. Warte aus kirchl. und polit. Krisen des Gemeinwesens wie die Antinomistenkrise (1636–38), den King Philip's War (1675–77) oder die Hexenprozesse von Salem (1692); Tagebücher, Autobiographien und ›captivity narratives‹ (Berichte von Gefangenschaften bei feindl. Indianern) dienten der Gewissenserforschung des einzelnen und der Instruktion nachfolgender Generationen; historiograph. (z. B. W. Bradfords *Of Plymouth Plantation*) und kirchengeschichtl. Schriften und Biographien (z. B. C. Mathers *Magnalia Christi Americana*) waren sowohl Erinnerung an göttl. Bewahrung als auch Rechtfertigung des ›New England way‹ gegenüber den Kritikern im Mutterland; naturwissenschaftl. Abhandlungen waren Ausdruck der umfassenden Bildung puritan. Geistlicher und zugleich der Notwendigkeit, die Phänomene der nordamerikan. Wildnis zu verstehen und zu benennen. In der späteren amerikan. Literatur erscheint der P. in zumeist krit. fiktionaler Aufbereitung, z. B. bei N. Hawthorne (*The scarlet letter,* 1850; *The house of the seven gables,* 1851), H. Beecher Stowe (*The minister's wooing,* 1859), E. O'Neill (*Desire under the elms,* 1924; *Mourning becomes Electra,* 1931), G. Santayana (*The last puritan,* 1935) und A. Miller (*The crucible,* 1953). Der Vorwurf religiöser Intoleranz und eines moral. Rigorismus wie auch einer unerbittl. Gegnerschaft zu den Indianern hat das Bild des P. lange Zeit nachhaltiger geprägt als seine erst im 20. Jahrhundert wiederentdeckte Bed. für die amerikan. Kultur. Die den P. kennzeichnende zentrale Rolle von Bibel und Predigt sowie die Betonung der individuellen geistl. und moral. Verantwortlichkeit des Gläubigen sind fast durchgängig im religiösen Leben des amerikan. Protestantismus zu finden. Als widerlegt gilt die von Max Weber postulierte ursächl. Verbindung zw. einem im P. wirksamen prot. Arbeitsethos und der Entstehung des Kapitalismus, doch die Wegbereitung der amerikan. Unabhängigkeit durch den Nonkonformismus und die eth. Werte des P. ist heute ebenso unbestritten wie auf literar. Gebiet der Einfluß der typolog. Betrachtungsweise puritan. Theologen auf die Entstehung des Symbolismus.

Literatur: MILLER, P.: The New England mind. From colony to province. Cambridge (Mass.) 1953. – MILLER, P.: The New England mind. The seventeenth century. Cambridge (Mass.) 1954. – MORISON, S. E.: The intellectual life of colonial New England. New York 1956. – BRUMM, U.: Die religiöse Typologie im amerikan. Denken. Ihre Bed. für die amerikan. Lit.- und Geistesgesch. Leiden 1963. – MORGAN, E. S.: Visible saints. The history of a Puritan idea. Ithaca (N. Y.) 1963. – GAY, P.: A loss of mastery. Puritan historians in colonial America. Berkeley (Calif.) 1966. – PETTIT, N.: The heart prepared. Grace and conversion in Puritan spiritual life. New Haven (Conn.) 1966. – LEVY, B. M.: Preaching in the first half century of New England history. New York 1967. – SHEA, D. B., JR.: Spiritual autobiography in early America. Princeton (N. J.) 1968. Madison (Wis.) ^{2}1988. – BEEK, M. VAN: An inquiry into Puritan vocabulary. Groningen 1969. – Puritanism and the American experience. Hg. v. M. MCGIFFERT. Reading (Mass.) 1969. – BREEN, T. H.: The character of the good ruler. A study of Puritan political ideas in New England. New Haven (Conn.) 1970. – RUTMAN, D. B.: American Puritanism. Faith and practice. Philadelphia (Pa.) 1970. – Typology and early American literature. Hg. v. S. BERCOVITCH. Amherst (Mass.) 1972. – BIRKNER, G.: Heilsgewißheit u. Lit. Metapher, Allegorie u. Autobiogr. im P. Mchn. 1972. – VAUGHAN, A. T.: The Puritan tradition in America 1620–1730. New York 1972. – WHITE, E. E.: Puritan rhetoric. The issue of emotion in religion. Carbondale (Ill.) 1972. – BRUMM, U.: P. u. Lit. in Amerika. Darmst. 1973. – ZIFF, L.: Puritanism in America. New culture in a New World. New York 1973. – BERCOVITCH, S.: The American Puritan imagination. Essays in revaluation. New York 1974. – BERCOVITCH, S.: The Puritan origins of the American self. New Haven (Conn.) 1975. – ELLIOTT, E.: Power and the pulpit in Puritan New England. Princeton (N. J.) 1975. – GALLAGHER, E. J./WERGE, T.: Early Puritan writers. A reference guide. Boston (Mass.) 1976. – Discoveries and Considerations. Essays on early American literature and aesthetics presented to Harold Jantz. Hg. v. C. ISRAEL. Albany (N. Y.) 1976. – EMERSON, E. H.: Puritanism in America 1620–1750. Boston (Mass.) 1977. – Salvation in New England. Selections from the sermons of the first preachers. Hg. v. P. M. JONES u. N. R. JONES. Austin (Tex.) 1977. – BERCOVITCH, S.: The American jeremiad. Madison (Wis.) 1978. – DALY, R.: God's altar. The world and the flesh in Puritan poetry. Berkeley (Calif.) 1978. – ELLIOTT, E.: Puritan influences in American literature. Urbana (Ill.) 1979. – LEVERENZ, D.: The language of Puritan feeling. An exploration in literature, psychology, and social history. New Brunswick (N. J.) 1980. – LOWANCE, M. I., JR.: The language of Canaan. Metaphor and symbol in New England from the Puritans to the transcendentalists. Cambridge (Mass.) 1980. – HAMBRICK-STOWE, C. E.: The practice of piety. Puritan devotional disciplines in seventeenth-century New England. Chapel Hill (N. C.) 1982. – CALDWELL, P.: The Puritan conversion narrative. The beginnings of American expression. Cambridge 1983. – Studies in New England Puritanism. Hg. v. W. HERGET. Ffm. 1983. – SELEMENT, G.: Keepers of the vineyard. The Puritan ministry and collective culture in colonial New England. Lanham (Md.) 1984. – Puritan poets and poetics. Seventeenth-century American poetry in theory and practice. Hg. v. P. WHITE. University Park (Pa.) 1985. – BONOMI, P. U.: Under the cope of heaven. Religion, society, and politics in colonial America. New York 1986. – COHEN, C. L.: God's caress. The psychology of Puritan religious experience. New York 1986. – GURA, P. F.: A glimpse of Sion's glory. Puritan radicalism in New England, 1620–1660. Middletown (Conn.) 1986. – HOWARD, L.: Essays on Puritans and Puritanism. Albuquerque (N.Mex.) 1986. – STOUT, H.: The New England soul. Preaching and religious culture in colonial New England. Oxford 1986. – TOULOUSE, T.: The art of prophesying. New England sermons and the shaping of belief. Athens (Ga.) 1987. – DELBANCO, A.: The Puritan ordeal. Cambridge (Mass.) 1989. – PACKER, J. I.: A quest for godliness. Wheaton (Ill.) 1990.

Puzo, Mario ['pu:zoʊ], * New York 15. Okt. 1920, Schriftsteller italien. Abstammung. – Studium an der Columbia University, Journalist; Verfasser spannender Unterhaltungsromane; schildert in seinem Bestseller *The godfather* (R., 1969; dt. *Der Pate,* 1969; 1972 verfilmt) die Auseinandersetzungen sizilian. Mafiafamilien in New York.

Weitere Werke: The dark arena (R., 1955; dt. Die dunkle Arena, 1976), The fortunate pilgrim (R., 1964; dt. Mamma Lucia, 1970), The godfather papers and other confessions (1972; dt. Die Welt des Paten. Geständnisse des Autors zu Buch und Film, 1972), Inside Las Vegas (R., 1977; dt. Las Vegas. Bekenntnisse eines Spielers, 1977), Fools die (R., 1978; dt. Narren sterben, 1978), The Sicilian (R., 1984; dt. Der Sizilianer, 1986).

Literatur: GREEN, P. B.: The Italian-American novel. Cranbury (N. J.) 1974.

Pynchon, Thomas ['pɪnʃən], * Glen Cove (N. Y.) 8. Mai 1937, Schriftsteller. – Studium an der Cornell University. Zählt mit seinen Romanen zu den bedeutendsten postmodernen Schriftstellern, die die konventionellen Erzählstrukturen durch ein verwirrendes Bezugsnetz von Handlungen und Personen ersetzen. *V.* (1963; dt. 1968) stellt die ergebnislose Suche nach einer geheimnisvollen, in Spionage-kreise verwickelten Frau dar; *The crying of lot 49* (1966; dt. *Die Versteigerung von No. 49,* 1973) zeigt in Umkehrung des Erzählmusters einer Detektivgeschichte die wegen der Informationsflut unmögliche Kommunikation und damit die Unlösbarkeit des gestellten Falls; der das physikal. Gesetz der Entropie mit pessimist. Geschichtskonzeptionen (u. a. von Henry Adams) verbindende Roman *Gravity's rainbow* (1973; dt. *Die Enden der Parabel,* 1981) breitet vor dem Hintergrund der Raketenangriffe auf London im Zweiten Weltkrieg ein wildes Panorama paranoider Ängste und schizophrener Wünsche aus, die in das Destruktionspotential der Technik transponiert sind. Wie die Romane, so sind auch die Kurzgeschichten (*Slow learner,* 1984; dt. *Spätzünder,* 1985) durch eine kulturpessimist. Konzeption gekennzeichnet. Der nach langer Schreibpause veröffentlichte Roman *Vineland* (1990) blickt aus der Figurenperspektive der 80er Jahre zurück auf die ›wilden 60er‹ in Kalifornien.

Weitere Werke: Mortality and mercy in Vienna (Kurzgeschichte, 1976), In the rocket's red glare (Kurzgeschichte, 1986).

Literatur: Mindful pleasures. Essays on T. P. Hg. v. G. Levine. Boston (Mass.) 1976. – Cowart, D.: T. P. The art of allusion. Carbondale (Ill.) u. a. 1980. – Mackey, D. A.: The rainbow quest of T. P. San Bernadino (Calif.) 1980. – Stark, J. O.: P.'s fictions. T. P. and the literature of information. Athens (Ohio) 1980. – Ordnung u. Entropie. Zum Romanwerk von T. P. Hg. v. H. Ickstadt. Rbk. 1981. – Critical articles on T. P. Hg. v. R. Pearce. Boston (Mass.) 1981. – Critical essays on T. P. Hg. v. R. Pearce. Boston (Mass.) 1982. – Tanner, T.: T. P. London 1982. – Cooper, P. L.: Signs and symptoms. T. P. and the contemporary world. Berkeley (Calif.) u. a. 1983. – Hite, M.: Ideas of order in the novels of T. P. Columbus (Ohio) 1983. – Claas, D.: Entgrenztes Spiel. Leserhandlungen in der postmodernen amerikan. Erzählkunst. Barth, P., Barthelme. Wsb. 1984. – T. P. Hg. v. H. Bloom. New York 1986. – Newman, R. D. Understanding T. P. Columbia (S. C.) 1986. – Moore, T.: The style of connectedness. ›Gravity's rainbow‹ and T. P. Columbia (S. C.) 1987. – Seed, D.: The fictional labyrinths of T. P. Iowa City (Iowa) 1988. – Mead, C.: T. P. A bibliography of primary and secondary materials. Elmwood Park (Ill.) 1989. – Eddins, D.: The gnostic P. Bloomington (Ind.) 1990. – Madsen, D. L.: The postmodernist allegories of T. P. Leicester 1991.

R

Rabe, David [reɪb], * Dubuque (Iowa) 10. März 1940, Dramatiker. – Studium am Loras College (Dubuque) und an der Villanova University (Pa.); Militärdienst und Einsatz im Vietnamkrieg (1965–67). R.s Ruf als Dramatiker beruht auf seiner Vietnam-Trilogie (*Sticks and bones,* UA 1969, dt. *Knüppel und Knochen,* 1972; *The basic training of Pavlo Hummel,* 1973; *Streamers,* UA 1976, dt. *Die schreienden Adler,* 1977), in der er in brutalen Szenen und mit drastischer Sprache die Auswirkungen des Kriegs auf das Individuum, seine Familie und schießlich auf die amerikan. Wirklichkeit darstellt. *Hurlyburly* (Dr., 1985) behandelt das Thema der Homosexualität.

Weitere Werke: Nor the bones of birds (Dr., 1970, 1975 u. d. T. The orphan), In the boom boom room (Dr., 1975), Burning (Dr., UA 1974).

Literatur: KING, K.: Ten modern American playwrights. New York 1982. – KOLIN, P. C.: D. R. A stage history and a primary and secondary bibliography. New York 1988.

Ransom, John Crowe ['rænsəm], * Pulaski (Tenn.) 30. April 1888, † Gambier (Ohio) 3. Juli 1974, Lyriker und Kritiker. – Studierte an der Vanderbilt University (Tenn.) und in Oxford, danach Dozent in Vanderbilt (1914–37) und einflußreiches Gründungsmitglied der Gruppe der Southern Agrarians mit der bedeutenden Lyrikzeitschrift *The Fugitive* (1922–25), deren traditionelle, bodenständige Werte die 12 führenden ↑ Fugitives in dem von R. herausgegebenen *I'll take my stand. The South and the agrarian tradition* (1930) manifestierten. R. war ab 1937 Prof. für engl. Literatur am Kenyon College (Ohio), wo er mit der Gründung der Zs. *Kenyon Review* (1939) und dem Standardwerk *The New Criticism* (1941) die Entwicklung dieser werkimmanenten Interpretationsschule entscheidend prägte. Neben seinen literaturkrit. Arbeiten schrieb R. ironisch-desillusionierende Gedichte mit starker Betonung des Gedanklichen.

Weitere Werke: Poems about God (1919), Chills and fever (Ged., 1924), Grace after meat (Ged., 1924), Two gentlemen in bonds (Ged., 1926), God without thunder. An unorthodox defense of orthodoxy (Studie, 1930), The world's body (Studie, 1938), Selected poems (1945, erw. Aufl. 1963, 1969), Poems and essays (1955), Beating the bushes (Essays, 1972).

Ausgabe: Selected essays of J. C. R. Hg. v. T. D. YOUNG u. J. HINDLE. Baton Rouge (La.) 1984. – Selected letters of J. C. R. Hg. v. T. D. YOUNG u. G. CORE. Baton Rouge (La.) 1985.

Literatur: BUFFINGTON, R.: The equilibrist. A study of J. C. R.'s poems, 1916–1963. Nashville (Tenn.) 1967. – J. C. R. Critical essays and a bibliography. Hg. v. T. D. YOUNG. Baton Rouge (La.) 1968. – PARSONS, T. H.: J. C. R. New York 1969. – WILLIAMS, M.: The poetry of J. C. R. New Brunswick (N. J.) 1972. – YOUNG, T. D.: Gentleman in a dustcoat. A biography of J. C. R. Baton Rouge (La.) 1976. – RUBIN, L. D., JR.: The wary Fugitives. Four poets and the South. Baton Rouge (La.) 1978. – YOUNG, T. D.: J. C. R. An annotated bibliography. New York 1982. – QUINLAN, K.: J. C. R.'s secular faith. Baton Rouge (La.) 1989.

Raphaelson, Samson ['ræfeɪəlsn], * New York 30. März 1896, † ebd. 1. Juli 1983, Dramatiker. – Schrieb ab 1925 zahlreiche heitere, teilweise satir. Bühnenstücke und Drehbücher.

Werke: The jazz singer (Dr., 1925), Young love (Dr., 1928), The wooden slipper (Dr., 1933), Accent on love (Dr., 1934; dt. Jung muß man sein, 1949), Skylark (Dr., 1939), Jason (Dr., 1942), The human nature of playwriting (Essays, 1949), Hilda Crane (Dr., 1951, dt. EA 1953).

Literatur: FORDIN, H.: The world of entertainment. New York 1975.

Rawlings, Marjorie [Kinnan] ['rɔ:lɪŋz], * Washington (D. C.) 8. Aug. 1896, † Saint Augustine (Fla.) 14. Dez. 1953, Schriftstellerin. – Journalistin; lebte ab 1928 in Florida, dem Schauplatz der meisten ihrer erfolgreichen Romane. Für den Roman *The yearling* (1938; dt. *Frühling des Lebens,* 1940, 1951 u. d. T. *Jody und Flag*) erhielt sie 1939 den Pulitzerpreis.

Weitere Werke: Golden apples (R., 1935; dt. Neue Heimat Florida, 1940, 1953 u. d. T. Die goldenen Äpfel, 1975 u. d. T. Im dunklen Laub die Goldorangen glühn), Cross Creek (Autobiogr., 1942; dt. Meine Pflanzererlebnisse in Florida, 1944), Jacob's ladder (En., 1950), The sojourner (R., 1953; dt. Der ewige Gast, 1953), The secret river (R., hg. 1955; dt. Der verborgene Fluß, 1956, 1965 u. d. T. Calpurnia läßt die Sonne wieder scheinen).

Ausgabe: The M. R. reader. Hg. v. J. S. BIGHAM. New York 1956.

Literatur: BIGELOW, G. E.: Frontier Eden. The literary career of M. K. R. Gainesville (Fla.) 1966. – BELLMAN, S. I.: M. K. R. New York 1974.

Reed, Ishmael [Scott] [ri:d], * Chattanooga (Tenn.) 22. Febr. 1938, Schriftsteller. – Prof. für Englisch an der University of California in Berkeley. Seine Erzählungen zeigen die Entwicklung der afroamerikan. Erzählkunst von sozialkritisch-naturalist. und realist. zu experimenteller postmoderner Fiktion. Zu den Sujets gehören die Darstellung von Gewalt und Korruption (*The free-lance pallbearers,* R., 1967; *The terrible twos,* R., 1982), die Schilderung der Abenteuer eines schwarzen Cowboys (*Yellow back radio broke-down,* R., 1969), des Schauplatzes schwarzer Kultur in New Orleans und im Harlem der 20er Jahre (*Mumbo Jumbo,* 1972), des schwarzen Protests in Berkeley gegen die moderne Technokratie (*The last days of Louisiana Red,* R., 1974), der Sklaverei nach dem Bürgerkrieg (*Flight to Canada,* R., 1976) sowie der komisch perspektivierten Darstellung der kulturellen Emanzipation schwarzer Frauen (*Reckless eyeballing,* R., 1986). R. schreibt auch Gedichte: *Catechism of neo-american hoodoo church* (1970), *Conjure* (1972), *Chattanooga* (1973), *Secretary to the spirits* (1978) und Essays: *Shrovetide in Old New Orleans* (1978), *God made Alaska for the Indians* (1982).

Weitere Werke: Writin' is fightin'. Thirty-seven years of boxing on paper (Prosa, 1988), The terrible threes (R., 1989).

Literatur: SETTLE, E. A.: I. R. A primary and secondary bibliography. Boston (Mass.) 1982. – Sonderheft ›Review of Contemporary Fiction‹, Jg. 4 (1984), H. 2.

Reiner, Max ['raɪnər], Pseudonym der Schriftstellerin Taylor ↑ Caldwell.

Religion und Literatur. Die Beziehungen zwischen religiösem Leben und der Literatur Amerikas sind vielfältig und lassen sich neben dem Vorkommen allgemeiner religiöser Lebens- und Weltdeutungen und theolog. Themen u. a. in einer augenfälligen Präsenz bibl. Materials in literar. Werken, in der stoffl. Darstellung religiöser Phänomene der amerikan. Geschichte und Gesellschaft und generell in den religiös-kulturellen Entstehungsbedingungen für die Literatur feststellen.

Offenkundig ist der Einfluß des Christentums und die außerordentliche gesellschaftl. und kulturelle Bedeutung der ↑ Bibel bei der Verwendung bibl. Vokabulars in Titeln literar. Werke und beim Bezug auf bibl. Gestalten, Stoffe und Aussagen. Viele Roman-, Gedicht- und Dramentitel verleihen durch ihre Verwendung von Bibelworten den Werken einen interpretationsrelevanten Bezugsrahmen: z. B. M. Connelly, *The green pastures* (1930); T. Wilder, *The skin of our teeth* (1942); W. Faulkner, *Absalom, Absalom!* (1936); J. Steinbeck, *East of Eden* (1952); F. O'Connor, *The violent bear it away* (1960); E. L. Doctorow, *The book of Daniel* (1971). Bibl. Stoffe und Gestalten finden sich in theologisch-didakt. Dichtung (M. Wigglesworth, *The day of doom,* 1662), im historisierenden Roman (L. Wallace, *Ben-Hur,* 1880; L. C. Douglas, *The robe,* 1942) oder aber in stoffl. Transformation in Werken von A. Miller, *The creation of the world and other business* (1972, Schöpfung); A. McLeish, *J. B.* (1958, Hiob); W. Faulkner, *A fable* (1954, Passion); B. Malamud, *God's grace* (1982, Apokalypse).

Die hierin manifestierte Durchdringung der amerikan. Kultur mit mannigfaltigem religiösem, bes. christl. Gedankengut läßt sich historisch erklären. Nach der Besiedlung Virginias durch Anglikaner und der Erschließung Neuenglands durch kongregationalist. Siedler (↑Puritanismus) suchten sich schon bald andere Glaubensgemeinschaften Freiräume in anderen Regionen (1633 – Katholiken in Maryland, 1639 – Baptisten in Rhode Island, 1681 – Quäker in Pennsylvania). Der Puritanismus verlor gegen Ende des 17. Jh. seine beherrschende Rolle, doch unter dem Einfluß des engl. Methodismus (wie ihn George Whitefield [* 1714, † 1770] in Amerika predigte) und des puritan. Geistlichen J. Edwards erlebten weite Teile Neuenglands etwa 1730–50 das sog. ›great awakening‹, eine große interdenominationelle Erweckungsbewegung. Eine zweite derartige Bewegung, das sog. ›great revival‹, fand etwa 1795–1805 in der südwestl. Grenzregion des damaligen Siedlungsgebietes statt, erfaßte in sog. ›camp meetings‹ auch die schwarze Bevölkerung und wurde durch die Siedlerströme weiter nach Westen getragen. Gegenüber dieser oft emotional und individuell geprägten Frömmigkeit entwickelte sich schon vor der Revolution an der Ostküste unter dem Einfluß der europ. Aufklärung und des Deismus der Toleranzgedanke zu einem Prinzip der Gründerväter, das sich im First Amendment der Verfassung niederschlug. In der rationalistisch geprägten Strömung eines theolog. Liberalismus entstanden nach der Revolution die Kirchen der Universalisten und der Unitarier, während die Anglikaner sich als Episkopalkirche amerikanisierten. Das religiöse Leben des 19. und 20. Jh. ist geprägt von geistl. Aufbrüchen (z. B. intensive Endzeiterwartung in den 1830er Jahren, 1845 zur Entstehung der Adventisten führend; Pfingstbewegung um die Jahrhundertwende mit Gründung verschiedener Pfingstkirchen) und vielen z. T. durch die ethn. Herkunft der Einwanderer bedingten Vergrößerungen (z. B. des Luthertums durch Skandinavier und Deutsche und des Katholizismus durch Mexikaner), Abspaltungen (z. B. der Southern Baptist Convention wegen des Sklavereikonflikts) und (Wieder-) Vereinigungen der verschiedenen Denominationen; außerdem durch die Entstehung von spezifisch amerikan. Gruppierungen wie Mormonen (1830), Christian Science (1879) und Zeugen Jehovas (1884), das immigrationsbedingte Auftreten asiat. und die Neubetonung indian. Religionen sowie durch eine Vielzahl alternativer religiöser Bewegungen und Kulte.

Diese für Amerika spezif. Aufsplitterung in eine Vielzahl von Denominationen wird in der Literatur vielfach dokumentiert. Der Kongregationalismus Neuenglands (N. Hawthorne, *The scarlet letter,* 1850, *The house of the seven gables,* 1851; H. B. Stowe, *The minister's wooing,* 1859; A. Miller, *The crucible,* 1953), der Methodismus (E. Eggleston, *The circuit rider,* 1874; H. Frederic, *The damnation of Theron Ware,* 1896), der Presbyterianismus (M. Deland, *John Ward, Preacher,* 1888; E. Glasgow, *Barren ground,* 1925), das Quäkertum (H. Melville, *Moby-Dick,* 1851; T. Dreiser, *The bulwark,* 1946), der Unitarismus (H. Melville, *Pierre,* 1852), das Luthertum (W. Cather, *O pioneers!,* 1913), der Katholizismus (E. O'Neill, *Long day's journey into night,* 1956; W. Cather, *Death comes for the archbishop,* 1926; T. Wilder, *The bridge of San Luis Rey,* 1927; J. E. Powers, *Morte D'Urban,* 1962; Walker Percy, *The Thanatos syndrome,* 1987; Mary Gordon, *Final payments,* 1978, *The company of women,* 1981), die Pfingstkirchen (J. Baldwin, *Go tell it on the mountain,* 1953; F. O'Connor, *The violent bear it away,* 1960); aber auch spezifisch amerikan. Gruppierungen wie die Zeugen Jehovas (T. Dreiser, *An American tragedy,* 1925) und andere Religionen wie das Judentum (B. Malamud, I. B. Singer, S. Bellow, P. Roth, C. Ozick; ↑jüdisch-amerikanische Literatur), fernöstl. Religionen wie der Buddhismus (J. Kerouac, *On the road,* 1957, *Dharma bums,* 1958) und der Zen-Buddhismus (J. D. Salinger), chines. (M. H. Kingston) und indian. (N. S. Momaday) Religionen finden ihren Niederschlag in der Literatur. Dazu lassen sich viele zumeist krit. Schilderungen von denominationsübergreifenden religiösen Phänomenen wie den Erwekkungsbewegungen und Evangelisationsfeldzügen des 19. und 20. Jh. finden – W. D. Howells, *The Leatherwood God,* 1916; S. Lewis, *Elmer Gantry,* 1927; E. Caldwell, *Journeyman,* 1935; W. Faulkner, *Light in August,* 1932; F. O'Connor, *Wise blood,* 1952; J. C. Oates, *Son of the morning,* 1978.

Generell bestehen in Amerika zwischen dem religiösen Klima und der Hemmung bzw. Förderung der Produktion und Rezeption bestimmter literar. Gattungen enge Zusammenhänge, wie sich an dem fast völligen Fehlen fiktionaler Prosa und dramat. Literatur in puritan. Zeit († Puritanismus), aber auch an der durch die sozial orientierte Bewegung des ›social gospel‹ initiierten Herausbildung einer religiösen Belletristik in der zweiten Hälfte des 19. Jh. zeigt.

Literatur: BURR, N. R.: A critical bibliography of religion in America. Princeton (N. J.) 1961. 2 Bde. – Religious perspectives in American culture. Hg. v. J. W. SMITH u. A. L. JAMISON. Princeton (N. J.) 1961. – BRUMM, U.: Die religiöse Typologie im amerikan. Denken. Ihre Bed. für die amerikan. Lit.- u. Geistesgesch. Leiden 1963. – The new Orpheus. Essays toward a Christian poetic. Hg. v. N. A. SCOTT, JR. New York 1964. – GLICKSBERG, C. I.: Modern literature and the death of God. Den Haag 1966. – LIPTZIN, S.: The Jew in American literature. New York 1966. – Adversity and grace. Studies in recent American literature. Hg. v. N. A. SCOTT, JR. Chicago (Ill.) 1968. – FREDERICK, J. T.: The darkened sky. 19th-century American novelists and religion. Notre Dame (Ind.) 1969. – DETWEILER, R.: Four spiritual crises in mid-century American fiction. Freeport (N. Y.) [2]1970. – FERLITA, E.: The theatre of pilgrimage. New York 1971. – KORT, W. A.: Shriven selves. Religious problems in recent American fiction. Philadelphia (Pa.) 1972. – MAY, J. R.: Toward a new earth. Apocalypse in the American novel. Notre Dame (Ind.) 1972. – OPPEL, H.: Die Suche nach Gott in der amerikan. Lit. der Gegenwart. Mainz 1972. – ZIOLKOWSKI, T.: Fictional transfigurations of Jesus. Princeton (N. J.) 1972. – CARY, N. R.: Christian criticism in the twentieth century. Port Washington (N. Y.) 1975. – Religion and modern literature. Essays in theory and criticism. Hg. v. G. B. TENNYSON u. E. E. ERICSON, JR. Grand Rapids (Mich.) 1975. – GILMORE, M. T.: The middle way. Puritanism and ideology in American romantic fiction. New Brunswick (N. J.) 1977. – DE LOS REYES, M. P.: The biblical theme in modern drama. Quezon City 1978. – GUNN, G.: The interpretation of otherness. Literature, religion, and the American imagination. New York 1979. – RYKEN, L.: Triumphs of the imagination. Literature in Christian perspective. Downers Grove (Ill.) 1979. – BLACKMAN, M.: A guide to Jewish themes in American fiction 1940–1980. Metuchen (N. J.) 1981. – REYNOLDS, D. S.: Faith in fiction. The emergence of religious literature in America. Cambridge (Mass.) 1981. – FRYE, N.: The great code. The Bible and literature. New York 1982. – The Bible and American arts and letters. Hg. v. G. GUNN. Philadelphia (Pa.) 1983. – LYTTLE, D.: Studies in religion in early American literature. Lanham (Md.) 1983. – DAVIES, H.: Catching the conscience. Essays in religion and literature. Cambridge (Mass.) 1984. – EDWARDS, M.: Towards a Christian poetics. Grand Rapids (Mich.) 1984. – Images of belief in literature. Hg. v. D. JASPER. New York 1984. – O'CONNOR, L. F.: Religion in the American novel. The search for belief, 1860–1920. Lanham (Md.) 1984. – BRINKMEYER, R. H., JR.: Three Catholic writers of the modern south. Jackson (Miss.) 1985. – FICKEN, C.: God's story and modern literature. Reading fiction in community. Philadelphia (Pa.) 1985. – ROBINSON, D.: American apocalypses. The image of the end of the world in American literature. Baltimore (Md.) 1985. – FORRER, R.: Theodicies in conflict. A dilemma in Puritan ethics and nineteenth-century American literature. New York 1986. – KREUZIGER, F. A.: The religion of science fiction. Bowling Green (Ohio) 1986. – Religion and philosophy in the United States of America. Hg. v. P. FREESE. Essen 1987. 2 Bde. – GORAK, J.: God the artist. American novelists in a post-realist age. Urbana (Ill.) 1987. – TAYLOR, M. C.: Altarity. Chicago 1987. – PATTERSON, D.: The affirming flame. Religion, language, literature. Norman (Okla.) 1988. – WOOD, R. C.: The comedy of redemption. Christian faith in four American novelists. Notre Dame (Ind.) 1988. – WRIGHT, T. R.: Theology and literature. Oxford 1988. – BLOOM, H.: Ruin the sacred truths. Poetry and belief from the Bible to the present. Cambridge (Mass.) 1989. – DETWEILER, R.: Breaking the fall. Religious readings of contemporary fiction. San Francisco 1989. – WRIGHT, R. G.: The social Christian novel. New York 1989. – FRYE, N.: Words with power. New York 1990. – JORSTAD, E.: Holding fast/Pressing on. Religion in America in the 1980s. Westport (Conn.) 1990.

Rexroth, Kenneth ['reksrɑ:θ], * South Bend (Ind.) 22. Dez. 1905, † Santa Barbara (Calif.) 6. Juni 1982, Schriftsteller und abstrakter Maler. – Stand dem Kreis um J. Kerouac (↑Beat generation) nahe und war mit L. Ferlinghetti und A. Ginsberg in den 50er Jahren an der Organisation des San Francisco Poetry Center beteiligt; wandte sich nach imagist. Anfängen mit surrealist. Einflüssen einer strengeren, intellektbetonten Lyrik zu, die sich durch Klangschönheit auszeichnet; daneben Essays und Versdramen; übersetzte japan., chines., griech., lat. und span. Dichtung.

Werke: In what hour (Ged., 1940), The phoenix and the tortoise (Ged., 1944), The signature of all things (Ged., 1950), Beyond the mountains (Vers-Dr., 1951), The dragon and the unicorn (Ged., 1952), In defence of the earth (Ged., 1956), Bird in the bush (Essays, 1959), Assays (Essays, 1961), An autobiographical novel (1966), The heart's garden, the garden's heart (Ged., 1967), The collected shorter poems of K. R. (1967; dt. Fallende Blätter, früher Schnee. 10 Ged., 1988), The collected longer poems (1968), With eye and ear (Studie, 1970), The alternative society (Essays, 1970), American poetry in the twentieth century (Studie, 1971), New poems (1974), The morning star (Ged. u. Übersetzungen, 1979), Excerpts from a life (Autobiogr., 1981).

Ausgaben: The R. reader. Hg. v. E. MOTTRAM. London 1972. – K. R. Selected poems. Hg. v. B. MORROW. New York 1984. – K. R. and James Laughlin. Selected letters. Hg. v. L. BARTLETT. New York 1991.

Literatur: GIBSON, M.: K. R. New York 1972. – FERLINGHETTI, L./PETERS, N. J.: Literary San Francisco. San Francisco 1980. – BARTLETT, L.: K. R. Boise (Id.) 1988. – HAMALIAN, L.: A life of K. R. New York 1991.

Reznikoff, Charles ['reznɪkəf], * Brooklyn (N. Y.) 31. Aug. 1894, † New York 22. Jan. 1976, Lyriker. – R. wandte sich nach dem Jurastudium an der New York University und der Tätigkeit als Verkäufer im elterl. Geschäft der Schriftstellerei zu. In seinen oft autobiographisch geprägten Gedichten thematisierte er seine Jugend im jüd. Getto der vor den zarist. Pogromen geflohenen osteurop. Einwanderer in New York, antisemit. Erfahrungen im Großstadtleben, vorschnelle Assimilation an die amerikan. Kultur, die Wiederentdekkung des jüd. Glaubens und die Leidensgeschichte der Juden. Getreu der faktenorientierten Analyse jurist. Praxis wertete er Quellenmaterial der Immigrationsgesch. und der Nürnberger Prozesse für seine beiden Hauptwerke, den langen Gedichtzyklus *Testimony. The United States, 1885–1915* (verfaßt 1934–76, veröffentlicht 1978–79, 2 Bde.) und *Holocaust* (1975), aus. R. gehörte zus. mit George Oppen (* 1908, † 1984) und L. Zukofsky zu der von E. Pound geschätzten und u. a. auch von W. C. Williams vertretenen ›objectivist school‹ der amerikan. ↑Lyrik in den 30er Jahren, die, ausgehend von einem konkreten Objekt, den Prozeß der dichter. Imagination assoziativ beschreibt und die Gegenwartslyrik beeinflußt hat. Schrieb auch Dramen und autobiograph. Romane (*By the waters of Manhattan,* 1930; *The manner ›music‹,* 1977).

Weitere Werke: Uriel Acosta. A play and a fourth group of verse (1921), Coral, and a captive Israel (Dr., 1923), Separate way (Ged., 1936), The lionhearted (R., 1944), Inscriptions, 1944–56 (Ged., 1959).

Ausgaben: By the well of living and seeing. New & selected poems, 1918–73. Hg. v. S. COONEY. Los Angeles 1974. – The complete poems of C. R. Hg. v. S. COONEY. Santa Barbara (Calif.) 1976–79. 2 Bde. Nachdr. in 1 Bd. Santa Rosa (Calif.) 1989.

Literatur: HINDUS, M.: C. R. A critical essay. Santa Barbara (Calif.) 1977. – C. R. Man and poet. Hg. v. M. HINDUS. Orono (Maine) 1984.

Rice, Elmer L. [raɪs], eigtl. E. Reizenstein, * New York 28. Sept. 1892, † Southampton (Großbritannien) 8. Mai 1967, Schriftsteller. – Sohn dt.-jüd. Einwanderer; Jurastudium, dann Dramatiker; das in seinen Dramen deutl. Engagement für soziale Gerechtigkeit und pazifist. Ideen äußerte sich v. a. während der Depressionszeit, als er das von der Work Projects Administration F. D. Roosevelts (* 1882, † 1945) initiierte ›Federal Theatre Project‹ (1935–39) für arbeitslose Theaterleute anfänglich mitgestaltete. R. trat zurück, als die ersten der von ihm mitgeplanten, aktuelle polit. Themen aufgreifenden Theatermontagen (*Ethiopia,* 1936) des Agitproptheaters ›Living Newspaper‹ abgesetzt wurden. 1937 gründete er zus. mit M. Anderson, R. Sherwood, S. Howard und S. N. Behrman die ›Playwrights Company‹. Seine Stücke zeichnen sich durch Vielfalt der Ausdrucksmöglichkeiten aus: expressionist. Stilmittel in dem Drama *The adding machine* (1923; dt. *Die Rechenmaschine,* 1946), naturalist. in seinen sozialkrit. Dramen *Street scene* (Dr., 1929; dt. *Straßenszenen,* 1930; Pulitzerpreis 1929; 1947 als Musical mit Kurt Weill und L. Hughes); verwendete auch Stilmischungen und die Technik der Rückblende (erstmals in *On trial,* 1914; dt. *Unter Anklage,* 1960). R. schrieb auch Romane, u. a. *Imperial city* (1937; dt. *Menschen am Broadway,* 1952).

Weitere Werke: Counsellor-at-law (Dr., 1931; dt. Der Rechtsanwalt, 1960), We, the people (Dr., 1933), Judgment day (Dr., 1934), Two on an island (Dr., 1940; dt. Zwei in Manhattan, 1960), Dream girl (Dr., 1945; dt. Das träumende Mädchen, 1949), The show must go on (R., 1949; dt. Das Spiel geht weiter, 1951), The grand tour (Dr. 1952; dt. Die große Reise, 1960), The winner (Dr., 1954; dt. Die Beklagte, 1954), The living theatre (Essays, 1959), Minority report (Autobiogr., 1963), Love among the ruins (Dr., 1963).

Literatur: HOGAN, R.: The independence of E. R. Carbondale (Ill.) 1965. – DURHAM, F.: E. R. New York 1970. – PALMIERI, A. F.: E. R. A plawright's vision of America. Rutherford (N. J.) u. a. 1980.

Rich, Adrienne [Cecile] [rɪtʃ], * Baltimore (Md.) 16. Mai 1929, Lyrikerin. – Unterrichtete u. a. an der Cornell University in Ithaca (N. Y.) und der Stanford University; lebt heute in Kalifornien. Formal beeinflußt von W. H. Auden und W. B. Yeats, thematisiert R. v. a. die Stellung der in der Männergesellschaft unterdrückten Frau, wobei sie u. a. in dem Essay *When we dead awaken. Writing as revision* (1971) den von ihr empfundenen, von der Gesellschaft auferlegten Widerspruch zwischen den Rollen der Frau und der Dichterin hervorhebt. Schon in den 60er Jahren setzt sie sich für feminist. Ziele ein, wird aber erst mit der die vom Mann unabhängige Identität der Frau suchenden Gedichtsammlung *Diving into the wreck* (1973) zu einer Leitfigur der Frauenbewegung. Auch in ihren späteren, ebenfalls autobiograph. Essays und Gedichten hebt sie die enge Beziehung zwischen der realen, auch körperl. Erfahrung als Frau und dem Schreiben als Frau hervor. In *Of woman born. Motherhood as experience and institution* (Essays, 1976; dt. *Von Frauen geboren. Mutterschaft als Erfahrung und Institution,* 1979) bringt sie das Konzept der Mutterschaft in die feminist. Debatte ein, indem sie zwischen einer patriarchal. Institutionalisierung und der eigentl. Erfahrung unterscheidet. Tritt auch für lesb. Lebensformen ein (*It is the lesbian in us,* Essay, 1976; *Compulsory heterosexuality and lesbian existence,* Essay, 1981).

Weitere Werke: A change of world (Ged., 1951), The diamond cutters (Ged., 1955), Snapshots of a daughter-in-law (Ged., 1963), Necessities of life (Ged., 1966), Selected poems (1967), Leaflets (Ged., 1969), The will to change (Ged., 1971), Poems selected and new 1950–1974 (1975), On lies, secrets, and silence. Selected prose 1966–78 (1978), The dream of a common language (Ged., 1978; dt. Der Traum einer gemeinsamen Sprache, 1982), A wild patience has taken me this far (Ged., 1981), Sources (Ged., 1983), The fact of a doorframe. Poems selected and new 1950–1984 (1984), Blood, bread, and poetry. Selected prose, 1979–1985 (1986), Your native land, your life (Ged., 1986), Time's power. Poems, 1985–1988 (1989), Um die Freiheit schreiben. Beiträge zur Frauenbewegung (dt. Ausw. 1990), An atlas of the difficult world. Poems 1988–1991 (1991).

Ausgabe: Macht und Sinnlichkeit. Ausgew. Texte von A. R. u. Audre Lorde. Hg. v. D. SCHULZ. Bln. 1983.

Literatur: A R.'s poetry. Hg. v. B. C. GELPI u. A. GELPI. New York 1975. – MARTIN, W.: An American triptych. Anne Bradstreet, Emily Dickinson, A. R. Chapel Hill (N. C.) 1983. – Reading A. R. Hg. v. J. R. COOPER. Ann Arbor (Mich.) 1984. – DÍAZ-DIOCARETZ, M.: The transforming power of language. The poetry of A. R. Utrecht 1984. – DÍAZ-DIOCARETZ, M.: Translating poetic discourse. Questions on feminist strategies in A. R. Amsterdam 1985. – MARKEY, J.: A new tradition of poetry? A study of Sylvia

Plath, Anne Sexton, A. R. Ffm. 1985. – BENNETT, P.: My life a loaded gun. Female creativity and feminist poetics. Boston (Mass.) 1986. – KEYES, C.: The aesthetics of power. The poetry of A. R. Athens (Ga.) u. a. 1986. – WERNER, C.: A. R. The poet and her critics. Chicago (Ill.) 1988. – REICHARDT, U.: Innenansichten der Postmoderne. Zur Dichtung John Ashberys, A. R. Ammons, Denise Levertovs und A. R.s. Wzb. 1991.

Richardson, Jack [Carter] ['rɪtʃərdsn], * New York 18. Febr. 1935, Schriftsteller. – Begann während seines Militärdienstes in München mit dem Schreiben von Offiziersbiographien und trat 1960 mit seinem Drama *The prodigal,* einer modernen, den Konflikt zw. polit. Abstinenz und sozialer Verantwortung thematisierenden Bearbeitung des Orest-Stoffes, an die Öffentlichkeit. Einen weiteren Erfolg am ↑Off-Broadway hatte er 1961 mit der zweiteiligen Tragikomödie *Gallows humor.* R.s formal am modernen frz. Drama ausgerichtete und sprachlich wie intellektuell präzise Stücke beschreiben unter Bezug auf klass. Stoffe und Konventionen Menschen in existentiellen Entscheidungen zwischen gegensätzl. Kräften wie Individuum und Gesellschaft, Chaos und Ordnung, Illusion und Realität. R. schrieb einen Roman (*The prison life of Harris Filmore,* 1961; dt. *Die schönen Gefängnisjahre des Harris Filmore,* 1964) sowie zahlreiche Essays und arbeitete auch als Schauspieler.
Weitere Werke: Xmas in Las Vegas (Dr., 1966), Juan Feldman (Dr., 1968), Lorenzo (Dr., UA 1963), As happy as kings (Dr., UA 1968), Memoir of a gambler (Autobiogr., 1979).

Richter, Conrad [Michael] ['rɪktər], * Pine Grove (Pa.) 13. Okt. 1890, † Pottsville (Pa.) 30. Okt. 1968, Schriftsteller. – War Reporter, dann freier Schriftsteller, der lange im Staat New Mexico lebte; schildert in der Tradition J. F. Coopers und W. Cathers das Leben amerikan. Siedler an der Frontier in Romanen und Kurzgeschichten, deren Schauplatz oft der Südwesten ist (*Early Americana,* Kurzgeschichten, 1936; dt. *Rauch über der Prärie,* 1950). In der u. d. T. *The awakening land* (1966; *The trees,* 1940, *The fields,* 1946, dt. 1 Bd.: *Das Mädchen Sayward,* 1948; *The town,* 1950, dt. *Die Stadt,* 1952; Pulitzerpreis 1951) veröffentlichten Romantrilogie verfolgt R. das Schicksal einer Pioniersfamilie in Ohio vom 18. Jh. über den Bürgerkrieg bis zum Beginn des modernen Industriestaats im 20. Jh.
Weitere Werke: The mountain on the desert (Essays, 1955), The waters of Kronos (R., 1960), A simple honorable man (R., 1962), A country of strangers (R., 1966), The aristocrat (R., 1968).
Literatur: BARNES, R. J.: C. R. Austin (Tex.) 1968. – EDWARDS, C. D.: C. R.'s Ohio trilogy. Its ideas, themes, and relationship to literary tradition. Paris u. a. 1970. – LAHOOD, M. J.: C. R.'s America. The Hague u. a. 1975. – RICHTER, H.: Writing to survive. The private notebooks of C. R. Albuquerque (N.Mex.) 1988. – GASTON, E. W., JR.: C. R. Neuaufl. New York 1989.

Riding, Laura ['raɪdɪŋ], eigtl. L. [R.] Jackson, * New York 16. Jan. 1901, † Sebastian (Fla.) 2. Sept. 1991, Schriftstellerin. – Nach kurzem Kontakt mit den ↑Fugitives lebte R. 1925–39 in England und auf Mallorca, wo sie in Zusammenarbeit mit R. Graves u. a. *A survey of modernist poetry* (1927) verfaßte. R. wurde v. a. durch ihre intellektbetonte, durch Genauigkeit der Diktion gekennzeichnete Lyrik bekannt; daneben schrieb sie Essays, Kurzgeschichten und den Roman *A Trojan ending* (1937). Nach ihrer Heirat mit dem Literaturkritiker Schuyler B. Jackson (* 1900, † 1968) 1941 widmete sich R. semant. Sprachstudien (*The telling,* 1972; *Descriptions of life,* 1980; *Some communications of broad reference,* 1983).
Weitere Werke: Poems. A joking word (1930), Experts are puzzled (Essays u. Kurzgeschichten, 1930), Laura and Francisca (Ged., 1931), Poet. A lying word (Ged., 1933), Progress of stories (Kurzgeschichten u. Essays, 1935), Collected poems (1938; erw. Fassung 1980 u. d. T. The poems of L. R.), Lives of wives (Kurzgeschichten, 1939), Selected poems (1970).
Literatur: WEXLER, J. P.: R.'s pursuit of truth. Athens (Ohio) 1979. – WEXLER, J. P.: L. R. A bibliography. New York 1981. – ADAMS, B. B.: The enemy self. Poetry and criticism of L. R. Ann Arbor (Mich.) 1990.

Riley, James Whitcomb ['raɪli], * Greenfield (Ind.) 7. Okt. 1849, † Indianapolis

22. Juli 1916, Schriftsteller. – Lernte auf zahlreichen Wanderungen und Reisen seinen Heimatstaat Indiana kennen. Seine unter dem Pseudonym Benj. F. Johnson of Boone im *Indianapolis Journal* (1877–85) veröffentlichten humorist. Dialektgedichte, die das Leben der ländl. Bevölkerung Indianas schildern, sind ein bed. Beitrag zur Regionalliteratur des Mittelwestens.

Werke: The old swimmin'-hole and 'leven more poems (1883, rev. 1891 u. d. T. Neighborly poems), Childhood rhymes (1890), Poems here at home (1893), A child-world (Ged., 1896), Home folks (Ged., 1900).

Ausgaben: The complete works of J. W. R. Hg. v. E. H. EITEL. Indianapolis (Ind.) 1913. 6 Bde. Nachdr. New York 1974. – Letters of J. W. R. Hg. v. W. L. PHELPS. Indianapolis (Ind.) 1930. Nachdr. New York 1973.

Literatur: RUSSO, A. J./RUSSO, D. R.: A bibliography of R. Indianapolis (Ind.) 1944. – NOLAN, J. C./GREGORY, H./FARRELL, J. T.: Poet of the people. An evaluation of J. W. R. Bloomington (Ind.) 1951. – CROWDER, R.: Those innocent years. The legacy and inheritance of a hero of the Victorian era. Indianapolis (Ind.) 1957. – REVELL, P.: R. New York 1970.

Ripley, George ['rɪpli], * Greenfield (Mass.) 3. Okt. 1802, † New York 4. Juli 1880, Schriftsteller und Reformer. – War unitar. Geistlicher (1826–41) in Boston. Durch seine Vertrautheit mit der dt. idealist. Philosophie, die er in Übersetzungen zus. mit Frederic Henry Hedge (* 1805, † 1890) herausgab (*Specimens of foreign standard literature,* 14 Bde., 1838–42), und durch seine darauf aufbauenden liberalen Ideen geriet er in Widerspruch zur religiösen Lehrmeinung (*Discourses on the philosophy of religion,* 1836) und wurde zu einem der führenden Transzendentalisten (↑ Transzendentalismus); Gründungsmitglied des Transcendental Club (1836), dessen Zs. *The Dial* er mitbetreute (1840–44); gab 1841 sein geistl. Amt auf und übernahm die Leitung der Kommune ↑ Brook Farm, wo er die Zs. *The Harbinger* (1845–49) edierte. R. war einflußreicher Kritiker der *New York Tribune* (1849–80) und gab bed. enzyklopäd. Werke heraus (*A handbook of literature and the fine arts,* 1852, mit B. Taylor; *The new American cyclopaedia,* 16 Bde., 1858–63; Neuausg. 1883–84 u. d. T. *The American cyclopaedia,* mit Charles Anderson Dana [* 1819, † 1897]).

Literatur: CROWE, C.: G. R. Transcendentalist and utopian socialist. Athens (Ga.) 1967. – GOLEMBA, H. L.: G. R. Boston (Mass.) 1977. – Critical essays on American transcendentalism. Hg. v. P. F. GURA u. J. MYERSON. Boston (Mass.) 1982.

Robbins, Harold ['rɑːbɪnz], eigtl. H. Rubin, * New York 21. Mai 1912, Schriftsteller. – Autor von Bestsellerromanen, die meist in Kreisen der amerikan. Wirtschafts- und Finanzwelt spielen und aktuelle Probleme des amerikan. Lebens behandeln.

Werke: Never love a stranger (R., 1948; dt. Die Wilden, 1968), The dream merchants (R., 1949; dt. Die Traumfabrik, 1951 u. 1966), A stone for Danny Fisher (R., 1952; dt. Einen Stein für Danny Fisher, 1959, 1988 u. d. T. Die Gnadenlosen), Stiletto (R., 1960; dt. 1967, 1970 u. d. T. Die Profis), The carpetbaggers (R., 1961; dt. Die Unersättlichen, 1963), The adventurers (R., 1966; dt. Die Playboys, 1967), The inheritors (R., 1969; dt. Die Bosse, 1970), The betsy (R., 1971; dt. Der Clan, 1972), The pirate (R., 1974; dt. Der Pirat, 1975), Memories of another day (R., 1980; dt. Die Aufsteiger, 1980), Spellbinder (R., 1982; dt. Der Seelenfänger, 1983), Descent from Xanadu (R., 1984; dt. Die Unsterblichen, 1984), The storyteller (R., 1985; dt. Hollywood, 1986).

Robbins, Tom ['rɑːbɪnz], eigtl. Thomas Eugene, * Blowing Rock (N. C.) 22. Juli 1936, Schriftsteller. – Nahm am Koreakrieg teil; Journalist. R. gilt als Kultfigur des literar. Underground; die surrealen Ereignisse seiner Romane stellen ihn neben Romanciers wie J. D. Salinger und T. Pynchon und zielen in ihrer Kritik auf Institutionen wie FBI und CIA sowie die Kirche (*Another roadside attraction,* 1971; dt. *Ein Platz für Hot Dogs,* 1987), führen exzentr. Figuren auf einer von Frauen geführten Ranch im Westen zusammen (*Even cowgirls get the blues,* 1976; dt. *Sogar Cowgirls kriegen mal Blues,* 1981, 1983 u. d. T. *Sissy – Schicksalsjahre einer Tramperin*), bieten Reflexionen über die Dauer der Liebe (*Still life with woodpecker,* 1980; dt. *Buntspecht. So was wie eine Liebesgeschichte,* 1983) und über ein durch Blütenduft bestimmtes Bewußtsein (*Jitterbug perfume,* 1984; dt. *Pan Aroma,* 1985).

Weiteres Werk: Skinny legs & all (R., 1990).

Literatur: SIEGEL, M.: T. R. Boise (Id.) 1980.

Roberts, Elizabeth Madox ['rɑ:bərts], * Perryville bei Springfield (Ky.) 30. Okt. 1881, † Orlando (Fla.) 13. März 1941, Schriftstellerin. – Schilderte in den meist in ihrer Heimat Kentucky spielenden Romanen realistisch das Leben der Farmer und Bergbauern; schrieb auch Gedichte.

Werke: The time of man (R., 1926; dt. Seit Menschengedenken, 1928), The great meadow (R., 1930; dt. Kentucky, große Weide, 1938), Song in the meadow (Ged., 1940), Not by strange gods (Kurzgeschichten, 1941).

Literatur: ROVIT, E.: Herald to chaos. The novels of E. M. R. Lexington (Ky.) 1960. – MCDOWELL, F. P. W.: E. M. R. New York 1963.

Roberts, Kenneth Lewis ['rɑ:bərts], * Kennebunk (Maine) 8. Dez. 1885, † Kennebunkport (Maine) 21. Juli 1957, Schriftsteller. – Studierte an der Cornell University in Ithaca (N. Y.); Journalist. Schrieb nach genauen Quellenstudien histor. Romane über abenteuerl. Episoden der amerikan. Geschichte, von denen *Northwest passage* (2 Bde., 1936/37; dt. *Nordwest-Passage,* 1938) am bekanntesten wurde.

Weitere Werke: Arundel (R., 1930; dt. 1936), The lively lady (R., 1931; dt. Die muntere Lady, 1952), Rabble in arms (R., 1933; dt. Volk in Waffen, 1936), Captain Caution (R., 1934; dt. Kapitän Marvin, 1950), Oliver Wiswell (R., 1940; dt. 1941), Lydia Bailey (R., 1947; dt. 1948), I wanted to write (Autobiogr., 1949), Boon Island (R., 1956; dt. Die Gnadeninsel, 1960), Water unlimited (R., 1957).

Literatur: MURPHY, P.: K. L. R. A bibliography. Portland (Maine) 1975. – HARRIS, J.: A century of American history in fiction. K. R.'s novels. New York 1976.

Robinson, Edwin Arlington ['rɑ:bɪnsn], * Head Tide (Maine) 22. Dez. 1869, † New York 6. April 1935, Lyriker. – Neben R. L. Frost der bedeutendste amerikan. Lyriker zu Beginn des 20. Jh. Seine psycholog. Gedankenlyrik kreist um das Thema der trag. Verlassenheit des Menschen in einer chaot. Welt. Seine z. T. bitter-kom. Porträts – meist von Menschen in der Stadt – offenbaren trotz ihrer Herbheit soziales Mitgefühl. Die Verbundenheit R.s mit der europ. Tradition zeigt das dreiteilige Versepos mit Stoffen aus der Artussage: *Merlin* (1917), *Lancelot* (1920) und *Tristram* (1927; Pulitzerpreis 1928).

Weitere Werke: The torrent and the night before (Ged., 1896), The man against the sky (Ged., 1916), Collected poems (1921; Pulitzerpreis 1922), The man who died twice (Vers-E., 1924; Pulitzerpreis 1925), Sonnets 1889–1927 (1928), The glory of the nightingales (Vers-E., 1930), Amaranth (Vers-E., 1934), King Jasper (Vers-E., 1935).

Ausgaben: E. A. R. Selected letters. Hg. v. R. TORRENCE. New York 1940. Nachdr. 1980. – Selected early poems and letters. Hg. v. C. T. DAVIS. New York 1960. – Selected poems. Hg. v. D. ZABEL. New York 1965. – E. A. R. Uncollected poems and prose. Hg. v. R. CARY. Waterville (Maine) 1975.

Literatur: BARNARD, E.: E. A. R. A critical study. New York 1952. – ROBINSON, W. R.: E. A. R. A poetry of the act. Cleveland (Ohio) 1967. – ANDERSON, W. L.: E. A. R. A critical introduction. Cambridge (Mass.) 1968. – E. A. R. Centenary essays. Hg. v. E. BARNARD. Athens (Ga.) 1969. – Appreciation of E. A. R. Hg. v. R. CARY. Waterville (Maine) 1969. – COXE, L. O.: E. A. R. The life of poetry. New York 1969. – E. A. R. A collection of critical essays. Hg. v. F. MURPHY. Englewood Cliffs (N. J.) 1970. – VAN DOREN, M.: E. A. R. New York 1975. – BOSWELL, J.: E. A. R. and the critics. A bibliography of secondary sources with selective annotations. Metuchen (N. J.) 1988. – E. A. R. Hg. v. H. BLOOM. New York 1988.

Robinson, Henry Morton ['rɑ:bɪnsn], * Boston (Mass.) 7. Sept. 1898, † New York 13. Jan. 1961, Schriftsteller. – Studierte und lehrte an der Columbia University in New York; 1935–48 Chefredakteur von *Reader's Digest;* bes. erfolgreich mit dem Roman um einen einfachen Priester, der die Kardinalswürde erlangt, *The cardinal* (1950; dt. *Der Kardinal,* 1950), einer realitätsgetreuen Darstellung des Katholizismus in den USA.

Weitere Werke: The perfect round (R., 1945; dt. Das geschlossene Rund, 1963), The great snow (R., 1947; dt. In den Schnee geschrieben, 1957), Water of life (R., 1960; dt. Wasser des Lebens, 1961, 1970 u. d. T. Der Whisky-König, 1972 u. d. T. Der Whisky-Baron).

Roethke, Theodore ['retkə], * Saginaw (Mich.) 25. Mai 1908, † Bainbridge Island (Wash.) 1. Aug. 1963, Lyriker. – Ab 1947 Prof. für Anglistik an der Washington University in Seattle; schrieb zunächst von W. Whitman beeinflußte Naturgedichte (*The lost son,* 1948; *Praise to the end!,* 1951; *The waking. Poems 1933–53,* 1953; Pulitzerpreis 1954); spätere, von W. Blake und W. B. Yeats beeinflußte Gedichte betonen das Thema der Liebe und erschließen angesichts des Todes geistige Dimensionen der menschl. Existenz (*Words for the wind,* 1958; *The far field,* hg. 1964).

Weitere Werke: Open house (Ged., 1941), The exorcism (Ged., 1957), I am! Says the lamb (Kinderged., 1961), Party at the zoo (Kinderged., 1961), Sequence, sometimes metaphysical (Ged., 1963).

Ausgaben: Collected poems. Garden City (N. Y.) 1966. – T. R. Selected letters. Hg. v. R. J. MILLS. Seattle (Wash.) 1968. – Selected poems. Hg. v. B. ROETHKE. London 1969. – Straw for the fire. From the notebooks of T. R. 1943–63. Hg. v. D. WAGONER. Garden City (N. Y.) 1972. – T. R. On the poet and his craft. Selected prose. Hg. v. R. J. MILLS. Seattle (Wash.) [4]1974.

Literatur: T. R. Essays on the poetry. Hg. v. A. STEIN. Seattle (Wash.) 1965. – SEAGER, A.: The glass house. The life of T. R. New York 1968. Neuaufl. Ann Arbor (Mich.) 1990. – MALKOFF, K.: T. R. An introduction to the poetry. New York [3]1971. – A concordance to the poems of T. R. Hg. v. G. LANE. Metuchen (N. Y.) 1972. – BLESSING, R. A.: T. R.'s dynamic vision. Bloomington (Ind.) 1974. – LABELLE, J.: The echoing wood of T. R. Princeton (N. J.) 1976. – MOUL, K. R.: T. R.'s career. An annotated bibliography. Boston (Mass.) 1977. – PARINI, J.: T. R. An American romantic. Amherst (Mass.) 1979. – CHANEY, N.: T. R. The poetics of wonder. Lanham (Md.) 1981. – WOLFF, G.: T. R. Boston (Mass.) 1981. – SCHWEIZER, H.: ›I was never his son, not I‹. The poetry of T. R. Bern u. a. 1985. – STIFFLER, R.: T. R. The poet and his critics. Chicago (Ill.) 1986. – KALAIDJIAN, W. B.: Understanding T. R. Columbia (S. C.) 1987. – T. R. Hg. v. H. BLOOM. New York 1988. – BALAKIAN, P.: T. R.'s far fields. The evolution of his poetry. Baton Rouge (La.) 1989.

Roman, die aufgrund der puritan. Ablehnung fiktionaler Unterhaltungsliteratur sowie durch dominante, ohne amerikan. Copyright-Gesetz ungehindert verbreitete europ. Vorbilder erst in der zweiten Hälfte des 18. Jh. entwickelte, heute produktivste Literaturgattung in den USA.

Obwohl Reiseberichte, Beschreibungen von Fauna und Flora, Schilderungen erster Kontakte von Entdeckern und ersten Siedlern mit Indianern sowie autobiograph. Selbsterforschung (↑ Autobiographie) und historiograph. Darstellungen der Puritaner (↑ Puritanismus) im weitesten Sinne als Vorstufen einer amerikan. Erzählliteratur gelten können, beginnt die eigtl. Romanproduktion erst mit der polit. Unabhängigkeit und der demokrat. Verfassung der amerikan. Nation. In den ständig zunehmenden Beispielen amerikan. Romankunst wirkt der Einfluß bes. der engl. Romane des 17. und 18. Jh. bis in die Mitte des 19. Jh. modellbildend, wobei europ. Romanstrukturen wie der pikareske, der sentimentale und v. a. der got. Roman allmählich mit amerikan. Inhalten bezüglich des Schauplatzes der Wildnis, der polit. Thematik der Revolutionskriege und der amerikan. Demokratie gefüllt werden. Als erster amerikan. Roman gilt der zunächst Sarah Wentworth Morton (* 1759, † 1846) zugeschriebene, Inzest und Selbstmord in deren Familie behandelnde, romanzenhafte Briefroman W. H. Browns, *The power of sympathy* (1789). Pikareske Elemente des Schelmen- und Abenteuerromans liegen der die Sklaverei thematisierenden fiktiven Autobiographie des Dr. Underhill in R. Tylers *The Algerine captive* (1797) zugrunde, ebenso wie der sich an *Don Quijote* anlehnenden satir. Schilderung amerikan. Verhaltensweisen in H. H. Brackenridges *Modern chivalry* (1792–97, 4 Tle., erw. 1805 u. 1815), mit dem didakt. Ziel der Durchsetzung demokrat. Prinzipien in der jungen Nation. Über die Änderung des ›setting‹ hinaus wird die Amerikanisierung europ. Strukturmodelle weiter geführt durch C. B. Browns Psychologisierung des engl. Schauerromans in dem die fatalen Auswirkungen religiösen Wahns beschreibenden, als Briefroman konzipierten *Wieland* (1798) sowie durch J. F. Coopers Transformierung von W. Scotts histor. Roman in dem die Auseinandersetzungen zw. Engländern und Amerikanern im Unabhängigkeitskrieg heroisierenden *The spy* (1821) bzw. dem den Konflikt zw. Wildnis und Zivilisation an der Frontier mythisierenden R.zyklus der *Leather-stocking tales* (1823–41, 5 Tle.). Realistischere Varianten dieser Grenzerromane finden sich bei J. P. Kennedy (*Horse-shoe Robinson,* 1835). Die letzte Stufe der Amerikanisierung des R.s besteht in der Aufnahme autobiograph. und nationaler Elemente in das Romangeschehen, so in Coopers Seeromanen (*The pilot,* 1923; *Afloat and ashore,* 1844) und in der seinen aristokrat. Standpunkt spiegelnden Littlepage-Trilogie (*Satanstoe,* 1845; *The chainbearer,* 1845; *The redskins,* 1846), in N. Hawthornes *Custom-house*-Vorwort zu *The scarlet letter* (1850) und dem seine Erlebnisse auf der ↑Brook Farm verarbeitenden *The Blithedale romance* (1852) sowie in H. Melvilles Seeromanen (*Typee,* 1846; *Omoo,* 1847; *Mardi,* 1849; *Redburn,* 1849; *White-jacket,* 1850). Mitte des 19. Jh. ist mit den die puritan. Geschichte aus persönl. Verstrickung aufarbeitenden R.en Hawthornes (*The scarlet letter,* 1850; *The house of the seven gables,* 1851) und dem in Melvilles *Moby-Dick* (1851) symbolisierten Kampf mit dem Bösen eine eigenständige amerikan. R.gattung entstanden und eine erste Blütezeit erreicht. Die bislang ausgebildeten Formen des Geschichts-, Grenzer- und Seeromans (R. H. Dana, E. A. Poe, J. P. Kennedy, W. G. Simms) erscheinen bei Hawthorne und Melville zu einer neuen amerikan. Form amalgamiert, die Hawthorne im Vorwort zu *The house of the seven gables* im Unterschied zur ›novel‹ als ›romance‹ bezeichnet. Während erstere um faktisch genaue, realist. Darstellung des Alltagsgeschehens bemüht sei, ziele die der Imagination des Schriftstellers größere Gestaltungsmöglichkeiten einräumende ›romance‹ auf die Erfassung der Wahrheit des menschl. Herzens. Diese im Gegensatz zum sozialkrit. R. (etwa C. Dickens') stehende allegorisierende und symbolisierende Darstellungsweise, die vom allgemeinen Lesepublikum nur wenig geschätzt wurde, wurde zur Voraussetzung des modernen Romans.

Mitte des 19. Jh. machten sich auch die von Hawthorne als ›scribbling women‹ bezeichneten Schriftstellerinnen nachhaltig bemerkbar (↑Frauenliteratur), die, aufbauend auf C. M. Sedgwicks häuslich-sentimentalen Erzählungen (*A New England tale,* 1822; *Married or single?,* 1857), den sentimentalen R. popularisierten und zur Darstellung von Frauenproblemen und moral. Anliegen nutzten (E. D. E. N. Southworth, L. M. Alcott). Das bekannteste Beispiel dieses Genres ist H. B. Stowes *Uncle Tom's cabin* (1852). Als Reaktion auf die zunehmende, schon von H. D. Thoreau in *Walden* (1854) kritisierte materialist. Entwicklung des Landes und bes. durch das Trauma des Bürgerkriegs wurde der nun eigenständige amerikan. R. sozialkritisch und damit realistisch. Einerseits setzten sich die Romanciers mit der durch Industrialisierung und Bürgerkrieg geschaffenen neuen ökonom. Wirklichkeit auseinander, so in dem von C. D. Warner und Mark Twain verfaßten Sittengemälde *The gilded age* (1873), dem von W. D. Howells den Konflikt zw. moral. Haltung und wirtschaftl. Gesetzen beschreibenden *The rise of Silas Lapham* (1885), und widmeten sich der Darstellung des Kriegsgeschehens aus der Sicht des Nordens (W. DeForest, *Miss Ravenel's conversion,* 1867), des Südens (A. W. Tourgée, *A fool's errand,* 1879; G. W. Cable, *Dr. Sevier,* 1885) oder aus der kosm. Sicht eines indifferenten Schicksals in S. Cranes naturalist. *The red badge of courage* (1895). Andererseits zeigte sich der Realismus in der Hinwendung zum Lokalkolorit der neu entdeckten Regionen des Landes (↑Local color) und – oft verbunden mit Sozialkritik – zu den Lebensbedingungen in den entstehenden Großstädten und den hierarchich erstarrten Südstaaten. So stellt Mark Twain den Westen des Landes dar (*Roughing it,* 1872) und nutzt den Mississippi zur Kritik an

den aristokrat. Idealen des sklavenhaltenden Südens und an der Heuchelei der Menschen (*Huckleberry Finn,* 1884).
Das Thema der Sklaverei vor und nach dem Bürgerkrieg, bes. in der Rekonstruktionszeit im Süden (1865–77), das in G. W. Cables *The Grandissimes* (1880) mit der Kritik an dem Kastenwesen der Kreolen in New Orleans verbunden ist, wird nach einer Flut von ›slave narratives‹ (↑Autobiographie) von den Betroffenen selbst aufgegriffen. W. W. Browns *Clotel* (London, 1853; USA, 1864) gilt als der erste afroamerikan. R.; Harriet E. Wilsons (* um 1828, † um 1863) *Our nig* (1859) und F. E. W. Harpers *Iola Leroy, or shadows uplifted* (1892) sind erste R.e afroamerikan. Schriftstellerinnen. Durch die Reisen vieler Schriftsteller nach Europa weitet sich der regionale Rahmen auf die Darstellung amerikan. Verhaltensweisen in Europa aus, so in den auf Reisenotizen basierenden frühen Romanen Mark Twains (*Innocents abroad,* 1869) und W. D. Howells' (*A foregone conclusion,* 1875; *The lady of the Aroostook,* 1879), ein Motiv, das H. James zum zentralen ›international theme‹ seiner Romane machte, indem er den meist von jungen Amerikanerinnen erlebten Gegensatz zw. amerikan. Unschuld und europ. Erfahrung zu einer tragenden bikulturellen Perspektive ausbaute und psychologisierte (*Daisy Miller,* 1879; *The portrait of a lady,* 1881; *The ambassadors,* 1903; *The golden bowl,* 1904). Die von H. James eingeleitete, auch theoret. in seinen zahlreichen Rezensionen von europ. und amerikan. R.en sowie in literaturkrit. Studien (*Hawthorne,* 1879) und bes. in den *Prefaces* zur New Yorker Werkausgabe (1907–09) untermauerte, erzähltechn. Erneuerung des R.s durch eine personale Erzählperspektive, die Verlagerung des Geschehens ins Innenleben der Figuren, durch Dramatisierung und symbol. Andeutung psycholog. Entwicklung, hat die Voraussetzungen für den modernen Bewußtseinsroman des 20. Jh. geschaffen.
Ausgehend von regionalist. Elementen nutzen Schriftstellerinnen parallel zu H. James die Psychologisierung des R.s zur Darstellung der bes. Situation der Frau, die eigene Verantwortung übernimmt und den Ausbruch aus der konventionellen Rolle wagt. Dies wird deutlich bei der Bewährung der Frau an der Frontier im mittleren Westen (W. Cather, *O Pioneers!,* 1913; *My Antonia,* 1918), bei der veränderten Situation der Südstaatenfrauen nach dem Zusammenbruch der Wertwelt des alten Südens (E. Glasgow, *Virginia,* 1913), bei dem jeweils mit Selbstmord endenden Versuch der Selbstbehauptung einer alleinstehenden bzw. verheirateten Frau gegenüber gesellschaftl. Konventionen in New York (E. Wharton, *The house of mirth,* 1905) bzw. in New Orleans (K. Chopin, *The awakening,* 1899). Als eine weitere Spielart des realist. R.s entwickelt sich um die Jh.wende der naturalist. R. Die Determinierung des Menschen zeigt sich in dem Wirken eines blind waltenden Schicksals (S. Crane), als unbändige Kraft der Natur (J. London, *The call of the wild,* 1903), im Widerspiel von natürl. und ökonom. Kräften (F. Norris, *The octopus,* 1901) sowie in der Prägung durch biolog. Anlagen und das soziale Milieu, die sich v. a. als Folge der Industrialisierung in der gesellschaftl. Hierarchisierung der Großstädte New York und Chicago zeigen (T. Dreiser, *Sister Carrie,* 1900; *An American tragedy,* 1925). Bei J. London (*The iron heel,* 1907) und U. Sinclair (*The jungle,* 1906) wird zur Lösung der ausweglosen Situation eine schon in den Utopien E. Bellamys (*Looking backward,* 1888) und W. D. Howells' (*A traveler from Altruria,* 1894) propagierte sozialist. Gesellschaftsform vorgeschlagen. Diese Ideen der gesellschaftl. Erneuerung lebten in den mit Montagetechniken, Bewußtseinsstrom und Multiperspektive arbeitenden Stadtr.n J. Dos Passos' (*Manhattan transfer,* 1925), J. T. Farrells R.zyklen (*Studs Lonigan,* 1932–35) und dem sozialkrit. R. J. Steinbecks (*The grapes of wrath,* 1939) ebenso fort wie in den Werken afroamerikan. Autoren der ↑Harlem Renaissance, die unter dem Verweis auf das afrikan. Kulturerbe den Wunsch nach rass. und geschlechtl. Selbstbestimmung formulierten (J. W. Johnson, *The autobiography of an ex-colored man,* 1912; C. McKay, *Home to Harlem,* 1928; W. Thurman, *The blacker*

the berry, 1929; J. R. Fauset, *The plum bun,* 1929; N. Larsen, *Passing,* 1929; Z. N. Hurston, *Their eyes were watching God,* 1937) und ihren polit. Protest zum Ausdruck brachten (R. Wright, *Native son,* 1940; A. Petry, *The street,* 1946), wie vor ihnen schon die Vertreter des proletar. R.s, Michael Gold ([* 1893, † 1967], *Jews without money,* 1930) und H. Roth (*Call it sleep,* 1934).

Mit Ausnahme der das bürgerl. Kleinstadtleben der amerikan. Gesellschaft satirisch perspektivierenden R.e S. Lewis' (*Mainstreet,* 1920; *Babbitt,* 1922) ist der R. nach dem 1. Weltkrieg von Desillusion und Desorientierung beherrscht. Durch den Einsatz von z. T. esoter. Symbolen, Archetypen und Mythen wird die Suche nach gültigen Sinnsystemen in einer exemplarisch als ›expatriate‹ (↑ Lost generation) erfahrenen existentiellen Situation formal-strukturell angedeutet. Hemingways Helden erlangen durch die Bewährung in Extremsituationen authent. Werte (*The sun also rises,* 1926; *A farewell to arms,* 1929), Fitzgerald evoziert den pervertierten Glauben an den American dream (*The great Gatsby,* 1925), Faulkner entwirft die myth. Welt der Yoknapatawpha County in seinen den Niedergang des aristokrat. Südens und den Aufstieg der Neureichen spiegelnden R.zyklen, T. Wolfe transponiert die romant. Sehnsucht in die Weite Amerikas (*Look homeward, angel,* 1929), H. Miller propagiert sexuelle Freizügigkeit zum Ausbruch aus einer bürgerl. Existenz (*The tropic of cancer,* 1934), G. Stein kreiert ein durch Repetition vermitteltes zeitl. Kontinuum im Raum als neuen Erzählstil (*The making of Americans,* 1925; ›portrait narration‹). Zus. mit den grotesken und surrealist. Visionen in N. Wests R.en (*The day of the locust,* 1939) bereiten diese Schriftsteller den Weg für den amerikan. Gegenwartsroman, der themat. durch die Darstellung von Kriegserlebnissen, Identitätsproblematik, alternativen Lebenskonzepten, ethn. Bewußtsein und Selbstbestimmung der Frau, Parodie und Spiel gekennzeichnet ist, formal von naturalist., grotesker, surrealist. Gestaltung über die postmoderne Dekonstruktion der konventionellen Strukturierungsmittel des R.s bis zur Rekonstruktion des Erzählens in den 80er Jahren reicht.

Konventionelle, weitgehend modernist. Erzählweisen liegen den existentiell-humanist. Anliegen jüd. Autoren in den 50er und 60er Jahren zugrunde (S. Bellow, *The adventures of Augie March,* 1953; B. Malamud, *The assistant,* 1957; I. B. Singer, *The family Moskat,* 1950), ebenso wie den z. T. ironisch-satir. Beschreibungen der amerikan. Alltagswelt der Gegenwart wie der Vergangenheit (M. McCarthy, *The group,* 1963; J. D. Salinger, *The catcher in the rye,* 1951; G. Vidal, *Myra Breckenridge,* 1968; J. Updike, *Rabbit*-R.e, 1960–1990; J. C. Oates, *Expensive people,* 1968; J. Irving, *The world according to Garp,* 1978). Bei den Afroamerikanern I. Reed (*Mumbo jumbo,* 1972) und C. Major (*Emergency exit,* R., 1979), den Indianern N. S. Momaday (*House made of dawn,* 1969), L. M. Silko (*Ceremony,* 1977), J. Welch (*Winter in the blood,* 1974) und L. Erdrich (*Love medicine,* 1984) sowie bei dem mexikan.-amerikan. Autor R. A. Anaya (*Bless me, Ultima,* 1972) verbindet sich das Thema der Identitätssuche mit phantast. Elementen. Die parodist. Auseinandersetzung mit Krieg, Gewalt, Drogen und Sex als universellen Phänomenen (J. Hawkes, *The cannibal,* 1949; V. Nabokov, *Lolita,* 1955; J. Kerouac, *On the road,* 1957; W. S. Burroughs, *Naked lunch,* 1959; J. Heller, *Catch-22,* 1961; H. Selby, *Last exit to Brooklyn,* 1964; J. N. Kosinski, *The painted bird,* 1965; K. Vonnegut, *Slaughterhouse-Fife,* 1969; T. Pynchon, *Gravity's rainbow,* 1973; R. Coover, *Public burning,* 1977; W. Styron, *Sophie's choice,* 1979; W. Abish, *How German is it,* 1980) zus. mit der oft autobiograph. Thematisierung der eigenen Schriftstellersituation sowie der Unmöglichkeit des Erzählens angesichts des Verlusts von Subjektivität und log. Handlungszusammenhängen (J. Barth, *LETTERS,* 1979; D. Barthelme, *The dead father,* 1975; W. Gaddis, *J R,* 1975; W. H. Gass, *Willie Masters' lonesome wife,* 1970; R. Federman, *The voice in the closet,* 1979; S. Katz, *The exagggeration of Peter Prince,* 1968; G. Sorrentino, *Mulligan stew,* 1979; R. Sukenick, *The endless short story,* 1986) werden zu den beherrschenden Themen der postmodernen Fiktion. Die Erneuerung ›realist.‹ Prosa als Lust am Erzählen (J. Hawkes, *Adventures in the Alaskan skin trade,* 1985; N. Mailer, *Ancient evenings,* 1983; S. Elkin, *Magic kingdom,* 1985) oder als narrative Affirmation des Lebens von einem christl. Standpunkt aus (M. Gordon, *Final payments,* 1978; W. Percy, *The Thanatos syndrome,* 1987), die den schon im ↑ New journalism‹ (J. Hersey, *The wall,* 1950; T. Capote, *In cold blood,* 1966; T. Wolfe, *The right stuff,* 1979) problematisierten fiktionalen Charakter der Realität nicht verkennt (J. Barth, *Tidewater tales,* 1988; J. Gardner Jr., *Freddy's book,* 1980), bestimmt den R. in den 80er Jahren.

Gleichzeitig bildete sich in den 70er und 80er Jahren eine feminist. Schreibweise heraus, die die Verbindung traditioneller Kulturwerte mit phantast. Elementen zur Lösung von Gegenwartsproblemen vorschlägt (so bei den Afroamerikanerinnen T. Morrison, *Beloved,* 1987, A. Walker, *The color purple,* 1983, und T. C. Bambara, *The salt eaters,* 1980, der Jüdin C. Ozick, *Cannibal galaxy,* 1983, und den Südstaaten-Autorinnen E. Welty, *The optimist's daughter,* 1972, und A. Tyler, *Earthly possessions,* 1977), polit. Engagement und postmoderne Einstellung zur Überwindung der Mann-Frau-Konflikte einsetzt (R. Adler, *Pitch dark,* 1983; J. Didion, *Play it as it lays,* 1970; E. Hardwick, *Sleepless nights,* 1979; S. Sontag, *Death kit,* 1967), für die Aufwertung der Frau in der Gesellschaft eintritt (E. Jong, *Fear of flying,* 1973; K. Millett, *Sita,* 1977; T. Olsen, *Tell me a riddle,* 1962) sowie radikale utop. Visionen zur Veränderung der bestehenden Rollenverhältnisse entwirft (U. Le Guin, *The dispossessed,* 1974; M. Piercy, *Woman on the edge of time,* 1976; J. Russ, *The female man,* 1975). Jüngere Romanschriftstellerinnen thematisieren das exzentr. Leben in der Punkszene, wie die Popkünstlerin K. Acker (*Great expectations,* 1982) bzw. die Erfahrungen einer bikulturellen Existenz, wie die Amerikanerinnen asiat. Herkunft Amy Tan ([* 1952], *The joy luck club,* 1989; *The kitchen god's wife,* 1991) und Bharati Mukherjee ([* 1940], *Jasmine,* 1989).

Literatur: Histor. Unterss.: VAN DOREN, C.: The American novel, 1879–1939. New York 1940. – CHASE, R.: The American novel and its tradition. New York 1957. Neudr. 1980. – BEACH, J. W.: American fiction, 1920–1940. New York 1960. – PIZER, D.: Realism and naturalism in nineteenth century American literature. Carbondale (Ill.) 1966. – CADY, E. H.: The light of common day. Realism in American fiction. Bloomington (Ind.) 1971. – HIRSCH, D. H.: Reality and idea in the early American novel. Den Haag 1971. – PETTER, H.: The early American novel. Columbus (Ohio) 1971. – LINK, F.: Gesch. der amerikan. Erzählkunst im 19. Jh. Stg. 1980. – BRADBURY, M.: The modern American novel. Oxford 1983. Nachdr. 1984. – LINK, F.: Gesch. der amerikan. Erzählkunst 1900–1950. Stg. 1983. – BREINIG, H.: Satire u. R. Studien zur Theorie des Genrekonflikts u. zur Erzähllit. der USA v. Brackenridge bis Vonnegut. Tüb. 1984. – HEUERMANN, H.: Mythos, Lit., Gesellschaft. Mchn. 1988. – FLUCK, W.: Inszenierte Wirklichkeit. Der amerikan. Realismus 1865–1900. Mchn. 1992.

Themat. Unterss.: GEISMAR, M.: Writers in crisis. The American novel 1925–1940. New York 1942. – KAZIN, A.: On native grounds. A study of American prose literature from 1890 to the present. New York 1942. – GEISMAR, M.: The last of the provincials. The American novel 1915–1925. New York 1947. – ALDRIDGE, J. W.: After the lost generation. A critical study of the writers of two wars. New York 1951. – GEISMAR, M.: Rebels and ancestors. The American novel 1890–1915. Boston (Mass.) 1953. – GELFANT, B.: The American city novel. Norman (Okla.) 1954. – RIDEOUT, W. B.: The radical novel in the United States 1900–1954. Cambridge (Mass.) 1956. – GEISMAR, M.: American moderns. From rebellion to conformity. New York 1958. – LEVIN, H.: The power of blackness. Hawthorne, Poe, Melville. New York 1958. – BLOTNER, J.: The American political novel 1900–1960. Austin (Tex.) 1960. – FIEDLER, L.: Love and death in the American novel. New York 1960. Neuaufl. 1982. – AARON, D.: Writers on the left. New York 1961. – HASSAN, I.: Radical innocence. Studies in the contemporary American novel. Princeton (N. J.) 1961. – KLEIN, M.: After alienation. American novels in mid-century. Cleveland (Ohio) 1962. – FIEDLER, L.: Waiting for the end. New York 1964. – Contemporary American novelists. Hg. v. H. T. MOORE. Carbondale (Ill.) u. a. 1964. – BAUMBACH, J.: The landscape of nightmare. Studies in the contemporary American novel. New York 1965. – BONE, R. A.: The Negro novel in America. New Haven (Conn.) u. a. Neudr. 1965. – GALLOWAY, D.: The absurd hero in American fiction. Austin (Tex.) 1966. Neuaufl. 1971. – MARTIN, J. B.: Harvests of change. American literature 1865–1914. Englewood Cliffs (N. J.) 1967. – ZIFF, L.: The American 1890s. The life and times of a lost generation. New York 1967. – FIEDLER, L.: The return of the vanishing American. New York 1968. – The American novel since World War II. Hg. v. M. KLEIN. New York 1969. – Five Black writers. Essays on Wright, Ellison, Baldwin, Hughes and LeRoi Jones. Hg. v. D. B. GIBSON. New York u. a. 1970. – The American novel and the 1920s. Hg. v. M. BRADBURY u. D. PALMER. London 1971. – GUTTMAN, A.: The Jewish writer in America. Assimilation and the crisis of identity. New York 1971. – TANNER, T.: City of words. American fiction 1950–1970. London 1971. – Der amerikan. R. Von den Anfängen bis zur Gegenwart. Hg. v. H.-J. LANG. Düss. 1972. – KAZIN, A.: Bright book of life. American novelists and storytellers from Hemingway to Mailer. New York 1973. – OLDERMAN, R.: Beyond the waste land. The American novel in the 1960s. New Haven (Conn.) 1973. – FRYER, J.: The faces of Eve. Women in the nineteenth-century American novel. New York 1976. – Amerikan. R.e des 19. Jh. Hg. v. M. CHRISTADLER. Darmst. 1977. – HOWE, I.: World of our fathers. New York 1977. – BAYM, N.: Woman's fiction. A guide to novels by and about women in America, 1820–1870. Ithaca (N. Y.) 1978. – SMITH, H. N.: Democracy and the novel. Popular resistance to classic American writers. New York 1978. – HOLMAN, H.: The American novel through Henry James. Arlington Heights (Ill.) 1979. – STEPTO, R.: From behind the veil. A study of Afro-American narrative. Urbana (Ill.) 1979. – BEASLEY, J. C.: Novels of the 1740s. Athens (Ga.) 1982. – LOVE, G. A.: New Americans. The westerner and the modern experience in the American novel. Lewisburg (Pa.) 1982. – KARL, F.: American fictions, 1940–1980. A comprehensive history and critical evaluation. New York 1983. – DAVIDSON, C. A.: Revolution and the word. The rise of the novel in America. New York 1986. – Der amerikan. R. nach 1945. Hg. v. A. HELLER. Darmst. 1987. – BUDICK, E. M.: Fiction and historical consciousness. The American romance tradition. New Haven (Conn.) 1989. – Der nordamerikan. R. 1880–1940. Repräsentation u. Autorisation in der Moderne. Hg. v. R. WEIMANN. Bln. 1989. – GODDON, R.: Fictions of capital. The American novel from James to Mailer. Cambridge (Mass.) u. a. 1990. – HELLER, A.: Gewaltphantasien. Unterss. zu einem Phänomen des amerikan. Gegenwartsr.s. Tüb. 1990.

Theorie: HOFFMAN, D. G.: Form and fable in American fiction. New York 1961. – Modern American fiction. Essays in criticism. Hg. v. A. W. LITZ. New York 1963. – Recent American fiction. Some critical views. Hg. v. J. J. WALDMEIR. Boston (Mass.) 1963. – Psychoanalysis in American fiction. Hg. v. I. MALIN. New York 1965. – SCHOLES, R.: The fabulators. New York 1967. – TAYLOR, G.O.: The passages of thought. Psychological representation in the American novel 1870–1900. New York 1969. – Modern Black novelists. A collection of critical essays. Hg. v. M. G. COOKE. Englewood Cliffs (N. J.) 1971. – HASSAN, I.: The dismemberment of Orpheus. Toward a postmodern literature. New York 1971. – HAUCK, R. B.: A cheerful nihilism. Confidence and the absurd in American humorous fiction. Bloomington (Ind.) u. a. 1971. – ALTER, R.: Partial magic. The novel as a self-conscious genre. Berkeley (Calif.) 1975. – ZAVERZADEH, M.: The mythopoeic reality. The postwar American nonfiction novel. Urbana (Ill.) 1975. – LODGE, D.: The modes of modern writing. Metaphor, metonymy, and the typology of modern literature. London 1977. – HOFFMANN, G.: Raum, Situation, erzählte Wirklichkeit. Poetolog. u. histor. Studien zum engl. und amerikan. R. Stg. 1978. – PÜTZ, M.: The story of identity. American fiction of the sixties. Stg. 1979. Nachdr. 1987. – BUTLER, C.: After the wake. An essay on the contemporary Avant-Garde. Oxford 1980. – KLINKOWITZ, J.: Literary disruptions. The making of a post-contemporary American fiction. Neuaufl. Urbana (Ill.) 1980. – Der zeitgenöss. amerikan. R. Hg. v. G. HOFFMANN. Mchn. 1988. 3 Bde. – SCHÖPP, J.: Ausbruch aus der Mimesis. Der amerikan. R. im Zeichen der Postmoderne. Mchn. 1990. – Why the novel matters. A postmodern perplex. Hg. v. M. SPILKA u. C. MCCRACKEN-FLESHER. Bloomington (Ind.) 1990. – The Columbia history of the American novel. Hg. v. E. ELLIOTT u. a. New York 1991.

Romance [roʊ'mæns] ↑ Roman.

Rossner, Judith ['rɑ:snər], * New York 31. März 1935, Schriftstellerin. – Stellt in ihren freizügigen, von der Freudschen Psychologie und feminist. Schriftstellerinnen beeinflußten Romanen die sexuelle Ausbeutung und Unterdrückung der Frau in Ehe, Familie und Gesellschaft aus einer weibl. Erzählerperspektive dar und zeigt Möglichkeiten einer Identitätsgewinnung für Frauen auf. Sex und Gewalt sind die beherrschenden Themen ihrer bekanntesten Romane, *Looking for Mr. Goodbar* (1975; dt. *Auf der Suche nach Mr. Goodbar,* 1976) und *Emmeline* (1980).

Weitere Werke: To the precipice (R., 1966), Nine months in the life of an old maid (R., 1969), Any minute I can split

(R., 1972), Attachments (R., 1977), August (R., 1983), His little women (R., 1990).

Roth, Henry [rɔ:θ], * Tysmenica (Galizien) 8. Febr. 1906, Schriftsteller. – Lebte ab 1908 in New York; sein Ruhm beruht auf dem 1934 veröffentlichten, aber erst bei der Wiederveröffentlichung 1960 bekannt gewordenen Roman *Call it sleep* (1934; dt. *Nenne es Schlaf,* 1970, Neuaufl. 1988), in dem er autobiographisch aus der Sicht des Kindes David Schearl das Leben im jüd. Einwandererviertel im Südosten Manhattans zeigt und die im Kind sich austragenden ödipalen Spannungen darstellt. Weitere Romanwerke blieben unvollendet oder wurden nicht veröffentlicht. *Nature's first green* (1979) ist ein Memoirenband.

Weiteres Werk: Shifting landscape. A composite, 1925–1987 (En., Essays, 1988).

Literatur: LYONS, B.: H. R. The man and his work. New York 1977. – HOWE, I.: World of our fathers. New York 1983. – IMMEL, H.: Literar. Gestaltungsvarianten des Einwandererromans in der amerikan. u. anglo-kanad. Literatur. Grove, Cahan, Rölvaag, H. R. Ffm. 1987.

Roth, Philip [rɔ:θ], * Newark (N. J.) 19. März 1933, Schriftsteller. – In R.s Romanwerk manifestiert sich eine Entwicklung von der Konzentration auf das städt. Milieu der jüdisch-amerikan. Familie der Mittelschicht zur universalen Perspektive der jüd. Existenz. Thematisieren die anfängl. Erzählungen die Rebellion der jugendl. Helden gegen die jüdisch-orthodoxe Tradition und bes. die Über-ich-Rolle der Mutter (*Goodbye, Columbus,* En., 1959, dt. 1962; *Letting go,* R., 1962, dt. *Anderer Leute Sorgen,* 1965), so leitet eine Phase ironisch-satir., auf literar. Quellen wie F. Kafka, N. W. Gogol, F. M. Dostojewski zurückgreifender Erzählungen über zu fast ausschließlich autobiograph. Beschäftigung mit der jüd. Schriftstellerexistenz. Die in *My life as a man* (R., 1974; *Mein Leben als Mann,* 1990) formal getrennte Kombination von fakt. Autobiographie und fiktiver Kurzgeschichte wird zum Ausgangspunkt der nach dem fiktionalen Alter ego R.s benannten Zuckerman-Romane (*The ghost writer,* 1979, dt. *Der Ghost-writer,* 1980, als Fernsehspiel 1983; *Zuckerman unbound,* 1981, dt. *Zuckermans Befreiung,* 1982, 1983 u. d. T. *Der entfesselte Zuckerman; The anatomy lesson,* 1983, dt. *Die Anatomiestunde,* 1986), die die Karriere des Schriftstellers fiktional wiederholen und die Unbefangenheit gegenüber der Literarisierung der jüd. Existenz mit dem Leiden der Juden im Holocaust konfrontieren. Mit dem als Epilog zur Zuckerman-Trilogie verfaßten Kurzroman *The Prague orgy* (1985; dt. *Die Prager Orgie,* 1986), in dem R. die unterschiedl. Arbeitsbedingungen westl. und östl. Autoren thematisiert, beginnt eine Neuorientierung in seinem Werk, die Wiederentdeckung orthodox-jüd. Werte. (*The counterlife,* R., 1987; dt. *Gegenleben,* 1988).

Weitere Werke: When she was good (R., 1967; dt. Lucy Nelson oder Die Moral, 1973), Portnoy's complaint (R., 1969; dt. Portnoys Beschwerden, 1970), Our gang (Satire, 1971; dt. Unsere Gang. Die Story von Trick E. Dixon u. den Seinen, 1972), The breast (E., 1972; dt. Die Brust, 1979), The great American novel (R., 1973), Reading myself and others (Essays, 1975), The professor of desire (R., 1977; dt. Der Professor der Begierde, 1978), Novotny's pain (En., 1980), The facts. A novelist's autobiography (R., 1988; dt. Die Tatsachen, 1991), Deception (R., 1990), Patrimony (R., 1991; dt. Mein Leben als Sohn, 1992).

Literatur: MCDANIEL, J. N.: The fiction of P. R. Haddonfield (N. J.) 1974. – PINSKER, S.: The comedy that ›hoits‹. An essay on the fiction of P. R. Columbia (Mo.) 1975. – RODGERS, B. F., JR.: P. R. Boston (Mass.) 1978. – JONES, J. P./NANCE, G. A.: P. R. New York 1981. – LEE, H.: P. R. London u. a. 1982. – Critical essays on P. R. Hg. v. S. PINSKER. Boston (Mass.) 1982. – RODGERS, B. F., JR.: P. R. A bibliography. Metuchen (N. J.) Neuaufl. 1984. – P. R. Hg. v. H. BLOOM. New York 1986. – Reading P. R. Hg. v. A. Z. MILBAUER u. D. G. WATSON. New York 1988. – PALKAR, S. G.: The other country of love. Man-woman relationship in the fiction of R., Mailer, and Malamud. Baroda 1989.

Rothenberg, Jerome ['rɑ:θənbə:rg], * New York 11. Dez. 1931, Lyriker. – Vertreter der auf der mündl. Kultur verschiedener Volksstämme aufbauenden ›ethnopoetry‹. Neben der Herausgabe einschlägiger Anthologien afrikan., asiat. (*Technicians of the sacred,* 1968) und indian. Dichtung (*Shaking the pumpkin,* 1972) sowie Aufsätzen (*Symposium of the whole,* 1983) praktiziert er in seinen eigenen, im Sprechgesang vorgetragenen Gedichten eine Form postmoderner Performanzpoesie.

Werke: The seven hells of Jigoku Zoshi (Ged., 1962), Poland/1931 (Ged., 1969, erweitert 1974), Poems for the game of silence 1960–1970 (1971), 6 horse songs for 4 voices (Ged., 1978), Vienna blood and other poems (1980), Pre-faces (Essays, 1981), Altar pieces (Ged., 1982), That Dada strain (Ged., 1983), 15 flower world variations (Ged., 1984), A Merz sonata (Ged., 1986), New selected poems, 1970–85 (1986).

Literatur: KOSTELANETZ, R.: The old poetics and the new. Ann Arbor (Mich.) 1981. – Interpreting the Indian. Twentieth century poets and the Native American. Hg. v. M. CASTRO. Albuquerque (N. Mex.) 1983.

Ruark, Robert Chester ['ru:ɑrk], * Wilmington (N. C.) 29. Dez. 1915, † London 1. Juli 1965, Schriftsteller. – Erfolgreicher Journalist; schrieb Romane und Essays, in denen er sich hauptsächlich mit soziolog. und rass. Problemen auseinandersetzte.

Werke: Grenadine etching (R., 1947), Horn of the hunter (R., 1953), Something of value (R., 1955; dt. Die schwarze Haut, 1956), The old man and the boy (R., 1957), Poor no more (R., 1959; dt. Nie mehr arm, 1960), The old man's boy grows older (R., 1961), Uhuru (R., 1962; dt. 1962), The honey badger (R., 1965; dt. Der Honigsauger, 1966), Use enough gun (Sachbuch, hg. 1966; dt. Safari, 1968).

Rukeyser, Muriel ['rʊkaɪzər], * New York 15. Dez. 1913, † ebd. 12. Febr. 1980, Schriftstellerin. – Gleichermaßen bekannt als Literatin und polit. Aktivistin, engagierte sie sich in vielen gesellschaftl. Konflikten, wurde nach Protestaktionen gegen Rassendiskriminierung und Vietnamkrieg mehrere Male inhaftiert und setzte sich als Präsidentin des amerikan. P. E. N.-Club für verfolgte korean. Dichter ein. Ihre 14 Lyrikbände, von *Theory of flight* (1935) bis *The gates* (1976), behandeln unter Verwendung von freiem Versmaß, experimenteller Interpunktion und komplexer Syntax eine Vielfalt von hpts. sozialen und polit. Themen. Von der Kritik wurden der oft propagandist. Tonfall und die abstrakte Diktion v. a. des Frühwerks bemängelt, jedoch auch die optimist. Grundhaltung und das weite Spektrum der Themen gelobt. R. schrieb auch Biographien, Essays (*The life of poetry,* 1949; *Poetry and unverifiable fact,* 1968), Fernsehskripte, Dramen, einen Roman (*The orgy,* 1965) und Kinderbücher und übersetzte Lyrik aus dem Schwedischen und Spanischen, v. a. von Octavio Paz.

Weitere Werke: U. S. 1 (Ged., 1938), Mediterranean (Ged., 1938), A turning wind. Poems (1939), The soul and body of John Brown (Ged., 1940), Wake Island (Ged., 1942), Beast in view (Ged., 1944), The middle of the air (Ged., 1945), The children's orchard (Ged., 1947), The green wave (Ged., 1948), Orpheus (Ged., 1949), Elegies (Ged., 1949), Selected poems (1951), Body of waters (Ged., 1958), The colors of the day (UA 1961), Waterlily fire. Poems 1935–1962 (1962), The outer banks (Ged., 1967), The speed of darkness (Ged., 1968), 29 poems (1970), Breaking open (Ged., 1973).

Ausgabe: The collected poems of M. R. New York 1978.

Literatur: KERTESZ, L.: The poetic vision of M. R. Baton Rouge (La.) 1979.

Runyon, [Alfred] Damon ['rʌnjən], * Manhattan (Kans.) 4. Okt. 1884, † New York 10. Dez. 1946, Schriftsteller. – Nahm 14jährig am Spanisch-Amerikan. Krieg (1898) teil, Korrespondent im 1. Weltkrieg; einer der erfolgreichsten amerikan. Reporter. R. schrieb in fließendem, stark vom New Yorker Slang geprägten Stil Kurzgeschichten, in denen er, oft groteskkomisch, das amerikan. Großstadtleben, v. a. Unterwelt und Gangstertum darstellt; zu seinen Hauptwerken gehört die Kurzgeschichtensammlung *Guys and dolls* (1931; dt. *In Mindys Restaurant,* 1953, 1956 u. d. T. *Schwere Jungen, leichte Mädchen*).

Weitere Werke: Blue plate special (Kurzgeschichten, 1934), A slight case of murder (Kom., 1940; mit H. Lindsay), In our town (Kurzgeschichten, 1946), Stories vom Broadway (dt. Ausw. 1957).
Ausgabe: The D. R. omnibus. New York 1939. 3 Bde. Nachdr. 1944. 1 Bd.

Russ, Joanna [rʌs], * New York 22. Febr. 1937, Schriftstellerin. – Seit 1970 Prof.in für Englisch, zuletzt an der University of Washington in Seattle. R. setzte sich bereits in ihrem ersten Science-fiction-Roman, *Picnic on paradise* (1968; dt. *Alyx,* 1983), von den gängigen Frauenklischees dieses Genres ab, indem sie eine selbstbewußte und aggressive Protagonistin schuf. Ihr 1969 verfaßter, aber erst 1975 erschienener Roman *The female man* (dt. *Planet der Frauen,* 1979) führte wegen seines militant feminist. Standpunktes zu heftigen Kontroversen. Die in diesem Roman entworfene, nur von Frauen bewohnte Welt Whileaway beeinflußte eine Reihe weiterer feminist. Utopien der 80er Jahre.

Weitere Werke: And chaos died (R., 1970; dt. Als das Chaos starb, 1975), We who are about to ... (R., 1977), The two of them (R., 1978; dt. Die Frauenstehlerin, 1982), On strike against God (R., 1980; dt. Aufstand gegen Gott, 1983), The adventures of Alyx (Kurzgeschichten, 1983), How to suppress women's writings (Sachb., 1983), The Zansibar cat (Kurzgeschichten, 1983), Extra(ordinary) people (E., 1984), Magic mommas, trembling sisters, puritans and perverts (Sachb., 1985), The other side of the moon (Kurzgeschichten, 1987).

Literatur: DIETZ, F.: Krit. Träume. Ambivalenz in der amerikan. literar. Utopie nach 1945. Meitingen 1987. – Utopian thought in American literature. Unterss. zur literar. Utopie u. Dystopie in den USA. Hg. v. A. HELLER, W. HÖLBLING u. W. ZACHARASIEWICZ. Tüb. 1988.

S

Salinger, J[erome] D[avid] ['sælɪndʒər], * New York 1. Jan. 1919, Schriftsteller. – Nahm am 2. Weltkrieg teil, lebt zurückgezogen in Neuengland. S.s größter Erfolg ist der Ich-Roman *The catcher in the rye* (1951; dt. *Der Mann im Roggen,* 1954, 1962 u. d. T. *Der Fänger im Roggen,* 1965 Neuübers. von H. Böll), in dem ein wegen schlechter Zensuren aus der Schule entlassener Jugendlicher in einer kaliforn. Nervenklinik seine Erfahrungen in New York und seine Einsamkeit und seel. Nöte mit einer Mischung aus Pathos und Humor schildert; später Kurzgeschichten.

Weitere Werke: Nine stories (1953; dt. Neun Erzählungen, 1966), Franny and Zooey (En., 1961; dt. Franny und Zooey, 1963), Raise high the roof beam, carpenters and Seymour - an introduction (En., 1963; dt. Hebt den Dachbalken hoch, Zimmerleute und Seymour wird vorgestellt, 1965), The complete uncollected stories of J. D. S. (1974, 2 Bde.).

Literatur: HAMILTON, K.: J. D. S. A critical essay. Grand Rapids (Mich.) 1967. – STEPF, R.: Die Entwicklung von J. D. S.s short stories u. novelettes. Bern 1975. – FRENCH, W.: J. D. S. Boston (Mass.) Neuaufl. 1976. – ROSEN, G.: Zen and the art of J. D. S. Berkeley (Calif.) 1977. – LUNDQUIST, J.: J. D. S. New York 1978. – ORTSEIFEN, K.: Krit. Rezeption u. stilist. Interpretation von J. D. S.s Erzählprosa. Ffm. u. a. 1979. – ROSE-WERLE, K.: Harlekinade. Genealogie u. Metamorphose. Struktur u. Deutung des Motivs bei J. D. S. u. V. Nabokov. Ffm. 1979. – ALSEN, E.: S.'s Glass stories as a composite novel. Troy (N. Y.) 1983. – J. D. S. Hg. v. H. Bloom. New York 1987. – J. D. S. revisited. Hg. v. W. FRENCH. Boston (Mass.) 1988. – HAMILTON, I.: In search of J. D. S. A writing life. New York 1988. Dt. Auf der Suche nach J. D. S. Übers. v. H. PÄNKE. Bln. 1989.

Sanchez, Sonia ['sɑ:ntʃəs], * Birmingham (Ala.) 9. September 1934, Schriftstellerin. – Bevor sie selbst zu einer einflußreichen Vertreterin der afroamerikan. Literatur wurde, propagierte die polit. Aktivistin als Dozentin an verschiedenen Universitäten die Aufnahme ethn. Literatur in den Lektürekanon. Ihre polit. Unterstützung revolutionärer und ökolog. Bewegungen prägt auch die Themen ihrer poet. Werke. Von ihren ersten Gedichtbänden *Homecoming* (1969) und *WE a BaddDDD People* (1970) an artikulieren ihre Gedichte in militanter, von Malcolm X's Rhetorik beeinflußter Sprache und z. T. in experimenteller Form sowohl wachsendes afroamerikan. Selbstbewußtsein und soziale wie nationale Geschlossenheit als auch beißende Kritik an der Gesellschaft der Weißen. Ebenso wie viele ihrer Gedichte (z. B. *A blues book for blue magical women,* 1973) sind ihre Dramen z. T. autobiographisch gefärbt. 1972 trat sie der Nation of Islam bei.

Weitere Werke: The Bronx is next (Dr., 1968, UA 1970), Sister Son/ji (Dr., 1969, UA 1971), Liberation poem (1970), It's a new day. Poems for young brothas and Sistuhs (1971), Ima talken bout the Nation of Islam (Ged., 1972), Love poems (1973), A sound investment (Kurzgeschichten, 1979), I've been a woman. New and selected poems (1979), Malcom/Man don't live here no mo' (Dr., 1979), Crisis in culture. Two speeches by S. S. (1983), Homegirls and handgrenades (Ged., 1984), Under a soprano sky (1987).

Literatur: Black women writers at work. Hg. v. C. TATE. New York 1983. – Black women writers (1950–1980). Hg. v. M. EVANS. New York 1984.

Sandburg, Carl [August] ['sændbɜ:rg], * Galesburg (Ill.) 6. Jan. 1878, † Flat Rock (N. C.) 22. Juli 1967, Lyriker. – Sohn eines schwed. Immigranten; Gelegenheitsarbeiter, Freiwilliger im Spanisch-Amerikan. Krieg (1898). S. wurde nach dem wenig erfolgreichen ersten Gedichtband *Reckless ecstasy* (1904) durch die Aufnahme seiner Gedichte in die Zs. ↑*Poetry* bekannt und schaffte mit seinen im Stil W. Whitmans geschriebenen freien Rhythmen (*Chicago poems,* 1916; dt. Ausw. *Chicago-Gedichte,* 1948) den Durchbruch als Dichter. Neben diesen realist., städt. Bildern schuf S. auch Landschaftsbilder des Mittleren Westens. In allen Gedichten galt sein Hauptinteresse dem einfachen Menschen, der Folklore und dem Glauben an das demokrat. Amerika (*Cornhuskers,* 1918, Pulitzerpreis 1919; *Good morning America,* 1928, dt. *Guten Morgen, Amerika,* 1948; *The people, yes,* 1936, dt. *Das Volk, jawohl,* 1964; *Honey and salt,* 1963). Große Bedeutung erlangte seine Lincoln-Biographie (6 Bde., 1926–39; dt. Ausw. 1958 u. d. T. *Abraham Lincoln;* Neuübers. 1984; Pulitzerpreis 1940). S. trat auch als Sammler von Volksliedern (*The American songbag,* 1927) und als Verfasser von Kindergeschichten (*Rootabaga stories,* 1922, dt. Teilausg. u. d. T. *Zwei Hüte für Schnu Fu. Geschichten aus dem Rutabagaland,* 1974; *Rootabaga pigeons,* 1923; *Potato face,* 1930) hervor. Er schrieb außerdem den Roman *Remembrance rock* (1948) über die Entwicklung einer amerikan. Familie von der Kolonialzeit bis zum 2. Weltkrieg.

Weitere Werke: Smoke and steel (Ged., 1920), Slabs of the sunburnt West (Ged., 1922), Early moon (Kinderged., 1930), Complete poems (1950; Pulitzerpreis 1951), Always the young strangers (Autobiogr., 1952), Harvest poems 1910–1960 (1960), Ever the winds of chance (Autobiogr., hg. 1983).

Ausgaben: The complete poems of C. S. New York 1965. Neuausg. 1970. – The letters of C. S. Hg. v. H. MITGANG. New York 1968. – C. S., Philip Green Wright, and the Asgard Press, 1900–1910. Hg. v. J. C. S. CRANE. Charlottesville (Va.) 1975. – The poet and the dream girl. The love letters of Lilian Steichen and C. S. Hg. v. M. SANDBURG. Urbana (Ill.) 1987.

Literatur: CORWIN, N. L.: The world of C. S. A stage presentation. New York 1961. – CROWDER, R.: C. S. New York 1964. – DURNELL, H.: The America of C. S. Wash. (D. C.) 1965. – CALLAHAN, N.: C. S. Lincoln of our literature. A biography. New York 1970. – ALLEN, G. W.: C. S. Minneapolis (Minn.) 1972. – JONES, A. H.: Roosevelt's image brokers. Poets, playwrights, and the use of the Lincoln symbol. Port Washington (N. Y.) 1974. – SANDBURG, H.: A great and glorious romance. The story of C. S. and Lilian Steichen. New York 1978. – SUTTON, W. A.: C. S. remembered. Metuchen (N. J.) 1979. – CALLAHAN, N.: C. S. His life and works. University Park (Pa.) 1987. – SALWAK, D.: C. S. A reference guide. Boston (Mass.) 1988. – NIVEN, P.: C. S. A biography. New York 1991.

Santayana, George [de] [span. santa'jana, engl. sænti'ænə], eigtl. Jorge Augustin Nicolás Ruiz de S. y Borrás, * Madrid 16. Dez. 1863, † Rom 26. Sept. 1952, Philosoph und Dichter span. Herkunft. – Stammte aus einer span. Adelsfamilie; ab 1872 in den USA; studierte an der Harvard University sowie in Deutschland und England; 1889–1912 Prof. für Philosophie an der Harvard University; lebte danach als Privatgelehrter v. a. in Paris, zuletzt in Rom. In seinem grundlegenden kulturphilosoph. und kulturkrit., zugleich als Utopie verstandenen Hauptwerk *The life of reason; or, the phases of human progress* (5 Bde., 1905/1906), in dem S. Moral, Kunst und Urteilskraft der Vernunft kritisiert, werden heterogene Positionen eines Materialismus und eines an Platon und G. W. F. Hegel orientierten Idealismus miteinander verbunden unter der Formel ›Alles Ideale hat eine natürl. Grundlage und alles Natürliche eine ideale Entwicklungsmöglichkeit‹. Dabei rezipiert S. auch Elemente des Pragmatismus des Philosophen W. James: Die erste Stufe der Entwicklung der Vernunft ist durch ›Moralisierung des Tierglaubens‹ gekennzeichnet, d. h. durch die Unterwerfung der Bedürfnisse im Kampf um das Dasein unter den kategor. Imperativ, die zweite Stufe durch den Ausbau des Normensystems des Common sense mit der Unterscheidung von Recht und Unrecht im gesellschaftl. und polit. Bereich, die dritte durch die anthropolog. Objektivierung der Lebenssituation in und durch die Religion. Über die Kunst als vierte Stufe wird die fünfte Stufe, der Höhepunkt, in der Wiss., der Rationalisierung der irrationalen Existenz erreicht. Diese Ansätze führt S. in *Scepticism and animal* *faith* (1923) und *Realms of being* (4 Bde., Bd.1: *The realm of essence,* 1927; Bd. 2: *The realm of matter,* 1930; Bd. 3: *The realm of truth,* 1937; Bd. 4: *The realm of spirit,* 1940) konsequent fort. – S. kritisierte die puritan. Pflichtethik; er schrieb auch formgewandte, oft philosoph. Gedichte und hatte großen Erfolg mit dem Roman *The last Puritan* (1935; dt. *Der letzte Puritaner,* 1936), in dem er kritisch und ironisch neuengl. Lebensumstände darstellt.

Weitere Werke: Sonnets and other verses (1894), The sense of beauty (Abh., 1896), Lucifer. A theological tragedy (Vers-Dr., 1899, revidiert 1924), Interpretations of poetry and religion (Abh., 1900), Three philosophical poets. Lukrez, Dante, Goethe (Abh., 1910), Egotism in German philosophy (Abh., 1916), Philosophical opinions in America (Abh., 1918), Character and opinion in the U.S. (Abh., 1920), The genteel tradition at bay (Abh., 1931), Persons and places 1944–53 (Memoiren, 3 Bde.: The background of my life, 1944; The middle span, 1945; My host the world, 1953), The idea of Christ in the gospels or God in man (Abh., 1946; dt. Die Christusidee in den Evangelien, 1951).

Ausgaben: The works of G. S. New York 1936–40. 15 Bde. – G. S. The letters. Hg. v. D. Cory. New York 1955. – Selected critical writings of G. S. Hg. v. N. Henfrey. Cambridge 1968. 2 Bde. – The complete poems of G. S. Hg. v. W. G. Holzberger. Lewisburg (Pa.) 1979.

Literatur: Singer, I.: S.'s aesthetics. Cambridge (Mass.) 1957. – Butler, R.: The life and world of G. S. Chicago 1960. – Munson, T. N.: The essential wisdom of G. S. New York u. a. 1962. – Ashmore, J.: S. Art and aesthetics. Cleveland (Ohio) 1966. – Sprigge, T. L.: S. An examination of his philosophy. London 1974. – Hughson, L.: Thresholds of reality. G. S. and modernist poetics. Port Washington (N. Y.) 1976. – Wilson, E. C.: S. and Keats. Birmingham (Ala.) 1980. – Persons and places. Fragments of autobiography. Hg. v. G. Santayana, W. G. Holzberger u. a. Cambridge (Mass.) 1986. – McCormick, J.: G. S. A biography. New York 1987. – S. G. The sense of beauty. Being the outlines of aesthetic theory. Hg. v. W. G. Holzberger u. H. J. Saatkamp, Jr. Cambridge 1988. – Lachs, J.: G. S. Boston (Mass.) 1988. – Woodward, A.: Living in the eternal. A study of G. S. Nashville (Tenn.) 1988. – Germany and German thought in American literature and cultural criticism. Hg. v. P. Freese. Essen 1990.

Saroyan, William [sə'rɔɪən], * Fresno (Calif.) 31. Aug. 1908, † ebd. 18. Mai 1981, Schriftsteller armen. Abstammung. – Verfasser von zahlreichen kurzen Erzählungen, Romanen und Dramen; auch Drehbuch- und Fernsehautor. S. schildert in episod., humorist. Erzählweise idyllisierend den Alltag einfacher Menschen. Häufig zeigt er auch Kinder oder exzentr. Originale in grotesken Situationen. Seine bedeutendsten Werke nach der erfolgreichen Kurzgeschichtensammlung *The daring young man on the flying trapeze* (1934; dt. *Der waghalsige junge Mann auf dem fliegenden Trapez,* 1948) sind *My name is Aram* (Kurzgeschichten, 1940; dt. *Ich heiße Aram,* 1946) und *The human comedy* (R., 1943; dt. *Menschl. Komödie,* 1943), die autobiogr. Reminiszenzen (*Here comes, there goes, you know who,* 1961, dt. *Ihr wißt schon wer,* 1964; *Short drive, sweet chariot,* 1966) sowie der Roman *The adventures of Wesley Jackson* (1946; dt. *Die Abenteuer des Wesley Jackson,* 1947), in dem S. seine Kriegserlebnisse skeptisch darstellt. In seine Dramen, v. a. in *My heart's in the highlands* (1939; dt. *Mein Herz ist im Hochland,* 1942), *The time of your life* (1939; dt. *Ein Leben lang,* 1948; Pulitzerpreis 1940 verliehen, aber nicht angenommen) und *The cave dwellers* (1958; dt. *Die Höhlenbewohner,* 1958) bezieht er romant. Elemente und dramat. Effekte ein.

Weitere Werke: Razzle-dazzle (Kurz-Dr., 1942), The Saroyan special (Kurzgeschichten, 1948; dt. Fußtritt aus Liebe, 1951), Sam Ego's house (Dr., 1949; dt. Sam Egos Haus, 1954), Tracy's Tiger (R., 1951; dt. Tracys Tiger, 1953), Rock Wagram (R., 1951; dt. Wir Lügner, 1952), The laughing matter (R., 1953; dt. Es endet in Gelächter, 1957), Mama, I love you (R., 1956; dt. Ich hab dich lieb, Mama, 1957), Papa, you're crazy (R., 1957; dt. ... sagte mein Vater, 1959), The whole voyald (Kurzgeschichten, 1957; dt. Die ganze Welt und auch der Himmel selbst, 1959), Days of life and death and escape to the moon (autobiogr. R., 1970; dt. Tage des Lebens, Tage des Sterbens. Tagebuch-blätter aus Paris und Fresno, 1980), Places where I have done time (Autobiogr., 1972), Chance meetings (Autobiogr., 1978; dt. Freunde u. a. Leute, 1979), Obituaries (Erinnerungen, 1979).

Ausgaben: My name is S. Hg. v. J. H. TASHJIAN. London 1983. Dt. Der erste Sommertag. En. aus den Jahren 1933–1938. Übers. v. L. W. WOLFF. Zü. 1984. – Ein anderer Tag, ein anderer Traum. En. aus den Jahren 1939–1954. Übers. v. L. W. WOLFF. Zü. 1985.

Literatur: FLOAN, H. R.: W. S. New York 1966. – CALONNE, D. S.: W. S. My real work is being. Chapel Hill (N. C.) 1983. – SAROYAN, A.: W. S. San Diego (Calif.) 1983. – LEE, L./GIFFORD, B.: S. A biography. New York 1984. – W. S. The man and the writer remembered. Hg. v. L. HAMALIAN. Rutherford (N. J.) 1987. – FOARD, E. C.: W. S. A reference guide. Boston (Mass.) 1989.

Sarton, [Eleanor] May ['sɑːrtn], * Wondelgem (Belgien) 3. Mai 1912, Schriftstellerin belg. Herkunft. – Kam 1916 nach Boston (Mass.) (1923 naturalisiert); lebt in Maine. England, die Heimat der Mutter, Belgien, die Heimat des Vaters, und Neuengland bilden den Hintergrund der meisten ihrer Romane, in denen sie alltägliche Probleme menschl. Beziehungen und Schicksale von Angehörigen der Mittelschicht aus feminist Sicht darstellt. S. schreibt auch Gedichte.

Werke: Encounter in April (Ged., 1937), The single hound (R., 1938), Inner landscape (Ged., 1939), The bridge of years (R., 1946; dt. Brücke der Jahre, 1951), The lion and the rose (Ged., 1948), Shadow of a man (R., 1950), The land of silence (Ged., 1953), The birth of a grandfather (R., 1957), In time like air (Ged., 1957), I knew a phoenix. Sketches for an autobiography (1959), The small room (R., 1961), Joanna and Ulysses (R., 1963), Mrs. Stevens hears the mermaids singing (R., 1965; dt. Mrs. Stevens hört die Meerjungfrauen singen, 1980), A private mythology (Ged., 1965), Kinds of love (R., 1970), Journal of a solitude (autobiograph. Schrift, 1973), As we are now (R., 1973), Collected poems, 1930–1973 (1974), Crucial conversations (R., 1975), The house by the sea (autobiogr. Schrift, 1977), A reckoning (R., 1978; dt. Eine Abrechnung, 1985), Halfway to silence (Ged., 1980), Recovering. A journal 1978–1979 (1980), Writings on writing (Essays, 1981), Letters from Maine (Ged., 1984), At seventy. A journal (1984), The magnificent spinster (R., 1985), The silence now. New and uncollected earlier poems (1988), A self-portrait (Autobiogr., 1988), After a stroke. A journal (1988), The education of Harriet Hatfield (R., 1989).

Literatur: SIBLEY, A. M.: M. S. New York 1972. – BLOUIN, L. P.: M. S. A bibliography. Metuchen (N. J.) 1978. – M. S., woman and poet. Hg. v. C. HUNTING. Orono (Maine) 1982. – EVANS, E.: M. S. revisited. Boston (Mass.) 1989.

Schisgal, Murray ['ʃɪzgəl], * New York 25. Nov. 1926, Dramatiker. – War Musiker in einer Jazzband; bis 1959 Anwalt in New York, danach freier Schriftsteller. S. schreibt – wie E. Albee, A. L. Kopit und J. Gelber – vom absurden Theater beeinflußte Komödien, in denen er die Existenzangst mit den Mitteln der Komik darstellt. Die in den 60er Jahren in London aufgeführten Stücke, v. a. *The tiger* (Einakter, 1960; dt. *Der Tiger,* 1963) und *Luv* (Kom., 1963; dt. *Liiiebe,* 1965), machten ihn bekannt. In den Dramen der 70er Jahre wandte sich S. Alltagsproblemem zu (*All over town,* Kom., 1974).

Weitere Werke: Ducks and lovers (Dr., 1961), The typists (Einakter, 1963), Jimmy Shine (Kom., 1968), The Chinese (Kom., 1970), Dr. Fish (Kom., 1970), The flatulist (Dr., 1979), Days and nights of a French horn player (R., 1980), A need for Brussels sprouts (Dr., 1982), A need for less expertise (Dr., 1983), Popkins (Dr., 1984), Jealousy, and There are no Sacher tortes in our society! Two short plays (1985), Old wine in a new bottle (Dr., 1987), Road show (Dr., 1987), Man dangling (Dr., 1988).

Ausgaben: M. S. Luv and other plays. New York 1983. – Closet madness and other plays. New York 1984.

Schulberg, Budd [Wilson] ['ʃuːlbɜːrg], * New York 27. März 1914, Schriftsteller. – Sohn des Hollywood-Pioniers Benjamin P. S. (* 1892, † 1957). Karriere als Drehbuchautor in Hollywood; Marineoffizier im 2. Weltkrieg; sammelte Bilddokumente für die Nürnberger Prozesse; unterrichtete ›creative writing‹ u. a an der Columbia University; Mitbegründer des

Watts Writers Workshop für mittellose Schwarze in Los Angeles (1965) und Begründer des Frederick Douglass Creative Arts Center (1971) in New York. S. wurde durch den Roman *What makes Sammy run?* (1941) bekannt, der wie die folgenden Schlüsselromane den schnellen Aufstieg und Erfolg der Protagonisten und ihre damit verbundenen psych. Probleme darstellt. Die meisten seiner Romane wurden erfolgreich verfilmt.

Weitere Werke: The harder they fall (R., 1947; dt. Schmutziger Lorbeer, 1956), The disenchanted (R., 1950; dt. Der Entzauberte, 1954, Neuübers. 1981), Some faces in the crowd (Kurzgeschichten, 1953; dt. Gesichter in der Menge, 1962), Waterfront (R., 1955; dt. Die Faust im Nacken, 1959), Sanctuary V (R., 1969; dt. Asyl Hölle, 1971), The four seasons of success (Ber., 1972, 1983 revidiert u. d. T. Writers in America), Everything that moves (R., 1980), Moving pictures. Memories of a Hollywood prince (autobiograph. Ber., 1981).

Schuyler, James [Marcus] ['skaılər], * Chicago 9. Nov. 1923, † New York 12. April 1991, Schriftsteller. – Studierte am Bethany College (W.Va.) und in Florenz, längerer Italienaufenthalt; 1955–61 Mitarbeiter des Museum of Modern Art in New York. S. gehört, wie J. Ashbery, zu der New York School of Poetry. Seine von der bildenden Kunst beeinflußten Gedichte sind von scharfer Beobachtungsgabe und dem Streben nach Synästhesie gekennzeichnet und präsentieren städt. Bilder und Landschaften in und um New York. *The crystal lithium* (1972) und die Elegie auf F. O'Hara *Buried at Springs* (1977) gelten als seine besten Gedichte. S. schreibt auch (experimentelle) Dramen und Romane.

Weitere Werke: Presenting Jane (Dr., UA 1952), Alfred and Guinevere (R., 1958), Salute (Ged., 1960), May 24th or so (Ged., 1966), A nest of ninnies (R., 1969; dt. Ein Haufen Idioten, 1990; mit J. Ashbery), Hymn to life. Poems (1974), Song (Ged., 1976), The home book. Prose and poems 1951–1970 (hg. 1977), What's for dinner? (R., 1978), The morning of the poem (Ged., 1980; Pulitzerpreis 1980), Early in '71 (R., 1982), A few days (Ged., 1985).

Schwartz, Delmore [ʃwɔ:rts], * New York 8. Dez. 1913, † ebd. 11. Juli 1966, Schriftsteller und Kritiker. – Prof. für Philosophie, u. a. an der Harvard University und in Princeton; war vielseitig publizistisch tätig, u. a. 1943–55 Hg. der Zs. ↑ *Partisan Review*. S. schrieb Gedichte, Versdramen und krit. Essays. Seine Dichtung behandelt philosoph. Aspekte des Lebens in der Gegenwart, wobei er sich bes. mit dem Problem der Selbstbehauptung als amerikan. Jude befaßte (*Genesis. Book one,* 1943). Nach S. gestaltete S. Bellow die Figur des Von Humboldt Fleisher in seinem Roman *Humboldt's gift* (1975); auch Übersetzer (A. Rimbaud).

Weitere Werke: In dreams begin responsibilities (Ged., 1938), Shenandoah (Vers-Dr., 1941), Summer knowledge (Ged., 1959), Successful love (Kurzgeschichten, 1961), The ego is always at the wheel. Bagatelles (Essays, hg. 1986).

Ausgaben: Selected essays. Hg. v. D. A. DIKE u. D. A. ZUCKER. Chicago 1970. – What to be given. Hg. v. D. DUNN. Manchester 1976. – Last and lost poems of D. S. Hg. v. R. PHILIPS. New York 1979. – Letters of D. S. Hg. v. R. PHILLIPS, Vorwort K. SHAPIRO. New York 1984. – Portrait of D. Journals and notes of D. S. Hg. v. E. POLLET. New York 1986.

Literatur: MCDOUGAL, R.: D. S. New York 1974. – ATLAS, J.: D. S. The life of an American poet. New York 1977. – BAWER, B.: The middle generation. The lives and poetry of D. S., Randall Jarrell, John Berryman, Robert Lowell. Hamden (Conn.) 1986.

Science-fiction ['saıəns 'fıkʃən] ↑ Utopie.

Sedgwick, Anne Douglas ['sedʒwık], * Englewood (N. J.) 28. März 1873, † Hampstead (heute zu London) 19. Juli 1935, Schriftstellerin. – Kam früh nach Europa und lebte fast ständig in England und Frankreich (studierte in Paris Malerei). Ihre vom Gegensatz der amerikan. und europ. Gesellschaftsstrukturen geprägten Romane stehen in der Nachfolge von H. James u. E. Wharton. Die von S.s Ehemann, dem Essayisten Basil de Sélincourt (* 1876, † 1958), herausgegebene Sammlung *A portrait in letters* (1936) hat autobiograph. Wert.

Weitere Werke: The rescue (R., 1902), A fountain sealed (R., 1907), Amabel Channice (R., 1908), Tante (R., 1911), The nest (En., 1913), The encounter (R., 1914), Christmas roses (En., 1920), The little French girl (R., 1924), The old countess (R., 1927), Dark Hester (R., 1929).

Sedgwick, Catharine Maria ['sedʒwɪk], * Stockbridge (Mass.) 28. Dez. 1789, † West Roxbury (Mass.) 31. Juli 1867, Schriftstellerin. – Stammte aus einer wohlhabenden kalvinist. Familie, die 1820 zum unitar. Glauben konvertierte. S.s erfolgreiche, an Popularität den Werken von J. F. Cooper und W. Irving vergleichbare Romane *A New England tale* (1822) und *Redwood* (1824; dt. 2 Tle., 1837) schildern das Schicksal weibl. Protagonisten und entwerfen die Vision ihres Einflusses auf ein von Tugend und Liebe erfülltes harmon. Leben. Spätere Romane behandeln die Beziehung zwischen Weißen und Indianern (*Hope Leslie,* 1827; dt. *Hope Leslie, oder sonstige Zeiten in Massachusetts,* 1836) und das Leben der Frau in der New Yorker Gesellschaft (*Clarence,* 1830; *The Linwoods,* 1835, dt. *Die Familie Linwood,* 2 Tle., 1836; *Married or single?,* 1857, dt. *Verheirathet oder ledig,* 5 Bde., um 1857).

Weitere Werke: Romantrilogie: Home (1835), The poor rich man, and the rich poor man (1836; dt. Arm und reich, 1865), Live and let live (1837).

Literatur: Brooks, G.: Three wise virgins. New York 1957. – Foster, E. H.: C. M. S. New York 1974.

Seeger, Alan ['si:gər], * New York 22. Juni 1888, ⚔ Belloy-en-Santerre (Somme) 4. Juli 1916, Dichter. – Studierte an der Harvard University; ab 1912 Aufenthalt in Paris; bei Kriegsausbruch Meldung als Freiwilliger in der Fremdenlegion. Schrieb romantisch beeinflußte Gedichte; sein bedeutendstes Kriegsgedicht, *I have a rendezvous with death,* wurde nach seinem Tod in der *North American Review* (Okt. 1916) veröffentlicht.

Weitere Werke: Poems (1916), Letters and diary (hg. 1917).

Literatur: Werstein, I.: Sound no trumpet. The life and death of A. S. New York 1967. – Heekeren D'Anthes, C. de: A. S.; ou, Le réalisme divin. Paris 1972.

Segal, Erich [Wolf] ['si:gəl], * New York 16. Juni 1937, Schriftsteller. – Prof. für klass. Literatur (seit 1968) an der Yale University (*Roman laughter. The comedy of Plautus,* 1968; *Euripides. A collection of critical essays,* hg. 1968); hatte großen Erfolg mit dem Roman *Love story* (1970; dt. 1971), den er mit *Oliver's story* (1977; dt. 1977) fortsetzte.

Weitere Werke: Yellow submarine (Filmdrehbuch, 1968), Man, woman and child (R., 1980; dt. Mann, Frau und Kind, 1980), The class (R., 1984; dt. ...und sie wollten die Welt verändern, 1986), Doctors (R., 1988; dt. Die Ärzte, 1990), Acts of faith (R., 1992; dt. Die Gottesmänner, 1992).

Selby, Hubert ['selbi], * New York 23. Juli 1928, Schriftsteller. – Wuchs in Brooklyn auf, war u. a. als Seemann und Versicherungsangestellter tätig; dann freier Schriftsteller. S. schildert in seinem z. T. auf eigenen Erfahrungen beruhenden Roman *Last exit to Brooklyn* (1964; dt. *Letzte Ausfahrt Brooklyn,* 1968; ungekürzte Ausg., 1972; verfilmt 1990) schockierend-naturalistisch die ausweglose Existenz der von der Gesellschaft Gezeichneten in den Slums von Brooklyn. Seine weiteren Romane sind ebenfalls durch die Themen Sex, Drogen und Gewalt bestimmt.

Weitere Werke: The room (R., 1971; dt. Mauern, 1972), The demon (R., 1976; dt. Der Dämon, 1980), Requiem for a dream (R., 1978; dt. Requiem für einen Traum, 1981), Song of the silent snow (En., 1986; dt. Lied vom stillen Schnee, 1989).

Sewall, Samuel ['su:əl], * Bishopstoke (England) 28. März 1652, † Boston (Mass.) 1. Jan. 1730, Richter und Schriftsteller. – Kehrte mit seinen aus Neuengland stammenden Eltern 1661 nach Boston zurück; Student und Tutor an der Harvard University; ab 1679 polit. Karriere in der Verwaltung der Kolonie. S. wiederrief als einziger der an den Salemer Hexenprozessen (1692) beteiligten Richter 1697 sein Urteil; als menschlich und liberal bekannt, bekleidete er 1718–28 das Amt des Obersten Richters. In seinen polit. und religiösen Schriften trat er für die Rechte der Sklaven (*The selling of Joseph,* 1700), der Indianer (*A memorial relating to the Kennebeck Indians,* 1721) sowie der Frauen ein (*Talitha Cumi,* hg. 1873). Sein Tagebuch *The diary of S. S., 1674–1729* (hg. 1973) ist eines der aufschlußreichsten Dokumente über das polit. und gesellschaftl. Leben der Kolonialzeit in Neuengland.

Ausgaben: Letters of Samuel Lee and S. S. relating to New England and the Indians. Hg. v. G. L. KITTREDGE. Cambridge 1912. – ›The selling of Joseph‹. Hg. v. S. KAPLAN. Amherst (Mass.) 1969. – The diary of S. S. 1674–1729. Hg. v. M. H. THOMAS. New York 1973. 2 Bde.

Literatur: WINSLOW, O. E.: S. S. of Boston. New York 1964.

Sewanee Review ['swɔ:ni rɪ'vju:], 1892 von William Peter Trent (* 1862, † 1932) gegründete, von der University of the South in Sewanee (Tenn.) publizierte Literaturzeitschrift, die v. a. die mit den konservativen Werten der Südstaaten verbundene Literatur förderte. Unter dem Hg. A. Tate (1944–46) wurde die Zs. zu einem bed. Organ des ↑ New criticism und wandte sich auch moderner Literatur zu. 1961–73 war A. Lytle Herausgeber.

Literatur: MOTT, F. L.: A history of American magazines. Bd. IV. 1885–1905. Cambridge (Mass.) 1957.

Sexton, Anne ['sekstən], * Newton (Mass.) 9. Nov. 1928, † Weston (Mass.) 4. Okt. 1974 (Freitod), Lyrikerin. – War Lehrerin, daneben u. a. 1971/72 Lehrtätigkeit an der Colgate University, Hamilton (N. Y.). Schrieb, u. a. beinflußt von A. Rimbaud, F. Kafka, P. Neruda und ihrem Lehrer R. Lowell, Bekenntnislyrik, in der sie in klarer, mitleidsloser Sprache ihre eigene Innenwelt erforscht und bloßlegt (Nervenzusammenbruch, Depression, Einsamkeit, Familienbande, Tod).

Werke: To Bedlam and part way back (Ged., 1960), All my pretty ones (Ged., 1962), Selected poems (1964), Live or die (Ged., 1966; Pulitzerpreis 1967), Love poems (1969), Transformations (Ged., 1971), The book of folly (Ged., 1972), The death notebooks (Ged., 1974), The awful rowing toward God (Ged., 1975), 45 Mercy Street (Ged., hg. 1976), Words for Dr. Y. Uncollected poems with three stories (hg. 1978).

Ausgaben: A. S. A self-portrait in letters. Hg. v. L. G. SEXTON u. L. AMES. Boston (Mass.) 1977. – A. S. The complete poems. Hg. v. M. KUMIN. Boston (Mass.) 1981. – A. S. No evil star. Selected essays, interviews and prose. Hg. v. S. COLBURN. Ann Arbor (Mich.) 1985.

Literatur: NORTHOUSE, C./WALSH, T. P.: Sylvia Plath and A. S. A reference guide. Boston (Mass.) 1974. – A. S. The artist and her critics Hg. v. J. D. MCCLATCHY. Bloomington (Ind.) 1978. – MARKEY, J.: A new tradition of poetry? A study on the poetry of Sylvia Plath, A. S., Adrienne Rich. Ffm. 1984. – GEORGE, D. H.: Oedipus Anne. The poetry of A. S. Urbana (Ill.) 1987. – A. S. Telling the tale. Hg. v. S. E. COLBURN. Ann Arbor (Mich.) 1988. – S. Selected criticism. Hg. v. D. H. GEORGE. Urbana (Ill.) 1988. – HALL, C. K. B.: A. S. Boston (Mass.) 1989. – Critical essays on A. S. Hg. v. L. WAGNER-MARTIN. Boston (Mass.) 1989. – MIDDLEBROOK, D. W.: A. S. A biography. Boston (Mass.) 1991).

Shange, Ntozake ['ʃɑ:ŋgi], eigtl. Paulette Williams, * Trenton (N. J.) 18. Okt. 1948, Schriftstellerin. – Tochter einer mit W. E. B. Du Bois befreundeten Familie; Studium am Barnard College (New York) und an der University of Southern California (Los Angeles); ihre vielfältigen Interessen als Dozentin für Frauenstudien, Dichterin, Tänzerin und Schauspielerin verbinden sich in ihren u. a. von L. Jones beeinflußten *Choreopoems,* aus lyr. Gedichten bestehende, z. T. mit surrealist. und expressionist. Elementen durchsetzte Sing-Tanz-Theaterstücke, die stereoptypisiert zumeist das Leiden schwarzer Frauen an der rücksichtslosen Haltung der sie mißhandelnden und sexuell ausbeutenden schwarzen Männer thematisieren. Eigene Erfahrungen bestimmen das sehr erfolgreich aufgeführte erste Stück *For colored girls who have considered suicide/When the rainbow is enuf* (UA 1975), das Selbstvertrauen und Lebensmut verleihen soll. Ähnliche Themen und Stilzüge finden sich in den das Schicksal zweier in feministischer Hinsicht ungleicher Schwestern behandelnden Erzählungen (*Sassafrass,* Novelle, 1976; *Sassafrass, Cypress & Indigo,* R. 1982; dt. *Schwarze Schwestern,* 1984). Neben Gedichtbänden (*Natural disasters and other festive occa-*

sions, 1977; *Nappy edges,* 1978; *A daughter's geography,* 1983) auch Essays (*See no evil,* 1984).

Weitere Werke: From Okra to Greens (UA 1978, Dr. 1984), Three pieces (Stükke, 1981; enthält: Spell # 7; A photograph; Lovers-in-motion; Boogie Woogie; alle UA 1979), Betsey Brown (R., 1985), Ridin' the moon in Texas (Ged., 1988).

Literatur: BROWN, E.: Six female black playwrights. Images of Blacks in plays by Lorraine Hansberry, Alice Childress, Sonia Sanchez, Barbara Molette, Martie Charles, and N. S. Tallahassee (Fla.) 1980.

Shapiro, Karl [Jay] [ʃəˈpɪroʊ], * Baltimore 10. Nov. 1913, Schriftsteller. – Studium an der University of Virginia und der Johns Hopkins University; Kriegseinsatz im Pazifik (1941–45); lehrte an verschiedenen Universitäten, zuletzt an der University of California, Davis (1968 bis 1984); Herausgeber der Zss. ↑*Poetry* (1950–56) und *The Prairie Schooner* (1956–66). In S.'s durch sprachl. Präzision ausgezeichneten, von eigenen Erlebnissen geprägten Gedichten kommt den Motiven Krieg und Liebe bes. Bedeutung zu (*Person, place, and thing,* 1942; *V-Letter and other poems,* 1944, Pulitzerpreis 1945); die Identifizierung mit seiner eigenen jüd. Existenz in *Poems of a Jew* (1958) leitete eine Neuorientierung in seiner Dichtungskonzeption ein, die von den intellektbetonten modernen Dichtern, W. H. Auden und T. S. Eliot, zu den menschl. Natur und Gefühle betonenden Dichtern, W. Whitman, D. H. Lawrence, H. Miller und W. C. Williams (*The bourgeois poet,* Prosa-Ged., 1964) führt. Seine zahlreichen, auch in Versen geschriebenen literaturkrit. Essays (*Essay on rime,* 1945) spiegeln diesen Wandel (*In defense of ignorance,* 1960; *Prose keys to modern poetry,* 1962; *The poetry wreck,* 1975).

Weitere Werke: Five young American poets (Ged., 1941), The place of love (Ged., 1942), Beyond criticism (Essays, 1953, 1965 u. d. T. A primer for poets), White-haired lover (Ged., 1968), To abolish children (Essays, 1968), Edsel (R., 1971), Adult bookstore (Ged., 1976), Collected poems, 1940–1978 (1978), Love and war, art and God (Ged., 1984), New & selected poems, 1940–1986 (1987), The younger son (Autobiogr. 1988).

Literatur: WILSKE, D.: K. S. Ein jüdisch-amerikan. Dichter. Mchn. 1970. – BARTLETT, L.: K. S. A descriptive bibliography 1933–1977. New York 1979. – REINO, J.: K. S. Boston (Mass.) 1981.

Shaw, Henry Wheeler [ʃɔː], * Lanesboro (Mass.) 21. April 1818, † Monterey (Calif.) 14. Okt. 1885, Schriftsteller. – Verfaßte unter dem Pseudonym Josh Billings Mitte des 19. Jh. beliebte Sammlungen von Aphorismen, kurzen Essays und Erzählskizzen, die durch trockenen und rustikalen Humor sowie durch kom. sprachl. Effekte gekennzeichnet sind. Am bekanntesten sind *Josh Billings, his sayings* (1865) und *Josh Billings on ice* (1868). Ab 1867 war S. Kolumnist in New York und veröffentlichte von 1869–79 den erfolgreichen *Josh Billings' farmer's allminax.*

Ausgaben: The complete works of Josh Billings. New York 1876. 4 Bde. in 1 Bd. – Selections from the writings of Josh Billings; or, proverbial philosophy of wit and humor. Athens (Ga.) 1940. – Uncle Sam's Uncle Josh. Hg. v. D. DAY. Boston (Mass.) 1953.

Literatur: CLEMENS, C.: Josh Billings. Yankee humorist. Groves (Mo.) 1932. Neudr. Folcroft (Pa.) 1976.

Shaw, Irwin [ʃɔː], * New York 27. Febr. 1913, † Davos 16. Mai 1984, Schriftsteller. – Begann mit Arbeiten für Film und Rundfunk; Soldat im 2. Weltkrieg in Europa; ab 1950 Hauptwohnsitz in der Schweiz. Nach erfolgreichen, pazifist. Einstellung spiegelnden Dramen (*Bury the dead,* UA 1936; *The gentle people,* UA 1939, dt. *Gangster,* 1957) schrieb S. Kurzgeschichten im Stile Hemingways, z. T. mit sozialkrit. Thematik, die als seine eigentl. Begabung galten (*Sailor off the Bremen,* 1939; *Welcome to the city,* 1941). Durch den (auch kommerziellen) Erfolg des antimilitarist. Kriegsromans *The young lions* (1948; dt. *Die jungen Löwen,* 1953) wurde S. zum populären Romancier.

Weitere Werke: Sons and soldiers (Dr., 1944), Act of faith (Kurzgeschichten, 1946), The survivors (Dr., 1948; dt. Aus dem Nebel heraus, 1949), Mixed faith (Kurzgeschichten, 1950; dt. Das Bekenntnis, 1960), Lucy Crown (R., 1956; dt. 1959), Two weeks in another town (R., 1960; dt. Zwei Wochen in einer anderen Stadt, 1962), Voices of a summer day (R., 1965; dt. Stimmen eines Sommertages, 1966), Love on a dark street (En., 1965; dt. Liebe auf dunklen Straßen, 1968), Rich man, poor man (R., 1970; dt. Aller Reichtum dieser Welt, 1972), Evening in Byzantium (R., 1973; dt. Abend in Byzanz, 1975), God was here but he left early (En., 1973; dt. Ausw. Ein Flüstern in der Menge, 1980), Nightwork (R., 1975; dt. Den Seinen gibt's der Herr im Schlaf, 1977), Beggarman, thief (R., 1977; dt. Ende in Antibes, 1979), The top of the hill (R., 1979; dt. Griff nach den Sternen, 1980), Bread upon the waters (R., 1981; dt. Der Wohltäter, 1982), Acceptable losses (R., 1982; dt. Auf Leben und Tod, 1984).

Literatur: GILES, J. R.: I. S. Boston (Mass.) 1983.

Sheldon, Charles Monroe ['ʃeldən], * Wellsville (N. Y.) 26. Febr. 1857, † Topeka (Kans.) 24. Febr. 1946, Schriftsteller. – Studierte Theologie und wirkte ab 1886 als Pfarrer, zuletzt in Topeka; gab 1920–25 die Zs. *The Christian Herald* heraus. Sein Hauptwerk, der Roman *In His steps* (1896; dt. *In Seinen Fußstapfen,* 1899), der die Möglichkeit einer Nachfolge Christi in der Gegenwart behandelt, war einer der größten amerikan. Bucherfolge; kulturgeschichtlich interessant ist auch seine Autobiographie *C. M. S. His life story* (1925).

Shepard, Sam ['ʃepərd], eigtl. Samuel S. Rogers, Jr., * Fort Sheridan (Ill.) 5. Nov. 1943, Dramatiker. – Kindheit und Jugend in Kalifornien, 1963 Umzug nach New York, verschiedene Gelegenheitsarbeiten, Musiker in einer Band. S. gilt mit seinen mehr als 40 Dramen als einer der produktivsten und originellsten Gegenwartsdramatiker in den USA; daneben auch Bühnen- und Filmschauspieler. Seine von der amerikan. Gegenwartskultur, Drogenszene, Rockmusik, Science-fiction, von Film und Cowboymythos beeinflußten Stücke stellen eine Mischung aus myth. Nostalgie, Destruktion und Gewalt, neurot. Zwangsvorstellungen und pervertierter Liebe dar. Typisch ist die sich schon im Titel andeutende, kom. Verbindung zweier heterogener Vorstellungsbereiche bzw. das fatale Ineinandergreifen verschiedener Bewußtseinsschichten: so die Touristenkrankheit in Mexiko und die Schlafkrankheit in den USA (*La turista,* UA, 1967; dt. 1970), die Klapperschlange als Kode für den Militärcomputer und als religiöses Symbol für die Hopi-Indianer (*Operation sidewinder,* UA, 1970), die Vermischung verschiedener Sprachregister (*The tooth of crime,* UA 1972; dt. *Rhythm & Bluad oder der Zahn der Zeit,* 1975). Eine im Stil E. O'Neills konzipierte Familientrilogie zeigt in der Konfrontation der nostalg. Sehnsucht nach dem Mythos des Westens mit der ernüchternd grausamen und gewalterfüllten Realität die Destruktion menschl. Beziehungen (*Curse of the starving class,* UA 1977, dt. *Fluch der verhungernden Klasse,* 1980; *Buried child,* UA 1978, dt. *Vergrabenes Kind,* 1980, Pulitzerpreis 1979; *True West,* UA 1979); ähnlich auch in *Fool for love* (UA, 1983; dt. *Liebestoll,* 1987), in dessen Verfilmung S. die Hauptrolle spielt, sowie *A lie of the mind* (UA, 1986; dt. *Lügengespinst,* 1987). Schreibt auch Drehbücher, u. a. zu M. Antonionis *Zabriskie point* (1965) und W. Wenders *Paris, Texas* (1984), sowie Erzählungen (*Hawk Moon,* 1972; dt. *Habichtsmond, Ged. u. Prosa,* 1987) und das Tagebuch *Motel chronicles* (1982; dt. 1986).

Weitere Werke: Five plays (1967), The unseen hand and other plays (1971), Mad dog blues and other plays (1972), Angel City, Curse of the starving class and other plays (1976), Four two-act plays (1980), Seven plays (1981), States of shock (Dr., 1991).

Literatur: American dreams. The imagination of S. S. Hg. v. B. MARRANCA. New York 1981. – AUERBACH, D.: S. S., Arthur Kopit and the Off-Broadway theater. Boston (Mass.) 1982. – SHEWEY, D.: S. S. New York 1985. – OUMANO, E.: S. S. The life and work of an American dreamer. New York 1986. – S. S. A casebook. Hg. v. K. KING. New York 1988. – ADOLPHS, U.: Die Tyrannei der Bilder. S. S.s Dramen. Ffm. 1990.

Shepard, Thomas ['ʃepərd], * Towcester (England) 5. Nov. 1605, † Cambridge

(Mass.) 25. Aug. 1649, Schriftsteller. – Frühwaise; Studium am Emmanuel College in Cambridge; ab 1627 puritan. Geistlicher; das von Bischof Laud ausgesprochene Predigtverbot bewog S. 1635 zur Umsiedlung nach Neuengland, dort Pastor der Church of Newtown (Cambridge); bed. Rolle in der Organisation des Kirchenlebens (*Theses Sabbaticae,* 1649), bei der Gründung der ersten amerikan. Universität (Harvard, 1636) sowie bei der die abtrünnige Lehre des Antinomianismus (u. a. Anne Hutchinson [* 1591, † 1643]) verurteilenden Cambridge Synod (1637). Sein bekanntestes Werk, *The sincere convert* (1641), zeigt bei der Darstellung der Stufen der Bekehrung zum Glauben Verständnis für menschl. Schwächen und verkündet das Evangelium der Liebe, auch den Indianern gegenüber (*The clear sun-shine of the gospel breaking forth upon the Indians,* 1648). Auch seine Predigten (*The parable of the ten virgins opened and applied,* hg. 1660) und seine Autobiographie (verfaßt 1646; hg. 1832) offenbaren menschl. Aspekte des ↑ Puritanismus.

Ausgaben: The works of T. S. Hg. v. J. A. ALBRO. Boston (Mass.) 1853. 3 Bde. Nachdr. New York 1966. – God's plot. The paradoxes of Puritan piety. Being the autobiography and journal of T. S. Hg. v. M. MCGIFFERT. Amherst (Mass.) 1972.

Literatur: WHYTE, A.: T. S. Pilgrim father and founder of Harvard. London u. a. 1909. – WERGE, T.: T. S. Boston (Mass.) 1987.

Sherwood, Robert [Emmet] ['ʃɜ:rwʊd], * New Rochelle (N. Y.) 4. April 1896, † New York 14. Nov. 1955, Dramatiker. – Studium in Harvard; die im 1. Weltkrieg erlittene Verwundung bestimmte seine pazifist. Einstellung, die sich durch seine polit. Tätigkeit im Verteidigungsministerium (1939–45) während der Regierung F. D. Roosevelts (* 1882, † 1945), für den er Reden schrieb, in krit. Engagement auf seiten der Alliierten wandelte. S. begann seine literar. Karriere als Journalist und Hg. der Zss. *Life* (1924–28) und *Scribner's Magazine* (1928–30), schrieb dann Lustspiele und schließlich aktuelle Problemstücke, die existentielle Grenzsituationen darstellen. Er erhielt insgesamt vier Pulitzerpreise für die Dramen *Idiot's delight* (1936; Pulitzerpreis 1936), *Abe Lincoln in Illinois* (1938; Pulitzerpreis 1939), *There shall be no night* (1940; Pulitzerpreis 1941) sowie für die Biographie *Roosevelt and Hopkins, an intimate history* (1948; dt. *Roosevelt und Hopkins,* 1950; Pulitzerpreis 1949).

Weitere Werke: The love nest (Dr., 1927; nach R. Lardner), The road to Rome (Dr., 1927), Waterloo Bridge (Dr., 1930; dt. Die Waterloo-Brücke, 1955), The petrified forest (Dr., 1935; dt. Der versteinerte Wald, 1955), Small war on Murray Hill (Kom., hg. 1957).

Literatur: BROWN, J. M.: The worlds of R. E. S. Mirror to his times 1896–1939. New York 1962. Nachdr. 1979. – SHUMAN, R. B.: R. E. S. New York 1964. – BROWN, J. M.: The ordeal of a playwright. R. E. S. and the challenge of war. New York 1970. – MESERVE, W. J.: R. E. S. Reluctant moralist. New York (Ind.) 1970.

Short story [ˌʃɔ:rt 'stɔ:ri], eine formal und inhaltlich weniger eng als die dt. Kurzgeschichte definierte Gattung der amerikan. Literatur, die sich im 19. Jh. teils aus den älteren Erzählformen des Kurzromans, der Novelle und des Märchens (›tale‹), teils aus der Anekdote, der Skizze (›sketch‹) und dem ↑ Essay herausbildete und heute zwischen diesen eingeordnet wird. Aufgrund des hohen Entwicklungsstandes des amerikan. Zeitschriftenwesens gelangte sie als erste eigenständige Literaturgattung der USA rasch zu großer Beliebtheit und bildete ein Gegengewicht zur Dominanz engl. Romanliteratur. Als Begründer der S. s. gelten W. Irving, der in dem essayist. und narrative Elemente mischenden *The sketch book* (1819/20) u. a. deutsche Märchen in den Staat New York transponiert (*Rip Van Winkle*), und der mit ihm befreundete J. K. Paulding (*Tales of the good woman,* 1829). Die Ablösung von europ. Stoffen gelingt in den die puritan. Gesch. Amerikas verarbeitenden und das Problem des Bösen ästhetisierenden S.-s.-Sammlungen N. Hawthornes (*Twice-told tales,* 1837; *Mosses from an old manse,* 1846), deren krit. Rezeption durch E. A. Poe eine erste leserpsycholog. Theorie der neuen Gattung lieferte (*Twice-told tales,* 1842; 1847

u. d. T. *Tale-writing*). Demnach ist das wichtigste Kriterium der S. s. die Erzielung eines einzigartigen Effekts, dem alle Elemente der Erzählung dienen sollen. An die Stelle der an Hawthorne kritisierten moralisierenden allegor. Darstellung des Unheimlichen setzt Poe zunehmend eine symbolist. Form zur Spiegelung psych. Vorgänge und kreiert damit den Typus einer universalist. S. s. (*Tales of the grotesque and arabesque,* 1840) sowie erste Detektivgeschichten (›tales of ratiocination‹), in denen eine rational-analyt. Haltung mit der Imagination des Poeten zur Aufklärung des Verbrechens führt (↑Kriminalliteratur). H. Melville griff zeitkrit. Themen auf und verarbeitete eigene Reiseeindrücke aus der exot. Welt der Südsee (*Piazza tales,* 1856).

Nach dem Bürgerkrieg führte die steigende Nachfrage nach Zs.-Beiträgen zu einem rapiden Aufschwung der S. s., deren Autoren sie zur Darstellung des Lebens in den neuen Regionen des Landes nutzten. Mark Twain kombinierte Elemente der mit volkstüml. Übertreibung humorvolle Frontier-Erlebnisse solcher Helden wie D. Crockett schildernden ›tall tale‹ mit realist. Local-color-Elementen zur Entlarvung menschl. Heuchelei (*The celebrated jumping frog of Calaveras county,* 1867), B. Harte vermittelte ein realist. Bild der Stimmung in kaliforn. Goldgräbersiedlungen (*The luck of roaring camp,* 1870). In der Folge entdeckten zahlreiche Autoren die Affinität der Local-color-Elemente zum kurzen Erzählen, die v. a. auch Frauen die Möglichkeit schriftsteller. Betätigung eröffnete: Louisiana (G. W. Cable, K. Chopin), Neuengland (M. E. W. Freeman, S. O. Jewett, E. Wharton), Süden (R. H. Davis), Westen (M. Austin). Gleichzeitig entstanden Schreibschulen, die die Poes Vorstellungen aufnehmende, plot-orientierte Theorie B. Matthews' (*Philosophy of the s. s.,* 1885) praktizierten, wobei sich allmählich das Geschehen in die Großstadt verlagert (O. Henry). A. Bierces realist. Schilderungen grauenvoller Ereignisse aus dem Bürgerkrieg (*Tales of soldiers and civilians,* 1891), S. Cranes die Isolation des Menschen naturalistisch gestaltenden S. s. (*The open boat,* 1898) und H. James' realist. Enthüllung der psych. Tiefenschichten seiner Charaktere (*The real thing,* 1893) bilden die Grundlage für die moderne S. s.

Im 20. Jh. bestimmen v. a. die Initiationsthematik, Konflikte in zwischenmenschl. Beziehungen sowie die Konzentration auf extreme, die existentielle Befindlichkeit des modernen Menschen aufzeigende Situationen die S. s. Symbol, Metapher, die Technik des Bewußtseinsstroms und ein suggestiver Stil dienen als Darstellungsmittel komplex-qualitativer Erlebnismomente (wie Faulkners ›frozen moment‹) und als Analoga von Hemingways ›Eisberg-Theorie‹, nach der die Bedeutung eines Textes nicht an der Oberfläche, sondern in der Tiefenstruktur angesiedelt ist. Darüber hinaus verweist das offene Ende der S. s. auf eine skept. Welthaltung sowie auf die formale Unzulänglichkeit kurzen Erzählens, die durch lose miteinander verbundene S.-s.-Zyklen (S. Anderson, E. Hemingway, W. Faulkner) kompensiert wird. Aufbauend auf dem Jamesschen ›shock of recognition‹ stellen S. Anderson (*I want to know why,* 1921) und E. Hemingway (*In our time,* 1925) die Initiation Jugendlicher, ihren Übergang von der Unschuld in die Welt der Erfahrung in z. T. drast. Situationen dar. Darüber hinaus verfolgt Hemingway in seinen S. s. das Schicksal seines Helden Nick Adams bis zur Rückkehr aus dem 1. Weltkrieg und zur Entdeckung des Schriftstellerberufs, schildert das Leben der ›expatriates‹, die Bewährung im Zusammenleben, im Abenteuer und auf der Großwildjagd (*Men without women,* 1927; *Death in the afternoon,* 1932; *Green hills of Africa,* 1935). F. S. Fitzgerald gibt die mondäne Welt der 20er Jahre wieder (*Tales of the Jazz age,* 1922); W. Faulkner zeigt in seinen kom., trag. und grotesken S. s. weitere Facetten der existentiellen Befindlichkeit moderner Menschen am Schicksal isolierter Individuen im myth. Bezugsgeflecht seiner Südstaatenwelt vor und nach dem Bürgerkrieg auf (*Collected short stories,* 1950). Das oft durch den Niedergang des alten Südens motivierte groteske Verhalten ihrer Figuren führt F. O'Connor auf die Verabsolutierung von exzentr. Positionen und den Verlust eines christl. Weltbildes zurück (*A good man is hard to find,* 1955), C. McCullers und E. Welty auf die Kontaktarmut ihrer Charaktere in Georgia bzw. Mississippi; K. A. Porter schildert die emotionalen Spannungen zw. Texanern und Mexikanern (*Flowering Judas,* 1930).

In der Gegenwart werden einerseits die Themen und Techniken der modernen S. s. fortgesetzt, zur Darstellung urbanen und suburbanen Lebens (J. Cheever, *The way some people live,* 1943, *The stories of John Cheever,* 1978; J. Updike, *Museums and women,* 1972), zur Schilderung von Frauenproblemen (G. Paley, *The little disturbances of man,* 1956; J. C. Oates, *The goddess and other women,* 1974; M. Gordon, *Temporary shelter,* 1987) und zur Thematisierung ethn. Identitätsproblematik genutzt, so von mexikanisch-amerikan. Autoren (R. Anaya, *The silence of the llano,* 1982; Sandra Cisneros [* 1954], *Women hollering creek and other stories,* 1991; dt. *Kleine Wunder,* 1992), Vertretern der afroamerikan. Literatur (A. Walker, *Love and trouble,* 1973; T. C. Bambara, *The sea birds are still alive,* 1977) und bes. von jüd. Schriftstellern, deren Einstellung zur jüd. Kultur von kritisch-satir. Infragestellung (P. Roth, *Good-bye, Columbus,* 1959) über die Auffassung vom jüd. Leiden als einer Metapher für allgemeinmenschl. Existenzprobleme (B. Malamud, *The magic barrel,* 1958; S. Bellow, *Mosby's memoirs,* 1968) bis zu C. Ozicks orthodox-jüd. Erneuerung (*The pagan rabbi,* 1971) reicht. Andererseits bietet sich die S. s. aufgrund ihrer flexiblen Form für postmoderne Experimente an, die v. a. metafiktional das Erzählmedium problematisieren und über das mögl. Ende der Literatur spekulieren. Aufbauend auf V. Nabokovs konstruierten Kurzgeschichten (*Nabokov's dozen,* 1958), verwendet J. Barth kurze Erzählungen für medienexperimentelle Zwecke in *Lost in the funhouse* (1968), W. Gass zur Übereinanderlagerung verschiedener Fiktionen (*In the heart of the heart of the country,* 1968). Die eigentl. Meisterstücke der innovativ genutzten postmodernen S. s. sind die die Gattungsgrenzen zw. Roman, Kurzgeschichte und Gedicht verwischenden Erzählungen R. Brautigans (*The revenge of the lawn,* 1978), die theoret. Konzepte fiktionalisierenden, z. T. kulturpessimist. Texte T. Pynchons (*Slow learner,* 1984) und v. a. D. Barthelmes zahlreiche, postmoderne Imagination mit sozialkrit. Intention verbindende S.-s.-Sammlungen (*City life,* 1970; *Great days,* 1979). Die Übernahme postmoderner Techniken zeigt sich auch in der neorealist. S. s., wie sie v. a. bei R. Carver (*The stories of R. C.,* 1985) ausgeprägt ist.

Literatur: Anthologien: Great American short stories. Hg. v. W. STEGNER u. M. STEGNER. New York 1957. – American short stories. 1820 to the present. Hg. v. E. CURRENT-GARCÍA u. W. R. PATRICK. Chicago Neudr. 1964. – The Penguin Book of American short stories. Hg. v. G. COCHRAN. New York 1971. – Superfiction, or the American story transformed. Hg. v. J. D. BELLAMY. New York 1975. – Major American short stories. Hg. v. A. WALTON LITZ. New York 1975. – Familiar faces. The best contemporary American short stories. Hg. v. P. MCNEES. New York 1979. – The singing spirit. Early s. s. by North American Indians. Hg. v. B. C. PEYER. Tucson (Ariz.) 1989. – Plötzl. Geschichten. Amerikan. S. s.s. Hg. v. R. SHAPARD u. J. THOMAS. Ffm. 1991.

Histor. Unterss.: PATTEE, F. L.: The development of the American s. s. New York 1923. Nachdr. 1966. – WIRZBERGER, K.-H.: Die Entwicklung der amerikan. S. s. Aufstieg u. Formauflösung einer Literaturgattung. Bln. 1951. – WEST, R. B., JR.: The s. s. in America, 1900–1950. Chicago (Ill.) 1952. – ROSS, D.: The American s. s. Minneapolis (Minn.) 1961. – PEDEN, W.: The American s. s. Front line in the national defense of literature. Cambridge (Mass.) 1964. Nachdr. 1975. – FREESE, P./JÄGER, D./KRUSE, H.: Die amerikan. S. s. Neumünster 1971. – VOSS, A.: The American s. s. A critical survey. Norman (Okla.) 1973. – American s. s. writers before 1880. Dictionary of Literary Biography Bd. 74. Hg. v. B. E. KIMBEL. Detroit (Mich.) 1988. – American s. s. writers, 1880–1910. Dictionary of Literary Biography Bd. 78. Hg. v. B. E. KIMBEL. Detroit (Mich.) 1989.

Themen: MCGIFFERT WRIGHT, A.: The American s. s. in the twenties. Chicago (Ill.) 1961. – O'CONNOR, F.: The lonely voice. A study of the s. s. London 1962. Nachdr. 1965. – LANG, W.: Themen u. Motive u. ihre formale Durchführung in der literar. Kurzprosa früher amerikan. Zss. Ein Beitrag zur Theorie der amerikan. S. s. zur Zeit Hawthornes und Poes. Tüb. 1969. – SOMMER, G.: Die Ich-Perspektive in der amerikan. Kurzprosa des 19. Jh. Erlangen 1969. – The s. s. today. A Kenyon review symposium. Hg. v. G. LANNING u. E. WHITE. Kent (Ohio) 1970. – INGRAM, F. L.: Representative s. s. cycles of the twentieth century. Studies in a literary genre. The Hague 1971. – Die amerikan. Kurzgeschichte. Hg. v. K. H. GÖLLER u. G. HOFFMANN. Düss. 1972. – FREESE, P.: Die amerikan. Kurzgeschichte nach 1945. Ffm. 1974. – Die amerikan. S. s. der Gegenwart. Hg. v. P. FREESE. Bln. 1976. – BROWN, C. S.: The tall tale in American folklore and literature. Knoxville (Tenn.) 1987. – Since Flannery O'Connor. Essays on the contemporary American s. s. Hg. v. L. LODGSON u. C. W. MAYER. Macomb (Ga.) 1987. – MANN, S. G.: The s. s. cycle. A genre companion and reference guide. Westport (Conn.) 1989. – Die engl. und amerikan. Kurzgeschichte. Hg. v. K. LUBBERS. Darmst. 1990.

Theorie: KILCHENMANN, R. J.: Die Kurzgeschichte. Formen u. Entwicklung. Stg. 1967. – Studien u. Materialien zur S. s. Hg. v. P. GOETSCH. Ffm. 1971. – Die amerikan. S. s. Hg. v. H. BUNGERT. Darmst. 1972. – ROHNER, L.: Theorie der Kurzgeschichte. Ffm. 1973. – What is the s. s.? Hg. v. E. CURRENT-GARCÍA u. W. R. PATRICK. Glenview (Ill.) ²1974. – S.-S.-Theorien, 1573–1973. Eine Slg. u. Bibliogr. engl. u. amerikan. Quellen. Hg. v. A. WEBER u. W. F. GREINER. Kronberg 1977. – LUBBERS, K.: Typologie der S. s.. Darmst. 1977. – REID, I.: The s. s.. New York 1977. – AHRENDS, G.: Die amerikan. Kurzgeschichte. Theorie u. Entwicklung. Stg. 1980. – SHAW, V.: The s. s. A critical introduction. New York 1983. – LANG, H.-J.: Poeten u. Pointen. Zur amerikan. Erzählung des 19. Jh. Erlangen 1983. – FREESE, P.: The American s. s. I. Initiation-interpretations and suggestions for teaching. Paderborn 1986. – S. s. criticism. Excerpts from criticism of the works of short fiction writers. Hg. v. S. FITZGERALD. Detroit (Mich.) 1989.

Silko, Leslie Marmon ['sɪlkoʊ], * Albuquerque (N.Mex.) 5. März 1948, Schriftstellerin. – Von Laguna-indian., mexikan. und weißer Abstammung, wuchs S. in der Laguna-Pueblo-Reservation im westl. New Mexico auf; Studium, später auch Lehrtätigkeit, an der University of New Mexico in Albuquerque; zweijähriger Alaska-Aufenthalt; seit 1978 Englisch-Prof.in an der University of Arizona in Tucson. Gehört zu den bedeutendsten Vertretern der zeitgenöss. ↑Indianerliteratur, deren Erzählungen und Gedichte die prekäre Stellung zwischen der dominanten weißen und der geschlossenen indian. Kultur reflektieren. So zeigt der erfolgreiche Roman *Ceremony* (1977; dt. *Gestohlenes Land wird ihre Herzen fressen*, 1981) die schwierige Identitätssuche eines an einer Kriegsneurose leidenden Indianers, die weder durch klin. Psychiatrie noch durch traditionelle Rituale, sondern erst durch eine unorthodoxe Zeremonie geheilt werden kann. *Storyteller* (1981) vereinigt Gedichte, Erzählungen und autobiogr. Fragmente, *Laguna Woman* (1974) ist ein Gedichtband.

Weitere Werke: With the delicacy and strength of lace. Letters between L. M. S. and James Wright (1985), Almanac of the dead (R., 1991).

Literatur: SEYERSTED, P.: L. M. S. Boise (Id.) 1980. – VELIE, A. R.: Four American Indian literary masters. Norman (Okla.) 1982. – SCHINDLER, G.: Der indian. Roman der Gegenwart. In: Der zeitgenöss. amerikan. Roman. Hg. v. G. HOFFMANN. 3 Bde. Mchn. 1988. Bd. 2, S. 258–345. – COLTELLI, L.: Winged words. American Indian writers speak. Lincoln (Nebr.) 1990. – HOCHBRUCK, W.: ›I have spoken‹: Die Darst. u. ideolog. Funktion indian. Mündlichkeit in der nordamerikan. Lit. Tüb. 1991.

Silliman, Ron[ald Glenn] ['sɪlɪmən], * Pasco (Wash.) 5. Aug. 1946, Lyriker. – S. ist wie Susan Howe (* 1937), Bruce Andrews (* 1948) und Charles Bernstein (* 1950) einer der u. a. von G. Stein, C. Olson u. L. Zukofsky beeinflußten Vertreter der ›L=A=N=G=U=A=G=E poetry‹, die seit Mitte der 70er Jahre lyr. Texte verfassen, in denen von der referentiellen Funktion der Sprache abgesehen und Sprache als kreativer Prozeß der persönl. Erfahrung begriffen wird. Bedeutung entsteht aus der performativen Zusammenarbeit von Dichter und Leser über die Sprache.

Werke: Three syntactic fictions for Dennis Schmitz (1969), Crow (1971), Keljak (1978), Tjanting (Prosa-Ged., 1981), ABC (Ged. u. Kurzprosa, 1983), Paradise (1985), The age of huts (1986), The new sentence (1987), LIT (1987), What (1988).

Ausgaben: The L=A=N=G=U=A=G=E book. Hg. v. B. ANDREWS u. C. BERNSTEIN. Carbondale (Ill.) 1985. – In the American tree. Language, poetry, realism. Hg. v. R. SILLIMAN. Orono (Maine) 1986.

Literatur: ›Language‹ poetries. An anthology. Hg. v. D. MESSERLI. New York 1987.

Simms, William Gilmore [sımz], * Charleston (S. C.) 17. April 1806, † ebd. 11. Juni 1870, Schriftsteller. – Stand in der Sezessionsbewegung auf seiten des Südens; schrieb in der Tradition J. F. Coopers stehende, auch von W. Scott beeinflußte Romane, in denen romanzenhafte Elemente mit zeitkrit. Kommentaren und histor. Ereignissen im Süden verbunden werden. Das im Unterschied zu Coopers oft idealisierenden Darstellungen realist. Züge tragende Geschehen bezieht sich auf die Auseinandersetzung mit den Indianern in South Carolina (*The Yemassee,* 1835; dt. *Der Yemassee-Indianer,* 1847), auf Frontier-Erlebnisse, die das Leben in den Südstaaten von der Kolonialzeit bis zum 19. Jh. schildern (*Richard Hurdis,* 1838, dt. 1857; *Border beagles,* 1840, dt. *Die Grenzjagd,* 1858) sowie auf die z. T. auch kritisch gesehenen Ereignisse des Revolutionskriegs (*The partisan,* 1835, dt. *Der Parteigänger,* 1863; *The kinsmen,* 1841, 1854 u. d. T. *The scout; The sword and the distaff,* 1852, 1854 u. d. T. *Woodcraft,* dt. *Schwert und Spindel,* 1854). S. schrieb auch Dramen und Gedichte.

Weitere Werke: Guy Rivers (R., 1834), Mellichampe (R., 1836), Beauchampe (R., 1842), The wigwam and the cabin (R., 1845–46), The forayers (R., 1855), Eutaw (R., 1856).

Ausgaben: The letters of W. G. S. Hg. v. M. C. SIMMS OLIPHANT, A. TAYLOR ODELL u. T. C. DUNCAN EAVES. Columbia (S. C.) 1952–56. 5 Bde. – W. G. S. The writings. Centennial edition. Columbia (S. C.) 1969–75. 16 Bde.

Literatur: TRENT, W. P.: W. G. S. New York u. Boston (Mass.) 1892. Nachdr. 1968. – PARKS, E. W.: W. G. S. as literary critic. Athens (Ga.) 1961. – RIDGELY, J. V.: W. G. S. New York 1962. – WAKELYN, J. L.: The politics of a literary man. W. G. S. Westport (Conn.) 1973. – KIBLER, J. E., JR.: Pseudonymous publications of W. G. S. Athens (Ga.) 1976. – KIBLER, J. E., JR.: The poetry of W. G. S. An introduction and bibliography. Spartanburg (S. C.) 1978. – KIBLER, J./BUTTERWORTH, K.: W. G. S. A reference guide. Boston (Mass.) 1980. – Long years of neglect. The work and reputation of W. G. S. Hg. v. J. C. GUILDS. Fayetteville (Ark.) 1988. – WIMSATT, M.A.: The major fiction of W. G. S. Baton Rouge (La.) 1989.

Simon, Neil ['saımən], * New York 4. Juli 1927, Dramatiker. – Schreibt witzige, z. T. autobiograph. Boulevardstücke, die erfolgreich am Broadway aufgeführt werden, über die bürgerl. Welt der amerikan. Vorstädte und die Alltagsprobleme der dort lebenden Menschen.

Werke: Little me (Musical, 1962), Barefoot in the park (Kom., 1964; dt. Barfuß im Park, 1964), The odd couple (Kom., 1966; dt. Ein seltsames Paar, 1966), Sweet Charity (Musical, 1966), The star-spangled girl (Kom., 1967), Plaza Suite (Kom., 1969; dt. 1970), Last of the red hot lovers (Schsp., 1969; dt. Der letzte der feurigen Liebhaber, 1977), The gingerbread lady (Schsp., 1971; dt. Pfefferkuchen und Gin, 1979), The sunshine boys (Kom., 1973; dt. Sonny-Boys, 1977), The good doctor (Kom., 1974; dt. Der gute Doktor, 1974), California suite (Kom., 1976; dt. California-Suite, 1980), Chapter two (Kom., 1979; dt. Das zweite Kapitel, 1980), I ought to be in the pictures (Kom., 1980; dt. Beim Film müßte man sein!, 1980), Brighton Beach memoirs (Schsp., 1984), The odd couple. Female version. (Kom., 1985), Biloxi blues (Schsp., 1986), Broadway bound (Kom., 1987).

Literatur: BERNARDI, J. A.: The plays of N. S. The first decade of dramatic development. Denver (Colo.) 1976. – MCGOVERN, E. M.: Not-so-simple. N. S. A critical study. New York 1978.

Simpson, Louis [Aston Marantz] ['sımpsn], * Jamaica 27. März 1923, Schriftsteller. – S. kam 1940 in die USA; Studium an der Columbia University und Promotion nach Weltkriegsteilnahme; seit 1967 Prof. an der State University of New York in Stony Brook. Beeinflußt von T. S. Eliot und W. Whitman, behandelt S. in seiner Dichtung Themen wie Krieg, Liebe, amerikan. Landschaft und Geschichte und entwickelt sich formal von traditionellen Versen zu freien, der Sprache des Alltags ähnelnden Rhythmen. Für *At the end of the open road* (1963) erhielt er 1964 den Pulitzerpreis. Neben Dramen, einem autobiograph. Roman (*Riverside Drive,* 1962) und einer Autobiogr. (*North of Jamaica,* 1972) hat S. auch bed. literaturkrit. Werke über moderne Dichter veröffentlicht (*Three on the tower. The lives and works of Ezra Pound,*

T. S. Eliot, and William Carlos Williams, 1975; *A revolution in taste. Studies of Dylan Thomas, Allen Ginsberg, Sylvia Plath, and Robert Lowell,* 1978).

Weitere Werke: The Arrivistes. Poems 1940–49 (1949), Good news of death (Ged., 1955), A dream of governors (Ged., 1959), James Hogg. A critical study (1962), Selected poems (1965), Adventures of the letter I (Ged., 1971), Searching for the ox (Ged., 1976), Caviare at the funeral (Ged., 1980), A company of poets (Essays, 1981), The best hour of the night (Ged. 1983), People live here. Selected poems 1949–83 (1983).

Ausgaben: Collected poems. New York 1988. – Selected prose. New York 1989.

Literatur: MORAN, R.: L. S. New York 1972. – MORAN, R./LENSING, G. S.: Four poets and the emotive imagination. Baton Rouge (La.) 1976. – ROBERTSON, W. H.: L. S. A reference guide. Boston (Mass.) 1980. – On L. S. Depths beyond happiness. Hg. v. H. LAZER. Ann Arbor (Minn.) 1988.

Sinclair, Upton [Beall] [sɪŋ'klɛr], * Baltimore (Md.) 20. Sept. 1878, † Bound Brook (N. J.) 25. Nov. 1968, Schriftsteller. – Schrieb während der Studienzeit an der Columbia University Unterhaltungsromane (›dime novels‹; ↑Kriminalliteratur) im Stil H. Algers mit dem Schauplatz in der Militär- bzw. Marineakademie und Romanzen, u. a. über den Bürgerkrieg (*Manassas,* 1904, 1959 u. d. T. *Theirs be the guilt*); kam während seiner Recherchen für den naturalist. Roman *The jungle* (1906; dt. *Der Sumpf,* 1922), der die soziale Lage der Arbeiter, meist der ausgebeuteten Einwanderer, sowie die katastrophalen hygien. Zustände in den Schlachthöfen von Chicago in drast. Schilderungen darstellt, mit dem Sozialismus in Berührung. Der Roman machte S. schlagartig berühmt und führte unmittelbar zur Einführung von Lebensmittelgesetzen, aber nicht zu dem gewünschten sozialist. Ziel. S. versuchte seine polit. Einstellung konkret umzusetzen bei der Beteiligung an der alternativen Wohngemeinschaft der ›Helicon Home Colony‹ (Englewood, N. J., 1906–07) sowie später als Kandidat für polit. Ämter. Als einer der bedeutendsten ↑Muckraker (1902–12) griff er in zahlreichen propagandist. Enthüllungsromanen und Berichten die sozialen Mißstände, wie die kapitalist. Finanzwelt (*The metropolis,* R., 1908, dt. 1908; *The money-changers,* R., 1908, dt. *Die Börsenspieler,* 1909), Unternehmer (*King Coal,* R., 1917, dt. *König Kohle,* 1918; *Oil!,* R., 1927, dt. *Petroleum,* 1927; *The Flivver King,* Studie über die Ford-Werke, 1937, dt. *Autokönig Ford,* 1938, 1948 u. d. T. *Das Fließband*), die Religion (*The profits of religion,* Studie, 1918; dt. *Religion und Profit,* 1922), das Pressewesen (*The brass check,* Studie, 1919; dt. *Der Sündenlohn,* 1922), Erziehung (*The goose-step,* Studie, 1923, dt. *Der Parademarsch,* 1924; *The Goslings,* Studie, 1924, dt. *Der Rekrut,* 1925), die Kunst (*Mammonart,* Studie, 1925; dt. *Die goldene Kette oder Die Sage von der Freiheit der Kunst,* 1927), die Justiz im Fall Sacco-Vanzetti (*Boston,* R., 1928; dt. 1929), Alkoholkonsum (*The wet parade,* R.; dt. *Alkohol,* 1931, Neudr. 1987), an. Seine nach dem 2. Weltkrieg gewandelte polit. Einstellung zeigt sich in der aus 11 Romanen bestehenden Lanny-Budd-Serie (1940 bis 1953), die den Titelhelden zu den Schauplätzen der Weltpolitk im 20. Jh. führt. Für den den Antifaschismus darstellenden Roman der Serie, *Dragon's teeth,* (1942; dt. *Drachenzähne,* 1946) erhielt S. den Pulitzerpreis. *My lifetime in letters* (1960) und *The autobiography of Upton Sinclair* (1962) beschließen sein über 100 Bücher umfassendes Werk, dessen literar. Wert von der Kritik kontrovers diskutiert wird.

Weitere Werke: Jimmy Higgins (R. 1919; dt. 1919), 100%. The story of a patriot (R., 1920; dt. 100%. Roman eines Patrioten, 1921), Singing jailbirds (Dr., 1924; dt. Singende Galgenvögel, 1925), Mountain City (R., 1930; dt. So macht man Dollars, 1931).

Ausgaben: Ges. Werke. Bln. 1927–1930. 12 Bde. – The jungle. Hg. v. J. R. BARRETT. Urbana (Ill.) 1988.

Literatur: DELL, F.: U. S. A study in social protest. Long Beach (Calif.) 1927. Neuausg. New York 1970. – GOTTESMANN, R.: U. S. An annotated checklist. Kent (Ohio) 1973. – Critics on U. S. Readings in literary criticsm. Hg. v. A. BLINDERMAN. Coral Gables (Fla.) 1975. – HARRIS, L.: U. S. American rebel. New York 1975. –

YODER, J. A.: U. S. New York 1975. – BLOODSWORTH, W. A.: U. S. Boston (Mass.) 1977. – HERMS, D.: U. S., amerikan. Radikaler. Ffm. 1978. – ZÄNSLER, U.: Zur gesellschaftl. Funktion des ›muckraking‹ im Werk U. S. s. Potsdam 1982. – HERMS, D.: U. S. Zwischen Pop, zweiter Kultur u. herrschender Ideologie. Bln. 1986. – SPAUNHORST, F.-P.: Literar. Kulturkritik als Dekodierung von Macht u. Werten am Beispiel ausgew. Romane von U. S., Frank Norris, John Dos Passos u. Sinclair Lewis. Ffm. 1987. – MOOKERJEE, B. N.: Art for social justice. The major novels of U. S. Metuchen (N. J.) 1988. – Vergessene Rebellen? Hg. v. D. HERMS. Hamb. u. Bln. 1989. – U. S. Literature and social reform. Hg. v. D. HERMS. Ffm. 1990.

Singer, Isaac Bashevis, ['sɪŋər], * Radzymin (Polen) 14. Juli 1904, † Miami (Fla.) 24. Juli 1991, Schriftsteller poln. Herkunft. – Ausbildung am Rabbiner-Seminar in Warschau; 1935 Auswanderung nach New York, ab 1943 amerikan. Staatsbürger. Journalist der Zs. *Jewish Daily Forward;* alle Beiträge, ebenso wie seine später übersetzten Erzählungen, in jidd. Sprache. Seine populären Romane behandeln Stationen des histor. Leidens des jüd. Volkes in Polen (*Satan in Goray*, jidd. 1935, engl. 1955, dt. 1969; *The manor,* 1967, dt. *Das Landgut,* 1979; *The estate,* 1969, dt. *Das Erbe,* 1981), die durch Abfall vom Glauben einsetzende Auflösung jüd. Familientraditionen (*The family Moskat,* 1950; dt. *Die Familie Moschkat,* 1985), das Ghetto-Leben (*Shosha,* 1978; dt. *Schoscha,* 1980), die durch die Nazis im 2. Weltkrieg ausgelöste Vertreibung und Entwurzelung poln. Juden in Amerika (*Enemies, a love story,* 1970; dt. *Feinde, die Geschichte einer Liebe,* 1974). Die von S. Bellow übersetzte phantastisch-humorist. Kurzgeschichtensammlung *Gimpel the fool* (1957; dt. *Gimpel der Narr,* 1968,) ist sein bekanntestes Werk. Zahlreiche Erzählungen für Kinder (*When Shlemiel went to Warsaw,* 1968; dt. *Als Schlemihl nach Warschau ging,* 1978; *The Golem,* 1982; *Stories for children,* 1985, dt. *Massel, Schlamassel u. a. Kindergeschichten,* 1988) sowie verschiedene autobiogr. Schriften: *In my father's court* (1966; dt. *Mein Vater, der Rabbi,* 1971), *A little boy in search of God* (1976), *A young man in search of love* (1978), *Lost in America* (1981; dt. *Verloren in Amerika - Vom Schtetl in die neue Welt,* 1985) und *Love and exile* (1984). War auch als Übersetzer tätig. 1978 erhielt S. den Nobelpreis für Literatur.

Weitere Werke: The magician of Lublin (R., 1960; dt. Der Zauberer von Lublin, 1967), The Spinoza of Market Street (En., 1961), The slave (R., 1962; dt., Jakob der Knecht, 1965; jidd., 1967), Zlateh the goat and other stories (Kinderb., 1966; dt., Zlateh, die Geiß, u. a. Geschichten, 1968), A day of pleasure (En., 1969), A friend of Kafka (En., 1970), A crown of feathers (En., 1973; dt. Der Kabbalist vom East Broadway. Geschichten, 1976), Passions (En., 1975; dt. Leidenschaften, 1979), Old love (En., 1979; dt. Old love. Geschichten von der Liebe, 1985), The penitent (R., 1983; dt. Der Büßer, 1990), The image and other stories (1985; dt. Ein Tag des Glücks und andere Geschichten von der Liebe, 1990), Scum (R., 1991).

Ausgabe: The collected stories I. B. S. London 1982.

Literatur: BUCHEN, I.: I. B. S. and the eternal past. New York 1968. – The achievement of I. B. S. Hg. v. M. E. ALLENTUCK. Carbondale (Ill.) 1969. – Critical views of I. B. S. Hg. v. I. MALIN. New York 1969. – ROSENBLATT, P./KOPPEL, G.: A certain bridge. I. B. S. Tucson (Ariz.) 1971. – MALIN, I.: I. B. S. New York 1972. – KRESH, P.: I. B. S. The magician of West 86th Street. New York 1979. – ALEXANDER, E.: I. B. S. Boston (Mass.) 1980. – KRESH, P.: I. B. S. The story of a storyteller. New York 1984. – MILLER, D. N.: Fear of fiction. Narrative strategies in the works of I. B. S. Albany (N. Y.) 1985. – Recovering the canon. Essays on I. B. S. Hg. v. D. N. MILLER. Leiden 1986. – LEE, G. F.: From exile to redemption. The fiction of I. B. S. Carbondale (Ill.) 1987. – FRIEDMAN, L. S.: Understanding I. B. S. Columbia (S. C.) 1988.

Slave narrative ['sleɪv 'næratɪv] ↑Autobiographie.

Slingsby, Philip ['slɪŋzbi], Pseudonym des Schriftstellers Nathaniel Parker ↑Willis.

Smith, Dave [smɪθ], eigtl. David Jeddie, * Portsmouth (Va.) 19. Dez. 1942, Schriftsteller. – Dozent für engl. Literatur, u. a. Leiter des ›creative writing program‹ an der University of Utah (1976–80), seit 1981 Prof. an der Virginia Commonwealth University. Gründer und Hg. der Lyrikzeitschrift *Back Door* (1969–72). Für

S. ist Dichtung Ausdruck einer geistigen Krise und durch ihre menschl. Kommunikation stiftende Kraft zugleich ästhet. Vergnügen. Seine frühen Gedichte zeigen Menschen des Südens im Kampf mit Naturmächten (*Bull Island,* 1970; *The fisherman's whore,* 1974; *In dark, sudden with light,* 1977). Mythen des Westens bestimmen die in Utah entstandenen Gedichte (*Goshawk, antelope,* 1979). In seiner neuesten Lyrik nimmt er in der Tradition R. P. Warrens kulturelle Werte des Südens auf (*Homage to Edgar Allan Poe,* 1981; *In the house of the judge,* 1983; *Gray soldiers,* 1983). Schreibt auch Prosa und Literaturkritik.

Weitere Werke: Drunks (Ged., 1974), Dream flights (Ged., 1981), Blue spruce (Ged., 1981), Onliness (R., 1981), Southern delights (En., 1984), The pure clear word. Essays on the poetry of James Wright (hg., 1982), Local assays. On contemporary American poetry (Essays, 1985), Cuba nights (Ged., 1990).

Literatur: The giver of morning. On the poetry of D. S. Hg. v. B. WEIGL. Birmingham (Ala.) 1982.

Smith, John [smɪθ], ≈ Willoughby, Lincolnshire (England) 9. Jan. 1580, † London 21. Juni 1631, engl. Forscher und Schriftsteller. – S. spielte eine bed. Rolle bei der Besiedlung Amerikas. Die Berichte über seine Erkundungszüge in Virginia nach der Landung der Siedler (1607 in Jamestown), seine Konfrontation mit den Indianern und die historisch nicht belegte, glückl. Rettung vom Tod durch die Häuptlingstochter Pocahontas, deren heroische Tat in der amerikan. Literatur zahlreiche Bearbeitungen erfahren hat, sowie seine geograph. Beschreibungen Neuenglands, die den Puritanern bei der Überfahrt und Besiedlung der Massachusetts Bay Colony (1630) als Orientierung dienten, bilden wichtige literar. Dokumente für die frühe Gesch. Amerikas.

Werke: A true relation of such occurrences and accidents of noate as hath hapned in Virginia since the first planting of that Collony (1608), A map of Virginia with a description of the country, the commodities, people, government and religion (1612), A description of New England; or, the observations and discoveries of Captain J. S. ... (1616); The generall historie of Virginia, New England, and the Summer Isles (1624; dt. Unter den Indianern Virginiens, 1926; eine umfangreiche Zusammenfassung der früheren Werke mit ausführl. Bericht über die Pocahontas-Episode).

Ausgabe: The complete works of Captain J. S. Hg. v. P. L. BARBOUR. Chapel Hill (N. C.) 1986. 3 Bde.

Literatur: SMITH, B.: Captain J. S. His life and legend. Philadelphia (Pa.) 1953. – WHARTON, H.: The life of J. S., English soldier. Chapel Hill (N. C.) 1957. – BARBOUR, P. L.: The three worlds of Captain J. S. New York 1964. – EMERSON, E. H.: Captain J. S. New York 1971.

Snodgrass, W[illiam] D[eWitt] ['snɑ:dgræs], * Wilkinsburg (Pa.) 5. Jan. 1926, Lyriker. – Studium an der University of Iowa, u. a. bei R. Lowell; Prof. für Englisch an den Universitäten von Rochester, Wayne State und Syracuse. Seine frühen, der Bekenntnislyrik zugerechneten Gedichte thematisieren familiäre Probleme (*Heart's needle,* 1959, Pulitzerpreis 1960; *After experience,* 1968, enthält auch Rilke-Übersetzungen). Spätere Gedichte behandeln histor. Themen, wie Schuld und Verantwortung im nationalsozialistischen Deutschland (*The Führer Bunker. A cycle of poems in progress,* 1977; *Magda Goebbels,* 1983). Auch als Übersetzer tätig u. a. von C. Morgenstern, M. Frisch und mittelalterl. Literatur (*Six Troubadour songs,* 1977; *Six Minnesinger songs,* 1983).

Weitere Werke: In radical pursuit (Essays, 1975), If birds build with your hair (Ged., 1979), D. D. Byrde calling Jennie Wrenn (Ged., 1984), Selected poems, 1957–1987 (1987), Midnight carnival (Ged., 1988).

Literatur: WHITE, W.: W. D. S. A bibliography. Detroit (Mich.) 1960. – GASTON, P. L.: W. D. S. Boston (Mass.) 1978.

Snyder, Gary Sherman ['snaɪdər], * San Francisco 8. Mai 1930, Lyriker. – Studierte Anthropologie, Japanologie und Sinologie u. a. in Berkeley (Calif.), wo er mit den Beat-Lyrikern A. Ginsberg und J. Kerouac, der ihn als Japhy Ryder in dem Roman *The Dharma bums* (1958) darstellt, zusammentraf; lebte 1956–64 meist in Japan. S., in dessen Dichtung sich zenbuddhist. Gedankengut mit indian. Überlieferung vermischt, bemüht sich um die Schaffung einer die Harmonie der Natur widerspiegelnden inneren Harmonie des Menschen. In den späteren Werken geht S. von den mit dem Leser geteilten, gemeinsamen Naturerlebnissen didaktisch konkret auf ökolog. Themen über, besonders in dem Gedichtband *Turtle island* (1974; dt. *Schildkröteninsel* 1980; Pulitzerpreis 1975) und den Essaysammlungen *Earth house hold* (1969) und *The old ways* (1977).

Weitere Werke: Riprap (Ged., 1959), Myths and texts (Ged., 1960), Six sections from mountains and rivers without end (Ged., 1965), A range of poems (1966), The back country (Ged., 1968), Maya (Ged.; dt. Ausw. 1972), He who hunted birds in his father's village. The dimensions of a Haida myth (Studie, 1979), Axe handles (Ged., 1983), Passage through India (Ber., 1984), Left out in the rain (Ged., 1986), The practice of the wild (Essays, 1990).

Literatur: STEUDING, B.: G. S. Boston (Mass.) 1976. – ALMON, B.: G. S. Boise (Id.) 1979. – GREWE-VOLPP, C.: Das Naturbild im Werk von G. S. Hdbg. 1983. – MCNEILL, K.: G. S. A bibliography. New York 1983. – MOLESWORTH, C.: G. S.'s vision. Poetry and the real work. Columbia (Mo.) 1983. – The real work. Interviews and talks. Hg. v. S. MCLEAN. New York 1980. Dt. Übers. Landschaften des Bewußtseins. Gespräche u. Reden 1964–1979. Mchn. 1984.

Social gospel [ˌsoʊʃəl 'gɑːspəl] ↑ Religion und Literatur.

Sontag, Susan ['sɑːntæg], * New York 16. Jan. 1933, Schriftstellerin. – Studierte u. a. an den Universitäten von Chicago, Harvard und Oxford; Dozentin u. a. an der Harvard und Columbia University; Mitglied der Akademie der Wissenschaft und Literatur in Mainz (1979). S. wurde durch ihre originellen Beiträge zu Avantgarde-Filmen und zur experimentellen Literatur in den Zss. *The* ↑ *Partisan Review* und *The* ↑ *New York Review of Books* bekannt. In diesen in *Against Interpretation* (1966; dt. Ausw. 1968 u. d. T. *Kunst und Antikunst*) und *Styles of radical will* (1969) gesammelten Essays wendet sie sich gegen die intellektbetonte Interpretation als einer Zerstörung der Kunst. In ihren interessanten, im Stil des Nouveau roman und der Postmoderne geschriebenen, aber weniger erfolgreichen Romanen (*The Benefactor,* 1963, dt. *Der Wohltäter,* 1966; *Death kit,* 1967, dt. *Todesstation,* 1985) und Kurzgeschichten (*I, etcetera,* 1978; dt. *Ich, etc.,* 1979) stellt sie Traumvisionen und Schichten des Unbewußten dar, wobei traditionelle Erzählmuster wie der Detektivroman evoziert und gleichzeitig dekonstruiert werden. Polit. Engagement (*Trip to Hanoi,* Bericht, 1968; dt. *Reise nach Hanoi,* 1969), Kulturerscheinungen wie Photographie (*On photography,* 1977; dt. *Über Photographie,* 1977), Krankheiten wie Krebs (*Illness as metaphor,* 1978; dt. *Krankheit als Metapher,* 1978) und Aids (*AIDS and its metaphors,* 1989; dt. *Aids und seine Metaphern,* 1989) sowie Überlegungen zur faschist. Ästhetik Leni Riefenstahls und Syberbergs ›Hitler‹-Film (*Under the sign of Saturn,* 1980; dt. *Im Zeichen des Saturn,* 1981) sind Themen weiterer Essaysammlungen. Auch als Theater- u. Filmregisseurin tätig.

Ausgabe: A S. S. reader. Einl. v. E. HARDWICK. New York 1982.

Literatur: SAYRES, S.: S. S. The elegiac modernist. New York 1990.

Sorrentino, Gilbert [sərən'tiːnoʊ], * New York 27. April 1929, Schriftsteller. – Studium am Brooklyn College in New York; verschiedene Gelegenheitsarbeiten; Hg. der Zs. *Neon* für Beat-Lyrik (1956–60); Dozent an der Columbia University, seit 1982 Englisch-Prof. an der Stanford University (Calif.). S. gehört zu den postmodernen Schriftstellern der Gegenwart, die durch Parodie, Komik und Metafiktion traditionelle Erzählstrukturen unterlaufen und die Aufmerksamkeit des Lesers auf den selbstreferentiellen Schreibakt des Autors lenken. Erfolgreichster Roman der ersten Schaffensphase ist *Mulligan stew* (1979). Spätere Romane wenden sich autobiographisch der Welt des Autors in Brooklyn zu (*Aberration of starlight,* 1980, dt. *Die scheinbare Ablenkung des Sternenlichts,* 1991; *Crystal vision,* 1981) oder stellen eine Wiederaufnahme von Themen und Charakteren der früheren Erzählungen mit Realitätsbezug dar (*Blue pastoral,* 1983; *Odd number,* 1985). S.s Lyrik ist von E. Pound, W. C. Williams und R. Creeley beeinflußt, wie er in *Splendide-Hôtel* (1973), einer Fiktion und Essay mischenden Abhandlung über die Rolle des Dichters darlegt.

Weitere Werke: The darkness surrounds us (Ged., 1960), The sky changes (R., 1966), The perfect fiction (Ged., 1968), Steelwork (R., 1970; dt. 1990), Imaginative qualities of actual things (R., 1971), Corrosive sublimate (Ged., 1976), The orangery (Ged., 1978), Something said (Essays, 1984), Rose theatre (R., 1987), Misterioso (R., 1989).

Ausgabe: Selected poems 1958–80. Santa Rosa (Calif.) 1981.

Literatur: THIELEMANS, J.: G. S. In: Der zeitgenöss. amerikan. Roman. Hg. v. G. HOFFMANN. Mchn. 1988. Bd. 3, S. 292–312.

Southern, Terry ['sʌðərn], * Alvarado (Tex.) 1. Mai 1926, Schriftsteller. – Wendet sich in seinen z. T. pornograph. Romanen mit schwarzem Humor und grotesker Satire gegen gesellschaftl. Mißstände und menschl. Torheit; schreibt auch erfolgreiche Filmdrehbücher, u. a. zu *Dr. Strangelove; or, how I learned to stop worrying and love the bomb* (1963; dt. *Dr. Seltsam, oder Wie ich lernte, die Bombe zu lieben,* 1964; Regie S. Kubrick) und *Easy Rider* (1968; dt. 1969; Regie D. Hopper).

Weitere Werke: Flash and filigree (R., 1958), Candy (R., 1958; dt. Candy oder Die sexte der Welten 1967; mit Mason Hoffenberg [* 1922,† 1986]), The magic Christian (R., 1959), Cincinnati kid (Drehbuch, 1966), Barbarella (Drehbuch, 1967), Blue movie (R., 1970; dt. Der Superporno, 1971).

Southern Review, The [ðə 'sʌðərn rɪ'vju:], 1935 von R. P. Warren zus. mit C. Brooks gegründete und bis 1942 an der Louisiana State University in Baton Rouge herausgegebene, zunächst die kulturellen Werte der ↑Fugitives, dann die literaturkrit. Einstellung des ↑New criticism vertretende Literaturzeitschrift. Zu den Beiträgern der Zs. gehören K. Burke, K. A. Porter, J. C. Ransom und A. Tate. Die nach Warrens Wechsel der Universität eingestellte Publikation der Zs. wurde 1965 wieder aufgenommen; sie wird heute von James Olney (* 1933) an der Louisiana State University herausgegeben.

Southworth, E[mma] D[orothy] E[liza] N[evette] ['saʊθwərθ], * Washington (D. C.) 26. Dez. 1819, † Georgetown (heute zu Washington) 30. Juni 1899, Schriftstellerin. – Erfolgreiche Verfasserin von mehr als 60 sentimentalen Romanzen mit melodramat. Handlung, die meist im Süden der USA spielen.

Werke: Retribution (1849), The curse of Clifton (1852), The missing bride (1855), The hidden hand (1859), The fatal marriage (1869), The maiden widow (1870), Self-raised (1876).

Spencer, Elizabeth ['spensər], * Carrollton (Miss.) 19. Juli 1921, Schriftstellerin. – Studium in Mississippi und an der Vanderbilt University in Nashville; als Dozentin u. a. an der University of Mississippi in Oxford und am Bryn Mawr College (Pa.); lebte in Italien; seit 1958 in Kanada. Ihre frühen Romane (*Fire in the morning,* 1948; *This crooked way,* 1952; *The voice at the back door,* 1956, dt. *Ruf und Ruhm,* 1961) und Kurzgeschichten behandeln den Gegensatz zw. traditioneller und moderner Lebensweise in ihrem Heimatstaat. Das Leben ihrer Landsleute in Italien (*The light in the piazza,* 1960, dt. *Das Licht auf der Piazza,* 1961; *Knights and dragons,* 1965), die Unterwelt von New Orleans (*No place for an angel,* 1967; *The snare,* 1972) und ein Hurrikan an der Golfküste (*The salt line,* 1984) bilden die Schauplätze ihrer späteren Werke. Erzählungen sind in *Ship island* (1968), *The stories of E. S.* (1981), *Marilee* (1981), *The mules* (1982) und *Jack of diamond and other stories* (1988) gesammelt.

Literatur: PRENSHAW, P. W.: E. S. Boston (Mass.) 1985.

Spillane, Mickey [spɪ'leɪn], eigtl. Frank Morrison, * New York 9. März 1918, Schriftsteller. – Verfasser von spannenden Detektivgeschichten mit Mike Hammer als Held, in denen kriminelle Handlungen mit sadist. Schilderungen publikumswirksam kombiniert werden.

Werke: I, the jury (R., 1947; dt. Ich, der Richter, 1953), Vengeance is mine! (R., 1950; dt. Die Rache ist mein, 1953, 1965 u. d. T. Späte Gäste), My gun is quick (R., 1950; dt. Mein Revolver sitzt locker, 1953, 1965 u. d. T. Das Wespennest), The big kill (R., 1951; dt. Der große Schlag, 1953, 1965 u. d. T. Die schwarzen Nächte von Manhattan), The long wait (R., 1951; dt. Das lange Warten, 1954, 1965 u. d. T. Comeback eines Mörders), The deep (R., 1961; dt. Der Panther kehrt zurück, 1963), The day the sea rolled back (R., 1981; dt. Der Tag, an dem das Meer verschwand, 1981), The ship that never was (R., 1982), Tomorrow I die (Kurzgeschichten, 1984; dt. Morgen werde ich tot sein, 1987), The killing man (R., 1989).

Literatur: COLLINS, M. A./TRAYLOR, J. L.: One lonely knight. M. S.'s Mike Hammer. Bowling Green (Ohio) 1984.

Spiritual ['spɪrɪtʃuəl] ↑Musik und Literatur.

Stafford, Jean ['stæfərd], * Covina (Calif.) 1. Juli 1915, † White Plains (N. Y.) 26. März 1979, Schriftstellerin. – Studium an der University of Colorado und in Heidelberg (1936–37). Als Collegedozentin in Missouri und New York mit der Psyche Heranwachsender vertraut, schildert S. in ihren Romanen und Kurzgeschichten deren Probleme; durch ihre Ehe mit R. Lowell (1940–48) Bekanntschaft mit D. Schwartz und R. Jarrell.

Werke: Boston adventure (R., 1944), The mountain lion (R., 1947; dt. Die Geschwister, 1958), The Catherine wheel (R., 1952; dt. Das Katharinenrad, 1959), A winter's tale (En., 1954; dt. Ein Wintermärchen, 1960), Klapperschlangenzeit (En., dt. Ausw. 1965), A mother in history (Studie über Lee Harvey Oswalds Mutter, 1966), The collected stories (En., 1969; Pulitzerpreis 1970).

Literatur: AVILA, W.: J. S. A comprehensive bibliography. New York 1983. – RYAN, M.: Innocence and estrangement in the fiction of J. S. Baton Rouge (La.) 1987. – Goodman, C. M.: J. S. The savage heart. Austin (Tex.) 1990. – HULBERT, A.: The interior castle. The art and life of J. S. New York 1992.

Stafford, William [Edgar] ['stæfərd], * Hutchinson (Kans.) 17. Jan. 1914, Schriftsteller. – Studium in Kansas und Iowa, Promotion 1954; seit 1948 Dozent für engl. Literatur am Lewis and Clark College in Portland (Oreg.). Pazifist. Einstellung, ein romant. Bewußtsein für die einfachen Dinge des Lebens und die weiten Landschaften des Westens, die poetisch transzendiert werden, bilden die Themen von S.s zahlreichen, in ihrem literar. Wert ungleichen Gedichten.

Werke: Down in my heart (autobiogr. Ged., 1947), West of your city (Ged., 1960), Traveling through the dark (Ged., 1962, National Book Award), The rescued year (Ged., 1966), Allegiances (Ged., 1970), Someday, maybe (Ged., 1973), Stories that could be true (Ged., 1977), Writing the Australian crawl. Views on the writer's vocation (Artikel, Interviews, 1978), The quiet of the land (Ged., 1979), A glass face in the rain (Ged., 1982), Smoke's way (Ged., 1983), Listening deep (Ged., 1984), Stories, storms, and strangers (Ged., 1984), You must revise your life (Interviews, 1986), An Oregon message (Ged., 1987).

Ausgaben: Roving across fields. A conversation with W. S. and uncollected poems 1942–82. Hg. v. T. TAMMARO. Daleville (Ind.) 1983. – Segues. A correspondence in poetry. W. S. and Marvin Bell. Boston (Mass.) 1983.

Literatur: HOLDEN, J.: The mark to turn. A reading of W. S.'s poetry. Lawrence (Kans.) u. a. 1976. – ROBERTS, D.: W. S. A biography. Boston (Mass.) 1988. – KITCHEN, J.: Understanding W. S. Columbia (S. C.) 1989.

Stanton, Elizabeth Cady ['stæntən], * Johnstown (N. Y.) 12. Nov. 1815, † New York 26. Okt. 1902, Schriftstellerin. – Klass. Ausbildung am Female Seminary in Troy (N. Y.); Juristin und Journalistin; 1869–90 Präsidentin der ›National American Woman Suffrage Association‹; bed. Feministin, die sich in Reden und Schriften für das Frauenwahlrecht, Scheidungsrecht, die Abschaffung der Sklaverei und die Einschränkung des Alkoholkonsums einsetzte. Zus. mit Susan B. Anthony (* 1820, † 1906) gab sie die von ihnen gegründete Zs. *Revolution* (1868–69) heraus sowie die dreibändige *History of woman suffrage* (1881–86). In *The woman's Bible* (2 Bde., 1895–98) interpretiert S. bibl.

Frauenfiguren aus feminist. Sicht. *Eighty years and more (1815–1897)* (1898) ist ihre Autobiographie.

Ausgaben: E. C. S. as revealed in her letters, diary and reminiscences. Hg. v. T. STANTON u. H. STANTON BLATCH. New York 1922. 2 Bde. – E. C. S., Susan B. Anthony. Correspondence, writings, speeches. Hg. v. E. C. DUBOIS. New York 1981.

Literatur: OAKLEY, M. A. B.: E. C. S. Old Westbury (N. Y.) 1972. – BANNER, L. W.: E. C. S. A radical for woman's rights. Boston (Mass.) 1980. – GRIFFITH, E.: In her own right. The life of E. C. S. New York 1984. – WAGGENSPACK, B. M.: The search for self-sovereignty. The oratory of E. C. S. Westport (Conn.) 1989.

Stedman, Edmund Clarence ['stedmən], * Hartford (Conn.) 8. Okt. 1833, † New York 18. Jan. 1908, Kritiker und Lyriker. – Journalist, ab 1864 Börsenmakler; gab Anthologien amerikan. Dichter heraus, die, zus. mit seinen krit. Werken, breiteres Interesse an der amerikan. Literatur weckten und diese im Geist des Viktorianismus beeinflußten; sein bekanntestes lyr. Werk ist das in *The blameless prince* (1869) veröffentlichte Gedicht *Pan in Wall Street.*

Weitere Werke: Victorian poets (Essays, 1876), The poets of America (Essays, 1885), A library of American literature (Anthologie, 11 Bde., 1888–90; mit Ellen M. Hutchinson [* 1851, † 1933]), A Victorian anthology, 1837 to 1895 (1896), An American anthology, 1787–1900 (hg., 1909).

Literatur: STEDMAN, L./GOULD, G. M.: The life and letters of E. C. S. New York 1910. 2 Bde. – SCHOLNICK, R. J.: E. C. S. Boston (Mass.) 1977.

Steffens, [Joseph] Lincoln ['stefənz], * San Francisco 6. April 1866, † Carmel (Calif.) 9. Aug. 1936, Journalist und Schriftsteller. – Studium an der University of California sowie in Berlin, Heidelberg, München, Leipzig und Paris (1889–92), danach Journalist in New York; wurde v. a. als einer der führenden ↑ Muckraker im Muckracking Movement durch seine polit. Korruption und Mißstände aufdeckenden Artikel in den Muckraking-Zss. *McClure's Magazine, The American Magazine* und *Everybody's Magazine* bekannt, bei denen er auch als Mit-Hg. tätig war (1902–11). Die in Buchform erschienenen Artikelserien, *The shame of the cities* (1904), *The struggle for self-government* (1906) und *Upbuilders* (1909), stellen bed. literar. Dokumente eines modernen Enthüllungsjournalismus dar, der auf eine Reform polit. Verhaltens bei Politikern und Wählern in einer wichtigen Phase der amerikan. Demokratie abzielte und die moral. Verantwortung des einzelnen für das Gemeinwohl betonte. Dies ist auch das zentrale Thema seiner bed. *Autobiography* (1931; dt. *Geschichte meines Lebens,* 1948), in der er allerdings auch Verständnis für die von manchen Politikern und Wirtschaftsführern wie Marxisten und Mussolini, oder Henry Ford (* 1863, † 1947) praktizierten individuellen Verwirklichungsmöglichkeiten findet.

Ausgaben: L. S. speaking. New York 1936. – L. S. Letters. Hg. v. E. WINTER u. G. HICKS. 1938.

Literatur: KAPLAN, J.: L. S. A biography. New York 1974. – PALERMO, P. F.: L. S. Boston (Mass.) 1978. – STINSON, R.: L. S. New York 1979.

Stegner, Wallace Earle ['stegnər], * bei Lake Mills (Iowa) 18. Febr. 1909, Schriftsteller. – 1945–69 Englisch-Prof. an der Stanford University (Calif.). Seine zahlreichen Romane, Kurzgeschichten und histor. Studien behandeln das Phänomen des amerikan. Westens, seine allmähl. Eroberung und Besiedlung im ›westward movement‹ sowie die Anmut der Landschaft und die mythisch verklärte Lebensweise der Pioniere, die im schroffen Gegensatz zur Gegenwart, bes. Kaliforniens, stehen.

Werke: Remembering laughter (R., 1937; dt. Das Lachen eines Sommers, 1951), On a darkling plain (R., 1940; dt. Keiner bleibt allein, 1949), Mormon country (Studie, 1942), The big rock candy mountain (R., 1943; dt. Der Berg meiner Träume, 1952), Beyond the hundredth meridian. John Wesley Powell and the second opening of the West (Studie, 1954), A shooting star (R., 1961; dt. Jeder Stern auf seiner Bahn, 1962), The gathering of Zion. The story of the Mormon trail (Studie, 1964), All the little live things (R., 1967; dt. Tage wie Honig, 1970), Angle of repose (R., 1971; Pulitzerpreis 1972), The spectator bird (R., 1976, National Book Award), Recapitulation (R., 1979), One way to spell man (Essay, 1982), Crossing to safety (R., 1987).

Literatur: Lewis, M.: W. S. Boise (Id.) 1972. – Robinson, F. G./Robinson, M. G.: W. S. Boston (Mass.) 1977. – Critical essays on W. S. Hg. v. A. Arthur. Boston (Mass.) 1982. – Stegner, W./Etulain, R. W.: Conversations with W. S. on Western history and literature. Salt Lake City (Utah) 1983.

Stein, Gertrude [staın], * Allegheny (Pa.) 3. Febr. 1874, † Neuilly-sur-Seine 27. Juli 1946, Schriftstellerin. – Aus wohlhabender deutsch-jüd. Familie, verlebte ihre Kindheit in Europa; verließ 1902 die USA und lebte ab 1909 mit ihrer Sekretärin und Lebensgefährtin A. B. Toklas meist in Paris, wo ihr Salon zum Treffpunkt avantgardist. Künstler (darunter P. Picasso, H. Matisse, G. Braque) wurde; Einfluß der wiss. Psychologie W. James', dessen Studentin sie in Harvard war, der Philosophie H. Bergsons sowie der Romankunst H. James' auf ihre Poetik (*Lectures in America,* 1935; dt. *Was ist engl. Literatur u. a. Vorlesungen in Amerika,* 1965). S.s revolutionierender Prosastil, mit dem sie durch bewußte Monotonie und Wortwiederholungen ein literar. Analogon zur kubist. Malerei Picassos schaffen und den Fluß des modernen Lebens räumlich vergegenwärtigen wollte, hatte starken Einfluß auf die junge Künstlergeneration (E. Hemingway, J. Dos Passos, S. Anderson, F. S. Fitzgerald), für die sie die Bez. ↑Lost generation prägte. Ihre sprachrhythm. Begabung und die von ihr eingeführte Form der Portraiterzählung werden bes. in ihren Hauptwerken, *Three lives* (En., 1909; dt. *Drei Leben,* 1960) und *The making of Americans* (R., entst. 1906–08, ersch. 1925; dt. *The making of Americans. Geschichte vom Werdegang einer Familie,* 1990), deutlich; in *The autobiography of Alice B. Toklas* (1933; dt. *Die Autobiographie von Alice B. Toklas,* 1955) stellt sie ihr eigenes Leben aus der Perspektive ihrer Lebensgefährtin dar. S. schrieb auch Lyrik, Dramen und Essays. Erst in jüngster Zeit erfährt S.s lange vernachlässigtes, umfangreiches und künstlerisch anspruchsvolles Werk, das avantgardistisch den ↑Postmodernismus antizipiert, u. a. auch von feminist. Seite eine Neubewertung.

Weitere Werke: Q. E. D. (En., 1903, ersch. 1950 u. d. T. Things as they are; dt. q. e. d., 1990), Tender buttons (Prosa-Ged., 1914; dt. Zarte Knöpfe, 1972), Geography and plays (Dr., 1922; dt. Portraits und Stücke, 1986 u. 1987, 2 Bde.), Composition as explanation (Essay, 1926), Useful knowledge (Essay, 1928) Lucy Church amiably (R., 1930; dt. 1984), How to write (Essay, 1931), Operas and plays (Opernlibretti u. Stücke, 1932), Portraits and prayers (biograph. Studie, 1934), Narration (Essay, 1935; dt. Erzählen, 1971), Everybody's autobiography (1937; dt. Jedermanns Autobiographie, 1986), Picasso (Studie, 1938; dt. 1958), What are masterpieces (Essay, 1940; dt. Was sind Meisterwerke?, 1962), Ida (R., 1941; dt. 1984), Wars I have seen (Autobiogr., 1945; dt. Kriege, die ich gesehen habe, 1984) Brewsie and Willie (R., 1946), Four in America (Essay, hg. 1947), Blood on the dining room floor (R., hg. 1948; dt. Keine keiner, 1985), Last operas and plays (Opernlibretti u. Stücke, hg. 1949).

Ausgaben: G. S. Selected writings. Hg. v. C. Van Vechten. New York 1946. – G. S. The Yale edition of the unpublished writings. Hg. v. C. Van Vechten. New Haven (Conn.) 1951–58. 8 Bde. – The flowers of friendship. Hg. v. D. C. Gallup. New York 1953. Nachdr. 1979 [Briefe]. – Fernhurst, Q. E. D., and other early writings by G. S. Hg. v. D. C. Gallup. New York 1971. – Sherwood Anderson/G. S. Correspondence and personal essays. Hg. v. R. L. White. Chapel Hill (N. C.) 1972. – G. S. The previously uncollected writings. Hg. v. R. B. Haas. Los Angeles (Calif.) 1973–77. 2 Bde. – Dear Sammy. Letters from G. S. and Alice B. Toklas. Hg. v. S. M. Stewart. Boston (Mass.) 1977. – The letters of G. S. and Carl Van Vechten. Hg. v. E. Burns. New York 1986.

Literatur: Toklas, A. B.: What is remembered. New York 1963. – Hoffman, J. M.: The development of abstractionism in the writings of G. S. Philadelphia (Pa.). 1965. – Bridgman, R.: G. S. in pieces. New York 1970. – Weinstein, N.: G. S. and the literature of modern consciousness. New York 1970. – Greenfield, H.: G. S. A biography. New York 1973. – Mellow, J. R.: Charmed circle. G. S. and company. New York 1974. – Copeland, C. F.: Language and time and G. S. Iowa City (Iowa) 1975. – Hobhouse, J.: Everybody who was anybody. A biography of G. S. New York 1975. – HOFFMAN, M. J.: G. S. Boston (Mass.) 1976. – SIMON, L.: The biography of A. B. Toklas. Garden City (N. Y.) 1977. – STEINER, W.: Exact resemblance to exact resemblance. The literary portraiture of G. S. New Haven (Conn.) 1978. – NEUMAN, S. C.: G. S. Autobiography and the problem of narration. Victoria (British Columbia) 1979. – DEKOVEN, M.: A different language. G. S.'s experimental writing. Madison (Wis.) 1983. – DUBNICK, R. K.: The structure of obscurity. G. S., language, and cubism. Urbana (Ill.) 1984. – WALKER, J.: The making of a modernist. G. S. from ›Three lives‹ to ›Tender buttons‹. Amherst (Mass.) 1984. – WHITE, R. L.: G. S. and Alice B. Toklas. A reference guide. Boston (Mass.) 1984. – G. S. Hg. v. H. BLOOM. New York 1986. – DOANE, J. L.: Silence and narrative. The early novels of G. S. Westport (Conn.) 1986. – Critical essays on G. S. Hg. v. M. J. HOFFMAN. Boston (Mass.) 1986. – A G. S. companion. Hg. v. B. KELLNER. NEW York 1988. – G. S. and the making of literature. Hg. v. S. NEUMAN u. J. B. NADEL. Boston (Mass.) 1988. – G. S. Ein Leben in Bildern u. Texten. Hg. v. R. STENDHAL. Zü. 1989. – RUDDICK, L.: Reading G. S. Body, text, gnosis. Ithaca (N. Y.) 1991. – SOUHAMI, D.: Women in love. Gertrude and Alice. San Francisco (Calif.) 1991.

Steinbeck, John [Ernst] ['staınbek], * Salinas (Calif.) 27. Febr. 1902, † New York 20. Dez. 1968, Schriftsteller. – Während und nach der Studienzeit Gelegenheitsarbeiter und Reporter; Kriegsberichterstatter im 2. Weltkrieg. Sein literar. Werk umfaßt sozialkrit. Romane und Erzählungen mit treffsicheren Charakterbildern. S. wurde v. a. berühmt durch seinen Roman *The grapes of wrath* (1939; dt. *Früchte des Zorns,* 1940; Pulitzerpreis 1940) über das harte Leben der aus Oklahoma vertriebenen, nach Kalifornien ziehenden Farmarbeiter, durch die die bibl. Gesch. von Kain und Abel verarbeitende Familiensaga *East of Eden* (1952; dt. *Jenseits von Eden,* 1953) sowie die Kurzromane *Tortilla Flat* (1935; dt. *Die wunderl. Schelme von Tortilla Flat,* 1943) und *Cannery row* (1945; dt. *Die Straße der Ölsardinen* 1946), in denen die Härte der Darstellung durch Humor gemildert wird. 1962 erhielt S. den Nobelpreis für Literatur.

Weitere Werke: A cup of gold (R., 1929; dt. Eine Handvoll Gold, 1953), To a God unknown (R., 1933; dt. Der fremde Gott, 1954), In dubious battle (R., 1936; dt. Stürm. Ernte, 1955), Of mice and men (R., 1937; dt. Von Mäusen und Menschen, 1947), The red pony (Kurzgeschichten, 1937; dt. Gabilan. Das rote Pony, 1945), The moon is down (R., 1942; dt. Der Mond ging unter, 1943), The pearl (E., 1947; dt. Die Perle, 1949), Burning bright (R., 1950; dt. Die wilde Flamme, 1952), Sweet Thursday (R., 1954; dt. Wonniger Donnerstag, 1955), The short reign of Pippin IV (Märchen, 1957; dt. Laßt uns König spielen, 1958), The winter of our discontent (R., 1961; dt. Geld bringt Geld, 1962), Travels with Charley in search of America (Ber., 1962; dt. Meine Reise mit Charley, 1963), America and Americans (Schrift, 1966; dt. Amerika und die Amerikaner, 1966), The journal of a novel. The East of Eden letters (1969; dt. Tagebuch eines Romans, 1970), The acts of King Arthur and his noble knights (R.-Fragment, 1976; dt. König Artus und die Heldentaten der Ritter seiner Tafelrunde, 1987).

Ausgaben: The portable S. Hg. v. P. COVICI, JR. New York 1976. – S. A life in letters. Hg. v. E. STEINBECK u. R. WALLSTER. New York 1976. – Working days. The journals of ›The grapes of wrath‹. 1938–41. Hg. v. R. DEMOTT. New York 1989.

Literatur: J. S. A collection of critical essays. Hg. v. R. DAVID. Englewood Cliffs (N. J.) 1972. – Study guide to S. A handbook to his major works. Hg. v. T. HAYASHI. Metuchen (N. J.) 1974. – LEVANT, H.: The novels of J. S. A critical study. Columbia (Mo.) 1974. – FRENCH, W. G.: J. S. Boston (Mass.) ²1975. – PETERSEN, C.: J. S. Bln. 1975. – LISCA, P.: J. S. Nature and myth. New York 1978. – KIERNAN, T.: The intricate muse. A biography of J. S. Boston (Mass.) 1979. – S.'s travel literature. Essays in criticism. Hg. v. T. HAYASHI. Muncie (Ind.) 1980. – MCCARTHY, P.: J. S. New York 1980. – HAYASHI, T.: A new S. bibliography, 1971–81. Metuchen (N. J.) 1983. – MILLICHAP, J. R.: S. and film. New York 1983. – BENSON, J. J.: The true adventures of J. S., writer. New York 1984. – OWENS, L.: J. S.'s re-vision of America. Athens (Ga.) 1985. – TIMMERMANN, J. H.: J. S.'s fiction. Norman (Okla.) 1986. – J. S. Hg. v. H. BLOOM. New York 1987. – HUGHES, R. S.: Beyond the red pony. A reader's companion to S.'s complete short stories. Metuchen (N. J.) 1987. – BENSON, J. J.: Looking for S.'s ghost. Norman (Okla.) 1988. – Conversations with J. S. Hg. v. T. FENSCH. Jackson (Miss.) 1988. – Rediscovering S. Revisionist views of his art, politics and intellect. Hg. v. C. LEWIS u. C. BRITCH. Lewiston (N. Y.) 1989. – The short novels of J. S. Critical essays. Hg. v. J. J. BENSON. Durham (N. C.) 1990.

Stern, Richard G[ustave] [stɜ:rn], * New York 25. Febr. 1928, Schriftsteller. – Studium an den Universitäten North Carolina, Harvard und Iowa; als Lektor in Heidelberg tätig, seit 1965 Englisch-Prof. an der University of Chicago. Die in realist. Erzählstil mit iron. und satir. Einstellung verfaßten Kurzgeschichten und Romane behandeln Konflikte, die am Schnittpunkt zwischen privaten und öffentl. Bereichen entstehen, so bei einer mit versteckter Kamera arbeitenden Fernsehproduktion (*Golk,* R., 1960), bei Aufenthalten amerikan. Bürger im Nachkriegseuropa (*Europe; or up and down with Baggish and Schreiber,* R., 1961; *In any case,* R., 1963; *Stitch,* R., 1965), bei der Affäre eines Harvardprofessors mit seiner Studentin (*Other men's daughters,* R., 1973) sowie bei der journalist. Behandlung des Todes (*Natural shocks,* R., 1978).

Weitere Werke: Teeth, dying, and other matters (En. u. ein Dr., 1964), 1968: A short novel (En., 1970), The books in Fred Hampton's apartment (Essays, 1973), Packages (En., 1980), The invention of the real (Essays, 1982), A father's words (R., 1986), The position of the body (Essays, 1986), Noble rot. Stories 1949–1988 (1989).

Stevens, Wallace [sti:vənz], * Reading (Pa.) 2. Okt. 1879, † Hartford (Conn.) 2. Aug. 1955, Lyriker. – Nach Anglistikstudium an der Harvard University Journalist in New York, dann Jurastudium an der New York University; ab 1916 als Jurist bei einer Versicherungsgesellschaft in Hartford (Conn.), ab 1934 deren Vizepräsident. In der erst spät begonnenen Dichterkarriere bemühte sich S. um eine Verfeinerung des von Denkgewohnheiten verformten Intellekts des Menschen und seiner Sensibilität. Beeinflußt von den frz. Symbolisten und den Techniken der impressionist., pointillist. und modernen Malerei (v. a. P. Picasso) sowie von der Musik (*The man with the blue guitar,* 1937) schuf er einen synästhet. Gesamteindruck, der bewußtseinserweiternd und erkenntnisfördernd wirkt. Die vornehmlich in südl. Breiten angesiedelten Gedichte sensibilisieren den Menschen und schärfen sein Wahrnehmungsvermögen durch die harmonisierende Kraft der poet. Imagination, die die sich ständig wandelnde Wirklichkeit ordnet (*Harmonium,* 1923, erweitert 1931; *Ideas of order,* 1935). Das Gedicht stellt somit ein abstraktes Kunstwerk dar, dessen Interpretation wegen seiner Häufung esoter. Stilmittel erschwert ist, aber dennoch ästhet. Vergnügen bereitet und im Sinne der Moderne zum Religionsersatz wird (*Notes toward a supreme fiction,* 1942). Schrieb auch Versdramen (u. a. in *Opus posthumous,* hg. 1957, Nachdr. 1982) und Essays, in denen er sich mit der Rolle des Dichters und der poet. Imagination in der modernen Literatur befaßte (*The necessary angel,* 1951), zu deren bedeutendsten Vertretern er gehört.

Weitere Werke: Parts of a world (Ged., 1942), Esthétique du mal (Ged., 1945), Transport to summer (Ged., 1947), The auroras of autumn (Ged., 1950), The relations between poetry and painting (Essays, 1951), Collected poems (1954, dt. Teilausg. 1987 u. d. T. Die Gedichte unseres Klimas; Pulitzerpreis 1955), Der Planet auf dem Tisch (Ged., engl. und dt. Ausw. 1961).

Ausgaben: The letters of W. S. Hg. v. H. STEVENS. London u. a. 1966. – The palm at the end of the mind. Selected poems and a play. Hg. v. H. STEVENS. New York 1971. Nachdr. Hamden (Conn.) 1984. – Menschen aus Worten gemacht. W. S. (Ged., zweisprachige Ausgabe) Hg. v. K.-D. SOMMER. Bln. 1983.

Literatur: BUTTEL, R.: W. S. The making of ›Harmonium‹. Princeton (N. J.) 1967. – SUKENICK, R.: W. S. Musing the obscure. New York 1967. – BAIRD, J.: The dome and the rock. Structure in the poetry of W. S. Baltimore (Md.) 1968. – VENDLER, H. H.: On extended wings. W. S.'s longer poems. Cambridge (Mass.) 1969. – BÉNAMOU, M.: W. S. and the symbolist imagination. Princeton (N. J.) 1972. – LITZ, A. W.: Introspective voyager. The poetic development of W. S. New York 1972. – EDELSTEIN, J. M.: W. S. A descriptive bibliography. Pittsburgh (Pa.) 1973. – BECKETT, L.: W. S. London 1974. – JUHASZ, S.: Metaphor and the poetry of Williams, Pound, and S. Lewisburg (Pa.) 1974. –

HINES, T. J.: The later poetry of W. S. Phenomenological parallels with Husserl and Heidegger. Lewisburg (Pa.) 1976. – BLOOM, H.: W. S. The poems of our climate. Ithaca (N. Y.) 1977. – STEVENS, H. B.: Souvenirs and prophecies. The young W. S. New York 1977. – WESTON, S. B.: W. S. An introduction to the poetry. New York 1977. – WILLARD, A. F.: W. S. The poet and his critics. Chicago (Ill.) 1978. – KERMODE, F.: W. S. New York ²1979. – DOGGETT, F. A.: W. S. The making of the poem. Baltimore (Md.) 1980. – MARTENS, K.: Negation, Negativität u. Utopie im Werk v. W. S. Ffm. 1980. – BRAZEAU, P.: Parts of a world. W. S. remembered. An oral biography. New York 1983. – VENDLER, H.: W. S. Word chosen out of desire. Knoxville (Tenn.) 1984. – W. S. Hg. v. H. BLOOM. New York 1985. – W. S. The critical heritage. Hg. v. C. DOYLE. London u. a. 1985. – W. S. The poetics of modernism. Hg. v. A. GELPI. Cambridge (Mass.) 1985. – BROGAN, J.: S. and simile. A theory of language. Princeton (N. J.) 1986. – HELLER, J.: W. C. Williams, W. S. u. die moderne Malerei. Ästhet. Entwürfe, Verfahren der Komposition. Ffm. 1986. – LENSING, G. S.: W. S. A poet's growth. Baton Rouge (La.) 1986. – RICHARDSON, J.: W. S. The early years, 1879–1923. New York 1986. – CARROLL, J.: W. S.'s supreme fiction. Baton Rouge (La.) 1987. – LEGGETT, B. J.: W. S. and poetic theory. Conceiving the supreme fiction. Chapel Hill (N. C.) 1987. – PRASAD, V. R.: W. S. The symbolic dimensions of his poetry. Atlantic Highlands (N. J.) 1987. – BEVIS, W. W.: Mind of winter. W. S., meditation, and literature. Pittsburgh (Pa.) 1988. – COOK, E.: Poetry, word-play, and word-war in W. S. Princeton (N. J.) 1988. – LENTRICCHIA, F.: Ariel and the police. Michel Foucault, William James, W. S. Madison (Wis.) 1988. – REHDER, R.: The poetry of W. S. New York 1988. – RICHARDSON, J.: W. S. The later years, 1923–1955. New York 1988. – FISHER, B.: W. S. The intensest rendezvous. Charlottesville (Va.) 1990. – W. S. and the poetics of modernism. Hg. v. A. GELPI. New York 1990. – LENSING, G. S.: W. S. A poet's growth. Baton Rouge (La.) 1991. – RIDDEL, J. N. The clairvoyant eye. The poetry and poetics of W. S. Baton Rouge (La.) 1991.

Stickney, Trumbull ['stɪkni], * Genf 20. Juni 1874, † Cambridge (Mass.) 11. Okt. 1904, Dichter. – Kindheit in Europa, Studium an der Harvard University und Promotion an der Sorbonne, Dozent für Griechisch in Harvard (1903–04). Erst nach seinem vorzeitigen Tod wurde S.s lyr. Talent erkannt, der als Vorläufer von E. Pound und T. S. Eliot klass. Kulturgut in kosmopolit. Geist für die moderne Literatur fruchtbar machte (*The poems,* hg. 1905). Bemühte sich zus. mit W. V. Moody und George Cabot Lodge (* 1873, † 1909) um eine Wiederbelebung des Versdramas (*Dramatic verses,* 1902). Auch als Sanskrit-Übersetzer bekannt.

Ausgaben: T. S. The poems. Hg. v. G. C. LODGE u. a. Boston (Mass.) 1905. Nachdr. Salem (N. H.) 1972. – Homage to S. Poems. Hg. v. J. REEVES u. S. HALDANE. London 1968.

Literatur: HALDANE, S.: The fright of time. T. S. Ladysmith (Quebec) 1970. – WHITTLE, A. R.: T. S. Lewisburg (Pa.) 1973.

St. John, J. Hector [seɪnt'dʒɑ:n], Pseudonym des Schriftstellers frz. Herkunft Michel Guillaume Jean de ↑Crèvecœur.

Stockton, Frank R[ichard] ['stɑ:ktən], eigtl. Francis R. S., * Philadelphia (Pa.) 5. April 1834, † Washington 20. April 1902, Schriftsteller. – Lebte seit 1866 als Journalist und Schriftsteller in New York; zunächst Verfasser komisch-phantast. Kindergeschichten, schrieb dann humorist. Romane, die gegen Ende des 19. Jh. sehr beliebt waren. S.s bekanntestes Werk, das Titelstück der Kurzgeschichtensammlung *The lady or the tiger* (1884; dt. *Die Lady oder der Tiger?,* 1982), hatte auch als Operette Erfolg.

Weitere Werke: Rudder Grange (R., 1879), The casting away of Mrs. Lecks and Mrs. Aleshine (R., 1886), The Dusantes (R., 1888), The Rudder Grangers abroad (R., 1891), Pomona's travels (R., 1894).

Ausgaben: The novels and stories of F. R. S. Shenandoah edition. New York 1899–1904. 23 Bde. – The science fiction of F. R. S. Hg. v. R. G. POWERS. Boston (Mass.) 1976.

Literatur: GOLEMBA, H. L.: F. R. S. Boston (Mass.) 1981.

Stoddard, Richard Henry ['stɑ:dərd], * Hingham (Mass.) 2. Juli 1825, † New York 12. Mai 1903, Dichter. – Ärml. Kindheit in Mass., 1835 Umzug nach New York, dort Gelegenheitsarbeiten und Ausbildung als Schmied. Literar. Autodidakt, schrieb Gedichte, v. a. während seiner durch N. Hawthornes Vermittlung erlangten Tätigkeit als Zollinspektor in New York (1853–70); übte eine bed., ihm die Bezeichnung ›Nestor der amerikan. Literatur‹ eintragende Funktion als Hg.

literar. Zss. und Veranstalter eines literar. Salons aus, zus. mit seiner Frau, Elizabeth Drew [Barstow] (* 1823, † 1902), die Romane (Two men, 1865; Temple house, 1867) und Gedichte (Poems, 1895) schrieb.

Werke: Poems (1852), Songs of summer (Ged., 1857), Abraham Lincoln. An Horatian ode (1865), Poems (1880), The Lion's cub and other poems (1890), Recollections, personal and literary (Autobiogr., 1903).

Stone, Irving [stoʊn], eigtl. I. Tennenbaum, * San Francisco 14. Juli 1903, † Los Angeles (Calif.) 26. Aug. 1989, Schriftsteller. – Studierte an der University of California in Berkeley, dort 1925/26 Dozent für Volkswirtschaft. S. pflegte, nach erfolglosen Versuchen als Dramatiker, v. a. die auf histor. Materialien aufbauende romanhafte Biographie.

Werke: Lust for life. A novel of Vincent van Gogh (1934; dt. Vincent van Gogh, 1936), Sailor on horseback (1938; dt. Zur See und im Sattel. Das Leben Jack Londons, 1948), Adversary in the house (1947; dt. Fremd im eigenen Haus, 1948; über den sozialist. Politiker Eugene V. Debs [* 1855, † 1926]), Michelangelo. The agony and the ecstasy (1961; dt. Michelangelo, 1961), Those who love (1965; dt. Das Leben gehört den Liebenden, 1967; über John u. Abigail Adams), Passions of the mind (1971; dt. Der Seele dunkle Pfade. Ein Roman um Sigmund Freud, 1971), The Greek treasure. A biographical novel of Henry and Sophia Schliemann (1975; dt. Der griech. Schatz. Das Leben von Sophia u. Heinrich Schliemann, 1976), The origin (1980; dt. Der Schöpfung wunderbare Wege. Das Leben des Charles Darwin, 1981), Depths of glory (1985; dt. Die Tiefen des Ruhms, 1986; über Camille Pissarro).

Literatur: STIEG, L. F.: I. S. A bibliography. Los Angeles (Calif.) 1973.

Stone, Robert [Anthony] [stoʊn], * New York 21. Aug. 1937, Schriftsteller. – Studium an der New York und Stanford University; Gastdozent an verschiedenen Universitäten, u. a. Harvard und Princeton. Schreibt spannende, Thriller, Liebesgeschichte und polit. Satire vermischende Romane über aktuelle Zeitprobleme, wie z. B. die Formen des Rassismus und der Gewalt während der Mardi-Gras-Feiern in New Orleans (*A hall of mirrors,* 1967; dt. *Zerrspiegel,* 1986), den Verlust menschl. Werte durch den aus dem Vietnamkrieg resultierenden Heroinschmuggel in dem von J. Conrads *Heart of darkness* beeinflußten Roman (*Dog soldiers,* 1974; dt. *Unter Teufeln,* 1988) sowie die Verwicklung von Einzelpersonen in die Lateinamerikapolitik der USA (*A flag for sunrise,* 1981; dt. *Das Geschrei deiner Feinde,* 1986). Schreibt auch Kurzgeschichten und Drehbücher.

Weitere Werke: Children of light (R., 1986; dt. Kinder des Lichts, 1990), Outerbridge reach (R., 1992).

Stout, Rex [Todhunter] [staʊt], * Noblesville (Ind.) 1. Dez. 1886, † Danbury (Conn.) 27. Okt. 1975, Schriftsteller. – Studium an der University of Kansas; seit 1927 hauptberufl. Schriftsteller spannender Detektivgeschichten, die meist nach dem Muster von A. C. Doyles *Sherlock Holmes* aufgebaut sind; Meisterdetektiv Nero Wolfe löst – oft vom Schreibtisch aus – Fälle, die aus der Perspektive von Wolfes Detektiv und Sekretär, Archie Goodwin, erzählt werden. S. war Begründer des Vanguard Verlags und im Vorsitz verschiedener literar. Vereinigungen tätig.

Werke: The red box (1937; dt. Die rote Schatulle, 1959), Double for death (1939; dt. Mord im Bungalow, 1960), Over my dead body (1940; dt. Nur über meine Leiche, 1960), Alphabet hicks (1941; dt. Das tönende Alibi, 1961), Too many women (1947; dt. Zu viele Frauen, 1958), The second confession (1949; dt. Das zweite Geständnis, 1956), The golden spiders (1954; dt. Die goldenen Spinnen, 1962), Champagne for one (1958; dt. Die Champagner-Party, 1960), Too many clients (1960; dt. Zu viele Klienten, 1961), Gambit (1962; dt. 1965), Death of a dude (1969; dt. Blutige Blaubeeren, 1970), A family affair (1975; dt. Tödl. Zigarren, 1976).

Ausgabe: R. S. Jubiläumsausgabe zum 100. Geburtstag. Die beliebten Nero-Wolfe-Krimis. Mchn. 1986. 17 Bde.

Literatur: McAleer, J.: R. S. A biography. Boston (Mass.) ³1977. – McAleer, J.: Royal decree. Conversations with R. S. Ashton (Md.) 1983. – Anderson, D. R.: R. S. New York 1984.

Stowe, Harriet [Elizabeth] Beecher [stoʊ], * Litchfield (Conn.) 14. Juni 1811, † Hartford (Conn.) 1. Juli 1896, Schriftstellerin. – Aus streng kalvinist. Predigerfamilie; Schulausbildung u. a. in der von ihrer um die Frauenerziehung bemühten Schwester gegründeten Mädchenschule in Hartford, wo sie auch unterrichtete (1824–32); heiratete 1836 einen Theologen aus dem Seminar ihres Vaters, mit dem sie nach Maine zog. Trotz zunehmender Abneigung gegenüber allzu strenger Religionsausübung, die sie am Ende ihres Lebens in die Episkopalkirche eintreten ließ, bestimmten puritan. Pflichtgefühl und Moral ihr Leben und Werk; daher war der auf eigenen Beobachtungen in Kentucky und abolitionist. Gedankengut beruhende, durch den Erlaß des ›Fugitive Slave Act‹ (1850) letztlich veranlaßte Roman *Uncle Tom's cabin. A tale of life among the lowly* (1852; dt. *Onkel Toms Hütte,* 1852), der teils erbaulich-humorvoll, teils anklagend die Lebensbedingungen der schwarzen Sklaven schildert, ein Werk im Dienst christl. Karitas und Humanität. Der Roman wurde zu einem der politisch wirksamsten Bücher der amerikan. Literatur und national wie international ein Bestseller. Die von George L. Aiken (* 1830, † 1876) dramatisierte Fassung wurde zu einem der größten Theatererfolge im 19. Jh. Nach Angriffen erhärtete S. ihre Aussagen durch die Veröffentlichung einer 4-tlg. Quellensammlung (*A key to Uncle Tom's cabin; presenting the original facts and documents upon which the story is founded,* 1853; dt. *Schlüssel zu Onkel Toms Hütte,* 1853) und einen zweiten Roman (*Dred, a tale of the great dismal swamp,* 1856; dt. *Dred. Eine Erzählung aus den amerikan. Sümpfen,* 1856). Sie schrieb zahlreiche religiös engagierte Romane, die die Welt des puritan. Neuenglands sowie der moralisch verderbten New Yorker Gesellschaft darstellen, auch Kinderbücher, Gedichte (*Religious poems,* 1867), theolog. Schriften (*Bible heroines,* 1878), Abhandlungen über die Stellung der Frau, u. a. das zus. mit ihrer Schwester verfaßte *The American woman's home* (1869), und ihre eigenen Lebenserfahrungen (*Palmetto-leaves,* 1873).

Weitere Werke: The minister's wooing (R., 1859; dt. Des Predigers Brautwerbung, 1860), The pearl of Orr's Island (R., 1862), Oldtown folks (R., 1869), Pink and white tyranny (R., 1871), My wife and I (R., 1871), We and our neighbors (R., 1875; dt. Wir u. unsere Nachbarn, 1876).

Ausgaben: H. B. S. The writings. Boston (Mass.) 1896. 16 Bde. Nachdr. Hildesheim 1975. – H. B. S. Collected poems. Hg. v. J. M. Moran, Jr. Hartford (Conn.) 1967. – Three novels. Hg. v. K. K. Sklar. New York 1982.

Literatur: Wilson, R. F.: Crusader in crinoline. The life of H. B. S. Philadelphia (Pa.) 1941. Neuausg. Westport (Conn.) 1972. – Adams, J. R.: H. B. S. New York 1963. – Wagenknecht, E. C.: H. B. S. The known and the unknown. New York 1965. – Gerson, N. B.: H. B. S. A biography. New York 1976. – Ashton, J.: H. B. S. A reference guide. Boston (Mass.) 1977. – Kirkham, E. B.: The building of ›Uncle Tom's cabin‹. Knoxville (Tenn.) 1977. – Moers, E.: H. B. S. and American literature. Hartford (Conn.) 1978. – Scott, J.: Woman against slavery. The story of H. B. S. New York 1978. – Critical essays on H. B. S. Hg. v. E. Ammons. Boston (Mass.) 1980. – Kimball, G.: The religious ideas of H. B. S. Lewiston (N. Y.) 1982. – Boydston, J. u. a.: The limits of sisterhood. The Beecher sisters on women's rights and women's sphere. Chapel Hill (N. C.) 1988. – Donovan, J.: ›Uncle Tom's cabin‹. Evil, affliction and redemptive love. Boston (Mass.) 1991.

Stribling, T[homas] S[igismund] ['strɪblɪŋ], * Clifton (Tenn.) 4. März 1881, † Florence (Ala.) 8. Juli 1965, Schriftsteller. – Studierte Jura, begann nach berufl. Mißerfolgen seine literar. Laufbahn mit moralisch-didakt. Kurzgeschichten, deren Erfolg ihm Studienreisen, u. a. nach Europa, ermöglichte. Schrieb ab Anfang der 20er Jahre Romane, die, oft satirisch gefärbt, das Leben im amerikan. Süden, bes. in Alabama, darstellen. Hauptwerk ist die das Schicksal der Familie Vaiden von der Zeit vor bis nach dem Bürgerkrieg verfolgende Romantrilogie *The forge* (1931), *The store* (1932; dt. *Colonel Vaiden,* 1937; Pulitzerpreis 1933) und *Unfinished cathedral* (1934).

Weitere Werke: Birthright (R., 1922), Bright metal (R., 1928), Strange moon (R., 1929), Backwater (R., 1930), The sound wagon (R., 1935).

Ausgabe: Laughing stock. T. S. S. Hg. v. R. K. Cross u. J. T. McMillan. Memphis (Tenn.) 1982.

Literatur: Eckley, W.: T. S. S. Boston (Mass.) 1975. – Piacentino, E. J.: T. S. S. Pioneer realist in modern Southern literature. Lanham (Md.) 1988.

Strukturalismus, eine in den 1960er Jahren von Frankreich ausgehende Theorie mit dem Ziel, eine den exakten Untersuchungsmethoden der Naturwiss. analoge, auf intersubjektiv überprüfbaren Verfahren beruhende Form der Analyse für die Geistes- und Sozialwiss. zu finden. Anthropologen (C. Lévi-Strauss), Soziologen (L. Goldmann, L. Althusser), Psychologen (J. Piaget), Psychoanalytiker (J. Lacan), Kulturwissenschaftler (M. Foucault), Philosophen (J. Derrida), Linguisten (A. Greimas, N. Chomsky [* 1928]) und Literaturkritiker (R. Barthes, C. Bremond, T. Todorov) beriefen sich dabei auf F. de Saussures strukturalist. Sprachwissenschaft (*Cours de linguistique générale,* 1916; dt. *Grundfragen der allgemeinen Sprachwiss.,* 1931), die Sprache als ein System von Zeichen, das sprachl. Zeichen selbst als eine aus Signifikant (Bezeichnendes) und Signifikat (Bezeichnetes) bestehende Einheit begreift. Die hier erstellten Strukturbezüge, etwa zwischen dem System der Sprache (›langue‹) und der Sprachverwendung (›parole‹), zwischen der präsenten sprachl. Kette des Syntagmas und den absenten Varianten des Paradigmas, zwischen dem Signifikant des Ausdrucks und dem Signifikat des Inhalts wurden in den 30er Jahren in der ›Prager Linguistik‹ auf die durch binäre Oppositionen bestimmte Phonologie (R. Jakobson, N. S. Trubezkoi), in der ›Kopenhagener Linguistik‹ (Glossematik) auf die Bezüge zwischen Ausdrucks- und Inhaltsseite (L. Hjelmslev), in den USA zunächst auf den behavioristisch fundierten Deskriptionismus (L. Bloomfield [* 1887, † 1949]), dann auf die generative Transformationsgrammatik (N. Chomsky, u. a. *Syntactic structures,* 1957, dt. *Strukturen der Syntax,* 1973; *Aspects of the theory of syntax,* 1965, dt. *Aspekte der Syntax-Theorie,* 1970), und schließlich allgemein auf die Semiotik und Semiologie (u. a. U. Eco) angewandt.

In der Literaturwiss. wurden, ausgehend von den textinterne poet. Strukturen analysierenden Arbeiten der russ. Formalisten (V. Schklowski, J. Tynjanow) und der u. a. auch gesellschaftl. Faktoren mitberücksichtigenden Prager Schule (R. Jakobson, J. Mukařovský), zunächst literar. Kleinformen wie Gedichte untersucht, dann wurde im Anschluß an W. J. Propps auf russ. Märchen bezogene Studie (*Die Morphologie des Erzählens,* 1928) ein funktionales Regelsystem für die Erzählforschung bzw. Narrativik fruchtbar gemacht. Solche Versuche, durch Strukturbezüge auf syntagmat. und/oder paradigmat. Ebene neue Beschreibungsmöglichkeiten für die zwischen dem metanarrativen ↑Diskurs und dem Inhalt der Geschichte unterscheidende strukturale Erzählanalyse zu entdecken, wurden v. a. von den frz. Strukturalisten wie R. Barthes, A. Greimas, T. Todorov, C. Bremond vorgenommen. Gesellschaftl. Faktoren, die auf die Entstehung des Kunstwerkes einwirken, erscheinen in L. Goldmanns genet., in J. Kristevas generativ-transformationellem S. und bei dem russ. Literaturkritiker Juri M. Lotman.

Durch den Einbezug solcher textexterner Faktoren, v. a. auch unter dem Eindruck eines u. a. durch die Studentenrevolten 1968 in Paris ausgelösten geistigen Umbruchs wurde der bislang als statisch und ahistorisch begriffene S. zu einem dynam., die polit. Machtverhältnisse analysierenden **Poststrukturalismus.** Literatur und Literaturkritik wurden nun Medien eines subversiven, Autorität und Macht dekonstruierenden Diskurses, der in F. Nietzsches Philosophie und in S. Freuds die Ganzheit des Menschen in psych. Schichten zerlegender Psychoanalyse schon vorgeformt war. Dieser v. a. von R. Barthes (u. a. *Die Lust am Text,* 1973, dt. 1974; *Fragmente einer Sprache der Liebe,* 1977, dt. 1984), J. Lacan (*Schriften,* 1966; dt. 1973–80, 3 Bde.), M. Foucault (*Sexualität und Wahrheit,* 3 Bde., 1976–84; dt.

1977–86) und J. Derrida (u. a. *Die Schrift u. die Differenz,* 1967, dt. 1972) mit der Verlagerung der Analyse auf solche Gebiete wie etwa Spiel, Lust, Begierde, Sexualität und abnormes Verhalten vollzogene Wandel von der Beschreibung feststehender Strukturen zur Erfassung von Strukturierungsprozessen basierte auf der Erkenntnis, daß die Beschränkung der Analyse auf den in der Gesellschaft dominanten ideolog. Diskurs, der eindeutig zwischen gut und böse, zwischen normal und pathologisch, zw. rational und irrational unterscheidet, die Möglichkeit eines krit. Diskurses unterläuft und eine kulturelle Revolution verhindert. Dieses von Derrida als ›différance‹ (a. ›Unterschied‹, b. ›Aufschub‹) bezeichnete Phänomen einer offenen Struktur, ist zum bestimmenden Kriterium des Poststrukturalismus geworden, der u. a. auch die theoret. Grundlage des ↑Dekonstruktivismus und ↑Postmodernimus bildet und in der amerikan. Literaturkritik(↑New historicism) imitativ und kreativ fortgeführt wird.

Literatur: Schiwy, G.: Der frz. S. Rbk. 1969. Neuausg. 1985. – Schiwy, G.: S. u. Christentum. Freib. 1969. – The structuralist controversy. The languages of criticism and the sciences of man. Hg. v. R. Macksey u. E. Donato. Baltimore (Md.) 1970. Neudr. 1977. – Schiwy, G.: Neue Aspekte des S. Mchn. 1971. – S. als interpretatives Verfahren. Hg. v. H. Gallas. Darmst. u. a. 1972. – S. in der Literaturwiss. Hg. v. H. Blumensath. Köln 1972. – Piaget, J.: Der S. Dt. Übers. Freib. 1973. Neuausg. Stg. 1980. – Structuralism. An introduction. Hg. v. D. Robey. Oxford 1973. Neuaufl. 1976. – Schiwy, G.: S. u. Zeichensysteme. Mchn. 1973. – Einf. in den S. Hg. v. F. Wahl. Ffm. 1973. – Culler, J.: Structuralist poetics. Structuralism, linguistics and the study of literature. London 1975. – Strukturale Literaturwiss. u. Linguistik. Hg. v. T. Rothschild. Gött. 1975. – Structuralism. An interdisciplinary introduction. Hg. v. S. Wittig. Pittsburgh (Pa.) 1975. – Hempfer, K. W.: Poststrukturale Texttheorie u. Narrative Praxis. Mchn. 1976. – Schiwy, G.: Kulturrevolution u. ›neue Philosophen‹. Rbk. 1978. Erw. Neuausg. u. d. T. Poststrukturalismus u. ›Neue Philosophen‹. Rbk. 1985. – Textual strategies. Perspectives in poststructuralist criticism. Hg. v. J. V. Harari. Ithaca (N. Y.) 1979. – Structuralism and biblical hermeneutics. A collection of essays. Hg. v. A.M Johnson. Pittsburgh (Pa.) 1979. – Structuralism and since. From Lévi-Strauss to Derrida. Hg. v. J. Sturrock. Oxford 1979. – Beaugrande, R.-A. de: Text, discourse, and process. Toward a multidisciplinary science of texts. Norwood (N. J.) 1980. – Kurzweil, E.: The age of structuralism. Lévi-Strauss to Foucault. New York 1980. – Lüchinger, A.: S. in Architektur u. Städtebau. Stg. 1981. – Untying the text. A poststructuralist reader. Hg. v. R. Young. London 1981. – Horstmann, U.: Parakritik u. Dekonstruktion. Eine Einf. in den amerikan. Poststrukturalismus. Wzb. 1983. – Sturrock, J.: Structuralism. London 1986. – Poststructuralist classics. Hg. v. A. Benjamin. New York 1988. – Caws, P.: Structuralism. The art of the intelligible. Atlantic Highlands (N. J.) 1988. – Jörn, A.: Europ. S. Wzb. 1988. – Sarup, H.: An introductory guide to post-structuralism and postmodernism. New York 1988. – Delamont, S.: Knowledgeable women. Structuralism and the reproduction of elites. New York 1989.

Styron, William ['staɪrən], * Newport News (Va.) 11. Juni 1925, Schriftsteller. – Studium am Davidson College und der Duke University; Soldat im Ledernakken-Corps (1944–45; 1951); Mit-Hg. bei McGraw Hill und verschiedenen Zss. In der Erzähltradition des Südens (v. a. W. Faulkner und T. Wolfe) zeigt S. das in histor. Abläufe verwickelte (in Ansätzen trag.) Schicksal von willensstarken, aber letztlich doch scheiternden Individuen anhand des sozialen Verfalls einer Südstaatenfamilie (*Lie down in darkness,* 1951; dt. *Geborgen im Schoße der Nacht,* 1957), der Überwindung einer durch Alkohol und Orientierungslosigkeit andauernden Krise eines Südstaatenkünstlers in Europa (*Set this house on fire,* 1960; dt. *Und legte Feuer an dies Haus,* 1961). Besonders bekannt wurden seine drast. Schilderung des ersten Aufstandes schwarzer Sklaven im Aug. 1831 in Virginia aus der Sicht des Anführers (*The confessions of Nat Turner,* 1967; dt. *Die Bekenntnisse des Nat Turner,* 1968; Pulitzerpreis 1968) sowie die dramat. Verkettung der Holocaust-Thematik in Europa mit der Sklaverei in Amerika über die drei Hauptfiguren in *Sophie's choice* (1979; dt. *Sophies Wahl,* 1980, 1982 u. d. T. *Sophies Entscheidung*), der poln. Überlebenden des Konzentrationslagers, des jüd. Wissenschaftlers in New York und der aus dem Süden stammenden Persona des Autors. Der große kommerzielle Erfolg der beiden letzten Romane sowie ihrer Verfilmungen sind u. a. auf ihre kontroverse Rezeption zum Zeitpunkt der schwarzen Befreiungsbewegung bzw. der Holocaust-Filme zurückzuführen. Die Novelle *The long march* (1952; dt. *Der lange Marsch,* 1962) und das Drama *In the clap shack* (UA 1972) spiegeln S.s militär. Erfahrungen; *This quiet dust* (1982; dt. *Nur diese Handvoll Staub und anderes aus meiner Feder,* 1985) ist eine Sammlung von Aufsätzen, in *Darkness visible. A memoir of madness* (1990; dt. *Sturz in die Nacht. Die Gesch. einer Depression,* 1991) schildert er seine zeitweiligen Depressionen.

Ausgabe: Conversations with W. S. Hg. v. J. L. W. WEST III. Jackson (Miss.) 1985.

Literatur: W. S.'s Nat Turner. Ten black writers respond. Hg. v. J. E. CLARKE. Boston (Mass.) 1968. – FOSSUM, R. H.: W. S. Grand Rapids (Mich.) 1968. – FRIEDMAN, M. J.: W. S.'s ›The confessions of Nat Turner‹. Belmont (Calif.) 1970. – RATNER, M. L.: W. S. New York 1972. – FRIEDMAN, M. J.: W. S. Bowling Green (Ohio) 1974. – LEON, P. W.: W. S. An annotated bibliography of criticism. Westport (Conn.) 1978. – The achievement of W. S. Hg. v. I. MALIN u. R. K. MORRIS. Athens (Ga.) [2]1981. – Critical essays on W. S. Hg. v. A. D. CASCIATO u. J. L. W. WEST III. Boston (Mass.) 1982. – CRANE, J. K.: The root of all evil. The thematic unity of W. S.'s fiction. Columbia (S. C.) 1984. – RUDERMAN, J.: W. S. New York 1987. – LAXMANA, M. S.: Violence and compassion in the novels of W. S. A study of tragic humanism. New Delhi 1988. – KROME, S.: Das Vaterbild in ausgew. Romanen W. S. s. New York 1989.

Sukenick, Ronald ['su:kənɪk], * New York 14. Juli 1932, Schriftsteller. – Studierte (u. a. bei V. Nabokov) an der Cornell University und promovierte 1962 an der Brandeis University über W. Stevens; seit 1975 Englisch-Prof. an der University of Colorado in Boulder, u. a. Leiter des ›creative writing program‹. Als einer der alternativen Schriftsteller war S. maßgeblich an der Organisation nicht-kommerzieller Zss. und Verlage, wie *American Book Review* bzw. *Fiction Collective* beteiligt. Seine postmodernen Romane und Kurzgeschichten nehmen eine radikale Dekonstruktion traditioneller Erzählweisen, auch in drucktechn. Hinsicht vor, ohne jedoch den Bezug zur amerikan. Gegenwart aufzugeben. Das eigene Leben in der Tradition eingewanderter europ. Juden, die schwierige Schriftstellerexistenz in den USA sowie die Geschichte der westl. Zivilisation werden Elemente eines Spiels mit Worten auf der Textseite, das durch schockartigen Wechsel zwischen Komik und Betroffenheit sowie durch die Verwischung der Grenze zwischen Fiktion und Realität eine Bewußtseinsveränderung beim Leser bewirken soll. Den überall und zu allen Zeiten erkennbaren Formen der Gewalt werden hoffnungsvoll alternative Formen menschl. Kommunikation gegenübergestellt. Gleichzeitig führen diese postmodernen Texte eine neue Form der Literaturtheorie in der Praxis der Fiktion vor.

Werke: Wallace Stevens. Musing the obscure (Studie, 1967), UP (R., 1968), The death of the novel and other stories (1969), OUT (R., 1973), 98.6 (R., 1975), Long talking bad conditions blues (R., 1979), IN FORM. Digressions on the act of fiction (Essays, 1985) The endless short story (R., 1986), Blown away (R., 1986), Down and in. Life in the underground (R., 1988).

Literatur: KUTNIK, J.: The novel as performance. The fiction of R. S. and Raymond Federman. Carbondale (Ill.) 1986.

Susann, Jacqueline [su'zæn], * Philadelphia 20. Aug. 1921, † New York 21. Sept. 1974, Schrifstellerin. – Bühnenschauspielerin, u. a. am Broadway; Autorin zweier sexuell freizügiger, erfolgreich verfilmter Bestsellerromane (*The valley of the dolls,* 1966, dt. *Das Tal der Puppen,* 1967; *The love machine,* 1969, dt. *Die Liebesmaschine,* 1969), deren sado-masochist. Darstellungen Aufsehen erregten und als nicht seriös kritisiert wurden.

Weitere Werke: Lovely me (UA, 1946; mit Beatrice Cole), Every night, Josephine! (Prosa, 1963; dt. Geliebte Josephine. Ein fröhl. Pudelbuch, 1975), Once is not enough (R., 1973; dt. Einmal ist nicht genug, 1974), Dolores (R., 1976; dt. Diese eine Liebe, 1980).

Literatur: SEAMAN, B.: ›Lovely me‹. The life of J. S. New York 1987.

T

Tagebuch ↑ Autobiographie.

Tall Tale [ˌtɔːlˈteɪl] ↑ Short story.

Tally, Ted [ˈtæli], * Winston-Salem (N. C.) 9. April 1952, Dramatiker. – Studium an der Yale University; gilt als eines der jungen Dramatikertalente, dessen Stücke auf bed. Bühnen (u. a. Yale Repertory Theater, O'Neill Theater Center, Playwrights Horizons in New York, in Stockholm) aufgeführt wurden. *Terra Nova* (1981) stellt die in der Erinnerung des sterbenden Robert Scott mythisierte Eroberung des Nordpols dar; *Coming attractions* (1982) parodiert das mit Gewalt und Schockmitteln um die Zuschauergunst werbende Showbusineß in USA.
Weitere Werke: Night mail and other sketches (Dr., 1977), Word of mouth (Dr. 1978), Hooters (Dr., 1978), Silver linings (Dr., 1983), Little foolsteps (Dr., 1986).

Tarbell, Ida Minerva [ˈtɑːrbel], * Erie County (Pa.) 5. Nov. 1857, † Bridgeport (Conn.) 6. Jan. 1944, Schriftstellerin. – Wurde nach sehr erfolgreichen Biographien (*The life of Abraham Lincoln,* 2 Bde., 1900; *A life of Napoleon Bonaparte,* 1901) als Journalistin bei *McClure's Magazine* eine der bedeutendsten Vertreterinnen des Muckraking Movement (↑ Muckraker), die - basierend auf ihren eigenen Erfahrungen als Tochter eines Ölproduzenten - in ihrem Hauptwerk *History of the Standard Oil Company* (2 Bde., 1904) die Monopolstellung von Rockefellers Ölkonzern sowie die zur Ausschaltung des Wettbewerbs angewandten Mittel kritisierte und 1911 eine gerichtlich verordnete Auflösung des Konzerns erwirkte. Der an den späteren, die Leistungen von Wirtschaftsführern anerkennenden Biographien (*The life of Elbert H. Gary. The story of steel,* 1925) kritisierte Wandel ihrer Einstellung zeigt sich auch in ihrer Autobiographie (*All in the day's work,* 1939).
Literatur: TOMKINS, M. E.: I. M. T. New York 1974. – BRADY, K.: I. T. Portrait of a Muckraker. Pittsburgh (Pa.) 1989.

Tarkington, [Newton] Booth [ˈtɑːrkɪŋtən], * Indianapolis 29. Juli 1869, † ebd. 19. Mai 1946, Schriftsteller. – Schrieb im Stil von W. D. Howells' Realismus über soziolog. und moral. Probleme der amerikan. Gesellschaft um die Jahrhundertwende im Übergang zum modernen Industriestaat, vornehmlich gezeigt an der durch schnellen Reichtum aufgestiegenen städt. Mittelklasse im mittleren Westen. Zu T.s bedeutendsten Romanen gehören die Darstellung des um Aufdeckung polit. Korruption bemühten Journalisten in *The gentleman from Indiana* (1899) sowie die Familienchronik *Growth* (Trilogie, 1927; Bd. 1: *The turmoil,* 1915; Bd. 2: *The magnificent Ambersons,* 1918, dt. *Die stolzen Ambersons,* 1945, Pulitzerpreis 1919; Bd. 3: *The Midlander,* 1923) und *Alice Adams* (1921; Pulitzerpreis 1922), die Geschichte der Desillusionierung eines jungen Mädchens. Schrieb auch sehr erfolgreiche Jungengeschichten (*Penrod,* 1914; *Penrod and Sam,* 1916; *Penrod Jashber,* 1929; *Seventeen,* 1916) und populäre Dramen (*Monsieur Beaucaire,* 1900, dt. 1929, die Dramatisierung seines gleichnamigen Romans, 1900, dt. 1929; *The man from home,* 1908; *The intimate strangers,* 1921).
Weitere Werke: The plutocrat (R., 1927; dt. Der Mann mit den Dollars, 1929), The world does move (Erinnerungen, 1928), The image of Josephine (R., 1945).
Ausgaben: The works of B. T. Seawood edition. Garden City (N. Y.) 1922–32. 27 Bde. – B. T. Stories. Franklin Center (Pa.) 1984.
Literatur: WOODRESS, J.: B. T. Gentleman from Indiana. Philadelphia (Pa.) u. a. 1955. Nachdr.

Westport (Conn.) u. a. 1969. – FENNIMORE, K. J.: B. T. New York 1974.

Tate, [John Orley] Allen [teɪt], * Winchester (Ky.) 19. Nov. 1899, † Nashville (Tenn.) 9. Febr. 1979, Schriftsteller und Kritiker. – Die Freundschaft mit John C. Ransom während seines Studiums an der Vanderbilt University in Nashville (Tenn.) wurde zum Ausgangspunkt einer literar., die traditionellen christl. Werte des Südens gegen die moderne Industriegesellschaft affirmierenden Bewegung, die einerseits zur Gründung der bed. Zs. *The Fugitive* (1922–25) und zu dem die gemeinsamen Werte dokumentierenden Manifest (*I'll take my stand,* 1930) dieser als ↑ Fugitives bezeichneten Autoren führte, andererseits zum ↑ New criticism. Dieser durch Lehrtätigkeit (u. a. Englisch-Prof. an der University of Minnesota, 1951–68) und Herausgebertätigkeit bei den Zss. *Hound and Horn* (1931–34), *The Kenyon Review* (1938) und *The ↑Sewanee Review* (1944–46) im ganzen Land verbreitete literar. Ansatz äußert sich v. a. in seinen intellektbetonten, z. T. von T. S. Eliot beeinflußten Gedichten, den kultur- und literaturkrit. Essays, Biographien über die Bürgerkriegshelden des Südens (*Stonewall Jackson. The good soldier,* 1928; *Jefferson Davis. His rise and fall,* 1929) sowie dem Roman *The fathers* (1938; dt. *Die Väter,* 1967).

Weitere Werke: Mr. Pope (Ged., 1928), The Mediterranean (Ged., 1936), Reactionary essays on poetry and ideas (1936), Reason in madness (Essays, 1941), Poems, 1922–47 (1948), On the limits of poetry (Essays, 1948), The forlorn demon (Essays, 1953), Essays of four decades (1968), The swimmers (Ged., 1970), Memoirs and opinions 1926–1974 (Prosa, 1975), Collected poems, 1919–1976 (1977).

Ausgaben: The literary correspondence of Donald Davidson and A. T. Hg. v. J. T. FAIN u. T. D. YOUNG. Athens (Ga.) 1974. – The poetry reviews of A. T., 1924–1944. Hg. v. A. BROWN u. F. N. CHENEY. Baton Rouge (La.) 1983.

Literatur: BISHOP, F.: A. T. New York 1967. – SQUIRES, R.: A. T. A literary biography. New York 1971. – A. T. and his work. Critical evaluations. Hg. v. R. SQUIRES. Minneapolis (Minn.) 1972. – SCHÖPP, J. C.: A. T. Tradition als Bauprinzip dualist. Dichtens. Bonn 1975. – BARTLE, A.: Ideologeme im amerikan. Roman der Südstaaten. A. T.s ›The fathers‹, R. P. Warrens ›All the King's men‹, C. McCullers ›The member of the wedding‹ u. F. O'Connors ›The violent bear it away‹. Wzb. 1980. – DUPREE, R. S.: A. T. and the Augustinian imagination. A study of the poetry. Baton Rouge (La.) 1983. – SULLIVAN, W.: A. T. A recollection. Baton Rouge (La.) 1988.

Tate, James [Vincent] [teɪt], * Kansas City (Mo.) 8. Dez. 1943, Lyriker. – Studium an den Universitäten von Missouri und Iowa; seit 1967 Dozent an der University of Massachusetts in Amherst. Früher Ruhm des sich in der Tradition W. Whitmans und W. C. Williams sehenden Dichters mit dem Gedichtband *The lost pilot* (1967), für den er den Yale-Series-of-Younger-Poets-Preis erhielt; Verzweiflung über Entfremdung, das Versagen der menschl. Kommunikation und die mit der Dichtung verbundene Hoffnung auf einen Neuanfang sind die Themen seiner zahlreichen Gedichte.

Weitere Werke: Cages (Ged., 1966), Shepherds of the mist (Ged., 1969), The oblivion ha-ha (Ged., 1970), Wrong songs (Ged., 1970), Absences (Ged., 1972), Hottentot ossuary (En., 1974), Viper Jazz (Ged., 1976), Lucky Darryl (R., 1977), The rustling of foliage. The memory of caresses (Ged., 1979), Riven doggeries (Ged., 1979), If it would all please hurry A poem (1980), Constant defender (Ged., 1983), Just shades (Ged., 1985), Reckoner (Ged., 1986), Distance from loved ones (Ged., 1990), Selected poems (1991; Pulitzerpreis 1992).

Taylor, [James] Bayard ['teɪlər], * Kennett Square (Pa.) 11. Jan. 1825, † Berlin 19. Dez. 1878, Schriftsteller. – Buchdruckerlehre; unternahm zahlreiche abenteuerl. Fußwanderungen und Reisen u. a. in Europa, Afrika, im Nahen und Fernen Osten, von denen er als Korrespondent berichtete. Sein Hauptwerk ist die metrisch originalgetreue Übersetzung von Goethes *Faust* (2 Bde., 1870/71); 1870–77 hatte T. eine Dozentur für Deutsch an der Cornell University, 1878 war er Gesandter in Berlin; viel gelesen wurde sein Bericht aus den kaliforn. Goldfeldern *Eldorado, or Adventures in the path of empire* (2 Bde., 1850, Nachdruck 1988; dt. *El Dora-*

do, 1851, Neudruck 1989) und der Reisebericht *A visit to India, China, and Japan in the year 1853* (1855); schrieb auch Romane (*The story of Kennett,* 2 Bde., 1866; dt. *Kennett,* 1867), Gedichte und Dramen.
Ausgaben: The poetical works of B. T. Boston (Mass.) 1880. – The dramatic works of B. T. Hg. v. M. HANSEN-TAYLOR. Boston (Mass.) 1880. Nachdr. New York 1969.
Literatur: KRUMPELMANN, J. T.: B. T. and German letters. Hamb. 1959. – WERMUTH, P. C.: B. T. New York 1973.

Taylor, Edward ['teɪlər], * in Leicestershire (England) um 1642, † Westfield (Mass.) 24. Juni 1729, Dichter. – Studierte nach seiner Auswanderung 1668–71 Theologie an der Harvard University, wurde 1671 puritan. Geistlicher und Arzt der Grenzsiedlung Westfield. T.s religiöse Dichtung, die er theolog. Bedenken wegen nicht veröffentlichte (sie wurde erst 1937 in der Yale Bibliothek entdeckt; eine Auswahl erschien 1939), steht in der Nachfolge der engl. Metaphysical poets (v. a. J. Donnes und G. Herberts); die meist in Form von Meditationen über Bibelverse verfaßten Gedichte dienten zur Vorbereitung auf seine die Bibel auslegenden Predigten; T. gilt als bedeutendster Vertreter der puritan. Dichtung in der Kolonialzeit.
Ausgaben: The poems of E. T. Hg. v. D. E. STANFORD. New Haven (Conn.) 1960. Neuausg. 1990. – E. T.'s Christographia. Hg. v. N. S. GRABO. New Haven (Conn.) u. a. 1962. – The diary of E. T. Hg. v. F. MURPHY. Springfield (Mass.) 1964. – E. T. Treatise concerning the Lord's supper. Hg. v. N. S. GRABO. East Lansing (Mich.) 1966. – Unpublished writings. Hg. v. T. M. u. V. L. DAVIS. Boston (Mass.) 1981. 3 Bde.
Literatur: GRABO, N. S.: E. T. New Haven (Conn.) 1961. Neuausg. 1988. – NICOLAISEN, P.: Die Bildlichkeit in der Dichtung E. T. s. Neumünster 1966. – STANFORD, D. E.: E. T. Minneapolis (Minn.) 1966. – E. T. An annotated bibliography, 1668–1970. Hg. v. C. J. GEFVERT. Kentucky (Ohio) 1971. – RUSSELL, G.: A concordance to the poems of E. T. Wash. (D. C.) 1973. – SCHEICK, W. J.: The will and the word. The poetry of E. T. Athens (Ga.) 1974. – KELLER, K.: The example of E. T. Amherst (Mass.) 1975. – E. T. vs. Solomon Stoddard. The nature of the Lord's supper. Hg. v. T. M. u. V. DAVIS. Boston (Mass.) 1981. – WEISS, Klaus: Grundlegung einer puritan. Mimesislehre. Eine literatur- u. geistesgeschichtl. Studie der Schriften E. T.s u. a. puritan. Autoren. Paderborn 1984. – Puritan poets and poetics. Seventeenth-century American poetry in theory and practice. Hg. v. P. WHITE. University Park (Pa.) 1985. – GATTA, J.: Gracious laughter. The meditative wit of E. T. Columbia (Mo.) 1989.

Taylor, Peter [Hillsman] ['teɪlər], * Trenton (Tenn.) 8. Jan. 1917, Schriftsteller. – Englisch-Prof. an der University of Virginia. T. wurde durch seine von R. P. Warren geförderten Kurzgeschichten bekannt, die den Gegensatz zwischen der Tradition und der realist. Einschätzung der heutigen Situation des Südens v. a. an der Auflösung der Familie sowie der gesellschaftl. Bindungen aufzeigen; schrieb auch Dramen und Romane.
Werke: A long fourth (En., 1948), A woman of means (R., 1950), The widows of Thornton (En., 1954), Tennessee day in St. Louis (Dr., 1957), Happy families are all alike (En., 1959), Miss Leonora when last seen (En., 1963), The collected stories (1969), A stand in the mountains (Dr., 1968, UA 1971), Presences. Seven dramatic pieces (1973), In the Miro District (En., 1977), The old forest (En., 1985; dt. Aussicht auf Regen, 1989), A summons to Memphis (R., 1986; dt. Rückruf nach Memphis, 1988; Pulitzerpreis 1987).
Literatur: GRIFFITH, A. J.: P. T. New York 1970. – KRAMER, V. A., u. a.: Andrew Lytle, Walker Percy, P. T. A reference guide. Boston (Mass.) 1983. – Conversations with P. T. Hg. v. H. H. MCALEXANDER. Jackson (Miss.) 1987.

Teasdale, Sara ['ti:zdeɪl], * Saint Louis (Mo.) 8. Aug. 1884, † New York 29. Jan. 1933 (Freitod), Lyrikerin. – In ihrem Frühwerk von C. G. Rossetti beeinflußt; schrieb stimmungsvolle, eleg. Gedichte, v. a. bekenntnishafte Liebeslyrik; charakteristisch ist ein weitgehender Verzicht auf Bilder und Metaphern.
Werke: Sonnets to Duse (1907), Helen of Troy (Ged., 1911; erweitert 1922), Rivers to the sea (Ged., 1915), Love songs (Ged., 1917; Pulitzerpreis 1918), Flame and shadow (Ged., 1920; erweitert 1924), Dark of the moon (Ged., 1926), A country house (Ged., 1932), Strange victory (Ged., 1933)
Ausgaben: The collected poems of S. T. New York 1937. Neuaufl. 1966. – Mirror of the heart.

Poems of S. T. Hg. v. W. DRAKE. New York 1984.

Literatur: CARPENTER, M. H.: S. T. New York 1960. Nachdr. Norfolk (Va.) 1977. – DRAKE, W. D.: S. T. Woman and poet. San Francisco (Calif.) u. a. 1979. – SCHOEN, C. B.: S. T. Boston (Mass.) 1986.

Terry, Megan ['teri], eigtl. Marguerite Duffy, *Seattle (Wash.) 22. Juli 1932, Dramatikerin. – Nach Theaterpraxis schon während ihrer Schulzeit, Universitätsstudien und Lehrtätigkeit war T. 1963 Gründungsmitglied des avantgardist. Open Theatre (↑Theater). In ihren (häufig einaktigen) Dramen, Fernsehspielen, Hörspielen und Musicals mit gesellschaftskrit. Intention setzt sie vorzugsweise die antirealist. Technik der ›Transformation‹ ein, bei der ein Schauspieler ohne Kostümwechsel mehrere unterschiedl. Rollen spielt. Die spieler. Entgrenzung der individuellen Persönlichkeit soll auch den Zuschauer zur Befreiung von Rollenzwängen und zum Bewußtsein unvorhergesehener Handlungsmöglichkeiten führen. T. benutzte diese Technik zum Ausloten zwischenmenschl. Beziehungen (*Calm down mother,* 1965; *The gloaming, oh my darling,* 1965; *Keep tightly closed in a cool, dry place,* 1965; *Comings and goings,* 1966). Danach wandte sie sich polit. und gesellschaftl. Themen wie dem Vietnamkrieg (*Viet rock. A folk war movie,* 1966), der polit. Moral (*The people vs. Ranchman,* 1967), dem Verlust der Privatsphäre (*Home,* 1968) und der Rolle der Medien (*The Tommy Allen show,* 1969) zu. Mit feministisch ausgerichteten Werken wie *Approaching Simone* (1970, über Simone Weil), *Babes in the bighouse* (1974, über Frauengefängnisse) und *American king's English for queens* (1978, über sprachl. Sexismus) setzte sie ihren Kampf gegen klischeehafte Denkmuster der amerikan. Gesellschaft fort. Seit 1970 Mitarbeit im Omaha Magic Theatre.

Weitere Werke: Ex-Miss Copper Queen on a set of pills (UA 1963; 1968), The magic realists (UA 1966; 1970), Jack-Jack (UA 1968), Massachusetts trust (UA 1968), Hothouse (UA 1974; 1974), Pro game (UA 1974; 1975), Brazil Fado (UA 1977; 1979), Attempted rescue on Avenue B. (UA 1979; 1979), Goona goona (UA 1979; 1981), Winners (UA 1981), Kegger (UA 1982), X-rayed-iate (UA 1984), Family talk (UA 1986), Amtrak (UA 1988), Head light (UA 1988).

Literatur: PASOLLI, R.: A book on the Open Theater. Indianapolis (Ind.) 1970. Neudr. New York 1972.

Theater, ein nach schwierigen kolonialen Anfängen im Laufe des 19. Jh. eigenständige Formen entwickelnder, im 20. Jh. sich zw. kommerzieller Unterhaltung und avantgardist. Experiment bewegender, mehr konzeptionell als institutionell an Schauspieltruppen orientierter wesentl. Bestandteil der amerikan. Kultur.

Das Entstehen einer amerikan. T.tradition wurde in der Kolonialzeit durch religiöse, polit. und ökonom. Gegebenheiten erschwert. Die in der Schließung der T. während der Cromwell-Ära in England (1642–64) manifeste T.feindlichkeit bestimmte die Haltung der Puritaner bei der Besiedlung Neuenglands, die zudem die Konzentration auf die Organisation des tägl. Lebens erforderte. Die bei Wiedereröffnung der T. evidente Sinnenfreude der Restorationskomödie widersprach ihren moral. Anschauungen, die illusionist. Darstellungen ihrer von der ↑Bibel abgeleiteten typolog. Denkweise (↑Puritanismus). Während es in den von Spaniern besiedelten kath. Teilen Amerikas seit dem 16. Jh. T.aufführungen gab, sind erste Hinweise auf das englischsprachige T. erst im 17. Jh. aus dem anglikan. Virginia bekannt. Es handelte sich hierbei um unterhaltsame Sing- und Tanzspiele wie den ›morris-dance‹, dem auch die erste gerichtlich dokumentierte Aufführung des allerdings nicht erhaltenen Stücks *Ye bare and ye cubb* (1665) zugerechnet wird, dessen Hauptakteure, unter ihnen der Autor William Darby (* ?, † ?), jedoch von der Anklage wegen des Verstoßes gegen das Bühnenverbot freigesprochen wurden. Um 1700 wächst das Interesse am T., wie erste T.bauten in Williamsburg, der Hauptstadt Virginias (1716), in Philadelphia (1724) und in New York (1730) bezeugen. Ab Mitte des 18. Jh. läßt sich mit Ausnahme Neuenglands von einem T.leben in den Kolonien sprechen, das zunächst von engl. Schauspieltruppen getragen wird. Deren bedeutendste ist die von Lewis Hallam (* 1714, † 1756), die ab 1752 in Virginia gastiert und nach kurzem Aufenthalt auf Jamaica unter der Leitung von Lewis Hallam, Jr., (* 1740, † 1808) und dessen Stiefvater David Douglass (* ?, † 1786) als ›The American Company‹ von 1758–74 die T.szene an der Ostküste südlich von New York prägt, wobei hpts. engl. Stücke, aber auch das in dem 1766 eröffneten Southwark Theatre in Philadelphia erste professionell aufgeführte amerikan. Drama, Thomas Godfreys (* 1736, † 1763) Tragödie *The Prince of Parthia* (enst. 1759; UA 1767), gespielt wurden. Durch die fortschreitende Säkularisierung und wirtschaftl. Konsolidierung änderte sich auch die Einstellung zum T., das u. a. als Indiz des bürgerl. Aufstiegs gewertet und zugleich als moral. Anstalt aufgefaßt wurde. Die während des Unabhängigkeitskrieges weitgehend auf Aufführungen von Offizieren beider Truppen beschränkte T.praxis wurde 1784 mit der Rückkehr der in der Folge von L. Hallam, Jr., John Henry (* 1738, † 1794), John Hodgkinson (* 1767, † 1805) und W. Dunlap geleiteten ›American Company‹, der Wiedereröffnung des Southwark Theatre in Philadelphia und des John Street Theatre in New York professionalisiert, und mit der Aufhebung des Bühnenverbots 1796 in Boston war die Möglichkeit für die Entwicklung eines eigenständigen T.s in Amerika gegeben.

Nach der Dominanz engl. Dramen im 18. Jh. wurden im 19. Jh. vornehmlich amerikan. Melodramen (↑ Drama) auf die Bühne des nun amerikanisierten T.s gebracht. Aus dem jeweils im Anschluß an ein Drama aufgeführten ›afterpiece‹, einer volkstüml. Mischung aus komödiant., pantomim., burlesken, farcen- und operettenhaften Elementen, entwickelten sich schließlich selbständige Teile eines populären amerikan. T.s, das durch wandernde Schauspieltruppen und Aufführungen auf ›Showboats‹ im Hafen großer Städte sowie auf dem Mississippi- und Ohio-Fluß im ganzen Land präsent war. Die Existenz der Sklaverei war die Voraussetzung für die erste eigenständige T.form in den USA, die ↑ Minstrel show, eine von Thomas Dartmouth Rice (* 1808, † 1860) um 1830 begründete, auf den sog. ›Ethiopian‹-Figuren aufbauende Form der Unterhaltung, in der weiße Schauspieler mit schwarzbemaltem Gesicht stereotyp die Verhaltensweisen der Sklaven auf den Plantagen des Südens in Dialekt, Musik und Tanz zur Belustigung inszenierten. Die Aufführung der von Dan Emmett (* 1815, † 1904) geleiteten ›Virginia Minstrels‹ im Bowery Amphitheatre 1843 in New York verhalf der bis Anfang des 20. Jh. populären T.form zum Durchbruch. Weiterhin wurden die zum Bestandteil von T.abenden gehörenden Variétenummern zum ›Vaudeville‹ ausgebaut, einer aus kurzen Akten mit Musik und Pantomime bestehenden Unterhaltungsform, die zunächst für ein männl. Publikum in Saloons und ›honky-tonks‹ im Westen aufgeführt, später dann ab den 1870er Jahren v. a. von Tony Pastor (* 1837, † 1908) in New York und um die Jh.wende von Benjamin Franklin Keith (* 1846, † 1914) in Boston zum modernen Familienprogramm umgestaltet wurde. Die zunächst als Travestie eines histor. Stoffes bzw. als Satire auf polit. Verhältnisse verstandene ›Burlesque‹ – wie die M. O. Warren zugeschriebene Transformierung des die amerikan. Soldaten verlachenden brit. Stücks *The blockade* (UA 1775) in *The blockheads* (UA 1776) oder das Captain John Smiths Leben mythisierende Stück *Pocahontas* (UA 1855) von John Brougham (* 1810, † 1880) – wurde in der zweiten Hälfte des 19. Jh. ausschließlich zum Medium für männerunterhaltende Mädchentruppen. Neben dem sich zur gleichen Zeit etablierenden ›Musical‹ (↑ Musik und Literatur) waren v. a. ›Zelt- und Zirkusvorführungen‹ (bes. P. T. Barnum [* 1810, † 1891]) sowie die von Quacksalbern zum Verkauf ihrer Medizin organisierten ›medicine shows‹ sehr beliebt. Diese populären, primär vom Kommerz geprägten Unterhaltungsformen gingen zum einen in Komödien und Musicals ein, zum anderen wurden sie zu Beginn des 20. Jh. vom Stummfilm, später von den ›Soap operas‹ des Fernsehens aufgegriffen.

Weitere für die T.geschichte allgemein bed. Innovationen gehen Anfang des 20. Jh. im Anschluß an den Wandel europ. Bühnen und an T.neugründungen von amerikan. Dramatikern aus, die zur Aufführung ihrer in Abkehr von den melodramat. und kommerzorientierten Dramen konzipierten experimentellen T.stükke eigene T. gründen und sich in Schauspieltruppen organisieren. Diese kunstorientierte T.praxis wurde primär von den sog. Provinztheatern getragen, zu denen die meisten Bühnen außerhalb New Yorks zählten. Die Zunahme bed. Amateurtruppen führte schließlich zu einer bes. von P. MacKaye propagierten Bewegung für ein nicht-kommerzielles, subventioniertes ›civic theatre‹ (1912). Bed. Bühnen dieser avantgardist. ›Little Theatres‹, die auf eine Abkehr vom realist. Illusionstheater der Guckkastenbühne abzielten, entstanden unter der Leitung von Maurice Browne (* 1881, † 1955) in Chicago (1912) und unter der Leitung von Winthrop Ames (* 1870, † 1937) in New York (1912); wenig später formierten sich die ›Washington Square Players‹ (1915) und die ›Provincetown Players‹ (1915), die u. a. Einakter von S. Glaspell und E. O'Neill in New York und Mass. aufführten. Aus den Washington Square Players ging 1919 ›The Theatre Guild‹ hervor, eine in den 20er und 30er Jahren aktive Organisation, die v. a. expressionist. Stücke europ. Dramatiker auf die Bühne brachte, dann mit E. Rices *The adding machine* (1923) und verschiedenen O'Neill-Dramen (*Strange interlude,* 1928; *Mourning becomes Electra,* 1931) ein Forum für innovative amerikan. Stücke schuf. Unter dem Eindruck der Depression und den daraus resultierenden polit., künstler. und finanziellen Unstimmigkeiten spalteten sich zwei eigenständige Gruppierungen, das ›Group Theatre‹ und die ›Playwrights' Company‹ von der ›Theatre Guild‹ ab. Während das 1931 von den engagierten Anhängern linker Ideen, Harold Clurman (* 1901, † 1980), Cheryl Crawford (* 1902) und Lee Strasberg (* 1901, † 1982), gegründete ›Group Theatre‹ die Bühne als Forum für polit. Anschauungen nutzte und v. a. mit C. Odets' Agitprop-Stücken wie *Waiting for Lefty* (1935) und *Awake and sing!* (1935) erfolgreiche Produktionen schuf, suchten die Mitglieder der ab 1938 aktiven ›Playwrights' Company‹ wie M. Anderson, S. N. Behrman, S. Howard, E. Rice und später auch Kurt Weill primär künstler. Ambitionen auf der Bühne umzusetzen. Das während F. D. Roosevelts ›Works Progress Administration‹ für arbeitslose T.leute lancierte ›Federal Theatre Project‹ (1935–39) unter der Leitung von Hallie Flanagan (* 1890, † 1969) diente dann zum einen einer Wiederbelebung klass. Stücke, zum anderen der Nutzung innovativer T.formen zur polit. Bewußtmachung, wie etwa E. Rices Adaption der in der Sowjetunion entstandenen Form der ›Living Newspaper‹, einem von einem Autorenkollektiv geschaffenen kaleidoskopartigen Arrangement von feststehenden Szenen aus dem revolutionären Alltag, in dem aktuelle polit. und soziale Probleme aufgegriffen wurden. Arthur Arents *One third of a nation* (1938) gilt als das bekannteste Stück dieser Gattung. Vertreter der ↑ Harlem Renaissance versuchten gleichzeitig, ein eigenständiges afroamerikan. Theater (u. a. ›Harlem Experimental Theatre‹, 1928; ›Harlem Suitcase Theatre‹, 1937; ›American Negro Theatre‹, 1940) zu etablieren.

Die neuen techn. Mittel wie Beleuchtung und Akustik erlaubten nun auch die Umsetzung innovativer Regie- und Schauspielkonzeptionen der aus Osteuropa eingewanderten Regisseure. Bes. einflußreich war die von Konstantin Stanislawski propagierte, von T.gruppen des ›Group Theatre‹ praktizierte realistisch psycholog. Spielweise, die in Lee Strasbergs ›Actors Studio‹ in New York ab 1948 als ›Methode‹ der Schauspielkunst gelehrt wurde. Die gleichmäßige Konzentration der Schauspieler auf ihre eigenen Gefühle wie auf den Dramentext stellte jedoch eine Einschränkung der Stanislawski-Methode auf psycholog. Momente dar und eröffnete einen großen Freiraum auch für sehr eigenwillige Interpretationen. Die unter dem Eindruck der polit. und kulturellen Ereignisse der Nachkriegszeit und der Postmoderne v. a. in den 60er Jahren vollzogenen Umwälzungen bestimmen die Programme der T.gruppen der Gegenwart. Mit der v. a. im ethn. T. der Afroamerikaner und Amerikaner mexikan. Abstammung spürbaren Politisierung wird bes. eine die Grenze von T. und Zuschauer aufhebende Theatralisierung des ganzen Lebens deutlich sowie der Versuch, die Strasberg-Methode im Rückgriff auf W. Meyerholds ›karnevaleskes‹, A. Artauds ›grausames‹ und J. Grotowskis ›armes‹ T. zu überwinden. Die Politisierung des T.s mit ekstatisch-myst. Tendenzen manifestiert sich in dem 1947 gegründeten, auf alternative und kommunitäre Lebensformen bedachten ↑Living Theatre Julian Becks (* 1925, † 1985) und Judith Malinas (* 1926), deren bekannteste Neuproduktion J. Gelbers *The connection* (1959) war, sowie in Agitprop und Straßentheater etwa des von Peter Schumann (* 1934) gegründeten ›Bread & Puppet Theatre‹, der von Ronny Davis (* 1933) geleiteten San Francisco Mime Troupe, oder des von L. Valdez bestimmten ›Teatro Campesino‹ der Chicanos. Die Zelebration einer Leben und Bühne verschmelzenden Aktionseinheit von Dramatiker, Regisseur, Schauspieler und Publikum ist auch das Ziel des u. a. von dem früheren Living Theatre-Mitglied Joseph Chaikin (* 1935) und M. Terry 1963 gegründeten ›Open Theatre‹, das v. a. mit der Inszenierung von J.-C. van Itallies *The serpent* (1969) und Terrys *Viet Rock* (1966) bekannt wurde, sowie von Richard Schechners (* 1934) auf Grotowskis Regiearbeiten aufbauender ›Performance Group‹, die über den Rahmen der Ästhetik hinaus anthropolog., psycholog. und soziolog. Bereiche berührt und sich als ›Environmental Theater‹ versteht. Während etablierte moderne Dramatiker vor allem auf den kommerziell orientierten Bühnen am ↑Broadway gespielt werden, kommen letztere avantgardist. Inszenierungen vorwiegend auf den Off-, und Off-Off-Broadway-Bühnen zur Aufführung (↑Off-Broadway, ↑Off-Off-Broadway).

Literatur: Nachschlagewerke: Who's who in the theatre? Hg. v. I. HERBERT. Detroit (Mich.) 1912, [17]1981. 2 Bde. – WILMETH, D. B.: The American stage to World War I. A guide to information sources. Detroit (Mich.) 1978. – BRONNER, E.: The encyclopedia of the American theatre, 1900–1975. London 1980. – SLIDE, A.: The Vaudevillians. A dictionary of Vaudeville performers. Westport (Conn.) 1981. – Variety entertainment and outdoor amusement. A reference guide. Hg. v. D. B. WILMETH. Westport (Conn.) 1982. – ARCHER, S. M.: American actors and actresses. A guide to information sources. Detroit (Mich.) 1983. – FEHL, F.: Stars of the Broadway stage, 1940–1967. Mineola (N. Y.) 1983. – WOLL, A.: Dictionary of the black theatre. Broadway, Off-Broadway, and selected Harlem theatre. Westport (Conn.) 1983. – BORDMAN, G.: The Oxford companion to American theatre. New York 1984. Neuaufl. 1992. – Theatre profiles. The illustrated reference guide to America's non profit professional theatres. New York 1984. – BORDMAN, G.: The concise Oxford companion to American theatre. New York 1987. – PETERSEN, B. L., JR.: Contemporary black American playwrights and their plays. A biographical directory and dramatic index. New York 1988. – American theatre companies, 1931–1986. Hg. v. W. B. DURHAM. London 1989. – Notable women in the American theatre. A biographical dictionary. Hg. v. A. M. ROBINSON u. a. Westport (Conn.) 1990.

Histor. Unterss.: HORNBLOW, A.: A history of the theatre in America. From its beginning to the present time. New York 1919, [2]1965. – HUGHES, G.: A history of the American theatre, 1700–1950. New York 1951. – MORRIS, L.: Curtain time. A story of the American theater. New York 1953. – TAUBMAN, H.: The making of the American theatre. Neuaufl. New York 1967. – GRIMSTED, D.: Melodrama unveiled. American theater and culture 1800–1850. Chicago (Ill.) 1968. – WILSON, G. B.: Three hundred years of American drama and theatre. Englewood Cliffs (N. J.) 1973, [2]1982. – TOLL, R. C.: On with the show. The first century of show business in America. New York 1976. – BLUM, D.: A pictorial history of the American theatre, 1860–1980. New York [5]1981. – A guide to the Baltimore stage in the 18th century. A history and day book calendar. Hg. v. D. RITCHEY. Westport (Conn.) 1982. – The entertainment machine. American show business in the twentieth century. Hg. v. R. C. TOLL. New York 1982. – MATES, J.: America's musical stage. Two hundred years of musical theatre. Westport (Conn.) 1985. – Contemporary American theatre. Hg. v. B. KING. New York 1991.

Themat. Unterss.: The magic mirror. Selected writings on the theatre. Hg. v. T. Q. CURTISS. New York 1960. – GASSNER, J.: Theatre at the crossroads. Plays and playwrights of the mid-century American stage. New York 1960. – PRICE, J. S.: The Off-Broadway theater. Westport (Conn.) 1962. – CLARK, L.: Toby shows. A form of American popular theater. Urbana (Ill.) 1963. – LIFSON, D. S.: The Yiddish theatre in America. New York 1965. – MCLEAN, A.: American vaudeville as ritual. Louisville (Ky.) 1965. – CLURMAN, H.: The naked image. Observations on the modern theatre. New York 1966. – American theatre. Hg. v. J. R. BROWN u. B. HARRIS. London 1967. – MATHEWS, J. D.: The federal theatre, 1935–1939. Plays, relief, and politics. Princeton (N. J.) 1967. – ZEIDMANN, I.: The American burlesque show. New York 1967. – POGGI, J.: Theater in America. The impact of economic forces, 1870–1967. Ithaca (N. Y.) 1968. – The Off-Broadway experience. Hg. v. H. GREENBERGER. Englewood Cliffs (N. J.) 1971. – SLOUT, W. L.: Theatre in a tent. Bowling Green (Ohio) 1972. – ATKINSON, B.: Broadway. Neuaufl. New York 1974. – GOLDSTEIN, M.: The political stage. American drama and theater of the great depression. New York 1974. – TOLL, R. C.: Blacking up. The minstrel show in nineteenth century America. New York 1974. – CLURMAN, H.: The fervent years. The group theatre and the thirties. New York 1975. Nachdr. 1983. – Amerikan. Drama u. T. im 20. Jh. Hg. v. A. WEBER u. S. NEUWEILER. Gött. 1975. – Das amerikan. Drama der Gegenwart. Hg. v. H. GRABES. Kronberg 1976. – MCNAMARA, B.: Step right up. An illustrated history of the medicine show. Garden City (N. Y.) 1976. – MAYER, D./RICHARDS, K.: Western popular theater. London 1977. – T. u. Drama in Amerika. Aspekte u. Interpretationen. Hg. v. E. LOHNER u. R. HAAS. Bln. 1978. – The performing arts and American society. Hg. v. W. MCNEIL LOWRY. Englewood Cliffs (N. J.) 1978. – Free, adult, uncensored. The living history of the Federal Theatre Project. Hg. v. J. O'CONNOR u. L. BROWN. Wash. (D. C.) 1978. – On Broadway. Performance photographs by Fred Fehl. Hg. v. W. u. J. STOTT. Austin (Tex.) 1978. – BACH, G.: Susan Glaspell u. die Provincetown Players. Die Anfänge des modernen amerikan. Dramas und T. s. Ffm. u. a. 1979. – LEAVITT, D. L.: Feminist theatre groups. Jefferson (N. C.) 1980. – SAMPSON, H. T.: Blacks in blackface. A sourcebook on early black musical shows. Metuchen (N. J.) 1980. – YOUNG, E. B.: Lincoln Center. The building of an institution. New York 1980. – CAMPBELL, P. J.: Street performers in America. Passing the hat. New York 1981. – Women in American theatre. Hg. v. H. K. CHINOY u. L. W. JENKINS. New York 1981. Neuaufl. 1987. – GILL, B.: John F. Kennedy Center for the Performing Arts. New York 1981. – GREENBERG, J. W.: Theatre business. From auditions through opening night. New York 1981. – LEVINE, M. N.: New York's other theatre. A guide to Off-Off Broadway. New York 1981. – BERKOWITZ, G. M.: New broadways. Theatre across America 1950–1980. Totowa (N. J.) 1982. – HUERTA, J. A.: Chicano theater. Themes and forms. Ypsilanti (Mich.) 1982. – SARLOS, R. K.: Jig Cook and the Provincetown Players. Theatre in ferment. Amherst (Mass.) 1982. – From Hester Street to Hollywood. The Jewish-American stage and screen. Hg. v. S. B. COHEN. Bloomington (Ind.) 1983. – LONEY, G.: Musical theatre in America. Papers and proceedings of the conference on the musical theatre in America. Westport (Conn.) 1984. – NATALLE, E. J.: Feminist theatre. A study in persuasion. Metuchen (N. J.) 1985. – Amerikanisierung des Dramas u. Dramatisierung Amerikas. Hg. v. M. SIEBALD u. H. IMMEL. Ffm. 1985. – KANELLOS, N.: Mexican American theater. Legacy and reality. Pittsburgh (Pa.) 1987. – Making a spectacle. Feminist essays on contemporary women's theatre. Hg. v. L. HART. Ann Arbor (Mich.) 1989. – SYNDER, R.: The voice of the city. Vaudeville and popular culture in New York. New York 1989. – BROWN-GUILLORY, E.: Their place on the stage. Black women playwrights in America. New York 1990. – HUGHES, L./MELTZER, M.: Black magic. A pictorial history of the African American in the performing arts. New York 1990. **Theorie:** CHENEY, S.: The art theatre. A discussion of its ideals, its organization and its promise as a corrective for present evils in the commercial theatre. New York 1917. Neudr. 1970. – WILDE, P.: The craftmanship of the one-act-play. New York 1951. – MILLER, T. L.: Bohemians and critics. American theatre criticism in the 19th century. Metuchen (N. J.) 1981. – BORDMAN, G.: American musical comedy. From ›Adonis‹ to ›Dreamgirls‹. New York 1982. – Das amerikan. Drama. Hg. v. G. HOFFMANN. Bern u. a. 1984. – AUSTIN, G.: Feminist theories for dramatic criticism. Ann Arbor (Mich.) 1990. – KOHTES, M. M.: Guerilla theater. Theorie u. Praxis des polit. Straßentheaters in den USA (1965–1970). Tüb. 1990.

Theatre Guild ['θɪətər gɪld] ↑ Theater.

Theroux, Paul [Edward] [θə'ru:], * Medford (Mass.) 10. April 1941, Schriftsteller. – Studium in Maine und Massachusetts; längere Aufenthalte zw. 1963 und 1972 als Englischlehrer in Italien, Malawi, Uganda und Singapur; sie sind u. a. Gegenstand seiner Reisebeschreibungen sowie seiner komisch-satir. Erzählungen, die aktuelle Phänomene wie Identitätssuche, Gewalt, Terrorismus und pervertierte Sexualität darstellen; lebt in London.

Werke: Waldo (R., 1967), Fong and the Indians (R., 1968), Girls at play (R., 1969), Jungle lovers (R., 1971; dt. Die Unversicherten, 1984, 1988 u. d. T. Dschungelliebe), Sinning with Annie (En., 1972), Saint Jack (R., 1973, verfilmt 1979; dt. 1981), The black house (R., 1974), The great railway bazaar. By train through Asia (Reiseber., 1975; dt. Abenteuer Eisenbahn. Auf Schienen um die halbe Welt, 1977), The family arsenal (R., 1976), The consul's file (En., 1977), Picture palace (R., 1977; dt. Orlando oder die Liebe zur Fotografie, 1980), The old Patagonian Express (Reiseber., 1979), World's end (En., 1980), The mosquito coast (R., 1982; dt. Moskito-Küste, 1983), The London embassy (En., 1982; dt. London embassy, 1984), Sailing through China (Reiseber., 1983), The kingdom by the sea. A journey around the coast of Great Britain (1983), Doctor slaughter (R., 1984; dt. 1985), Patagonia revisited (Reiseber., 1985; dt. Wiedersehen mit Patagonien, 1992, zus. mit Bruce Chatwin [* 1940, † 1989]), Sunrise with seamonsters. Travels and discoveries 1964–1984 (1985), The imperial way. Making tracks from Peshawar to Chittagong (Reiseber., 1985), O-Zone (R., 1986; dt. 1987), The white man's burden (Dr., 1987), Riding the iron rooster (Reiseber., 1988; dt. Das chines. Abenteuer, 1989), My secret history (R., 1989; dt. Mein geheimes Leben, 1990).

Thoreau, Henry David [θəˈroʊ], * Concord (Mass.) 12. Juli 1817, † ebd. 6. Mai 1862, Schriftsteller. – Studierte 1833–37 an der Harvard University; unterhielt zus. mit seinem Bruder John eine Schule in Concord, in der sie nach den pädagog. Prinzipien von A. B. Alcott unterrichteten; eng befreundet mit R. W. Emerson, bei dem er nach dem Tod des Bruders von 1841–43 wohnte, wurde er Mitglied des Kreises der Transzendentalisten (↑Transzendentalismus); radikaler Nonkonformist und Individualist, dessen ablehnende Haltung gegen den Staat und gewissenlose Politik bes. in dem Essay *Resistance to civil government* (1849, 1866 u. d. T. *Civil disobedience;* dt. *Über die Pflicht zum Ungehorsam gegen den Staat,* 1967) deutlich wird; neigte, beeinflußt von J.-J. Rousseau, zu natürlich-einfachen Lebensformen; 1845–47 lebte er mit dürftigsten Hilfsmitteln in einer selbstgebauten Blockhütte am Walden Pond bei Concord; die bei dieser alternativen Lebensweise gemachten Erfahrungen schildert er in seinem bekanntesten Werk *Walden, or Life in the woods* (1854; dt. *Walden,* 1897); trat in Reden und Aufsätzen für die Anliegen der Abolitionisten ein (*Slavery in Massachusetts,* 1854). Wertvoll sind auch seine 1834–62 geführten Tagebücher sowie seine Reisebeschreibungen von Exkursionen in Neuengland (*A week on the Concord and Merrimack Rivers,* 1849; postum veröffentlicht: *Excursions,* 1863; *The Maine Woods,* 1864; *Cape Cod,* 1865; *A Yankee in Canada,* 1866). Eine ethnolog. Studie über Indianer blieb unvollendet. T. war ein ausgezeichneter Stilist, dessen Bedeutung erst spät erkannt wurde; sein Werk beeinflußte L. N. Tolstoi, Mahatma Gandhi, Martin Luther King, Jr. (* 1929, † 1968) und die Bürgerrechtsbewegung sowie die student. Protestbewegungen in den 1960er und 1970er Jahren.

Ausgaben: The writings. New York 1906. 20 Bde. Bd. 7–20: Journal. Hg. v. B. TORREY. Nachdr. u. d. T. The journal of H. D. T. Hg. v. B. TORREY u. F. H. ALLEN. Salt Lake City (Utah) 1984. – The works of H. D. T. Hg. v. H. S. CANBY. Boston (Mass.) 1937. – Collected poems of H. D. T. Hg. v. C. BODE. Chicago (Ill.) 1943. Erw. Aufl. Baltimore (Md.) 1964. – Correspondence. Hg. v. W. HARDING u. C. BODE. New York 1958. Nachdr. u. d. T. The correspondence of H. D. T. Westport (Conn.) 1974. – The Indians of T. Selections from the Indian-notebooks. Hg. v. R. F. FLECK. Albuquerque (N. Mex.) 1974. – The writings of H. D. T. The Princeton edition. Princeton (N. J.) 1971ff. Bis 1990 11 Bde. ersch.

Literatur: T. Society Bulletin. Chapel Hill (N. C.) Jg. 1 (1941) ff. – SHANLEY, J. L.: The making of ›Walden‹. Chicago (Ill.) 1957. Nachdr. 1974. – CANBY, H. S.: T. Boston (Mass.) Neuausg. 1958. – ANDERSON, C. R.: The magic circle of ›Walden‹. New York 1968. – FORD, A. L.: The poetry of H. D. T. Hartford (Pa.) 1970. – CAVELL, S.: The senses of ›Walden‹. New York 1972. – MCINTOSH, J.: T. as romantic naturalist. Ithaca (N. Y.) 1974. – GARBER, F.: T.'s redemptive imagination. New York 1977. – LEBEAUX, R.: Young man T. Amherst (Mass.) 1977. – MEYER, M.: Several more lives to live. T.'s political reputation in America. Westport (Conn.) u. a. 1977. – SAYRE, R. F.: T. and the American Indians. Princeton (N. J.) 1977. – KRUPAT, A.: Woodsmen, or T. and the Indians. New York 1979. – HARDING, W. R.: The new T. handbook. New York 1980. – MOLLER, M. E.: T. in the human community. Amherst (Mass.) 1980. – WAGENKNECHT, E. C.: H. D. T. What manner of man? Amherst (Mass.) 1981. – BORST, R. R.: H. D. T. A descriptive bibliography. Pittsburgh (Pa.) 1982. – BRIDGMAN, R.: Dark T. Lincoln (Nebr.) 1982. – HILDEBIDLE, J.: T. A naturalist's liberty. Cambridge (Mass.) 1983. – HOWARTH, W. L.: The book of Concord. T.'s life as a writer. Harmondsworth 1983. – LEBEAUX, R.: T.'s seasons. Amherst (Mass.) 1984. – KLUMPJAN, H.: Die Politik der Provokation. H. D. T., Literat, Gesellschaftskritiker - Nonkonformist. Ffm. 1984. – FLECK, R. F.: H. T. and John Muir among the Indians. Hamden (Conn.) 1985. – KLUMPJAN, H.-D./KLUMPJAN, H.: H. D. T. Rbk. 1986. – RICHARDSON, R. D., JR.: H. T. A life of the mind. Berkeley (Calif.) 1986. – H. D. T. Hg. v. H. BLOOM. New York 1987. – BORST, R. R.: H. D. T. A reference guide, 1835–1899. Boston (Mass.) 1987. – BURBICK, J.: T.'s alternative history. Changing perspective on nature, culture, and language. Philadelphia (Pa.) 1987. – ADAMS, S./ROSS, D., JR.: Revising mythologies. The composition of T.'s major works. Charlottesville (Va.) 1988. – Critical essays on H. D. T.'s ›Walden‹. Hg. v. J. MYERSON. Boston (Mass.) 1988. – SATTELMEYER, R.: T.'s reading. A study in intellectual history with bibliographical catalogue. Princeton (N. J.) 1988. – NEUFELDT, L. N.: The economist. H. T. and enterprise. New York 1989.

Thriller ['θrɪlər] ↑ Kriminalliteratur.

Thurber, James [Grover] ['θɜːrbər], * Columbus (Ohio) 8. Dez. 1894, † New York 2. Nov. 1961, Schriftsteller und Zeichner. – Studium an der Ohio State University; während des 1. Weltkrieges im Dienst des Außenministeriums in Paris; 1927–33 Mitarbeiter der Zs. *The ↑ New Yorker,* für die er humorist. und satir. Beiträge, meist über die häusl. Verhältnisse der amerikan. Mittelklasse schrieb und auch Karikaturen seiner eigenen und anderer Werke malte, die die Basis seiner zahlreichen populären Bücher bildeten. Schrieb später auch Fabeln und Märchen für Kinder sowie erfolgreich aufgeführte Komödien.
Werke: Is sex necessary? or Why you feel the way you do (En., 1929; dt. Warum denn Liebe?, 1953; mit E. B. White), My life and hard times (Autobiogr., 1933; dt. Man hat's nicht leicht, 1949), Fables for our time (1940; dt. 75 Fabeln für Zeitgenossen, 1967), The male animal (Dr., 1940; mit E. Nugent [* 1899, † 1980]), Thurber's men, women, and dogs (Zeichnungen, 1943; dt. Männer, Frauen und Hunde, 1944), The Thurber carnival (En. u. Prosa, 1945; dt. Rette sich, wer kann, 1948), Achtung, Selbstschüsse (En. u. Prosa, dt. Ausw., 1950), Thurber's dogs (En., 1955; dt. So spricht der Hund, 1958), The 13 clocks (Märchen, 1955; dt. Die 13 Uhren, 1967), Further fables for our time (1956; dt. Das kleine Fabel-Buch, 1959), The wonderful O (1957; dt. Das geheimnisvolle O, 1966), The years with Ross (Biogr. des Hg. von ›The New Yorker‹, 1959), A Thurber carnival (Dr., 1962), Der Hund, der die Leute biß (dt. Ausw., 1972).
Ausgaben: Selected letters of J. T. Hg. v. H. THURBER u. E. WEEKS. Boston (Mass.) 1981. – Collecting himself. J. T. on writing and other writers, humor, and himself. Hg. v. M. J. ROSEN. New York 1989.
Literatur: J. T. A bibliography. Hg. v. E. T. BOWDEN. Columbus (Ohio) 1969. – BLACK, S. A.: J. T. His masquerades. Den Haag u. a. 1970. Neuaufl. 1975. – HOLMES, C. S.: The clocks of Columbus. The literary career of J. T. New York 1972. – T. A collection of critical essays. Hg. v. C. S. HOLMES. Englewood Cliffs (N. J.) 1974. – BERNSTEIN, B.: T. New York 1975. – TOBIAS, R. C.: The art of J. T. Athens (Ohio) ^{3}1979. – LONG, R. E.: J. T. New York 1988. – Conversations with J. T. Hg. v. T. FENSCH. Jackson (Miss.) 1989.

Thurman, Wallace Henry ['θɜːrmən], * Salt Lake City (Utah) 16. August 1902, † New York 21. Dezember 1934, Schriftsteller. – Nach abgebrochenen Studien in Utah und Kalifornien ging T. 1925 nach New York und wurde als Herausgeber mehrerer kurzlebiger, aber in ihrer Propagierung einer eigenständigen Literatur der Schwarzen einflußreicher Zss. (*Fire!!,* 1926; *Harlem. A forum for Negro life,* 1928) eine Schlüsselfigur der ↑ Harlem Renaissance. Am ↑ Broadway erfolgreich war sein mit William Jourdan Rapp (* 1895, † 1942) geschriebenes *Harlem. A melodrama of Negro life in Harlem* (UA 1929) über die sozialen und moral. Anpassungsprobleme ländl. schwarzer Familien in der Großstadt. Außer mehreren unveröffentlichten Dramen schrieb er in den folgenden Jahren drei Romane. *The blacker the berry. A novel of Negro life* (1929) beschreibt Vorurteile und Diskriminierung auch innerhalb der schwarzen Bevölkerung, *Infants of the spring* (1932) zeichnet ein satir. Bild der Harlem Renaissance, und der mit Abraham L. Furman verfaßte sozialkrit. Roman *The interne* (1932) prangert Mißstände des medizin. Pflegebetriebs an. Seine letzten Werke waren Drehbücher für zwei Hollywoodfilme (*Tomorrow's children,* 1934; *High school girl,* 1935).

Weiteres Werk: The Negro life in New York's Harlem (Essays, 1928).

Literatur: ABRAMSON, D.: Negro playwrights in the American theatre, 1925–1929. New York 1969. – LEWIS, D. L.: When Harlem was in vogue. New York 1981.

Timrod, Henry ['tɪmrɑːd], *Charleston (S. C.) 8. Dez. 1828, †Columbia (S. C.) 7. Okt. 1867, Dichter. – Studium am Franklin College (heute University of Georgia) in Athens; begründete u. a. zus. mit W. G. Simms die Zs. *Russell's Magazine,* in der seine ersten Gedichte erschienen. Seine Lyrik stellt seine Identifikation mit dem Süden und seinen Beitrag zum Bürgerkrieg, an dem er wegen Krankheit nicht teilnehmen konnte, dar. *The Magnolia cemetery ode* (1866) auf die gefallenen Soldaten trug ihm den Titel eines ›Laureate of the Confederacy‹ ein.

Ausgaben: The collected poems of H. T. Hg. v. E. W. PARKS u. A. W. PARKS. Athens (Ga.) 1965. – The uncollected poems of H. T. Hg. v. G. A. CARDWELL. Athens (Ga.) ²1967. – The essays of H. T. Hg. v. E. W. PARKS. Athens (Ga.) ²1967.

Literatur: THOMPSON, H. T.: H. T. Laureate of the Confederacy. Columbia (S. C.) 1928. – PARKS, E. W.: H. T. New York 1964.

Toklas, Alice B[abette] ['toʊkləs], *San Francisco 30. April 1877, †Paris 7. März 1967, Schriftstellerin. – Lebte ab 1907 in Paris; organisierte als Lebensgefährtin von G. Stein die von europ. Künstlern und ›expatriates‹ besuchten Salons, beeinflußte ihre avantgardist. Werke und verlegte sie anfänglich im Selbstverlag, Plain Edition. Die Beziehung der beiden Frauen manifestiert sich in Steins *The autobiography of A. B. T.* (1933; dt. *Die Autobiographie von A. B. T.,* 1955), in dem kulinar. und gesellschaftl. Eigenheiten spiegelnden *The A. B. T. cookbook* (1954) und T.' Autobiographie *What is remembered* (1963).

Ausgabe: Staying alone. Letters of A. B. T. Hg. v. E. BURNS. New York 1973.

Literatur: SIMON, L.: The biography of A. B. T. Garden City (N. Y.) 1977. – WHITE, R. L.: Gertrude Stein and A. B. T. A reference guide. Boston (Mass.) 1984. – SOUHAMI, D.: Women in love. Gertrude and Alice. San Francisco (Calif.) 1991.

Tolson, Melvin B. ['toʊlsən], *Moberly (Mo.) 6. Febr. 1898, †Dallas (Tex.) 29. Aug. 1966, Schriftsteller. – Unterbrach seine Lehrtätigkeit am Wiley College in Marshall (Tex.) (1924–47) zum Erwerb des Magister-Grades an der Columbia University (1931–32), wo er die Vertreter der ↑Harlem Renaissance kennenlernte und seine ersten Gedichte schrieb. 1947 wechselte T. an die Langston University (Okla.) und wurde zum ›Poet laureate‹ von Liberia ernannt, für dessen 100jähriges Jubiläum er das moderne Techniken verarbeitende, den Gedanken der Demokratie verherrlichende *Libretto for the Republic of Liberia* (Ged., 1953) verfaßte. Als sein Hauptwerk gilt das unvollendete ep. Gedicht *A gallery of Harlem portraits; Book 1, The curator* (1965), in dem er in umgekehrter Chronologie von der amerikan. Gegenwart aus die afrikan. Ursprünge der schwarzen Amerikaner darstellen wollte. Bekleidete von 1952–58 das Amt des Bürgermeisters von Langston (Okla.).

Weitere Werke: Rendezvous with America (Ged., 1944), Black no more (Dr., 1952), The fire in the flint (Dr., 1952), Black boy (Dr., 1963).

Literatur: FLASCH, J.: M. B. T. New York 1972. – RUSSELL, M.: M. B. T.'s ›Harlem gallery‹. Columbia (Mo.) 1980. – FARNSWORTH, R. M.: M. B. T., 1898–1966. Plain talk and poetic prophecy. Columbia (Mo.) 1984.

Toole, John Kennedy [tuːl], *New Orleans 17. Dez. 1937, †Biloxi (Miss.) 26. März 1969, Schriftsteller. – Studium an der Tulane und Columbia University; beging Selbstmord, weil er keinen Verleger für seinen Roman *A confederacy of dunces* fand, eine kom. Satire auf korrupte Machenschaften der Gesellschaft von New Orleans sowie implizit des ganzen Landes. Der von der Mutter um Lektüre des Manuskripts gebetene W. Percy ermöglichte schließlich die Veröffentlichung des Romans (1980; dt. u. d. T. *Ignaz oder die Verschwörung der Idioten,* 1988), der 1981 mit dem Pulitzerpreis ausgezeichnet wurde. Ein weiteres, 1953 verfaßtes Romanmanuskript über bigotte Religionspraxis im Süden der 40er Jahre aus der Sichtweise eines Adoleszenten (*The neon bible,* 1989) wurde nach langem Rechtsstreit ebenfalls erfolgreich verlegt.

Toomer, Jean [Nathan Eugene] ['tu:mər], * Washington 26. Dez. 1894, † Bucks County (Pa.) 30. März 1967, Schriftsteller. – Prägender Einfluß durch seinen Großvater P. B. S. Pinchback, einen in der Rekonstruktionsphase nach dem Sezessionskrieg bed. Politiker in Louisiana. Nach Studien (u. a. in New York) entdeckte T. während der einjährigen Lehrtätigkeit an einer Landschule in Sparta (Ga.) sein mit dem Süden verbundenes afroamerikan. Erbe, mit dem er sich in seinen Lyrik und Prosa mischenden Schriften zu identifizieren versuchte. Sein von der Kritik gepriesenes Werk *Cane* (1923; dt. *Zuckerrohr,* 1985) übte auf die Vertreter der ↑Harlem Renaissance bei der Suche nach einer eigenständigen afroamerikan. Ästhetik großen Einfluß aus. Seine späteren, z. T. unvollendeten und unveröffentlichten Werke spiegeln die in Paris (1924) genossene myst. Schulung in Form von Aphorismen (*Essentials,* 1931), autobiograph. Selbstdefinitionen (*Remember and return,* 1937) und dramat. Experimenten (*Natalie Mann,* 1922; *The sacred factory,* 1927).

Ausgaben: The wayward and the seeking. A collection of writings by J. T. Hg. v. D. T. TURNER. Wash. (D. C.) 1980. – The collected poems of J. T. Hg. v. R. B. JONES u. M. TOOMER LATIMER. Chapel Hill (N. C.) 1988.

Literatur: CHRISTIAN, B.: Spirit bloom in Harlem. The search for a black aesthetic during the Harlem Renaissance. The poetry of Claude MacKay, Countee Cullen, and J. T. Diss. Columbia University, New York 1970. – TURNER, D. T.: In a minor chord. Three Afro-American writers and their search for identity. Carbondale (Ill.) 1971. – GYSIN, F.: The grotesque in American Negro fiction. J. T., Richard Wright, and Ralph Ellison. Bern 1975. – BENSON, B. J./DILLARD, M. M.: J. T. Boston (Mass.) 1980. – MCKAY, N. Y.: J. T., artist. Chapel Hill (N. C.) 1984. – KERMAN, C. E./ELDRIDGE, R.: The lives of J. T. A hunger for wholeness. Baton Rouge (La.) 1987. – O'DANIEL, T. B.: J. T. A critical evaluation. Wash. (D. C.) 1988.

Tourgée, Albion W[inegar] [tʊər'ʒeɪ], * Williamsfield (Ohio) 2. Mai 1838, † Bordeaux 21. Mai 1905, Schriftsteller. – Unterbrach sein Studium an der University of Rochester, um am Bürgerkrieg teilzunehmen, in dem er schwer verwundet wurde. Trat als Anwalt und Politiker für die Reform des Südens ein, was ihm den Ruf eines ›carpetbagger‹ einbrachte, d. h. eines Nordstaatlers, der im Süden seine eigenen polit. und finanziellen Ziele verfolgt. Seine Romane spiegeln diese Ideologie, zeigen aber gleichzeitig seine eindeutige Stellungnahme für die Sache der Schwarzen gegen die Aktionen des Ku-Klux-Klan (*The invisible empire,* entst. 1880, hg. 1961). 1879 kehrte er nach New York zurück, wo er 1882–84 die republikan. Zs. *The Continent* herausgab; 1897–1905 Generalkonsul in Bordeaux.

Weitere Werke: 'Toinette (R., 1874, 1881 u. d. T. A royal gentleman), Figs and thistles (R., 1879), A fool's errand (R., 1879, erw. um The invisible empire, 1880, hg. 1961), Bricks without straw (R., 1880), Hot plowshares (R., 1883).

Literatur: GROSS, T. L.: A. W. T. New York 1963. – OLSEN, O. H.: Carpetbagger's crusade. The life of A. W. T. Baltimore (Md.) 1965.

Transzendentalismus, eine allgemein von etwa 1836 bis 1860 datierte philosophisch-literar. Bewegung in Neuengland; verband die Transzendentalphilosophie I. Kants und die in der europ. Romantik spürbaren Auswirkungen des Platonismus und des deutschen Idealismus (Fichte, Schleiermacher, Schelling), v. a. in der Vermittlung über die engl. Schriftsteller S. T. Coleridge, T. Carlyle und W. Wordsworth, mit ostasiat. Philosophien und myst. Vorstellungen zu einer ästhet. Weltanschauung, die zu einer Ablösung sowohl des puritan. Kalvinismus als auch des Rationalismus des 18. Jh. führte. Auf der Basis der humanistisch orientierten Religion des Unitarismus (W. E. Channing) machte der T. die schöpfer. Intuition des Individuums sowie seine Eingebundenheit in eine pantheist. Natur und in die transindividuelle Vorstellung der ›over-soul‹ (R. W. Emerson, H. D. Thoreau) zur Quelle der Erkenntnis und (auch nat.) Selbstbestimmung. Mitglieder dieser losen, zur amerikan. Romantik gehörenden Bewegung (u. a. A. B. Alcott, Channing, Theodore Parker [* 1810, † 1860], M. Fuller, G. Ripley, E. Palmer Peabody, Thoreau, N. Hawthorne, J. Very) trafen sich im sog. Transcendental Club anfangs bei Emerson in Concord, dann bei Peabody in Boston zu gemeinsamen Diskussionsrunden. Publikationsorgan des T. war die zw. 1840 und 1844 von Fuller unter Mitwirkung von Ripley hg. Zs. *The Dial.* Ideen des T. wurden auch Grundlage der kommunitäre Lebensformen praktizierenden Siedlungen ↑ Brook Farm bei West Roxbury (Mass.; 1841–47) und Fruitlands in Harvard (1844/45), die von Ripley und dem Transcendental Club bzw. von Alcott gegründet und in Hawthornes *The Blithedale romance* (1852) sowie L. M. Alcotts *Transcendental wild oats* (1876) fiktional verarbeitet wurden. Das meist in Essays, Gedichten und Erlebnisberichten gefaßte transzendentalist. Denken hatte großen Einfluß auf zeitgenöss. Romanciers und Dichter wie E. Dickinson und W. Whitman, die sich auch kritisch (v. a. Melville) damit auseinandersetzten.

Ausgabe: The transcendentalists. An anthology. Hg. v. P. MILLER. Cambridge (Mass.) 1950. Neuaufl. 1981.

Literatur: PORTE, J.: Emerson and Thoreau. Transcendentalists in conflict. Middletown (Conn.) 1966. Neudr. New York 1985. – Transcendentalism and its legacy. Hg. v. M. SIMON u. T. H. PARSONS. Ann Arbor (Mich.) ²1967. – American Transcendental Quarterly. Journal of New England writers. Hartford (Conn.) 1969 ff. – FROTHINGHAM, O. B.: Transcendentalism in New England. A history. Philadelphia (Pa.) 1972. – American transcendentalism. An anthology of criticism. Hg. v. B. M. BARBOUR. Notre Dame (Ind.) 1973. – BUELL, L.: Literary transcendentalism. Style and vision in the American Renaissance. Ithaca (N. Y.) u. a. 1973. – ALBANESE, C. L.: Corresponding motion. Transcendental religion and the new America. Philadelphia (Pa.) 1977. – SCHLICHT, R. C.: Die pädagog. Ansätze amerikan. Transzendentalisten. Erziehungswiss. Studien zu A. B. Alcott, R. W. Emerson u. H. D. Thoreau 1830–1840. Ffm. u. a. 1977. – SANBORN, F. B.: Transcendental writers and heroes. Hg. v. K. W. CAMERON. Hartford (Conn.) 1978. – ASSELINEAU, R.: The transcendentalist constant in American literature. New York u. a. 1980. – YOUNG, G. A.: The new transcendentalism in post-industrial society. Austin (Tex.) 1980. – Critical essays on American transcendentalism. Hg. v. P. F. GURA. u. J. MYERSON. Boston (Mass.) 1982. – ›American Transcendentalism‹. Themat. Heft der Zs. ›Amerikastudien/American Studies‹, Jg. 28. (1983), H. 1. – DELANO, S. F.: The Harbinger and New England transcendentalism. A portrait of associationism in America. London 1983. – CAMERON, K. W.: Emerson's transcendentalism and British Swedenborgism. Hartford (Conn.) 1984. – CAMERON, K. W.: Transcendental curriculum, or Bronson Alcott's library. Hartford (Conn.) 1984. – The Transcendentalists. A review of research and criticism. Hg. v. J. MYERSON. New York 1984. – HOLZ, H.: Einf. in die Transzendentalphilosophie. Darmst. 1985. – LE BEAU, B. F.: Frederic Henry Hedge, nineteenth century American transcendentalist. Allison Park (Pa.) 1985. – Emerson on transcendentalism. Hg. v. E. L. ERICSON. New York 1986. – The Brook Farm book. A collection of first-hand accounts of the community. Hg. v. J. MYERSON. New York 1987. – American transcendentalism. Hg. v. J. MYERSON. Detroit (Mich.) 1988. – WEHNER-ZOTT, S.: Radikale Religion in ›The Radical‹. Spättranszendentalismus in Neuengland. Essen 1991.

Trilling, Lionel ['trɪlɪŋ], * New York 4. Juli 1905, † ebd. 5. Nov. 1975, Kritiker. – Aus orthodox-jüd. Familie; Literaturstudium, Promotion und Professur an der Columbia University (1932–75); Hg. der Zss. *The Kenyon Review* und *The* ↑ *Partisan Review*. T. ist einer der bedeutendsten amerikan. Literaturkritiker, der, beeinflußt von K. Marx und bes. S. Freud, Literatur im kulturellen Kontext sieht und ihre moral. Dimension hervorhebt. Neben Studien zu Freud, zur modernen Kultur und zur Bedeutung des polit. Liberalismus galt sein bes. Interesse der engl. Literatur des 19. Jh.; schrieb auch einen Roman (*The middle of the journey,* 1947) und Kurzgeschichten (*Of this time, of that place,* hg. 1979).

Weitere Werke: Matthew Arnold (1939), E. M. Forster (1943), The liberal imagination (1950), The opposing self (1955), Freud and the crisis of our culture (1955), A gathering of fugitives (1956), Beyond culture (1965), Sincerity and authenticity (1972; dt. Das Ende der Aufrichtigkeit, 1980), Mind in the modern world (1973), The last decade. Essays and reviews 1965–75 (hg. 1979), Prefaces to the experience of literature (hg. 1979), Speaking of literature and society (hg. 1980).

Ausgaben: L. T. The last decade. Essays and reviews, 1965–1975. Hg. v. D. TRILLING. San Diego (Calif.) 1979. – The works of L. T. Hg. v. D. TRILLING. New York u. a. 1978–80. 12 Bde.

Literatur: Art, politics, and will. Essays in honor of L. T. Hg. v. Q. ANDERSON u. a. New York 1977. Dt. Kunst, Wille und Notwendigkeit. Hg. u. übers. v. H.-H. HENSCHEN. Mchn. u. a. 1990. – BOYERS, R.: L. T. Negative capability and the wisdom of avoidance. Columbia (Mo.) 1977. – CHACE, W. M.: L. T. Criticism and politics. Stanford (Calif.) 1980. – FRENCH, P.: Three honest men. E. Wilson, F. R. Leavis, L. T. Manchester 1980. – SHOBEN, E. J.: L. T. New York 1982. – KRUPNIK, M.: L. T. and the fate of cultural criticism. Evanston (Ill.) 1986. – O'HARA, D. T.: L. T. The work of liberation. Madison (Wis.) 1988. – TANNER, S. L.: L. T. Boston (Mass.) 1988.

Trumbull, John ['trʌmbəl], * Watertown (Conn.) 13. April 1750, † Detroit 11. Mai 1831, Schriftsteller. – Formulierte mit seiner Graduierungsrede an der Yale University (1767) das Credo der sog. Connecticut Wits († Hartford Wits), die sich um eine Liberalisierung der Studiengänge bemühten, die strenge Anwendung neoklass. Verslehre ablehnten und eine Hinwendung zu amerikan. Themen in der Literatur forderten (*An essay on the uses and advantages of the fine arts,* 1770, mit dem abschließenden Gedicht *Prospect of the future glory of America*). Die während seiner Tutorenzeit in Yale verfaßte Schrift *The progress of dulness* (3 Tle., 1772–73) ist eine Satire auf die Collegeerziehung. Nach dem Jurastudium bei John Adams (* 1735, † 1826) in Boston (Mass.), der ihn zur Abfassung des patriot. Gedichts *An elegy on the times* (1774) ermutigte, war T. als Anwalt und Richter in New Haven (Conn.) tätig (1774–1825). Seine politisch revolutionäre Haltung, die die von Samuel Butlers *Hudibras* beeinflußte antibrit. Satire *M'Fingal* (1782) bestimmte, wurde später in der Zusammmenarbeit mit den konservativ föderalistisch gesinnten Vertretern der Connecticut Wits in *The Anarchiad* (1786/87), einer Satire auf den demokrat. Liberalismus, sowie *The echo* (1791–1805) abgeschwächt.

Literatur: COWIE, A.: J. T. Connecticut Wits. Chapel Hill (N. C.) 1936. – HOWARD, L.: The Connecticut Wits. Chicago (Ill.) 1943. – GIMMESTAD, V. E.: J. T. New York 1974.

Tuchman, Barbara ['tʌkmən], * New York 30. Jan. 1912, † Greenwich (Conn.) 6. Febr. 1989, Schriftstellerin. – War 1936–38 Kriegsberichterstatterin in Spanien, im 2. Weltkrieg in London. Erhielt 1963 den Pulitzerpreis in der Kategorie ›Non-fiction‹ für ihre histor. Darstellungen *The guns of August* (1962; dt. *August 1914,* 1964) und 1972 für *Stilwell and the American experience in China, 1911–1945* (1971; dt. *Sand gegen den Wind – Amerika und China 1911–1945,* 1973).

Weitere Werke: Bible and sword. England and Palestine from the Bronze age to Balfour (1956; dt. Bibel und Schwert, 1983), The proud tower. A portrait of the world before the war, 1890–1914 (1966; dt. Der stolze Turm, 1969), A distant mirror. The calamitous fourteenth century (1978; dt. Der ferne Spiegel. Das dramat. 14. Jh., 1980), Practicing history (Essays, 1981; dt. In Geschichte denken, 1982), The march of folly (1982; dt. Die Torheit der Regierenden. Von Troja bis Vietnam, 1986), The first salute (1988; dt. Der erste Salut, 1988).

Tuckerman, Frederick Goddard ['tʌkərmən], * Boston (Mass.) 4. Febr. 1821, † Greenfield (Mass.) 9. Mai 1873, Dichter. – Nach Jurastudium an der Harvard University war T. kurze Zeit als Anwalt tätig (1844–47); lebte danach zurückgezogen in Greenfield, wo er sich der Astronomie, Botanik und Literatur widmete. Seine im romant. Geist geschriebenen *Poems* (1860; Nachdr. in England und Boston 1863, 1864, 1869), die bei seinen Zeitgenossen R. W. Emerson, H. W. Longfellow und A. Tennyson auf positive Kritik stießen, wurden erst nach ihrer Wiederentdeckung durch W. Bynner (*The sonnets of F. G. T.,* hg. 1931) entsprechend gewürdigt.

Ausgabe: The complete poems of F. G. T. Hg. v. N. S. MOMADAY. London u. a. 1965.

Literatur: GOLDEN, S. A.: F. G. T. New York 1966. – LYNCH, T. P.: Quick fire for frost. A study of the poetry of F. G. T. New York 1972. – ENGLAND, E.: Beyond romanticism. T.'s life and poetry. Provo (Utah) 1991.

Turner, Jackson Frederick ['tɜːrnər], * Portage (Wis.) 14. Nov. 1861, † Pasadena (Calif.) 14. März 1932, Historiker. – Studierte an den Universitäten von Wisconsin und Johns Hopkins; Professuren an der Wisconsin und Harvard University. Sein 1893 vor der American Historical Association in Chicago gehaltener Vortrag *The significance of the frontier in American history,* in dem er in Abkehrung von der europ. Tradition das amerikan. Wesen aus der Existenz der Frontier im ›Westward Movement‹, d. h. der individuellen Behauptung im Kampf zwischen Zivilisation und Wildnis, erklärte, war sehr einflußreich für die Interpretation der amerikan. Kultur. Erhielt postum den Pulitzerpreis.

Werke: The character and influence of the Indian trade in Wisconsin (1891), The Frontier in American history (1920; dt. Die Grenze. Ihre Bedeutung in der amerikan. Geschichte, 1948), The significance of sections in American history (1932, Pulitzerpreis 1933), The United States, 1830–1850. The nation and its sections (hg. 1935).

Ausgabe: F. J. T.'s legacy. Unpublished writings in American history. Hg. v. W. R. JACOBS. San Marino (Calif.) 1965.

Literatur: HOFSTADTER, R.: T. and the sociology of the frontier. New York 1968. – The historical world of F. J. T. With selections from his correspondence. Hg. v. W. R. JACOBS. New Haven (Conn.) 1968. – BILLINGTON, R. A.: F. J. T. Historian, scholar, teacher. New York 1973. – BENNETT, J. D.: F. J. T. Boston (Mass.) 1975.

Tyler, Anne ['taɪlər], * Minneapolis 25. Okt. 1941, Schriftstellerin. – Studium an der Duke und Columbia University; die meist in ihrem Wohnsitz Baltimore bzw. kleineren Städten des Südens spielenden Romane behandeln die Themen der menschl. Einsamkeit und der Kommunikationsschwierigkeiten anhand familiärer Bindungen und Liebesbeziehungen. So zeigen ihre bekanntesten, das Muster konventioneller Familienromane dekonstruierenden Erzählwerke die kriminalistisch inszenierte, aber gescheiterte Flucht einer Ehefrau und Mutter aus der häusl. Enge (*Earthly possessions,* R., 1977; dt. *Nur nicht stehen bleiben,* 1981), die Brüchigkeit ehel. Bindungen (*Morgan's passing,* R., 1980) sowie die anläßlich ihrer Beerdigung retrospektiv aufgearbeitete Lebensgeschichte einer dominanten Mutter (*Dinner at the Homesick Restaurant,* R., 1982; dt. *Dinner im Heimweh-Restaurant,* 1985). Schreibt auch Kurzgeschichten.

Weitere Werke: If morning ever comes (R., 1964), The tin can tree (R., 1965), A slipping-down life (R., 1970), The clock winder (R., 1972), Celestial navigation (R., 1974), Searching for Caleb (R., 1976; dt. Caleb oder das Glück aus den Karten, 1977, 1980 u. d. T. Das Glück aus den Karten), The accidental tourist (R., 1985; dt. Die Touren des Mr. Leary, 1987), Breathing lesson (R., 1988; dt. Atemübungen, 1989; Pulitzerpreis 1989), Saint maybe (R., 1991; dt. Fast ein Heiliger, 1992).

Literatur: GULLETTE, M. M.: Safe at last in the middle years. The invention of the midlife progress novel. Saul Bellow, Margaret Drabble, A. T., John Updike. Berkeley (Calif.) 1988. – VOELKER, J. C.: Art and the accidental in A. T. Columbia (Mo.) 1989. – The fiction of A. T. Hg. v. C. R. STEPHENS. Jackson (Miss.) 1990. – STRAKE-BEHRENDT, G.: Die Romane A. T.s. Ffm. u. a. 1990.

Tyler, Royall ['taɪlər], eigtl. William Clark T., * Boston (Mass.) 18. Juli 1757, † Brattleboro (Vt.) 26. Aug. 1826, Schriftsteller. – Autor der ersten von einem gebürtigen Amerikaner verfaßten und von Berufsschauspielern aufgeführten Komödie, des von Richard B. Sheridans *The school for scandal* (1780) beeinflußten Stücks *The contrast* (1790), das die Qualitäten der jungen amerikan. Nation der fremden Kultur Englands gegenüberstellt. In vielen weiteren lyr., ep. (u. a. in dem pikaresken Roman *The Algerine captive,* 1797) und dramat. Werken zeigt sich T.s starke satir. Neigung.

Weitere Werke: Yankey in London (fiktive Briefe, 1809), The chestnut tree (Ged., entst. 1824, hg. 1931).

Ausgaben: The verse of R. T. Hg. v. M. B. PÉLADEAU. Charlottesville (Va.) 1968. – The prose of R. T. Hg. v. M. B. PÉLADEAU. Rutland (Vt.) 1972.

Literatur: TANSELLE, G. T.: R. T. Cambridge (Mass.) 1967. – CARSON, A./CARSON, H. L.: R. T. Boston (Mass.) 1979.

U

Unitarianism [ju:nɪ'terɪənɪzm] ↑Religion und Literatur.

Untermeyer, Louis ['ʌntərmaɪər], * New York 1. Okt. 1885, † Newton (Conn.) 19. Dez. 1977, Lyriker und Literaturkritiker. – Nach Abbruch seiner Schulausbildung Arbeit in der väterl. Schmuckfabrik und nebenbei erste Bände mit Gedichten und Parodien, bevor er 1923 hauptberufl. Schriftsteller und Poetikdozent wurde. Wandlungsfähiger Lyriker (z. B. *Roast Leviathan,* 1923; *Burning bush,* 1928; *Food and drink,* 1932), einflußreicher Hg. von mehr als hundert Anthologien (z. B. die vielfach aufgelegten und überarbeiteten *Modern American poets,* 1919, u. *Modern British poets,* 1920), Biograph, Essayist und Kinderbuchautor sowie Freund und Förderer bed. amerikan. Dichter. Übersetzte auch dt. (H. Heine) und frz. Lit. und schrieb in Anlehnung an die bibl. Geschichte den Roman *Moses* (1928). 1961–63 Lyrik-Berater der Library of Congress.

Weitere Werke: First love (Ged., 1911), Challenge (Ged., 1914), These times (Ged., 1917), Including Horace (Ged., 1919), The new Adam (Ged., 1920), First words before spring (Ged., 1933), Labyrinth of love (Ged., 1965), Thanks. A poem (1965).

Ausgaben: Collected parodies. New York 1926. – Selected poems and parodies. New York 1935. – Long feud. Selected poems. New York 1962. – The letters of Robert Frost to L. U. New York 1963.

Updike, John [Hoyer] ['ʌpdaɪk], * Shillington (Pa.) 18. März 1932, Schriftsteller. – Studierte u. a. an der Harvard University und an der Ruskin School of Drawing and Fine Arts in Oxford; 1955–57 Mitarbeiter der Zs. *The* ↑*New Yorker.* In seinen zahlreichen erfolgreichen Romanen und Erzählungen befaßt sich U. in traditionellem, meist realist., gesellschaftskrit. bis satir. Erzählstil mit dem Verfall christl. Werte in der von ihm als nachchristl. Zeit gesehenen amerikan. Gegenwart und bes. im Alltagsleben des Mittelstandes. Die ›Rabbit‹-Romane, *Rabbit, run* (1960; dt. *Hasenherz,* 1962), *Rabbit redux* (1971; dt. *Unter dem Astronautenmond,* 1973), *Rabbit is rich* (1981; dt. *Bessere Verhältnisse,* 1983; Pulitzerpreis 1982) und *Rabbit at rest* (1990; dt. *Rabbit in Ruhe,* 1992), zeigen die Entwicklung des amerikan. ›Jedermann‹ Harry Angstrom in Pennsylvania von der Schulzeit über eine gescheiterte Ehe zum erfolgreichen Autoverkäufer bis zum Ruhestand. Religion (*A month of Sundays,* R., 1975, dt. *Der Sonntagsmonat,* 1976; *Roger's version,* R., 1986, dt. *Das Gottesprogramm,* 1988) und Aberglaube (*The witches of Eastwick,* R., 1984; dt. *Die Hexen von Eastwick,* 1984; verfilmt 1987), Sexualität und zwischenmenschl. Beziehungen (*Of the farm,* R., 1965, dt. *Auf der Farm,* 1969; *Couples,* R., 1968, dt. *Ehepaare,* 1969; *Marry me,* R., 1976, dt. *Heirate mich,* 1978) sind U.s beherrschende Themen; schreibt auch Gedichte, Dramen, Kindergeschichten und Essays. In *Self-consciousness. Memoirs* (1989; dt. *Selbst-Bewußtsein. Erinnerungen,* 1990) schildert er seine Jugend im kleinstädt. Milieu Pennsylvanias.

Weitere Werke: The poorhouse fair (R., 1959; dt. Das Fest am Abend, 1961), The centaur (R., 1963; dt. Der Zentaur, 1966), Verse (1965), Happiest I've been (En., dt. Ausw. u. d. T. Glücklicher war ich nie, 1966), Midpoint and other poems (1969), Bech. A book (R., 1970) u. Bech is back (R., 1972; beide dt. 1984 u. d. T. Henry Bech), Werben um die eigene Frau (En., dt. Ausw. 1971), Seventy poems (1972),

Buchanan dying (Dr., 1974), The coup (R., 1978; dt. Der Coup, 1981), Too far to go (En., 1979; dt. Der weite Weg zu zweit, 1982), Problems (En., 1979), The beloved (En., 1982), Hugging the shore (Essays, 1983; dt. Amerikaner und andere Menschen, 1987), Jester's dozen (Ged., 1984), Facing nature (Ged., 1985), Gedichte (dt. Ausw. 1986), Der verwaiste Swimmingpool (En.; dt. Ausw. 1987), Trust me (En., 1987; dt. Spring doch, 1990), S. (R., 1988; dt. 1989), Just looking. Essays on art (1989).

Literatur: MARKLE, J. B.: Fighters and lovers. Theme in the novels of J. U. New York 1973. – VARGO, E. P.: Rainstorms and fire. Ritual in the novels of J. U. Port Washington (N. Y.) u. a. 1973. – GEARHEART, E. A.: J. U. A comprehensive bibliography with selected annotations. Norwood (Pa.) 1978. Nachdr. 1980. – J. U. A collection of critical essays. Hg. v. D. THORBURN u. H. EILAND. Englewood Cliffs (N. J.) 1979. – UPHAUS, S. H.: J. U. New York 1980. – VAUGHAN, P.: J. U.'s images of America. Reseda (Calif.) 1981. – Critical essays on J. U. Hg. v. W. R. MACNAUGHTON. Boston (Mass.) 1982. – TALLENT, E.: Married men and magic tricks. J. U.'s erotic heroes. Berkeley (Calif.) 1982. – DETWEILER, R.: J. U. Neuaufl. Boston (Mass.) 1984. – GREINER, D. J.: J. U.'s novels. Athens (Ohio) ²1985. – J. U. Hg. v. H. BLOOM. New York 1987. – NEWMAN, J.: J. U. New York 1988. – RISTOFF, D. I.: U.'s America. The presence of comtemporary American history in J. U.'s ›Rabbit‹ trilogy. New York 1988.

Uris, Leon [Marcel] ['jʊrɪs], * Baltimore 3. Aug. 1924, Schriftsteller. – Schreibt zeitgeschichtl., polit. Romane; bes. bekannt wurde der mit Elementen der Reportage versehene Roman *Exodus* (1958; dt. 1959), der eine Darstellung der Entstehung des Staates Israel einbezieht.

Weitere Werke: Battle cry (R., 1953; dt. Schlachtruf oder Urlaub bis zum Wecken, 1955), The angry hills (R., 1955; dt. Die Berge standen auf, 1963), Mila 18 (R., 1961; dt. 1961), Armageddon (R., 1964; dt. 1965), Topaz (R., 1967; dt. Topas, 1967), QB VII (R., 1970; dt. QB VII. Ein Prozeß erregt die Welt, 1970), Ireland. A terrible beauty (Photo-Ber., 1975; dt. Irland, schreckl. Schönheit, 1976; zus. mit seiner Frau Jill U.), Trinity (R., 1976; dt. 1976), Jerusalem, song of songs (Photo-Ber., 1981; dt. Jerusalem, Lied der Lieder, 1981; zus. mit seiner Frau Jill U.), The haj (R., 1984; dt. Haddsch. Eine arab. Passion, 1984), Mitla pass (R., 1988; dt. 1989).

Utopie, Bez. für die literar. Darstellung idealer Gesellschaften und Staatsverfassungen eines räumlich und/oder zeitlich entrückten Ortes, oft in Form fiktiver Reiseberichte, der in den USA als Sozial- und Anti-U. bes. Bedeutung zukommt.

Als Kritik und Verneinung gesellschaftl. Verhältnisse ist utop. Denken eng mit der Entwicklungsgeschichte des amerikan. Selbstbewußtseins und des Kontinents verbunden, der den ersten Siedlern und Auswanderern als Ort der Verwirklichung ihrer Ideale erschien. Da utop. Denken je nach dem histor. Enwicklungsstadium der Gesellschaft vorwiegend myth., religiöse und spekulative Züge annehmen kann, sind utop. Entwürfe häufig nur durch die Diesseitigkeit der entworfenen Gegenwelten von Chiliasmus und Eschatologie zu unterscheiden. Durch die starke Präsenz der puritan. Religion mit ihren chiliast. Vorstellungen sowie durch die mit der Gründung der amerikan. Nation nach dem Unabhängigkeitskrieg verbundenen Idealvorstellungen entstehen U.n in Amerika erst nach dem Schwinden des religiösen Einflusses bzw. dem Auseinandertreten polit. Ideale und konkreter Realität in der 2. Hälfte des 19. Jh., u. a. im Anschluß an die Programme europ. Sozialtheoretiker und Sozialutopien.

Bevorzugte Gattung der *literar.* Utopie ist der utop. Roman, in dem meist den sozialen, polit. und wirtschaftl. Verhältnissen der Epoche des Verfassers ein Idealbild entgegengestellt wird. Die örtlich oder zeitlich entrückten Schauplätze sollen dabei einerseits die Existenz solcher idealer Gemeinwesen wahrscheinlich erscheinen lassen, andererseits die Kritik der Autoren kaschieren bzw. mildern und sie vor Nachstellungen durch die staatl. Machthaber schützen. Nach dem die Kritik der Anhänger des ↑Transzendentalismus gegen ein materialist. Zeitalter in ein alternatives Konzept umsetzenden utop. Entwurf N. Hawthornes (*The Blithedale romance,* 1852) ergibt sich mit der zunehmend realist. Schilderung der Verhältnisse des Übergangs von einem Agrar- in einen Industriestaat um die Jahrhundertwende eine erste Blütezeit des utop. Romans. In Anknüpfung an sozialist. Theorien projizieren E. Bellamy (*Looking backward, 2000–1887,* 1888) und J. London (*The iron heel,* 1908) ideale polit. Bedingungen in die Zukunft; W. D. Howells' *A traveler from Altruria* (1894) vertritt einen christl. Sozialismus; C. P. Gilman entwirft eine männerlose feminist. Gesellschaft in *Herland* (1915). Die in Absetzung von H. G. Wells' Zukunftsvisionen entstandenen Dystopien etwa Aldous Huxleys, die vor schreckl. Auswüchsen moderner Technologien warnen, sind im Bereich der amerikan. Literatur selten. Stattdessen wird für die in der zweiten Blütezeit der U. ab den 60er Jahren anzutreffenden Romane der Begriff der Anti-U. gewählt, insofern als die Gewißheit der entworfenen Welten ambivalent ist. Neben der Übernahme solcher utop. Konzepte in den postmodernen Roman (etwa K. Vonneguts *The sirens of Titan,* 1959; R. Brautigans *In watermelon sugar,* 1968; R. Sukenicks *98.6,* 1975; oder W. Percys *Thanatos syndrome,* 1987), werden solche ›ambivalenten U.n‹ v. a. von Vertretern alternativer Lebensweisen zur Projektion neuer Welten genutzt, so für ökolog. Belange in Ernest Callenbachs (* 1929) *Ecotopia,* 1975, für afroamerikan. Identität in R. Delaneys *Triton* (1976), oder für feminist. Emanzipation in den utop. Romanen von U. Le Guin (*The dispossessed,* 1975), M. Piercy (*Woman on the edge of time,* 1977), J. Russ (*The female man,* 1975) und Sally Miller Gearhart ([* 1931], *The wanderground. Stories of the hill women,* 1979; dt. *Das Wanderland,* 1982).

Die der U. verwandte Gattung der Science-fiction, die mit der Betonung der wiss.-techn. Innovationen v. a. in den USA zu einer Flut von populären Romanen (und Filmen) geführt hat, richtet ihr Interesse auf punktuelle Veränderungsmöglichkeiten, ohne ein Gesamtkonzept zu entwerfen. Bed. Science-fiction-Autoren sind I. Asimov, R. D. Bradbury, M. Zimmer Bradley, R. A. Heinlein, Thomas M. Disch (* 1940).

Literatur: Utopie: PARRINGTON, V. L., JR.: American dreams. A study of American utopias. New York 1947. Nachdr. 1969. – RHODES, H. V.: Utopia in American political thought. Tucson (Ariz.) 1967. – WALSH, C.: From utopia to nightmare. Westport (Conn.) 1972. – FELLMAN, M.: The unbounded frame. Freedom and community in nineteenth century American utopianism. Westport (Conn.) 1973. – Der utop. Roman. Hg. v. R. VILLGRADTER u. F. KREY. Darmst. 1973. – KAGAN, P.: New world utopias. A photographic history of the search for community. Harmondsworth 1975. – HAYDEN, D.: Seven American utopias. The architecture of communitarian socialism, 1790–1975. Cambridge (Mass.) 1976. – ROEMER, K. M.: The obsolete necessity. America in utopian writings 1888–1900. Kent (Ohio) 1976. – America as utopia. Hg. v. K. M. ROEMER. New York 1981. – Women and utopia. Critical interpretations. Hg. v. M. BARR u. N. D. SMITH. New York 1983. – Die U. in der angloamerikan. Literatur. Hg. v. H. HEUERMANN u. B.-P. LANGE. Düss. 1984. – Bibliograph. Lexikon der utopisch-phantast. Lit. Hg. v. J. KÖRBER. Meitingen 1984. – PFAELZER, J.: The utopian novel in America 1886–1896. The politics of form. Pittsburgh (Pa.) 1984. – KLEINHORST, A.: U. v. Frauen in der zeitgenöss. Lit. der USA. Ffm. 1985. – SEGAL, H. P.: Technological utopianism in American culture. Chicago (Ill.) 1985. – U.forschung. Interdisziplinäre Studien zur neuzeitl. U. Hg. v. W. VOSSKAMP. Ffm. 1985. 3 Bde. – DIETZ, F.: Krit. Träume. Ambivalenz in der amerikan. literar. U. nach 1945. Meitingen 1987. – Utopian thought in American literature. Unterss. zur literar. U. und Dystopie in den USA. Hg. v. A. HELLER, W. HÖLBLING u. W. ZACHARASIEWICZ. Tüb. 1988. – BARTKOWSKI, F.: Feminist utopias. Lincoln (Nebr.) 1989. – TSCHALER, H.: Ökologie u. Arkadien. Natur u. nordamerikan. Kultur der siebziger Jahre. Ffm. 1990. – KEULEN, M.: Radical imagination. Feminist conceptions of the future in Ursula Le Guin, Marge Piercy, and Sally Miller Gearhart. Ffm. 1991.

Science-fiction: Science fiction, today and tomorrow. Hg. v. R. BRETNOR. New York u. a. 1974. – KETTERER, D.: New worlds for old. The apocalyptic imagination, science fiction and American literature. Bloomington (Ind.) 1974. – ALDISS, B. W.: Billion year spree. The true history of science fiction. New York 1975. – American science fiction. A selective annotated bibliography. Hg. v. H. GRAF. Bonn 1975. – SCHÄFER, M.: Science Fiction als Ideologiekritik. Utop. Spuren in der amerikan. Science Fiction Literatur, 1940–1955. Stg. 1977. – SCHOLES, R./RABKIN, E. S.: Science fiction. History, science, vision. New York 1977. – The science fiction encyclopedia. Hg. v. P. NICHOLLS. Garden City (N. Y.) 1979. – Science fiction. A critical guide. Hg. v. P. PARRINDER. London u. a. 1979. – ALPERS, H. J. u. a.: Lexikon der Science Fiction Lit. Mchn. 1980. 2 Bde. – JEHMLICH, R.: Science Fiction. Darmst. 1980. – SUERBAUM, U./BROICH, U./BORGMEIER, R.: Science Fiction. Theorie u. Gesch. Themen u. Typen. Form u. Weltbild. Stg. 1981. – PUSCHMANN-NALENZ, B.: Science Fiction u. ihre Grenzbereiche. Ein Beitrag zur Gattungsproblematik zeitgenöss. angloamerikan. Erzähllit. Meitingen 1986. – WEINBERG, R. E.: A biographical dictionary of science fiction and fantasy artists. Westport (Conn.) 1988. – Storming the reality studio. A casebook of cyberpunk and postmodern science fiction. Hg. v. L. MCCAFFERY. Durham (N. C.) 1991.

V

Valdez, Luis [Miguel] [vɑl'des], * 26. Juni 1940, Dramatiker. – Begründer des ›Teatro Campesino‹ (1965; Straßentheater); macht die ärml. Landarbeiterexistenz der zwischen der mexikan. und der amerikan. Kultur lebenden Chicanos in Kalifornien und seine Tätigkeit als Gewerkschaftsorganisator zur Grundlage seiner polit., meist in span. Sprache aufgeführten Stücke. Beeinflußt von der San Francisco Mime Troupe (↑Theater) benutzt er Masken, farcenhafte Verzerrung und stereotype Charaktere in seinen kurzen Agitprop ›actos‹, bzw. mytholog., fantast. und kom. Elemente bei der Darstellung der sozialen Gerechtigkeit und des Überlebenskampfes der Chicanos im ›barrio‹ oder am Arbeitsplatz.
Werke: The two faces of the boss (Dr., UA 1965), The fifth season (Dr., UA 1966), The sellouts (Dr., UA 1967), The conquest of Mexico (Dr., UA 1968), The shrunken head of Pancho Villa (UA 1968), Private soldier (Dr., UA 1970), Dark root of a scream (Dr., UA 1971), Zoot suit (Dr., UA 1978).

Van Doren, Carl [Clinton] [væn 'dɔːrən], * Hope (Ill.) 10. Sept. 1885, † Torrington (Conn.) 18. Juli 1950, Literaturkritiker. – Bruder von Mark V. D.; lehrte 1911–34 an der Columbia University; Hg. bed. Zeitschriften wie *The Nation* (1919–22) und *The Century* (1922–25) sowie der *Cambridge history of American literature* (4 Bde., 1917–20); wandte sich nach Versuchen als Lyriker der Kritik zu und veröffentlichte ungewöhnlich erfolgreiche Biographien.
Weitere Werke: The American novel (1921, Neuaufl. 1940), Sinclair Lewis (Biogr., 1933), Benjamin Franklin (Biogr., 1938; Pulitzerpreis 1939), C. V. D. Selected by himself (1945).

Van Doren, Mark [Albert] [væn 'dɔːrən], * Hope (Ill.) 13. Juni 1894, † Torrington (Conn.) 10. Dez. 1972, Schriftsteller und Kritiker. – Bruder von Carl V. D.; publizistisch tätig; von 1920–59 Englisch-Prof. an der Columbia University; schrieb der Tradition verflichtete, intellektbetonte Lyrik (*Collected poems,* 1939; Pulitzerpreis 1940), ferner Romane (*Windless cabins,* 1940) und Kurzgeschichten; trat als Autor krit. Darstellungen, u. a. über H. D. Thoreau (1916), Shakespeare (1939, Nachdr. 1982) und N. Hawthorne (1949), sowie als Hg. bed. Anthologien hervor.
Weitere Werke: Spring thunder (Ged., 1924), A winter diary (Ged., 1935), The country new year (Ged., 1946), Autobiography (1958), Morning worship (Ged., 1960), Collected and new poems, 1924–1963 (1963), Narrative poems (1964), That shining place (Ged., 1969), Good morning. Last poems (hg. 1973).
Ausgaben: M. V. D. Collected stories. New York 1962–68. 3 Bde. – Essays of M. V. D., 1924–1972. Hg. v. W. CLAIRE. Westport (Conn.) 1980. – The selected letters of M. V. D. Hg. v. G. HENDRICK. Baton Rouge (La.) 1986.
Literatur: VAN DOREN, D.: The professor and I. Appleton (Wis.) 1959.

Van Druten, John William [væn 'druːtən], * London 1. Juni 1901, † New York 19. Dez. 1957, Schriftsteller niederl.-engl. Herkunft. – Wanderte 1925 nach den USA aus und wurde freier Schriftsteller; ab 1944 amerikan. Staatsbürger; schrieb erfolgreiche Romane und Komödien in realist. Darstellungsweise, vorzugsweise über zwischenmenschl. Probleme; verfaßte auch Drehbücher.
Werke: Young Woodley (Dr., 1928, R., 1929), Old acquaintance (Dr., 1941; dt. Meine beste Freundin, 1957), I remember Mama (Dr., 1945; dt. So war Mama, EA 1947, auch u. d. T. Die Unvergeßliche),

I am a camera (Dr., 1952; dt. Ich bin eine Kamera, 1953; nach dem Roman ›Goodbye to Berlin‹ von C. Isherwood), The vicarious years (R., 1955; dt. Im Strom der frühen Jahre, 1956).

Van Itallie, Jean-Claude [væn 'ɪtəli], * Brüssel 25. Mai 1936, Dramatiker belg. Herkunft. – 1940 Auswanderung in die USA, 1952 amerikan. Staatsbürger; Studium an der Harvard und New York University, Schauspielstudium in New York und Dramatiker bei der Avantgarde-Schauspieltruppe des ›Open Theatre‹ (1963–68; ↑Theater); verschiedene Gastdozenturen, u. a. an der Princeton University. In seinen experimentellen und sozialkrit. Stücken verwendet V. I. groteske, absurde sowie myth. Darstellungsmittel, um ein Leben und Kunst verbindendes Theater zu schaffen, das z. T. die therapeut. Wirkung religiös-ritueller Zeremonien evoziert und zur Veränderung der Wirklichkeit beiträgt. Poetisch-metaphor. Bilder bestimmen die frühen Stücke *War* (UA 1963), *The hunter and the bird* (UA 1964), kabarettist. Sketche und Karikaturen die Dramen *Almost like being* (UA 1964), *I'm really here* (UA 1964), Kritik an der sozialen Wirklichkeit, der Scheinwelt des Fernsehens sowie der menschl. Entfremdung die Dramentrilogie *America hurrah* (*Interview, TV, Motel,* UA 1966, ersch. 1967), der Mythos des Paradieses im Kontrast mit der Ermordung John F. Kennedys und Martin Luther Kings sein anspruchvollstes Drama, *The serpent* (UA 1968; dt. *Die Schlange. Ein Ritual,* 1973). In den 70er Jahren schuf V. I. vornehmlich Adaptationen bekannter Dramen aus Antike und Moderne und beteiligte sich an Koproduktionen, wie *Nightwalk* (zus. mit M. Terry und S. Shepard, UA 1973). Auch Drehbücher für Film und Fernsehen.

Weitere Werke: War and four other plays (1967), Seven short and very short plays (1973), Bag lady (1979), The Tibetan book of the dead (1982), The traveller (1986).

Literatur: LAHR, J.: Up against the fourth wall. Essays on modern theater. New York 1970.

Van Vechten, Carl [væn 'vektən], * Cedar Rapids (Iowa) 17. Juni 1880, † New York 21. Dez. 1964, Schriftsteller. – Studium in Chicago, lebte ab 1906 in New York; Musik- u. Dramakritiker, zeitweilig Auslandskorrespondenz; propagierte in seinen Beiträgen die modernen Kompositionen Strawinskis, Saties und Schönbergs, förderte die in der ↑Harlem Renaissance erblühende Kunst der Afroamerikaner sowie die moderne experimentelle Literatur, v. a. G. Steins, deren nachgelassene Werke er herausgab. Schrieb in den 20er Jahren sieben z. T. autobiograph. Romane, in denen er den Geist und die Dekadenz des ›Jazz Age‹ in New York (*Peter Whiffle,* 1922; *The blind bow-boy,* 1923; *Firecrackers,* 1925; *Parties,* 1930, dt. 1991), die Scheinwelt in Hollywood (*Spider boy,* 1928), das Iowa seiner Jugend (*The tatooed countess,* 1924) sowie die Errungenschaften der afroamerikan. Kultur in Harlem (*Nigger heaven,* 1926; dt. 1928) darstellte. Ab den 30er Jahren auch als Porträtphotograph tätig.

Weitere Werke: Music after the great war (Essays, 1915), Music and bad manners (Essays, 1916), Interpreters and interpretations (Essays, 1917; 1920 u. d. T. Interpreters), Red (Essays, 1925), Excavations (Essays, 1926), Sacred and profane memories (Essays, 1932), Fragments from an unwritten autobiography (2 Bde., 1955), Portraits (hg. 1978).

Ausgabe: Letters of C. V. V. Hg. v. B. KELLNER. New Haven 1987.

Literatur: LUEDERS, E.: C. V. V. and the twenties. Albuquerque (N. Mex.) 1955. – LUEDERS, E.: C. V. V. New York 1965. – KELLNER, B.: C. V. V. and the irreverent decades. Norman (Okla.) 1968. – KELLNER, B.: A bibliography of the work of C. V. V. Westport (Conn.) 1980.

Vaudeville ['vɔːdvɪl] ↑Theater.

Very, Jones ['veri], * Salem (Mass.) 28. Aug. 1813, † ebd. 8. Mai 1880, Dichter. – Theologiestudium an der Harvard University ohne Abschluß, zeitweise als Pastor in Maine und Massachusetts tätig; lebte zurückgezogen bei seiner Schwester Lydia (* 1823, † 1901), die Naturgedichte schrieb; durch Bekanntschaft mit R. W. Emerson und den Transzendentalisten (↑Transzendentalismus) Wandel seiner unitar. Überzeugung in religiöse Visionen, die einerseits als Ausdruck einer

Geisteskrankheit gesehen wurden, andererseits aber die Grundlage seiner myst., oft mit der Dichtung der Metaphysical poets verglichenen Gedichte bildeten. Daneben auch literarkrit. Essays, u. a. über Epic poetry, Hamlet und Shakespeare.

Ausgaben: J. V. Essays and poems. Hg. v. R. W. EMERSON. Boston (Mass.) 1839. Nachdr. New York 1972. – J. V. Poems and essays. Hg. v. J. F. CLARKE u. A. BARTOL. Boston (Mass.) 1886. – J. V. Selected poems. Hg. v. N. LYONS. Ann Arbor (Mich.) 1963. Neuaufl. New Brunswick (N. J.) 1966.

Literatur: GITTLEMAN, E.: J. V. The effective years, 1833–1840. New York 1967. – DERINGER, L.: Die Rhetorik in der Sonettkunst von J. V. Ffm. u. a. 1983.

Vidal, Gore [vɪˈdɑːl], * West Point (N. Y.) 3. Okt. 1925, Schriftsteller. – Verwertete in seinem ersten Roman *Williwaw* (1946) seine Kriegserfahrungen; veröffentlichte danach in rascher Folge zahlreiche, z. T. im Stil Hemingways geschriebene gesellschaftskrit. Romane (unter dem Pseudonym Edgar Box Kriminalromane), ferner Kurzgeschichten, Lyrik und zeitkritisch-polit. Dramen, u. a. *The best man* (1960; dt. *Der beste Mann,* 1962) über die Methoden bei der Wahl des amerikan. Präsidentschaftskandidaten; auch Essays, Drehbücher und Theaterkritiken. Am bedeutendsten sind die das öffentl. Leben aus histor. Perspektive beleuchtende Romantrilogie (*Washington, D. C.,* 1967, dt. 1967, 1971 u. d. T. *Nacht über Washington; Burr,* 1973, dt. 1975; *1876,* 1976, dt. 1978), die groteske Persiflage auf die Filmwelt Hollywoods anhand der Geschlechtsumwandlung einer Frau (*Myra Breckenridge,* 1968, dt. 1969; *Myron,* 1974, dt. *Die Sirene von Babylon,* 1976), der histor. Roman *Creation* (1981; dt. *Ich, Cyrus, Enkel des Zarathustra,* 1986) sowie das fiktionalisierte Porträt des Präsidenten (*Lincoln,* 1984; dt. 1985).

Weitere Werke: The city and the pillar (R., 1948; dt. Geschlossener Kreis, 1986), The season of comfort (R., 1949), Messiah (R., 1954; dt. Messias, 1977), Visit to a small planet (Dr., 1957; dt. Besuch auf einem kleinen Planeten, 1958), Julian (R., 1964; dt. 1965), Reflections upon a sinking ship (Essays, 1969; dt. Betrachtungen auf einem sinkenden Schiff, 1971), An evening with Richard Nixon (Dr., 1972), Matters of fact and fiction. Essays 1973–1976 (1977; dt. American plastics. Über Politik und Literatur, 1986), Kalki (R., 1978; dt. 1980), The second American revolution (Essays, 1982), Duluth (R., 1983; dt. Duluth wie Dallas, 1984), Empire (R., 1987; dt. 1989), At home. Essays 1982–1988 (1990), Hollywood. A novel of America in the 1920s (R., 1990).

Literatur: WHITE, R. L.: G. V. New York 1968. – DICK, B. F.: The apostate angel. A critical study of G. V. New York 1974. – STANTON, R. J.: A primary and secondary bibliography. Boston (Mass.) 1980. – KIERNAN, R. F.: G. V. New York 1982.

Viereck, Peter [Robert Edwin] [ˈvɪrek], * New York 5. Aug. 1916, Schriftsteller. – Seit 1948 Prof. für Geschichte am Mount Holyoke College (Mass.); bed., konservativer Essayist mit krit. Einstellung zum modernen Massenstaat, zum Rechts- und Linksradikalismus; als Lyriker anfangs dem Experiment zugeneigt, tendierte V. später zu einem formstrengen, doch surrealist. Neoklassizismus.

Werke: Terror and decorum. 1940–48 (Ged, 1948; Pulitzerpeis 1949), Conservatism revisited (Essay, 1949, Neuaufl. 1980), Strike through the mask! (Ged., 1950), The first morning (Ged, 1952), The persimmon tree (Ged., 1956), The tree witch (Vers-Dr., 1961), New and selected poems 1932–1967 (1967), Archer in the marrow. The applewood cycles, 1967–1987 (ep. Ged., 1987).

Literatur: HENAULT, M.: P. V. New York 1969.

Vizenor, Gerald Robert [ˈvɪzənər], * Minneapolis 22. Okt. 1934, Schriftsteller. – Angehöriger des Ojibwa- bzw. Chippewa-Stammes in Minnesota; studierte u. a. an der New York University; Prof. für ›American Indian Studies‹ an der University of Minnesota. Evoziert in seinen Gedichten (meist in Haiku-Form) und Erzählungen die Naturverbundenheit und Mythen seines Stammes; ist auch als Hg. von Anthologien indian. Literatur und Literaturkritik hervorgetreten.

Werke: Born in the wind (Ged., 1960), The old park sleepers (Ged., 1961), South of the painted stone (Ged., 1963), Seventeen chirps (Ged., 1964), Escorts to white earth, 1868–1968. 100 year reservation (1968; Hg.), Darkness in Saint Louis Bearheart (R., 1973), Anishinabe Nagomon. Songs of the Ojibwa (1974; Hg.), Anishinabe Adisokan. Stories of the Ojibwa (1974; Hg.), Growing up in Minnesota (autobiogr. En., 1976), Earthdivers. Tribal narratives on mixed descent (1981), The people named the Chippewa. Narrative histories (1984), Touchwood. A collection of Ojibway prose (1987), Griever, an American monkey king in China (R., 1987), The trickster of liberty. Tribal heirs to a wild baronage (R., 1988), The heirs of Columbus (R., 1991).

Literatur: VELIE, A.: Four American Indian masters. N. S. Momaday, J. Welch, L. M. Silko and G. V. Norman (Okla.) 1982. – Narrative chance. Postmodern discourse on Native American Indian literature. Hg. v. G. VIZENOR. Albuquerque (N. Mex.) 1989. – HOCHBRUCK, W.: ›I have spoken‹: Die Darst. und ideolog. Funktion indian. Mündlichkeit in der nordamerikan. Lit. Tüb. 1991.

Vonnegut, Kurt, Jr. ['vɑːnəgʌt], * Indianapolis 11. Nov. 1922, Schriftsteller. – Studierte Biochemie an der Cornell University, nach dem Krieg Anthropologie an der University of Chicago; 1943–45 Soldat, erlebte als Kriegsgefangener 1945 die Zerstörung Dresdens. Das Kriegserlebnis, seine Tätigkeit in der Public-Relations-Abteilung der General Electric Company in Schenectady (N. Y.) (1947–51) sowie die amerikan. Kultur der Gegenwart bilden die Grundlage seiner populären Romane, in denen moderne und postmoderne Techniken zur satir. Kritik auf die den überkommenen Wertvorstellungen einer gottlosen westl. Zivilisation inhärenten selbstzerstörer. Kräfte der Menschen genutzt werden. Elemente des Black Humor, realist. und surrealist. Darstellungsweisen, Formen der Intertextualität, ↑Metafiktion und Parodie, bes. der Science-fiction (↑Utopie), bewirken die für postmoderne Texte typ. Auflösung der traditionellen Erzählstrukturen und erlauben das nahtlose Ineinandergreifen von Autorenwirklichkeit und Textfiktion. So verbinden sich in seinen besten Romanen autobiograph. und histor. Reminiszenzen mit phantast. Horrorvisionen, wie in dem die totale Automatisierung in einem elektron. Zeitalter schildernden *Player piano* (1952; dt. *Das höll. System,* 1964) oder in dem die Verantwortungslosigkeit von Atomwissenschaftlern angesichts der Zerstörung Hiroshimas aufzeigenden *Cat's cradle* (1963; dt. *Katzenwiege oder Die Unverantwortlichkeit der Kernphysiker,* 1985); polit. Ereignisse werden persifliert, wie in dem die Auswirkungen antisemit. Propaganda verfolgenden Spionageroman *Mother night* (1962; dt. *Mutter Nacht,* 1988), dem die Watergate-Affäre verarbeitenden *Jailbird* (1979; dt. *Galgenvogel,* 1980); die Form der Science-fiction bestimmt die Auseinandersetzung mit der Religion (*Sirens of Titan,* 1959; dt. *Die Sirenen des Titan,* 1979) sowie die metafiktionale Diskussion des Schriftstellerberufs (*Breakfast of champions,* 1973; dt. *Frühstück für starke Männer,* 1974); fiktionale Autobiographien liegen der Geschichte des abstrakten Expressionisten in *Bluebeard* (1987; dt. *Blaubart,* 1989) sowie des Vietnamveterans in *Hocus pocus* (R., 1990) zugrunde. Der die Bombardierung Dresdens verarbeitende, erfolgreich verfilmte Roman *Slaughterhouse-Five* (1969; dt. *Schlachthof 5 oder Der Kinderkreuzzug,* 1970) sowie die Anpassung an chaot. Lebensverhältnisse (*Deadeye Dick,* 1982; dt. *Zielwasser,* 1987) bzw. die apokalypt. Vision einer neuen darwinist. Evolution nach dem Ende der Menschheit (*Galápagos,* 1985; dt. 1987), in denen ein Ausweg aus dem Dilemma westl. Zivilisation gesucht wird, gelten als seine besten Werke. V. schreibt auch Dramen und Essays (*Wampeters, foma and granfalloons* 1974).

Weitere Werke: God bless you, Mr. Rosewater (R., 1965; dt. Gott segne Sie, Mr. Rosewater, 1968), Welcome to the monkey house (En. u. Essays, 1968; dt. Geh zurück zu deiner lieben Frau und deinem Sohn, 1971), Slapstick (R., 1976; dt. Slapstick oder Nie wieder einsam, 1977), Sun moon star (Kinderbuch, 1980), Palm Sunday (Autobiograph. Collage, 1981), Fates worse than death. An autobiographical collage of the 1980s (1991).

Vonnegut

Literatur: REED, P. J.: K. V. New York 1972. – GIANNONE, R.: V. A preface to his novels. Port Washington (N. J.) 1977. – V. in America. Hg. v. J. KLINKOWITZ u. D. L. LAWLER. New York 1977. – LUNDQUIST, J.: K. V. New York 1977. – SCHOTT, S.: K. V., Jr. Boston (Mass.) 1977. – LOEB, M.: V.'s duty-dance with death. Theme and structure in ›Slaughterhouse-Five‹. Philadelphia (Pa.) 1979. – KLINKOWITZ, J.: K. V. London u. a. 1982. – STREIER, E.-M.: Bedrohung des Menschen durch Naturwiss. und Technologie? Antworten im Romanwerk (1952–69) v. K. V. Ffm. 1984. – PIERATT, A. B. u. a.: K. V. A comprehensive bibliography. Hamden (Conn.) 1987. – Conversations with K. V. Hg. v. W. R. ALLEN. Jackson (Miss.) 1988. – BERTRAM, U. H.: Die Rolle des Religiösen in den Romanen von K. V. Ffm. 1989. – BROER, L. R.: Sanity plea. Schizophrenia in the novels of K. V. Ann Arbor (Mich.) 1989. – Critical essays on K. V. Hg. v. R. MERRILL. Boston (Mass.) 1990. – MORSE, D.: K. V. Mercer Island (Wash.) 1991.

W

Wakoski, Diane [wəˈkɑːski], * Whittier (Calif.) 3. Aug. 1937, Lyrikerin. – Studium an der University of California in Berkeley; Lehrtätigkeit an verschiedenen Universitäten, seit 1976 als Dichterin an der Michigan State University. In ihrem umfangreichen Werk, das teils der New Yorker Dichtungsschule, teils der Bekenntnislyrik (↑ Lyrik) zugerechnet wird, thematisiert W. in Anlehnung an W. Stevens die dichter. Imagination und entwirft in meist langen, narrativen Gedichten eine private, dem Selbstverständnis der Frau im amerikan. Alltag gerecht werdende Mythologie.

Werke: Coins and coffins (Ged., 1962), The George Washington poems (1967), Inside the blood factory (Ged., 1968), Love, you big fat snail (Ged., 1970), The motorcycle betrayal poems (1971), Abalone (Ged., 1974), Creating a personal mythology (Essays, 1975), The ring (Ged., 1977), Cap of darkness (Ged., 1980), Toward a new poetry (Essays, 1980), The magician's feastletters (Ged., 1982), Looking for Beethoven in Las Vegas (Ged., 1983), The collected greed poems. Parts 1–13 (1984), The rings of Saturn (Ged., 1986), Husks of wheat (Ged., 1987), Roses (Ged., 1987), Emerald ice. Selected poems 1962–87 (1988), Medea the sorceress (Ged. und Briefe, 1990).

Literatur: A terrible war. A conversation with D. W. Hg. v. P. L. GERBER u. R. J. GEMMETT. Winnipeg 1970.

Walker, Alice [ˈwɔːkər], * Eatonton (Ga.) 9. Febr. 1944, Schriftstellerin. – Studium am Sarah Lawrence College; als Dozentin u. a. am Wellesley College und an der Yale University. Beeinflußt von Z. N. Hurston, behandelt W. in ihren Erzählungen und Gedichten aus der Sicht einer Afroamerikanerin das Schicksal der unter der Gewalt und Brutalität des Mannes physisch wie psychisch leidenden Frau, indirekt verursacht durch das ungerechte Teilpachtsystem des agrar. Südens (*The third life of Grange Copeland,* R., 1970; dt. *Das dritte Leben des Grange Copeland,* 1988), durch die polit. Realität revolutionärer Aktionen in der Bürgerrechtsbewegung (*Meridian,* R., 1976; dt. 1984) sowie durch die radikale Auflösung der Familie (*The color purple,* R., 1982; dt. *Die Farbe Lila,* 1984; Pulitzerpreis 1983). Der zunehmenden Psychologisierung in der Darstellung der Gewalt entspricht die Verfeinerung der Erzähltechnik vom linear-chronolog. Bericht über die Verschränkung von Erzählebenen zum Briefroman. In *The temple of my familiar* (R., 1989; dt. *Im Tempel meines Herzens,* 1990) benutzt W. das emanzipator. Potential afroamerikan. Erzählungen zum utop. Entwurf eines friedl. Zusammenlebens aller Menschen. Die eher autobiograph. Gedichte behandeln die polit. Ereignisse der 60er Jahre, ihren Aufenthalt in Afrika (*Once,* 1968), ihre Kindheit in Georgia und das Leben im Norden (*Revolutionary petunias,* 1973). Schreibt auch Kurzgeschichten über Frauenbeziehungen (*In love and trouble,* 1973, dt. *Roselily. 13 Liebesgeschichten,* 1986; *You can't keep a good woman down,* 1981, dt. *Freu dich nicht zu früh! 14 radikale Geschichten,* 1987) und afroamerikanisch orientierte Literaturkritik (*In search of our mothers' gardens. Womanist prose,* 1983; dt. *Auf der Suche nach den Gärten unserer Mütter,* 1987).

Weitere Werke: Horses make a landscape look more beautiful (Ged., 1984), Living by the word. Selected writings 1973–1987 (1988), Her blue body. Everything we know. Earthling poems 1965–1990. Complete (1991), Possessing the secrets of joy (R., 1992).

Literatur: PRATT, L. J./PRATT, D. D.: A. Malsenior W. An annotated bibliography. 1968–1986. Westport (Conn.) 1988. – KOENEN, A.: Zeitgenöss. afro-amerikan. Frauenlit. Selbstbild u. Identität. Toni Morrison, A. W., Toni Cade Bambara und Gayl Jones. Ffm. 1985. – A. W. Hg. v. H. BLOOM. New York 1989. – BUTLER-EVANS, E.: Race, gender and desire. Narrative strategies in the fiction of Toni Cade Bambara, Toni Morrison, and A. W. Philadelphia (Pa.) 1989.

Walker, Margaret [Abigail] ['wɔ:kər], * Birmingham (Ala.) 7. Juli 1915, Schriftstellerin. – Studierte u. a. an der Yale University; arbeitete zusammen mit N. Algren und R. Wright am ›writer's project‹ in Chicago (1934–39); von 1949 bis 1979 unterrichtete sie Englisch an der Jackson State University (Miss.). Schreibt v. a. Gedichte (*For my people,* 1942; *Ballad for the free,* 1966; *Prophets of a new day,* 1970; *October journey,* 1973), in denen sie die Rhythmen des Jazz und Blues als formbestimmende Elemente verwendet. In dem Bürgerkriegsepos, histor. Roman und Sklavenerzählung vereinenden Roman *Jubilee* (1966; dt. *Flieht wie ein Vogel auf eure Berge,* 1968, 1977 u. d. T. *Die Sklavin*) ist die Entwicklung der Heldin vom Kind zur Frau und von der Sklaverei zur Freiheit realistisch in die Darstellung der Sklaverei im 19. Jh. eingebettet. *How I wrote Jubilee* (1972, erweiterte Fassung 1990, hg. v. M. Graham) gibt die Genesis des Romans, die von der Großmutter überlieferte Geschichte wieder.

Weitere Werke: A poetic equation. Conversations between Nikki Giovanni and M. W. (1974), This is my century. New and collected poems (1988).

Literatur: MAINIERO, L.: American women writers. New York 1980.

Wallace, Lew[is] ['wɑ:ləs], * Brookville (Ind.) 10. April 1827, † Crawfordsville (Ind.) 15. Febr. 1905, Schriftsteller. – Erfolgreiche militär. Karriere (im Mexikan. Krieg und im Bürgerkrieg, zuletzt Generalmajor), Rechtsanwalt, 1878–81 Gouverneur von New Mexico, 1881–85 Botschafter in Istanbul. Wurde berühmt als Autor des histor. Romans *Ben Hur* (1880; dt. 1887) aus der frühchristl. Zeit.

Weitere Werke: The fair god (R., 1873), The boyhood of Christ (R., 1888), The prince of India; or, why Constantinople fell (R., 1893; dt. Der Prinz von Indien, 1894, 2 Bde.), An autobiography (hg. 1906, Nachdr. 1972).

Literatur: MCKEE, J.: Ben Hur W. The life of General L. W. Berkeley (Calif.) 1947. – MORSBERGER, R. E./MORSBERGER, K. M.: L. W., militant romantic. New York 1980.

Wallant, Edward Lewis ['wɑ:lənt], * New Haven (Conn.) 19. Okt. 1926, † Norwalk (Conn.) 5. Dez. 1962, Schriftsteller. – Nach Kriegsteilnahme Ausbildung als Graphiker am Pratt Institute in New York. Neben seiner Tätigkeit in der Werbebranche schrieb W. bis zu seinem frühen Tod Romane, die, aufbauend auf seiner jüd. Abstammung, das Leiden der Juden im Holocaust (*The pawnbroker,* 1961) und die Einsamkeit jüd. Immigranten in den USA (*The human season,* 1960) eindringlich schildern. In den postum erschienenen Werken, *The tenants of moonbloom* (R., 1963) und *The children at the gate* (R., 1964), wird das Leid durch eine humorist. Einstellung gemildert.

Literatur: GALLOWAY, D.: E. L. W. Boston (Mass.) 1979.

Warner, Charles Dudley ['wɔ:rnər], * Plainfield (Mass.) 12. Sept. 1829, † Hartford (Conn.) 20. Okt. 1900, Schriftsteller. – W. gab seine vorübergehende Tätigkeit als Jurist in Chicago zugunsten einer Laufbahn als Journalist, Essayist und Schriftsteller in Hartford auf; war seit 1861 Hg. der Zs. *Hartford Courant.* Der seine dort abgedruckten und später gesammelten Essays (*My summer in a garden,* 1870; *Backlog studies,* 1873; *The relation of literature to life,* 1896) sowie Reisebeschreibungen (*My winter on the Nile,* 1876; *In the Levant,* 1877) kennzeichnende Humor bestimmt auch sein bekanntestes Werk, das zus. mit Mark Twain verfaßte satir. Sittenbild *The gilded age. A tale of to-day* (R., 1873; dt. *Das vergoldete Zeitalter,* 1876). In der späteren Romantrilogie überwiegt ein moralisierender Ton (*A little journey in the world,* 1889; *The golden house,* 1894; *That fortune,* 1899).

Ausgabe: The complete writings of C. D. W. Hg. v. T. R. LOUNSBURY. Hartford (Conn.) 1904.

Literatur: FIELDS, A.: C. D. W. 1904. Nachdr. Freeport (N. Y.) 1972.

Warren, Mercy Otis ['wɔ:rən], * Barnstable (Mass.) 25. Sept. 1728, † Plymouth (Mass.) 19. Okt. 1814, Schriftstellerin. – Stand als Schwester von James Otis (* 1725, † 1783) und Frau von James Warren (* 1726, † 1808), die bed. polit. Ämter in der Kolonialverwaltung innehatten, mit den polit. Führern der Revolutionszeit, u. a. John Adams (* 1735, † 1826), in Verbindung. W. wurde als Autorin satirisch-polit. Dramen (*The adulateur,* 1773; *The group,* 1775), dramat. Gedichte (*Poems, dramatic and miscellaneous,* 1790) sowie der zeitgeschichtl. Darstellung *History of the rise, progress and termination of the American Revolution* (1805, 3 Bde.) bekannt, in der sie für die amerikan. Nation und die Demokratie eintrat.

Ausgabe: The plays and poems of M. O. W. Hg. v. B. V. FRANKLIN. Boston (Mass.) 1773–1790. Nachdr. New York 1980.

Literatur: ANTHONY, K. S.: First lady of the revolution. Garden City (N. Y.) 1958. Nachdr. Port Washington (N. Y.) 1972. – LASKA, V. O.: ›Remember the ladies‹. Outstanding women of the American revolution. Boston (Mass.) 1976.

Warren, Robert Penn ['wɔ:rən], * Guthrie (Ky.) 24. April 1905, † Stratton (Vt.) 15. Aug. 1989, Schriftsteller. – Studium an den Universitäten Vanderbilt, Yale u. Oxford; Englisch-Prof. u. a. an den Universitäten Vanderbilt (1931–34), Louisiana (1934–42), Minnesota (1942–50) und Yale (1950–73). W., einer der führenden Vertreter der regionalist. Dichtung des amerikan. Südens und der Southern Renaissance, fand durch sein Studium bei J. C. Ransom in Vanderbilt (Nashville, Tenn.) Zugang zur literar. Gruppe der Southern Agrarians oder † Fugitives und ihrer Zs. *The Fugitive,* dem zentralen Organ der den konservativen Werten der Südstaaten verpflichteten amerikan. Lyrik; Gründer und Hg. der diese Literaturkonzeption vertretenden Zs. *The † Southern Review* (1935–42). Seine Romane behandeln im Rückgriff auf histor. und aktuelle Stoffe des Südens das Verhängnis menschl. Schwächen wie Macht- und Geldgier, bes. in dem später dramatisierten und verfilmten *All the king's men* (1946; dt. *Des Königs Troß,* 1949, 1951 u. d. T. *Der Gouverneur;* Pulitzerpreis 1947; Dr., UA 1958, ersch. 1960; dt. 1957), durch den er berühmt wurde. In den seit den 50er Jahren verfaßten Gedichten wandte sich W. neben Naturschilderungen metaphys. Reflexionen über die Schuld des Menschen und seine moral. Verantwortung zu. Seine oft mit R. Frost verglichene Dichtung brachte ihm neben zwei Pulitzerpreisen (1958, 1979) 1986 die Ehrung als erster ›Poet laureate‹ der USA ein. W. gehört auch zu den bed. Vertretern des † New criticism, gab zus. mit C. Brooks wichtige Interpretationsbände heraus (*Understanding poetry,* 1938, Neuaufl. 1976; *Understanding fiction,* 1943, Neuaufl. 1979), verfaßte biograph., histor. und soziolog. Studien, schrieb Kinderbücher, Kurzgeschichten und Dramen.

Weitere Werke: Thirty-six poems (1935), Night rider (R., 1939), At heaven's gate (R., 1943; dt. Alle Wünsche dieser Welt, 1959), The circus in the attic (En., 1947), World enough and time (R., 1950), Brother to dragons (Vers-E., 1953, Neuaufl. 1979), Bands of angels (R., 1955; dt. Amantha, 1957), Promises (Ged., 1957; Pulitzerpreis 1958), Selected essays (1958; dt. Ausgew. Essays, 1961), Audubon. A vision (Ged., 1969), Meet me in the green glen (R., 1971), A place to come to (R., 1977), Now and then. Poems 1976–1978 (1978; Pulitzerpreis 1979), Being here. Poetry 1977–1980 (1980), Rumor verified (Ged., 1981), New and selected poems 1923–1985 (1985), Portrait of a father (Biogr., 1988), New and selected essays (1989).

Ausgabe: A R. P. W. reader. New York 1988.

Literatur: BROOKS, C.: The hidden God. New Haven (Conn.) 1963. – BOHNER, C. H.: R. P. W. New York 1964. Neuaufl. 1981. – GUTTENBERG, B.: Web of being. The novels of R. P. W. Nashville (Tenn.) 1975. – STRANDBERG, V. H.: The poetic vision of R. P. W. Lexington (Ky.) 1977. – WALKER, M.: R. P. W. A vision earned. New York 1979. – R. P. W.: A collection of critical essays. Hg. v. R. GRAY. Englewood Cliffs (N. J.) 1980. – BARTLE, A.: Ideologeme im amerikan. Roman der Südstaaten. A. Tates ›The fathers‹, R. P. W.s ›All the King's men‹, C. McCullers ›The member of the wedding‹ und F. O'Connors ›The violent bear it away‹. Wzb. 1980. – Critical essays on R. P. W. Hg. v. W. B.

CLARK. Boston (Mass.) 1981 – JUSTUS, J. H.: The achievement of R. P. W. Baton Rouge (La.) 1981. – A Southern Renascence Man. Views of R. P. W. Hg. v. W. B. EDGAR. Baton Rouge (La.) 1984. – SNIPES, K.: R. P. W. New York 1984. – R. P. W. Hg. v. H. BLOOM. New York 1986. – R. P. W.'s ›All the King's men.‹ Hg. v. H. BLOOM. New York 1987. – BURT, J.: R. P. W. and American idealism. New Haven (Conn.) 1988. – RUPPERSBURG, H.: R. P. W. and the American imagination. Athens (Ga.) 1990. – RUNYON, R. P.: The taciturn text. The fiction of R. P. W. Columbus (Ohio) 1990. – Talking with R. P. W. Hg. v. F. C. WATKINS u. a. Athens (Ga.) 1990.

Washington, Booker T[aliaferro] ['wɑːʃɪŋtən], * Hale's Ford (Franklin County, Va.) 5. April 1856, † Tuskegee (Ala.) 14. Nov. 1915, Pädagoge und Schriftsteller. – Als Sklave geboren, nach der Befreiung Berufsausbildung am Hampton Institute (Va.); erlangte durch die Gründung (1881) und Leitung des Tuskegee Institute, einer v. a. auf Vermittlung prakt. Fertigkeiten ausgerichteten Schule für Schwarze, die zum College ausgebaut wurde, pädagog. und durch seine öffentl. Auftritte polit. Ruhm. Sein den Weißen angepaßtes Bildungskonzept, das die Ungleichheit zw. den Rassen abbauen sollte, wurde von radikalen Afroamerikanern, wie W. E. B. Du Bois, kritisiert. Seine literar. Bedeutung beruht auf seinen meist autobiograph., die Geschichte der Afroamerikaner von der Sklaverei zur Befreiung darstellenden Abhandlungen. Seine Autobiographie *Up from slavery* (1901; dt. *Ich war ein Sklave,* 1958) ist ein klass. Beispiel für den Aufstieg der Afroamerikaner.

Weitere Werke: The future of the American Negro (1899), Sowing and reaping (1900), Character building (1902), Working with the hands (1904), Frederick Douglass (Biogr., 1906), The story of the Negro (1909), My larger education (1911), The man farthest down (1912).

Ausgaben: Selected speeches of B. T. W. Hg. v. E. D. WASHINGTON. Garden City (N. Y.) 1932. – The B. T. W. papers. Hg. v. L. R. HARLAN. Urbana (Ill.) 1972–89. 14 Bde.

Literatur: STOKES, A. P.: Tuskegee Institute. The first fifty years. Tuskegee (Ala.) 1931. – B. T. W. and his critics. The problem of Negro leadership. Hg. v. H. HAWKINS. Boston (Mass.) 1962. 1974 u. d. T. B. T. W. and his critics. Black leadership in crisis. – B. T. W. Hg. v. E. L. THORNBOROUGH. Englewood Cliffs (N. J.) 1969. – BONTEMPS, A. W.: Young Booker. B. T. W.'s early days. New York 1972. – HARLAN, L. R.: B. T. W. The making of a black leader, 1865–1901. New York 1972. – WEISBERGER, B. A.: B. T. W. New York 1972. – KERSCHGENS, E.: Das gespaltene Ich. 100 Jahre Afroamerikan. Autobiogr. Strukturunterss. zu den Autobiogr.n von Frederick Douglass, B. T. W. u. W. E. B. Du Bois. Ffm. u. a. 1980. – HARLAN, L. R.: B. T. W. The wizard of Tuskegee, 1901–1915. New York 1983.

Webster, Noah ['webstər], * West Hartford (Conn.) 16. Okt. 1758, † New Haven (Conn.) 28. Mai 1843, Lexikograph. – Studierte in Yale; zeitweise als Jurist und Lehrer tätig. Das erste der für seine Schulkinder geschriebenen drei Lehrbücher der engl. Sprache (*A grammatical institute of the English language,* 1783–85, Faksimile-Nachdr. 1980) erschien bald u. d. T. *The American spelling book* (1783, 1829 u. d. T. *The elementary spelling book*) und dokumentierte die sprachl. Unabhängigkeit der jungen amerikan. Nation. Unterstützt von B. Franklin setzte er die Reform der engl. Sprache mit *Dissertations on the English language* (1789) und *Compendious dictionary of the English language* (1806) fort, die zu dem Standardwerk *An American dictionary of the English language* (2 Bde., 1828) führte. Dieses nach der Übernahme durch die Brüder George (* 1803, † 1880) und Charles Merriam (* 1806, † 1887) laufend neu bearbeitete Lexikon ist auch heute noch als *Webster's* das maßgebliche Nachschlagewerk für den amerikan. Sprachgebrauch. W. war auch an der Einführung eines amerikan. Copyright-Gesetzes beteiligt (*Sketches of American policy,* 1785), schrieb medizin. Abhandlungen und gab das *Journal* von J. Winthrop heraus.

Ausgaben: N. W. Letters. Hg. v. H. R. WARFEL. New York 1953. – The autobiographies of N. W. From the letters and essays, memoir, and diary. Hg. v. R. M. ROLLINS. Columbia (S. C.) 1989.

Literatur: Notes on the life of N. W. Hg. v. E. E. F. FORD u. E. E. F. SKEEL. New York 1912. Nachdr. 1971. 2 Bde. – WARFEL, H. R.: N. W. Schoolmaster to America. New York 1936. Nachdr. 1966. – A bibliography of the writings of N. W. Hg. v. E. E. F. SKEEL u. E. H. CARPENTER. New York 1958. – MORGAN, J. S.: N. W. New York 1975. – ROLLINS, R. M.: The long journey of N. W. Philadelphia (Pa.) 1980. – MONAGHAN, E. J.: A common heritage. N. W.'s blue-back speller. Hamden (Conn.) 1983. – MOSS, R. J.: N. W. Boston (Mass.) 1984.

Weems, Mason Locke [wi:mz], * auf ›Marshes Seat‹ bei Herring Bay, Anne Arundel County (Md.) 11. Okt. 1759, † Beaufort (S. C.) 23. Mai 1825, Schriftsteller. – War mit den Gründervätern der amerikan. Nation, u. a. John Adams (* 1735, † 1826), B. Franklin, George Washington (* 1732, † 1799), bekannt; bemühte sich in seinem Amt als episkopal. Geistlicher um die Verbreitung anspruchsvoller Literatur und fester moral. Standpunkte. Als Schriftsteller wurde W. durch seine fiktionalisierten Biographien, v. a. *A history of the life and death, virtues and exploits of General George Washington* (1800, Neuaufl. 1806; dt. *Lebensbeschreibung des George Washington,* 1838; erw. 1808, Neudr. 1918) und seine moral. Traktate (*Hymen's recruiting sergeant,* um 1799; *God's revenge against gambling,* um 1810; *God's revenge against adultery,* 1815) bekannt.

Ausgabe: M. L. W., his works and ways. Hg. v. P. L. FORD u. E. E. F. SKEEL. New York 1929. 3 Bde.

Literatur: KELLOCK, H.: Parson W. of the cherry-tree. New York u. a. 1928. – LEARY, L.: The book-peddling parson. An account of the life and works of M. L. W. Chapel Hill (N. C.) 1984.

Welch, James [weltʃ], * Browning (Mont.) 18. Nov. 1940, Schriftsteller. – Blackfoot- und Gros-Ventre-Indianer, wurde in der Blackfoot- und Fort-Belknap-Reservation erzogen; Studium an den Universitäten von Minnesota und Montana; lebt auf seiner Farm bei Missoula (Mont.). Behandelt in seinen Gedichten (*Riding the earthboy 40,* 1971, Neuaufl. 1975) und Romanen die Problematik der indian. Existenz in der weißen amerikan. Gegenwartskultur. Während in *Winter in the blood* (R., 1974; dt. *Winter im Blut,* 1977) eine Rückgewinnung der indian. Identität durch die Verankerung in der Familien- und Stammesgeschichte noch möglich ist, scheitert der Held in *The death of Jim Loney* (R., 1979) an der Unvereinbarkeit beider Welten. *Fools crow* (R., 1986) ist die fiktionale Verarbeitung der Stammesgeschichte der Blackfoot-Indianer.

Weiteres Werk: The Indian lawyer (R., 1990).

Literatur: VELIE, A.: Four Indian literary masters. Norman (Okla.) 1982. – WILD, P.: J. W. Boise (Id.) 1983. – J. W. Hg. v. R. E. MCFARLAND, Lewiston (Id.) 1986.

Wellek, René ['welek], * Wien 22. Aug. 1903, Literaturkritiker tschech. Herkunft. – Promotion an der Karlsuniversität in Prag (1926); Dozent an der University of London (1935–39), seit 1939 in den USA, 1946 naturalisiert; 1941–72 Prof. für slaw. und vergleichende Literaturwiss. an der Yale University. Aufbauend auf den ästhet. Theorien I. Kants, R. Ingardens und des Prager ↑ Strukturalismus entwirft W. eine Theorie der Literatur, die den ontolog. Status des literar. Kunstwerks konstatiert und im Sinne des ↑ New criticism werkimmanente poet. Strukturen, nicht den Inhalt oder werkexterne Faktoren analysiert. Neben dem einflußreichen Standardwerk *A theory of literature* (1949; dt. *Theorie der Literatur,* 1959, Neuaufl. 1985; mit Austin Warren [* 1899, † 1986]) sind v. a. seine literarhistor. Studien zur Romantik, *Confrontations* (1965; dt. Ausw. *Konfrontationen,* 1964) und seine umfassende *A history of modern criticism* (7 Bde., 1955–91; dt. *Geschichte der Literaturkritik 1750–1950* Bd. 1–4, 1959–90, Nachdr. Bd. 1, 1978) von Bedeutung.

Weitere Werke: Immanuel Kant in England 1793–1838 (1931), The rise of English literary history (1941, ²1966), Essays on Czech literature (1963), Concepts of criticism (1963; dt. Grundbegriffe der Literaturkritik, 1965, Nachdr. 1971), Discriminations. Further concepts of criticism (1970, dt. Grenzziehungen. Beitrr. zur Literaturkritik, 1972), Four critics. Croce, Valéry, Lukács, and Ingarden (1981), The attack on literature and other essays (1982).

Literatur: The disciplines of criticism. For R. W. on the occasion of his 65th birthday. Hg. v. P. DEMETZ u. a. New Haven (Conn.) 1968. – BUCCO, M.: R. W. Boston (Mass.) 1981. – Literary theory and criticism. Festschr. Presented to

R. W. in honor of his 80th birthday. Hg. v. J. P. STRELKA. Bern u. a. 1984. 2 Bde.

Welty, Eudora ['welti], * Jackson (Miss.) 13. April 1909, Schriftstellerin. – Studium in Mississippi, Wisconsin und an der Columbia University; während des 2. Weltkrieges Mitarbeiterin der ↑*New York Times Book Review;* schreibt in eindrucksvollem, knappem Stil Kurzgeschichten und Romane v. a. aus ihrer Heimat Mississippi über die Siedlungsgeschichte zw. Zivilisation und Wildnis (*A curtain of green and other stories,* 1941 u. 1943, dt. zus. 1986 u. d. T. *Der purpurrote Hut u. a. Erzählungen,* darin u. a. enthalten: *A visit of charity,* dt. *Ein Wohltätigkeitsbesuch,* 1983; *The robber bridegroom,* R., 1942, dt. *Der Räuberbräutigam,* 1987, als Musical v. A. Uhry [* 1936] u. R. Waldman [* 1936], 1975; *The wide net,* En., 1943), die aristokrat. Familientradition des Südens (*Delta wedding,* R., 1946, dt. *Die Hochzeit,* 1962; *The golden apples,* En., 1949; *The ponderheart,* R., 1954, dt. *Mein Onkel Daniel,* 1958, als Drama v. J. Chodorov [* 1911] u. J. Fields [* 1895, † 1966], 1957), komplexe Familienbande (*Losing battles,* R., 1970; *The optimist's daughter,* R., 1972, dt. *Die Tochter des Optimisten,* 1973, Pulitzerpreis 1973) und über Ereignisse der Bürgerrechtsbewegung (*The demonstrators,* Kurzgeschichten, 1980). In ihren Erzählungen verbinden sich Elemente des Märchenhaft-Phantastischen mit dem Alltäglich-Natürlichen. W. schreibt auch literarkrit. Essays (*Three papers on fiction,* 1962; *The eye of the story,* 1978) und Kindergeschichten (*The shoe bird,* 1964); *One time, one place. Mississippi in the Depression. A snapshot album* (1971) sind Photographien aus ihrer Jugendzeit, *One writer's beginnings* (1984; dt. *Eine Stimme finden,* 1990) autobiogr. Reminiszenzen.

Weitere Werke: Collected stories of E. W. (1980).

Ausgabe: Thirteen stories. Hg. v. R. M. V. KIEFT. New York 1965.

Literatur: KIEFT, R. M. V.: E. W. New York 1962. Neuaufl. 1987. – APPEL, A.: A season of dreams. The fiction of E. W. Baton Rouge (La.) 1965. – E. W. Critical essays. Hg. v. P. W. PRENSHAW. Jackson (Miss.) 1979. – KREYLING, M.: E. W.'s achievement of order. Baton Rouge (La.) 1980. – EVANS, E.: E. W. New York 1981. – RANDISI, J. L.: A tissue of lies. E. W. and the Southern romance. Boston (Mass.) 1982. – DEVLIN, A. J.: E. W.'s chronicle. A story of Mississippi life. Jackson (Miss.) 1983. – SWEARINGEN, B. C.: E. W. A critical bibliography. Jackson (Miss.) 1984. – MANNING, C. S. With ears opening like morning glories. E. W. and the love of storytelling. Westport (Conn.) 1985. – W. A life in literature. Hg. v. A. J. DEVLIN. Jackson (Miss.) 1987. – ENGLING, B.: Humorist. Elemente in den Kurzgeschichten u. Romanen der Südstaatenschriftstellerin E. W. Ffm 1988. – MARRS, S.: The W. collection. A guide to the E. W. manuscripts and documents at the Mississippi Department of Archives and History. Jackson (Miss.) 1988. – E. W. Eye of the storyteller. Hg. v. D. TROUARD. Kent (Ohio) 1989. – Critical essays on E. W. Hg. v. W. C. TURNER u. L. E. HARDING. Boston (Mass.) 1989.

Wescott, Glenway ['weskət], * Kewaskum (Wis.) 11. April 1901, † Rosemont (N. J.) 22. Febr. 1987, Schriftsteller. – Aufenthalt in Frankreich und Deutschland (1925–33). Seine vom Geist der ›expatriates‹ getragenen und von der krit. Auseinandersetzung mit seiner heimatl. Landschaft des mittleren Westens bestimmten lyr. Erzählungen behandeln Formen der menschl. Freiheit und Bindung, der Entwurzelung und Sehnsucht nach der Heimat. In seinen bekanntesten, erzähltechnisch an Fitzgeralds *The great Gatsby* erinnernden Romanen arbeitet der Protagonist Alwyn Tower die Geschichte seiner Familie vom Schauplatz in Paris (*The grandmothers. A family portrait,* 1927; dt. *Die Towers,* 1928) bzw. seine Pariser Erlebnisse vom Schauplatz in den U. S. A. (*The pilgrim hawk,* 1940; dt. *Der Wanderfalke,* 1952) auf, die mit dem früheren Roman *The apple of the eye* (1924) eine fiktionale Autobiographie des Schriftstellers bilden. Schrieb auch Gedichte und Essays.

Weitere Werke: Good-bye Wisconsin (En., 1928), The babe's bed (E., 1930), Apartment in Athens (R., 1945), Images of truth. Remembrances and criticism (Essays, 1962).

Literatur: RUECKERT, W. H.: G. W. The paradox of voice. New York 1965. – JOHNSON, I.: G. W. Port Washington (N. Y.) u. a. 1971.

West, Jessamyn [west], * bei North Vernon (Ind.) 18. Juli 1902, † Napa (Calif.) 23. Febr. 1984, Schriftstellerin. – Besuchte ein kaliforn. Quäker-College. Schauplatz der Handlung ihrer oft histor. Romane ist die Frontier im mittleren Westen und in Kalifornien. Ihr Hauptwerk, der z. Z. des amerikan. Bürgerkrieges spielende Roman *The friendly persuasion* (1945; dt. *Locke sie wie eine Taube,* 1955, 1958 u. d. T. *Lockende Versuchung*), ist, wie ihre weiteren Werke, vom Geist des Quäkertums geprägt.

Weitere Werke: The witch diggers (R., 1951; dt. Das vergrabene Wort, 1959), Cress Delahanty (R., 1953; dt. Das Mädchen Creszent mit dem bunten Hut, 1956), Love is not what you think (R., 1959; dt. Solange es Liebe gibt, 1960), South of the angels (R., 1960; dt. Terra Buena, 1979), A matter of time (R., 1966; dt. Der Tag kommt ganz von selber, 1968), Except for me and thee (R., 1969), Hide and seek (Memoiren, 1973), The secret look (Ged., 1974), The massacre at Fall Creek (R., 1975; dt. Auf daß ihr nicht gerichtet werdet, 1977), The woman said yes (Memoiren, 1976), The life I really lived (R., 1979), Double discovery (Reisetagebuch, 1980).

Ausgabe: The collected stories of J. W. San Diego (Calif.) 1986.

Literatur: SHIVERS, A. S.: J. W. New York 1972.

West, Nathanael [west], eigtl. Nathan Wallenstein Weinstein, * New York 17. Okt. 1903, † El Centro (Calif.) 22. Dez. 1940 (Autounfall), Schriftsteller. – Studium an der Brown University; surrealist. Techniken, die W. während seines Parisaufenthalts (1926/27) kennenlernte, sowie die Leere und Kälte der modernen Existenz, die er in grotesker Verzerrung v. a. ab 1933 während seiner Tätigkeit als Drehbuchautor in der Filmlandschaft Hollywoods erlebte, bestimmen seine in präzisem, geschliffenem Stil geschriebenen, pessimist. und satir. Romane. Menschl. Korruption (*The dream life of Balso Snell,* R., 1931), Verzweiflung und Resignation des Leserbriefredakteurs einer Zeitung angesichts seiner Hilflosigkeit (*Miss Lonelyhearts,* R., 1933; dt. *Schreiben Sie Miß Lonelyhearts,* 1961), die Entlarvung des American dream und des amerikan. Aufstiegsmythos (*A cool million,* R., 1934; dt. *Eine glatte Million oder die Demontage des Mister Lemuel Pitkin,* 1972, Neudr. 1987) sowie die groteske Deformation menschl. Träume in die gewaltsame Zerstörung der Filmstadt Hollywood in seinem bedeutendsten Werk, *The day of the locust* (R., 1939; dt. *Tag der Heuschrecke,* 1964) bilden die Themen seiner Romane, die formal und inhaltlich wesentl. Einfluß auf die amerikan. Gegenwartsliteratur (v. a. ›Black humor‹) ausübten.

Ausgabe: N. W. The complete works. New York 1957. Neuausg. London 1963.

Literatur: REID, R.: The fiction of N. W. Chicago 1967. – MARTIN, J.: N. W. The art of his life. New York 1970. – N. W. A collection of critical essays. Hg. v. J. MARTIN. Englewood Cliffs (N. J.) 1971. – MALIN, I.: N. W.'s novels. Carbondale (Ill.) 1972. – WHITE, W.: N. W. A comprehensive bibliography. Kent (Ohio) 1975. – LONG, R. E.: N. W. New York 1985. – N. W. Hg. v. H. BLOOM. New York 1986. – N. W.'s ›Miss Lonelyhearts‹. Hg. v. H. BLOOM. New York 1987. – PICHON-KALAU V. HOFE, B.: Krisen. Kontrollen und Kontingenzen. N. W und die dreißiger Jahre. Hdbg. 1990.

Wharton, Edith [Newbold] [wɔːrtən], * New York 24. Jan. 1862, † Saint Brice-sous-Forêt (bei Paris) 11. Aug. 1937, Schriftstellerin. – Aus alter, angesehener Familie, wurde in Europa privat erzogen; lebte ab 1907 in Europa, vorwiegend in Frankreich. Beeinflußt von H. James schilderte W. realistisch-ironisch, in präziser, nuancierender Sprache den Gegensatz zwischen alter und neuer Welt, den Niedergang der alten, wohlhabenden Kreise sowie den Konflikt zw. gesellschaftl. Konventionen, individuellen Begierden und moral. Verhalten. Ihre bedeutendsten Werke sind der das Scheitern der weibl. Emanzipation in der gehobenen Gesellschaft New Yorks beschreibende Roman *The house of mirth* (1905; dt. *Das Haus der Freude,* 1988), die, für W. untypisch, im ländl. Milieu verarmter Leute in Neuengland spielende leidenschaftl. Liebesgeschichte *Ethan Frome* (Nov., 1911; dt. *Die Schlittenfahrt,* 1948, 1971 u. d. T. *Der Unfall;* als Dr., 1935) sowie das die Konflikte zw. ehel. Konvention und ideeller Liebe in New York und Paris dramatisierende Geschehen in *The age of innocence* (R., 1920; dt. *Amerikan. Romanze,* 1939, 1951 u. d. T. *Im Himmel weint man nicht,* 1986 u. d. T. *Zeit der Unschuld;* als Dr., 1928; Pulitzerpreis 1921). Verfaßte zahlreiche Erzählungen, bed. Kurzgeschichten (*Xingu and other stories,* 1916), zwei Gedichtbände (*Artemis to Actœon,* 1909; *Twelve poems,* 1926), Schilderungen ihrer Reisen in Italien, Frankreich, Marokko sowie ihrer Hilfsaktionen während des Krieges in Frankreich, Literaturkritik (*The writing of fiction,* 1925) und die Autobiographie *A backward glance* (1934).

Weitere Werke: The fruit of the tree (R., 1907), The glimpses of the moon (R., 1922), A son at the front (R., 1923), Here and beyond (En., 1926), Twilight sleep (R., 1927; dt. Die oberen Zehntausend, 1931), Pomegranate seed (E., 1931; dt. Granatapfelkerne, 1990), The world over (En., 1936), Ghosts (En., 1937), The buccaneers (R.-Fragment, hg. 1938).

Ausgaben: E. W. The collected short stories. Hg. v. R. W. B. LEWIS. New York 1968. 2 Bde. – The E. W. omnibus. Hg. v. G. VIDAL. Garden City (N. Y.) 1978. – E. W. Novels. Hg. v. R. W. B. LEWIS. New York 1985. – The letters of E. W. Hg. v. R. W. B. LEWIS u. N. LEWIS. New York 1988. – Novellas and other writings. Hg. v. C. B. WOLFF. New York 1990.

Literatur: AUCHINCLOSS, L.: E. W. A woman in her time. New York 1971. – WALTON, G.: E. W. A critical interpretation. Rutherford (N. J.) 1971. – KÜSTER, D.: Das Frankreichbild im Werk E. W.s. Bern 1972. – LAWSON, R. H.: E. W. and German literature. Bonn 1974. – LEWIS, R. W. B.: E. W. A biography. New York 1975. – LINDBERG, G.: E. W. and the novel of manners. Charlottesville (Va.) 1975. – MCDOWELL, M. B.: E. W. Boston (Mass.) 1976. – SPRINGER, M.: E. W. and Kate Chopin. A reference guide. Boston (Mass.) 1976. – LAWSON, R. H.: E. W. New York 1977. – WOLFF, C. G.: A feast of words. The triumph of E. W. New York 1977. – AMMONS, E.: E. W.'s argument with America. Athens (Ga.) 1980. – WERSHOVEN, C.: The female intruder in the novels of E. W. Rutherford (N. J.) 1982. – E. W. Hg. v. H. BLOOM. New York 1986. – FRYER, J.: Felicitous space. The imaginative structures of E. W. and Willa Cather. Chapel Hill (N. C.) 1986. – DONOVAN, J.: After the fall. The Demeter-Persephone myth in W., Cather, and Glasgow. Baltimore (Md.) u. a. 1989. – GOODMAN, Susan.: E. W.'s women. Friends and rivals. Hanover (N. H.) u. a. 1990. – PAPKE, M. E.: Verging on the abyss. The social fiction of Kate Chopin and E. W. Greenwood (Conn.) 1990. – E. W. A descriptive bibliography. Hg. v. S. GARRISON. Pittsburgh (Pa.) 1991. – JOSLIN, K.: E. W. New York 1991. – RAPHAEL, L.: E. W.'s prisoners of shame. A new perspective on her neglected fiction. New York 1991. – WAID, C.: E. W.'s letters from the underworld. Chapel Hill (N. C.) 1991.

Wheatley, Phillis ['wi:tli], * vermutlich Senegal oder Gambia um 1753, † Boston (Mass.) 5. Dez. 1784, Dichterin. – Die nach Boston verkaufte Afrikanerin lernte durch großzügige Förderung im Haus der Familie Wheatley Englisch, Latein und Griechisch. Die Lektüre der Bibel und der engl. Dichter A. Pope und T. Gray bestimmte inhaltlich und formal ihre eigenen neoklassizist. Gedichte (*Poems on various subjects, religious and moral,* 1773), die z. T. die Sklaverei aus christl. Sicht kritisieren. W. gilt als erste afroamerikan. Dichterin.

Ausgaben: The poems of P. W. Hg. v. J. D. MASON, JR. Chapel Hill (N. C.) 1966. Neudr. 1989. – The collected works of P. W. Hg. v. J. C. SHIELDS. New York 1988.

Literatur: GRAHAM, S.: The story of P. W. Neuausg. New York 1966. – BORLAND, K. K./SPEICHER, H. R.: P. W. Young colonial poet. Indianapolis (Ind.) 1968. – ALLEN, W. G.: W., Banneker and Horton. Freeport (N. Y.) 1970. – FULLER, M. M.: P. W. America's first black poetess. Champaign (Ill.) 1971. – ROBINSON, W. H.: P. W. in the black American beginnings. Detroit (Mich.) 1975. – ROBINSON, W. H.: P. W. A bio-bibliography. Boston (Mass.) 1981. – Critical essays on P. W. Hg. v. W. H. ROBINSON. Boston (Mass.) 1982. – P. W. and her writings. Hg. v. W. H. ROBINSON. New York 1984. – RICHMOND, M. A.: P. W. Poet. New York 1988.

White, E[lwyn] B[rooks] [waɪt], * Mount Vernon (N. Y.) 11. Juli 1899, † North Brooklin (Maine) 1. Okt. 1985, Schriftsteller. – Studium an der Cornell University; Kolumnist und humorist. Essayist, der ab 1926 als Mit-Hg. die Entwicklung der Zs. *The ↑ New Yorker* 40 Jahre lang gestaltet hat. Bekannt geworden durch die zus. mit J. Thurber verfaßte Parodie *Is sex necessary?; or, why you feel the way you do* (1929, Neuaufl. 1977; dt. *Warum denn Liebe? oder mehr Freuden ohne Freud,*

1953), schrieb er Essays, deren Themen von Naturbeobachtungen (meist auf seiner Farm in Maine) und Umweltproblemen (unter dem Einfluß von H. D. Thoreau) über Schilderungen des Stadtlebens (*Here is New York,* 1949) zu polit. Kommentaren (v. a. Wettrüsten und Eintreten für weltweite Demokratie) und literar. Parodien reichen. W. ist auch Verfasser von klass. Kindergeschichten (*Stuart Little,* 1945, dt. *Rikki,* 1948, 1978 u. d. T. *Klein Stuart; Charlotte's web,* 1952, dt. *Schweinchen Wilbur und seine Freunde,* 1953, 1976 u. d. T. *Wilbur und Charlotte*).

Weitere Werke: Farewell to Model T (Essays, 1936), One man's meat (Essays, 1942, Neuaufl. 1982; dt. Des Anderen Brot, 1944), World government and peace. Selected notes and comment, 1943–1945 (1945), The second tree from the corner (Essays u. Ged., 1954, Neuaufl. 1984), The points of my compass (Essays, 1962), Essays of E. B. W. (1977), Poems and sketches of E. B. W. (1981).

Ausgaben: An E. B. W. reader. Hg. v. W. W. WATT u. R. W. BRADFORD. New York 1966. – Letters of E. B. W. Hg. v. D. L. GUTH. New York 1976.

Literatur: SAMPSON, E. C.: E. B. W. New York 1974. – ANDERSON, A. J.: E. B. W. A bibliography. Metuchen (N. J.) 1978. – SALE, R.: Fairy tales and after. From Snow White to E. B. W. Cambridge (Mass.) 1978. – ROGERS, B. J.: E. B. W. New York 1979. – ELLEDGE, S.: E. B. W. A biography. New York 1984.

Whitman, Walt[er] ['wɪtmən], * West Hills bei Huntington (N. Y.) 31. Mai 1819, † Camden (N. J.) 26. März 1892, Dichter. – Sohn eines Zimmermanns; frühe Jugend in Brooklyn und auf Long Island; u. a. in einer Druckerei und als Lehrer tätig, danach Journalist und Hg. verschiedener Zeitungen, u. a. des *Crescent* (New Orleans); lernte auf einer Reise in den Süden und Westen 1848 die Weite des Landes und die ›Frontier‹ kennen; nahm zeitweilig – als Korrespondent der *New York Times* und als Sanitäter – am Bürgerkrieg teil; 1864 kurzfristig Beamter in Washington; 1873 Verlust der Arbeitsfähigkeit infolge einer Lähmung; lebte dann, von wenigen Anhängern verehrt, in bescheidenen Verhältnissen. W., bekannt v. a. als Autor der Gedichtsammlung *Leaves of grass* (1855 [12 Ged.], endgültige Fassung in 2 Bde.n 1891/92 [fast 400 Ged.]; dt. Ausw. *Grashalme,* 1899), ist einer der bedeutendsten amerikan. Versdichter des 19. Jh.; seine Dichtung, einerseits volksverbunden und die Macht und Bedeutung der Verbrüderung aller Menschen verherrlichend, andererseits Shakespeare, Ossian, Homer, Goethe, Hegel, der Bibelsprache, der oriental. Literatur und Philosophie sowie pantheist. Gedankengut verpflichtet und stark von den individualist. Ideen der Transzendentalisten, bes. R. W. Emersons, geprägt, dessen Lehren von der Würde und Eigenständigkeit des Individuums und von einer übermenschl. Allseele W. poetisch überhöhte, ist Ausdruck seiner Auffassung von der prophet. Sendung des Dichters. Sein Werk, bes. *Democratic vistas* (Essays, 1871; dt. *Demokrat. Ausblicke,* 1922), gestaltete das bereits entwickelte Bewußtsein der geistigen Autonomie der USA. Kennzeichnend ist W.s früh erkennbare, im Spätwerk vollendete Neigung zu myst. Übersteigerung seiner Ideale. Höhepunkte seiner kraftvollen, an Naturbildern reichen, überkommene Versformen sprengenden und einer rhythm. Prosa sich nähernden hymn. Lyrik sind u. a. *Song of myself* (1855; Einl. zu *Leaves of grass*) und die in der Sammlung *Drum taps* (1865) enthaltene Elegie auf Abraham Lincolns Tod, *When lilacs last in the dooryard bloom'd* (dt. *Als Flieder jüngst mir im Garten blüht. Ein Requiem 'Denen, die wir lieben',* 1960). W., seinerzeit u. a. wegen seiner offenen Darstellung auch homoerot. Neigungen angegriffen, beeinflußte die amerikan. Dichtung, v. a. die Dichter der ›Beat generation‹, nachdrücklich; auch auf den europ. Naturalismus und Expressionismus hatte er starken Einfluß.

Weitere Werke: Passage to India (Ged., 1871), Two rivulets (Ged., 1876), Specimen days and collect (autobiograph. Prosa, 1882), November boughs (Ged., 1888), Good-bye my fancy (Ged., 1891), Autobiography (hg. 1892).

Ausgaben: W. W. The complete writings. Hg. v. R. H. BUCKLE, T. B. HARNED u. H. L. TRAUBEL. New York 1902. 10 Bde. – The uncollected poetry and prose of W. W. Hg. v. E. HOLLOWAY. New York u. a. 1921. 2 Bde. – W. W.s Werk. Dt. Übers. Hg. v. H. REISINGER. Hamb. [2]1956. – The collected writings of W. W. Hg. v. G. W. ALLEN u. E. S. BRADLEY. New York 1961–84. 22 Bde. – The early poems and the fiction. Hg. v. T. L. BRASHER. New York 1963. – Daybooks and notebooks. Hg. v. W. WHITE. New York 1977. 3 Bde. – Poetry and prose. Hg. v. J. KAPLAN. New York 1982. – Ein Kosmos. Ausgew. Ged. Übers. v. E. u. H. BESTIAN. Schwifling 1985. – Tagebuch. Übers. v. G. BURGHARDT. Hg. v. E. MANSKE. Lpz. 1985. – The essential W. Hg. v. G. KINNELL. New York 1987. – Ich rufe die Erde u. das Meer an. Zus.gestellt u. übers. v. S. SCHAUP. Freib. u. a. 1987. – Selected Letters of W. W. Hg. v. E. MILLER. Iowa City (Iowa) 1990.

Literatur: ALLEN, G. W.: W. W. Dt. Übers. Rbk. 1961. – The presence of W. W. Hg. v. R. B. W. LEWIS. New York 1962. – MILLER, J. E., JR.: W. W. New York 1962. – W. A collection of critical essays. Hg. v. R. H. PEARCE. Englewood Cliffs (N. J.) 1962. – MILLER, E. H. W. W.'s poetry. A psychological journey. Boston (Mass.) 1968. – ASSELINEAU, R.: The evolution of W. W. Engl. Übers. Cambridge (Mass.) Nachdr. 1969. – ALLEN, G. W.: The solitary singer. A critical biography of W. W. New York [2]1970. – W. The critical heritage. Hg. v. M. HINDUS. London 1971. – RUBIN, J. J.: The historic W. University Park (Pa.) 1973. – ALLEN, G. W.: The W. W. handbook. New York 1975. Neuaufl. 1986. – BLACK, S. A.: W.'s journey into chaos. New Brunswick (N. J.) 1975. – ALLEN, G. W.: Aspects of W. W. Folcroft (Pa.) 1977. – MILLER, J. E.: The American quest for a supreme fiction. W.'s legacy in the personal epic. Chicago (Ill.) 1979. – ASPIZ, H.: W. W. and the body beautiful. Urbana (Ill.) u. a. 1980. – KAPLAN, J.: W. W. A life. New York 1980. – GIANTVALLEY, S.: W. W. 1838–1939. A reference guide. Boston (Mass.) 1981. – RUMMINGS, D. D.: W. W. 1940–1975. A reference guide. Boston (Mass.) 1982. – HOLLIS, C. C.: Language and style in ›Leaves of grass‹. Baton Rouge (La.) 1983. – Critical essays on W. W. Hg. v. J. WOODRESS. Boston (Mass.) 1983. – ZWEIG, P.: W. W. The making of the poet. New York 1984. – W. W. Hg. v. H. BLOOM. New York 1985. – W. W. Here and now. Hg. v. J. P. KRIEG. Westport (Conn.) 1985. – HUTCHINSON, G. B.: The ecstatic W. Literary shamanism and the crisis of the union. Columbus (Ohio) 1986. – On W. The best from ›American Literature‹. Hg. v. E. H. CADY u. L. J. BUDD. Durham (N. C.) 1987. – LARSON, K. C.: W.'s drama of consensus. Chicago (Ill.) 1988. – ERKKILA, B.: W. the political poet. New York 1989. – KILLINGSWORTH, M. J.: W.'s poetry of the body. Sexuality, politics and the text. Chapel Hill (N. C.) 1989. – GREENSPAN, E.: W. W. and the American reader. New York 1990. – PRICE, K. M.: W. and tradition. The poet in his century. New Haven (Conn.) 1990. – GRÜNZWEIG, W.: W. W. Die deutschsprachige Rezeption als interkulturelles Phänomen. Mchn. 1991.

Whittier, John Greenleaf ['wɪtiər], * Haverhill (Mass.) 17. Dez. 1807, † Hampton Falls (N. H.) 7. Sept. 1892, Dichter. – Entstammte einer bäuerl. Quäkerfamilie; vorwiegend durch Lektüre autodidaktisch gebildet; engagierte sich journalistisch und politisch für die Sklavenbefreiung. W. vertrat eine romant., v. a. Robert Burns verpflichtete, neuengl. Heimat- und Naturdichtung mit vielfach idyll. Zügen, deren bestes Beispiel das Gedicht *Snow-bound* (1866; dt. *Eingeschneit,* 1879) ist; Vorliebe für Verserzählungen und Balladen im Stil H. W. Longfellows, in denen er das ländl. Leben sowie histor. Geschehen darstellte; gleichzeitig nutzte er seine Dichtung, um sich für religiöse Toleranz, Abolitionismus und Demokratie einzusetzen; der histor. Roman *Leaves from Margaret Smith's journal in the Province of Massachusetts Bay, 1678–79* (1849) behandelt die Problematik der Hexenprozesse in Salem; W. gilt als Volksdichter Amerikas.

Weitere Werke: Legends of New England in prose and verse (1831), Lays of my home (Ged., 1843), Ballads and other poems (1844), Voices of freedom (Ged., 1846), Old portraits and modern sketches (En., 1850), Songs of labor (Ged., 1850), Anti-slavery poems (1852), The panorama (Ged., 1856), Home ballads, poems and lyrics (1860), In war time and other poems (1864), Hazel-blossoms (Ged., 1875), At sundown (Ged., 1890).

Ausgaben: The writings of J. G. W. Riverside edition. Hg. v. H. E. SCUDDER. Boston (Mass.) 1888/89. 7 Bde. – J. G. W. Complete writings. Amesbury edition. Boston (Mass.) 1894. Nachdr. New York 1969. – W. on writers and writing. Hg. v. E. H. CODY and H. H. CLARK. Syracuse (N. Y.) 1950. – W. Hg. v. D. HALL. New York 1960. – The letters of J. G. W. Hg. v. J. B. PICKARD. Cambridge (Mass.) u. a. 1975. 3 Bde.

Literatur: ROWNTREE, A.: W. Crusader and prophet. London 1946. Neudr. Folcroft (Pa.) 1973. – POLLARD, J. A.: J. G. W. Friend of man. Boston (Mass.) u. a. 1949. Nachdr. Hamden

(Conn.) 1969. – PICKARD, J. B.: J. G. W. An introduction and interpretation. New York 1961. – WAGENKNECHT, E. C.: J. G. W. A portrait in paradox. New York 1967. – Memorabilia of J. G. W. Hg. v. J. B. PICKARD. Hartford (Conn.) 1968. – VON FRANK, A. J.: W. A comprehensive annotated bibliography. New York u. a. 1976. – W. and Whittierland. Portrait of a poet and his world. Hg. v. D. C. FREEMAN, J. B. PICKARD, R. H. WOODWELL. Haverhill (Mass.) 1976. Neuaufl. 1987. – Critical essays on J. G. W. Hg. v. J. K. KRIBBS. Boston (Mass.) 1980. – WOODWELL, R. H.: J. G. W. A biography. Haverhill (Mass.) 1985. – The J. G. W. collection. (The Parkman Dexter Howe Library) Gainesville (Fla.) 1987.

Wieners, John ['wi:nərz], * Boston (Mass.) 6. Jan. 1934, Lyriker. – Seine Zeit am ↑Black Mountain College (1955/56; Einfluß von C. Olson und R. Duncan) sowie sein Aufenthalt in San Francisco (1957–60) als Mitglied der ↑Beat generation prägen seine gefühlsbetonten Gedichte, die die Verzweiflung der am Rande der Gesellschaft lebenden Menschen thematisieren. Schreibt auch Dramen und Essays.

Werke: The Hotel Wentley poems (1958; rev. 1965), Anklesox and five shoelaces (UA 1963, Dr., 1966), A memory of Black Mountain College (1969), Nerves (Ged., 1970), Selected poems (1972), Behind the State Capitol (Ged., 1975), Selected poems 1958–1984 (1986), Cultural affairs in Boston. Poetry and prose 1956–85 (hg., 1988).

Wigglesworth, Michael ['wɪglzwɜ:rθ], * Yorkshire (England) 18. Okt. 1631, † Malden (Mass.) 27. Mai 1705, Dichter. – W. kam 1638 mit seinen Eltern nach Neuengland; versah nach seinem Studium in Harvard das Amt eines puritan. Geistlichen in Malden (Mass.). Durch eigene Krankheit veranlaßt, studierte und praktizierte er ab 1663 auch Medizin. Seine religiöse, meist in Balladenform geschriebene Dichtung diente der Verbreitung der strengen puritan. Lehre. Am bekanntesten ist das die dichotome Weltsicht der Puritaner bekräftigende Gedicht *The day of doom* (1662). Andere Gedichte behandeln die Bedeutung persönl. wie öffentl. Leidens für den Glauben (*Meat out of the eater,* 1670; *God's controversy with New England,* entst. 1662, hg. 1873).

Ausgaben: M. W. The day of doom. Hg. v. K. B. MURDOCK. New York 1929. Nachdr. 1966. – The diary of M. W., 1653–1657. The conscience of a puritan. Hg. v. E. S. MORGAN. New York 1965. Nachdr. Gloucester (Mass.) 1970. – The poems of M. W. Hg. v. R. A. BOSCO. Lanham (Md.) 1989.

Literatur: CROWDER, R.: No featherbed to heaven. A biography of M. W. East Lansing (Mich.) 1962.

Wilbur, Richard [Purdy] ['wɪlbər], * New York 1. März 1921, Lyriker. – Studium am Amherst College und in Harvard; Kriegseinsatz (1943–45); Lehrtätigkeit u. a. in Harvard, Wellesley College, Wesleyan University (1957–77); seit 1977 als Schriftsteller am Smith College in Northampton (Mass.). W. schreibt sensible, u. a. von M. Moore beeinflußte Lyrik, die durch Formstrenge, Musikalität und Originalität der Diktion gekennzeichnet ist. Daneben schuf er moderne Adaptationen in engl. Sprache von Werken Molières und Racines sowie von Voltaires *Candide,* an dessen Umgestaltung in eine kom. Oper (UA 1956) er mit L. Hellman und dem Komponisten und Dirigenten Leonard Bernstein (* 1918, † 1990) arbeitete; wurde 1987 nach R. P. Warren zum zweiten ›Poet laureate‹ der USA ernannt.

Weitere Werke: The beautiful changes (Ged., 1947), Ceremony (Ged., 1950), Things of this world (Ged., 1956; Pulitzerpreis 1957), Poems 1943–1956 (1957), Advice to a prophet (Ged., 1961), Walking to sleep (Ged. u. Übersetzungen, 1969), Opposites (Kinderged., 1973), The mind-reader (Ged., 1976), Responses. Prose pieces 1953–1976 (1976), Verses on the times (1978; mit W. J. Smith), Seven poems (1981), On my own work (Prosa, 1983), Lying and other poems (1987), New and collected poems (1988).

Literatur: HILL, D. L.: R. W. New York 1967. – FIELD, J. P.: R. W. A bibliographical checklist. Kent (Ohio) 1971. – R. W.'s creation. Hg. v. W. SALINGER. Ann Arbor (Mich.) 1983. – Conversations with R. W. Hg. v. W. BUTTS. Jackson (Miss.) 1990.

Wilder, Thornton [Niven] ['waɪldər], * Madison (Wis.) 17. April 1897, † Hamden bei New Haven (Conn.) 7. Dez. 1975, Schriftsteller. – Verbrachte als Sohn eines Zeitungsverlegers, der Generalkonsul in

China war, einige Jahre seiner Kindheit im Fernen Osten; studierte u. a. an den Universitäten Yale, Rom, Princeton; 1921–28 Lehrer, 1930–36 Dozent, dann Prof. an der University of Chicago, 1950/51 in Harvard; stark europäisch-abendländisch orientiert, Studienaufenthalte, auch Lehr- und Vortragstätigkeit in Europa. W. begann mit christlich geprägten, stilistisch zum Novellistischen neigenden Erzählwerken, von denen v. a. *The bridge of San Luis Rey* (R., 1927; dt. *Die Brücke von San Luis Rey,* 1929; Pulitzerpreis 1928) bekannt wurde. Außer Problemen der formalen Bewältigung des Stoffes waren für W. in seinem von humanist. Geist durchdrungenen Werk v. a. die weltanschaul. Fragestellungen interessant. Während der Roman *Heaven's my destination* (1934; dt. *Dem Himmel bin ich auserkoren,* 1935) noch stark W.s persönl. religiöse Überzeugungen spiegelt, tritt das Bekenntnishafte in dem Cäsarroman *The Ides of March* (1948; dt. *Die Iden des März,* 1949) gegenüber der allgemeingültigen geistesgeschichtl. Analyse zurück, wobei besondere, allen histor. Epochen gemeinsame Züge in das Werk eingehen. W. war auch als Dramatiker erfolgreich, bes. mit den Dramen *Our town* (1938; dt. *Eine kleine Stadt,* 1944, 1953 u. d. T. *Unsere kleine Stadt;* Pulitzerpreis 1938) und *The skin of our teeth* (1942; dt. *Wir sind noch einmal davongekommen,* 1944; Pulitzerpreis 1943), in denen er, unter Verwendung der Mittel des ep. Theaters, zeitlose menschl. Probleme darstellte und für demokrat. Ideale eintrat; daneben auch Einakter (*The angel that troubled the waters,* 1928; *The long Christmas dinner and other plays in one act,* 1931, dt. *Das lange Weihnachtsmahl,* als Oper 1960 von P. Hindemith, UA 1961; beide 1954 in: *Einakter und Dreiminutenspiele*) sowie Adaptationen klass. (Euripides: *The Alcestiad,* UA 1955; dt. *Die Alkestiade,* 1960, als Musical 1962) und moderner Stoffe (J. N. Nestroy: *The merchant of Yonkers,* Kom., 1939, rev. 1954 u. d. T. *The matchmaker;* dt. *Die Heiratsvermittlerin,* 1957; Vorlage für das Musical *Hello, Dolly!,* 1963). W. wurde für seine Schriften zur dt. Kultur (*Kultur in einer Demokratie,* 1957) und zu Goethe (*Goethe und die Weltliteratur,* 1958) mit dem Friedenspreis des Dt. Buchhandels (1957) und mit der Goethe-Plakette (1959) ausgezeichnet.

Weitere Werke: The Cabala (R., 1926; dt. Die Cabala, 1929), The woman of Andros (R., 1930; dt. Die Frau von Andros, 1931), The eighth day (R., 1967; dt. Der achte Schöpfungstag, 1968), Theophilus North (R., 1973; dt. Theophilus North oder ein Heiliger wider Willen, 1974).

Ausgaben: T. W. American characteristics and other essays. Hg. v. D. GALLUP. New York 1979. – The journals of T. W. 1939–1961 with two scenes of an uncompleted play, ›The Emporium‹. Hg. v. D. C. GALLUP. New Haven (Conn.) 1985. Dt. T. W. Die Tagebücher. 1939–1961. Übers. v. J. A. FRANK. Ffm. 1988.

Literatur: GOLDSTEIN, M.: The art of T. W. Lincoln (Nebr.) 1965. – PAPAJEWSKI, H.: T. W. Ffm. ²1965. – HÄBERLE, E.: Das szen. Werk T. W.s. Hdbg. 1967. – HABERMAN, D.: The plays of T. W. A critical study. Middletown (Conn.) 1967. – KUNER, M. C.: T. W. The bright and the dark. New York 1972. – GOLDSTONE, R. H.: T. W. An intimate portrait. New York 1975. – BURBANK, R.: T. W. Boston (Mass.) ²1978. – CLÜVER, C.: T. W. u. André Obey. Unterss. zum modernen ep. Theater. Bonn 1978. – SIMON, L.: T. W. His world. Garden City (N. Y.) 1979. – GOLDSTONE, R. H./G. ANDERSON: T. W. An annotated bibliography of works by and about T. W. New York 1982. – HARRISON, G. A.: The enthusiast. A life of T. W. New Haven (Conn.) 1983. – NIMAX, M.: ›Jederzeit und Allerorts‹. Universalität im Werk von T. W. Ffm. 1983. – CASTRONOVO, D.: T. W. New York 1986. – NAATZ, H.: T. W. als Dramatiker. Analyse der dt.-sprachigen Literaturkritik zw. 1970–1982. Köln 1986. – HABERMAN, D.: ›Our town.‹ An American play. Boston (Mass.) 1989.

Williams, John A[lfred] ['wɪljəmz], * Jackson (Miss.) 5. Dez. 1925, Schriftsteller. – Im 2. Weltkrieg bei der Marine (1943–46); seit 1979 Englisch-Prof. an der Rutgers University. W. behandelt in seinen stilistisch von R. Wright beeinflußten Romanen den Kampf afroamerikan. Künstler gegen Rassismus in New York (*The angry ones,* 1960, 1975 u. d. T. *One for New York*; *Night song,* 1961, dt. 1977), das Schicksal einer alten schwarzen Frau (*Sissie,* 1963), Selbstbehauptung in der autobiograph. Reflexion (*The man who cried I am,* 1967), im Rassenkonflikt (*Sons of darkness, sons of light,* 1969) und im Krieg

(*Captain Blackman,* 1972). In neueren Romanen wendet er sich der Situation afroamerikan. Schriftsteller zu: *Mothersill and the foxes* (1975), *The junior bachelor society* (1976), *Click song* (1982), *The Berhama account* (1985). *Jacob's ladder* (R., 1987) spielt in einer imaginären afrikan. Landschaft der 60er Jahre. Schrieb auch literar. Biographien über R. Wright (*The most native of sons,* 1970) und Martin Luther King, Jr. ([* 1929, † 1968] *The King God didn't save,* 1970) sowie Essays über die afroamerikan. Geschichte (*Africa. Her history, lands, and people,* 1962) und Gegenwart (*This is my country, too,* 1965; *Minorities in the city,* 1975).

Literatur: CASH, E. A.: J. A. W. The evolution of a black writer. Albuquerque (N. Mex.) 1973. – MULLER, G. H.: J. A. W. Boston (Mass.) 1984.

Williams, Oscar ['wɪljəmz], * Brooklyn (N. Y.) 29. Dez. 1900, † New York 10. Okt. 1964, Lyriker. – War nach dem Abbruch seiner High-School-Ausbildung u. a. im Reklamewesen und als Dozent tätig; Hg. bedeutender Anthologien. Seine eigene, qualitativ unterschiedl. Lyrik zeichnet sich z. T. durch die Kraft der Imagination aus.

Werke: The golden darkness (Ged., 1921), In gossamer grey (Ged., 1921), The man coming toward you (Ged., 1940), That's all that matters (Ged., 1944), Selected poems (1947).

Williams, Roger ['wɪljəmz], * London um 1603, † Providence (R. I.) zw. dem 16. Jan. und 15. März 1683, Schriftsteller. – Studierte in Cambridge und wurde zunächst anglikan., dann puritan. Geistlicher, der 1630 nach Neuengland auswanderte. Sein Eintreten für die strikte Trennung zw. Kirche und Staat, für liberale, demokrat. Prinzipien im Zusammenleben führte während der Ausübung seines geistl. Amtes in Salem zu Auseinandersetzungen mit der puritan. Geistlichkeit Bostons und 1635 zu seiner Verbannung aus der Massachusetts-Bay-Kolonie. 1636 gründete W. die Kolonie Providence in Rhode Island, in der er seine liberalen Vorstellungen weitgehend verwirklichte, indem er sich für die Rechte der Indianer einsetzte (*A key into the language of America,* 1643) und verfolgte Juden und Quäker aufnahm. Seine bedeutendste Schrift ist der in London veröffentlichte Traktat, *The bloudy tenent of persecution* (1644), in dem er die puritan. Überzeugungen v. a. John Cottons angriff und Religionsfreiheit für alle Kolonien forderte. Gegen Ende seines Lebens mußte er sowohl gegen die Quäker (*George Fox digg'd out of his burrowes,* 1676) als auch gegen die Indianer im sog. ›King-Philip's-War‹ (1675–76) Stellung beziehen.

Ausgabe: The writings of R. W. Providence (R. I.) 1866–74. 6 Bde. Neudr. u. d. T. The complete writings of R. W. New York 1963. 7 Bde.

Literatur: CARPENTER, E. J.: R. W. A study of the life, times and character of a political pioneer. Salem (N. H.) 1909. Neudr. Freeport (N. Y.) 1972. – MILLER, P.: R. W. His contribution to the American tradition. Indianapolis (Ind.) 1953. Neuausg. New York 1962. – R. W. and the Massachusetts magistrates. Hg. v. T. P. GREENE. Boston (Mass.) 1964. – COVEY, C.: The gentle radical. A biography of R. W. New York 1966. – MORGAN, E. S.: R. W. The church and the state. New York 1967. Neuaufl. 1988. – CHUPACK, H.: R. W. New York 1969. – COYLE, W.: R. W. A reference guide. Boston (Mass.) 1977. – GILPIN, W. C.: The millenarian piety of R. W. Chicago (Ill.) 1979.

Williams, Tennessee ['wɪljəmz], eigtl. Thomas Lanier W., * Columbus (Miss.) 26. März 1911, † New York 25. Febr. 1983, Dramatiker. – Verbrachte nach glückl. Kindheit seine Jugendjahre im engen Großstadtmilieu von Saint Louis; studierte mit Unterbrechungen, zuletzt an der University of Iowa. Gelegenheitsarbeiten u. a. in einer Schuhfabrik und als Kellner in New Orleans. Durch freizügige sexuelle Darstellungen als Dramatiker und Drehbuchautor in Hollywood verrufen, gelang W. mit dem Stück *The glass menagerie* (1944; dt. Die *Glasmenagerie,* 1947) der durchschlagende Erfolg. Behandelt in seinen bedeutenden Dramen Extremsituationen aus dem Leben z. T. physisch, meist aber psychisch deformierter Menschen, die an der Konfrontation ihrer aus Traumwelten oder verklärten Erinnerungen bestehenden Illusionen mit der schockartig und gewaltsam erfahrenen Realität resignativ zerbrechen oder tragisch enden. Einsamkeit und der

Wunsch nach Kommunikation bestimmen die Figuren in *The glass menagerie* und *A streetcar named desire* (1947; dt. *Endstation Sehnsucht,* 1949; Pulitzerpreis 1948; von E. Kazan verfilmt), wobei Liebesgefühle verdrängt bzw. sublimiert werden oder sich in roher Gewalt äußern. Homosexuelle Neigungen und die Degeneration der Südstaatenaristokratie bilden autobiograph. Komponenten in seinem Werk (*Battle of angels,* UA 1940, veröffentl. 1945, Neufassung als *Orpheus descending,* 1958, dt. *Orpheus steigt herab,* 1960; *Suddenly last summer,* 1958, dt. *Plötzlich letzten Sommer,* 1959; *Sweet bird of youth,* 1959, dt. *Süßer Vogel Jugend,* 1962; *Cat on a hot tin roof,* 1955, dt. *Die Katze auf dem heißen Blechdach,* 1961, Pulitzerpreis 1955, von Richard Brooks [* 1912] verfilmt). Mit seiner Konzeption des ›plastic theater‹ schuf W. im Sinne Richard Wagners und mit dem Einsatz von symbolist. u. lyr. Sprache ein alle Sinne ansprechendes Gesamtkunstwerk und wirkte theatertechnisch innovativ auf das amerikan. Gegenwartsdrama. W.s Dramen der 60er und 70er Jahre sind mit Ausnahme von *The night of the iguana* (1961; dt. *Die Nacht des Leguan,* 1963), *The milktrain doesn't stop here anymore* (1964; dt. *Der Milchzug hält hier nicht mehr,* 1965), *In the bar of a Tokyo hotel* (1969; dt. *In einer Hotelbar in Tokio,* 1970) wenig beachtet worden. Schrieb anfangs Einakter (*27 wagons full of cotton,* 1946), gelegentl. Romane (*The Roman spring of Mrs. Stone,* 1950; dt. *Mrs. Stone und ihr röm. Frühling,* 1953), Kurzgeschichten (*Eight mortal ladies possessed,* 1974, dt. *Acht Damen, besessen und sterblich,* 1977; *It happened the day the sun rose,* 1982) und Gedichte (*In the winter of cities,* 1956; *Androgyne, mon amour,* 1977), *Memoirs* (1975; dt. *Memoiren,* 1977) sowie Theateressays.

Weitere Werke: American blues (Dr., 1948; dt. Der steinerne Engel, 1951), The rose tattoo (Dr., 1951; dt. Die tätowierte Rose, 1952), Camino real (Dr., 1953; dt. 1954), Period of adjustment (Dr., 1960; dt. Zeit der Anpassung, 1970), Slapstick tragedy (Dr., 1965), Moise and the world of reason (R., 1975; dt. Moise und die Welt der Vernunft, 1984), Vieux Carré (Dr., 1979; dt. 1986), A lovely Sunday for Creve Coeur (Dr., 1980), Clothes for a summer hotel (Dr., 1980).

Ausgaben: The theatre of T. W. New York 1971–81. 7 Bde. Neudr. 1990. Bde. 1, 2, 5. – T. W. Where I live. Selected essays. Hg. v. C. R. DAY und B. WOODS. New York 1978. – T. W. Meisterdramen. Dt. Übers. Ffm. 1978. – T. W. Collected stories. London 1985. – Five o'clock angel. Letters of T. W. to Maria St. Just 1948–1982. New York 1990.

Literatur: JACKSON, E.: The broken world of T. W. Madison (Wis.) 1965. – JAUSLIN, C.: T. W. Velber 1969. – KOEPSEL, J.: Der amerikan. Süden u. seine Funktionen im dramat. Werk von T. W. Bern 1974. – LINK, F. H.: T. W.' Dramen. Einsamkeit u. Liebe. Darmst. 1974. – PETERSON, C.: T. W. Bln. 1975. – T. W. A collection of critical essays. Hg. v. S. S. STANTON. Englewood Cliffs (N. J.) 1977. – T. W. A tribute. Hg. v. J. THARPE. Jackson (Miss.) 1977. – YACOWAR, M.: T. W. and film. New York 1977. – FALK, S. L.: T. W. New York ²1978. – LEAVITT, R. F.: The world of T. W. New York 1978. – HIRSCH, F.: A portrait of the artist. The plays of T. W. Port Washington (N. Y.) 1979. – PHILLIPS, G. D.: The films of T. W. Philadelphia (Pa.) 1980. – LONDRÉ, F. H.: T. W. New York ²1981. – MCCANN, J. S. The critical reputation of T. W. A reference guide. Boston (Mass.) 1983. – WILLIAMS, D.: T. W. An intimate biography. New York 1983. – SPOTO, D.: The kindness of strangers. The life of T. W. London 1985. – T. W. Hg. v. H. BLOOM. New York. 1987. – THOMPSON, J. J.: T. W.'s plays. Memory, myth, and symbol. New York 1987. – Workbook zu T. W. s ›Cat on a hot tin roof.‹ Hg. v. J. P. BECKER. Kiel 1988. – T. W.'s ›A streetcar named desire.‹ Hg. v. H. BLOOM. New York 1988. – MURRAY, T. D.: Evolving texts. The writing of T. W. Newark (Del.) 1988. – VANNATTA, D.: T. W. A study of the short fiction. Boston (Mass.) 1988. – KALLENBERG-SCHRÖDER, A.: Die Darst. der Familie im modernen amerikan. Drama. Untersucht an ausgew. Dramen von Arthur Miller, T. W. u. Edward Albee. Ffm. u. a. 1990.

Williams, William Carlos ['wɪljəmz], * Rutherford (N. J.), 17. Sept. 1883, † ebd. 4. März 1963, Schriftsteller. – Lernte während seines Studiums an der University of Pennsylvania E. Pound und H. Doolittle sowie ihre Dichtungskonzeption des ↑Imagismus kennen; Famulatur als Kinderarzt an der Universität Leipzig (1908–09); führte bis in die 50er Jahre eine Arztpraxis in New Jersey; die dabei gewonnenen Erfahrungen im Umgang mit Menschen haben seine Gedichte, Essays und Romane wesentl. beeinflußt. W. gilt als einer der führenden Vertreter der amerikan. Lyrik in der 1. Hälfte des 20. Jahrhunderts. Seine anfänglich imagist., an E. Pound angelehnten Gedichte (*Poems,* 1909; *The tempers,* 1913) wandeln sich u. a. durch die Aufnahme expressionist. Elemente zu W.' eigenständiger Dichtung des Objektivismus, die durch die Reinheit der Form und genaue Beobachtung eines Gegenstandes zugleich eine sinnl. Erfahrung und einen geistigen Inhalt vermittelt (*Al que quiere!,* 1917; *Kora in hell,* Prosaged., 1920, dt. *Kora in der Hölle,* 1988; *Spring and all,* 1922; *Collected poems, 1921–1931,* 1934; *Adam and Eve in the city,* 1936) und schließlich in seinem autobiograph. Hauptwerk *Paterson* (Ged., 5 Bücher, 1946–58; dt. 1970) zu einem das amerikan. Idiom der Alltagswelt sowie die Geschichte der Stadt und das Leben seiner Mitbürger in New Jersey wiedergebenden realistisch-myth. Gedichtzyklus. W. erhielt für die versöhnenden späten Gedichte *Pictures from Brueghel* (1962) den Pulitzerpreis (1963). In seinen Prosaschriften bemüht sich W., die eigene Person und die einfachen Figuren seiner Erzählungen in eine eigenständige amerikan. Tradition einzubinden, so in den impressionist. Essays *In the American grain* (1925; dt. *Die Neuentdeckung Amerikas,* 1969), den regionalist. Erzählungen *Life along the Passaic River* (1938), *The farmer's daughters* (1961), dem autobiograph. Roman *A voyage to Pagany* (1928) und in der das Schicksal einer Einwandererfamilie thematisierenden Romantrilogie: *White mule* (1937; dt. *White Mule. Erste Schritte in Amerika,* 1987), *In the money* (1940), *The build-up* (1952). Schrieb auch Dramen (*Many loves and other plays,* 1961), eine Autobiographie (1951) und eine Erinnerung an seine Mutter *Yes, Mrs. Williams* (1959).

Weitere Werke: The great American novel (Essays, 1923), The knife of the times (En., 1932; dt. Die Messer der Zeit, 1989), A novelette and other prose 1921–1931 (1932), Selected essays (1954), Journey to love (Ged., 1955), Gedichte (dt. Ausw. 1962, erw. 1973 u. d. T. Die Worte, die Worte, die Worte), Imaginations (Ged., hg. 1970), W. C. W. (dt. Ausw. 1977), Endlos und unzerstörbar (Ged,. amerikan. u. dt. 1983), Der harte Kern der Schönheit (Ged., amerikan. u. dt. 1991).

Ausgaben: W. C. W. The collected earlier poems. Norfolk (Conn.) 1951. – W. C. W. The selected letters. Hg. v. J. C. THIRLWALL. New York 1957. – W. C. W. The collected later poems. Norfolk (Conn.) [2]1963. – The W. C. W. reader. Hg. v. M. L. ROSENTHAL. New York 1966. – The collected poems of W. C. W. Bd. 1 1909–1939. Hg. v. A. W. LITZ u. C. MACGOWAN. New York 1986. Bd. 2 1939–62. Hg. v. C. MACGOWAN. New York 1988. – W. C. W. and James Laughlin. Selected letters. Hg. v. H. WITEMEYER. New York 1989.

Literatur: GALINSKY, H.: Wegbereiter moderner amerikan. Lyrik. Interpretations- u. Rezeptionsstudien zu Emily Dickinson u. W. C. W. Mainz 1968. – OSTROM, A.: The poetic world of W. C. W. Carbondale (Ill.) 1968. – DIJKSTRA, B.: Cubism, Stieglitz, and the early poetry of W. C. W. Princeton (N. J.) 1969. – BRESLIN, J. E.: W. C. W. An American artist. New York 1970. – CONARROE, J.: W. C. W.'s ›Paterson‹. Language and landscape. Philadelphia (Pa.) 1970. – WEAVER, M.: W. C. W. The American background. Cambridge (Mass.) 1971. – JUHASZ, S.: Metaphor and the poetry of W., Pound and Stevens. Lewisburg (Pa.) 1974. – RIDDEL, J. N.: The inverted bell. Modernism and the counter-poetics of W. C. W. Baton Rouge (La.) 1974. – COLES, R.: W. C. W. The knack of survival in America. New Brunswick (N. J.) 1975. – WEAVER, M.: W. C. W. New York 1977. – A recognizable image. W. C. W. on art and artists. Hg. v. B. DIJKSTRA. New York 1978. – W. C. W. The critical heritage. Hg. v. C. DOYLE. London u. a. 1980. – MARIANI, P. L.: W. C. W. A new world naked. New York u. a. 1981. – DOYLE, C.: W. C. W. and the American poem. New York 1982. – MARLING, W.: W. C. W. and the painters, 1909–1923. Athens (Ohio) 1982. – W. C. W. Man and poet. Hg. v. C. F. TERRELL. Orono (Maine) 1983. – BALDWIN, N.: To all gentleness. W. C. W., the doctor-poet. New York 1984. – RAPP, C.: W. C. W. and romantic idealism. Urbana (Ill.) 1984. – W. C. W. Hg. v. H. BLOOM. New York 1986. – HELLER, J.: W. C. W., W. Stevens u. die moderne Malerei. Ästhet. Entwürfe, Verfahren der Komposition. Ffm. 1986. – DRISCOLL, K.: W. C. W. and the maternal muse. Ann Arbor (Mich.) 1987. – FRAIL, D.: The early politics and poetics of W. C. W. Ann Arbor (Mich.) 1987. – RODGERS, A. T.: Virgin and whore. The image of women in the poetry of W. C. W. Jefferson (N. C.) 1987. – SCHMIDT, P.: W. C. W. the arts, and literary tradition. Baton Rouge (La.) 1988. – BOHMANN, J.: ›No ideas but in things‹. Unterss. zu W. C. W.' Lyrik u. Poetik vor dem Hintergrund von Imagismus u. Objektivismus. Ffm. 1989. – FISHER-WIRTH, A. W.: W. C. W. and autobiography. The woods of his own nature. University Park (Pa.) 1989. – GISH, R. F.: W. C. W. A study of the short fiction. Boston (Mass.) 1989. – W. C. W. Hg. v. T. R. WHITAKER. Boston (Mass.) 1989.

Willis, Nathaniel Parker ['wılıs], Pseudonym Philip Slingsby, * Portland (Maine) 20. Jan. 1806, † bei Tarrytown (N. Y.) 20. Jan. 1867, Schriftsteller. – Journalist, Gründer und Hg. des *American Monthly Magazine* (1829–31); führende Gestalt des gesellschaftl. Lebens der literar. Kreise New Yorks und Freund E. A. Poes. Seine bedeutendste Leistung sind die in Briefform abgefaßten, stilistisch eleganten Schilderungen seiner Reiseeindrücke in Europa und im Nahen Osten (*Pencillings by the way,* 3 Bde., 1835, vollständige Ausg. 1844; *Loiterings of travel,* 3 Bde., 1840); daneben trat er auch als Verfasser von Gedichten (*Inklings of adventure,* 1836, u. d. Pseudonym Philip Slingsby), romant. Tragödien (*Bianca Visconti,* 1837; *Tortesa, the userer,* 1839) und Kurzgeschichten (*Dashes at life with a free pencil,* 3 Bde., 1845) hervor.

Weitere Werke: Sketches (Ged., 1827), American scenery (Skizzen, 2 Bde., 1840), Paul Fane (R., 1857).

Ausgabe: The complete works of N. P. W. New York 1846. 13 Bde.

Literatur: AUSER, C. P.: N. P. W. New York 1969.

Wilson, Edmund ['wılsən], * Red Bank (N. J.) 8. Mai 1895, † Talcottville (N. Y.) 12. Juni 1972, Schriftsteller und Kritiker. – Studium an der Princeton University; eng befreundet mit E. St. Vincent Millay, in 3. Ehe ∞ mit M. McCarthy (1938–46); Journalist bei verschiedenen New Yorker Zss., Mit-Hg. von *Vanity Fair* (1920), *The New Republic* (1926–31), Rezensent für den ↑ *New Yorker* (1944–48); ab 1931 freier Schriftsteller. Von gemäßigter linker Perspektive aus, war er bes. einflußreich in seinen sozialpsychologisch orientierten literaturkrit. Abhandlungen über den Einfluß des frz. Symbolismus auf die moderne Literatur (*Axel's castle. A study in the imaginative literature of 1870–1930,* 1931; dt. *Axels Schloß. Studien zur literar. Einbildungskraft 1870–1930,* 1977), seinen Studien zur Russ. Revolution (*To the Finland station. A study in the writing and acting of history,* 1940; dt. *Der Weg nach Petersburg,* 1963, 1974 u. d. T. *Auf dem Weg zum finn. Bahnhof*) und zum amerikan. Bürgerkrieg (*Patriotic gore,* 1962). Gab bed. Anthologien heraus, wie die krit. Äußerungen amerikan. Autoren sammelnde *The shock of recognition. The development of literature in the United States recorded by the men who made it* (1943, erw. 1955), beschäftigte sich mit frühen literar. Dokumenten (*The scrolls from the Dead Sea,* 1955, erw. 1969; dt. *Die Schriftrollen vom Toten Meer,* 1956) und mit der indian. Geschichte (*Apologies to the Iroquois,* 1960; dt. *Abbitte an die Irokesen,* 1974). Schrieb eigene Erzählungen (*Memoirs of Hecate County,* 1946; dt. *Erinnerungen an Hekates Land,* 1965), Dramen und Gedichte, die weniger bed. sind. Verfaßte zwei Autobiographien (*A piece of my mind. Reflections at sixty,* 1956; *A prelude. Landscapes, characters and conversations from the earlier years of my life,* 1967). Seine Tagebucheinträge wurden als Memoiren (bisher 4 Bde.) von Leon Edel (* 1907) herausgegeben: *The twenties* (1975), *The thirties* (1980), *The forties* (1983), *The fifties* (1986).

Ausgaben: Letters on literature and politics 1912–1972. Hg. v. E. WILSON. New York 1977. Dt. E. W. Briefe über Literatur u. Politik, 1912–1972. Übers. v. H.-H. WERNER. Mchn. 1981. – The Nabokov-W. letters 1940–1971. Hg. v. S. KARLINSKY. New York 1979. – The portable E. W. Hg. v. L. M. DABNEY. Fort Lauderdale (Fla.) 1983.

Literatur: FRANK, C. P.: E. W. New York 1970. – KRIEGEL, L.: E. W. Carbondale (Ill.) u. a. 1971. – E. W. The man and his work. Hg. v. J. WAIN. New York 1978. – COSTA, R. H.: E. W. Our neighbor from Talcottville. Syracuse (N. Y.) 1980. – DOUGLAS, G. H.: E. W.'s America. Lexington (Ky.) 1983. – CASTRONOVO, D.: E. W. New York 1984. – GROTH, J.: E. W. A critic for our time. Athens (Ohio) 1989.

Wilson, Lanford ['wılsən], * Lebanon (Mo.) 13. April 1937, Dramatiker. – Begann seine Karriere an ↑Off-Off-Broadway-Theatern in Greenwich Village mit Einaktern (*So long at the fair,* UA 1963; *Home free!,* UA 1964, dt. *Eins, zwei, drei, frei,* um 1970 als Manuskript veröffentlicht; *The madness of Lady Bright,* UA 1964). Seine ersten abendfüllenden Dramen an Off-Broadway-Bühnen behandeln negative Aspekte des New Yorker Nachtlebens (*Balm in Gilead,* UA 1965) sowie Erinnerungen an seine Jugend im mittleren Westen (*The rimers of Eldritch,* UA 1965, dt. *Der Rauhreif im Eldritch,* um 1970 als Manuskript veröffentlicht; *This is the rill speaking,* UA 1965). Die am ↑Broadway, v. a. von der von ihm 1969 mitbegründeten Circle Theatre Company aufgeführten Stücke zeigen die grausame Realität zerstörter Verhältnisse im menschl. Zusammenleben (*Gingham dog,* UA 1968, dt. *Der Plüschhund und die Baumwollkatze,* 1970; *Lemon sky,* UA 1970, dt. 1975; *Serenading Louie,* UA 1970; *The Hot l Baltimore,* UA 1973), kritisieren polit. Zeitereignisse (*The mound builders,* UA 1975; *Fifth of July,* UA 1978; *Angels fall,* UA 1982) und durchleuchten das Schicksal der Familie Talley in Missouri (*Talley's folly,* UA 1979; *A tale told,* UA 1981; *Talley and son,* Dr., 1986). *Burn this* (Dr., 1987; dt. *Verbrenn das,* 1988) behandelt die Problematik von homo- und heterosexueller Liebe in New York.

Literatur: Busby, M.: L. W. Boise (Id.) 1987.

Wilson, Robert M. ['wılsən], * Waco (Tex.) 4. Okt. 1944, Dramatiker und Regisseur. – Studierte an der University of Texas und am Pratt Institute in New York; 1962 Malunterricht bei George McNeil (* 1908) in Paris. W. gilt mit seinem Konzept des ›total theatre‹ bzw. des ›theatre of vision‹ als einer der originellsten Erneuerer des Theaters der Gegenwart. Das an die experimentellen Happenings der 60er Jahre erinnernde, konventionelle Vorstellungen von Handlungslogik, Charakteren, Sprach-, Raum- und Zeitgestaltung durch nonverbale, visuell verknüpfte Aktionsbilder und Toncollagen ersetzende postmoderne Theater (u. a. in Zusammenarbeit mit dem amerikan. Komponisten Philip Glass [* 1937]) stellt an die Zuschauer, die zugleich Mitagierende des Schauspiels werden, große Anforderungen. So werden die Grenzen zwischen Zuschauerrealität und Bühnenfiktion in surrealist., durch Zeitlupe und Wiederholung extrem verlangsamten Bildern aufgehoben. Das Monumentalspektakel *the CIVIL warS,* das 1983/84 in verschiedenen Stückteilen in Rotterdam, Tokio, Köln (Mitarbeit von Heiner Müller, veröffentlicht 1984) und Rom aufgeführt wurde, sollte als Ganzes als Theateroper der ›Menschheitsgeschichte‹ 1984 in Los Angeles beim ›Olympic Arts Festival‹ über Tage hin uraufgeführt werden, was aus finanziellen Gründen scheiterte. Insgesamt leben W.s Stücke nicht vom Text, sondern, wie die histor. Figuren zeigen, von dem durch solche Signale freigesetzten Assoziationsspielraum des Zuschauers sowie von den Inszenierungen. Zu seinen bekanntesten Stücken und Regiearbeiten gehören *Dance event* (UA New York 1965), *ByrdwoMAN* (UA New York 1968), *The King of Spain* (UA New York 1969), *The life and times of Sigmund Freud* (UA 1969), *KA MOUNTAIN AND GUARDenia TERRACE. A story about a family and some people changing* (UA Schiras, Iran 1972), *The life and times of Joseph Stalin* (UA Kopenhagen 1973), *A mad man a mad giant a mad dog a mad urge a mad face* (UA Rom 1974), *A letter for Queen Victoria* (UA Spoleto 1974), *Einstein on the beach* (UA New York 1976), *Death, destruction, and Detroit* (UA 1. Tl.: Berlin 1979, 2. Tl.: Berlin 1987), *Medea* (UA Washington 1981), *The golden windows/Die goldenen Fenster* (UA München 1982), *The confessions of Klaus Barbie, the butcher of Lyon* (Dr., 1984). Mit H. Müller arbeitet W. weiterhin zusammen, wie bei der Inszenierung von dessen Stück *Die Hamletmaschine* (Hamburg 1986) und von Euripides' *Alkestis* (Stuttgart 1987), das auf seine Regie von C. W. Glucks *Alceste* (Stuttgart 1986) folgte.

Weitere Werke: Parzival (UA Hamburg 1987, mit Tankred Dorst), Cosmopolitan greetings (UA Hamburg 1988), Black rider (›Freischützprojekt‹, UA Hamburg 1990), King Lear (UA Hamburg 1990), Lohengrin (UA Zürich 1991), Die Frank-

heit Tod (UA Berlin 1992).
Ausgaben: New American plays 3. Hg. v. W. M. HOFFMAN. New York 1970. – The theatre of images. Hg. v. B. MARRANCA. New York 1977.
Literatur: BRECHT, S.: The original theatre of the City of New York. Bd. 1: The theatre of visions, R. W. Ffm. 1978. – SHYER, L.: R. W. and his collaborators. New York 1989.

Wilson, Sloan ['wɪlsən], * Norwalk (Conn.) 8. Mai 1920, Schriftsteller. – Studierte Psychologie an der Harvard University; Verfasser erfolgreicher Romane, von denen mehrere verfilmt wurden; in dem Roman *The man in the gray flannel suit* (1955; dt. *Der Mann im grauen Anzug,* 1956) beschreibt er das Leben eines Durchschnittsamerikaners aus einem Vorort von New York.
Weitere Werke: A summer place (R., 1958; dt. Die Sommer-Insel, 1959), A sense of values (R., 1960; dt. Am Tisch des Lebens, 1962), Georgie Winthrop (R., 1963; dt. 1964), Away from it all (R., 1969), All the best people (R., 1970; dt. Wie ein wilder Traum, 1971, 1986 u. d. T. Die Spitzen der Gesellschaft), Ice brothers (R., 1979; dt. Die Männer der Arluk, 1982), The greatest crime (R., 1980), Pacific interlude (R., 1982), The man in the gray flannel suit II (R., 1984).

Winsor, Kathleen ['wɪnsər], * Olivia (Minn.) 16. Okt. 1919, Schriftstellerin. – Hatte großen Erfolg mit ihrem ersten Werk, dem z. Z. der engl. Restauration spielenden Roman *Forever Amber* (1944; dt. *Amber,* 1946).
Weitere Werke: Star money (R., 1950; dt. Die Sterntaler, 1951), The lovers (R., 1952; dt. Phantast. Liebe, 1953), America, with love (R., 1957; dt. Cassy, 1958), Wanderers eastward, wanderers west (R., 1965; dt. Rauher Osten, wilder Westen, 1968), Calais (R., 1979; dt. Ich fürchte nur dein Herz, 1980), Jacintha (R., 1983; dt. Jacintha. Phantast. Roman, 1985), Robert and Arabella (R., 1986; dt. Robert und Arabella, 1987).

Winters, [Arthur] Yvor ['wɪntərz], * Chicago 17. Okt. 1900, † Palo Alto (Calif.) 25. Jan. 1968, Lyriker und Kritiker. – Ab 1927 Prof. für engl. Sprache und Literatur an der Stanford University; Hg. der Zss. *The Gyroscope* (1929–31) und *Hound and Horn* (1932–34); Vertreter einer formal und gehaltlich strengen, antiromant., neoklassizist. Versdichtung; einflußreicher Literaturkritiker und Vertreter des ↑New criticism.
Werke: The immobile wind (Ged., 1921), The bare hills (Ged., 1927), Before disaster (Ged., 1934), Primitivism and decadence (Essays, 1937), The giant weapon (Ged., 1943), In defense of reason (Essays, 1947), On modern poets (Essay, 1959), Forms of discovery (Essays, 1967).
Ausgaben: The uncollected essays and reviews. Hg. v. F. MURPHY. Chicago (Ill.) 1973. – The collected poems of Y. W. Hg. v. D. DAVIE. Chicago (Ill.) 1978.
Literatur: PARKINSON, T.: Hart Crane and Y. W. Their literary correspondence. Berkeley (Calif) 1978. – POWELL, G.: Language as being in the poetry of Y. W. Baton Rouge (La.) 1980. – ISAACS, E.: An introduction to the poetry of Y. W. Chicago 1981. – DAVIS, D.: Wisdom and wilderness. The achievement of Y. W. Athens (Ga.) 1983. – POWELL, G.: An annotated bibliography, 1919–1982. Metuchen (N. J.) 1983. – COMITO, T.: In defense of W. The poetry and prose of Y. W. Madison (Wis.) 1986.

Winthrop, John ['wɪnθrəp], * Edwardstone (Suffolk) 12. Jan. 1588, † Boston (Mass.) 26. März 1649, Schriftsteller. – Aus angesehener Familie; war nach abgebrochenem Studium in Cambridge Anwalt in London. W. schloß sich den Puritanern an und führte die erste Gruppe der religiös verfolgten Aussiedler auf dem Schiff ›Arbella‹ 1630 in die Massachusetts-Bay-Kolonie, deren langjähriger Gouverneur er war. Die auf der Überfahrt gehaltene Laienpredigt, *A model of Christian charity,* bildete die Grundlage der religiös untermauerten hierarch. Ordnung in der Kolonie. Die sich aus W.s *Journal* (Teil 1 u. 2, hg. v. N. Webster 1790) zusammensetzende *The history of New England 1630–1649* (3 Tle., hg. v. J. Savage 1825/26) stellt eines der bedeutendsten Dokumente aus der Frühphase der puritan. Kultur in der für die Entwicklung Amerikas wichtigsten Kolonie Neuenglands dar.
Ausgabe: The W. papers. Hg. v. A. FORBES. Boston (Mass.) 1929–45. 5 Bde.
Literatur: MORGAN, E. S.: The puritan dilemma. The story of J. W. Boston (Mass.) 1958. Nachdr.

1962. – DUNN, R. S.: Puritans and Yankees. The Winthrop dynasty of New England, 1630–1717. Princeton (N. J.) 1962. – RAYMER, R. G.: J. W. Governor of the company of Massachusetts Bay in New England. New York 1963. – RUTMAN, D. B.: W.'s Boston. Chapel Hill (N. C.) 1965. Nachdr. New York 1972.

Wise, John [waɪz], * Roxbury (Mass.) im Aug. 1652, † Ipswich (Mass.) 8. April 1725, Schriftsteller. – Ab 1680 puritan. Geistlicher in Ipswich. Geriet durch öffentl. Ablehnung der widerrechtlich von Gouverneur Andros (* 1637, † 1714) erhobenen Steuern und der von der Mather-Familie geforderten zentralen Organisation der puritan. Kirche (*The churches quarrel espoused,* 1710; *A vindication of the government of New-England churches,* 1717) in Widerspruch zur polit. und geistl. Obrigkeit seiner Zeit, wirkte aber gerade dadurch als einer der ersten Vertreter egalitärer und demokrat. Prinzipien bis ins 19. Jahrhundert.

Literatur: COOK, G. A.: J. W. Early American democrat. New York 1952. – ERICSON, J.: J. W. Colonial conservative. Stanford (Calif.) 1961. – BREEN, T.: The character of a good ruler. Puritan political ideas in New England 1630–1730. New York 1970.

Wister, Owen ['wɪstər], * Philadelphia 14. Juli 1860, † Crowfield bei Kingston (R. I.) 21. Juli 1938, Schriftsteller. – Studierte zus. mit Theodore Roosevelt (* 1858, † 1919) an der Harvard University; das gemeinsame Interesse für die mythologisch überhöhte abenteuerl. Welt des Westens verband beide mit dem Maler Frederic Remington (* 1861, † 1909). Aufenthalte im Mittleren Westen vermittelten ihm Kenntnisse des Lebens der Cowboys, das er in unromant., an Robert Louis Stevensons und Rudyard Kiplings Stil orientierten Erzählungen (*Red men and white,* 1896; *Lin McLean,* 1898; *The Jimmyjohn boss,* 1900) darstellte. Als sein Hauptwerk gilt der Bestseller *The Virginian. Horseman of the Plains* (R., 1902; dt. *Der Virginier,* 1955), in dem er in der Verbindung der Abenteuer eines Cowboy-Helden mit dessen romant. Werben um die Liebe einer Schullehrerin aus dem Osten das Strukturmuster des erfolgreichen Western erstellte.

Weitere Werke: Philosophy 4. A story of Harvard University (R., 1903), Roosevelt, the story of a friendship, 1880–1919 (1930).

Ausgaben: The writings of O. W. New York 1902. Neuausg. 1928. 11 Bde. – O. W. out west. His journals and his letters. Hg. v. F. K. WISTER. Chicago 1958. – My dear W. The Frederic Remington - O. W. letters. Hg. v. B. P. VORPAHL. Palo Alto (Calif.) 1972. – That I may tell you. Journals and letters of the O. W. family. Hg. v. F. K. WISTER. Wayne (Pa.) 1979.

Literatur: WHITE, G. E.: The Eastern establishment and the Western experience. The West of Frederic Remington, Theodore Roosevelt, and O. W. New Haven (Conn.) 1968. – ETULAIN, R. W.: O. W. Boise (Id.) 1973. – RUSH, N. O.: The diversions of a Westerner. With emphasis upon O. W. and Frederic Remington, books and libraries. Amarillo (Tex.) 1979. – COBBS, J. L.: O. W. Boston (Mass.) 1984.

Wolfe, Thomas [Clayton] [wʊlf], * Asheville (N. C.) 3. Okt. 1900, † Baltimore 15. Sept. 1938, Schriftsteller. – Studium u. a. an der Harvard University; 1924–30 Dozent für engl. Literatur am Washington Square College der New York University; mehrere Europareisen; anfangs heftig umstritten, fand er erst kurz vor seinem Tod Anerkennung. W. wandte sich nach erfolglosen Versuchen als Dramatiker der erzählenden Dichtung zu. Seine von überströmenden Gefühlen sowie von zeitl. und räuml. Expansion getragenen Erlebnisse transponierte er in eine die formale Einheit des Romans transzendierende autobiograph. Form, die im Gegensatz zu seinen Vorbildern (Marcel Proust, James Joyce) unvollendet blieb und der weitreichenden editor. Hilfe von Maxwell E. Perkins (* 1884, † 1947) und Edmund C. Aswell (* 1900, † 1958) bedurfte. Die bekanntesten und bedeutendsten Teile dieses um Objektivität und Distanz bemühten Lebensromans sind *Look homeward, angel* (1929; dt. *Schau heimwärts, Engel!,* 1932) und *Of time and the river* (R., 1935; dt. *Von Zeit und Strom,* 1936), die die menschl. und berufl. Entfaltung von W.s alter ego Eugene Gant in den USA und auf Reisen in Europa bis zum Schriftsteller nachzeichnen. W.s teils von lyr., teils von kritisch-satir. Elementen geprägtes Gesamtwerk vermittelt durch eine Fülle von Impressionen, Erinnerungen und Assoziationen ein anfangs betont skept., später optimist., häufig ins Mythische gesteigertes Bild Amerikas.

Weitere Werke: From death to morning (En., 1935; dt. Vom Tod zum Morgen, 1937), The story of a novel (Essays, 1936; dt. Uns bleibt die Erde. Die Geschichte eines Romans, 1951), The web and the rock (R., unvollendet, hg. 1939; dt. Strom des Lebens, 1941, 1953 u. d. T. Geweb und Fels), You can't go home again (R., unvollendet, hg. 1940; dt. Es führt kein Weg zurück, 1942), The hills beyond (Prosastücke, hg. 1941; dt. Hinter jenen Bergen, 1956), Mannerhouse (Dr., hg. 1948; dt. Herrenhaus, 1953), Welcome to our city (Dr., hg. 1983).

Ausgaben: The letters of T. W. Hg. v. E. NOWELL. New York 1956. – T. W. Sämtl. En. Dt. Übers. Rbk. 1967. – The letters of T. W. to his mother. Hg. v. C. HOLMAN u. S. ROSS. Neuausg. Chapel Hill (N. C.) 1968. – The notebooks of T. W. Hg. v. R. S. KENNEDY u. P. REEVES. Chapel Hill (N. C.) 1970. 2 Bde. – T. W. Eine nicht gefundene Tür. Ausgew. Briefe. Dt. Übers. Hg. v. J. KREHAYN. Bln. 1971. – The autobiography of an American novelist. Hg. v. L. FIELD. Cambridge (Mass.) 1983. – Beyond love and loyalty. The letters of T. W. and Elizabeth Nowell together with ›No more rivers‹. Hg. v. R. S. KENNEDY. Chapel Hill (N. C.) 1983. – My other loneliness. Letters of T. W. and Aline Bernstein. Hg. v. S. STUTMAN. Chapel Hill (N. C.) 1983. – In the shadow of the giant. T. W. Correspondence of Edward C. Aswell and Elizabeth Nowell 1949–1958. Hg. v. M. ASWELL DOLL u. C. STITES. Athens (Ohio) 1988.

Literatur: KENNEDY, R. S.: The window of memory. The literary career of T. W. Chapel Hill (N. C.) 1962. – HELMCKE, H.: Die Familie im Romanwerk von T. W. Studien zur Entstehung, Verformung u. Eigenmächtigkeit eines Kernthemas seines Schaffens. Hdbg. 1967. – FIELD, L. A.: T. W. New York 1968. – GURKO, L.: T. W. Beyond the romantic ego. New York 1975. – The loneliness at the core. Studies in T. W. Hg. v. C. H. HOLMAN. Baton Rouge (La.) 1975. – PHILLIPSON, J. S.: T. W. A reference guide. Boston (Mass.) 1977. – MARX, S.: T. W. and Hollywood. Athens (Ohio) 1980. – T. W. of North Carolina. Hg. v. H. G. JONES. Chapel Hill (N. C.) 1982. – EVANS, E.: T. W. New York 1984. – Critical essays on T. W. Hg. v. J. S. PHILLIPSON. Boston (Mass.) 1985. – T. W. Hg. v. H. BLOOM. New York 1987. – DONALD, D. H.: Look homeward. A life of T. W. Boston (Mass.) 1987. – FIELD, L.: T. W. and his editors. Establishing a true text for the posthumous publications. Norman (Okla.) 1987.

Wolfe, Tom [wʊlf], eigtl. Thomas Kennerly, * Richmond (Va.) 2. März 1931, Schriftsteller. – Studium an der Yale University (1957); Journalist und Reporter verschiedener Zeitungen (u. a. *Washington Post, New York Herald Tribune*); Mit-Hg. des *New York Magazine* (1968–76), seit 1977 von *Esquire*. W. entwickelte mit seinen originellen, sprachschöpfer. Reportagen und Essays über die amerikan. Gegenwartskultur den als ↑New journalism bezeichneten Schreibstil, bei dem fakt. Ereignisse mit fikionalen Techniken dargestellt werden. Die Essaysammlungen befassen sich mit der amerikan. Popkultur der 60er Jahre (*The kandy-kolored tangerine-flake streamline baby,* 1965; dt. *Das bonbonfarbige tangerinrotgespritzte Stromlinienbaby,* 1968), mit der Drogenkultur und Schriftstellern wie K. Kesey (*The electric kool-aid acid test,* 1968; dt. *Unter Strom,* 1987), mit dem Engagement liberaler Weißer für revolutionäre Ziele (*Radical chic and Mau-mauing the flak catchers,* 1970; dt. *Radical Chic und Mau Mau bei der Wohlfahrtsbehörde,* 1972), mit der modernen Kunst und Kunstkritikern (*The painted word,* 1975), mit der New Yorker Gesellschaft (*Mauve gloves and madmen, clutter and vine,* 1976; *In our time,* 1980), mit der Architektur (*From Bauhaus to our house,* 1981; dt. *Mit dem Bauhaus leben. Die Diktatur des Rechtecks,* 1982) und mit den ersten Astronauten der amerikan. Raumfahrt in dem besten, auch verfilmten Werk dieser Schreibweise (*The right stuff,* 1979; dt. *Die Helden der Nation. Reportage-Roman,* 1983). W. erzielte mit seinem die New Yorker Gesellschaft der 80er Jahre schildernden, 1991 verfilmten Roman *The bonfire of the vanities* (R., 1987; dt. *Fegefeuer der Eitelkeiten,* 1988) große Erfolge und setzte sich mit seinem neorealist. Stil von postmodernen Schreibtechniken ab.

Weitere Werke: The New Journalism (1973, Hg. mit E. W. Johnson), The purple decades. A reader (1982), The tinkerings of Robert Noyce (R., 1983; dt. Die neue

Welt des Robert Noyce. Eine Pioniergeschichte aus dem Silicon Valley, 1990).
Literatur: Conversations with T. W. Hg. v. D. SCURA. Jackson (Miss.) 1990.

Woolman, John ['wʊlmən], * Rancocas (N. J.) 19. Okt. 1720, † York (England) 7. Okt. 1772, Schriftsteller. – Überzeugter Quäker; ab 1743 Wanderprediger; vertrat in seinen Essays humanitäre Ideale, bekämpfte die Sklaverei (*Some considerations on the keeping of Negroes,* 2 Tle., 1754 u. 1762, Neuaufl. 1969), den Krieg und jegl. Form der Ausbeutung (*A plea for the poor,* hg. 1793; dt. *Für die Armen! Ruf nach Gerechtigkeit,* 1931). Sein ab 1756 geführtes, auch gattungstheoret. bed. Tagebuch (*Journal,* hg. 1774; dt. *Die Aufzeichnungen von John Woolman,* 1923) zeigt seine lautere Gesinnung und sein Eintreten für friedl. Zusammenleben mit den Indianern.
Ausgabe: J. W. The journal and major essays. Hg. v. P. P. MOULTON. New York 1971.
Literatur: PEARE, C. O.: J. W. New York 1954. – CODY, E.: J. W. New York 1965. – ROSENBLATT, P.: J. W. New York 1969. – MOULTON, P. P.: The living witness of J. W. Wallingford (Conn.) 1973.

Woolson, Constance Fenimore ['wʊlsən], * Claremont (N. H.) 5. März 1840, † Venedig 24. Jan. 1894, Schriftstellerin. – Großnichte von J. F. Cooper; W. wuchs in Ohio auf, Schulausbildung in New York. Die Schauplätze ihres Lebens werden zum Ausgangspunkt ihrer regionalist. Erzählungen und Romane. So verarbeitete sie die Geschichte der Besiedlung der großen Seenlandschaft in *Castle nowhere. Lake-country sketches* (En., 1875), ihren Aufenthalt in Florida und Carolina (1873–79) in *Rodman the keeper. Southern sketches* (En., 1880), wo sie die Welt des alten Südens vor dem Bürgerkrieg der neuen Realität der Rekonstruktion in der Nachkriegszeit gegenüberstellt, sowie ihre Erfahrungen in Italien, wo sie ab 1879 vornehmlich lebte, in *The front yard* (En., 1895) und *Dorothy* (En., 1896), die an das ›internationale Thema‹ des von ihr verehrten H. James erinnern. Ihre fünf als Charakterstudien konzipierten Romane spielen wieder an den Schauplätzen ihres amerikan. Lebens (*Anne,* 1882; *For the major,* 1883; *East angels,* 1886; *Jupiter lights,* 1889; *Horace Chase,* 1894).
Ausgabe: Women artists, women exiles. ›Miss Grief‹ and other stories. Hg. v. J. MYERS WEIMER. New Brunswick (N. J.) 1988.
Literatur: Moore, R. S.: C. F. W. New York 1963. – ROWE, A.: The enchanted country. Northern writers in the South, 1865–1910. Baton Rouge (La.) 1979.

Wouk, Herman [woʊk], * New York 27. Mai 1915, Schriftsteller. – Sohn eines russ. Emigranten; nach Studienabschluß für Rundfunk und Film tätig; im 2. Weltkrieg bei der Marine. W. wurde v. a. durch seine populären Kriegsromane bekannt, die das Geschehen im Pazifik und in Europa sowie die Schrecken des Holocaust schildern. Nach dem preisgekrönten, auch dramatisierten *The Caine mutiny* (1951; dt. *Die Caine war ihr Schicksal,* 1954; Pulitzerpreis 1952) wurden auch *The winds of war* (1971; dt. *Der Feuersturm,* 1972) und *War and remembrance* (1978; dt. Teil 1: *Der Krieg. Von Pearl Harbor bis zur Wende an der Ostfront,* 1979, Teil 2: *Weltsturm,* 1980) zu Welterfolgen; schreibt ferner zeitkrit. Gesellschaftsromane.
Weitere Werke: Aurora Dawn (R., 1947; dt. Rosa ist Aurora, 1960, 1984 u. d. T. Aurora schaumgeboren), The city boy (R., 1948; dt. Großstadtjunge, 1958, 1984 u. d. T. City Boy), Marjorie Morningstar (R., 1955; dt. 1956), This is my God (Abh., 1959; dt. Das ist mein Gott. Glauben und Leben der Juden, 1961), Youngblood Hawke (R., 1962; dt. Arthur Hawke, 1964, 1967 u. d. T. Ein Mann kam nach New York), Don't stop the carnival (R., 1965; dt. Nie endet der Karneval, 1966), Inside, outside (R., 1986; dt. Der Enkel des Rabbi, 1986).
Literatur: BEICHMAN, A.: H. W. The novelist as social historian. New Brunswick (N. J.) 1984.

Wright, Charles [raɪt], * Pickwick Dam (Tenn.) 25. Aug. 1935, Lyriker. – Studierte am Davidson College, in Iowa und Rom; Englisch-Prof. an der University of California in Irvine (1966–83), seit 1983 an der University of Virginia. Schreibt von E. Pound, E. Montale und G. Trakl beeinflußte, expressionist. Gedichte, in denen Realität und Surrealität, konkrete Erfah-

rungen und irrationale Vorstellungen ineinander übergehen. W. übersetzt auch italien. Lyrik.
Werke: The voyage (Ged., 1963), 6 poems (1965), The grave of the right hand (Ged., 1970), The Venice notebook (1971), Bloodlines (Ged., 1975), China trace (Ged., 1977), Wright. A profile (Ged., 1979), Country music. Selected early poems (1982), The other side of the river (Ged., 1984), 5 journals (1986), Halflife. Improvisations and interviews 1977–87 (1988), Zone journals (1988).

Wright, James [Arlington] [raɪt], * Martins Ferry (Ohio) 13. Dez. 1927, † New York 25. März 1980, Lyriker. – Studierte bei J. C. Ransom am Kenyon College und bei T. Roethke an der University of Washington. 1966–80 Englisch-Prof. am Hunter College in New York. W.s Dichtung reicht thematisch von der naturverbundenen Jugend in Ohio (*The green wall,* 1957, Yale Series of Younger Poets Award; *Two citizens,* 1973; *Moments of the Italian summer,* 1976) über Verzweiflung, Liebesschmerz, Gewalt und Tod (*Saint Judas,* 1959; *Shall we gather at the river?,* 1968) zu Reiseeindrücken aus Europa (*This journey,* hg. 1982). Das Mitgefühl für menschl. Leiden findet anfänglich in strengen Formen, später in freien Versrhythmen und Prosagedichten seinen Ausdruck. W. übersetzte zus. mit R. Bly u. a. T. Storm, G. Trakl und P. Neruda.
Weitere Werke: Collected poems (1971; Pulitzerpreis 1972), To a blossoming pear tree (Ged., 1977), Leave it to the sunlight (Ged., hg. 1981), The shape of light (Prosa, 1986).

Ausgabe: Collected prose. Hg. v. A. WRIGHT. Ann Arbor (Mich.) 1983.

Literatur: The pure clear word. Essays on the poetry of J. W. Hg. v. D. SMITH. Urbana (Ill.) 1982. – DOUGHERTY, D. C.: J. W. Boston (Mass.) 1987. – J. W. A profile. Hg. v. F. GRAZIANO u. P. STITT. Durango (Colo.) 1988. – STEIN, K.: The poetry of a grown man. Constancy and transition in the works of J. W. Athens (Ohio) 1989.

Wright, Richard [Nathaniel] [raɪt], * bei Natchez (Miss.) 4. Sept. 1908, † Paris 28. Nov. 1960, Schriftsteller. – Wuchs unter harten Bedingungen im Süden auf, v. a. in Jackson (Miss.) und Nashville (Tenn.); ab 1927 in Chicago, wo er 1932 der kommunist. Partei beitrat; lebte 1937–46 in New York, ab 1947 in Paris; bereiste u. a. 1953 die Goldküste und 1955 Indonesien. W. schilderte in naturalist., oft um starke Wirkung bemühten Romanen und Erzählungen die Probleme seiner unterdrückten Rasse und setzte sich für die soziale und polit. Emanzipation der schwarzen Amerikaner ein. Er erzielte mit seinen auf eigenen Erfahrungen basierenden, die Unterdrückung der Afroamerikaner naturalistisch schildernden Erzählungen (*Uncle Tom's children,* 1938; dt. *Onkel Toms Kinder,* 1949) und Romanen, besonders mit dem das Schicksal des wegen versehentl. Tötung zum Tode verurteilten Bigger Thomas präsentierenden und die kommunist. Botschaft propagierenden *Native son* (1940; dt. *Sohn dieses Landes,* 1941; Dr. mit P. Green, 1941; Film mit R. W. in der Hauptrolle, 1950), große Erfolge. Als Mitarbeiter des von der Regierung geförderten Federal Negro Theatre Project und des Federal Writers' Project war er an der Veröffentlichung von *Twelve million black voices. A folk history of the Negro in the United States* (1941; dt. *Schwarz unter Weiß - fern von Afrika,* 1952), einer marxist. Analyse des Klassenkampfes in den USA, beteiligt. *Black boy* (1945; dt. *Ich Negerjunge,* 1947) ist die Darstellung seines Lebens im Süden vor dem Umzug nach Chicago, die mit *American hunger* (hg. 1977; dt. *Schwarzer Hunger,* 1980) vervollständigt wird. Verfaßte bed. soziolog. Studien über das Schicksal seiner Rasse (*Black power. A record of reactions in a land of pathos,* 1954, dt. *Schwarze Macht,* 1956; *The color curtain,* 1956; *White man, listen!,* 1957) und galt als der bedeutendste afroamerikan. Schriftsteller der Nachkriegsjahre.
Weitere Werke: The outsider (R., 1953; dt. Der Mörder und die Schuldigen, 1966), The long dream (R., 1958; dt. Der schwarze Traum, 1960), Eight men (En., postum 1961; dt. Der Mann, der nach Chicago ging, 1961).

Ausgabe: The R. W. reader. Hg. v. E. WRIGHT u. M. FABRE. New York u. a. 1978.

Literatur: BAKISH, K.: R. W. New York 1973. – R. W. Impressions and perspectives. Hg. v. D.

RAY u. R. M. FARNSWORTH. Ann Arbor (Mich.) 1973. – FISHBURN, K.: R. W.'s hero. The faces of a rebel-victim. Metuchen (N. J.) 1977. – R. W. The critical reception. Hg. v. J. M. REILLY. New York 1978. – AVERY, E. G.: Rebels and victims. The fiction of R. W. and Bernard Malamud. Port Washington (N. Y.) 1979. – FRANZBECKER, R., u. a.: Der moderne Roman des amerikan. Negers. R. W., Ralph Ellison, James Baldwin. Darmst. 1979. – FELGAR, R.: R. W. Boston (Mass.) 1980. – GAYLE, A.: R. W. Ordeal of a native son. New York 1980. – FABRE, M./DAVIS, C. T.: R. W. A primary bibliography. Boston (Mass.) 1982. – Critical essays on R. W. Hg. v. Y. HAKUTANI. Boston (Mass.) 1982. – R. W. A collection of critical essays. Hg. v. R. MACKSEY u. F. E. MOORER. Englewood Cliffs (N. J.) 1984. – FABRE, M.: The world of R. W. Jackson (Miss.) 1985. – JOYCE, J. A.: R. W.'s art of tragedy. Iowa City (Iowa) 1986. – R. W. Hg. v. H. BLOOM. New York 1987. – A R. W. bibliography. Fifty years of criticism and commentary, 1933–1982. Hg. v. K. KINNAMON u. a. Westport (Conn.) 1988. – R. W. Myths and realities. Hg. v. C. J. TROTMAN. New York 1988. – R. W. Hg. v. M. FABRE u. J. B. MOORE. Sonderheft der Zs. ›Mississippi Quarterly‹ Jg. 42 (1989), H. 4. – FABRE, M.: R. W. Books and writers. Jackson (Miss.) 1990. – LYNCH, M. F.: Creative revolt. A study of W., Ellison and Dostojevsky. New York u. a. 1990. – MILLER, E. E.: Voice of a native son. The poetics of R. W. Jackson (Miss.) 1990. – KOSTELANETZ, R.: Politics in the African-American novel. James Weldon Johnson, W. E. B. Dubois, R. W. and Ralph Ellison. Westport (Conn.) 1991.

Wylie, Elinor [Hoyt] ['waıli], * Somerville (N. J.) 7. Sept. 1885, † New York 16. Dez. 1928, Schriftstellerin. – Ab 1924 in 3. Ehe ∞ mit W. R. Benét. Bed. Lyrikerin, von den Metaphysical poets beeinflußt; schrieb formal strenge, oft stark gedankl., dennoch gefühlsbetonte Lyrik; ihre Romane, der stilisierten Diktion ihrer Lyrik verpflichtet, gestalten vielfach Irreal-Phantastisches, u. a. mit Bezug auf romant. Dichter wie P. B. Shelley und Lord Byron (*The orphan angel,* 1926, 1927 u. d. T. *Mortal image; Mr. Hodge and Mr. Hazard,* 1928).

Weitere Werke: Incidental numbers (Ged., 1912), Nets to catch the wind (Ged., 1921), Black armour (Ged., 1923), Jennifer Lorna. A sedate extravaganza (R., 1923), The Venetian glass nephew (R., 1925), Trivial breath (Ged., 1928), One person (Ged., 1928, 1929 u. d. T. Angel and earthly creatures), Last poems (hg. 1943).

Ausgaben: E. W. Collected poems. Hg. v. W. R. BENÉT. New York 1932. – E. W. Collected prose. Hg. v. W. R. BENÉT. New York 1933.

Literatur: GRAY, T. A.: E. W. New York 1969. – HILT, K. F.: E. W.'s fiction. A study of the novels and shorter pieces. College Park (Md.) 1978. – OLSON, S.: E. W. A life apart. A biography. New York 1979. – FARR, J.: The life and art of E. W. Baton Rouge (La.) 1983.

Y

Yale Series of Younger Poets ['jeɪl 'sɪri:z əv 'jʌŋgər 'poʊɪts] ↑Literaturpreise.

Yerby, Frank [Garvin] ['jɜ:rbi], * Augusta (Ga.) 5. Sept. 1916, Schriftsteller. – Studierte an der Fisk University in Nashville; schuf mit *The foxes of Harrow* (1946; dt. *Eine Welt zu Füßen,* 1950) das Schema erfolgreicher, unterhaltsamer, meist histor. Romane, die vornehmlich das Leben weißer Südstaatler aus der Sicht der Schwarzen darstellen; lebt seit 1959 in Madrid.
Weitere Werke: The vixens (R., 1947; dt. Louisiana-Fieber, 1953), The golden hawk (R., 1948; dt. Pirat und Gentleman, 1951, 1964 u. d. T. Lady Rotkopf), Pride's castle (R., 1949; dt. Ich kaufe New York, 1949), The devil's laughter (R., 1953; dt. Des Teufels Gelächter, 1954), Bride of liberty (R., 1954; dt. Die Rebellin, 1956), Captain Rebel (R., 1956; dt. Kapitän Rebell, 1957, 1978 u. d. T. Ein Gentleman aus New Orleans), The Garfield honor (R., 1961; dt. Die Ehre der Garfields, 1962), An odor of sanctity (R., 1964; dt. Ein Ruch von Heiligkeit, 1967), Goat song. A novel of ancient Greece (1967; dt. Bocksgesang, 1971), The voyage unplanned (R., 1974; dt. Die Reise zu Simone, 1975), A rose for Ana María (R., 1976; dt. Eine Rose für Ana María, 1977), Hail the conquering hero (R., 1977; dt. Costa Verde, 1979), A darkness at Ingraham's crest (R., 1979; dt. Mississippi-Story, 1981), Western. A saga of the great plains (R., 1982; dt. Western, 1983), Devilseed (R., 1984; dt. Teufelssaat, 1984), MacKenzie's hundred (R., 1985; dt. Virginia-Love, 1987).
Literatur: NYE, R. B.: The unembarrassed muse. New York 1970.

Yezierska, Anzia [jɪz'jɪərska], * Plinsk um 1885, † Ontario (Calif.) 21. Nov. 1970, Schriftstellerin russ. Herkunft. – Y. wanderte um 1900 mit ihren Eltern in die USA aus, wo sie sich in New York in der Lower East Side, dem jüd. Viertel im Südosten Manhattans, niederließen; 1912 naturalisiert. Während ihres Gaststudiums an der Columbia University hatte sie eine Romanze mit J. Dewey (1917–18), die beide literarisch verarbeiteten. In ihren realist., z. T. autobiograph. Erzählungen behandelte sie v. a. das Schicksal der in Osteuropa verfolgten Juden und die Schwierigkeit bei der Akkulturation in der Neuen Welt aus der Sicht der Frau. Schrieb auch Drehbücher für Hollywood.
Werke: Hungry hearts (En., 1920, Neuaufl. 1985), Salome of the tenements (R., 1923), Children of loneliness (En., 1923), Bread givers (R., 1925), Arrogant beggar (R., 1927), All I could never be (R., 1932), Red ribbon on a white horse (Autobiogr., 1950).
Ausgabe: The open cage. An A. Y. collection. Hg. v. A. KESSLER-HARRIS. New York 1979.
Literatur: SCHOEN, C. B.: A. Y. Boston (Mass.) 1982. – DEARBORN, M. V.: Love in the promised land. The story of A. Y. and John Dewey. New York 1988. – HENRIKSEN, L. L.: A. Y. A writer's life. New Brunswick (N. J.) 1988. – SCHÜZ, M.: Zw. Anklang u. Anklage. Die Kurzgeschichten Abraham Cahans u. A. Y.s 1890–1920. Ffm. u. a. 1991.

Z

Zaturenska, Marya [zətʊ'renska], * Kiew 12. Sept. 1902, † Shelburne Falls (Mass.) 19. Jan. 1982, Lyrikerin russ. Herkunft. – Z. kam 1910 in die USA und erhielt 1912 die amerikan. Staatsbürgerschaft. Studierte an der University of Wisconsin; heiratete 1925 den Lyriker H. Gregory, mit dem sie verschiedene Anthologien herausgab und *A history of American poetry, 1900–1940* (1946) verfaßte. Z. wurde durch den Gedichtband *Cold morning sky* (1937) bekannt, für den sie 1938 den Pulitzerpreis erhielt.
Weitere Werke: Threshold and hearth (Ged., 1934), The listening landscape (Ged., 1941), The golden mirror (Ged., 1944), Christina Rossetti (Biogr., 1949), Selected poems (1954), Terraces of light (Ged., 1960), Collected poems (1965), The hidden waterfall (Ged., 1974).

Zindel, Paul [zɪn'del], * New York 15. Mai 1936, Schriftsteller. – Z., der vorübergehend Chemie unterrichtete (1960–69), stellt in seinen melodramat., z. T. humorist. Stücken die Welt hilfloser und unterdrückter Frauen sowie jugendl. Helden dar. Er erhielt für *The effect of gamma rays on man-in-the-moon marigolds* (UA 1965, Dr. 1970) 1971 den Pulitzerpreis. Schreibt auch Romane für Jugendliche.
Weitere Werke: The pigman (R., 1968; dt. Das haben wir nicht gewollt, 1973), My darling, my hamburger (R., 1969), I never loved your mind (R., 1970; dt. Es wird phantastisch anders sein, 1974), And Miss Reardon drinks a little (UA 1967, Dr., 1972; dt. Kiwi-Cocktail, 1965), The secret affairs of Mildred Wild (Dr., 1973), Let me hear you whisper (Dr., 1974), Ladies at the Alamo (UA 1975), Confessions of a teenage baboon (R., 1977; dt. Bekenntnisse eines jungen Ungeheuers, 1980), The ladies should be in bed (UA 1978), The pigman's legacy (R., 1980; dt. Das Haus am Anfang der Straße, 1982), The girl who wanted a boy (R., 1981), Harry and Hortense at hormone high (R., 1984), The amazing and death-defying diary of Eugene Dingman (R., 1987; dt. Eugene Dingmans erstaunliches und dem Tode trotzendes Tagebuch, 1990).

Zukofsky, Louis [zʊ'kɑ:fski], * New York 23. Jan. 1904, † Port Jefferson (N. Y.) 12. Mai 1978, Lyriker. – Sohn russ. Einwanderer; studierte an der Columbia University und war Dozent am Polytechnic Institute in Brooklyn (N. Y.) (1947–66). Z.s erst spät bekannt gewordenes lyr. Werk gehört zu der u. a. auch von W. C. Williams u. C. Reznikoff in den 30er Jahren vertretenen Dichtung des Objektivismus, die im Ggs. zum Imagismus das Gedicht als konkretes Objekt betrachtet und den Prozeß der Dichtung, nicht das Resultat betont. Z.s Hauptwerk *A,* dessen 24 Teile zw. 1927 und 1968 entstanden und das in seiner endgültigen, 1978 veröffentlichten Form 826 Seiten umfaßt, experimentiert mit den Bauelementen der Sprache, dem Alphabet von A-Z, und unterstreicht die Bedeutung der Zeit sowie die sich prozessual entfaltende Unmittelbarkeit der Erfahrung. Z. schrieb zahlreiche Studien, in denen er seine ästhet. Theorie erläuterte, zwei Romane (*It was,* 1961, 1968 rev. u. d. T. *Ferdinand*; *Little. A fragment for careenagers,* 1970), ein Drama (*Arise, arise,* 1973), übersetzte Catull zus. mit seiner Frau Celia, die auch Teile seiner *Autobiography* (1970) ebenso wie Shakespeares *Pericles* vertonte (abgedruckt in Z.s Studie *Bottom. On Shakespeare,* 2 Bde., 1963).
Weitere Werke: An ›Objectivist's‹ anthology (1932, Hg.), A test of poetry (Studie, *1948).*

Zukofski

Ausgaben: All the collected short poems 1923–58. New York 1965. – All the collected short poems 1956–64. New York 1966. – Prepositions. The collected critical essays of L. Z. New York 1967. Neuaufl. 1981. – Complete short poetry. Baltimore (Md.) 1991.

Literatur: ZUKOFSKY, C.: A bibliography of L. Z. Los Angeles (Calif.) 1969. – L. Z., man and poet. Hg. v. C. F. TERRELL. Orono (Maine) 1979. – AHEARN, B.: Z.s ›A‹. An introduction. Berkeley (Calif.) 1983.

ZWEITAUSEND JAHRE DEUTSCHE GESCHICHTE AUF DEM WEG ZUR GEGENWART.

Vollständig aktualisiert und erweitert, garantiert DEUTSCHE GESCHICHTE IN SCHLAGLICHTERN wieder gesicherte und schnelle Informationen zu den herausragenden Ereignissen der deutschen Geschichte von den Anfängen bis zur Gegenwart. Es ist das aktuelle Geschichtsbuch, das in einem gesonderten Kapitel die rasanten Entwicklungen in der DDR umfassend darstellt. Lexikalisch angelegt, aber chronologisch angeordnet, macht dieses lesenswerte Nachschlagewerk rund zweitausend Jahre deutsche Geschichte unter dem jeweiligen Stichwort in aller Kürze verständlich und greifbar.

MEYERS
LEXIKONVERLAG
Mannheim · Leipzig · Wien · Zürich

Epochen, Autoren, Gattung, Werke im Schlaglicht!

DEUTSCHE LITERATUR IN SCHLAGLICHTERN ist eine neuartige Verbindung aus Enzyklopädie und Literaturgeschichte, die punktuellem Interesse entgegenkommt. Auf 516 Seiten bietet sie schlaglichtartig Informationen zu allen wichtigen Erscheinungen, Werken, Personen und Strukturen der deutschsprachigen Literatur vom Beginn des Schreibens bis zur Gegenwart. DEUTSCHE LITERATUR IN SCHLAGLICHTERN ist ein ideales Handbuch für alle, die Informationen zu den wichtigsten Aspekten der deutschsprachigen Literatur suchen. Ein Buch, das zum Weiterlesen und Weiterblättern anregt und die Neugier auf die deutschsprachige Literatur in ihrer ganzen Vielfalt weckt.

MEYERS
LEXIKONVERLAG
Mannheim · Leipzig · Wien · Zürich